REIZEN Magazine
Wereldreisgids

Chili
Paaseiland

Susanne Asal

anwb

Inhoud

Land, volk en cultuur

Reisinformatie

Onderweg

Santiago en de centrale kust

Het Kleine Zuiden en Isla de Chiloé

Inhoud

Het Kleine Noorden

Het Grote Noorden

Inhoud

Thema's

Alle kaarten in een oogopslag

Inhoud

De internationale snelweg CH11
leidt door een land vol contrasten

Geiten, schapen en mensen verheugen zich over de maisoogst

Land, volk en cultuur

Welkom in het onbekende

Veel reizigers vinden het in vogelvlucht 4300 km lange Chili – een afstand van Noorwegen tot in de Sahara – met zijn opeenvolging van verschillende landschapstypen, een van de mooiste landen van Zuid-Amerika. Het is bovendien de belangrijkste en stabielste economie van het continent en kent indrukwekkende groeicijfers. Ook belangrijk, het land is tegenwoordig een stabiele democratie.

Door de economische stabiliteit is het land heel veilig voor bezoekers en omdat het gericht is op Europa en Noord-Amerika is het een van de toegankelijkste landen van Zuid-Amerika. En, in een conservatief macholand als Chili, waar echtscheiding tot voor kort verboden was, werden de presidentsverkiezingen in 2006 gewonnen door Michelle Bachelet, een alleenstaande moeder van vier kinderen en wetenschapster. De Chilenen wonnen daarmee veel meer dan alleen de verkiezingen: ze wonnen democratische stabiliteit.

Voor Zuid-Amerikanen komen Chilenen heel serieus over. Ze zijn net zo opgewekt, gastvrij en levenslustig als hun buren, maar kennen dezelfde degelijkheid en hetzelfde gezonde wantrouwen ten opzichte van behaalde resultaten als Noordwest-Europeanen. Oudere mensen kunnen hier onbekommerd rondreizen en ook backpackers kunnen ongestoord reisdoelen uitkiezen. Chili verenigt de overweldigende verlatenheid van de ver van de wereld liggende Aymaradorpen in de reusachtige Andes met lieflijke, in bossen gelegen merengebieden in het midden en bevroren paradijzen in het zuiden. In de hoofdstad heerst een levendige culturele en theaterwereld, die zich beide kunnen meten met menig Europees land. Kortom, in een land met zo'n prachtige natuur en zulke fascinerende, bijzondere indiaanse culturen, hoeft men zich zeker geen vreemde te voelen. Dat is waarschijnlijk het belangrijkste dat er over Chili als reisbestemming te zeggen valt.

Deze voormalige Spaanse kolonie heeft zich net zo min als de andere bezittingen van de Kroon gelijkmatig ontwikkeld. Dat lag ook niet in de bedoeling. De Spanjaarden waren immers op zoek naar grondstoffen en arbeidskrachten en zochten geen bloeiende landen waarvan ze alleen maar concurrentie te duchten hadden. In het geval van Chili kwam daar nog de ontoegankelijkheid van het land bij. Wat nu eenvoudigweg mooi en fantastisch is en fascinerende landschappen oplevert, was toen – gelukkig – absoluut niet in een handomdraai veroverd. De immense bergen met toppen boven de 6000 m, de onherbergzame (zout)woestijn, het ondoordringbare nevelwoud, de versplinterde archipel en de diep ingesneden fjordenwereld stelden de bezetters voor onoverkomelijke hindernissen. De grootste aaneengesloten ijsmassa van het zuidelijk halfrond buiten Antarctica, de Campos de Hielo Norte y Sur, ligt in het zuiden, het hoogste meer van de wereld, het Lago Chungará, ligt op 4740 m onder de vulkaan Parinacota in het noorden – tot op vandaag een unieke uitdaging om te bezoeken.

De Spanjaarden schonken weinig aandacht aan het land, ook omdat de eerste ontdekkingstochten geen grote rijkdommen beloofden. Dat was een geluk voor *Chili*, het 'Land in het Zuiden', zoals de Inca's, de voormalige kolonisatoren, het in hun taal noemden. De kolonie leek een verzameling eilandjes in een zee van landschappen. Het zonnige Iquique ontstond in 1855 aan het strand van een waterloze woestijn als representatief platform voor door salpeter rijk geworden zakenlieden. In Punta Arenas, 1000 km van het zuidpoolgebied en 4943 km van Iquique, staken glinsterende paleizen uit boven de zes maanden blijvende sneeuwlaag en bloeiden trillende rozen in behaaglijke wintertuinen van glas. Hier woonden de rijk geworden schapenfokkers. Nog 40 km verder naar het ijzige zuiden werden zware criminelen ingesloten. Dat lag allemaal aan de rand van de wereld, verstopt achter de hoogoprijzende *cordillera* van de Andes en omringd door een oceaan die de magneetnaald van kompassen gek maakte.

Dan is er nog het Paaseiland, in 1888 tot Chileens grondgebied verklaard, dat het midden houdt tussen Zuid-Amerika en Polynesië. Het eiland ligt het verst verwijderd van enig ander bewoond punt op de hele aardbol en een boeiende wereld op zich.

Dergelijke 'randverschijnselen' zijn ook nu niet ongebruikelijk. In Punta Arenas kunt u horen over groenblijvende eilandjes waar slechts twaalf mensen wonen, die prikkeldraad of gedroogde linzen nodig hebben. Het schitterende lemen kerkje van Parinacota op 4300 m hoogte in het verre noorden wordt door 150 Aymara's onderhouden als ceremonieel centrum, te midden van de kleine lamasoort van de Andes, vicuña's, veenmoerassen en ijsvogels. Als losgeslagen ijskristallen uit een sneeuwbal liggen nederzettinkjes van een paar families tussen de zwarte graniettoppen en op omgewoelde zeeoevers, op 4500 m hoogte in ijle lucht of omringd door de zilverschuimende golven van de Grote Oceaan. Soms woont er ook iemand helemaal alleen – en voelt zich daar uitstekend bij.

De hoofdstad Santiago met zijn 6 miljoen inwoners wentelt zich daarentegen in zijn pas verworven status van *wirtschaftswunder*. Met alle consequenties van dien, zoals de spiegelende, postmoderne constructies in de nieuwe zakenwijken die de *barrios populares*, de stoffige woonwijken van de gewone mensen waar solidariteit geen vies woord is, niet wegvagen. De vlucht van het platteland neemt steeds heviger vormen aan en net als overal op de wereld lijkt de hoofdstad de beste weg naar geld en geluk te bieden.

Welkom in het onbekende – dat toch niet vreemd overkomt

Chili in het kort

Feiten en cijfers

Naam: República de Chile (RCH)
Oppervlakte: 756.096 km² (zonder de Chileense aanspraken op Antarctica, maar met eilanden in de Grote Oceaan als Paaseiland en de Juan-Fernándezeilanden)
Hoofdstad: Santiago de Chile
Officiële taal: Spaans
Aantal inwoners: 16,4 miljoen (01-07-2008)
Bevolkingsgroei: 1,5%
Levensverwachting: 75 jaar
Percentage analfabeten: mannen 4%, vrouwen 5%
Valuta: Peso chileno, CLP. Voor €1 krijgt u ongeveer 760 peso
Tijdzones: In Chili is het 4 uur vroeger, op Paaseiland 6 uur, zie blz. 79
Landnummer: 0056

Vlag: Het blauw symboliseert de lucht, het wit de sneeuw van de Andes, het rood de moed van de Chilenen tijdens de Onafhankelijkheidsoorlog en de ster staat voor eer en vooruitgang.

Geografie

Chili vormt samen met Argentinië, Uruguay en Paraguay de *Cono Sur* ('Zuidkegel') van het Zuid-Amerikaanse continent. Tot het grondgebied behoren naast het vasteland ook het 3765 km diep in de Grote Oceaan gelegen Paaseiland en de Islas Juan Fernández. Chili strekt zich uit over ruim 4300 km en is op zijn smalst 80 km breed, op zijn breedst 180 km. In het noorden grenst Chili aan Peru, in het noordoosten aan Bolivia, in het oosten aan Argentinië. Twee parallel lopende bergketens (het kustgebergte tot 2000 m en de Andes tot 7000 m), die in het noorden samenkomen, bepalen het landschap. De landmassa is verdeeld in brede dwarsdalen en één lengtedal *(valle longitudinal)*. In het zuiden, bij Puerto Montt, loopt het kustgebergte af in zee. Een deel daarvan vormt nog de bergmassa in Nationaal Park Isla de Chiloé en het grondgebergte langs de zuidelijke kust, die in de vorm van duizenden eilanden uit de Grote Oceaan opsteekt. Het noorden bestaat uit op 3500 m hoogte gelegen salpeter- en zoutvlakten *(salares)*, ingesloten door vulkanen. Het vruchtbare hart van het land was ooit het grondgebied van de Mapuche-indianen.

Nationale parken: Er zijn 32 Parques Nacionales en 48 Reservas Naturales. Het spectaculairst zijn Nationaal Park Torres del Paine, Paaseiland en de Atacamawoestijn.

Geschiedenis

Vanwege zijn ingewikkelde geografie was Chili in de precolumbiaanse tijd slechts deels bevolkt. De landschappelijke karakteristieken lieten alleen halfnomadische bestaanswijzen toe. Aymara's, Atacameño's, Diaguita's, Puelches, Chono's uit Chiloé, Alacalufes uit Zuid-Patagonië en Yaghans en Ona's uit Vuurland hebben de komst van de blanke beschaving niet of ternauwernood overleefd. Alleen de Mapuches wisten hun gebied en cultuur te verdedigen. Als Spaanse kolonie is Chili nooit echt tot bloei gekomen. Toen Bernardo O'Higgins en de zijnen in 1818 streden om onafhankelijkheid van Spanje, bestond er nog geen gelijkmatig ontwikkeld land. Provinciale leiders bleven ook de postkoloniale geschiedenis van Chili bepalen. Tegelijk met de centralistische politiek van halverwege de 19e eeuw beleefde Chili een opleving met de ontginning van zijn bodemschatten koper, salpeter (nitraat) en goud. De in de Salpeteroorlog tegen Peru en Bolivia buitgemaakte nitraatmijnen brachten het land welvaart, evenals de schapenteelt in Patagonië en Vuurland. De economische structuren maakten het mogelijk dat er gelijktijdig een industrieel landarbeiderschap en een handelsbourgeoisie ontstonden. Lang gold Chili als een van de weinige Zuid-Amerikaanse landen met een diepgewortelde democratie.

Staatsinrichting en politiek

Chili is een presidentiële republiek met een Huis van Afgevaardigden en een Senaat. Het parlement zetelt in Valparaíso. De huidige president is de socialiste Michelle Bachelet. De socialisten vormen samen met de christendemocraten, de Partij voor de Democratie, de Radicaal-Sociaaldemocratische Unie en enkele andere groeperingen de coalitie Concertación. Deze ontstond in 1988 met het doel een krachtige en werkbare oppositie te vormen tegen de toenmalige rechtse dictator Augusto Pinochet. Sinds de eerste overwinning in 1989 wist de Concertación met verschillende presidentskandidaten de verkiezingen te winnen. Pinochet stierf in december 2006, zonder dat het tot een veroordeling was gekomen. De verwerking van zijn dictatuur is nog niet achter de rug. Anderen zijn echter wel veroordeeld. Ook de Colonia Dignidad is ontmaskerd als kamp onder leiding van gevluchte nazi's, waar tegenstanders van de dictatuur werden gemarteld.

Economie en toerisme

De economie van Chili is gebaseerd op een klassieke derdewereldbasis: ontginning van grondstoffen (ertsen, hout, vis) en stimulering van buitenlandse investeringen, maar niet van de eigen industrie. Deze kenmerken maken het door de regering-Pinochet ingevoerde neoliberale economische model succesvol als basis voor betrouwbare investeringen. De democratische regeringen na Pinochet zetten zijn beleid voort, terwijl ze de sociale misstanden pogen af te zwakken. De werkloosheid, onder Pinochet op recordhoogte, was in 2007 teruggebracht tot 8%. Het toerisme neemt toe en laat een permanente groei zien.

Bevolking en religie

Als klassieke bestemming voor Europese emigranten in de 19e eeuw is Chili op het eerste gezicht een blank, katholiek land, maar met 7% is het aandeel van de Mapuchebevolking ook niet gering. De indiaanse stammen in het hoge noorden en het Patagonische zuiden maken samen 5% uit. Op Vuurland zijn de indianen op vreselijke wijze uitgeroeid. De sterk piramidale leeftijdsopbouw en de enorme bevolkingsconcentratie in de hoofdstad (6 miljoen inwoners) tonen dat Chili ondanks zijn brede middenklasse nog altijd een derdewereldland is. Bijna 80% van de Chilenen leeft tussen Temuco en Santiago, een gebied van ongeveer 20% van de totale oppervlakte van het land.

Natuur en milieu

Chili, het 'smalle bloemblad van zee, wijn en sneeuw', zoals de dichter Pablo Neruda het noemde, kreeg zijn naam van de Inca's. Het 'Land in het Zuiden' ligt tussen de 17e en 56e breedtegraaad en de 68e en 76e graad westerlengte en claimt ook een taartpunt in Antarctica. Het enige wat ontbreekt zijn tropen, verder niets.

U moet van Noordwest-Europa naar de Sahel reizen om evenveel typen landschappen, planten- en diersoorten en klimaatzones tegen te komen, terwijl hier alles in één land vlak bij elkaar is te vinden.

Met de Andes bezit Chili een geologisch jong gebergte, waarvan de vorming nog niet is voltooid en dat het land voortdurend lastigvalt met kleine aardbevingen. De Tatiogeisers bij San Pedro de Atacama en de vele warmwaterbronnen in het hele land zijn getuigen van de seismische processen.

Als een ruggengraat doorsnijdt de Andes de hele *Cono Sur* en scheidt Chili van Argentinië. Hier is de hoogste top opgeduwd: de Aconcagua meet 6959 m en ligt op Argentijns grondgebied, ongeveer ter hoogte van Santiago. Verder naar het noorden bereiken de toppen ook bijna de grens van 7000 m.

Naast het Andesgebergte is het tweede element dat de vorm van het land bepaalt het veel oudere kustgebergte (Cordillera) uit het paleozoïcum en mesozoïcum. Ook deze bergen strekken zich uit over de totale lengte van het land, waarbij zij ten zuiden van Puerto Montt in zee verzinken en de onderzeese sokkel voor vele duizenden eilandsplinters vormen, die als een schare kometen de contouren van Zuid-Chili volgen. Ook de bergen in het westen van het nationale park op het eiland Chiloé behoren tot het kustgebergte. Een centraal gelegen, longitudinaal dal scheidt op het vasteland de twee bergketens, die in het noorden in elkaar opgaan. Brede dwarsdalen waar rivieren doorheen stromen, structureren de landmassa.

Om de geografische verschillen samen te vatten, wordt Chili vaak in vijf zones verdeeld: het Grote Noorden, het Kleine Noorden, Midden-Chili, het Kleine Zuiden en het Grote Zuiden.

Het Grote Noorden

Het Grote Noorden omvat de woestijn en de hoogvlakten vanaf Arica en het Azapadal tot en met de Atacamawoestijn, de droogste woestijn ter wereld. De hoogvlakte, die wordt omgeven door vulkanen die tot 6000 m oprijzen en die rijk aan salpeter is, is een puin- en steenwoestijn. Het longitudinale dal heeft hier de vorm van de op een bekken lijkende Pampa de Tamarugal. In het zuidelijke deel van het Grote Noorden, bij het zoutmeer Salar de Atacama, doorsnijdt de bergketen Cordillera Domeyko het longitudinale dal, waarna hij hoger wordt en overgaat in de Cordillera de la Sal. Het enige vocht in dit gebied is smeltwater uit de bergen. Dat vormt lagunes, die verdampen in de hitte van de woestijn en onderaardse, met microben en krill gevulde zoutmeren achterlaten. Slechts één rivier slaagt erin door deze wereld van bergen, rotsen, met rolstenen gevulde dalen, woestijnen en zoutmeren te breken: de Río Loa. Hij overwint op zijn weg naar zee wel duizend dorstige trajecten.

Zoutvlakten en flamingo's

Vele kolonies flamingo's houden vanwege de zomerse stormen die de Boliviaanse hoogvlakte teisteren halt op de Salar de Atacama op 2000 m hoogte en aan de Laguna Verde op 4000 m hoogte. De vogels zijn een van de grootste attracties van dit gebied, waar veel toeristen op afkomen. De Chileense flamingo *(Flamenco chileno)* wordt tot 1 m groot en is wit met roze gekleurd, met donkere punten aan de vleugels. De Andesflamingo *(Parina grande)* is wat groter en heeft een licht, vaalroze verenkleed, terwijl de kleinere Jamesflamingo *(Parina chica)* op terracottakleurige poten staat. Het verspreidingsgebied van de Chileense flamingo strekt zich uit over vrijwel het hele land, van het Lago Chungará bij Arica tot aan Vuurland. De Andesflamingo leeft op de zoutvlakten in het noorden van Chili, de Jamesflamingo kunt u aantreffen tussen de Salar de Pedernales, ten noorden van de vulkaan Ojos del Salado, tot in het uiterste noorden.

Vier lamasoorten

De kleine kameelachtigen uit de Andes leven op de hoogvlakten en de Altiplano. Lama's en alpaca's worden door indianen gehouden voor hun wol, bovendien dienen de stevige lama's ook als lastdieren. Ze stammen af van de sierlijke guanaco's, die in Chili nog altijd in het wild voorkomen. Vicuña's laten zich niet domesticeren. Het fijne leer en de zachte wol is deze gracieuze dieren bijna noodlottig geworden. Een draad van vicuñawol is zo ragfijn dat hij alleen wordt overtroffen door zijde. Maar in een cyclus van twee jaar leveren de dieren er maar een handvol van, zo'n 180 g. De dieren waren bijna uitgeroeid. In 1973 leefden er in heel Chili nog slechts 1000 vicuña's, en de natuurbescherming kwam in actie. Inmiddels zijn er weer zo'n 27.000. Zoveel geluk had de chinchilla niet. Het beestje, dat hier oorspronkelijk vandaan komt, is sinds lang uitgeroeid vanwege zijn opvallende bont. Aan de kust leven pelikanen, aalscholvers en zeehonden.

Bij zonsondergang toont de Atacamawoestijn zijn vurige gezicht

Vicuña's zijn een bedreigde diersoort en vallen dan ook onder natuurbescherming

Veelzijdige plantenwereld

De vruchtdragende *quínoa* en de kandelaarcactus werden ooit gebruikt als brandstof voor de kopermijn Chuquicamata en zijn uitgebreid gerooid. Beide zijn extreem weerbarstige en veelzijdige planten, die groeien op grote hoogten. *Quínoa* wordt bovendien door de Unesco gekoesterd als een van de levensmiddelen van de toekomst (zie blz. 55). Ook het zeer langzaam groeiende korstmos *llareta*, dat met zijn felgroene sterren de stenen in de woestijn bekleedt, wordt inmiddels als een beschermde soort gezien.

Een van de pampa's dankt zijn naam aan de *tamaruga*, die in de buurt van Iquique voorkomt. De blaadjes en vruchten dienen als voedsel voor schapen en geiten. Tot begin 20e eeuw diende deze plant eveneens als brandstof en om die reden hebben enkele salpetermaatschappijen zich beijverd voor het opnieuw uitzetten van de plant. Staatsbosbeheer Conaf (Corporación Nacional Forestal) beschermt deze bossen. Tussen de plaatsjes Pintados en Zapiga komen er steeds meer *tamaruga*-reservaten bij.

Het verspreidingsgebied van de tot wel 7 m hoge zuilcactus strekt zich uit tot aan de Río Loa in het Kleine Noorden. Van het hout van deze enorme plant worden deuren gesneden. Hij groeit tussen 2600 en 3800 m hoogte. In de *quebradas* (uitgedroogde rivierbeddingen) tussen Arica en Iquique en in de Valle de Azapa groeien acaciasoorten en planten met subtropische vruchten.

De Atacama – de droogste woestijn ter wereld

Het kustgebergte in het Grote Noorden schermt de Atacamawoestijn af van stijgingsregens en zorgt in de kuststeden Arica en Iquique juist voor een hoge luchtvochtigheid. Dankzij de invloed van de koude Humboldtstroom kennen deze steden ondanks de vele uren zonneschijn het hele jaar een aangename temperatuur, maar ook veel mist. In de Atacamawoestijn in het binnenland daarentegen ontbreekt nagenoeg elke vorm van neerslag.

Aan de kust en in de dalen van de Andes klimt het kwik overdag naar temperaturen boven de 25 °C. 's Morgens is het vaak bewolkt, maar dat klaart overdag op. In de hooggelegen woestijn heersen extreme temperatuurschommelingen. In de zomer, tussen december en februari, kan het overdag makkelijk 40 °C worden, om dan 's nachts weer af te koelen tot 0 °C. Op de Altiplano van de Andes daalt de temperatuur nog verder, tot onder het vriespunt. Soms zijn de zomernachten niet zo koud.

Het Kleine Noorden

Het Kleine Noorden reikt van Copiapó tot het dal van de Aconcagua en wordt onderverdeeld door dwarsdalen waar altijd water in staat, de *Valles Transversales*. De ertshoudende woestijnkleuren van de Andes contrasteren scherp met de frisse, groene vegetatie langs de rivieren. Rond de Ojos del Salado (6893 m) liggen de hoogste bergen van Chili. In de buurt van Copiapó wordt zo eens in de vijf jaar de verder kale bodem bedekt door de 'bloeiende woestijn': hevige winterse regenbuien toveren dan bonte tapijten van kruiden en grasland tevoorschijn.

Groente- en fruitteelt

Vanwege de irrigatiemogelijkheden werd deze regio lang geleden al bewoond door Diaguita-indianen. In de koloniale tijd hadden de grootgrondbezitters echter driekwart van alle bebouwbare grond in handen. Tegenwoordig is de grond van de Valle del Elqui kilometersbreed aangeplant met staketsels voor piscodruiven, terwijl de zonovergoten omgeving wel een schatkist van de groente- en fruitteelt lijkt: pepers, paprika's, tomaten, olijven, perziken, abrikozen, vijgen en vooral veel papaja's bevoorraden de markten van de grote steden.

Cactussen en pinguïns

Cactussen bereiken in deze regio een grote hoogte en soortenrijkdom: er groeien 145 endemische soorten in Chili. Ze gedijen in deze zone vaak langs de kust, maar ook op plaatsen tot 4500 m hoogte. De vruchten van de *chuchampe* zouden heilzaam zijn als afrodisiacum, de tot 8 m hoge *quisco* wordt gebruikt als omheining. De *sandillón de los ratones* is halfrond, terwijl de *copiapoa de carrizal* juist sterk vertakt is. De *napín* wordt met uitsterven bedreigd. Net als alle cactussoorten komt deze in veel verschillende vormen voor. Dat is goed te zien in het Parque Nacional Pan de Azúcar bij Chañaral (zie blz. 301).

Naar het zuiden toe verdichten de bodembedekkers zich tot kruidige tapijten. Bijzonder vochtig wordt Nationaal Park Fray Jorge, waar door de dagelijks optredende vochtige kustnevels een plantenkleed van 800 soorten is ontstaan, met bomen die verder alleen te vinden zijn in het Valdiviaans regenwoud – dat toch 1250 km zuidelijker ligt.

Behalve lamasoorten leven hier viscacha's, kleine knaagdieren, en vossen. Slechts zelden ziet men een poema of condor. Op de eilanden Damas, Chanãral en Choros leven humboldtpinguïns in beschermde gebieden, terwijl in de Grote Oceaan dolfijnen duikelen.

Klimaat in het Kleine Noorden

Er heerst hier een halfwoestijnklimaat, dat wil zeggen dat er zes tot acht maanden per jaar minder neerslag is dan mist, waardoor de luchtvochtigheid opvallend laag is. Er zijn duidelijk verschillende jaargetijden te onderscheiden.

Midden-Chili

In het gedeelte tussen Zapallar in het noorden en Concepción in het zuiden liggen de gletsjers van de Andes. De onophoudelijke stroom smeltwater maakt een uitgebreide irrigatiecultuur mogelijk in de laagte tussen de *cordilleras*. Daardoor is deze regio hét landbouwgebied van Chili. Gevolg is wel dat het ecologische evenwicht is veranderd en de grond ook mediterraan struikgewas oplevert, waaronder cactussen.

Op het in dit gedeelte relatief lage kustgebergte groeien struiken en laag, altijdgroen mediterraan loofbos. De hellingen van de Andes zijn op de niet-irrigeerbare delen bedekt met karig grasland, dat naar het noorden toe steeds meer met doornstruiken en struikgewas is begroeid.

Bloeiend cultuurlandschap

Het bloeiende cultuurland is ook een lust voor het oog. Eindeloze lanen met populieren wijzen op het bestaan van een haciënda, een *fundo*, want net als in Argentinië zijn de oprijlanen omzoomd met hoge populieren of *alamos*. In de Valle del Maipo en op de weg van de hoofdstad naar het kustgebergte wijzen de populieren op wijngaarden, een zeer belangrijke economische tak in Midden-Chili.

Op de vruchtbare grond groeien suikerappels, appels, peren, aardbeien, sinaasappels, citroenen, avocado's en perziken, en verder alfalfa als veevoer, koolzaad en mais. Het klassieke product van de *campo de rulo*, een droge akker, is tarwe.

De condor in de hoofdrol

Midden tussen deze landbouwproducten is er nog een voor Midden-Chili typische plant: ooit was de kust bezaaid met hoge Chileense palmen *(Palma chilena)*. Deze palm heeft de dikste stam van alle palmsoorten en groeit het verst naar het zuiden. De boom doet er tachtig jaar over om zijn eerste, nootachtige vrucht te produceren. De stam is glad, de kroon een toef.

De condor is met zijn spanwijdte van 3 m de onbetwiste ster van de vogelwereld van Midden-Chili. Maar daarnaast komen ook de kleurig gestreepte papegaai *tricahue*, de onopvallende, endemische *turca*, de Chileense kwartel en de aalscholver voor.

Klimaat in Midden-Chili

Het mediterrane Midden-Chili kent vier uitgesproken jaargetijden. De zeer warme zomer duurt van december tot maart; in Santiago is 36 °C met Kerstmis niets bijzonders. De winters zijn koel en vochtig, maar niet echt koud. De voornaamste neerslag valt van mei tot september en neemt toe naar het zuiden. In voor- en najaar, dus van september tot eind november en van april tot eind mei, zorgen gematigde temperaturen en een relatief geringe luchtvochtigheid voor aangename temperaturen. Aan de kust moet u dan wel rekening houden met veel bewolking.

Het Kleine Zuiden

De Río Bío Bío markeert al eeuwen de grens van de zogenaamde beschaving. Ten zuiden van deze rivier strekte het grondgebied van de Mapuches zich uit – met reden: er heerst een een warm klimaat met veel neerslag en het land is buitengewoon vruchtbaar. In de Andes doemt de ene na de andere vulkaan op, die alle worden omringd door rijke bossen en meren. De Mapuches verbouwden appelbomen en kegels dragende araucaria's.

Langs het grillig gevormde kustgebergte liggen schilderachtige baaien. In tegenstelling tot de noordelijke regio's is de *Valle Longitudinal* hier niet door vulkanen maar door gletsjers gevormd. De middenzone rond Angol en Quillán werd door de Spanjaarden uitverkoren tot

Aan het strand van de Grote Oceaan zijn vaak pelikanen te zien

graanschuur. Dat is dit gebied nog altijd, maar het microklimaat is sindsdien enigszins veranderd. De oorspronkelijk goed gedijende zuidelijke beuken *roble* en *raulí*, cipressen en *maňíos* staan nu nog enkel aan de randen van het gebergte. De bladverliezende zuidelijke beuken- of nothofagusbossen en groenblijvende gematigde regenwouden verdichten zich tot een hoge boomlaag, waar onder mirten met varens en bamboesoorten een ondergroei vormen. In het Kleine Zuiden is sprake van een uitgesproken Indian summer. Vooral in maart en april kunt in de buurt van Nationaal Park Conguillío genieten van een mooie nazomer.

Araucaria's en vuurrode bloemen

De Chilenen noemen hem 'paraplu' of 'de gekste boom van het land': de *Araucaria araucana* of slangenden. Hij lijkt ook wel op een *paragua*, met zijn stevige stam en breed uitlopende kroon, waarvan de takken zijn begroeid met donkergroene, elkaar overlappende bladschubben, wat hetzelfde effect heeft als sierlijk bewerkte pannendaken. De boom komt uitsluitend voor in Chili en Argentinië en was ooit het belangrijkste gewas van de Mapuches, de indianen die door de Inca's *Araucos*, 'vrij volk', werden genoemd. Nog altijd oogsten ze de kegels *(piñones)*, roosteren die en malen ze tot meel. Bijzonder mooi zijn de araucaria's op de hellingen van de vulkaan Llaima in Nationaal Park Conguillío in de buurt van Temuco.

Witte en rode duizendschonen, afrikaantjes, koekoeksbloemen, margrieten, blauwe hyacinten, riddersporen, azalea's en berken zetten de toon voor de mediterraan aandoende, geïmporteerde bloemen- en bomenpracht van de regio rond het Lago Villarrica. In de dichte, door kolibries bevolkte bossen blinkt opvallend de robijnrode kelk van de sierlijke nationale bloem *copihue*, een fuchsiasoort.

Valdiviaans regenwoud

Puerto Montt vormde de toegangspoort voor de Duitse kolonisten die vanaf 1853 naar Chili emigreerden. Destijds was het gehele gebied begroeid met dicht regenwoud. Daarin gedijden de heilige boom van de Mapuches, de *canelo*, de groenblijvende *avellano*, de *ciruelillo* met zijn rode, vurige bloesem, de kaneelkleurige *arrayán* met zijn bijzondere stam, de op laurier lijkende *tepa* en de witbloeiende *ulmo*. Tegenwoordig is dit een landbouwgebied met sappige weiden en eindeloze door de Duitsers ingevoerde aalbessen-, bramen- en frambozenstruiken.

Op enkele plaatsen zijn eilandjes van het oorspronkelijke Valdiviaanse regenwoud bewaard gebleven, bijvoorbeeld bij Cochamó. Het woud wordt opgesierd door parasitaire planten. De op rabarber lijkende *nalca* en talloze soorten varens leveren de schilderachtige omlijsting.

Klimaat in het Kleine Zuiden

In het Kleine Zuiden heersen meestal aangename temperaturen, maar er is wel sprake van zeer veel neerslag. Door de invloed van cyclonale westenwinden is het altijd vochtig, waarbij de meeste regen in de winter valt. In de zomermaanden, die tot begin april kunnen duren, wordt het zo'n 25 °C. Het kan dan warmer worden, maar ook een stuk kouder, met 's nachts werkelijk lage temperaturen. In de koude, natte winter zijn de passen in de Andes wegens sneeuwval gesloten.

Natuur in het uiterste zuiden van Chili: ijsbergen in het Lago Grey

Het Grote Zuiden

Het Grote Zuiden omvat ontelbaar veel eilanden en kanalen, de zuidelijke Andes, de tafelbergzone rond Coyhaique en de koude steppen in Patagonië en op Vuurland. De regio beslaat 30% van Chili. Puerto Montt vormt de noordelijke grens.

Alerces

De grootste ijsmassa ten zuiden van de evenaar buiten Antarctica, de Campo de Hielo Sur, scheidt het noordelijk deel van dit gebied van het zuidelijke. Veel vegetatievormen uit het Kleine Zuiden komen hier terug. Langs het noordelijke stuk van de Carretera Austral schittert een rijk plantenkleed van dicht regenwoud, varens, bamboestruiken en cascades van lelies en orchideeën. Onder aan de Volcán Hornopirén beschermt een groot nationaal park de bossen met van oorsprong aanwezige *alerces*, die op andere plaatsen vanwege hun uitmuntende kwaliteiten aan kap ten prooi zijn gevallen. De conifeerachtige bomen groeien extreem traag en nemen per drie jaar slechts 1 mm in omvang toe.

Torres del Paine

In de tafelbergen rond Coyhaique heerst een droog, winderig klimaat, dat te vergelijken is met het pampaklimaat van de Argentijnse Meseta.

Alsof het ingesloten eilanden zijn, kennen het Parque Nacional Torres del Paine en het

gebied rond het Lago General Carrera een milder, bijna Midden-Chileens klimaat. Daardoor zult u hier ook een heel andere begroeiing aantreffen dan bij Coihayque. Groenblijvende regenwouden, hoogveenmoerassen en de met blauwe bessen overdekte *calafate*-struik bepalen hun aanblik. Op de kale, koude Patagonische steppen groeien subantarctische zomerbossen en hier en daar een struik, wat – vooral rond Punta Arenas en Puerto Natales – een nieuw facet toevoegt aan het vegetatieve palet van het 'diepe zuiden'.

Alleen al voor een kennismaking met de lokale dierenwereld is een bezoek aan Torres del Paine meer dan de moeite waard: guanaco's en nandoes, de Zuid-Amerikaanse loopvogels die verwant zijn aan struisvogels, lopen recht op uw camera af, terwijl er ook bijzondere zwarthalszwanen, stoombooteenden, ibissen, reigers en zeer schuwe *huemules*, een soort herten, leven. Bij Punta Arenas vindt u daarnaast grote kolonies pinguïns.

Nationaal Park Torres del Paine is het enige gebied in de wereld waar Pacifische westenwinden ongehinderd door flinke bergformaties kunnen doordringen tot diep in het binnenland. Dat heeft steppevorming en deformaties van de boomgroei tot gevolg. In het algemeen zijn de zomers kort en maximaal 20 °C warm, terwijl de winters lang, nat en heel koud zijn. In Punta Arenas kan het ook in de zomer sneeuwen.

Isla de Chiloé

Het eiland Chiloé wordt gerekend bij het Grote Zuiden. De glooiende contouren van de groene heuvels wijken echter sterk af van het spectaculaire landschap aan de andere kant van het water. Er gaat geen weg naar het zuiden van het eiland, dat in de taille versplinterd is tot tal van eilandjes. Op sommige plaatsen ongerept, elders ontgonnen: intensieve houtbouw en radicale uitputting van de rijkdom aan zeevruchten zijn sinds de koloniale tijd het noodlot van Chiloé.

Vanwege het klimaat is het eiland vaak vergeleken met Ierland. Wind, temperatuur en vooral de hoeveelheid neerslag lijken inderdaad op die in Noordwest-Europa.

Paaseiland, Juan-Fernándezeilanden

Zie bladzijde 360.

Milieu

Wie denkt dat de woestijn leeg is, vergist zich, en wie in het zuiden slechts ijspegels ontwaart ook. Chili kan bogen op een schitterende natuur. Op economische gronden prefereren opeenvolgende regeringen echter de uitputting van natuurlijke bronnen boven het behoud van de natuur. Pas sinds kort is er een omslag in het denken waarneembaar, probeert men de groene longen van het land te beschermen en wil men de reeds gekapte wouden niet slechts met snelgroeiende exoten herbebossen. In 2006 is een ministerie voor Milieu ingesteld. Paaseiland en Chiloé zijn de treurigste voorbeelden van ontbossing en brachten de Amerikaanse zakenman en milieuactivist Douglas Tompkins ertoe grote gebieden met *alerce*-bossen op te kopen om ze voor verdere kaalslag te behoeden (zie blz. 216).

Met 13.000 km² aan plantages hoort Chili bij de koplopers in kunstmatig aangelegde bossen. Als men doorgaat in hetzelfde tempo als de afgelopen eeuwen, zullen over 25 jaar alle oorspronkelijke bossen van Chili zijn verdwenen.

Sinds enige tijd klinken protesten tegen het Pascua Lamaproject, dat circa 700 km ten noorden van Santiago in de Valle de Huaso in de Atacamawoestijn moet plaatsvinden. De derde goudproducent ter wereld, het Canadese bedrijf Barrick Gold, schat dat op de hoogvlakte Pascua Lama 17 miljoen ounce (500 ton) goud en 630 miljoen ounce zilver en koper moeten liggen – onder het ijs van drie gletsjers. Om de drie gletsjers te 'verhuizen' wil de firma circa 1,5 miljard dollar investeren. Maar gletsjers verhuizen, dat is waarlijk een hybride project. De totale landbouw van de regio komt ermee op het spel te staan, terwijl die de gehele provincie voedt. De regering-Bachelet is vooralsnog van plan het project ten uitvoer te brengen.

Economie, maatschappij en politiek

Eigenlijk speelt Chili in de eredivisie: de tijger van Zuid-Amerika, zoals het land vanwege zijn hoge groeipercentages wordt genoemd, blijkt politiek stabiel, staat open voor hervormingen, weigert de VS steun in de Irakoorlog en weet desondanks handelsovereenkomsten met het machtige land te sluiten. Toch vallen nog veel Chilenen buiten de boot en zijn sociale misstanden sinds de dictatuur van Pinochet niet opgelost.

Onderwijs

Geld schoolt

Neem Alfredo Saez en zijn vrienden in Quillota, in een kleine woongemeenschap van een katholieke studentenvereniging. Iedereen woont in een spaarzaam gemeubileerde kamer. Verder zijn er een gemeenschappelijke douche, keuken en woonkamer. Alfredo komt uit een eenvoudig gezin en kan alleen studeren dankzij een beurs, net als zijn vrienden. Nu zet hij zich in als voorbeeld voor scholieren die uit dezelfde sociale laag komen als hij – kansen op een goede opleiding hebben ze niet, vertelt hij, de openbare scholen waar ze naartoe kunnen zijn veel slechter dan de kostbare privéscholen.

Vrijwel geen scholier uit een sociaal zwak milieu kan gaan studeren als hij niet wordt geholpen, want het kennisniveau op openbare scholen ligt veel lager dan op privéscholen. In een vicieuze cirkel wordt het verschil tussen openbaar en particulier elk jaar groter. Wie er dan toch komt, heeft veel geld nodig om zijn studie te kunnen betalen.

Noodzaak tot beleid

Bij haar aantreden in 2006 beloofde de socialistische president Michelle Bachelet zich speciaal in te zetten op twee terreinen: onderwijs en gezondheidszorg, die beide onder Pinochet waren geprivatiseerd. Veel Chilenen zien hier de grootste noodzaak tot beleid. De economie groeit al jaren en al sinds 2004 schittert de prijs van koper op het hoogste niveau. Maar de sociale politiek is nog altijd die van een ontwikkelingsland, en de *enclaves politicos*, de elites die de politieke macht in handen hebben, blijven in het moreel conservatieve Chili onaangetast. De vele recente protesten van scholieren en studenten bewijzen dat er nog niet veel is veranderd.

Economie

Nationalisering van het koper

Chili sloeg al begin jaren zestig nieuwe wegen in onder de christendemocratische president **Eduardo Frei Montalva**. Hij vestigde zijn aandacht op het economische hart van Chili, de koperwinning, die tot dan toe in handen was van Noord-Amerikaanse bedrijven. Daardoor stroomden de aanzienlijke winsten uit deze tak van industrie het land uit. Onder het motto 'chilenisering van het koper' kreeg de staat 51% van de mijn El Teniente in Rancagua in handen. Hoewel de verkiezingsbelofte om de koperwinning in zijn totaliteit te nationaliseren met deze actie wel heel vrij werd opgevat, was het een bescheiden begin. Zo ook zijn handelwijze bij de landbouwhervormingen. Onder zijn bewind werden de eigendomsverhoudingen gewijzigd op Vuurland en in de Zuid-Patagonische provincie Magallanes, waar in totaal circa

3 miljoen ha aan schapenboerderijen lag. Het felle verzet van de grootgrondbezitters (7% van de landeigenaren had bijna 80% van de bruikbare grond in handen) liet Frei weinig speelruimte, maar die wist hij wel te benutten. Onder zijn bewind werden in het hele land ongeveer 1400 latifundia, met tezamen bijna 3,5 miljoen ha grondoppervlak, opgedeeld in coöperaties. Daarbij was 80 ha de norm: als een grootgrondbezit groter was, kon het worden onteigend. De voormalige eigenaren werden schadeloos gesteld.

De landarbeiders kregen voor de eerste maal in de geschiedenis een salaris in geld uitbetaald, het onderwijs werd verbeterd, gemeentelijke zelfhulporganisaties bekommerden zich om de bewoners van de armste wijken en de publieke gezondheidszorg werd verbeterd.

De Chileense weg naar het socialisme

De Chileense weg naar het socialisme boekte vanaf begin jaren zeventig onder president **Salvador Allende** zijn eerste successen. De invoering van sociale programma's, loonsverhogingen voor lage-inkomensgroepen, prijscontrole voor grondstoffen en onderwijshervormingen enthousiasmeerden de sinds lang achtergestelde onderste lagen van de bevolking. Toen op 11 juli 1971 de mijnbouw zonder schadeloosstelling van de voormalige

Ook op de Plaza de Armas in Santiago bespreekt men de economische situatie

eigenaren werd genationaliseerd, maakte Chili zich daarmee los uit internationale economische netwerken. Ook andere belangrijke industrieën, banken en verzekeringsmaatschappijen, binnen- en buitenlandse monopolies en de buitenlandse handel werden onteigend door de staat. In 1971/1972 werd circa 80% van de industriële capaciteit van Chili genationaliseerd. Aan het einde van het eerste jaar van de regering-Allende stond de teller binnen alle sectoren 'op groei'.

Neoliberaal Chili

Na de staatsgreep van 11 september 1973 zette de dictatuur van Pinochet het mes diep in het door hem verachte economische systeem. Onder leiding van adepten van Milton Friedman, de *Chicago Boys*, werd een neoliberaal economisch model ingevoerd.

Alle onder Allende genationaliseerde bedrijven waren binnen een jaar weer geprivatiseerd, het onteigende land werd teruggegeven en de coöperaties ontbonden. In- en uitvoerrechten werden drastisch beperkt. Voor buitenlands kapitaal gold hetzelfde belastingtarief als voor binnenlands geld en winsten mochten onbeperkt het land uit vloeien. Ideologisch verbloemd werd dat 'geslaagde wereldmarktintegratie' genoemd.

De neoliberale omvorming van het land wekte groot enthousiasme bij buitenlandse investeerders, waardoor de binnenlandse productie een slechte concurrentiepositie kreeg. De daaruit voortvloeiende enorme werkloosheid had een grote verarming van de bevolking tot gevolg. Onder Pinochet steeg het percentage van de bevolking dat onder de armoedegrens leefde tot boven de 50%.

Het werkloosheidscijfer bleef gedurende de gehele regeringsperiode van Pinochet twee keer zo hoog als in de jaren zestig. De reële lonen gingen na de staatsgreep met de helft omlaag.

Een in 1980 aangenomen stelsel van hervormingen snoeide in de speelruimte van de vakbonden, privatiseerde de sociale verzekeringen en de gezondheidszorg, decentraliseerde het basis- en voortgezet onderwijs en gaf die de mogelijkheid tot privatisering, privatiseerde het universitair onderwijs, reduceerde overheidsstudiebeurzen, richtte de landbouw op export en stelde een regionaliseringspolitiek in, waarbij de machthebbers, de gouverneurs van de verschillende provincies, niet werden gekozen, maar aangesteld door Pinochet.

Politieke stabiliteit en economische opleving

Met de terugkeer van de democratie traden veel sociale verbeteringen op, waaronder de invoering van een minimumloon en een daarmee gepaard gaande verhoging van het reële inkomen. De werkloosheid zonk tot recorddiepte, de sociale verschillen verminderden, de jaarlijkse groei van het bruto sociaal product (het welzijnsniveau) steeg van 2% tot 10,4%. De regering bleef vasthouden aan het economische concept van het neoliberalisme.

In januari 2004 werd, ondanks fanatieke protesten van de bevolking, een bilateraal handelsverdrag met de VS afgesloten. Critici van het neoliberale economische model, dat zich in de eerste plaats richt op de export van grondstoffen, temperden hun standpunt met het oog op de gestaag dalende werkloosheidscijfers.

De economische hausse berust op een sterk gestegen prijs voor koper en bloeiende exportcijfers voor gekweekte zalm. Ook de uitvoer van hout en wijn, fruit en groente verfraait de handelsbalans. De vorige president Ricardo Lagos slaagde erin tijdens zijn regeringsperiode de Europese markt te veroveren met Chileense producten. Omdat het land politiek stabiel is, investeren buitenlandse bedrijven tegenwoordig nergens in Zuid-Amerika liever dan in Chili.

Critici spreken evenwel van een zeepbel, die gebaseerd is op een ongeremde toegang van internationale bedrijven tot het land en die voorbijgaat aan de aantasting van nationale levensomstandigheden en de uitputting van natuurlijke hulpbronnen, bijvoorbeeld door overbevissing en excessieve houtkap. Aan duurzaamheid wordt weinig waarde gehecht – wat dat betreft zet Bachelet de politiek uit de tijd van Pinochet gewoon voort.

Geschiedenis

De oudste mummies ter wereld komen uit het noorden van Chili. Indiaanse culturele prestaties bepalen het overweldigende, maar ontoegankelijke land, waarop de Spaanse verovering zijn roemloze stempel zou zetten. Aan het einde van de 19e eeuw brak in Chili als een van de eerste landen van Zuid-Amerika het industriële tijdperk aan.

Indiaanse culturen

De oudste mummies ter wereld komen niet uit Egypte, maar zijn afkomstig van de Chileense Altiplano. In het Museo Antropológico in San Miguel de Azapa in de buurt van Chili's noordelijkste stad Arica rusten zij voor iedereen zichtbaar en bij de juiste temperatuur onder glas. De stevig in stof gewikkelde en met stro gevulde menselijke resten zijn vermoedelijk 7000 jaar oud. Ze zijn afkomstig van de **Chinchorrocultuur**.

Algemeen wordt aangenomen dat de oudste sporen van menselijke beschaving op Chileense bodem dateren van het 10e millennium v.Chr. Deze volken leefden van de visvangst en de jacht. In de omgeving van Arica en Iquique zijn enorme geogliefen te zien die nog niet helemaal zijn ontraadseld, maar in elk geval duiden op handelscontacten met de Altiplanoculturen van Bolivia.

De **Tiwanakucultuur** rond het Titicacameer (voor de helft in Bolivia en voor de helft in Peru), met zijn bijzondere zon- en maanrituelen, veroverde vermoedelijk na de 10e eeuw n.Chr. het noorden van Chili, waar de **Aymara's** aardappelen en mais verbouwden en kuddes lama's en alpaca's hielden.

De van de Altiplano afkomstige **Atacameño's** leefden vanaf het 8e millennium v.Chr. op de laagvlakten van de Andes als jager-verzamelaars. Zij cultiveerden de *chañar*, waarvan de tot siroop gekookte vruchten nog altijd worden verkocht op de markt in San Pedro de Atacama. Zo'n 3000 jaar geleden ontstonden hun eerste dorpen. Ze temden dieren en deden aan akkerbouw. De kleine nederzetting Aldea de Tulor (800 v.Chr.–500 n.Chr.) vlak bij San Pedro is een voorbeeld van hun bouwkunst. Uit de 12e eeuw n.Chr. dateert de Pucará de Quitor, een indiaanse vesting die later werd uitgebreid om nog meer bescherming te bieden tegen de Inca's.

De heerschappij van de Inca's

Vanaf 1470 onderwierpen de **Inca's** de noordelijke volken van Chili aan zich. Zij breidden hun rijk uit tot aan de Río Bío Bío, waar ze op verzet van de Mapuches stuitten. Ze eisten tribuutbetalingen en godsdienstige assimilatie, maar roeiden de oude culturen niet uit. Met behulp van reeds bestaande handelswegen legden ze het beroemde Incapad door de Andes aan, dat later door de Spanjaarden werd benut als *camino real*, 'koninklijke weg'. Langs de route stonden kleine posten en de weg was zo stevig dat er karavanen met lama's overheen konden trekken (zie blz. 351).

De noordelijke kuststrook werd bevolkt door de **Chango's**, die vanaf hun met zeehondenhuiden bespannen boten zelfs walvissen wisten te doden.

Mais- en aardappelteelt

Rond het jaar 1000 arriveerden er in de streek rond La Serena **Diaguita's** uit Argentinië, die leefden van de teelt van mais. Van hun bestaan rest niets anders dan wat in musea is te vinden. In het stadsmuseum van La Serena kunt u voorbeelden van hun prachtige aardewerk bewonderen.

In het hart van Chili, tussen het Illapeldal en het eiland Chiloé, woonden de **Mapuches** (*gente de la tierra*, 'mensen van de aarde'), die weer waren onderverdeeld in Picunches en Huiliches. Ze waren in de 11e eeuw uit Oost-Patagonië gekomen en verbouwden mais, bonen, aardappelen, appels en araucaria's. Privébezit gold alleen voor de dagelijkse gebruiksvoorwerpen, het vee en het land was gemeenschappelijk bezit en werd door allen verzorgd en bewerkt.

'Grote voeten' in Patagonië

Iets zuidelijker leefden de **Tehuelches**, die door de eerste man die om de wereld voer, Fernão de Magalhães (Magelhaen), in 1520 *patagones* (*patas grandes*, 'grote voeten') werden genoemd, omdat ze zulke grote voetsporen nalieten. Ze leefden als nomadische jager-verzamelaars en ruilden guanacohuiden en nandoeveren met de eerste kolonisten. Toen begin 20e eeuw Europese kolonisten hun land bevolkten, duldden die geen *patas grandes*. De Tehuelches werden in reservaten ondergebracht. In de annalen is na te lezen hoe het verlies van hun nomadische bestaan, opgelopen Europese ziekten en een moeilijk acculturatieproces – wat daaronder ook wordt verstaan – hun uitsterven bezegelden.

Walvisvet tegen de kou

Het treurigste lot ondergingen de indianen van Zuid-Patagonië en Vuurland. Zij werden eenvoudig uitgeroeid. De **Yaghans** (Yamana's) leefden als waternomaden in hun kano's tussen de eilanden in het Beaglekanaal en voedden zich met mosselen en andere zeedieren. Tegen de kou smeerden ze hun huid in met vet van walvissen en zeehonden. Zij lieten het vuur dat brandde nooit uitgaan en dit bracht ontdekkingsreiziger Magelhaen er in 1520 toe het gebied, dat hij als eerste Europeaan mocht aanschouwen, *Tierra de los Humos* ('Land van de Rook') te noemen. Later werd de naam veranderd in *Tierra del Fuego* ('Land van het Vuur').

De **Selk'nams** (Ona's) trokken over de Patagonische steppen en leefden in de dichte bossen in het Argentijnse (oostelijke) deel van Vuurland. Hun leven kwam in gevaar toen Chili besloot hun grondgebied toe te kennen aan Europese immigranten, die er vervolgens schapenboerderijen op gingen bouwen. In hun eindeloze zucht naar macht huurden de schapenboeren mannen in om de Selk'nams uit te roeien. Milder gestemde veebaronnen dreven de indianen in de handen van anglicaanse en salesianer missionarissen. De Duitse dominee en antropoloog Martin Gusinde leefde in de jaren twintig twee jaar tussen de Selk'nams en legde hun verbazingwekkende leven, voor het te laat zou zijn, vast op vele foto's.

De geïsoleerd en in kleine groepjes levende **Alacalufes** vluchtten naar onherbergzame gebieden en trokken zich terug in het Zuid-Patagonische labyrint van eilanden ten westen van de Carretera Austral.

De verovering van Chili

Chili behoorde niet tot de eerste delen van de Nieuwe Wereld die door de Spaanse conquistadores in beslag werden genomen. Het land had geen goud zoals Mexico (1519) en Peru (1532) en er was ook geen hoogontwikkelde cultuur. Er leefden daarentegen in Chili veel verschillende nomadische stammen. De *conquista* was minder aantrekkelijk voor de op goud beluste veroveraars en bleek ook veel moeilijker te zijn.

Verzet van de Mapuches

Na het mislukken van een veldtocht in 1535 gaf de veroveraar van het Incarijk in Peru, Francisco Pizarro, in 1540 aan **Pedro de Valdivia** de opdracht tot een nieuwe aanval. Op 12 februari 1541 bereikte Valdivia met 150 soldaten en 1000 Peruaanse slaven het vruchtbare dal van de Río Maipo. Het ijlings gestichte stadje San Yago de la Nueva Extremadura, dat zou uitgroeien tot Santiago, wist de aanslagen van de **Mapuches** maar zes maanden te weerstaan.

De strijd tegen de Mapuches bleek een afmattende aangelegenheid. Voorposten werden vooruitgeschoven in Mapucheland: Concepción (1550), Imperial (1551), Valdívia, Villarrica, Angol, Arauco en Tucapel (alle 1552). Pedro de Valdivia zelf stierf in 1553 in handen van de Mapuches. De grote Mapucheleider is vaker vereeuwigd in Chileense straatnamen dan de Spaanse bezetter: Lautaro, die ooit door Valdivia als paardenknecht tot slaaf was gemaakt. De oorlog duurde langer dan de Spaanse kolonisatie. Nog in 1881 werd er een fort tegen de Mapuches gebouwd: Temuco.

Door ongehoorde repressie bleven de conquistadores de baas in het continent. Vanaf halverwege de 16e eeuw werd de oorspronkelijke bevolking echter niet meer gedood maar tot slaaf gemaakt.

De Spaanse koloniale heerschappij

In 1567 werd de eerste *Real Audiencia*, een soort hooggerechtshof, beëdigd in de toenmalige hoofdstad Concepción. Chili werd bestuurd door de *Virrey de Perú*, de onderkoning van Peru, de vertegenwoordiger van het Spaanse koningshuis in Zuid-Amerika. De economische ontwikkeling van het land werd geremd door koloniale verdragen. Zo was het verboden om handelsproducten anders dan via Spanje op de markt te brengen.

Net als overal in Spanje zorgde ook in Chili de Kerk voor onderwijs en opvoeding. In de 16e eeuw waren er al franciscanen en dominicanen gearriveerd, rond 1680 volgden augustijnen en jezuïeten. De laatsten vestigden zich voornamelijk op het Isla de Chiloé en in het zuiden. Er bestonden bijna geen steden; de enige duurzame ontwikkeling die plaatsvond, was in de hoofdstad Santiago en zijn haven Valparaíso.

De kwetsbare kolonie was moeilijk te verdedigen. In het binnenland waren de Spanjaarden verstrikt in gevechten met de Mapuches, aan de kust hadden ze te maken met Hollandse en Britse piraten. Toen in de 18e eeuw duidelijk werd hoe rijk de Zuidzee was aan walvissen en robben laveerden er voor Chili talloze flottieljes. Tot aan Valdívia en het eiland Chiloé markeerden de Spanjaarden hun terrein met vestingen.

In 1778 kreeg Chili de status van onafhankelijke kapiteinsgeneraliteit, wat een versoepeling van de strenge economische geboden betekende. Overal in de kolonie ontstonden een gegoede burgerij en intelligentsia. Deze zouden – net als in de andere koloniën – het einde inluiden van de koloniale macht van Spanje.

De onafhankelijkheid

In 1808 veroverde Napoleon Spanje en zette zijn broer Jozef op de troon in Madrid. De eerste nationale regering van Chili legde in 1810 een eed van trouw af aan de koloniale macht Spanje, omdat de Chilenen Frankrijk als overweldiger van Spanje in geen geval wilden erkennen. Overal in de Spaanse koloniën in Zuid-Amerika ontstonden in dit machtsvacuüm junta's die in naam van de Spaanse Kroon politieke continuïteit moesten waarborgen.

Een jaar lang stond het bewind in Santiago aan de kant van de Spaanse koning, zonder diens macht over Chili te tolereren. In 1811 riep de junta het eerste nationale congres uit. Economisch en politiek machtige families wakkerden de antiroyalistische gevoelens aan en riepen in 1814 de uit Ierland afkomstige **Bernardo O'Higgins** uit tot opperbevelhebber van de Chileense troepen. Het leger dat hij samen met de Argentijnse onafhankelijkheidsstrijder generaal José de San Martín opstelde, versloeg de Spanjaarden in twee beslissende veldslagen: bij Chacabuco in 1817 en bij Maipú in 1818.

Het belangrijkste dat de jonge Chileense natie na de onafhankelijkheid van 1818 had te doen, was het uiterst dunbevolkte, langgerekte, ontoegankelijke gebied te consolideren. Dat ging niet zonder buitenlandse economische hulp. In de jaren veertig van de 19e eeuw namen de Engelsen het noorden over. Zij begonnen direct met de ontginning van goud- en

Toneel van Chileense geschiedenis: het Monedapaleis in Santiago

kopermijnen en ontwikkelden een infrastructuur. Later traden de Noord-Amerikanen in hun voetsporen. In het diepe zuiden van Patagonië en Vuurland vestigden Britse, Portugese en Galicische veebaronnen hun imperium, terwijl het regenwoud van het Kleine Zuiden rondom het Lago Llanquihue vanaf 1853 werd ontgonnen door Duitse immigranten, die na de mislukte revolutie van 1848 hun eigen land waren ontvlucht.

De macht van de grootgrondbezitter

Weliswaar was de koloniale macht verjaagd, maar er was nog lang geen politieke stabiliteit bereikt. Chili was, net als veel andere Zuid-Amerikaanse landen, niet enorm gegroeid en de sociale verschillen waren nog altijd gigantisch. Het land was bezaaid met reusachtige boerderijen voor landbouw en veeteelt en de *latifundistas* belichaamden een eigen machtsfactor. Kleine boeren waren er vrijwel niet, alleen pachters die hun land afhankelijk van de grootgrondbezitters bewerkten en daarvoor rente moesten betalen. Zij hadden geen enkel recht op de grond en waren daardoor gemakkelijk te verjagen.

Met weinig interesse om hun macht te delen en in politiek opzicht behoorlijk conservatief en patriarchaal, raakten de *latifundistas* in conflict met de nieuwe handelsbourgeoisie, die in economisch opzicht niet minder machtig was, maar veel opener stond voor nieuwe ontwikkelingen. Bernardo O'Higgins richtte zijn eerste vooruitstrevende, maar autoritaire pijlen op de grootgrondbezitters. Hij schafte adellijke titels af en joeg daarmee de aristocratie in het harnas tegen zijn hervormingspolitiek. Binnen vijf jaar na de onafhankelijkheid werd hij al uit zijn macht ontheven, maar daarna ontstond in Chili wel een van de stabielste politieke systemen van Zuid-Amerika: een autocratisch systeem met een president die tegelijkertijd de positie van opperbevelhebber van het leger bekleedde. Uitsluitend de leden van de reeds gevestigde, vermogende elite – grootgrondbezitters en kooplieden – kregen kiesrecht en zij splitsten zich op in twee partijen.

In de loop van de 19e eeuw kregen de liberalen de overhand. De economische successen bij het te gelde maken van goud, zilver en koper, later ook van salpeter, ondersteunden de economie van Chili en verdrongen de voormalige economische basis, de landbouw, naar de tweede plaats. Er kwam een sociale klasse bij: de industriearbeiders.

Het einde van de Mapuches

Tot halverwege de 19e eeuw was de Chileense bevolking nog altijd over eilandjes verdeeld. In het zuiden lagen weinig nederzettingen. De behoefte aan nieuw grondoppervlak ter uitbreiding van de landbouw leidde tot systematische verdrijving van de Mapuches. Onder het mom van koop- en schenkingsakten, die het papier waarop ze gedrukt waren niet waard waren, werd het land van de indiaanse bevolking onteigend. De mensen werden in *reducciones* (reservaten) 'samengebracht'.

Voor het omstreden onteigende land zocht Chili kolonisten, het liefst uit Europa. Met zijn reizen tussen 1831–1837 legde marineofficier **Bernhard Philippi** de basis voor de Duitse kolonialisatie van de landstreek tussen Valdivia en het Llanquihuemeer.

Niet alle Duitsers waren boeren. Het stedelijke Valdivia ontwikkelde zich tot brandpunt van het ambachtswezen en de industrie, waar de Duitse immigranten in hun eigen beroepen aan de slag konden gaan. Latere nieuwkomers, onder wie talloze intellectuelen voor wie het na de mislukte revolutie van 1848 in Duitsland te gevaarlijk was geworden, troffen land aan dat onder moeilijke en zware omstandigheden in landbouwgrond moest worden veranderd.

Tegelijkertijd werd de grens in het zuiden vastgesteld. Met de oprichting van Fuerte (fort) Bulnes aan de Straat van Magallanes handhaafde Chili in 1843 zijn aanspraken op dit gebied.

De Salpeteroorlog

De mijnbouw in Noord-Chili, dat destijds ophield bij Taltal, was altijd een industrietak van groot belang geweest. Toen de Chilenen nitraat (destijds algemeen bekend onder de naam salpeter) vonden in de Boliviaanse provincie Antofagasta en daar op grote schaal begonnen te investeren, besloten Bolivia en Chili eenstemmig tot een gemeenschappelijke winning van alle grondstoffen tussen de 23e en de 25e breedtegraad, dat wil zeggen het gebied van zo'n 50 km ten noorden van Taltal tot aan Mejillones.

Het niet naleven van afspraken en de nationalisering van Peruaanse nitraatmijnen, waarin ook Chileens kapitaal zat, leidden tot een militair conflict tussen Peru en Bolivia enerzijds en Chili anderzijds, dat na vier jaar oorlog in 1883 werd gewonnen door Chili, met flinke steun van Groot-Brittannië. Peru moest in 1883 de provincie Tarapacá afstaan en Bolivia bij het vredesverdrag in 1904 de provincie Antofagasta. Als tegemoetkoming verplichtte Chili zich tot de aanleg van een spoorlijn van de zeehaven Arica tot de hoofdstad van Bolivia, La Paz. Met het verlies van Antofagasta had Bolivia namelijk zijn verbinding met de kust verloren.

Nitraat was destijds een zeer gewild exportartikel, waarmee hoge winsten waren te behalen. Het werd niet alleen als meststof gebruikt, maar ook toegepast als grondstof voor kruit en vond een groot afzetgebied in het Europa ten tijde van de industrialisering en later van de Eerste Wereldoorlog. Chili beschikte aan het begin van de 20e eeuw over het monopolie, waarin overigens Groot-Brittannië een aandeel van 70% bezat.

De grote economische veranderingsprocessen brachten ook sociale veranderingen mee. Er kwam een omvangrijke industriële arbeidersklasse op, terwijl tegelijkertijd de verstedelijking toenam. In 1875 leefde 27% van de bevolking in de stad, in 1907 was dat al 43%. In 1907 kwamen de nitraatarbeiders in Iquique voor het eerst in opstand tegen de ondraaglijke omstandigheden op het werk, een opstand die met grof geweld werd neergeslagen. Vijf jaar later werd de eerste politieke partij opgericht. In 1912 werd de Socialistische Partij gevormd, in 1920 gevolgd door de Democratische Partij en de Radicale Partij, die steun vonden bij de nieuwe middenklasse.

Naar de moderne tijd

Begin 20e eeuw was Chili een intern verdeeld land. Diep in het zuiden heersten de schapenfamilies Braun, Menéndez, Nogueira en Behety, die hun enorme rijkdommen door onderlinge huwelijken wisten te consolideren en de indianen hadden weten uit te roeien. Tegelijkertijd trok de vondst van goud op Vuurland gelukszoekers en avonturiers uit de hele wereld aan, die de regio aan eigen wetten onderwierpen.

In 1909 werd Valparaíso opgeschrikt door een zeer krachtige aardbeving en was Santiago een smeltkroes en metropool geworden met zo'n 330.000 inwoners, met chique en luxueuze lanen, maar ook met troosteloze huurkazernes.

Het noorden ontwikkelde zich verder door de salpeter- of nitraatwinning, zoals in de 19e eeuw de delving van goud, zilver en koper voor alle infrastructurele ontwikkelingen bepalend was geweest.

Kloof tussen arm en rijk

De sociale situatie was niet bepaald evenwichtig te noemen. Een gigantisch rijke bovenlaag bepaalde zonder tegenspraak de politiek. Straatarme vissers aan de stormachtige noordkust moesten het daarentegen zien uit te houden in huizen gemaakt van drijfhout, walvisbotten en repen stof. In Russische syndicaten grootgebrachte, geïmmigreerde landarbeiders trachtten opstanden te ontketenen tegen de grootgrondbezitters van het zuiden, die deze met machinegeweersalvo's beëindigden. Intussen werden de talrijke mijnwerkers in het noorden terzijde gestaan door indiaanse dorpsgemeenschappen, terwijl Duitse boeren in relatieve rust de grond van het Kleine Zuiden bewerkten.

Toen **Arturo Alessandri y Palma** in 1920 tot president werd gekozen, lag de macht voor de eerste maal in de geschiedenis van het land bij de werkende klasse. Met een vooruitstrevende arbeidswetgeving (achturige werkdag, verbod op kinderarbeid, collectieve arbeidsovereenkomsten, oprichting van vakbonden) en een nieuwe grondwet plaatste hij Chili op sociaal vlak op de eerste plaats ten opzichte van zijn Zuid-Amerikaanse buren. Het verzet was heel groot en hij kon bepaalde punten van zijn programma alleen maar doordrukken omdat hij zich gesteund wist door een deel van het leger.

De conflicten bereikten hun hoogtepunt met zijn afzetting en de instelling van de zogenaamde 'legale dictatuur' van **Carlos Ibáñez del Campo** (1927–1931). Zijn regering wordt gekenmerkt door een aanzienlijke economische terugslag. Niet alleen had hij te maken met de wereldwijde economische crisis van 1929, maar na de uitvinding van de veel goedkopere kunstmest door de chemicus Fritz Haber kwam daar ook een scherpe daling in de prijs van salpeter/nitraat bij. Pas met de toegenomen koperproductie uit de Chuquicamatamijn, die in 1911 in bedrijf was genomen, kwam er een einde aan de hevige teruggang in de economie.

Toen **Arturo Alessandri y Palma** voor de tweede keer het presidentiële paleis Moneda betrok (1932–1938), liet hij weliswaar de Noord-Amerikaanse participatie in de winstgevende kopermijnen Chuquicamata, El Teniente en Potrerillos onaangetast (die buitenlandse deelname bedroeg maar liefst 87%), maar bevorderde hij door een economische politiek met veel actieve staatsbemoeienis toch het opbloeien van de nationale industrie.

Met **Pedro Aguirre Cerda** (1938–1942) aan het roer veroverde een verbinding van linkse groeperingen de macht. Hij was de gemeenschappelijke kandidaat van een coalitie van radicalen, socialisten en democraten, die zich inzette voor de verbetering van de positie van de arbeiders en voor sociale hervormingen. Ondanks zijn overwinning lukte het Aguirre Cerda niet de parlementaire meerderheid te behalen, waardoor de verwerkelijking van zijn plannen veelal in duigen viel in het parlement.

Democratie en dictatuur

Salvador Allende

Bij de presidentsverkiezingen van 1970 behaalde de marxist en leider van de Socialistische Partij, **Salvador Allende Gossens**, als kandidaat van de linkse alliantie **Unidad Popular**

Meer dan een verkiezingsoverwinning – Michelle Bachelet is de eerste vrouwelijke president

(in het Nederlands bekend onder de naam Volksfront) een uiterst krappe overwinning. Onder de waakzame ogen van de hele wereld begon daarmee een socialistisch experiment. Het politieke landschap van Chili was op dat moment tamelijk eensgezind. De christendemocraten stonden niet volkomen afwijzend tegenover de plannen van Allende. Zo had ook hun eigen kandidaat, Radomiro Tomic, zich sterk gemaakt voor complete nationalisering van de mijnbouw.

Justitiële, grondwettelijke en agrarische hervormingen volgden. Maar Allende bleek over een kruitvat te regeren. Zijn landbouwhervormingen werden geflankeerd door illegale gebeurtenissen, waarbij de revolutionaire linkervleugel van het Volksfront (Movimiento de Izquierda Revolucionaria, MIR) een sleutelrol speelde. De landbouw ging al snel aanzienlijk achteruit en levensmiddelen moesten op grote schaal worden geïmporteerd. De demonstraties van huisvrouwen tegen 'lege kookpotten', de *ollas vacías*, trokken veel aandacht in de buitenlandse media. Met de VS, die het met Cuba bevriende Chili natuurlijk een doorn in het oog was, trof het land de machtigste tegenstander van de wereld. De kredieten van de Wereldbank werden geannuleerd en de ontwikkelingshulp stopgezet.

Op 11 september 1973 pleegde het leger een staatsgreep tegen Allende. De opperbevelhebber van het leger, generaal Augusto Pinochet Ugarte, was nog geen maand in functie. De beelden van de beschietingen en bombardementen op de regeringszetel La Moneda, en daarmee op een democratisch gekozen regering, wekten wereldwijd beroering. De Amerikaanse CIA was ten zeerste betrokken bij deze aanslag op de democratie.

'Ik weet zeker dat mijn offer niet voor niets zal zijn geweest. Ik weet zeker dat er op zijn minst een moreel vacuüm zal ontstaan, waaraan de geniepigheid, de lafheid en het verraad zullen hebben bijgedragen.' Met deze woorden nam Allende in een radiotoespraak afscheid van het Chileense volk, voor hij in het Monedapaleis de dood vond. De exacte omstandigheden van zijn dood zijn lange tijd onderwerp van speculatie geweest, maar inmiddels is vast komen te staan dat hij zelfmoord heeft gepleegd.

De dictatuur van Pinochet

Generaal **Augusto Pinochet Ugarte** riep onmiddellijk het krijgsrecht af. Duizenden Chilenen werden gearresteerd, naar ijlings opgerichte concentratiekampen gebracht, gefolterd, verkracht en vermoord. Tienduizenden vluchtten naar het buitenland. Het militaire regime schafte de grondwet en alle burgerlijke grond- en vrijheidsrechten af en verbood vakbonden en politieke partijen.

Met een op zijn junta toegesneden grondwet timmerde Pinochet in 1981 de politieke omstandigheden dicht met hem als staatshoofd en regeringsleider. De politieke rol van de militairen werd vastgelegd als 'garantie voor veilige democratie'.

In oktober 1988 wilde de dictator per referendum de verlenging van zijn bewind laten vastleggen tot 1997. Maar oppositiebewegingen en lange tijd verboden partijen – alleen de rechtse partijen **Renovación Nacional** (RN) en **Unión Demócrata Independiente** (UDI) zaten in de regering – benutten de kans en sloten zich aaneen tot een verbond tegen Pinochet. De **Concertación** van zeventien verschillende groeperingen werd aangevoerd door de christendemocraat **Patricio Aylwin**. Met (officieel) 55% van de stemmen verdreven de Chilenen bij de volksstemming de dictator van zijn zetel, wat bij de verkiezingen van mei 1989 werd bevestigd. Pinochet nam echter onmiddellijk tegenmaatregelen en liet zijn positie als opperbevelhebber in de grondwet vastleggen tot 1997, evenals de mogelijkheid om `als *senador vitalicio* een plaats voor het leven in de Senaat te bezetten.

Overwinning van de democratie

In 1993 stonden er weer presidentsverkiezingen op het programma. Deze werden gewonnen door de christendemocratische kandidaat van de Concertación, **Eduardo Frei**. Hij nam een relatief veilig Chili over, maar wel een nog wankele democratie, aangezien de voormalige dictator Pinochet zich niets wenste aan te trekken van de reeds door Aylwin aangevoerde aanklachten wegens mensenrechtenschendingen en met dreigementen tegen de democratie reageerde. De vruchten van het werk van de in 1991 ingestelde *Comisión para la Verdad y la Reconciliación* (Waarheids- en Verzoeningscommissie) werden in zoverre genegeerd dat de militairen ondanks beschuldigingen niet werden vervolgd. Tegelijkertijd behaalde Frei ook enkele prestigesuccessen, zoals de veroordeling van het voormalige hoofd van de geheime dienst Manuel Contreras en diens plaatsvervangers, wegens de moord op Orlando Letelier, minister onder Allende en criticus van de dictatuur.

Met de overwinning van de sociaaldemoraat **Ricardo Lagos** bij de verkiezingen van 1999 kreeg de regering een scherper profiel. Het lukte steeds beter om de misdaden te vervolgen. De CIA maakte eindelijk geheime akten en dossiers openbaar, die de invloed van de voormalige minister van Buitenlandse Zaken van de VS, Henry Kissinger, lieten zien. De Spaanse rechter Baltasar Garzón liet in 1998 Pinochet in Londen arresteren. Zijn inspanningen leidden na vele jaren tot de gehoopte ontknoping: een dictator kan niet ongestraft voor de ogen van de wereld tienduizenden andersgezinden laten martelen en vermoorden. Garzón hield zich niet alleen met Pinochet bezig: er gingen 37 andere arrestatiebevelen naar leden van de voormalige junta en het aantal veroordelingen steeg. Lagos kende de slachtoffers van de dicatatuur een levenslange uitkering toe.

Toen Lagos in maart 2006 het presidentiële stokje doorgaf aan **Michelle Bachelet**, was hij de populairste president die Chili ooit heeft gekend. Daarom rekent de Concertación stellig op zijn hernieuwde kandidatuur in 2010, als Bachelet plaats moet maken voor een ander. De verwachtingen omtrent Bachelet waren hooggespannen. Haar eerste kabinet verblufte zelfs critici van de Concertación: 50% van haar ministers waren, als beloofd, vrouwen.

Het ziet er echter naar uit dat de euforie van de eerste maanden snel zal verdwenen. Inmiddels is bijna de helft van het kabinet vervangen en wordt er nauwelijks iets gedaan aan de problemen in het onderwijs. In april 2008 was slechts de helft van de Chilenen tevreden met het beleid van Bachelet.

Jaartallen

ca. 10.000 v.Chr.	Indiaanse stammen leven als jager-verzamelaars.
ca. 7000 v.Chr.	Chinchorrocultuur in Noord-Chili met oudste mummies ter wereld.
ca. 5000–3000 v.Chr.	Eerste dorpen (*ayllos* van de Atacameño's).
ca. 0	Halfnomadische levenswijze, domesticatie van lama's, begin van irrigatieculturen; metaalbewerking, oudste keramiekvondsten. El Mollecultuur in de Valle del Elqui.
ca. 900	Komst van Diaguita's uit Argentinië.
ca. 1000	De Tiwanakucultuur breidt zich uit naar Noord-Chili; gebruik van hallucinogene middelen. Mapuches komen uit Oost-Patagonië naar Chili.
1470	Begin van de invasie der Inca's, die tot Zuid-Chili zal reiken.
1540	Spaanse expeditie onder leiding van Pedro de Valdivia; stichting van San Yago de la Nueva Extremadura (1541), La Serena (1544), Concepción (1550), Imperial (1551), Valdivia, Villarrica en Angol (alle 1552).
16e eeuw	Oorlog tegen de Mapuches; ca. 200 nederzettingen halen het niet tot aan de 17e eeuw. Eerste dominicaner en franciscaner missionarissen.
1680	Komst augustijnen en jezuïten.
1777	Chili verkrijgt status van kapiteinsgeneraliteit.
1810	Eerste nationale regering van Chili zweert trouw aan Spanje.
1814	Begin Onafhankelijkheidsoorlog.
1817/1818	Opperbevelhebber Bernardo O'Higgins levert bij Chacabuco (1817) en Maipú (1818) de beslissende slagen tegen Spanje.
1846	Eerste Duitse kolonisten rond Valdivia.
1879–1883	Salpeteroorlog. Chili wint Tarapacá en Antofagasta.
eind 19e eeuw	Verdrijving en vervolging van de Selk'nams, Yaghans en Mapuches.

Ingebruikname van de kopermijn Chuquicamata.	**1911**
Oprichting Socialistische Partij.	**1912**
Democratische Partij wint de verkiezingen.	**1920**
Overwinning van links verbond onder Pedro Aguirre Cerda.	**1938**
Nobelprijs voor de literatuur voor dichteres Gabriela Mistral.	**1945**
De christendemocraat Eduardo Frei Montalva start met de nationalisering van de belangrijkste industrieën.	**1964**
Overwinning Unidad Popular van Salvador Allende Gossens.	**1970**
Nobelprijs voor de literatuur Pablo Neruda.	**1971**
Militaire staatsgreep onder generaal Augusto Pinochet.	**1973**
Bevolking wijst verlenging ambtsperiode Pinochet af.	**1988**
Overwinning brede coalitie (Concertación) onder Patricio Aylwin; terugkeer naar democratie.	**1989**
Met Ricardo Lagos voor het eerst sinds 1973 een socialist aan de macht.	**2000**
De voormalige dictator Pinochet staat voor het eerst in Chili voor de rechter. Later wordt hij dement verklaard.	**2001**
De dochter van ex-president Salvador Allende wordt gekozen tot voorzitter van het parlement.	**2003**
Invoering burgerlijk huwelijk, waardoor scheiden mogelijk wordt.	**2004**
Ondanks protesten vrijhandelsverdrag met de VS.	**2005**
Socialiste Michelle Bachelet president van Chili. Dood Pinochet lokt demonstraties uit.	**2006**
Bachelet belooft dat de militairen de winst uit de koperhandel zal worden ontnomen.	**2007**

Maatschappij en dagelijks leven

Lezers hoeven maar de societypagina's van het invloedrijke dagblad *El Mercurio* op te slaan om te zien wie er bij de elite hoort; goed gekapt en oogverblindend gekleed. Zij zijn echter maar een piepklein puzzelstukje van het veelzijdige dagelijks leven van Chili, waartoe ook bijna elf procent indianen behoren.

De bevolking

Blanke bovenlaag

Getalsmatig extreem in de minderheid, maar politiek en maatschappelijk extreem toonaangevend – zo zou men de blanke bovenlaag kunnen beschrijven in een land waarvan de identiteit wortelt in zoveel verschillende vreemde culturen. Spanjaarden, Engelsen, Portugezen, Kroaten, Duitsers, Zwitsers, Italianen – deze groepen trokken de laatste eeuwen naar Chili, verkozen het tot nieuw vaderland en probeerden in deze multiculturele mix de contouren van hun eigen cultuuur niet uit het oog te verliezen. Dat is wellicht de reden dat men rond het Lago Llanquihue nog altijd een met ouderwets Duits doorspekt Spaans hoort en eet men er daarom zoveel *kuchen*. Misschien prijst de vrouw van de landeigenaar op Vuurland haar – op Kroatische wijze gerookte – ham om die reden aan. Het overgrote deel van het programma van het Teatro Oriente in Santiago bestaat uit Beethovencyclussen. Chili is blank, en de grootste gemene deler is de zekerheid dat men uit Europa afkomstig is.

Mapuches en Aymara's

De indiaanse bevolking is in de koloniale tijd en lang daarna gruwelijk vervolgd, verdreven, gedood of vervreemd van eigen cultuur en religie. De afgelopen jaren poogt de overheid de ontwrichte verhoudingen te herstellen. De Mapuches, die ooit het gebied tussen Chillán en Puerto Montt bevolkten, waren in 1882 in 22.000 reservaten weggestopt. Onder de regering van Patricio Aylwin (1989- 1993) is begonnen met de teruggave van het territorium van de Mapuches, maar zonder de eigenlijke aanspraken van de indiaanse gemeenschappen in te willigen. Overheidsgelden verdwenen in projecten voor verbetering van de infrastructuur van Mapuchegemeenschappen. Dit is echter bij lange na niet genoeg. De protesten en politisering van de Mapuches nemen toe. Bij de verkiezingen van 2006 stelde een Mapuche zich kandidaat. De speciale gezant van de Verenigde Naties, Rodolfo Stavenhagen, concludeerde bij een bezoek in datzelfde jaar dat de toenemende bosbouw door de staat de culturele, sociale en economische positie van de Mapuches beschadigde. Dat leidde niet tot inbinden van de overheid, de standpunten zijn juist verhard. Bij een demonstratie in januari 2008 kwam een Mapuche om het leven (zie ook blz. 45).

Na lange onderdrukking – onder Pinochet werden velen gevangengenomen – zijn de Aymara's in het noorden nu weer trots op hun eigen cultuur, vieren hun Andescarnaval en hun, zoals ze het noemen, 'gecamoufleerde' feesten, waarbij bijvoorbeeld een christelijke feestdag samenvalt met een indiaanse (Kerstmis met de zomerzonnewende, San Juan met de winterzonnewende, en de vele Mariafeesten (zie blz. 40). De nationale grenzen tussen Bolivia, Peru en Chili zijn in hun ogen volstrekt willekeurig. De Aymara's van deze landen zien zichzelf als één volk, los van de grenzen waarbinnen ze leven.

Indiaanse leefwereld en moderne maatschappij

De staat probeert met een speciale organisatie, *Origenes*, de vaak jammerlijke levensomstandigheden van de Aymara's te verbeteren. Maar, zo zeggen de Aymara's, ze begrijpen ons niet: elk jaar maken wij samen de irrigatiekanalen schoon en als wij daarmee klaar zijn vieren we een groot feest. De organisatie wil nu voor ons kanalen van metaal bouwen, zodat we niet zo omslachtig hoeven schoon te maken. Ze begrijpen niet dat de *Limpieza de los Canales* een belangrijke datum op onze kalender markeert en wij veel waarde hechten aan gezamenlijke arbeid. Iedereen in de *comunidad* heeft zijn taken en plichten. *Origenes* is economisch ingesteld en ziet alleen maar de besparing van arbeid. Maar dat telt voor ons niet. Tussen ons en de op winst en efficiëntie gerichte Chileense economie liggen hele werelden, en niet alleen geografisch bepaalde.

Maar dat deze pijlers van de maatschappij, economie en indiaanse *Origenes* ook goed samen kunnen gaan, bewijst een initiatief in Santiago. Naast alle boekenbeurzen, theater- en filmfestivals, culturele beurzen in bijvoorbeeld Valparaíso en Cartagena, straattheater en openluchtdisco's prijkt er een nieuwe datum op de culturele kalender, een biënnale van indiaanse kunst. In 2006 werd die gehouden in een van de mooiste tentoonstellingsgebouwen van Chili, het Centro Cultural Mapocho, in 2008 in het al even prestigieuze Centro Cultural Palacio La Moneda. Mede-initiatiefnemer Aymar Yuthuwi uit Iquique dicteert ijverig dat het hier niet gaat om een 'aalmoes voor arme indianen', dat het nu maar eens afgelopen moet zijn met dat goedbedoelde folklorisme, maar dat de indiaanse kunst – beeldhouwwerk, muziek, schilderijen, installaties – zich op deze plaats eigenzinnig presenteert, net als de 'andere' facetten van de Chileense cultuur.

Chileense levenswijze

Trek naar de stad en consumptiedrift

Boerenfeesten staan sinds enkele jaren enorm in de belangstelling. Dat kan echter niet verhullen dat de vlucht van het platteland en de verstedelijking ook Chili in zijn greep heeft en

Indianen maken bijna 11% van de bevolking uit

Maagden in de woestijn – feesten in Andacollo en Aiquina

De zeer vereerde Madonna's van Chili zijn natuurlijk Spaans en katholiek van oorsprong, omdat ze zijn geïntroduceerd door de conquistadores. Maar bij de feesten die ter ere van hen worden gehouden, spelen ook indiaanse en uitgesproken vrolijke elementen mee.

De hoogte- en dieptepunten van het mijnstadje Andacollo zijn in de geschiedenis onmiskenbaar. *La Reina de Metal*, 'de koningin van het metaal' werd af en toe als spookdorp afgedaan als het weer eens een economisch dieptepunt had bereikt. Want de grondslag van zijn bestaan is afhankelijk van de marktwerking: de inwoners van Andacollo leven al eeuwen van het goud, zilver, mangaan en koper uit de omliggende bergen.

Het plaatsje, 55 km ten oosten van La Serena, ligt niet erg fraai in de tang van zijn puinhellingen, maar desondanks beleven de 12.000 inwoners elk jaar rond Kerstmis een ware invasie. Wel 150.000 gelovigen lopen, rijden of kruipen dan op hun knieën naar het stadje, om eer te bewijzen aan een 90 cm hoog beeld van cederhout, dat zij liefkozend *La Chinita* ('de kleine dienares') noemen. De zo vurig vereerde Virgen del Rosario is de beschermheilige van de mijnwerkers – en daarvan zijn er heel veel in het noorden van Chili.

Als bij zoveel Zuid-Amerikaanse heiligenbeelden is de herkomst van de verering onzeker. Volgens één verklaring is Maria de beschermvrouwe van La Serena, en dus ook van het buurstadje. Volgens een andere theorie zou de Maagd verschenen zijn aan een boer met de naam Collo in de nabije bergen.

De in stralend rood en geel geklede *chinos* zingen en dansen met het beeld van de Madonna met een zeer levendig Kind op haar arm, dat in 1676 uit Lima is ingevoerd, en dragen haar mee in een processie. De vraag waar de verering vandaan komt kan hun minder schelen dan de verhoring van de vele gebeden die de pelgrims het beeld voorleggen. De gepassioneerde verering en de kleurige, fantasierijke kostuums geven duidelijk weer dat het in de cultus rond de *Chinita* gaat om een combinatie van katholieke en indiaanse geloofselementen. De kern van alle feestelijkheden, die Andacollo van 23 tot en met 27 december (hoogtepunt: 26 december) in een zee van kleur veranderen, bestaat uit de – weinig katholieke – dansen en de muzikale begeleiding van voornamelijk percussieinstrumenten. Enkele dansgroepen, zoals de *Bailes de Turbantes* en de *Bailes de Danzantes*, bestaan al 200 jaar. Historici zoals Jaime Alaniz Carvajal gaan er zelfs van uit dat de eerste dansen voor de Virgen del Rosario al in 1580 werden opgevoerd.

De herkomst uit Lima toont aan dat de indianen zich weinig bekommerden om de grenzen die de Spanjaarden hun hadden opgelegd. Om het feest van *La Chinita* te vieren stromen er nog altijd talloze Bolivianen en Peruanen naar het kleine Andacollo met zijn immense basiliek, die in 1883 werd gebouwd om plaats te bieden aan 10.000 bedevaartgangers.

Is er naast de feestelijkheden voor de Virgen del Rosario in Andacollo nog plaats voor een gewoon dagelijks bestaan, het dorp Aiquina verkeert in zijn absolute tegendeel. In het hoge noorden, tussen de vulkanen en de Altiplano, ligt een handvol ouderwets aandoende stenen huisjes om een kleine kathedraal met een golfplaten dak. Als dit niet het bedevaartsoord van de Maagd van Guadalupe was, dan wist geen mens hoe het eraan toe-

Thema

Zo wordt in Aiquina de Maagd van Guadalupe vereerd

ging, zo'n 40 km van de grens met Bolivia, verloren tussen erbarmelijk slecht onderhouden steenslagwegen, pieken van ruim 5000 m, zoutmeren en een paar schapen en lama's.

Tienduizenden pelgrims maken het mee als zij zich op 7 en 8 september voor de feestdagen van Nuestra Señora de Guadalupe naar het spookdorp begeven, dat normaal gesproken slechts vijftig inwoners telt. Velen leggen de weg kruipend af, anderen komen lopend van het 60 km verder gelegen Calama naar boven. Ze trekken in de leegstaande huizen met daken van *paja brava* (een harde grassoort) en een vloer van aangestampte leem en brengen twee dagen en nachten door met bidden, processies en rituele dansen. De consumptie van alcohol is daarbij strikt verboden.

In Aiquina wordt de ceremonie afgesloten met de *marcha a la alba*, de 'processie tot de morgenstond'. Op de laatste feestavond tollen de voordansers van de verschillende dansgroepen net zo lang in de rondte tot ze in trance zijn en leiden daarmee de grote slotceremonie in. 's Morgens marcheren alle deelnemers aan het feest in strikte discipline links langs de kerk naar de rand van het dorp. Daar schreeuwen ze alles van zich af wat ze in het afgelopen jaar heeft dwarsgezeten – alle zorgen, ergernissen en woede. Daarna keert de rust terug en gaan de deelnemers zwijgend terug naar hun hutten. Ze hebben hun ziel gereinigd, vrede gevonden voor het komende jaar en ze hebben zich verzoend met de beproevingen en twisten van het afgelopen jaar, zeggen ze.

De voordanser die niet op tijd ontwaakt uit zijn trance heeft pech: de Maagd verbiedt hem het volgende jaar terug te keren.

heeft gehad. Misschien is dat juist de reden dat men zichzelf en zijn levenswijze als boer wil betitelen. Rond 85% van de bevolking woont in de stad en de verarming in rurale gebieden is sterker dan het landelijk gemiddelde (15%). De politiek veronachtzaamt deze gebieden, zo klagen bijvoorbeeld de leraren aan de openbare *escuelas rurales*, de scholen op het platteland. De bevolkingsdichtheid is daar op sommige plaatsen minder dan 1 inwoner per km^2 (bijvoorbeeld in het uiterste zuiden), terwijl dat gemiddeld over het land 19% is. Het aantal leerlingen op het platteland is uiteraard laag en van efficiëntie kan niet altijd sprake zijn. Als die scholen sluiten, worden kinderen uit landelijke gebieden losgerukt van hun vertrouwde omgeving en naar internaten ver van hun familie gestuurd. Dat is een groot nadeel, hoewel de daar genoten opleiding vermoedelijk meer soelaas biedt.

Niet zo nieuw is dat veel Chilenen koopziek zijn, wat lang niet altijd gelukkig uitpakt. Vrijwel geen winkelcentrum laat de kans voorbijgaan klanten met kleine beurzen door afbetalingsregelingen hun winkels in te lokken. *Galerías* en voetgangerszones om te winkelen gonzen tot laat in de avond van de bedrijvigheid. Daarin zijn de Chilenen zeer Noord-Amerikaans. De *galerías* (winkelcentra) zijn niet alleen uitgerust met winkels, boetieks en supermarkten, maar ook met bioscopen, cafés, discotheken en restaurants. Echte multifunctionele centra dus, waaronder menig peperduur en exclusief exemplaar.

De pers

Met evenveel passie als hun consumptiedrift bekritiseren de Chilenen, met hun niet erg standvastige talent voor zelfreflectie, de aard van de pers. Niemand vindt het goed dat er

Murales, muurschilderingen, vindt u niet alleen in Mexico maar ook in Santiago

praktisch maar één serieus landelijk dagblad is, de rechts georiënteerde *El Mercurio*. Andere landelijke kranten zijn *Segunda* en *La Tercera*, verder zijn er alleen maar regionale kranten. *La Tercera* doet zijn best, maar blijft desondanks een beetje een boulevardblad, net als de talrijke publicaties van de *prensa amarilla*, de sensatiebladen met roddel, achterklap en veel seks, waarmee de groene kiosken vol hangen. De laatste tijd doet echter een scherpzinnig, politiek-satirisch tijdschrift van zich spreken: *The Clinic*, zo genoemd als toespeling op het verblijf van Pinochet in een Londense kliniek.

Macho's en emancipatie

Sinds enige tijd rommelt het enorm in de versteende maatschappelijke verhoudingen. Ondanks alle beminnelijkheid heeft de bezittende klasse in Chili altijd rotsvaste en oerconservatieve opvattingen gehad. Iemand uit Noordwest-Europa kan zich nauwelijks voorstellen hoe het mogelijk is dat in een land waar werd geëxperimenteerd met het communisme en waar socialistische presidenten worden gekozen, het tot voor kort niet mogelijk was te scheiden. Toch is vrouwenemancipatie in dit land helemaal geen loze kreet. Dat Michelle Bachelet president kon worden en daarvoor minister van Defensie was, dat María Soledad Alvear minister van Buitenlandse Zaken was onder Ricardo Lagos en partijleider van de christendemocraten, en dat Isabel Allende (niet de bekende schrijfster en nicht van ex-president Salvador Allende, maar zijn dochter) tot voorzitter van het parlement werd gekozen, toont hoe progressief het politieke fundament hier is. Het kabinet van Bachelet bestaat voor de helft uit vrouwen. Een opsteker en aansporing voor landen uit de zogenaamde Eerste Wereld om het potentieel van vrouwen in de politiek aan te wenden.

Desondanks hebben we hier de vreselijkste macho's, zeggen de Chileensen, juist omdat ze op het eerste gezicht niet zo erg lijken. Ze vermommen hun bezitsdrang als hoffelijkheid en hun heerszucht als verstand. De

Officiële feestdagen
1 jan. – Nieuwjaar *(Año Nuevo)*
Pasen (maar niet paasmaandag; *Pascua)*
1 mei – Dag van de Arbeid *(Día del Obrero)*
21 mei – Herdenking Slag bij Iquique *(Combate Naval de Iquique 21 de Mayo 1879)*
29 juni – Petrus en Paulus *(San Pedro y San Pablo)*
15 aug. – Maria-Hemelvaart *(Asunción)*
18 sept. – Onafhankelijkheidsdag *(Día de la Independencia)*
12 okt. – Dag van de Ontdekking van Amerika *(Día de la Raza)*
1 nov. – Allerheiligen *(Todos los Santos)*
8 dec. – Onbevlekte Ontvangenis *(Immaculada Concepción)*
25 dec. – Kerstmis *(Navidad)*. Op kerstavond wordt gewoon gewerkt en ook is er geen tweede kerstdag.

schrijfster Elisabeth Subercaseaux heeft enkele van haar scherpe analyses gewijd aan dit thema, zoals in haar roman *Een week in oktober* (Mouria, 2008).

Feesten en evenementen

Barbecuen in Chili – de *asado*

Een welkome – en gerechtvaardigde – gelegenheid om zich als een echte macho te presenteren, krijgt de Chileense man bij een van de belangrijkste gebeurtenissen in familie- en vriendenkring, de *asado*. Een *asado* is een maaltijd, maar ook veel meer dan dat. De gezellige barbecue duurt van 's middags tot diep in de nacht en begint met het voorgerecht empanada's, door de vrouwen bereid, en eindigt met het wegwerken van enorme hoeveelheden vlees van rund, wild, lam en soms kip. Het op de juiste wijze bereiden is uitsluitend een mannenzaak. Probeer absoluut deel te nemen aan zo'n *asado* (letterlijk: 'gebraad') als u wordt uitgenodigd, want het is een mooie gelegenheid om te zien hoe de mensen hier met elkaar omgaan.

Boerenfeesten

Niets is vermakelijker dan u in een vreemd land met onbekende gebruiken in te laten. Als die dan ook nog als feest worden gepresenteerd, hebt u dubbele winst. De beroemde mythen en sagen van het Isla de Chiloé leveren stof voor de boerenfeesten *ferias costumbristas* op het eiland, waarbij heksen *(brujas)* dansen en kleine, als de Chilotische trol Trauco verklede jongens verlegen rondzwerven over het feestterrein. Gewoonlijk horen daar een *carrera a la chilena* bij, paardenrennen waarbij er telkens twee ruiters op meestal ongezadelde paarden tegen elkaar strijden, en weddenschappen. Daarbij moet bijvoorbeeld het juiste gewicht van een varkenskop worden geraden. Koks bereiden intussen wat het eiland te bieden heeft, en dat is natuurlijk de *curanto* (zie blz. 196), maar er zijn ook stevige gerechten als aardappelen met spek en kaas en empanada's gevuld met mosselen en peterselie. Deze feesten worden in de vakantietijd in januari en februari gehouden – zelfs in het allerkleinste gehucht.

Ook heel mooi is het Fiesta Costumbrista in Cerro Castillo aan het Lago General Carrera. Twee dagen lang presenteren Chileense *arrieros*, die er met hun Baskische mutsen uitzien als Argentijnse gaucho's, hun vaardigheden in veedrijven en huizenbouw. 's Avonds wordt er gedanst. Het feest wordt net als het Festival Campero in Chile Chico in februari gehouden.

Festivals en feesten

Januari/februari

Theaterfestival in Santiago
Rapa Nui Tapati-wedstrijden op Paaseiland
Muziekfeestweek in Frutillar

Februari

Festival de la Canción in Viña del Mar
Traditionele feesten op Isla de Chiloé en rond het Lago General Carrera
Traditioneel feest en markt van de Mapuches in Villarrica
Carnaval Andino in Arica en omgeving

Maart

Chileense rodeokampioenschappen in Rancagua

Juli

Bedevaart en feestelijkheden ter ere van de Virgen del Carmen in La Tirana

September

Bedevaart en feestelijkheden ter ere van de Virgen de Guadalupe in Aiquina (zie blz. 41)

November

Festival klassieke muziek in Viña del Mar

December

Bedevaart en feestelijkheden ter ere van de Virgen del Rosario in Andacollo (zie blz. 40)
Boekenbeurs in Santiago met talrijke evenementen
Internationale ambachtsbeurs in Santiago met tal van concerten en bijbehorende evenementen

De Mapuches

Thema

Om de Mapuches hangen veel legendes. Vele daarvan komen uit de regio Araucanía. Het epos van een Spaanse soldaat, Alonso de Ercilla de Zúñiga, die met de conquistadores het 'Land in het Zuiden' *(Chili)* binnenviel, schildert de strijdlust en de onbuigzaamheid van de Mapuches – en dat beeld is eeuwen blijven hangen. De Mapuche-indianen zijn niet overwonnen in de strijd, maar door middel van bedrog, en op een manier die ze niet kenden, met alcohol en dronkenschap.

De gemeenschap van de Mapuches, ooit een machtig volk van krijgers, leeft sinds lang in een – zoals men dat tegenwoordig zo treffend noemt – 'parallelle wereld' met eigen regels en een eigen hiërarchie, die wordt aangevoerd door de *lonko*. Mauricio Painefil is *werken*, de woordvoerder van zijn gemeenschap in Puerto Saavedra aan het Lago Budi. We treffen hem als hij bezig is met een kenmerkende bezigheid: de mannen zijn scherpe rietstengels aan het snijden, die ze gebruiken als dakbedekking voor een *ruca* (hoeve), terwijl de vrouwen en kinderen spelen en zitten te breien aan de rand van het veld. Het eten hebben ze meegebracht in grote potten.

Vanwege het succes van de landelijke verkoop van hun kunstnijverheidsproducten, zoals de beroemde zware zilveren sieraden (zie blz. 50) die de vrouwen bij feestelijke gelegenheden op de borst dragen, hebben de meeste Mapuches maar weinig te doen. Ze houden zich verre van de invloed van de stad, maar sturen hun agrarische producten wel naar de markten van hun kerngebied rond Temuco en Carahue. Ze hebben nooit zelf steden of dorpen gebouwd, en dat doen ze nog altijd niet. Ze leven in – vroeger matriarchaal georganiseerde – familieverbanden bijeen. Hun rietgedekte, ruime boerderijen, de *rucas* met daarvoor een omheining voor vee, liggen verspreid in het bos.

Wie bij een rondreis door Mapuchegebied (bijvoorbeeld rond de vulkaan Quetrupillán) goed oplet, kan hun heiligdommen herkennen aan bundels *canelo*-takken en *colihue*-stokken.

Het stamhoofd *(lonko)* en de medicijnvrouw/sjamaan *(machi)* regelen het dagelijks en het geestelijk leven, waarbij de *machi* (vroeger een man in vrouwenkleren, nu een vrouw) in verbinding staat met de goddelijke kosmos van de Mapuches. In hun geloofsovertuiging bestaat er geen natuurlijke dood, alleen een die door kwade geesten wordt veroorzaakt. Ook de behandeling van zieken, die tot de taken van de *machi* behoort, bestaat uit het verdrijven van kwade geesten, de *wekufe*.

Het enige Mapuchedorp Curarrehue, aan de grens met Argentinië, wordt weer voor 80% bewoond door Mapuches. Ze hebben daar een interessant museum en een cultureel centrum gebouwd (zie blz. 160).

Op de Cerro Ñielol in Temuco vindt u een indiaans heiligdom. De Fundación Chol Chol vlak bij de hoofdstad van Araucanía is niet alleen een kunstnijverheidsatelier waar vrouwen kleden en stoffen weven volgens overgeleverde patronen, maar ook een ontmoetingsplaats. U kunt de werkplaats bezoeken en daar traditionele gerechten proeven (Fundación Chol Chol, Rengalil, Camino Labranza-Imperial, tel. 45-6140 07, www.cholchol.org).

Architectuur, kunst en cultuur

De cultuur in Chili is een cultuur van woorden. Pablo Neruda en Isabel Allende zijn de bekendste vertegenwoordigers, maar er valt veel meer te ontdekken. Ook het protestlied en het politieke theater zijn hier thuis. Regionale en indiaanse accenten vormen nieuwe hoogtepunten.

Wat betekent in Chili nationale cultuur?

Nadat oorlogen waren uitgevochten, land was veroverd, terreinen waren afgebakend en de betuttelende macht van Spanje de deur was uitgewerkt, hadden de kolonisten de tijd voor de vraag waaruit hun cultuur eigenlijk bestond.

Revolutionair begin: een liberale pers

De pers zou de 'artillerie van het gedachtegoed' moeten zijn, had Simón Bolivar, de leider en theoreticus onder de Zuid-Amerikaanse bevrijdingshelden, prikkelend geformuleerd. Dus was het eerste product van de nationale Chileense cultuur de krant *La Aurora de Chile*, nog voor de Onafhankelijkheidsoorlog in 1812 uitgegeven door de jonge Fray Camilo Henríquez uit Valdivia.

Officieel was hij in dienst van de junta, maar hij liet zijn liberale standpunten noch door de traditionele clerus, noch door de hoge burgerij beïnvloeden, wat in 1813 leidde tot het stopzetten van de krant en de onmiddellijke oprichting van zijn opvolger, de *Monitor Araucano*. In 1814 moest Henríquez voor de Spaanse reconquista in Chili naar Argentinië vluchten. Maar zijn erfenis had een blijvend resultaat in zijn vaderland: de literatuur – en in bredere zin ook toneel – moest een vormende en verhelderende functie hebben.

Zo waren de eerste kranten van Chili, hoewel de nijpende financiële omstandigheden tot in de letterkasten van de drukkerijen te bespeuren waren, bloeiende discussieforums voor een nieuw, Chileens zelfbewustzijn, dat destijds ook het respecteren van de rechten en grondgebieden van de indianen omhelsde. In de *Monitor Araucano* verscheen een emancipatoir *Reglamento a favor de los ciudados indios*, dat eiste rangen en standen op te heffen en de indianen van land, vee, zaden en werktuigen te voorzien.

Invloed van Europa

De revolutionaire tendens om een nieuwe maatschappij vorm te geven en ideologisch en cultureel te definiëren, werd in de decennia daarop door bestuurlijke onlusten overschaduwd. Al spoedig waren de klassen weer keurig gescheiden.

De gegoede burgerij – vooral de geïmmigreerde nitraat- en veebaronnen – voelden verwantschap met de Europese wereld. Alle aandacht was gericht op de met schone schijn omgeven centra van de 19e eeuw: Parijs, Rome, Venetië, Berlijn, Londen en ook Moskou en Athene. Architectuur, beeldende kunst, muziek en mode weerspiegelden de invloed van de inspiratiebronnen en scholen in de Oude Wereld, wat meestal heel prikkelend uitpakte. Ook de manie voor China uit de jaren twintig werd trouw nagevolgd in de stadspaleizen van Santiago.

De Italiaanse opera kon zich verheugen in bijzondere belangstelling, zodat het geen verwondering wekt dat de eerste Chileense opera, *Het bloemenmeisje van Lugano*, van Eleodoro Ortiz de Zárate (1865–1952), werd geschreven tijdens een Europese studiereis. De wereldpremière vond plaats in 1895 in het Teatro de la Victoria in Valparaíso.

Ondanks het interessante begin is het heden niet zo inspirerend: de Chileense bladen presenteren sensatieberichten in al hun facetten, hoewel er natuurlijk ook serieuze periodieken, goede literaire tijdschriften en satirische weekbladen zijn.

Literatuur

In de eerste decennia van de 20e eeuw werden de degens op het literaire vlak fel gekruist – en er kwamen ook veel amusante werken, zoals die van Jorge Edwards en zijn biografie over Pablo Neruda, *Adíos, poeta...* De kwestie van een politieke bemoeienis in de poëzie werd begin jaren twintig besproken onder dreiging van eeuwige vijandschap. Dat gold met name voor twee personen: Pablo Neruda en de avant-gardist Vicente Huidobro.

Politiek en poëzie raakten verstrengeld. Zowel Neruda als de eerste Chileense winnaar van de Nobelprijs voor de literatuur, Gabriela Mistral, vertegenwoordigde het vaderland in diplomatieke dienst – een fraai gebruik dat men in Zuid-Amerika koestert.

Twee Nobelprijswinnaars

De dichteres **Gabriela Mistral** (1889–1957) was een vurige voorvechtster van het *criollismo*, een artistiek concept dat zweert bij de onmiskenbare creoolse identiteit.

De speciale ambassadeur **Pablo Neruda** (1904–1973) hielp duizenden Spaanse vluchtelingen tijdens de Spaanse Burgeroorlog, koos partij voor Stalin, steunde de Unidad Popular van zijn vriend Salvador Allende en stierf in september 1973, een paar dagen na de staatsgreep van Pinochet. Hij mag de glanzendste vertegenwoordiger van zijn land worden genoemd.

Aangezien Chileense schrijvers zich veelal intensief met hun land bemoeien, is het niet moeilijk boeken te vinden die geschikt zijn om in de stemming te komen (zie ook Leestips, blz. 64–65), met name de werken van Pablo Neruda, waaronder zijn autobiografie *Ik beken, ik heb geleefd* (Prometheus, 2002). Veel van zijn dichtbundels bevatten prachtige oden aan Chili, zoals 'Oponthoud op aarde' en 'Begraaf me op Isla Negra'. De bundel *Canto general*, in de jaren zeventig door Mikis Theodorakis op muziek gezet, is een krachttoer die de ogen opent voor de treurige afhankelijkheid van de Latijns-Amerikaanse koloniën.

Avonturen op Vuurland

De door Neruda zeer gewaardeerde **Francisco Coloane** (1910–2002) werd op Chiloé geboren als zoon van een walvisvaarder. Hij was een avonturier en avontuurlijk literator. Coloane wist waarover hij schreef. Zijn fascinerende, rauwe vertellingen uit het begin van de 20e eeuw gaan over het diepe zuiden, over de pioniers van dit gebied, over goudzoekers, matrozen, boerenknechten en pelsrobbenjagers, verschenen onder de titel *La Tierra del Fuego se Apago* (1945, in 2000 verfilmd). In het Nederlands verscheen in 1941 een soortgelijke verhalenbundel, *Kaap Hoorn* (Atlas, 1996).

Luis Sepúlveda (geb. 1949) haalde voor zijn spannende thriller *De wereld aan het einde van de wereld*, die zich afspeelt in kringen van de walvisvaart, een belangrijke Spaanse literaire prijs binnen. Als hoofdstedeling benadert hij daarin nieuwsgierig, blijmoedig en een tikje sceptisch de zuidelijkste landstreek van Chili en schetst hij en passant een fascinerend portret van de beklemmende verlatenheid en onbestuurbaarheid ter plaatse. *Patagonia Express* (1995) is heerlijk om te lezen als u naar Patagonië gaat. Centraal staan ontmoetingen met bijzondere mensen uit deze regio.

Wie een bijzonder onderhoudende tijdreis door Chili's 20e eeuw wil maken met een levenslustige gids, is goed uit met het betoverende *Huis met de geesten* (1982) van **Isabel Allende** (geb. 1942). In *Liefde en schaduw* (1984) schetst zij het conflict in het onder Pinochet diep verscheurde Chili. In *Afrodite* (1997) zoekt ze in de keuken parallellen met de erotiek, onderbouwd met recepten. *Fortuna's dochter (1999), Portret in sepia (2000), De stad van de wilde goden* (2002), *Het rijk van de gouden draak* (2004), *Zorro* (2005) en

Theater in Santiago

Thema

'We voelen ons als de hoeders van iets zeer kwetsbaars, en we weten dat het onze plicht is de slaapwandelaars te wekken. Want iemand moet wakker blijven om, als alle anderen ontwaken, te kunnen uitleggen wat de wereld is overkomen' (Gustavo Meza, artistiek leider van de Gruppe Teatro Imagen).

De geschiedenis van het Chileense theater begon laat. Pas aan het begin van de 20e eeuw werden er professionele toneelgezelschappen opgericht, zoals het Teatro Nacional. Op dat moment had heel Europa het burgerlijke vormingstheater als tegenbeweging van de hoofse kunst allang achter de rug en richtte het zijn pijlen op spontane, frisse experimenten. George Grosz schilderde decors voor expressionistische drama's, Stanislavski kreeg een nieuwe waarachtigheid om zich uit te drukken onder de knie, montagetechnieken voor films werden overgenomen. In Chili probeerde men intussen zich af te zetten tegen Spaanse theatertradities door een eigen taal te ontwikkelen en thema's te vinden die de geschiedenis van het land weerspiegelden. De linkse presidentskandidaat van 1920, Luis Emilio Recabarren, schreef stukken over het dagelijks werk in de nitraatmijnen.

In de jaren veertig werden in Santiago aan de universiteiten theaterwerkplaatsen opgericht, die tot op de dag van vandaag stilistisch en inhoudelijk toonaangevend blijven. Door hun versmelting van theorie en praktijk belichamen ze namelijk de permanente zoektocht naar nieuwe theatrale middelen, methoden en ensceneringsstijlen. Het Teatro de la Universidad Católica staat met zijn ensemble en zijn energieke leidster María de la Luz Hurtado al jaren aan de top. Het kan zijn dat het aan zijn bakermat, de universiteit, ligt, maar het Chileense theater is altijd politiek van aard geweest en speelde ook tijdens de militaire dictatuur onder Pinochet een belangrijke, verhelderende rol, voor zover dat mogelijk was en de protagonisten niet in ballingschap naar het buitenland moesten vluchten. Oscar Castro bijvoorbeeld ontsnapte in 1976 na twee jaar strafkamp naar Parijs, en hij was lang niet de enige.

De internationale ster van het Chileense theater leerde het vak niet op deze school, maar volgde een Franse opleiding van wereldfaam. Andrés Pérez uit Punta Arenas studeerde en werkte bij het Theâtre du Soleil van Ariane Mnouchkine en stichtte nadat hij in 1988 naar Santiago was teruggekeerd, het Gran Circo Teatro. Zijn regie op basis van een gedicht van Roberto Parra, *La Negra Esther*, voor het eerst opgevoerd in 1989, kreeg een cultstatus en is tot op heden de meest succesvolle voorstelling uit de Chileense theatergeschiedenis. Andrés Pérez stierf in 2002.

De expressieve, drastische vitaliteit van zijn spelopvattingen staat lijnrecht tegenover andere regisseurs, wat de Chileense toneelwereld een zekere spanning verleent. Ramón Griffero, het Teatro Camino en het Teatro La Memoria van Alfredo Castro spelen uit totaal verschillende invalshoeken. De Chileens-Boliviaanse Laura Stange regisseert haar danstheater ook in het buitenland, terwijl de nestor van het politieke theater, Gustavo Meza, onlangs het stuk *Copenhagen* op de planken bracht.

haar nieuwste boek *De som der dagen* (2008) werden alle bestsellers. De Nederlandse vertalingen verschenen bij de Wereldbibliotheek.

De in heel Zuid-Amerika populaire schrijfster **Marcela Serrano** (geb. 1951) is hier minder bekend. In *Dat wat in mijn hart is* (Arena, 2002) reist een jonge Chileense naar Mexico om een reportage te schrijven over de indianenopstand daar en raakt onwillekeurig betrokken bij het conflict. Zo begrijpt ze ook beter wat haar moeder bewoog tijdens de dictatuur van Pinochet. *De dagboeken van Violeta* (Arena 2005) is een kleurrijke en magisch-realistische roman over het zoeken naar de eigen identiteit, die zich afspeelt in Chili en Guatemala.

Afrekening met de dictatuur

Een van de belangrijkste politieke schrijvers van internationaal formaat was de in 1966 gestorven literaire vernieuwer **José Donoso** met zijn arabeske parabel *Het landhuis* (Ambo, 1992). Andere Nederlandse vertalingen zijn *De verloren tijd* (Ambo, 1991) en *Obscene nachtvogel* (Arbeiderspers, 1977). Daarnaast is er **Ariel Dorfman** (geb. 1942). De in Buenos Aires geboren Chileens-Amerikaanse schrijver werd beroemd met zijn toneelstuk *De dood en het meisje* (1992), dat afrekent met het tijdperk Pinochet, en door Roman Polanski werd verfilmd met Sigourney Weaver en Ben Kingsley in de hoofdrollen. Sommige van zijn romans en essays zijn in het Nederlands vertaald, waaronder *Koers Zuid, richting Noord* (Bezige Bij 1999), over wat het betekent om op te groeien in twee totaal van elkaar verschillende culturen: Zuid- en Noord-Amerika.

Antonio Skármeta (geb. 1940) keerde als ambassadeur terug naar Berlijn, waar hij lange tijd in ballingschap had doorgebracht. Hij werd erg populair na de verfilming van zijn *Postbode*, een liefdegeschiedenis op Capri met parallellen met de liefde tussen Pablo Neruda en Matilde Urrutia. Vertaald zijn onder andere *Brandend geduld* (Van Gennep, 1988), *De bruiloft van de dichter* (Prometheus, 2001) en *De dans van Victoria* (De Geus, 2006).

Een razendsnelle en levendige roman met een borrelende, surrealistische verteltrant werd geschreven door filmregisseur **Alejandro Jodorowsky** (geb. 1929). *De woede van Teresa* (Arena, 1992) slaat moeiteloos een brug tussen de oude en de nieuwe wereld, tussen Rusland en Chili. Het familiealbum van twee gezinnen wordt met tal van literaire sprongen doorgebladerd. Naast films maakte deze alleskunstenaar ook veel strips, waarvan een aantal in het Nederlands is vertaald.

Speciaal aanbevolen

Roberto Bolaño (1953–2003) werd beschouwd als literair wonderkind. Van hem zijn drie raadselachtige romans vertaald. In *De woeste zoekers* (verschijnt in 2009 als *De wilde detectives)* trekt de hele krankzinnige wereld en deze dwaze tijd voorbij. *Het lichtende kwaad* (Meulenhoff, 2002) beschrijft gebeurtenissen aan de universiteit van Concepción onder Pinochet. Ook *Chileense nocturne* (Meulenhoff 2004) gaat over de jongste geschiedenis.

Alberto Fuguet (geb. 1964) voltooide in 2005 zijn eerste film, *Se Arrienda*. Zijn romans zijn nog niet in het Nederlands vertaald, wel enkele van zijn verhalen in bundels als *De Nieuwe Wereld: Latijns-Amerikaanse verhalen* van Meulenhoff (1992).

Muziek

Het protestlied

Violeta Parra (1917–1967), schilderes, zangeres en componiste van beroemde maatschappijkritische liederen als het onnavolgbare 'Gracias a la vida' (bekend in de versie van de Argentijnse Mercedes Sosa), tilde de schat van de veelzijdige Chileense folklore naar een hoger plan. Zij was een ware pionier, want de boerengezangen bij oogst en geboorte, druivenpluk en bruiloft golden daarvoor geenszins als te beschermen hoogwaardige cultuur. Ze reisde naar de meest afgelegen gebieden om liedjes en dansen te verzamelen en stichtte in 1957 aan de universiteit van Concepción het Museum voor Volkskunst. Haar kinderen Angel en Isabel zetten de erfenis voort – samen met de componist, acteur, zanger en regisseur van het ITUCH (Instituto de Teatro de la Universidad de Chile) **Víctor Jara**. Hij was een van de eersten die door de militairen na de staatsgreep van 1973 in het nationale stadion van Santiago om het leven werd gebracht. Het stadion draagt tegenwoordig zijn naam, waarmee ook de roem van Violeta Parra voortleeft.

Politieke wereldmuziek

De groep **Inti-Illimani** slaagde erin het verzet tegen de militairen in het buitenland in een mantel van klanken te hullen. Hun instrumenten verraden Zuid-Amerikaanse wortels. Zo gebruiken ze de *charango*, een Boliviaans instrument met vijf dubbele snaren, de panfluit uit de Andes en trommels. Leden van de band geven nog altijd drukbezochte concerten onder de naam Inti-Illimani Histórico.

Rock en techno

De band **La Ley** is in heel Zuid-Amerika bekend, terwijl twee techno-dj's internationaal furore maken. Dj Miss Dinky laat bij haar concerten vaderlandse klanken en ritmes versmelten met techno. Ricardo Villalobos is een veelgevraagde dj in Europa en draait ook in Paradiso en op het festival Awakenings.

Kunstnijverheid

Zilverwerk van de Mapuches

De Mapuches drukken een opvallend stempel op de Chileense cultuur, in het bijzonder met hun decoratieve sieraden van alpacazilver, die in fotoboeken worden aangeprezen en in Temuco worden verkocht. De *akucha*, de uit veel delen bestaande, door vrouwen gedragen zware hanger, de hoofdtooi *nitrowe* en de *trarilonko*, die wordt gedragen als hoofdband, zijn misschien te bijzonder voor de meeste mensen, maar oorbellen met antropomorfe voorstellingen en spelden in alle soorten en maten vullen de modezaken van Pucón.

Architectuur

De tejuelas van Chiloé

Wie het niet weet zou er achteloos aan voorbijgaan – maar de gestapelde houten dakpannen *(tejuelas)* op het eiland Chiloé zijn het waard om te bestuderen. Om te zien hoe kunstig ze zijn gemaakt, moet u goed kijken.

Hoe kan men, als het heel vaak regent en er uitsluitend – goedkoop – hout te krijgen is, zijn huis zo beschermen dat er geen regen binnendringt? Door plaatjes hout zo over elkaar te schuiven dat ze als de schubben van een vis in elkaar grijpen.

Hout voor elk doel

Nog altijd wordt er zo gebouwd. Door de ontbossing is hout echter duurder geworden. Vaak genoeg vallen de armen terug op golfplaat, dat veel minder bescherming biedt. Voor een *quincho*, een klein paviljoen waarin *curanto* en *parillas* voor feesten worden klaargemaakt, zijn vijf mannen twee dagen bezig *tejuelas* te snijden. Wie kan zich dat arbeidsloon en het hout zelf permitteren? Tijd is geld,

Niet authentiek, maar wel vrolijk van kleur: huis met houten pannen op Chiloé

ook in Quemchi op Chiloé, en zo grijpt houtsnijder Arcadio vol spijt terug op het drogere *canelo*, hoewel *mañío* veel beter hout voor de pannen levert. Dat was echter te nat. Vroeger, toen het levenstempo veel lager lag, bouwden buren met z'n allen een huis en wachtten daarvoor het geschikte tijdstip af.

Vaak schitteren de geschubde huizen in bonte kleuren. Authentiek is dat niet. Vroeger bleef het hout onbehandeld en verkleurde het, waardoor het gebouw in antracietgrijze tinten werd gehuld.

Verschillende patronen

In de loop der tijd ontwikkelden de houtbouwers acht verschillende patronen voor de pannen. Het simpelste is de *cabeza recta*, die er, als de *tejuelas* aan de muur zitten, uitzien als aan elkaar getimmerde houten plankjes. De *cabeza biselada* herinnert aan de omtrek van een kleine boot en is alleen te zien op het Isla Quinchao. De ronde *cabeza convexa* bedekt de kerken van Dalcahue, terwijl de rijen van de *cabeza concava convexa* in golven over de huizen van Curaco de Vélez lopen. De trapeziumvormige en bijzonder sterke *tejuelas cabeza triangular* zijn te vinden in Tenaún. De bekleding van de muren in Ancud en Castro is wel heel veelzijdig van vorm.

Vroeger waren de pannen 90 cm lang, 15 cm breed en 1 cm dik, tegenwoordig zijn ze nog maar 50 cm lang. Daarvan is slechts een derde zichtbaar. Deze handgesneden kostbaarheden zullen binnenkort wellicht onbetaalbaar worden voor de eenvoudige bewoners van Chiloé, die ze hebben uitgevonden. Maar de Chiloten hebben zich wel voorgenomen hun erfgoed te bewaren en tentoon te stellen. Sinds 2000 staan de houten kerken van het eiland op de Werelderfgoedlijst van Unesco.

Eten en drinken

Als een genotzuchtig mens als Pablo Neruda een ode aan de *congrio* (zeepaling) schrijft, dan moet daar wel smaak aan zitten. En dat doet het ook: vis, schaal- en schelpdieren smaken in Chili over het algemeen fantastisch. De Chileense keuken kent echter niet veel opsmuk en raffinement, want ze is ontstaan als armoedekeuken.

Ingewikkelde namen op de menukaart zult u hoogstens tegenkomen omdat de favoriete recepten van de elite over het algemeen kopieën zijn van beroemde Europese creaties. Zo gaat biefstuk in klassieke, traditionele restaurants steeds gepaard met *beurre café-de-Paris*, hoewel *pebete*, een zelfgemaakte kruidensaus van onder andere fijngestampte pepers, het aroma van een rustieke *churrasco* veel beter tot zijn recht laat komen.

De Chileense keuken

Vis en zeevruchten

Het gebruik van verse producten is in deze agrarische samenleving zelfs in het eenvoudigste restaurant zo vanzelfsprekend dat de gasten bij de lunch vaak even moeten wachten tot de vissers weer aan land komen en de keuken de vangst kan bereiden. Dat is dan geen ingewikkelde opgave, zodat niemand lang hoeft te wachten: snel in de pan met die vis, of het wordt rauw kleingesneden als *ceviche* – waarvoor niet meer nodig is dan een beetje peper en een druppeltje limoensap.

Het aantal soorten schelpdieren is opvallend – alleen al van de mossel zijn er drie varianten van verschillende grootte: de *choro*, *cholga* en *choro zapato* (met het formaat van een schoen). Daar komt een allegaartje bij van kam- en venusschelpen en gewone mosselen, krabben, kreeften en zeeslakken, zoals de witte *loco* met zijn stevige vlees. De sterren in elke schotel met een assortiment schaal- en schelpdieren zijn de feloranje, naar jodium smakende *piure* en de *picoroco*, die eruitziet als een bovenmaatse snavel. Pak hem rustig bij de punt en strijk het weke, lichte vlees met een vork van zijn chitineschaal.

Picoroco en *cholga* horen thuis in de befaamde wittebroodswekensoep *(sopa luna y miel)*, het vlees van de zee-egel *(erizo)* slurpen Chilenen het liefst rauw naarbinnen. Dat men oesters *(ostras)* ook zou kunnen koken of bakken is nog nooit bij ze opgekomen, maar de sint-jakobsschelp *(ostión)* en de *macha* kunnen weer wel worden gebakken, met knoflook en kaas of in een bouillon gekookt met *pilpil*, een zwart kruid. Een bord vol verschillende, gegaarde zeevruchten heet een *paila marina*, de rauwe variant heet *mariscal*. Echt prijzig is het genot van de koningskrab *centolla*, die in het ijzige water in het zuiden leeft. De vissers van de Juan-Fernadézeilanden zijn gespecialiseerd in de vangst van langoesten. Smakelijk en zeer voedzaam zijn ten slotte *chupes*, kleine sappige caloriebommen van zeevruchten en vis met room, groente, aardappelen en eigeel.

Vleesgerechten

Rundvlees *(vacuno)*, varkensvlees *(cerdo)* en kip *(pollo)* belanden zonder al te veel omhaal in de pan. De enige uitzondering daarop is *maiala*, een grote, gevulde runderrollade die in plakjes gesneden wordt opgediend. Een *asado de cordero* kan heerlijk zijn, omdat de lammetjes uit het zuiden vers gras eten en *a fuego lento* worden gebraden – heel, heel langzaam dus.

Voedzame en zoete stoofschotels

Cazuela is erg smakelijk, een gekruide stoofschotel van kip of rundvlees met indiaanse ingrediënten als kikkererwten, mais, pompoen, wortelen, *cilantro* (koriander) en aardappelen. Chileense empanada's (knapperige deegenvelopjes) worden gevuld met kaas of, met meer fantasie, verschillende soorten ragout en dan gebakken in de oven. Kenmerkend is ook *pino*, een oosters gekruide combinatie van gehakt, rozijnen, olijven en eieren.

De *pastel de choclo* van laagjes mais, vlees en kaas met een gekarameliseerde korst, is een nationaal gerecht. De pastei wordt bereid als de zoete mais kan worden geoogst. Er wordt een speciaal soort mais, *maís de pastel*, voor gebruikt.

Drinken

Bekende drankjes zijn *pisco sour*, een droesembrandewijn met limoensap en een beetje suikerstroop, en *vaina*, een zoet drankje dat naar kaneel en eieren ruikt. Chileense wijnen zijn van hoge kwaliteit (zie blz. 57). Om de maaltijd te besluiten giet de Chileen het liefst een 'watertje' naar binnen – geen gewoon water, maar kruidenthee. Dat verdient navolging – de thee brengt zwakke magen en draaierige hoofden in een nacht tot rust.

Regionale specialiteiten

Isla de Chiloé

Op Chiloé stopt men kleingesneden zeevruchten met peterselie in de *empanadas*. Het eiland speelt sowieso een aparte rol, met zijn vele aardappelgerechten als *milkau*, *pulmay*, *chapulele* en *chuchoca*. Chiloé onderscheidt zich ook van de rest van het land met

Het liefst kruiden de Chilenen hun eten met *ají*, een scherpe chilipeper

Wat dacht u van een pisco sour?

de eetbare alg *cachayuyu*, die gekookt in een salade wordt verwerkt, gerookte vissen en gedroogde schaal- en schelpdieren, de winterkost voor de zeelui.

Braadworst en gebak – Duitse invloeden

De keuken van het Kleine en Grote Zuiden kent een sterke Duitse invloed, die is veroorzaakt door de vele Duitse immigranten die zich daar in de 19e en 20e eeuw hebben gevestigd. Al bij het ontbijt komt de worst op tafel, waar in de rest van het land genoegen wordt genomen met een kop koffie en een croissant. Bij de lunch eet men *kuchen* (gebak) of een salade met worst. Een andere Duitse gekkigheid is de *longaniza*, de braadworst, die traditioneel wordt opgediend met een berg aardappelpuree.

Ondanks alle Duitse dominantie betekent dat niet dat men geen Mexicaans, Peruaans, Japans, Frans, Italiaans, Polynesisch, Spaans, Amerikaans, Russisch, Thais, Portugees of Pools kan eten, op zijn minst in Santiago. Daar zijn zelfs vegetarische restaurants te vinden en ook fusion is geen vreemd woord. Heel geliefd zijn de *chifas*, Chinese restaurants, waar de verschillende gerechten helaas vaak

worden gemengd tot een met sojasaus overgoten allegaartje. Maar het is er goedkoop en ze serveren grote porties.

Quínoa & Co. – indiaanse levensmiddelen met toekomst

Voor de energieke verkoopsters op de markten van de Altiplano is het geen punt van discussie: *chañar* is een wondermiddel dat voor alles kan dienen, als levensmiddel, medicijn of bouwmateriaal. Een aftreksel wordt verkocht tegen bronchitis, een siroop heelt alle wonden. De vruchten van de boom kunnen gedroogd tot meel worden vermalen, het hout van de stam is een stevig bouwmateriaal. De boom van de Altiplano is een indiaans cultuurgewas en de Unesco heeft hem uitgeroepen tot levensmiddel van de toekomst.

Dat geldt ook voor de in alle herfstkleuren schitterende *quínoa*, een graansoort die eveneens goed gedijt op de Altiplano. Uit de verte lijken de aren op vrolijke boeketten droogbloemen, maar de voedingswaarde aan eiwitten, koolhydraten, fosfor en calcium van de fraaie plant is niet te evenaren. Ook *quínoa* zou meer onder de aandacht van de rest van de wereld moeten worden gebracht, want de plant is gemakkelijk te verbouwen op moeilijke hoogten.

Quínoa kan men grof of fijn malen en daarna verder gebruiken. De Aymaragemeenschap van Cancosa bij de grens met Bolivia, die volstrekt geïsoleerd tussen 5000 m hoge vulkanen ligt, biedt zelfbewust zijn kennis op dit gebied aan. Met *cherqui-empanadas*, enveloppjes met gedroogd geitenvlees, en biscuitjes van met honing gezoet *quínoa*-meel leveren ze in een handomdraai het bewijs hoe multifunctioneel en heerlijk het gezonde, kleurige gewas is.

Eigenlijk zou iedereen het kunnen weten: alles wat van de indiaanse hoogvlakte komt, is van de beste kwaliteit. Tenslotte stamt de aardappel, die velen zo typisch Nederlands vinden, uit de Aymarakeuken. De meer dan tachtig soorten op de Altiplano overtroeven spelenderwijs het assortiment dat de Hollandse huisvrouw of -man ter beschikking staat.

De maaltijden

De etenstijden verschillen niet wezenlijk van die in Nederland of België, al vallen ze misschien een tikje later. Dat betekent dat men tegen 13–14 uur 's middags eet en 's avonds op zijn vroegst om 20 uur. Bedrijfskantines zijn dun gezaaid, daarom kunt u overal goedkope lunchtafels vinden. Geliefde lunchhapjes zijn goed belegde sandwiches of tomaten en avocado *(palta)* gevuld met kip of krab die met mayonaise is aangemaakt, op een salade.

Ontbijt, lunch en diner

Het ontbijt in Chili bestaat meestal uit koffie of thee en een of meer hartige of zoete broodjes met jam of de populaire karamelcrème *manjar* en boter. De uitgebreide versie omhelst verder fruit en yoghurt. De ontbijtbuffetten in de grote hotels bieden daarnaast ook internationale eiergerechten, ham en kaas. In het zuiden is het ontbijt steviger, dankzij de Duitse invloed (met onder meer veel vleeswaren).

Tussen de middag eet men meestal geen zware gerechten. 's Avonds daarentegen werkt men graag een heel menu naarbinnen, dat met een *aguita* ('watertje') wordt afgesloten. Dit is een kop kruidenthee, en dus niet een glas water of een borrel.

Chili ontwikkelt zich langzamerhand tot land voor koffieliefhebbers. Was het tien jaar geleden nog heel gebruikelijk een beetje Nescafé of andere oploskoffie met heet water of warme melk bij het ontbijt voor te schotelen, intussen is er overal filterkoffie te krijgen en zelfs hier en daar pittige Italiaanse koffievariaties.

Once – heel anders theedrinken

Once betekent 'elf' en dat zou staan voor de elf letters van het woord *aguardiente*, borrel. In de praktijk wordt met *once* een snack in de middag bedoeld. Vaak is dat te vergelijken met onze thee met koek of gebak, maar er wordt ook wel ijs of yoghurt bij gegeten. Of men neemt wat brood. Daar past een *aguardiente* prima bij... Het wordt gegeten tegen 17 of 18 uur.

Soorten restaurants

Men kan bijzonder goed uit eten gaan in Chili. De enige uitzondering is misschien de *completo*, een hotdog met een smakeloos, flauw roze worstje, dat gegeten wordt met alle sauzen die er maar in Chili in plastic flessen in de supermarkt te krijgen zijn – mosterd, ketchup, mayonaise, currysaus enzovoort. Kinderen zijn er dol op.

Voor de kleine trek

Het palet van de Chileense gastronomie reikt van exclusieve en prijzige restaurants tot goedkope **sandwicherías** met plastic tafeltjes en stoeltjes.

Uniek zijn de **schopperías**. Het woord is afgeleid van het Duitse *Schoppen* ('groot glas bier') en het gaat hier dan ook om bierkroegen, die vaak ook kleine gerechten serveren. Ze zijn meestal vanaf het begin van de avond geopend.

Restobar en wijnbar

Naast de *sandwicherías* met hun fastfood, de dure, chique etablissementen en de Chinese eettenten bestaat nog een heel arsenaal aan soorten restaurants. De nieuwste, populaire versie heet **restobar** en lijkt op een bistro, maar beschikt meestal ook over een bar waar men wat kan drinken en waar gebruik gemaakt wordt van plateservice. Restobars zijn vaak heel trendy ingericht. In Santiago gaat men de laatste tijd voor een borrel na het werk naar een **wijnbar**. Ook **vegetarische** restaurants zijn tegenwoordig erg in de mode, in elk geval in de grotere steden en in plaatsen waar veel buitenlandse toeristen komen.

Eten op de markt

Voortreffelijk en goedkoop eten kunt u krijgen op de **levensmiddelenmarkten** van bijvoorbeeld Santiago, Temuco, Antofagasta of La Serena, waar karakteristieke restaurants hun maaltijden aanprijzen.

Prijzen en fooien

Uit eten gaan is niet zo goedkoop als u misschien zou verwachten. In een goed middenklassenrestaurant worden Europese prijzen gerekend. Alleen voor de wijn hoeft u niet diep in de buidel te tasten. Aangezien de Chilenen heel graag uitgaan, zijn er echter overal ook goedkopere alternatieven te vinden.

De rekening wordt normaal gesproken niet opgedeeld. U bestelt aan tafel voor gemeenschappelijke rekening en deelt die desgewenst later onder de disgenoten. Gewoonlijk wordt het eindbedrag op de rekening naar boven afgerond als fooi.

Chileense wijn

Thema

Hoe is de wijn in het indianenland Chili terechtgekomen? Simpel, met de missionarissen. Om de eucharistie te vieren hadden ze wijn nodig en zo reisden de eerste wijnstokken mee op de schepen van de Spaanse conquistadores. Er bestaat een decreet uit Sevilla van 1564 waarin staat dat elk schip dat naar West-Indië voer wijnstokken moest meenemen.

Deze koloniale wet van het eerste uur is waarschijnlijk de enige die tot op heden een positief resultaat boekt. Chileense wijnen zijn wereldberoemd. Ook in Europa weten we daarvan, sinds de voormalige president Ricardo Lagos de Europese markt voor Chileense producten opende.

De wijn wordt voornamelijk verbouwd in het warme midden van het land. De druivensoorten van hoofdzakelijk Franse oorsprong doen het in het Chileense klimaat eenvoudig geweldig: de warmte van de dagelijkse zon wordt 's nachts vastgehouden door de koele Pacifische oceaanmist, terwijl de grond rijk aan mineralen is. Maar iets verder naar het zuiden, waar koelere temperaturen heersen, experimenteert men ook met Duitse rieslingdruiven, en in het stoffig-droge noorden liggen prachtige donkerrode wijnen te rijpen.

Zo is een kleine, mooie tak van toerisme ontstaan: tochten langs diverse wijngoederen. Vanuit Santiago worden dagtochtjes georganiseerd, maar u kunt zich ook een heel weekend met wijnproeven bezighouden (zie blz. 113).

De Chileense zon laat voortreffelijke wijnen rijpen

Culinair lexicon

In het restaurant

Ober!	Camerero!
Wat wenst u?	Que desea?
Ik zou graag...	Voy con un/una ... me gustaría ... quisiera ...
Smakelijk eten!	Buen provecho!
Proost!	Salud!
Anders nog iets?	Algo más?
Mag ik de rekening hebben?	Me cobra por favor/ la cuenta por favor/ Traigáme la cuenta por favor!
ontbijt	desayuno
lunch	almuerzo
diner	cena

Vis en zeevruchten

albacora	zwaardvis
almejas	venusschelpen
camarones	krab
centolla	koningskrab (smaakt als langoest)
cholgas	kamschelpen
choritos	mosselen
congrio	paling
erizo	zee-egel
jaiva (pastel del jaiva)	kreeft, (vaak als mousse)
merluza	heek
ostion	sint-jakobsschelp
picoroco	reuzenzeepok

Groente

berenjena	aubergine
calabacín	courgette
cebolla	ui
cochayuyo	een algensoort
palta	avocado
porotos	groene bonen
lechuga	sla
maíz	mais
repollo	kool
remolacha	rode biet
papas	aardappelen
pimiento	paprika
tomate	tomaat
zanahoria	wortel

Vlees

alitas	kippenvleugels
longaniza, chorizo	braadworst
churrasco	biefstuk
cordero	lamsvlees
embutidos	vleeswaren
escalope de kaizer	'keizersschnitzel'
hamburguesa	hamburger
jamón	ham
maiala	runderrollade
milanesa	gepaneerde varkensschnitzel
milanesa de pollo	kipschnitzel
morcilla	bloedworst
pavo	kalkoen
pechuga de pollo	kipfilet
riñones	niertjes

Fruit

ciruela	pruim
durazno	perzik
frambuesa	framboos
frutilla, fresa	aardbei
limón	citroen, limoen
manzana	appel
mora	braam
naranja	sinaasappel
pera	peer
plátano	banaan
toronja	grapefruit
uva	druif

Diversen

aceite	olie
... de oliva	olijfolie
aceitunas	olijven
ají	chilipeper
ajo	knoflook
albahaca	basilicum
alcaparras	kappertjes

arroz	rijst
azúcar	suiker
canela	kaneel
cilantro	koriander
helado	ijsje
huevo	ei
duro	hardgekookt
pasado por agua	zachtgekookt
mostaza	mosterd
oregano	oregano
pan	brood
panela	rietsuiker
perejíl	peterselie
pimenta	peper
sal	zout
vainilla	vanille
vinagre	azijn

Dranken

agua mineral con/ sin gas	mineraalwater met/ zonder koolzuur
café express	espresso
café americano	filterkoffie
café con leche	koffie met melk
leche	melk
refresco	frisdrank
té negro	thee
infusion de hierbas	kruidenthee
... de manzanilla	kamillethee
... de menta	pepermuntthee
pisco	droesembrandewijn
pisco sour	mix van pisco, limoensap en geklopt eiwit
vino blanco/tinto	witte/rode wijn

Chileense gerechten

A lo pobre – 'als van de armen', dat wil zeggen met een gebakken ei en gebakken uien. Bijvoorbeeld bij een biefstuk

Asado – Met deze term wordt zowel eten van de barbecue als gegrild eten bedoeld. Grote hoeveelheden kip en vlees, vaak ook ingewanden, met verschillende vers gemaakte sauzen worden met smaak verorberd

Cazuela – stoofschotel met wortelen, mais, aardappelen, kip of vlees; vooral in de Andes gegeten

Ceviche – rauwe visfilet of zeevruchten, gemarineerd in limoensap met koriander en fijngehakte ui

Chupe – voedzaam, zacht gerecht met eieren en melk, meestal bereid als *chupe de mariscos* (met zeevruchten) of *chupe de pescado* (met vis)

Completo – zeer vullend broodje worst, gegarneerd met alle kant-en-klaarsauzen die in de supermarkt te krijgen zijn

Curanto – stevig eenpansgerecht uit Chiloé (zie blz. 196)

Empanada – krokant deegenvelopje uit de oven, gevuld met bijvoorbeeld kaas, zeevruchten of gehakt, soms ook met een zoete vulling

Ensalada chilena – 'Chileense salade' van tomaat, uienringen, koriander en een vleugje chilipeper

Loco – zeeoor, een witte reuzenzeeslak met stevig vlees, vaak gegeten met fijngehakte uien en een groene saus

Macha – platte, sappige mossel die er een beetje uitziet als een tong, vaak gegratineerd met Parmezaanse kaas

Mariscal – schotel met gemengde rauwe schaal- en schelpdieren

Paila marina – pannetje met gekookte schaal- en schelpdieren

Pastel de choclo – met een laagje suiker gegratineerde maisschotel met daarin gehakt, krenten, eieren, melk en olijven. Hiervoor wordt een speciaal soort mais gekweekt, die te koop is onder de naam *maís de pastel*. Traditioneel komt deze pastei vanaf september op tafel

Wolparadijs Isla de Chiloé

Reisinformatie

Informatiebronnen

Chili op internet

Er zijn op internet veel websites over Chili te vinden. Deze gratis informatievoorziening ontwikkelt zich razendsnel. Daarnaast zijn ook de meeste Chileense huishoudens op het net aangesloten, wat de onderlinge communicatie sterk ten goede komt. Voor internetcafés zie ook blz. 85.

Land, bevolking en actualiteiten

www.segegob.cl
Officiële regeringswebsite. Het juiste adres voor iedereen die Spaans spreekt (en leest) en zich interesseert voor de politiek van de Concertación en officiële mededelingen.

www.tercera.cl
Spaanstalige Chileense krant.

www.elmercurio.cl
Spaanstalige Chileense krant.

www.landenweb.net/chili
Nederlandstalige site met achtergrondinformatie over onder andere geografie, klimaat, planten en dieren, bevolking, geschiedenis, taal, economie en nieuws.

Praktische reisinformatie en toerisme

www.visit-chile.org
Site van het samenwerkingsverband Corporación de Promoción Turística de Chile in het Engels en Spaans met tips, artikelen en reportages.

www.aduana.cl
Site van de Chileense douane in het Engels en Spaans met algemene bepalingen omtrent in- en uitvoer. Openingstijden van de grensovergangen zijn te vinden onder het kopje 'pasos fronterizos'.

www.conaf.cl
Deze voortdurend geactualiseerde site van de natuurbescherming met het laatste nieuws is een goede bron van informatie, helaas alleen voor Spaanssprekenden.

www.gochile.com
Toeristische informatie in het Spaans en het Engels over heel Chili met tips voor hotels, restaurants en excursies, met mogelijkheid om alvast te boeken.

www.sernatur.cl
Het officiële verkeersbureau heeft een veelzijdige website met allerhande informatie. In het Spaans en Engels.

chili.startpagina.nl
Doorverwijspagina met links naar allerlei mogelijke onderwerpen, maar vooral met betrekking tot reizen in Chili, van reisorganisaties tot reisverslagen en fotoreportages.

www.echile.nl
Site van de Chileense ambassade met informatie over reisdocumenten, maar ook over de Chileense betrekkingen met Nederland, handelsrelaties, cultuur en specifieke informatie over bijvoorbeeld wijn of fruit.

www.embachile.be
Site van de Chileense ambassade in België, voornamelijk gericht op de relatie met België en de EU. Alleen in Spaans, Engels en Frans.

www.hostelling.cl
Duidelijke site met informatie over jeugdherbergen in Chili. In het Spaans en Engels.

www.chiptravel.cl
Praktische, goed gestructureerde site in het Engels met actuele verslagen en tips van reizigers. De nadruk ligt op tips over de infrastructuur en het reserveren van hotels.

www.contactchile.cl
Portal in het Engels, Duits en Spaans met zeer veelzijdige, goed gedocumenteerde informatie. Kleine reisgids, verder informatie over stages, studiemogelijkheden, kamerhuur en talencursussen.

www.reisverhalen.net
Onafhankelijke, Nederlandstalige site met belevenissen van wereldreizigers.

www.lonelyplanet.com
Uitgebreide reisgids (even doorklikken naar Chili) met een forum voor vraag en antwoord om u te helpen uw reis te plannen.

Kranten zijn nog altijd een goede bron van informatie

Regio's en activiteiten

www.dav.cl

Portal van de Club Alemán Andino, voor liefhebbers van alpinisme, met informatie over de regelmatige activiteiten voor wandelaars, rotsklimmers en paragliders. In het Spaans, Engels en Duits.

www.patagoniachile.cl

Goede toeristische informatie over Patagonië, met als zwaartepunt Coyhaique en Puerto Aisén. Foto's, nieuwtjes, mogelijke excursies en informatie over accommodatie. Alleen in het Spaans.

www.chile-hotels.com

Lijsten van hotels per stad met mogelijkheid te reserveren. In het Engels.

www.chilegolf/asociaciones/clubes.htm

Spaanse site met lijst van alle golfbanen.

www.chileaustral.com

De attracties van Patagonië door de ogen van de touroperators. Veel keus. In het Engels en Spaans.

Informatie

Chili heeft geen verkeersbureaus in het buitenland. Officiële, uitstekende en uitvoerige informatie over reisbestemmingen, binnenlands transport met adressen en tips vindt u op bovenvermelde sites van de Chileense ambassades in Nederland en België.

In Chili zelf kunt u zich wenden tot Sernatur (Servicio nacional de Turismo; www.sernatur.cl). In elke grotere stad vindt u een bureau voor toeristeninformatie met medewerkers die u graag inlichtingen verschaffen en veel folders en brochures te bieden hebben.

Diplomatieke vertegenwoordigingen

In Nederland

Ambassade van Chili

Mauritsstraat 51
2514 HG Den Haag
tel. 070-312 36 40
fax 070-345 21 09
echilenl@echilenl.nl

Consulaat-generaal van Chili

Stadhouderskade 2
2e verdieping
1054 EZ Amsterdam
tel. 020-612 00 86

fax 020-685 24 86
cgamstnl@xs4all.nl
geopend ma.–vr. 9–14 uur

In België

Ambassade van Chili
Aduatukerstraat 106
1040 Etterbeek (Brussel)
tel. 02-280 16 20
fax 02-736 83 26
lpa@sab.be

Consulaat-generaal van Chili
adres in Brussel als boven
geopend ma.–vr. 9–13 uur

Mechelsesteenweg 10
2000 Antwerpen
tel./fax 03-232 76 11
conchile.amberes@skynet.be
geopend ma.–vr. 9–13 uur

In Chili

Nederlandse ambassade
Av. Apoquindo 3
piso 13
Las Condes
Santiago de Chile
tel. 0056-2-756 92 00
fax 0056-2-756 92 26

Nederlands consulaat-generaal
adres als ambassade
tel. (alleen 's middags) 0056-2-756 92 02
geopend ma., wo., vr. 9–12.30 uur

Andere consulaten zijn te vinden in Antofagasta, Concepción, Iquique, Puerto Montt, Punta Arenas, Temuco, Valdivia en Valparaíso/Viña del Mar.

Belgische ambassade
Edificio Forum
Av. Providencia 2653
piso 11, officina 1103
Providencia
Santiago de Chile
tel. 0056-2-232 10 70
fax 0056-2-232 10 73
santiago@diplobel.org

Belgisch consulaat
Calle Prat 827
piso 12
Valparaiso
tel 0056-32-21 34 94
fax 0056-32-25 26 2

Andere consulaten zijn te vinden in Antofagasta, Concepción en Punta Arenas.

Kaarten

Een goed adres voor **wegenkaarten** is de **Automóvil Club de Chile**, Andrés Bello 1863, Providencia, Santiago, tel. 2-431 11 17. Filialen van deze organisatie vindt u op de luchthavens en in alle grote steden. Leden van de ANWB krijgen korting.
De beste **wandelkaarten** koopt u bij het Instituto Geografico Militar, Calle Dieciocho 368, Santiago. Iets minder gedetailleerde kaarten voor wandelingen in de nationale parken zijn ook te koop bij de betreffende Conafposten of bij het hoofdkantoor van de Conaf in Santiago, maar deze zijn niet altijd verkrijgbaar.

Leestips

Literatuur

Zie ook blz. 47.
Allende, Isabel: *Het huis met de geesten; Afrodite; Portret in sepia; Fortuna's dochter; Paula; Van liefde en schaduw* enzovoorts (alle Wereldbibliotheek)
Bolaño, Roberto: *De wilde detectives* (Meulenhoff, 2009), *Het lichtende kwaad* (Meulenhoff, 2002), *Chileense nocturne* (Meulenhoff, 2004)

Bombal, María Luisa: *Vandaag heb ik mijn minnaar gezien: twee novellen* (Wereldbibliotheek, 1992)
Coloane, Francisco: *Kaap Hoorn* (Atlas, 1996)
Dorfman, Ariel: *Koers Zuid, richting Noord: een reis in twee talen* (Bezige Bij, 1999); *De dood en het meisje* (Bezige Bij, 1996); *Konfidenz* (Bezige Bij, 1996);
Neruda, Pablo: *Boek der vragen* (In de Knipscheer, 2004); *Honderd liefdessonnetten* (Prometheus, 2003); *Ik beken ik heb geleefd: herinneringen* (Prometheus, 2002); *De nieuwe lente* (Dick Berendes, 2001); *Weduwnaarstango* (B.A.C., 1999)
Sepúlveda, Luis: *Over iets dat ik in de trein ben kwijtgeraakt: verhalen* (Meulenhoff, 1997); *De oude man die graag liefdesromans las* (Munting, 1996); *De naam van een torero* (Meulenhoff, 1995); *Het verhaal van de kat die de meeuw leerde vliegen* (Ploegsma, 1992); *Voorbij de grens met Patagonië* (Meulenhoff, 1999)
Serrano, Marcela: *De dagboeken van Violeta* (Arena, 2005); *Dat wat in mijn hart is* (Arena, 2002)
Simonetti, Pablo: *Moeder die in de hemelen zijt* (Sijthoff, 2007)
Skármeta, Antonio: *De dans van Victoria* (De Geus, 2006)
Subercaseaux, Elisabeth: *Een week in oktober* (Mouria, 2008)

Kennis van het land

Bayer, Marcel: *Chili* (KIT Amsterdam, 2008)
Beerend, Hans: *Weg met Pinochet: een kwart eeuw solidariteit met Chili* (Amsterdam, 1998)
Caistor, Nick: *Chili: mensen, politiek, economie, cultuur* (KIT Amsterdam, 1997)
Kievid, Jan de: *Chili: de droom van Allende na dertig jaar* (Comité Chili, 2003)
Veldhoven, Leonard van: *Argentinië en Chili: het Europa van toen* (RuitenbergBoek, 2002)

Reisverhalen

Wie van oude reisverhalen houdt, kan zijn hart ophalen met enkele mooie uitgaven. Buitengewoon interessant zijn de aantekeningen van natuuronderzoekers en ontdekkingsreizigers, die haast met onze ogen deze onbekende wereld verkenden, zoals die soms honderden jaren eerder is geweest. Om hun ervaringen te lezen en die te vergelijken met uw eigen indrukken is een boeiende belevenis. Helaas zijn deze oude uitgaven niet altijd in het Nederlands verkrijgbaar en ook niet altijd meer leverbaar in de boekhandel. Zoek eens in de bibliotheek of op internet.

Poeppig, Eduard: *Reise in Chile, Peru und auf dem Amazonenstrome, während der Jahre 1827-1832*, hernieuwde uitgave van de originele tekst uit 1835 met 16 prenten en 1 kaart (Brockhaus, 1960). Onvertaalde, Duitse tekst.

Darwin, Charles: *De reis van de Beagle* (8e druk, Atlas, 2007). Spannende en opzienbarende belevenissen en theorieën van de reis die de geleerde van 1831 tot 1835 maakte, waarbij hij lange tijd in en om Chili verbleef, met name veel op Vuurland.

Graham, Robert B.C.: *Pedro de Valdivia, conqueror of Chile* (Heinemann, 1926). In deze Engelstalige biografie zijn ook vijf brieven van Valdivia aan Karel V opgenomen.

Bergreen, Laurence: *Over de rand van de wereld: de opzienbarende ontdekkingsreis van Magalhães* (De Bezige Bij, 2004). Het meeslepende verhaal van een spectaculaire reis naar onbekende verten om te bewijzen dat de wereld niet plat was.

Wood, Michael: *De conquistadores* (Teleac/NOT, 2002). Niet alleen een boeiend verslag van verovering en heldendom, maar eveneens een weerslag van de veranderingen waarmee we als Europeanen naar onze eigen geschiedenis kijken.

Chatwin, Bruce: *In Patagonië* (Atlas, 2008). Chatwin voert de lezer in deze moderne klassieker uit 1977 mee naar een onherbergzame woeste streek, een land van kleurrijke zonderlingen en onwaarschijnlijkheden aan het einde van de wereld, in een indringend, gevat, romantisch relaas.

Reis- en routeplanning

Chili als bestemming

Zo lang, zo smal en zo hoog – het fraaie Chili met zijn vele eersteklas natuurschatten is niet bepaald toegankelijk voor toeristen die 'eventjes' alles willen zien. De belangrijkste bezienswaardigheden worden niet op een presenteerblaadje aangeboden. Om de Tatiogeisers, de flamingolagunes op de hoogvlakte, de kleine indiaanse dorpen of de vulkanische meren te zien, moet u grote afstanden afleggen en omslachtige reizen maken. Naar Paaseiland is het zes uur vliegen.

En als u er eenmaal bent, zorgen avontuurlijk aangelegde, onverharde wegen wel voor een stijgende adrenalinespiegel, maar ook voor een moeizame voortgang. Desondanks is Chili een eenvoudig te bereizen land, omdat het er overal veilig is en u vrijwel steeds hartelijk en vriendelijk tegemoet wordt getreden.

Zwaartepunt natuur

Voor alle toeristen is het beleven van de natuur het belangrijkste doel van hun reis – waarschijnlijk gaat er niemand helemaal naar Chili enkel en alleen voor een bezoek aan het casino van Arica.

De afwisseling die dit land u te bieden heeft, is werkelijk betoverend. Niet alleen theoretisch, maar ook daadwerkelijk kunt u 's morgens met het eerste kleine toestel van Vuurland opstijgen, landen in het ijzige Punta Arenas, de grootste ijsmassa ten noorden van Antarctica oversteken en 's middags in een felle, winderige woestijn bij Iquique landen, waar aan het oceaanstrand lange witte golven aanrollen.

Langeafstandsbus

'Chile in one day' is natuurlijk een overweldigende ervaring, maar u kunt natuurlijk ook op uw gemak reizen, bijvoorbeeld in comfortabele, interlokale bussen in een *coche cama*, een slaapwagen, die het qua comfort kan opnemen tegen de businessclass van een vliegtuig, omdat de stoelen in slaapstand kunnen worden gezet (zie Binnenlands vervoer, blz. 70).

Tips voor rondreizen (duur: drie weken)

Variant 1 – Van alles wat

Wie voor het eerst naar Chili gaat, heeft het liefst een cocktail. Het zwaartepunt van deze variant ligt rond San Pedro de Atacama in het noorden, met uitstapjes naar de zoutvlakten, de vulkanen, de Valle de la Luna en de Tatiogeisers.

De noordelijke tocht ziet er als volgt uit: Aankomst in **Antofagasta**, met een kort verblijf en bezichtiging van de stad. Daarna reist u door naar Calama en **San Pedro de Atacama**. Van de Tatiogeisers gaat een prachtige weg langs de dorpen en ceremoniële centra op de Altiplano naar **Calama** (zie blz. 326). Aangezien Calama een vliegveld heeft, kunt u nog meer van het noorden zien door naar **Arica** te vliegen en daar een of twee excursies te maken naar het nationale park en Aymaradorpen, bijvoorbeeld naar **Colchane** of **Isluga**, om daarna naar **Iquique** te gaan. Daar bezoekt u de stad, de salpetermijnen en hebt u tot slot een dagje aan het strand verdiend.

Via het verkeersknooppunt **Santiago** met zijn vele binnenlandse vluchten, gaat de rondreis verder naar het zuiden, naar **Puerto Montt** en **Puerto Varas**, om het vulkaanlandschap rond de Osornovulkaan, het **Lago Llanquihue** en het Parque Nacional Pérez Rosales te bekijken. Vergeet niet een keer *kuchen* te eten en de Saltos de Petrohue en het **Lago Todos Los Santos** aan te doen. Hier zijn tal van sportieve activiteiten mogelijk, zoals kajakken, wandelen, paardrijden en zwemmen.

Van Puerto Montt neemt u het vliegtuig naar **Punta Arenas**, waar u twee dagen doorbrengt en dan verder rijdt naar **Puerto Nata-**

les, hét uitvalspunt voor het **Parque Nacional Torres del Paine** en andere mooie uitstapjes. Van Punta Arenas keert u per vliegtuig terug naar **Santiago**.

Variant 2 – Het midden

Het begin van deze rondreis is hetzelfde als bij variant 1, maar in plaats van naar Arica gaat u nu door naar **Temuco**, om daar rond te kijken in het **Reserva Natural Malalcahuello** en de **Parques Nacionales Conguillío** en **Huerquehue**. Bekijk de vulkanen Lonquimay en Villarrica (bij goed weer is beklimming mogelijk) en neem het lieflijk-ruige bos- en merenlandschap in u op. Deze regio's zijn bijzonder geschikt voor wandelaars. In de nationale parken zijn uitstekende educatieve paden van verschillend lengte uitgezet. In **Pucón** of **Villarrica** kunt u een paar dagen strandvakantie inlassen.

Daarna gaat u met de bus naar **Puerto Montt**. Het bezoek aan het Lago Llanquihue wordt dan wat ingekort, waarna u of op de veerboot naar het eiland **Chiloé** stapt, of in het vliegtuig naar **Chaitén**, om vanaf daar de **Carretera Austral** te verkennen. Voor beide routes zijn vier dagen uitgetrokken (neem voor de Carretera Austral de bus naar Coyhaique). Voor beide varianten is **Punta Arenas** dan het volgende vliegveld, ofwel vanuit Puerto Montt, ofwel vanaf Balmaceda, het vliegveld van Coyhaique.

Variant 3 – Het noorden

De eerste bestemming na **Santiago** is **La Serena**. Daarvandaan rijdt u gemakkelijk naar de **Valle del Elqui**. Wie met een eigen auto reist, kan de mooie omweg over de **Valle Hurtado** maken. Talloze reisbureaus in La Serena bieden dagtochten naar het Elquidal aan, maar het is natuurlijk leuker om daar een beetje langer te blijven, de sterrenwacht te bezoeken, al dan niet te paard tegen de ruige *precordillera* op te klimmen en een paar dagen op uitgestrekte haciënda's te verblijven.

Daarna reist u per bus door naar **Copiapó**, waar u na een overnachting naar nationaal park **Tres Cruces** klimt. Hier liggen de hoogste toppen van Chili bij elkaar, bergen van over de 6000 m. De een is nog aantrekkelijker dan de andere en alle worden omringd door onwaarschijnlijk mooie lagunes. Voor u hier kunt wandelen of trektochten maken, hebt u tijd nodig om te acclimatiseren, want u bent hier op 3500-4000 m hoogte. Accommodatie vindt u in berghutten van de Conaf of in een eigen tent. Neem zelf eten en drinken mee!

U hebt nu twee mogelijkheden om de reis te vervolgen: doorreizen naar **Chañaral** en van daar met de bus naar **Antofagasta**. Op de weg van Tres Cruces naar Chañaral ligt El Salvador, dat over een vliegveld beschikt. De andere mogelijkheid is terug te keren naar Copiapó en daar het vliegtuig naar Antofagasta, Arica of Iquique te nemen en dan het programma voort te zetten (zie variant 1).

Variant 4 – Het zuiden

Om het noorden over te slaan is natuurlijk moeilijk. Maar bij een vakantie van drie weken in het zuiden hoeft u niet af te zien van het zwaartepunt **Temuco**, noch van **Puerto Montt**, en hebt u toch nog tijd voor de **Carretera Austral** en het **Lago General Carrera**. Dat is ook aantrekkelijk.

Voor deze variant vliegt u van Puerto Montt naar Chaitén en reist u verder per bus. Dat vereist enige planning en/of flexibiliteit. U kunt verblijven in het thermale hotel **Termas de Puyuhuapi** of de *cabañas* rond **Puerto Guadal**. Er zijn hier vele wandel- en ruiterpaden en u kunt ook vliegvissen. Houd bij uw planning rekening met een tocht naar **Caleta Tortel** en **Villa O'Higgins**. Geen van beide plaatsen beschikt over een groot vliegveld, u moet vanhier terug naar Coyhaique. Daar neemt u de pendelbus naar vliegveld Balmaceda, dat maar een uur rijden verder ligt, waarna u weer aansluiting hebt op de belangrijkste vliegbestemmingen, dus ook op Punta Arenas.

Dat is het uitgangspunt voor nationaal park **Torres del Paine** en **Vuurland**.

Wie naast deze varianten ook **Paaseiland** of de **Islas Juan Fernández** wil bezoeken, moet een week langer voor zijn vakantie uittrekken. Hoewel u ook alleen op Paaseiland drie weken kunt doorbrengen...

Reisorganisaties

Chili beschikt over een hele serie uitstekende reisorganisaties. Daarnaast organiseren ook veel hotels en pensions excursies, of kunnen ze aanbevelingen doen. Voor aanbevolen adressen zie Onderweg, vanaf blz. 88.

Cruises

Navimag: Av. El Bosque Norte 0440, piso 11, Las Condes, tel. 2-442 31 20, fax 2-203 50 25. Andere kantoren vindt u van noord naar zuid in Concepción, Puerto Montt, Coihayque, Puerto Chacabuco, Puerto Natales en Punta Arenas.

Verschillende reisorganisaties in Nederland bieden cruises aan door de Chileense en Patagonische fjorden, eventueel naar Antarctica. Kijk hiervoor bijvoorbeeld op www.askja.nl of www.kras.nl.

Speciale reisorganisaties in Chili

Voor extreme sporten is **Azimut** een goed adres, omdat die organisatie over de juiste kennis en ervaring beschikt en zeer goede gidsen heeft. Hun Terra Luna Lodge aan het Lago General Carrera biedt (onder andere) buitengewone wandelbestemmingen (voor adres en website zie blz. 237). Die vindt u ook bij de eigenaars van de Cabañas Shehen Aike aan hetzelfde meer (zie blz. 234) en haciënda Los Andes in de Valle Hurtado (zie blz. 292). Ook goed zijn Outsider in Puerto Varas (zie blz. 186), Ko'kayak bij het Lago Llanquihue (zie blz. 179) en Altue voor kajakken rond Chiloé (zie blz. 201). Pehuén Turismo in de hoofdstad van Chiloé Castro (zie blz. 206) organiseert excursies die afwijken van de gebruikelijke. Vicuña Tours in Arica (zie blz. 349) is een aanrader voor de Altiplano.

Heel veel **hotels** organiseren zelf excursies voor hun gasten.

Gehandicapte reizigers

Reizen door Chili is voor gehandicapten niet zo eenvoudig. Openbare gebouwen en hotels die voor 1985 zijn gebouwd, hebben meestal geen speciale voorzieningen voor rolstoelgebruikers, zoals hellingbanen. Het bewustzijn neemt wel toe.

Reizen met kinderen

Wie zijn kind sterk genoeg vindt om het een 18 uur durende vlucht en een sterke klimaatverandering te laten ondergaan, vindt in Chili veel mogelijkheden om van de vakantie een waar avontuur te maken.

Het aanbod aan **sport en activiteiten** is veelzijdig, van zwemmen tot mountainbiken en canopy (zie blz. 74). Ook de schone kampeerplaatsen in de nationale parken, de gevarieerde en veelal naar Europees voorbeeld samengestelde keuken en het ongevaarlijke en comfortabele binnenlands vervoer dragen eraan bij dat een reis met kinderen gemakkelijk te verwezenlijken is.

In enkele **hotels** zijn er 'miniclubs' met een speciaal op kinderen afgestemd programma naar het voorbeeld van georganiseerde clubvakanties. Zulke hotels zijn meestal niet goedkoop. Kleine kinderen kunnen vaak gratis overnachten in de kamer van hun ouders, voor grotere kinderen geldt meestal een gereduceerd tarief. Speciale **kindermenu's** of kinderporties zult u niet snel vinden in de Chileense restaurants.

Vereisten

Om het land binnen te komen hebt u een paspoort nodig dat nog ten minste drie maanden geldig is. Het tweede benodigde document is de **toeristenkaart** *(tarjeta de turismo)* die u in het vliegtuig krijgt en invult. Hiermee mag u maximaal drie maanden blijven. U moet hem bij uw paspoort bewaren en afgeven bij het verlaten van het land. Om de toeristenkaart te verlengen wendt u zich tot de Extranjería, Moneda 1342, Santiago, tel. 02-672 53 20, ma.-vr. 8.30-15.30 uur, of tot de kantoren van de Gobernación Provincial in de verschillende provinciehoofdsteden. Verlies of diefstal van uw toeristenkaart dient u te melden bij de Policía Internacional, Departamento Fronteras, Gral. Borgoño 1052, Santiago, tel. 02-737 12 92, ma.-vr. 8.30-12.30 en 15-18 uur, of een ander politiebureau. Wie van zijn pas en *tarjeta de turismo* bij aankomst een kopie gemaakt heeft, maakt het werk van de ambtenaren een stuk eenvoudiger.

Deviezen mogen onbeperkt worden **ingevoerd**. Ook mag u 400 sigaretten, 2 l alcoholische drank en voorwerpen voor persoonlijk gebruik, zoals sporttoestellen, laptops en medicijnen invoeren. Het is niet alleen verboden planten, dieren, groente, fruit, paddenstoelen en vlees te importeren, maar ook zaden en aarde. Uiteraard is ook de invoer van wapens en drugs verboden. Informatie vindt u op internet: www.aduana.cl.

Reis

Chili ligt in een uithoek van de wereld en de reis erheen is hoe dan ook lang. Grote **luchtvaartmaatschappijen** concurreren met elkaar op de Europese markt. Neem in verband met uw comfort bij uw keuze niet alleen de prijs, maar ook het aantal reisuren en de duur van de tussenstops en het aantal keren overstappen in beschouwing.

Er is geen directe vlucht van Amsterdam of Brussel naar Santiago. Met de KLM vliegt u rechtstreeks naar São Paulo (Brazilië) en van daar naar Santiago. Met Lan Airlines (voorheen Lan Chile) moet u overstappen in Madrid, met Lufthansa vliegt u via Frankfurt en Buenos Aires naar Santiago. Er zijn ook mogelijkheden met Air France, Iberia (Spanje), TAP (Portugal) of Alitalia. In alle gevallen moet u rekening houden met overstappen en een reis van minimaal 18 uur. U kunt ook via de Verenigde Staten vliegen. Dan bent u langer onderweg, maar mag u meer bagage meenemen, wat belangrijk kan zijn voor wie bijvoorbeeld zijn eigen (omvangrijke) sportspullen wil meenemen. Het loont de moeite om voor de door u gewenste datum verschillende vluchten te bestuderen. Kijk hiervoor op:

www.klm.com
www.lan.com
www.lufthansa.com

Of vergelijk het een en ander op sites als www.vliegtarieven.nl.

Er zijn geen chartervluchten naar Chili, maar goedkopere lijnvluchten zijn wel te vinden. Die hebben te maken met voorwaarden als boekingen binnen een bepaalde tijdsspanne, waarbij voor omboeken dan weer extra moet worden betaald. De geldigheid van een ticket is gelimiteerd, meestal tot dertig dagen.

De binnenlandse luchthaven van Santiago ligt in hetzelfde gebouw als de internationale. Wie meteen doorreist, hoeft dus geen grote omweg te maken. De enige uitzondering is de bestemming Islas Juan Fernández. De luchthaven daarvoor ligt bij Cerillos.

Tip voor wie veel bagage heeft:
De bagagekarretjes *(carritos)* op de luchthaven kunt u niet zomaar meenemen, maar kosten 1 Amerikaanse dollar of het vergelijkbare bedrag aan Chileense pesos.

Binnenlands vervoer

Vliegtuig

Normaal gesproken hebben vakantiegangers geen acht weken de tijd, wat voor een kennismaking met Chili een prettige tijdsspanne zou zijn. Iedereen die in de gebruikelijke drie weken het hele land wil zien, zal moeten terugvallen op binnenlandse vluchten. Lan Airlines heeft een **Visit Chile Pass** met verschillende coupons voor vaste prijzen, die onder het normale tarief liggen. Dat is heel praktisch als u van tevoren uw route hebt bepaald. Zo niet, dan moet u voor omboeken bijbetalen. De ver van elkaar verwijderde hoogtepunten San Pedro de Atacama met de Tatiogeisers en de Valle de la Luna enerzijds en Nationaal Park Torres del Paine anderzijds kunt u op deze manier toch combineren binnen uw drie weken.

Bus en trein

De **bus** is het meest gebruikte transportmiddel voor reizen in Chili; het land beschikt dan ook over een zeer uitgebreid busnet. Ook afgelegen gebieden worden aangedaan door bussen, maar de frequentie waarmee ze rijden is niet hoog. Wie naar een vergelegen oord wil, moet zich flexibel opstellen en zoveel mogelijk van tevoren uitzoeken. Reizen per bus is niet duur.

U kunt in de bus kiezen uit verschillende klassen. Neem voor grote afstanden de duurste optie. Comfortabele **langeafstandsbussen** met slaapstoelen *(coche cama* en *premium cama)* rijden tussen alle grotere steden. Wie niet van vliegen houdt, heeft voor de rit van Santiago naar Arica zo'n 40 uur nodig, naar Puerto Montt elf uur.

Treinverbindingen zijn er in Zuid-Amerika niet veel, maar sinds kort rijdt in Chili de **Transpacífico**. Tussen Santiago en Puerto Montt rijden in stijl gerenoveerde wagons uit 1929. De rit duurt inclusief sightseeingstops tien dagen.

Boot

De fjorden van het zuiden, bijvoorbeeld tussen Puerto Montt en Puerto Natales, zijn te verkennen via een meerdaagse bootreis, maar de **Golfo de Penas** ('Golf van het Lijden'), die u daarbij moet oversteken, draagt zijn naam niet voor niets. Houd rekening met soms echt stormachtige ogenblikken. De overtocht is niettemin schitterend.

Huurauto

Reizen met een huurauto maakt u weliswaar onafhankelijk, maar is niet bepaald goedkoop. Toch moet u niet op het verkeerde besparen en genoegen nemen met een mindere kwaliteit huurauto. Veel gebieden zijn wel ontzettend mooi, maar moeilijk begaanbaar. Als u dan met een ontoereikend voertuig onderweg bent, komt u er misschien helemaal niet...

Basisvoorwaarden voor het huren van een auto zijn een minimumleeftijd van 25 jaar, een internationaal rijbewijs en een creditcard. Maatschappijen als Avis, Hertz en Budget zitten in de grotere steden, maar er zijn ook heel veel lokale kleine aanbieders. Vergelijk de prijzen. Niet altijd kunt u de wagen elders achterlaten, in veel gevallen moet de auto ingeleverd worden op de plaats waar u hem hebt gehuurd, anders moet u een boetebedrag betalen voor het terugbrengen van de wagen. Omdat het land zo langgerekt is, is dat niet bepaald goedkoop. Langere trajecten overbruggen de meeste mensen dan ook met het vliegtuig.

In het zomerse hoogseizoen in januari en februari kan het aanbod krap worden en kunt u niet altijd een huurauto vinden. Reserveren voor die periode is aanbevolen. Lan Airlines biedt bijvoorbeeld een pakket aan met vliegtuig en huurauto ineen, dat u al thuis kunt boeken.

Een goed adres voor **caravans en campers**, waarmee u zonder problemen ook de moeilijke passen op de Altiplano kunt nemen (en waar bovendien wordt gegarandeerd dat u de

Centraal Station in Santiago – in Chili wordt vooral per bus gereisd

auto over de grens mag meenemen naar Argentinië, Bolivia en Peru) is het in Zuid-Amerika gespecialiseerde reisbureau Latino Camper, te vinden op www.camperadventures-worldwide.com. Op de site (in het Engels, Duits en Spaans) kunt u online een kampeerauto of caravan reserveren.

De mogelijkheid de grens over te steken is aantrekkelijk voor iedereen die samenhangende natuurgebieden als de Altiplano (grensovergangen met Bolivia en Argentinië) en het merengebied in het zuiden (grens met Argentinië) wil verkennen.

Autorijden

Autorijden is in Chili geen groot probleem, omdat de Chilenen 'gecontroleerd chaotisch' rijden. Het is belangrijker oogcontact met andere weggebruikers te maken dan u star aan de verkeersregels te houden.

Wegen in het binnenland zijn vaak lastig begaanbaar. Landschappelijk aantrekkelijke routes, zoals die door het merengebied of over de Altiplano, bestaan vaak uitsluitend uit onverharde wegen. Veel stukken zijn op bepaalde tijden (zoals de Boliviaanse Altiplano-winter in de Chileense zomer) helemaal niet of slechts heel moeizaam begaanbaar. Informeer altijd van tevoren naar de toestand van de wegen, want op 4000 m hoogte komt geen wegenwacht u te hulp. Sla raadgevingen niet in de wind.

Wie onderweg is in afgelegen gebieden, doet er verstandig aan altijd een volle jerrycan benzine, een reserveband en gereedschap bij zich te hebben. In sommige landelijke gebieden zijn **benzinestations en garages** slechts mondjesmaat te vinden.

De toegestane **maximumsnelheid** in steden is 50 km/u, op andere wegen 100 km/u. (Paaseiland: in Hanga Roa 30 km/u, rest van het eiland 60 km/u.) De verkeerspolitie *(carabineros)* ziet streng toe of men zich aan de maximumsnelheid houdt. Een kleine 'donatie' om uit de moeilijkheden te komen werkt in Chili gegarandeerd problemen in de hand en dient beslist te worden vermeden. Ook overdag rijdt men met **dimlicht**.

Accommodatie

Categorieën, capaciteit en prijzen

In het hele land staat een breed geschakeerd palet aan onderkomens tot uw beschikking, door de overheid met vijf sterren in categorieën verdeeld. Voor een Zuid-Amerikaans land is de standaard hoog, zodat u normaal gesproken in een tweesterrenhotel kunt verblijven zonder dat u voor nare verrassingen komt te staan.

De gestegen en nog steeds stijgende opbrengsten uit het toerisme hebben geleid tot een uitbreiding van het aantal bedden in elke categorie. Toch kan het in de vakantiemaanden januari en februari, waarin ook de meeste Europeanen naar Chili reizen, wel eens overvol worden, vooral op toeristische bestemmingen.

Het niveau van de prijzen is hoog in Santiago, het Grote Zuiden, San Pedro de Atacama en Calama. Tophotels rekenen Londense prijzen. In het algemeen pakt het zuiden duurder uit dan het noorden. Zie voor prijzen ook blz. 80.

Soorten accommodatie

Ook in Chili is een hotel een hotel en een appartementenhotel een appartementenhotel, maar toch kunnen enkele namen verwarring scheppen. Een *residencial* of een *hospedaje* is een eenvoudig logement met meestal verschillende kamers, die u het beste eerst even kunt inspecteren. Soms is sprake van slaapzalen. *Hostería* betekent pension, maar kan dat zijn in alle prijsklassen, dus ook een luxeverblijf. In de meeste gevallen worden de maaltijden daar uitsluitend geserveerd aan de pensiongasten, maar dat kan variëren, vooral in uitgesproken vakantieplaatsen met veel toeristen. Soms hebben hotels en pensions een eigen excursieprogramma samengesteld of werken ze samen met een erkend reisbureau.

Achter het begrip *cabaña* verschuilt zich een bungalow. Daarmee is nog niets gezegd over de inrichting – van luxueus tot uiterst simpel is alles mogelijk.

De modieuze categorie 'boetiekhotel' is sinds kort ook in Chili te vinden, bijvoorbeeld in Valparaiso. Ook 'époquehotels' zijn vertegenwoordigd: haciënda Tres Lagos, diep in Patagonië, draagt deze eretitel.

Op internet

www.chileaustral.com – Aanbevolen en voordelige *hostales* en *hosterías* (in het Spaans en Engels).

Bungalows *(cabañas)*

Een vakantie met het hele gezin in een *cabaña* is vooral bij Chilenen zelf zeer geliefd. De inrichting en de bouw van zulke vakantiebungalows variëren sterk. Vooral in het zuiden vallen de huisjes op door hun gezelligheid. Voor een langer verblijf is het een ideaal alternatief voor mensen die in kleine groepen reizen en verschillende dagen op een plek willen blijven.

Familiepensions *(hospedajes, residenciales)*

Op sommige plaatsen, zoals bijvoorbeeld op Paaseiland, hebben de door families geleide bed-and-breakfasts, waar u op verzoek ook volpension kunt krijgen, een voordeel ten opzichte van grotere en veel duurdere hotels, namelijk dat ze niet minder bieden dan ze pretenderen. In de meestal kraakheldere *hospedajes* en *residenciales*, vooral in het zuiden, bijvoorbeeld in Puerto Varas en Puerto Natales, verblijft u niet alleen goedkoop maar ook heel prettig. Vaak kunt u in hotels, *hosterías* en *residenciales* of *hospedajes* uw bagage achterlaten als u op een korte excursie gaat en niet alles wilt meenemen, maar misschien alleen een rugzakje voor een dag. Kleinere hotels hebben ook vaak het voordeel dat een meer persoonlijk contact mogelijk is.

Voor jonge rugzaktoeristen zonder dikke portemonnee staan er in het hele land veel keurige, onconventionele huizen en kamerverhuurders klaar. Sommige hebben zich aaneengesloten en adverteren samen, bijvoorbeeld Zapato Amarillo in Puerto Octay met Casa Aventura in Valparaíso. Een goed adres is ook Suizandina bij Malalcahuello. Met iets meer luxe adverteren landhotel San Sebastian bij Pucón met haciënda Los Andes in Valle Hurtado en hostal El Punto in La Serena met Tesoros del Elqui in Pisco Elqui. Wie zonder reisorganisatie op stap is, wat in Chili gemakkelijk te doen is, kan erop vertrouwen dat als het op de ene locatie naar de zin was, het in de aanbevolen tegenhanger zeker ook goed zal bevallen.

Kamperen

Van campings mag u geen Europees niveau verwachten, hoewel dat soms wel het geval is. De in de zomermaanden felbegeerde kleine kampeerterreinen in de nationale parken liggen vaak op schilderachtige plekken. Kijk op de website van Conaf of er nog plaatsen beschikbaar zijn, want vaak kunnen daar niet meer dan twee tenten staan. Alle campings hebben douche en toilet en zijn voorzien van minstens één plaats om open vuur te maken voor de barbecue.

Adembenemend uitzicht uit de slaapkamer in Nationaal Park Torres del Paine

Sport en activiteiten

Strandvakantie

Stranden en surfen

Chilenen houden van hun kilometerslange, schone oceaanstranden in Reñaca, Viña del Mar, Iquique of La Serena. De vulkanische meren Villarrica, Calafquén en Llanquihue behoren tot de populairste zomerbestemmingen. Er is zeker wat voor te zeggen uw natuur- of culturele rondreis te onderbreken voor een paar ontspannen vakantiedagen aan het water, te meer daar er een uitstekende infrastructuur voorhanden is.

Liefhebbers van surfen kunnen in Iquiue hun hart ophalen, terwijl ook Pichilemu sinds kort op dit gebied van zich doet spreken.

Warmwaterbronnen, thermale hotels en kuuroorden

De Andes is een jong gebergte, en kleine aardbevingen zijn geen zeldzaamheid. Het voordeel daarvan zijn de vele warmwaterbronnen die in het hele land opborrelen. Er zijn fraaie, opzienbarende, comfortabele en landelijke complexen rond de bronnen te vinden. Het spectaculairste voorbeeld daarvan zijn de Termas Geométricas bij Coñaripe. De rit erheen vereist enige behendigheid, de omgeving is zonder fratsen maar mooi en u kunt er niet overnachten maar moet een verblijf in het dorp zoeken als u niet wilt terugrijden naar uw verderop gelegen hotel. Dan hebben gasten in de Termas de Puyuhuapi (zie blz. 224) het gemakkelijker. Het houten villahotel ligt schitterend. Thalassotherapie, dan een door rabarberbladen ingesloten warmwaterbekken en tot slot een duik in de door fladderende zwarthalszwanen bewoonde fjord.

Nieuw, representatief en luxueus zijn ook de Termas de Malalcahuello met hotel-restaurant onder de Sierra Nevada. Andere baden zijn de Termas de Puyehue, ook met accommodatie, en de Termas de Chillán. In beide hotels horen massages, gezichts- en lichaamsbehandelingen tot de mogelijkheden.

Canopy

Bij de nieuwe trendy sport canopy, oorspronkelijk bedacht voor biologen die op onderzoek waren in het oerwoud van Costa Rica, kunt u zich voelen als Tarzan die van liaan naar liaan slingert. Bij deze sport raast u aan een kabel tussen de boomtoppen door. Natuurlijk op vastgestelde routes en gezekerd in een leren tuig. Ondanks (of dankzij) de spanning wil iedereen tegenwoordig aan canopy doen. De grote vraag heeft sommige aanbieders in de verleiding gebracht zich niet aan alle veiligheidsmaatregelen te houden. Niemand hoeft het te laten, canopy kan acht tot twintig minuten een enorme adrenalinekick geven, maar overtuig u er van tevoren van welk bedrijf het beste en veiligste is. In Pucón en Puerto Varas zijn er veel mogelijkheden, en in de bossen daar is het ook het mooist.

Vliegvissen

Volgens Noord-Amerikaanse kenners liggen bij de Carretera Austral ware paradijzen voor vliegvissers. Het allerbeste is de rivier met de meeste stroomversnellingen van Chili, de Río Baker, maar ook de rivieren rond Puyuhuapi en La Junta of de Río Cisnes bij Mañihuales weten te verleiden tot urenlang in het koude water staan en de hengel uitwerpen. Enkele *hosterías* zijn helemaal ingesteld op vliegvissers. Ze bieden een volledig programma met *guides-guias*. Andere verhuren hun bungalows exclusief aan vliegvissers. Ten zuiden van Cochrane vindt u langs de Río Baker verschillende alternatieven. Kijk voor tips op: **www.linea.cl**

Kajakken en raften

Chili heeft bij watersporters uit de hele wereld een goede naam gekregen. Geen wonder,

Strandvakantie aan de Grote Oceaan: het strand van Zapallar

met de ontelbare rivieren uit de Andes en het uitgestrekte fjordengebied. De interessantste plekken om te **kajakken** liggen voor de kusten van de Carretera Austral en op de rivieren van het Kleine en Grote Zuiden, bijvoorbeeld de Río Futaleufú en de Río Petrohue. Ook rond Chiloé kunt u zeekajakken. Er is keuze uit lessen, tochten voor beginners, dagtochten en excursies tot twaalf dagen voor ervaren peddelaars. Daarbij wordt overnacht in tenten en gebaad in warmwaterbronnen.

Raften kunt u vooral in het Kleine Zuiden, op de rivieren Liocura, Trancura, Petrohue en Bío Bío. Aanbieders vindt u met name in Puerto Varas en Pucón.

Mountainbiken

Voor mountainbikers is de Carretera Austral over de hele lengte een mooie, rotsige uitdaging, maar Philippe Reuter, directeur van Azimut, heeft ook andere mogelijkheden in de aanbieding. Zo kunt u bijvoorbeeld de Licancabur, de 'huisvulkaan' van San Pedro de Atacama, op fietsen. Tussen deze twee bijzondere uitdagingen ligt een woud van prachtige mogelijkheden. Vooral de vele nationale parken en natuurreservaten van het Kleine Zuiden tussen Temuco en Puerto Montt zijn zeer geschikt voor fietstochten, maar ook voor mountainbikers die een uitdaging zoeken. Ook de Andes is geliefd.

Wie niet zomaar een beetje wil rondtrappen, maar een echte tocht wil maken – en voor hen staat een groeiend aantal organisatoren met voorstellen klaar – kan het beste zijn eigen fiets meenemen naar Chili en ook zelf voor reserveonderdelen zorgen. De fietsen die u bij hotels en pensions kunt krijgen zijn vaak niet goed genoeg voor de eisen die de trajecten aan ze stellen.

Behalve de Carretera Austral en de omgeving van San Pedro de Atacama kunt u ook Vuurland en Nationaal Park Torres del Paine goed per mountainbike verkennen. Betrouwbare organisatoren zijn:

www.azimut.cl
www.paredsur.cl
www.latitud90.com
www.latinorizons.com
www.travelart.cl

Paardrijden

Twee hippische centra die voorbeeldig geleid worden en goed zijn uitgerust mogen hier worden genoemd: haciënda Los Andes in de Valle Hurtado en de Campo Aventura in Cochamó. Dagtochten en excursies van elf dagen worden even zorgvuldig voorbereid. De organisatoren staan ervoor in dat ook beginnelingen aan sommige tochten kunnen deelnemen, omdat ze ook voor hen geschikte paarden hebben. Ook op de Fundo Dos Ríos in de buurt van Villarrica staat paardrijden centraal in de uitstapjes.

In het hele land zijn veel landelijke hotels ingesteld op ruiters. Of ze hebben zelf paarden op stal of ze werken samen met goede maneges. Voorbeelden daarvan zijn landhotel San Sebastian, La Torre Suiza en *hostal* El Coigue in Malalcahuello, maar ook verschillende *hosterías* in de Valle del Elqui. Ook het eiland Chiloé laat zich goed op de rug van een paard ontdekken.

Wintersport

In de Europese zomer skiën aan de Straat van Magallanes is een wel heel bijzondere vakantie-ervaring, maar heel goed te doen omdat u daarvoor al op enkele kilometers van Punta Arenas, de hoofdstad van Magallanes, de gelegenheid hebt. Veel bekender zijn echter de bestemmingen in de Andes die gemakkelijk bereikbaar zijn vanuit Santiago: Valle Nevado, Farellones, Portillo, La Parva en Lagunillas, alle ten noordoosten van de hoofdstad. Valle Nevado heeft naam gemaakt als zomertrainingskamp voor Europese topskiërs.

Het wintersportseizoen begint in principe in juni en eindigt in september/oktober. In alle wintersportgebieden kunt u ski's huren. Voor onderdak en voedsel zijn er vele mogelijke varianten: van goedkoop tot heel erg duur. Geen van deze plaatsen heeft een echte dorpskern, maar dat hebben vele wintersportoorden in de Alpen ook niet. Kijk voor informatie op:

www.vallenevado.com
www.skiportillo.com
www.elcolorado.cl
www.laparva.cl

Trekken, wandelen en bergbeklimmen

Vooral voor **wandelaars** is Chili met zijn vele natuurparken, bijzondere landschappen, vulkanen en Andestoppen een bijzondere bestemming. In de nationale parken zijn wandelingen uitgezet van verschillende lengte. Vaak is er in zo'n park een kort educatief pad met uitleg over biologische en geologische verschijnselen. Via het Sendero de Chile ('Wandelpad van Chili') kunt u in vrijwel elke regio een kenmerkend landschapstype leren kennen, zelfs in Santiago. De meeste van deze routes zijn in een dag te belopen (www.senderochile.cl; in het Spaans). Buiten de nationale parken zijn gemarkeerde wandelpaden schaars. Ga daarom alleen met goede kaarten op pad (zie blz. 64).

Dé bestemming voor **trektochten en bergbeklimmen** is Parque Nacional Torres del Paine. U vindt hier tal van paden van verschillende aard en lengte. De grootste uitdagingen van het land vormen de bijna 7000 m hoge Aconcagua ten noorden van Santiago (en vanuit die stad te organiseren) en de hoogste vulkaan van de wereld, de Ojos del Salado (6893 m) in het Kleine Noorden. Voor beide beklimmingen hebt u absoluut een berggids nodig. De vulkanen Villarrica en Osorno in het merengebied kunt u zonder problemen en zonder veel voorbereiding met een plaatselijk samengestelde groep bedwingen. Beklim nooit een vulkaan op eigen gelegenheid. Een aanbevolen website is:

www.trekkingchile.com

Openingstijden

Openingstijden van **winkels** lopen niet sterk uiteen. In het algemeen zijn de winkels geopend van ma.-za. van 9 of 10 tot 20 uur. Kleinere winkels sluiten vaak tussen de middag van 13.30-15 uur.

Winkelcentra zijn vaak geopend ma.-za. tot 22 uur.

Soorten winkels

Winkelcentra, *centros comerciales* en *galerías*

Chilenen zijn dol op winkelen en langs etalages slenteren. Het doorbrengen van de vrije zaterdag in een winkelcentrum *(galería)* zonder dat men echt iets nodig heeft, is een wijdverbreide vrijetijdsbesteding. Chili heeft de laatste twee decennia zijn afstand op Europa en Noord-Amerika flink ingelopen. De hoogwaardige, stijlvolle kooptempels van Santiago, die deze naam met verve dragen, behoren inmiddels tot de duurste van Zuid-Amerika. Waar geen *galerías* zijn, wordt in de winkelstraten en -passages van de binnenstad geflaneerd. In veel grote steden zijn goed verzorgde, overzichtelijke winkelcentra en *centros comerciales* ontstaan. Het kan de moeite waard zijn deze te bezoeken en de prijzen te vergelijken.

Markten en supermarkten

De sfeer op **lokale markten** is eenvoudigweg onvergelijkbaar. Markthallen en vismarkten worden vaak beschouwd als speciale bezienswaardigheid van een stad. U kunt er niet alleen verse waren kopen (zoals in Valdivia en Castro), maar ook goed eten, bijvoorbeeld in Santiago, Temuco, Antofagasta, Puerto Montt, La Serena en Arica. Dat verstevigt hun betekenis voor de consument.

Lokale markten hebben nog niet aan belang ingeboet. Vooral in landelijke gebieden is de markt de enige plaats waar verse waren worden verkocht. De laatste tijd echter zijn **supermarkten** als paddenstoelen uit de grond geschoten. Voor Chilenen en ook voor toeristen die zelf koken (omdat ze bijvoorbeeld in een vakantiehuis verblijven of kamperen), is het daardoor veel gemakkelijker geworden aan levensmiddelen te komen. Maar zelfs producten uit Chili zelf zijn niet altijd overal verkrijgbaar – olijfolie uit Arica of papaja-jam uit La Serena is niet zomaar te koop in Ancud op Chiloé.

Of de *supermercados* de plaats van de regionale markten zullen innemen, zal nog moeten gaan blijken.

Souvenirs

Hoewel het land geen paradijs voor souvenirjagers is, zoals Bolivia of Peru, komt u bij een zwerftocht langs lokale kunstnijverheidsmarkten *(artesanías)* goed aan uw trekken. Truien van warme, gevlochten wol, fijnzinnig gesneden houten keukenbestek, sieraden van lapis lazuli, tassen van koeienhuid – in de diverse regio's is allerlei verschillends te zien. De bijzonderste (straat)markten vindt u in San Pedro de Atacama, La Serena, Santiago, Pucón, Temuco, Puerto Montt (Angelmó), Ancud, Cas-tro en Coyhaique.

In toeristische gebieden kunt u van alles kopen. Denk er wel aan dat op de toonbank of de marktkraam zowel zogenaamde Andesproducten uit Taiwan of China als lokale bijzonderheden liggen.

Belastingvrij winkelen

In Iquique en Punta Arenas worden in enorme loodsen belastingvrije artikelen verkocht. Of u met een aankoop daar (inclusief verzending) werkelijk goedkoper uit bent, zult u zelf moeten ondervinden.

Goed om te weten

Uitgaan

Het goede nieuws (maar helaas niet vanzelfsprekend in Zuid-Amerika): in Chili kunt u 's avonds uitstekend en onbekommerd uitgaan. U hoeft niet bang te zijn dat de taxichauffeur u het vel over de oren zal trekken en ook niet dat u alleen maar naar een beperkt aantal adressen kunt gaan, omdat de rest niet veilig zou zijn. Toch wordt er op gezette tijden voor gewaarschuwd dat bepaalde wijken, die tevoren nog het einde waren, plotseling ruwer zijn geworden, zoals de Calle Ecuador in Valparaiso. Dit was niet lang geleden nog een aanbevolen uitgaansgebied. Wie in zijn hotel informeert, zal zeker overladen worden met een serie tips, die u beter niet in de wind kunt slaan.

Metropolitana de Santiago

Groot-Santiago ademt de sfeer van een echte metropool, met een flink aantal bioscopen, theaters, concertzalen en expositieruimten. In de dagbladen staat het actuele aanbod aan voorstellingen en evenementen opgesomd. Daarbij komen cafés, discotheken, clubs en salsapodia.

Vakantieplaatsen

In de zomerse vakantiemaanden hoeft u het niet zonder openluchtdisco te stellen. Dj's trekken rond en maken van plaatsen als bijvoorbeeld La Serena in een handomdraai een swingend uitgaanscentrum, hoewel dat buiten het seizoen nu niet bepaald als dé sensatie van het nachtleven geldt. Vooral in de bekende toeristische centra pakt het uitgaansleven heel levendig uit: Puerto Varas, Pucón, San Pedro de Atacama, Puerto Natales, Iquique en Punta Arenas kennen een ruim assortiment aan clubs, cafés en bars. In de badplaatsen Reñaca, Bahía Inglesa en Concon bruist het nachtleven zonder al te veel buitenlandse inmenging: hier worden vooral veel particuliere feesten gegeven.

Drugs

Het gebruik van drugs, ook softdrugs als hasj en marihuana, is zelfs in geringe hoeveelheden absoluut verboden in Chili en wordt – net als de handel – streng bestraft. Op Paaseiland verbouwen en gebruiken sommige eilandbewoners marihuana.

Als toerist moet u zich absoluut onthouden van gebruik en handel, want de Chileense politie kent in dit opzicht geen enkel pardon en de ambassades kunnen in dezen niets voor u betekenen.

Elektriciteit

De netspanning bedraag 220 V, maar stekkers en stopcontacten zien er anders uit. In de supermarkt kunt u passende adapters kopen.

Openingstijden

Winkels en winkelcentra:
zie blz. 77
Kantoren:
ma.-vr. 8/9-17/18 uur
Banken:
ma.-vr. 9-14 uur (op Paaseiland tot 13 uur, in de binnenstad van Santiago tot 16 uur)
Postkantoren:
ma.-vr. 9-18 uur (in kleine plaatsen lunchpauze 13-15 uur); za. 9-13 uur (op Paaseiland tot 12 uur)
Benzinestations:
7-23 uur

Roken

Sinds maart 2006 is het in openbare gebouwen verboden te roken.

Ook in restaurants en hotels is roken in principe verboden. Wanneer een restaurant over een terras beschikt, is het aan de eigenaar om te beslissen of het rookverbod wordt nageleefd of niet. Buiten gesloten ruimtes is roken toegestaan.

Fooien

De gebruikelijke fooi in een café of restaurant bedraagt 10% van het bedrag op de rekening. Vergeet de **kelner die uw ontbijt brengt** niet! **Kamermeisjes** in hotels beloont u met US$1 per persoon per dag en ook **kruiers en piccolo's** kunt u bedelen met een klein bedrag voor hun diensten. **Parkeerwachters** rekenen op 200 pesos per dag en 500–1000 pesos voor een nacht.

In een **restaurant** wordt de rekening meestal naar boven afgerond.

Soorten restaurants

Gedragsregels

Omgangsvormen zijn in Chili in het algemeen wat formeler dan u misschien gewend bent, hoewel dat niemand ervan weerhoudt elkaar al bij de eerste ontmoeting op beide wangen te kussen (vrouwen) of vriendschappelijk op de schouder te kloppen (mannen). Als men zich voorstelt zegt men *con mucho gusto* ('met genoegen') of *encantado/-a* ('aangenaam'). Vrouwen dienen hun woorden voorzichtiger te kiezen dan mannen, om niet per ongeluk verkeerd te worden begrepen. Een jonge vrouw kan niets inbrengen tegen de aanspreekvorm 'juffrouw' *(señorita).*

Beleefdheid

Hoewel punctualiteit nou niet bepaald de hoogste prioriteit heeft, geldt het als uitgesproken onbehoorlijk om iemand lang te laten wachten. Als u werkelijk verwacht veel later te komen dan u hebt afgesproken, dan moet u even bellen.

Kleding

Er bestaat in Chili geen speciale dresscode. Dat neemt niet weg dat men in het zakelijk leven en als men 's avonds wordt uitgenodigd zich netjes, correct en een tikje conservatief kleedt, terwijl Chilenen in hun vrije tijd sportief en gemakkelijk gekleed door het leven gaan. In de stad worden geen shorts en korte broeken gedragen.

Chileense vrouwen zijn zeer modebewust en volgen met plezier alle trends uit Europa en Noord-Amerika. Oudere *señoras* hechten echter veel waarde aan een damesachtige stijl. Een Chileense vrouw zal niet snel zonder bh over straat gaan en nooit haar bikinitopje uittrekken op het strand. Houd u zich ook aan deze gedragscode. U laat geen goede indruk achter als u het toch doet en bovendien maakt u het zichzelf ook lastig.

Het verschil tussen man en vrouw wordt graag benadrukt. Strakke, korte rokjes en laag uitgesneden tops behoren tot de dagelijkse zomeroutfit en zijn op straat een heel gewone aanblik. U goed presenteren en toch netjes gedragen is goed mogelijk in Pucón of Reñaca, de twee geliefdste modestranden en avondlijke podia.

Tijd

Het verschil tussen de Chileense tijd en de Midden-Europese tijd varieert met de zomer- en wintertijd. Vanaf de tweede zaterdag van oktober tot eind maart is het verschil minus vier uur in vergelijking tot Nederland en België; vanaf de tweede zaterdag van april tot eind september is dat verschil minus zes uur. In de twee weken in lente en herfst tussen de tijdsverandering in Europa en die in Chili bedraagt het verschil vijf uur.

Tijd op Paaseiland

Op Paaseiland is het twee uur vroeger dan op het Chileense vasteland.

Geld en reisbudget

Valuta

De Chileense peso (CLP) circuleert in munten van 1, 10, 50 en 100 pesos en in biljetten van 500, 1000, 2000, 5000 en 10.000 pesos. De wisselkoers is tamelijk stabiel, ten tijde van het verschijnen van deze gids €1 = ca. 760 peso. Amerikaanse dollars en euro's zijn gemakkelijk om te wisselen, voor andere valuta kunt u naar de wisselkantoren *(casas de cambio)* gaan in de straten Agustinas en Huérfanos in Santiago. De **actuele wisselkoers** vindt u op www.wisselkoers.nl.

Geld wisselen

Banken en drogisterijen met het logo 'Redbanc' beschikken over geldautomaten *(cajeros automáticos)*. Dat logo vindt u ook in supermarkten en winkelcentra, op luchthavens en stations. Het is de handigste manier om geld op te nemen als u lange rijen wachtenden bij bijvoorbeeld banken wilt mijden. Vraag voor de zekerheid bij uw bank of creditcardmaatschappij of u uw pas (met het Maestro- of Cirruslogo, creditcards met een pincode) in Chili kunt gebruiken.

Wie erop rekent dat op elke toeristische plaats wisselkantoren te vinden zijn, komt van een koude kermis thuis. In Castro en Puerto Varas bijvoorbeeld is er pas sinds kort één, en wisselen de banken helemaal geen geld. Met Redbanc bent u dus beter uit. Op Paaseiland wisselt de Banco del Estado de Chile slechts tot 12 uur dollars. Die worden wel als tweede officiële valuta geaccepteerd.

Creditcards

Betalen met een creditcard is in Chili veel gebruikelijker dan bij ons. Geld opnemen met een creditcard is op Paaseiland niet mogelijk. Geaccepteerd worden Visa, MasterCard, Diner's Club en American Express. Neem bij verlies zo snel mogelijk contact op met de betreffende alarmcentrale (zie kader).

Travellercheques

Betalen met een travellercheque is niet zo gebruikelijk. Wie ze om veiligheidsredenen wil meenemen, kan dat het beste doen in Amerikaanse denominaties van American Express, omdat die het bekendst zijn. Bereid u erop voor dat u ze buiten de grote steden helemaal niet of tegen een – in hoogte zeer verschillende – provisie kunt inwisselen.

Blokkeren van pinpas en creditcard

Bij diefstal of verlies kunt u vanuit Chili 24 uur per dag en 7 dagen per week onderstaande nummers in Nederland bellen. U krijgt dan zo snel mogelijk een nieuwe pas toegezonden. Geef het ook aan bij de politie!

Creditcards

American Express: 0031-20 504 86 66
Diners Club: 0031-20 654 55 11
Mastercard: 0031-30 283 75 00
Visa: 0800-022 31 10

Bankpassen

ABN-Amro: 0031-10 241 17 20
Fortis: 0031-20 588 18 81
ING: 0031-30 283 53 72
Postbank: 0031-58 212 60 00
Rabo: 0031-499 499 112

Reisbudget

De hoogte van de prijzen hangt af van uw verblijfplaats. Niet goedkoop zijn Santiago, Pucón, Punta Arenas en Puerto Natales. De prijzen op Paaseiland liggen hoger dan die op het vasteland, omdat er daar veel moet worden geïmporteerd.

Opvallend is dat de prijzen in **restaurants** niet ver uiteenlopen. Ook in luxerestaurants betaalt u niet exorbitant veel. De internationaal vermaarde Chileense wijnen zijn zelfs bepaald voordelig. Goedkoop maar toch lekker eten kunt u in marktrestaurants en *sandwicherías*.

Substantiële aanslagen op uw budget worden gepleegd door **excursies** (per persoon per dag tot US$100) en **autohuur**. Benzine valt met €1 per liter weer mee.

In **hotels** betaalt u naar gelang het hoog- of laagseizoen is *(temporada alta* en *temporada baja)*. Prijzen lopen sterk uiteen. In luxehotels of afgelegen accommodaties, zoals bijvoorbeeld de Termas de Puyuhuapi of het Hyatt in Santiago, komt een overnachting in een tweepersoonskamer (2 pk) al snel op €180. Ook op Paaseiland is het tamelijk duur, maar verder moet u rekenen op zo'n €80–130 per kamer per nacht in een viersterrenhotel (Chileense categorisering).

In familiepensions en etagehotels, die vaak schoon en aanbevelenswaardig zijn, betaalt u niet meer dan €20–30 voor een 2 pk. Zie voor de prijzen van hotels ook blz. 72.

In sommige hotels en restaurants kunt u **betalen met Amerikaanse dollars** – ook in verafgelegen zaken. Wie hiervoor kiest, moet wel van tevoren informeren of dat kan!

De bankwijk van Santiago

Reisperiode en reisbenodigdheden

Reisperiode

Vanwege de extreme langgerektheid op het zuidelijk halfrond bestaan er grote klimaatsverschillen in Chili – van de droogste woestijn ter wereld in het noorden, waar het overdag onverdraaglijk heet is en de temperatuur 's nachts met 25–30 °C daalt, tot het zuiden met zijn vochtige en frisse zomers, hevige neerslag en straffe winden, kunt u alles verwachten.

Aangezien de belangrijkste toeristische attracties over het hele land verspreid liggen, zijn de Chileense zomermaanden, dat wilzeggen van eind november tot half maart, het meest geschikt als u overal in Chili een kijkje wilt nemen.

In elke regio een ander klimaat

Wie slechts enkele regio's van Chili wil bezoeken, hoeft zich niet aan bovenstaande aanbeveling te houden. Paaseiland en het hele noorden, met de Atacamawoestijn, de Altiplano en de kuststrook tot aan Peru, zijn het hele jaar te bereizen. De maanden oktober tot april zijn heel geschikt voor Midden-Chili, het Kleine Zuiden en Patagonië. Wie wil skiën kiest juist voor de Chileense winter van juni tot september. Wanneer u Patagonië en Vuurland in de winter wilt aandoen, wat zeer de moeite waard kan zijn, doet u er goed aan te informeren welke hotels er in die tijd zijn geopend.

Het klimaat in Santiago

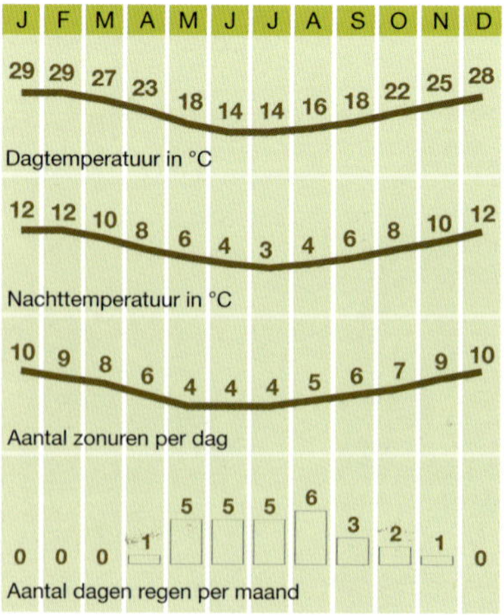

Reisbenodigdheden

Kleding

Wat u in uw koffer stopt, dient in elk geval praktisch, in veel gevallen te gebruiken en goed te combineren te zijn, want u bent op een rondreis door verschillende klimaatzones en hebt waarschijnlijk geen zin met enorme koffers rond te zeulen. Neem desalniettemin ook wat leuke kleding voor 's avonds mee, maar laat kwetsbare kledingstukken thuis in de kast hangen.

Wie van plan is een paar dagen aan de zee of een meer te zitten, kan zijn fantasie de vrije loop laten, maar moet daarbij niet vergeten dat Chilenen zich graag chic kleden om een avondje uit te gaan.

Toch hoeft u op uw rondreis door de verschillende klimaten van Chili niet onnodig veel bagage mee te slepen. Overal zijn goedkope wasserettes te vinden of is er de mogelijkheid om binnen een dag uw kleren in het hotel te laten wassen.

Uitrusting voor buitensporten

Wie in de Chileense zomer in het zuiden op pad is, heeft goede, betrouwbare regenkleding nodig. Trekkers dienen zeker een regenbroek in te pakken. Ondergoed van waterafstotende microvezels, fleecetruien en jacks zijn zeer geschikt voor wandelaars. Voor lange ritten te paard zijn spijkerbroeken met dikke naden niet de beste keuze, omdat die gaan

In het land van de extremen hebt u kleding voor elke situatie nodig: Greygletsjer

schuren. Neem liever een strak zittende, lichte katoenen broek mee. Pak in elk geval waterdichte wandelschoenen in, het liefst twee paar, en daarnaast een paar lichte gympen voor in de stad.

Als u van plan bent excursies te maken, moet u denken aan een klein rugzakje. Een zakmes en zaklantaarn komen altijd van pas bij buitenactiviteiten. Veel van dit soort zaken zijn ook te koop in de toeristische centra Pucón, Puerto Varas, Puerto Natales en Punta Arenas. Daar kunt u soms ook speciale uitrusting huren, bijvoorbeeld voor bergbeklimmen of wildwatervaren. Maar met uw eigen, vertrouwde spullen bent u natuurlijk altijd beter uitgerust.

Bescherming tegen de zon

Net zo onmisbaar is een zonnebrandmiddel met extreem hoge beschermingsfactor, aangezien de ozonlaag boven Chili, vooral in het zuiden, heel dun is. U kunt ook een *gorra*, een honkbalpet, en een goede zonnebril opzetten als bescherming tegen de zon.

Deze zaken zijn ook zeer geschikt voor de Altiplano. Denk er verder aan dat ook als de temperatuur overdag over de 30 °C komt, u met een dunne lange broek en een overhemd met lange mouwen goed beschermd bent tegen de zon, beter dan in een korte broek en een T-shirt met korte mouwen. Zulke kledingstukken kunt u wel dragen bij korte wandelingen en aan het strand.

Gezondheid en veiligheid

Voorzorgsmaatregelen

Medische instituten raden geen speciale **inentingen** aan, maar het is verstandig te zorgen dat u bent ingeënt tegen tyfus, difterie, hepatitis A en tetanus. Wie wil doorreizen naar Bolivia of Peru moet zich ook beschermen tegen cholera. Ook cholera steekt af en toe de kop op in het noorden van Chili, maar is te voorkomen met eenvoudige voorzorgsmaatregelen. Taboe zijn leidingwater, rauwe schaal- en schelpdieren en ongeschild fruit.

Wie over de Altiplano reist, kan last krijgen van **hoogteziekte**. Chilenen zweren bij het kauwen op cocabladeren als heilzame remedie. Veel drinken, vetarm eten, geen alcohol of koffie gebruiken, langzaam acclimatiseren en niet te veel inspanning helpen om *soroche* of *puna* te voorkomen.

Op Paaseiland komt dengue of knokkelkoorts voor, een uiterst pijnlijke en langdurige virale infectieziekte, die veelal wordt overgedragen door muggen die overdag actief zijn. Reizigers dienen zich goed met een antimuggenmiddel te beschermen, maar het beste is armen en benen te bedekken door een lange broek en kleding met lange mouwen te dragen, zodat u minder kans hebt door muggen gestoken te worden.

Houd daarboven in elk geval rekening met extreme **zonnestraling** en de dunnere ozonlaag boven het zuidelijk halfrond. Ook op nevelige en bewolkte dagen dient u zich tegen de zon te beschermen.

Alarm

Voor het hele land gelden dezelfde nummers:
Ambulance *(Ambulancia)* 131
Politie *(Carabineros)* 133
Brandweer *(Bomberos)* 132
Reddingsbrigade *(Rescate Marítimo)* 137
Andere noodnummers staan vermeld in de kranten.

Artsen en apotheken

De medische verzorging en de inrichting van apotheken voldoen in de grote steden aan de Nederlandse standaard. De Nederlandse ambassade in Santiago beschikt over een lijst met **artsen** die Engels of Duits spreken. In de meeste **ziekenhuizen** is wel een Engels- of Duitssprekende arts te vinden. De rekening dient u zelf te betalen en later te declareren bij de maatschappij waar u een (reis)ziektekostenverzekering hebt afgesloten.

Apotheken *(farmacias)* zijn rijkelijk vertegenwoordigd in het hele land. Dienstdoende apotheken op zon- en feestdagen *(turnos)* kunt u vinden in de plaatselijke kranten. Veel medicijnen worden in Chili zonder recept verkocht.

Veiligheid

Chili wordt beschouwd als een van de veiligste landen van Zuid-Amerika – en dat is het ook. U bent wel gewaarschuwd geen geld te wisselen op straat, en op drukke pleinen en markten uw portemonnee niet te openlijk te bewaren. Ook in de metro in Santiago zijn **zakkenrollers** aan het werk. Dagelijkse ervaringen bewijzen dat u 's avonds laat zonder problemen over straat kunt lopen. Taxichauffeurs gebruiken taximeters die tonen dat ze niemand bevoor- of benadelen. Laat ondanks het bovenstaande geen bagage en fototoestellen in de kofferbak van uw auto liggen en neem indien mogelijk de autoradio of het frontje daarvan mee.

De uitgesproken ridderlijkheid van de Chileen staat uitbundig flirten in de weg. **Alleenreizende vrouwen** trekken wel de aandacht en geïnteresseerde blikken, maar in hotels en restaurants worden zij meestal voorkomend behandeld. Desondanks: hoewel liften heel gewoon is – vooral op Chiloé – kunnen vrouwen alleen dat beter niet doen.

Internet

In het hele land zijn internetcafés te vinden. Vooral in de steden en de internationale vakantieoorden zijn er veel. Soms zijn ze zelfs heel mooi en gezellig ingericht, zoals in Punta Arenas. De tarieven zijn verhoudingsgewijs laag.

In veel hotels – of het nu om grote of kleine, dure of goedkope gaat – zijn en worden punten ingericht waar u gratis kunt internetten, of vindt u hotspots voor draadloos internet op uw laptop.

Post en porto

Ansichtkaarten en brieven bereiken Europa gemiddeld in acht tot tien dagen. De porto voor luchtpost bedraagt standaard 300 peso. Om post te ontvangen kunt u eenvoudigweg post naar centrale postkantoren in Chili laten sturen via de *lista de correos*. Geadresseerden kunnen op een aanplakbiljet zien of er post voor ze is en die dan tegen een kleine vergoeding met hun paspoort ophalen.

Telefoneren

Ook in het kleinste oord vindt u een of meer *centros de llamados* (belkantoren) met faxdienst. U kunt er nationale en internationale gesprekken voeren. De prijs wordt bepaald aan de hand van de gebelde minuten en varieert per maatschappij, maar duur is het niet. Op gezette tijden zijn er speciale aanbiedingen voor sommige landen. Voor een minuut bellen naar Nederland bent u tussen de 200 en 400 peso kwijt. Telefoneren uit een telefooncel met een telefoonkaart is niet zo eenvoudig, omdat elke maatschappij zijn eigen kaarten uitbrengt.

Om vanuit Chili naar het buitenland te bellen kiest u voor Nederland 00 31 en voor België 00 32, daarna het netnummer zonder 0 en het abonneenummer. Vanuit Europa kiest u 00 56 voor Chili. Ook hier vervalt dan de 0 van het netnummer.

Of u uw eigen **mobiele telefoon** in Chili kunt gebruiken kan uw provider u vertellen. Informeer daarnaar voor u op reis gaat. Uw mobiel moet wel over triband of GSM beschikken, waarbij een in Chili te kopen SIM-kaart past. Echt goedkoop kunt u naar huis bellen met Skype. Veel internetcafés in de grote toeristische centra en in Santiago bieden deze mogelijkheid aan.

Kranten en tijdschriften

Onbetwiste marktleider onder de dagbladen is de conservatieve *El Mercurio*, die in handen is van de invloedrijke familie Ibáñez del Campo. Al in de tijd van Allende kreeg de krant het verwijt de spreekbuis van de CIA te zijn, maar nog altijd ondervindt hij weinig serieuze concurrentie. Alleen de eveneens conservatieve *La Tercera* biedt nog enig tegenwicht.

Verder wordt het leven beschreven in een bont palet aan bladen: esoterische tijdschriften, roddelbladen, sportkranten en pornoblaadjes bedekken met hun kleurige voorpagina's de wanden van de kiosken. Het Spaanse tijdschrift voor de *'educated gossip'*, *Hola*, vindt gretig aftrek, vooral omdat een speciale editie voor de Chileense markt wordt uitgebracht met roddels en verhalen over bekende Chilenen. Chileense uitgaven van internationaal bekende vrouwen- en modebladen als *Marie-Claire* en *Cosmopolitan* bieden concurrentie aan hun Chileense tegenhanger *Paula*. Een interessant politiek tijdschrift is *Análisis*.

Wie een Europese of Amerikaanse krant of soortgelijke tijdschriften zoekt, kan terecht in de Paseo Ahumada in Santiago en vindt daar altijd wel wat van zijn gading.

Woordenlijst

Algemeen

Goedemorgen/-dag	Buenos días
Goedemiddag (na 14 uur)	Buenas tardes
Goedenavond	Buenas noches
Tot ziens/Dag	Adíos/Hasta luego/ Chao
ja/nee	si/no
Pardon!	¡Disculpe Usted!
alstublieft	por favor
Hartelijk dank	Muchas gracias
Hoe heet u?	¿Cómo se llama Usted?
Ik heet ...	Me Ilamo ...
Hoe gaat het met u/jou?	¿Cómo está/s?
Aangenaam!	Encantado/a

Onderweg

enkele reis/retour	boleto de ida (y vuelta)
bus	el autobús
trein	el tren
veerboot	el ferry
vliegtuig	el avión
halte (voor taxibusjes)	la parada (de los colectivos)
busstation	el terminal de pasajeros/de buses (micros)
auto	el coche
tankstation	la bomba de bencina/ gasolinera
autoverhuur	alquiler de coches
autoweg	la carretera
straat	la calle
rechts	a la derecha
links	a la izquierda
rechtdoor	todo desecho
toeristeninformatie	la información turística
reisbureau	la agencia de viaje
telefoon	el teléfono
postkantoor	el correo
spoorwegstation	la estación de ferrocarril/de tren
luchthaven	el aeropuerto
haven	el puerto
taxistandplaats	la parada de taxi
geopend	abierto
gesloten	cerrado
wasserette	la lavandería
chemisch reinigen	la tintorería
strand	la playa
brug	la puente

Tijd

Hoe laat is het?	¿Que hora es?
uur	la hora
dag	el día
week	la semana
maand	el mes
jaar	el año
vandaag	hoy
morgen	mañana
maandag	lunes
dinsdag	martes
woensdag	miércoles
donderdag	jueves
vrijdag	viernes
zaterdag	sábado
zondag	domingo

Winkelen

Ik zou graag ... kopen	Quisiera comprar ...
Zijn hier levensmiddelen te koop?	¿Se puede comprar alimentos aquí?
Mag ik het even passen?	¿Me lo puedo probar?
Ik heb een andere maat nodig	Necesito otro tamaño /otra talla
goedkoop	barato
(te) duur	(demasiado) caro
markt	el mercado
geld	el dinero
wisselkantoor	la casa de cambio

Overnachten

Ik zoek een goed hotel	Estoy buscando un buen hotel
Ik zoek een middenklassen-/	Estoy buscando un hotel mediano/

goedkoop/ rustig hotel	económico/ tranquilo
Hebt u een eenpersoons-/ twee-/drie-/ vierpersoonskamer?	¿Tiene una habitación individual/ doble/triple/ cuádruble?
met/zonder bad/ douche/ontbijt	con/sin baño/ ducha/desayuno
Heeft het hotel ... een garage? ... een safe?	¿Tiene ... estacionamiento ... una caja fuerte en el hotel?
bagage	equipaje
We betalen contant/ met creditcard/ in dollars	Pagamos en efectivo/ con tarjeta/ en dólares

In geval van nood

Help!	Ayuda!
politie	la policía
verkeerspolitie	los carabineros
dokter	el médico
tandarts	el dentista
apotheek	la farmácia
ziekenhuis	el hospital
ongeluk	el accidente
autopech	la avería

Tellen

1	un/uno/una	18	dieciocho
2	dos	19	diecinueve
3	tres	20	veinte
4	cuatro	25	veinticinco
5	cinco	30	treinta
6	seis	40	cuarenta
7	siete	50	cincuenta
8	ocho	60	sesenta
9	nueve	70	setenta
10	diez	80	ochenta
11	once	90	noventa
12	doce	100	cien
13	trece	150	cíentocincuenta
14	catorce	200	doscientos
15	cince	1000	mil
16	dieziséis	2000	dos mil
17	diecisiete	10.000	diez mil

Belangrijke zinnen

Algemene uitdrukkingen

Pardon!	¡Disculpe Usted!
Ik begrijp het niet.	No entiendo.
Ik spreek geen Spaans.	No hablo español.
Spreekt u Duits/ Engels?	¿Habla usted alemán/ ingles?

In het restaurant

Is deze tafel vrij?	¿Está ocupado?
Smakelijk eten!	Buen provecho!
Proost!	Salud!
Kunt u het menu brengen?	Tráigame por favor el menú/la carta
Ik wil bestellen.	Quisiera pedir.
De rekening a.u.b!	¡La cuenta por favor!
Waar zijn de toiletten?	¿Dónde están los baños?

Op straat

Hoe kom ik naar ...	¿Como llego a(l) ...?
Waar is dat te koop?	¿Dónde se puede comprar?
Waar kan ik een apotheek vinden?	¿Dónde está una farmácia?
Welke bus rijdt naar ...?	Cual bus me lleva a ...?

In het hotel

Hebt u een kamer vrij?	¿Tiene una habitación disponible?
Ik heb een kamer gereserveerd.	Hice una reservación.
Wat kost dat/die per dag/week?	¿Cuánto cobra por día/semana?

Te paard langs de Volcán Villarrica

Onderweg

De Cerro Santa Lucía in Santiago is een groene heuvel met barokke bebouwing

Santiago en de centrale kust

In een oogopslag: Santiago en de centrale kust

Grote stad met zeestrand

De straatstenen van Santiago zouden veel kunnen vertellen. De afgesleten klinkers op de Plaza de Armas, de sierlijke plavuizen voor het presidentiële paleis Moneda, de gladde, in golfpatronen aangelegde marmeren vierkanten voor de winkels van de Avenida Apoquindo, het stoffige, beschadigde asfalt van de Avenida Brasil – het zijn allemaal getuigen van de stedelijke veelzijdigeid van de hoofdstad van Chili.

Vroeger vonden veel bezoekers aan het 'Pruisen van Zuid-Amerika' Santiago provinciaal, oerdegelijk en tamelijk saai. Maar de val van de dictatuur van Pinochet markeerde een breuk met het verleden. Door de openheid kon Chili zich spiegelen aan Spanje, toen dat na de dictatuur van Franco plotseling energiek opstootte tot het moderne Europa en Madrid een stijlicoon werd.

De inwoners van Santiago kijken uiteraard trots naar die vergelijking en doen er alles aan de situatie voortdurend te verbeteren. Altijd wordt er wel ergens een wijk aan het nieuwe beeld van Santiago aangepast: goed ontsloten, modern, kosmopolitisch en cultureel actief, een centrum van de stabielste economie van Zuid-Amerika. Peperdure, spiegelende winkelcentra, het laagste percentage werklozen sinds decennia en de beste omstandigheden voor buitenlandse investeerders maken van de hoofdstad van Chili ook een internationaal aantrekkkelijke stad.

Tot het begin van de 20e eeuw was Santiago een koloniale stad. Door de groeiende industrialisering veranderde het straatbeeld. Er werden huurkazernes opgetrokken met lange gangen en eenkamerwoningen. Nog in 1952 leefde zo'n 30% van de stadsbevolking in deze zogeheten *conventillos*. Zulke behuizingen waren Pablo Neruda ook bekend. 'Duizenden huizen werden bewoond door onbekenden en wantsen,' schreef hij onaangedaan in 1921 over hun toestand.

In de binnenstad verrezen gebouwen in jugendstil en art deco, waarin banken en mondaine warenhuizen trokken – geheel in stijl met de jaren twintig in Europa. Ondertussen rafelden de stadsgrenzen uiteen door de enorme toename van de bevolking. In 1895 woonden er 260.000 mensen in Santiago, in 1920 waren dat er meer dan 500.000 en twintig jaar later kwam de stad al tot een miljoen inwoners. Santiago groeide uit tot een wijdverspreide agglomeratie, waarin de losse segmenten schijnbaar toevallig aan elkaar geregen werden. Vandaag de dag telt de stad 6 miljoen inwoners.

Wie van de stadsberg San Cristóbal uitkijkt over Santiago, ziet een tapijt van verschillende kleuren en patronen. In het oosten schemeren overal smaragdgroene en toermalijnblauwe blokjes. De leigrijze torens van de kathedraal en het siennarode pannendak van het Santo Domingoklooster zijn kentekens van de binnenstad. In het zuiden is een grote, groene rechthoek te zien, omringd door stoffige straten met eenvormige woonblokken. Dit is het nationale stadion. Dan valt het oog op de mierenhoop rond het centrale busstation en verder in het westen op de groene vlekken van het volkspark Quinta Normal en het Parque O'Higgins. De havermoutkleurige band van de Río Mapocho doorsnijdt de stadsplattegrond van oost naar west, terwijl het overzichtelijke midden wordt gevormd door de Avenida Bernardo O'Higgins of Alameda.

Het is ook deze Avenida Bernardo O'Higgins die rechtuit voert naar de het kustgebergte en **Valparaíso**, **Viña del Mar** en de populairste badplaatsen van het land, waarvan er vele naast elkaar aan de grillig gevormde kust liggen. Er is daar voor ieders gading wel wat te vinden: lange zandstranden, kleine baaien en rechte kuststroken met rotsen en kliffen, een decor als aan de Spaanse Costa del Sol, badplaatsen voor gezinnen met kinderen, verlaten, in mistflarden verborgen klippen, wilde feesten, de exclusiviteit van de jetset en een bohemiensfeer. U hebt het maar voor het uitzoeken.

Afgezien van het eigenzinnige Valparaíso heeft geen stad of dorp hier een lange geschiedenis. De meeste plaatsen zijn aan het begin van de 20e eeuw ontstaan uit het idee een strandzone te maken van deze kust, die zo dicht bij de hoofdstad ligt.

Hoogtepunten

1 **Santiago:** Dynamisch, historisch, kleurrijk, luidruchtig, modern, stoffig en toch verkwikkend – Santiago is met zijn vele facetten een ware hoofdstad (zie blz. 94).

2 **Valparaíso:** De binnenstad met zijn talloze trappen, veelzijdige musea, panoramaboulevards en straatliften is terecht door Unesco tot Werelderfgoed uitgeroepen (zie blz. 120).

Reisplanning

Bij een kort bezoek van een dag aan **Santiago** moet u zeker een bezoek brengen aan het Museo Colonial aan de Plaza San Francisco, even rondkijken in het Museo Precolombino, dan de weg nemen naar het historische centrum rond de Plaza de Armas, lunchen in de Mercado Central, daarna de kabelbaan nemen naar de top van de Cerro San Cristóbal en de dag besluiten met een verfrissende pisco sour in een van de bars in Bellavista, Providencia of Las Condes. Om de sfeer, de musea en de parken echt te leren kennen, hebt u echter zeker drie tot vier dagen nodig.

Voor een verkenning van **Valparaíso** moet u een dag uittrekken. Voor de overnachting hebt u de keuze uit verschillende originele hotels. Wie naar het strand wil, moet uiteraard meer tijd reserveren.

Klimaat en reistijd

Santiago: Mijd de wintermaanden mei en juni. Boven de stad hangt dan vaak een dikke smog en het is er vochtig en koel. 's Zomers kan de temperatuur daarentegen tot 36 °C oplopen. De kust is geregeld in nevelen gehuld. De temperaturen daar zijn het hoogste van januari tot maart. Het zeewater wordt maximaal 20 °C warm.

Tips

Cerro San Cristóbal: De heuveltop hoog boven de daken van Santiago is goed te bereiken per kabelbaan – ontspanning midden in de stad onder het wakend oog van Maria (zie blz. 100).

Wijnproeven op z'n Chileens: Chileense wijnen zijn wereldberoemd. U leert er meer over tijdens een bezoek aan een wijngoed (zie blz. 113).

Dagtochtje naar de mijnbouwstad Sewell: Ertsen waren en zijn de steunpilaar van 's lands economie. De 20e-eeuwse mijnbouwstad Sewell in Midden-Chili – sinds 2006 Werelderfgoed – draagt de bijnaam La Ciudad de las Escaleras – Stad van de Trappen – en is compleet gerestaureerd (zie blz. 119).

1 Santiago

Kaart 98/99, 111

De 6 miljoen inwoners tellende metropool, in de schaduw van de besneeuwde hellingen van de Andes, heeft een cultureel veelzijdig stedelijk karakter. Interessante wijken, *barrios*, liggen rond de historische kern met de Cerro Santa Lucía – door de Mapuches 'Huelén' (Lijdensberg) genoemd – welke naam de Spaanse verovering in 1540 vereeuwigt.

Atlas: blz. 21/22

Het centrum

De stichter van San Yago de la Nueva Extremadura, Pedro de Valdivia, tekende in 1541 het Spaans-koloniale stratenplan op een papiertje, en dat correspondeert nog altijd met het hart van de stad. Het stratenpatroon van simpele *manzanas* (huizenblokken) en *solares* (stratenblokken), waaruit de schets bestond, werd in de loop der tijd toegankelijker en luchtiger gemaakt door passages en steegjes. Het geheel wordt omgrensd door de Avenida Bernardo O'Higgins – kortweg de Alameda – in het zuiden, de Río Mapocho in het noorden, de Cerro Santa Lucía in het oosten en de Avenida Norte-Sur in het westen.

Plaza de Armas

Het centrum rond de Plaza de Armas brengt de contrasten van het land aan het licht: de kolossale huizen uit de 19e eeuw, toen bladgoud nog het symbool van rijkdom was, vormen het decor voor straatmuzikanten en straatventers, de slechts ten dele gedulde vertegenwoordigers van de schaduweconomie. In de passages van de straten Agustinas en Bandera wemelt het van de zakenlieden en beurshandelaren, die lunchen in restaurants met airconditioning. De centrale markt in de Calle Puente, waar Mapuchevrouwen liefdeshangers en geneeskrachtige kruiden verkopen, ligt een paar minuten lopen verderop, langs de goedkope winkels van de minder bedeelden.

De **Plaza de Armas** 1, de oude 'Wapenplaats' (alle hoofdpleinen van Chili heten zo), is een groen eiland met bankjes die meestal druk bezet zijn. Hier heeft u uitzicht op de statige kathedraal, het roomwitte hoofdpostkantoor, het Palacio de la Real Audiencia, waarin tegenwoordig het Museum voor Nationale Geschiedenis is gehuisvest, het Casa Colorada en de arcades van de Portal Fernández Concha, waaronder empanada's worden verkocht. Aan de noordoostelijke rand van het vierkante plein stuit u op een ruiterbeeld van Pedro de Valdivia. Samen met een beeld van de eerste kardinaal van de Chileense Kerk, *cardenal* Caro, en een allegorie op de vele indiaanse volken van Chili, de Indigenos, geeft dit een indruk van de klassieke smaak voor monumenten. Op een hoek van het plein staat een met bladgoud bekleed muziekpaviljoen. Fotografen met ouderwetse statieven beloven u fraaie kiekjes voor uw familiealbum. U kunt ze laten inlijsten bij de vele krantenkiosken. Schoenpoetsers en sneltekenaars behoren tot de vaste inventaris van het plein.

Bezienswaardigheden rond de Plaza de Armas

De vele aardbevingen die Santiago hebben getroffen, hebben steeds opnieuw historische gebouwen vernield – daarvan is dus niet veel bewaard. Het **Casa Colorada** 2 is gebouwd in

1769 en toont de klassieke koloniale bouwstijl in bloedrood baksteen met een houten rondgang. De parterre is met de kern van *ladrillos* (bakstenen) verweven door middel van natuursteen. Het huis was eigendom van Mateo de Zambrano, die profiteerde van het feit dat de jezuïeten uit Zuid-Amerika verdreven werden en hun haciënda's overnam, waarna hij bij de Spaanse Kroon de titel van *Conde de la Conquista* kocht.

In het gebouw is tegenwoordig het **Museo de la Ciudad** ondergebracht. Gefotokopieerde documenten, een enorme maquette en levendige beelden in glazen vitrines geven een indruk van het dagelijks leven van vroeger (Merced 800, di.–vr. 10–18, za. 10–17, zon- en feestdagen 11–14 uur, 500 peso).

Direct daarnaast zijn in het koloniale gebouw van het **Palacio de la Real Audiencia** (het voormalige Koninklijke Hof van Appel) **3** de schatten van de nationale geschiedenis uitgestald, inclusief prenten op groot formaat van veldslagen uit de Onafhankelijkheidsoorlog, de cinemascope van de 19e eeuw, een jezuïetenkapel, talrijke goed bewaard gebleven meubels en decoratieve voorwerpen uit de koloniale tijd, koetsen, damesmode en operaprogramma's uit het dagelijks leven van de gegoede burgerij (Plaza de Armas, di.–zo. 10–17.30 uur, 600 peso).

Een andere blikvanger is het hoofdpostkantoor **Correo Central** **4**. Het wit van de gevel past fraai bij de weelderigheid van de pilasters, kroonlijsten, rozetvensters en raambalkonzuiltjes. Binnen ontvouwt zich de bescheiden luister uit de tijd dat de post nog geen concurrentie te duchten had: houten balies met melkachtig vensterglas onder het behaaglijke licht van kroonluchters.

De **kathedraal** **5** staat al sinds 1745 als vierde koloniale getuigenis op dezelfde plaats. De voor het 18e-eeuwse Santiago toonaangevende architect Joaquín Toesca kreeg in 1780 de opdracht een ontwerp voor de gevel en de sacristie te maken en mengde in zijn plannen klassieke met barokke elementen. In 1899 werd de kathedraal verbouwd, volgens critici met weinig smaak. De lambrisering van bewerkt en verguld cederhout moest wijken

Onderweg met de auteur

De moeite waard

La Chascona: Een must voor liefhebbers van Nobelprijswinnaar Pablo Neruda en een goede kennismaking met de wereld van deze schrijver is een bezoek aan zijn huis in Santiago (zie blz. 106).

Museo de Arte Colonial: Dit museum voor koloniale kunst in het voormalige klooster San Francisco is opvallend goed ingericht. Op de fraaie binnenplaats gedijt een kleine botanische tuin (zie blz. 103).

Wandeling in het park

Wat slenteren door het groen, op een bankje zitten, een ijsje eten en een museum bezoeken – deze typisch Europese voorstelling van een ontspannen middagje uit is in Santiago gemakkelijk te realiseren. In het Parque Forestal liggen de beeldentuin Parque de Las Esculturas en de musea Bellas Artes en Arte Contemporáneo. In de Barrio Bellas Artes vindt u cafés en gezellige bistro's. In januari richten boekhandelaren hier hun kramen in voor een openluchtboekenbeurs, die wordt begeleid door culturele festiviteiten (zie blz. 102 en 106).

Uitgaanswijk

De bekendste en drukstbezochte uitgaansgebieden zijn de Barrio Bellavista en de straten Suecia en Gral. Holley in Providencia. In Bellavista is van alles te vinden, van een Frans restaurant tot een Spaanse Tasca en undergroundtenten, maar in Providencia is het aanbod gevarieerder met restaurants en cafés in internationale stijl. De Barrio Brasil is in opkomst; zeer geliefd is de Plaza Nuñoa (zie blz. 114).

Geld opnemen en wisselen

Geld opnemen gaat het gemakkelijkst met pinpas of creditcard bij Redbancautomaten, die te vinden zijn in banken, winkelcentra en drogisterijen. Geld wisselen kunt u op de internationale luchthaven en in de straten Agustinas en Huérfanos, in de beurswijk tussen Morandé en Teatinos.

voor stucwerk en gipsen ornamenten. De beschermvrouwe van de kathedraal is de Virgen de la Asunción, die het hoofdaltaar domineert. Aan de zuidkant grenst het godshuis aan het voormalige bisschoppelijk paleis (diensten ma.–za. 11, 12.30 en 19, zo. 10, 11, 12 en 19 uur).

Paseo Ahumada

De zuidelijke toegang tot de Plaza de Armas wordt gevormd door de voetgangersstraat **Paseo Ahumada** 6, een met ooit elegante *galerías* gevulde winkelstraat uit het begin van de 20e eeuw. Weliswaar heeft ook hier de haastige pas van de zakenman en -vrouw het slenteren verdreven, maar dringen is ook nergens voor nodig. Achter de eerbiedwaardige gevels schuilen nu volkse winkels: filialen van drogisterijen en fastfoodketens, platenzaken en warenhuis Falabella strijden met elkaar in het kleinburgerlijk ontwerp van hun volgepropte etalages. Zondags wordt er in de voetgangersstraten Paseo Ahumada, Huérfanos en Estado een vlooien- en kunstnijverheidsmarkt gehouden.

Wie tot slot de empanadabakkers en de zonnebrilverkopers onder het **Portal Fernández Concha** heeft gepasseerd, belandt bij het staalblauwe **Edificio Edwards,** een in Frankrijk voorgefabriceerde, destijds opzienbarende ijzeren constructie uit 1898, maar tegenwoordig een doodgewoon warenhuis.

Mercado Central – de markthal

Ten noorden van de *plaza* ligt de volkse **Calle Puente**, een paradijs van goedkope merken. Deze straat leidt naar de sierlijke markthal van de **Mercado Central** 7, waaromheen veel verkopers van gegrilde kip en kruiden hun waren aanprijzen. Onder de luchtige ijzeren kap uit 1872 verrijzen piramiden van glimmend gepoetste vruchten en groenten, bergen artisjokken en boeketten kruiden, die zacht beschenen worden door het licht dat door de hoge glazen ramen valt. Op de houten tafels van de visafdeling koelen grote blokken ijs de aangeboden waren, die menige verrassing opleveren. De *picoroco*, een zeeslak, kruipt bijvoorbeeld daadwerkelijk met zijn huisje, een rotsblokje, rond op de toonbank en gaat later in de soep. Deze en vele andere Chileense specialiteiten kunt u op zijn allerverst proeven in de eethuisjes op de markt zelf, waar u wordt toegezongen door folkloristische troubadours. Tegenwoordig is een van de restaurants op de markt ook 's avonds geopend (Ismael Valdés Vergara 900, tel. 2-696 83 27, zo.–do. 6–17, vr., za. 6–19 uur).

Van het Estación Mapocho naar de overzijde

Schuin tegenover de markt puften eens de stoomlocomotieven uit Valparaíso uit. Tegenwoordig is het in 1912 gebouwde **Estación Mapocho** 8 in gebruik als cultureel centrum

voor concerten, tentoonstellingen en de jaarlijkse boekenbeurs. Twee modieuze 'restobars' voorzien de klanten van wijn, espresso en sandwiches. Het voormalige station is een aantrekkelijk voorbeeld van spannende ijzeren- glasarchitectuur (tel. 2-361 17 61, www.estacionmapocho.cl).

Op zaterdag gaat de menigte de **Calicantobrug** over naar de andere kant van de Mapocho, waar men elkaar tegen het lijf loopt voor de poorten van de kleurige **Mercado de las Flores**. De brug zelf is dan omgetoverd tot handelsparadijs waar u vrijwel alles kunt vinden: gummen, tennissokken, digitaal speelgoed, wegwerpscheermesjes, handdoeken, naaigerei, make-up of muziekcassettes – u kunt het zo gek niet bedenken of het is er.

De Río Mapocho vormt de noordgrens van de binnenstad. Parallel aan de Calle Puente voert de Calle 21 de Mayo naar wat ooit het grootste en meest invloedrijke klooster van de stad is geweest, het **Convento de Santo Domingo** **9**, dat zo groot was dat het een hele *solar* in beslag nam. De dominicanen leidden vanaf 1619 130 jaar lang de eerste universiteit van het land, voordat die in 1747 werd vervangen door een openbare universiteit. Joaquín Toesca ontwierp in 1795 de kloosterkerk. Twee bakstenen torens bekronen de opgedeelde façade van wit steen, dat in een steengroeve van het klooster zelf werd gewonnen. Het hoofdaltaar van de driebeukige kerk wordt gedomineerd door een beeltenis van de Virgen del Rosario de Pompeya (Santo Do-

Winkelparadijs uit de 19e eeuw: de Mercado Central

Santiago

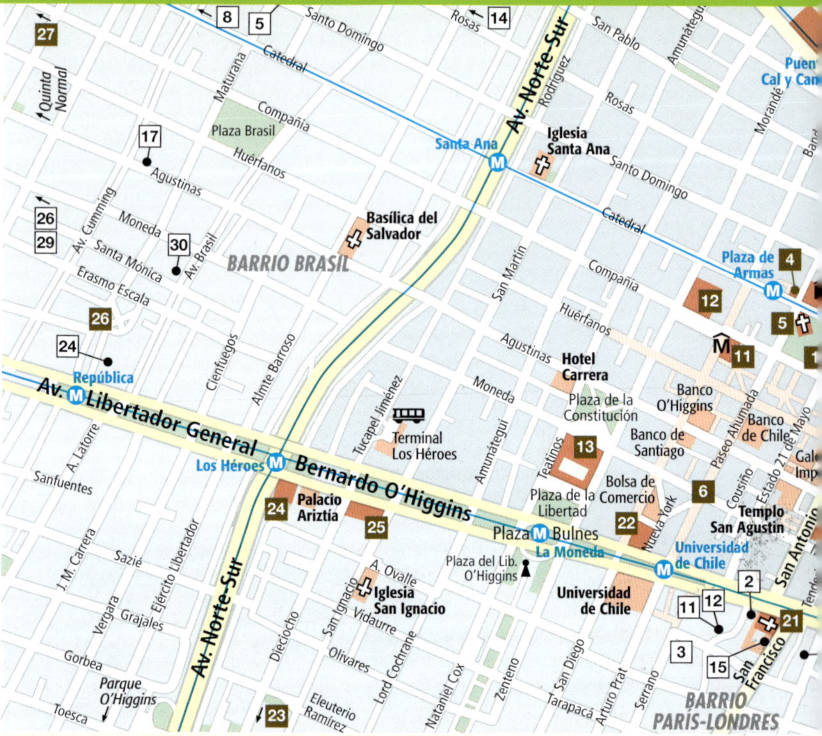

Bezienswaardigheden

1 Plaza de Armas
2 Casa Colorada (Museo de Santiago)
3 Palacio de la Real Audencia
4 Correo Central
5 Kathedraal
6 Paseo Ahumada (voetgangerszone)
7 Mercado Central
8 Estación Mapocho
9 Convento de Santo Domingo
10 Basílica de la Merced
11 Museo de Arte Precolumbino
12 Congreso Nacional
13 La Moneda
14 Teatro Municipal
15 Biblioteca Nacional
16 Cerro Santa Lucía
17 Plaza Mulato Gil de Castro
18 Palacio Nacional de Bellas Artes
19 Posada el Corregidor
20 Casa de los Velascos
21 Iglesia San Francisco
22 Club de la Unión
23 Palacio Cousiño
24 Palacio Errázuriz
25 Confitería Torres
26 Conjunto Habitacional Concha y Toro
27 Museo de Arte Popular Americano
28 La Chascona
29 Parque de las Esculturas

Accommodatie

1 Sheraton Santiago San Cristobal
2 Hotel Plaza San Francisco

3 Hotel Fundador
4 Hostal del Parque
5 Hotel Majestic
6 Hotel Orly
7 Hotel Principado de Asturias
8 Happy House Hostel
9 Hotel Principado
10 Hostal Patio Suizo
11 Hotel Vegas
12 Hotel Plaza Londres
13 Hotel París
14 Hostal Río Amazonas
15 Residencial Londres
16 Bellavista Hostel
17 La Casa Roja

Eten en drinken

18 Camino Real
19 Da Carla
20 Azul Profundo
21 Como Agua para Chocolate
22 Eladio
23 Tierra del Fuego
24 Zully
25 R. (Erre Punto)
26 La Cocina de Paulina
27 La Pergola de la Plaza
28 El Caramaño
29 Plaza Garibaldi
30 Santo Barrio
31 La Divina Comida
32 De Tapas y Copas
33 La Cava

Tip: Cerro San Cristóbal

Wie de 869 m hoge **Cerro San Cristóbal** niet wil beklimmen, maar er wel een kijkje wil nemen, kan aan het einde van de Calle Pío Nono in de Barrio Bellavista een gebouw betreden dat eruitziet als een ridderburcht, om daar met de *funicular*, een kabelspoor, omhoog te gaan naar het uitkijkplatform en de Virgen de la Immaculada Concepción.

Het 14 m hoge, ijzeren beeld van Maria is zo stralend wit als men zich maar kan voorstellen bij een afbeelding van een onbevlekte ontvangenis. Maria spreidt haar armen beschermend uit over de stad. Van El Cumbre, de top, schommelen de cabines van de kabelbaan *(teleférico)* omlaag over de oosthelling van de berg. Bij het middenstation Tupahue (ma. gesloten) ligt een prachtig openluchtbad met grote ligweiden. Ook vindt u hier het goede restaurant El Camino Real, de *Enoteca*, een wijnmuseum, en hebt u de keuze uit vele mooie wandelpaden.

Iedere rechtgeaarde *santigueño* is trots op zijn Cerro. De inwoners van Santiago gaan er joggen, wandelen, mountainbiken of lekker liggen in het groene gras. Nog verder naar boven ligt een tweede zwembad, het Antillén (di. gesloten). U kunt er komen met een taxi-*colectivo*.

Met het kabelspoor bent u snel weer beneden – met uitzicht op de stad

mingo 949, geopend voor de diensten om 8 en 11.30 uur).

Het oudste Mariabeeld van de stad staat op het hoofdaltaar van de **Basílica de la Merced** 10 in de Calle MacIver, een Virgen de las Mercedes (Barmhartige Maagd) van de School van Cuzqueño uit 1548. U vindt er ook een klein museum (MacIver 341, di.-za. 10–18, zo. 10–13 uur, 1000 peso).

Museo de Arte Precolombino

De Calle Merced gaat in westelijke richting over in de Compañia, waaraan in een voormalig koninklijk douanegebouw het **Museo de Arte Precolombino** 11 is gevestigd. Het statige huis presenteert in een bijzonder fraaie omgeving zo'n 4500 objecten uit de culturen van de Inca's, Azteken en Mapuches. Parallel daaraan worden reizende tentoonstellingen ingericht. Op de zonnige patio ligt café Mosqueto, een geliefde plaats om af te spreken voor de lunch (Bandera 361/Compañía, tel. 2-688 73 48, www. precolombino.cl, di.-za. 10–18, zon- en feestdagen 10–14 uur, 2000 peso).

Achter de hagelwitte neoclassicistische façade van het voormalige **Nationale Congres** 12 in de Calle Bandera zijn tegenwoordig slechts twee kleine vergaderzalen en een bibliotheek te vinden.

Bankwijk en Moneda

In de straten Bandera, Morandé, Compañia en Moneda ligt de ene grote bank na de andere. De **Banco de Santiago** (Bandera/Agustinas), **Banco O'Higgins** (Bandera/Agustinas), **Banco Central de Chile** (Agustinas 1180) en **Banco Sudamericano** (Morandé 226) zijn alle opgericht tussen 1918 en 1930. Laatstgenoemd bankgebouw is een fraai voorbeeld van art deco. Het hoge gebouw van de **Bolsa de Comercio** (Handelsbeurs), waarvan de toren wordt bekroond door een koepel en is voorzien van een klok, ligt in een zijstraat van de Calle Bandera. Deze Passage Nueva York zou met zijn aantrekkelijke, internationale City-architectuur uit de jaren veertig rechtstreeks uit de gelijknamige stad ingevlogen kunnen zijn.

De ruim opgezette Plaza de la Constitución ordent de vele straten en passages rond het langwerpige, neoclassicistische regeringspaleis **La Moneda** 13. Het dieptepunt van de geschiedenis van dit gebouw waren de bombardementen die Augusto Pinochet op 11 september 1973 door het leger liet uitvoeren tegen de linkse regering van de Unidad Popular, waarbij president Salvador Allende het leven liet. Sinds de regering van Ricardo Lagos (2002–2006) is de Moneda weer regelmatig opengesteld voor het publiek. Op de Plaza de la Constitución staat een monument voor Salvador Allende.

Het paleis gold, met zijn door balustraden en hoge ramen gestructureerde zuidgevel, lange tijd als een van de mooiste koloniale gebouwen van Zuid-Amerika. In 1805 legde Joaquín Toesca de laatste hand aan wat toen de Munt *(moneda)* moest worden. Het gebouw was echter niet lang als zodanig in bedrijf: 41 jaar later trok president Manuel Bulnes erin. De laatste president die er residieerde was Carlos Ibáñez, van 1952 tot 1958 (ma.-vr. 10–18 uur).

Naar de Cerro Santa Lucía

De voetgangersstraat Huérfanos en de Calle Agustinas lopen dwars door de binnenstad naar de Cerro Santa Lucía. Daar, al enigszins in de koelte van de heuvel, liggen de residentie van de invloedrijke familie Subercaseaux en het roomwitte, neoclassicistische **Teatro Municipal** 14 tegenover elkaar. Een van de architecten van de Parijse Opéra, Charles Garnier, kreeg in 1853 het verzoek de stadsschouwburg van Santiago te ontwerpen. Bij de opening op 17 september 1857 werd een opera van Verdi opgevoerd, zoals destijds overal op de wereld. Een geslaagde aanvulling op het theater is de dependance van het door de schrijver Ariel Dorfman bekend geworden café Tavelli in de aangrenzende passage; een fraaie, koele en rustige zaak met een terras (zo. gesloten).

Praktisch om de hoek ligt de classicistische **Nationale Bibliotheek** 15, waar af en toe interessante tijdelijke exposities worden gehouden (Alameda/Moraflores). Pal tegenover de bibliotheek verrijst de beboste heuvel **Cerro Santa Lucía** 16, die tussen 1872 en 1875 onder president Vicuña Mackenna is ingericht als recreatiepark. Een muurschildering ter ere van de dichteres en Nobelprijswinnares Gabriela Mistral prijkt op de zuidelijke berghelling aan de Alameda. Barokke trappen en door bomen omzoomde paden leiden naar verschillende, betoverend vormgegeven terrassen en fonteinen. Een platform biedt de mogelijkheid over de contouren van de stad uit te kijken, voor zover het zicht niet wordt belemmerd door de gebruikelijke bruinroze smog. Op de top staan een klein Spaans fort en een gedenkteken ter ere van de Mapuches, die de Cerro Santa Lucía *Huelén* (Lijdensberg), noemden. Via de hoofdingang aan de Alameda komt u bij het **Centro de Exposición de Arte Indígena**, waar een verzameling kunstnijverheid van de inheemse bevolking van Chili, inclusief Paaseiland, wordt getoond (ma.–za. 10–19, 's winters 10–18 uur).

's Zomers zetten de bekendste theatergroepen uit het land op de verschillende terrassen hun provisorische podia op en presenteren de hoogtepunten van het afgelopen jaar en een voorproefje van het komende seizoen (zie blz. 116).

Plaza Mulato Gil de Castro

Ten oosten van de Cerro Santa Lucía openbaart zich een klein eiland in de stad, de Plaza Mulato Gil de Castro aan het einde van de Calle Lastarria. In de Lastarria zelf ligt het enige filmhuis dat ook onder Pinochet de deuren geopend wist te houden, de Biógrafo. Het charmante plein **Plaza Mulato Gil de Castro** **17** wordt ingekaderd door twee goede bistro's, het Archeologisch Museum en het Museo de Artes Visuales, een kunstboekhandel en een cadeauwinkel. Op de kinderkopjes van het binnenplein kunt u even bijkomen van uw stadswandeling met een glas wijn of een pisco sour.

Het kleine, maar zeer bezienswaardige **Archeologisch Museum** stelt de verstoringen door de koloniale macht aan de kaak. U ziet er gebruiksvoorwerpen uit het dagelijks leven en objecten die gebruikt werden bij religieuze rituelen, bovendien is er een expositie van indiaanse muziekinstrumenten. In het ambitieuze **Museo de Artes Visuales** zijn tijdelijke exposities en een eigen collectie hedendaagse schilderkunst te zien (toegang voor beide musea samen 1000 peso, di.–zo. 10.30–18.30 uur, www.mavi.cl).

Barrio Bellas Artes

De straten die leiden naar het Parque Forestal, een van de groene longen van de binnenstad langs de Río Mapocho, waren altijd al bijzonder en origineel, maar tegenwoordig hebben grappige modewinkeltjes, kleine restobars, boekhandels, galeries, cafés en antiekzaken de buurt in een klein winkel- en wandelparadijs veranderd. De wijk heeft ook een eigen naam gekregen: **Barrio Bellas Artes**. In deze buurt liggen buitenlandse instituten als het Instituto Chileno-Suizo (Calle Lastarria), het Instituto Chileno Francés de Cultura en het Goethe-instituut (Calle Esmeralda).

Het **Parque Forestal** werd in 1900 ontworpen en moest met een grote hoeveelheid verschillende boomsoorten de Europese parken van die dagen nabootsen.

In het voorste stuk ligt het representatieve **Palacio de Bellas Artes** **18**, dat bestaat uit het Museum voor Schone Kunsten en het Museum voor Hedendaagse Kunst (Museo de Arte Contemporáneo MAC). Beide musea beschikken over omvangrijke verzamelingen schilderijen, beelden, gravures en etsen, en geven tezamen een overzicht van de ontwikkeling van de Chileense kunst. Wisselende exposities en collecties Hollandse, Franse en Italiaanse meesters ronden het programma fraai af (Parque Forestal s/n, tel. 2-633 06 55, www.mnba.cl, di.–zo. 10–19 uur, 600 peso. Museo de Arte Contemporáneo MAC, tel. 2-639 64 88, www.mac.uchile.cl, di.–za. 11–19, zo. 11–17 uur, 400 peso).

In westelijke richting, net buiten het park, ligt de **Posada del Corregidor** **19**, die in 1765 werd voltooid. Het gebouw valt op door de dikke witte adobe muren, de bewerkte houten galerij, de fragiele zuilen en het rode pannendak. Elk raam is anders van vorm. Tegenwoordig is hier een galerie gevestigd, die af en toe exposities organiseert (Esmeralda 749, ma.–vr. 8.30–13, 14–18 uur).

Iets verder aan de MacIver ligt het **Casa de los Velascos** 20, dat iets jonger is en als stilistisch voorbeeld van de *solana* (overdekt balkon) wordt beschouwd. Het roodbruin gepleisterde gebouw heeft een omvangrijke entree, die groot genoeg was om karossen door te laten, en vensters die met kunstig smeedijzerwerk zijn beveiligd. Het huis is opgeknapt met gebruik van originele materialen en functioneert als representatief kantoorgebouw voor de Senaat.

Langs de Alameda

De Alameda is een goed oriëntatiepunt, omdat de straat door half Santiago loopt tot aan het dubbele plein Plaza Baquedano/Plaza Italia, waar hij overgaat in de Avenida Providencia. Of u nu met het vliegtuig, de trein, de bus of de auto aankomt, wie naar Santiago gaat, belandt onherroepelijk op de Alameda, de bijnaam van de Avenida Bernardo O'Higgins. Het eindpunt van de vliegveldbus is bij metrostation Los Héroes, en ook de andere busterminals liggen hier aan de avenue (metrostations Estación Central, Universidad de Santiago). Als u zo dwars door de stad gaat, krijgt u natuurlijk een levendig doorsneebeeld van het dagelijks leven in Santiago. De universiteit ligt naast de winkel in ijzerwaren, schrille kleuren bedekken de jugendstilgevels en in de groene middenberm wordt gelezen, gegeten en geslapen. Maar niet iedereen zal rustig langs het verkeer van de Alameda willen kuieren. Onder de grond raast immers snel, betrouwbaar, brandschoon en modern de metro voorbij. De Alameda is aan het einde van de koloniale tijd aangelegd. Aanvankelijk had hij de naam 'de las Delicias'. Eind 19e eeuw werd hij een podium voor maatschappelijk vertoon. Tussen de Avenida Brasil en de Barrio Cívico rond de Moneda flaneerde ooit de chic van Santiago rond.

Kerk en voormalig klooster San Francisco

Schuin tegenover de Cerro Santa Lucía staat de oudste nog bestaande kerk van Santiago, de wijnrood geschilderde **Iglesia de San Francisco** 21. In 1553 namen franciscanen het oorspronkelijke bezinningsoord over. Dertig jaar later viel hij ten prooi aan een aardbeving. Het huidige stenen gebouw met de grondvorm van een Latijns kruis werd in 1618 gewijd. Het klooster werd in 1622 voltooid. Binnen in de kerk is door het rijkelijk bewerkte plafond een intieme, warme ruimte ontstaan voor het verder eenvoudig gehouden godshuis.

Het voormalige klooster is omgebouwd tot **Museo de Arte Colonial**. Rond een fraaie, lommerrijke tuin met een kleine botanische afdeling liggen de hallen van het klooster met hun kostbare schatten gegroepeerd. Tot die absoluut bezienswaardige schatten behoren een opzienbarende collectie van de franciscanen met 564 miniaturen uit de 18e eeuw. In de Gran Sala hangt een prentencyclus over het leven van de heilige Franciscus uit dezelfde eeuw. Daarnaast wordt hier de kleine, uit renaissancistisch Italië afkomstige Virgen del Socorro tentoongesteld, waarover het verhaal de ronde doet dat Pedro de Valdivia het beeld zelf in zijn zadeltas heeft meegevoerd. Een ander hoogtepunt is de Nobelprijsoorkonde van Gabriela Mistral (Londres 4, tel. 2-639 87 37, www.museosanfrancisco.cl, di.–za. 10–13.30, 15–18.30, zon- en feestdagen 10–14 uur, 1000 peso).

Barrio París-Londres

Via een leuk klein pleintje met een fontein komt u in de Barrio París-Londres, met zijn verbluffende, fantasierijke huizen uit de eerste decennia van de 20e eeuw. De panden zijn heel anders dan de moderne stadsarchitectuur die in die tijd domineerde. Hier moesten verkwisting en bouwkundige fantasie de boventoon voeren.

De citroengeel geschilderde **Universidad de Chile** uit de 19e eeuw ligt tegenover de **Club de la Unión** 22, een bolwerk van de – mannelijke – leden van de maatschappelijke bovenlaag, die een interessante verzameling Chileense schilderkunst de zijne mag noemen – maar iemand die geen lid is, komt er niet in. Op de begane grond zit een drukke, ruime bar, waar iedereen naarbinnen mag voor de lunch.

Gezellige restaurants met terrasjes zijn te vinden in de wijk Bellavista

De Chileense en Argentijnse *libertadores*, Bernardo O'Higgins en José de San Martín, worden beiden herdacht met bronzen standbeelden, die ongeveer ter hoogte van de Moneda tegenover elkaar liggen.

Wie zijn hart wil ophalen aan de op Parijs geïnspireerde pronkhuizen uit het einde van de 19e eeuw, kan zijn ogen de kost geven in de Avenida Ejército Libertador en de Calle Dieciocho. De Dieciocho werd onlangs uitgeroepen tot *zona típica*, een voor het land bijzondere wijk.

Het bekendste en aantrekkelijkste huis is het **Palacio Cousiño** 23. De steenrijke familie Cousiño, eigenaars van kopermijnen en kolengroeven in Lota, scheepsmagnaten en wijnbouwers, importeerde wat er destijds in Europa in de mode was: schoorsteenmantels van Carraramarmer, Mingvazen op sokkels van ivoor, Italiaanse tegels, kanten gordijnen uit Genève en onyxvazen uit de Tuilerieën (Dieciocho 438, tel. 2-698 50 63, www.palaciocousino.cl, di.–vr. 9.30–13.30, 14.30–17, za., zon- en feestdagen 9.30–13.30 uur, 2000 peso, rondleidingen in twee talen).

Op weg naar het **Palacio Errázuriz** 24 (ook deze familie werd zeer rijk van de handel in kolen en koper) en het paleis van glas en staal uit 1917 ernaast, het **Palacio Ariztía**, komt u langs nog veel meer opvallende huizen in de Calle Dieciocho (nr. 424, 286, 202, 190, 164 en 121).

Een van de oudste cafés van de stad is een verleidelijke pleisterplaats. In **Confitería Torres** 25 werd naar een idee van president Ramón Barros Luco (1835–1919) de 'sandwich van het land' gecreëerd, die bestaat uit een broodje gebraden vlees met gesmolten kaas. Inmiddels is deze *barros luco* overal verkrijgbaar, maar het is natuurlijk wel zo stijlvol om hem hier uit te proberen, in de fin-de-sièclesfeer van het café waar hij voor het eerst

werd geserveerd. Ook 's avonds kunt u in Confitería Torres tercht. Er worden dan tango- en jazzuitvoeringen gegeven.

Barrio Brasil

De onconventionele **Barrio Brasil** komt momenteel nog een beetje vervallen over, maar de wijk staat op het punt weer helemaal in het brandpunt van de belangstelling te komen. Pal achter de Alameda, aan de zijde van de Plaza de Armas en La Moneda, ligt het kleine, halfronde complex **Conjunto Habitacional Concha y Toro** 26, een postmoderne voorpost waar passages en doodlopende straatjes de klassieke rechthoekige geometrie hebben verdreven en overdadige bogen en erkers en pompeuze stucornamenten van vrolijke overvloed getuigen. Een mooi café en een verbluffend origineel vormgegeven modieus restaurant zijn stijlicoon van deze wijk. Ze liggen beide aan hetzelfde ronde plein.

Iets verder komt de Avenida Brasil uit op de Plaza Brasil, waar soms een goede kunstnijverheidsmarkt wordt gehouden. Westwaarts opent het **Museo de Arte Popular Americano** 27 aan de Rafael Sotomayor zijn poorten. Vooral de verzameling zilveren Mapuchesieraden is bijzonder interesssant (Compañía 2691, tel. 2-682 22 08, www.chile.cl, ma.-vr. 9-17 uur, 400 peso). Op Herrera 360 ligt het **Museo de la Solidaridad Salvador Allende**, waar giften van kunsthandelaren uit 39 landen worden geëxposeerd (tel. 2-681 75 42, ma.-vr. 11-19 uur).

Oostelijk van het centrum

Barrio Bellavista

De **Barrio Bellavista** was de eerste buurt waar het na de dictatuur lukte de sprong naar het uitgaansleven te maken, en is dan ook een echte bohemienwijk, waar ooit de grootste en ijverigste bon vivant van Chili woonde: Pablo Neruda. Oorspronkelijk heette het hier La Chimba – wat in het Quechua 'aan de overkant van de rivier' betekent. De Inca's hadden er hun tuinen en akkers. De Spaanse conquistadores gaven het gebied aan de voet van de Cerro San Cristóbal aan de franciscanen, de dominicanen en later aan de landvoogd, *corregidor* Zañartú, die destijds het Casa del Corregidor bewoonde.

Overdag is het hier tamelijk rustig. In de smalle, lommerrijke straten ziet men buurtbewoners de hond uitlaten of de boom voor het huis begieten. Achter de kleurige, koloniale gevels huizen tegenwoordig niet alleen gezinnen, winkels in levensmiddelen en werkplaatsen, maar ook architectenbureaus en designstudio's. Galeries, bijzondere theaterzalen, boekwinkels en cafétjes completeren het artistiek-intellectuele geheel. U kunt hier alles eten wat er in de wereld wordt bereid. Van Arabische *kefte* en Portugese sardines tot Peruaanse *suspiro limeño* en Japanse sushi wordt hier zo ongeveer alles op tafel gezet. In het weekend veranderen verkopers van kunstnijverheid en waarzeggers de stoepranden in mooie etalages. Vooral op de kruising van Purisima en Avenida Santa María hebt u een bijzonder grote keuze. Verder vindt u in de wijk een groot aantal discotheken – er is werkelijk van alles wat.

De contouren van het nieuwe, opvallend vormgegeven Nerudahuis **La Chascona** 28 aan de Calle Marquéz de la Plata lijken wel versmolten met de Cerro San Cristóbal. Drie kleine complexen liggen er boven elkaar in een steil aflopende tuin met kleine platjes en enkele trappen. Neruda's geboorteplek Araucanía wordt gesymboliseerd door een opgezet paard. De verzameling Mexicaanse glazen is omvangrijk. Neruda's derde echtgenote, Matilde Urrutia, heeft slechts spaarzaam eigen accenten aangebracht in deze kubusvormige huisjes vol gematerialiseerde herinneringen. De revolutionaire dichter en vriend van Allende was niet geliefd bij de militairen. Na de dood van Allende en Neruda werd La Chascona door het leger verwoest en het onderste huis onder water gezet. Pas zeventien jaar na zijn dood werd van het huis een museum gemaakt (Marquéz de la Plata 0192, tel. 2-777 87 41, www.fundacionneruda. org, di.-zo. 10-13, 15-18 uur, 1000 peso).

Parque de las Esculturas

Het dalstation van de *teleférico* ligt tegenover Providencia, niet ver van het **Parque de las Esculturas** 29 aan de Río Mapocho. Dit uitgesterkte park werd in 1988 als expositieterrein ter beschikking gesteld aan Chileense beeldhouwers. Momenteel staan er zestien werken, maar er zullen er nog meer bijkomen.

Buiten het centrum

Quinta Normal en Parque O'Higgins

Een zondags bezoek aan het Quinta Normal of het Parque O'Higgins is bijzonder interessant. Al op de trappen van de bijbehorende metrostations beginnen de rijen. De toegangswegen herinneren aan voetbalwedstrijden of popconcerten: ijs, popcorn, geroosterde pinda's, de *gorra* (honkbalpet) die u vergeten hebt – alles is te koop op weg naar de parken.

Begin 19e eeuw lag het terrein van het **Quinta Normal** ver buiten de poorten van Santiago. Het werd aangekocht door de stad om er velden aan te leggen voor landbouwwetenschappelijk onderzoek. De Universidad de Chile gaf de Duitse bioloog Rudolph Armandus Philippi, die voorheen al werkzaam was geweest in de Atacamawoestijn, de opdracht een botanische tuin met een passende verzameling aan te leggen.

Naast bomen, gazons en lanen bestaat het Quinta Normalpark uit musea, vijvers en picknickplaatsen. Het ook voor kinderen interessante **Museo Nacional de Historia Natural** (tel. 2-680 46 00, www.mnhn.cl, di.-za. 10-17.30, 's zomers 10-18.30, zon- en feestdagen 12-17.30 uur, 600 peso) heeft als speciale attractie een compleet walvisskelet aan het plafond gehangen, en etaleert daarnaast vele boeiende

De Barrio Bellavista ademt een bohémiensfeer

vitrines over de natuurlijke en geologische geschiedenis van Chili. Aan elke regio wordt aandacht besteed. Het moderne **Wetenschaps- en Techniekmuseum** (Museo de Ciencia y Tecnología, tel. 2-681 60 22, di.-vr. 10-17.30, za., zon- en feestdagen 11-18 uur) is gevestigd in een kopie van een Griekse tempel, terwijl in de openlucht de eerste spoorwegbaan van Chili wordt herdacht, met onder meer stoomlocomotieven en 'La Lenteja', die jarenlang tussen Santiago en het Argentijnse Mendoza de Andes bedwong. Het aantrekkelijke **Pabellón Paris**, het voor de Wereldtentoonstelling van 1889 in Parijs ontworpen paviljoen dat daar Chili vertegenwoordigde (maar meer nog de door Gustave Eiffel geïntroduceerde bouwstijl), herbergt een interactief **Kunstmuseum** voor kinderen (Museo Artequín, Av. Portales 3530, tel. 2-681 86 87, di.-vr. 9-17, za., zon- en feestdagen 11-18 uur). De reproducties van de beroemdste kunstwerken van de wereld, de computerbestanden met de biografieën van de belangrijkste kunstenaars en de zomerateliers en -cursussen voor kinderen worden gesponsord door de Municipalidad Santiago (de gemeente), verschillende bedrijven en het dagblad *El Mercurio*. Het mooiste van het Quinta Normal is dat u, als u alles hebt gezien, op de vijvers kunt roeien of kunt picknicken onder de bomen.

Net zo geliefd als het Quinta Normal is het **Parque O'Higgins**. Tot de attracties daar behoren een skeelerbaan, een vijver, een zwembad en diverse kleine musea, zoals het **Museo de Insectos y Caracoles** (Insecten- en Slakkenmuseum, tel. 2-556 66 60, dag. 10-19.30 uur), het **Museo de Fauna Menor** (Museum van Kleine Dieren, tel. 2-341 98 41, ma.-vr. 10-

19.30 uur) en het **Huasomuseum**, dat gewijd is aan de Chileense cowboy (tel. 2-556 19 27, ma.–vr. 10–17, za., zo. 10–14 uur). Verspreid over het park liggen winkels waar allerhande kunstnijverheidsproducten worden verkocht en restaurants die inheemse Chileense gerechten serveren.

Sernatur: Av. Providencia 1550, tel. 2-600 73 76 28 87, fax 2-731 83 36, www.sernatur.cl (ook in het Engels), 's zomers dag. 9–20, 's winters ma.–vr. 9.30–18.30, za., zon- en feestdagen 10.30–18.30 uur. Uitstekende service en een rijke sortering brochures en folders, ook in het Engels en Duits. Er zijn ook kantoren van Sernatur op de luchthavens (de internationale en nationale), op busstations, in het Centro Comercial Parque Arauco en in het Parque Metropolitano), die net zo goed zijn uitgerust.
Conafcentrale: Av. Bulnes 285, tel. 2-633 00 00, www.conaf.cl. Behulpzaam en voorzien van veel materiaal. Zorg ervoor dat u hier uw folders en kaarten haalt, want die zijn in de verschillende bijkantoren (bijvoorbeeld op Paaseiland) vaak niet aanwezig.

Sheraton Santiago San Cristobal [1]**:** Av. Santa María 1742, Providencia, tel. 2-70 71 00; 250 kamers. Heel fraai gelegen aan de Río Mapocho tussen het oude centrum en Providencia; ruime kamers, veel comfort. US$200 voor een 2 pk.
Plaza San Francisco [2]**:** Avenida O'Higgins 816, tel. 2-639 38 32, fax 2-639 78 26, www.plazasanfrancisco.cl; 156 kamers. Bij de Iglesia San Francisco gelegen. Veel pluspunten: het ligt prachtig centraal, heeft een behaaglijke, Britse stijl met veel antiek, de service is persoonlijk en beleefd. Het bijbehorende Bristol is een elegant, goed restaurant (een *menu degustación* met een keuze uit Chileense specialiteiten kost ca. US$33), en de bar in de lobby laat ook weinig te wensen over. Een 2 pk kost vanaf US$175.
Hotel Fundador [3]**:** Serrano 34, tel./fax 2-387 12 00, www.fundador.cl; 150 kamers. In de Barrio París-Londres gelegen en dus heel centraal. Overtuigt door zijn zeer ruime kamers met houtsnijwerk; de inrichting is met de vele antiquiteiten wel een beetje burgerlijk. 2 pk vanaf US$150.
Hostal del Parque [4]**:** Merced 294, tel. 2-639 26 94, fax 2-639 27 54, www.chilehotel.net; 30 kamers. Verzorgd, nuchter, modern hotel in de buurt van het Parque Forestal en het Plaza Mulato Gil de Castro. Aantrekkelijk ingerichte kamers met grote badkamers; ondanks de centrale ligging is het er tamelijk stil. 2 pk US$120.
Hotel Majestic [5]**:** Santo Domingo 1526, tel. 2-695 83 66, fax 2-697 40 51, www.hotelmajestic.cl; 50 kamers. Traditioneel hotel tussen het historische centrum en de Barrio Brasil. De zachtaardige Arabisch-Indiase stijl doet u verstommen. Het hotel is heel luchtig gebouwd en zeer schoon, heeft ruime kamers en een goed Indiaas restaurant. US$100 voor een 2 pk.
Hotel Orly [6]**:** Pedro de Valdivia 027, Providencia, tel. 2-231 89 47, fax 2-252 00 51. 18 kamers. Een aantrekkelijk, intiem hotel voor mensen die van een persoonlijke toon houden. Zomers ingericht. Een 2 pk kost ongeveer 55.000 peso.
Hotel Principado de Asturias [7]**:** Ramón Carnicer 21, tel. 2-222 70 22, fax 2-222 31 58, www.hotelesprincipado.com; 80 kamers. Goede ligging tussen Plaza Italia en Cerro Santa Lucía. De kamers zijn gezellig, maar niet groot, met veel mahonie en glas. Geschikt voor gehandicapte reizigers. 2 pk vanaf US$80.
Happy House Hostel [8]**:** Catedral 2207, tel. 2-688 48 49, www.happyhousehostel.cl. Dit 19e-eeuwse pension ligt in de Barrio Brasil en heeft tien nette kamers. Vriendelijke, open sfeer. 2 pk 32.000–35.000 peso.
Hotel Principado [9]: Vicuña Mackenna 30, tel. 2-222 81 42, fax 2-222 60 65, hotelesprincipado@hotelesprincipado.com; 45 kamers. Inrichting in elegant crème en rood, gezellige kamers, keurig hotel. Goede prijs-kwaliteitverhouding. 2 pk ca. US$70.
Hostal Patio Suizo [10]**:** Condell 847, tel. 2-474 06 34, www.patiosuizo.com; 8 kamers. Combinatie van eenvoudig landhotel en jeugdherberg, centraal gelegen in Providencia. Leuk, klein hotel met veel service. Niet alle ka-

Het centrum van Santiago bij avondlicht

mers beschikken over een eigen badkamer. 2 pk 27.000 peso.

Hotel Vegas 11**:** Londres 49, tel./fax 2-632 24 98; www.hotelvegas.net; 30 kamers. Centraal gelegen bij de Iglesia San Francisco; voortreffelijke prijs-kwaliteitverhouding, zeer vriendelijke service; gezellige kamers in een villa die typisch is voor de wijk París-Londres; ontbijtbuffet en internet bij de prijs inbegrepen. US$55–62.

Hotel Plaza Londres 12**:** Londres 77, tel. 2-633 33 20, www.hotelplazalondres.cl. Hotel met verschillend ingerichte, grote kamers met en zonder eigen badkamer in twee met elkaar verbonden huizen in de wijk París-Londres. Gezellig sfeer; houten vloeren; ontbijtbuffet en internet bij de prijs inbegrepen. 2 pk voor 24.000 peso.

Hotel París 13**:** París 813, tel. 2-639 40 37; 18 kamers. Dit geliefde trekkershotel met uiterst open sfeer wordt geleid door een Italiaanse. De kamers zijn wel klein en gehorig. Vraag daarom om een van de betere, duurdere kamers. Vanaf 10.000 peso p.p.

Hostal Río Amazonas 14**:** Rosas 2234, tel. 2-698 40 92; 8 kamers. Dit bijzonder aangename *hostal* is gevestigd in een gerestaureerd huis-met-patio uit de 19e eeuw. Echt een adres voor reizigers: er is informatie over excursies te krijgen, het beschikt over een kleine reisbibliotheek en er hangt een open sfeer. Wasserijdienst. 2 pk met badkamer ca. US$35.

Residencial Londres 15**:** Londres 32, tel./fax 2-638 22 15; 15 kamers. In een villa in de Barrio París-Londres; verschillend ingerichte kamers. Geliefd en voortreffelijk traditioneel trefpunt

voor rugzaktoeristen uit alle landen, die er hun reisgidsen achterlaten. 2 pk vanaf US$30.
Bellavista Hostel 16**:** Dardignac 0184, tel. 2-732 87 37; 8 kamers. Kleurrijk ingericht, aantrekkelijk *hostal* in de populaire wijk Bellavista met gemeenschappelijke ruimten en een internethoek. Gasten kunnen zelf koken en er is een wasserijdienst. 2 pk vanaf 8000 peso.
La Casa Roja 17**:** Agustinas 2113, tel. 2-696 42 41, info@lacasaroja.tie.cl. Van een enigszins vervallen villa van de gegoede burgerij in de Barrio Brasil werd een fraai, onconventioneel *hostal* gemaakt. Twee patio's, mogelijkheid om zelf te koken, goed ontbijt, internetcafé. Tevens slaapzalen met verschillende bedden. U betaalt er ca. US$8–10.

... in Las Condes

Hotel Montebianco: Isidora Goyenechea 2911, tel. 2-232 50 34, www.chile-hotels.com/montebia.htm; 33 kamers. Dit juweeltje ligt in een parkachtig gebied en heeft mooie kamers in chippendalestijl. Vriendelijke service. 2 pk vanaf US$95.
Hotel Atton: Alonso de Córdova 5199, tel. 2-422 79 00, fax 2-422 79 01, www.atton.cl, 211 kamers. Ruime kamers met badkamer in tijdloze, elegante stijl; koele, zakelijke sfeer. 2 pk vanaf US$80.

... centrum, Bellavista, Barrio Brasil

Mercado Central 7**:** Tijdens de lange middagpauze kunt u hier in verschillende, restaurants uitstekend, stevig Chileens tafelen, bijvoorbeeld in La Joya del Pacifico of in Donde Augusto; favoriete lunchgerechten zijn rauwe zee-egels en stoofschotels met verschillende schaal- en schelpdieren *(paila marina)*. Op zondag kunt u er ook tot 17 uur terecht, door de week is één restaurant 's avonds geopend. Visgerechten vanaf 4500 peso, *paila marina* ca. 10.000 peso (afhankelijk van de samenstelling).
Camino Real 18**:** In het Parque Metropolitano, Cerro San Cristóbal, station Tupahue, tel. 2-232 17 58, dag. gepend. Elegant restaurant met internationale keuken (aanbevolen: de vis) en een prachtig panorama. Reken op ongeveer US$25 voor een klein menu.
Da Carla 19**:** MacIver 577, tel. 2-633 52 01, zo. gesloten. Een klassieker onder de Italiaanse restaurants. Verfijnde keuken die uitgaat van producten van eigen bodem. Gerechten vanaf 8000 peso.
Azul Profundo 20**:** Constitución 111, tel. 2-738 02 88, www.labuenavida.cl; zo. gesloten. Uitgesproken originele combinatie van hypermoderne bar en aantrekkelijk visrestaurant, gewijd aan de schrijvers Pablo Neruda en Francisco Coloane. De inrichting is deels een zeemanshol, deels een literair café. Visgerechten vanaf 7500 peso. Aanbevolen: plateau met zeevruchten van de grill.
Como Agua para Chocolate 21**:** Constitución 88, tel. 2-777 87 40, www.comoaguaparachocolate.cl, dag. geopend. De succesvolle, verfilmde roman van Laura Esquível was medebepalend voor de naam en de recepten van dit Mexicaanse restaurant in de uitbundig bont gedecoreerde zalen. Zeer vriendelijke bediening, prettige sfeer en ongebruikelijke smaken. Reken op US$20.
Eladio 22**:** Drie filialen: Pío Nono 241 (Bellavista), tel. 2-777 33 37; Av. 11 de Septiembre 2250 (Providencia), tel. 2-231 42 24; Av. Ossa 2234 (La Reina) tel. 2-277 06 61; zo. gesloten. Het publiek varieert, maar het eten is altijd hetzelfde. Een uitstekende tip voor grote porties vlees tegen heel bescheiden prijzen. Gerechten voor 7000–9000 peso.
Tierra del Fuego 23**:** Dardignac 0143, tel. 2-734 4125, www.mylodon.cl, zo.-avond en ma. gesloten. In dit zeer puristische, lichte restaurant wordt Patagonisch eten – veel lamsvlees – geserveerd. Gerechten variëren tussen de 6000 en 12.000 peso.
Zully 24**:** Concha y Toro 34, tel. 2-696 13 78, www.labuenavida.cl; zo. gesloten. Origineel en duur designrestaurant in de Barrio Brasil, dat net zo goed furore zou maken in Barcelona. U kunt afgescheiden zitten of in de beschaafde eetzaal. Fusionfood met ingrediënten van eigen bodem. Gerechten voor ca. 7000 peso.
R. (Erre punto) 25**:** Lastarría 297, tel. 2-664 98 44, dag. geopend. Restaurant en bar onder één dak met hetzelfde design. Landelijk, zomers, Peruaanse keuken. Vanaf 6000 peso.

Santiago, wijken en toegangswegen

La Cocina de Paulina 26 **:** Moneda 2704, tel. 2-681 85 39. Sandra Paulina kookt zelf in dit eenvoudige, lichte lunchrestaurant. In het weekend is dit typische buurtrestaurant ook 's avonds geopend. U hebt er een menu voor 6000 peso.

La Pergola de la Plaza 27 **:** Plaza Mulato Gil de Castro, tel. 2-639 36 04, dag. geopend. Leuk om buiten te zitten onder de luifel; bistrokeuken zonder fratsen; ook prettig voor een kopje koffie, een glas wijn of een pisco sour. Kleine gerechten vanaf 5000 peso.

El Caramaño 28 **:** Purísima 257, tel. 2-737 70 43, www.santiagorama.com; ma. gesloten. De eigenaar begon dit restaurant in Bellavista in 1983 als *speakeasy* op zijn Chileens, hoewel Pinochet nog aan de macht was. Ook nu nog moet u kloppen. Praktisch opgedeelde ruimtes, die zijn ingericht met meubels van de vlooienmarkt; aanbevolen keuken met producten van eigen bodem; vaak vol. Maaltijd tussen 4500 en 7000 peso.

Plaza Garibaldi 29 **:** Moneda 2319, tel. 2-699 42 78; zo. gesloten. Uitstekend Mexicaans restaurant met karakteristieke, goede keuken; felgekleurde, Mexicaanse aankleding. Taco's voor 5000-6000 peso.

Santo Barrio 30 **:** Brasil 109, tel. 2-696 72 92; zo. gesloten. Het typisch Chileense restaurant-op-de-hoek, vrolijke sfeer, grote porties Chileens dagelijks voedsel, zoals *churrasco a lo pobre* voor 4500 peso.

La Divina Comida 31 **:** Antonina López de Bello 93, tel. 2-737 23 00; zo. gesloten. Wie pasta eet, krijgt een slabbetje. Prima Italiaanse keuken in een solide *trattoria*; attente bediening. Pastagerechten vanaf 4500–5000 peso.
De Tapas y Copas 32 **:** Dardignac 0192, tel. 2-7 77 64 07; zo.-avond gesloten. In een fraai vormgegeven, typisch Bellavistahuis kunt u genieten van een rustieke, Spaanse keuken. Gerechten vanaf 4500 peso.
La Cava 33 **:** Dardignac 191, tel. 2-777 62 68; za. en zo. uitsluitend 's avonds. Portugal is hier thuis in het als keldergewelf ingerichte restaurant in Bellavista; ook Portugese wijnen en tapas. Tapas vanaf 2000 peso.

... in Providencia, Las Condes, Plaza Nuñoa
Aqui esta Cocó: La Concepción 236, tel. 2-235 86 49, www.aquiestacoco.cl, zo. gesloten. Aan het plafond van dit rustieke restaurant hangen visnetten, aan de muren wijnrekken. In de wijnkelder kunt u gezellig zitten en eten; voortreffelijke zeevruchten en bijpassende wijnen. Gerechten vanaf US$15; klein menu ca. US$35.
Geo Pub: Encomenderos 83, tel. 233 66 75, dag. geopend. Geslaagde combinatie van toeristenbar en goed restaurant, waar vooral bistrogerechten worden geserveerd, verder salades en crêpes. Prijzen vanaf 3500 peso.
Hereford Grill: Av. El Bosque Norte 0355 (Las Condes), tel. 2-231 91 17, en Tenderini 171 (centrum), dag. geopend. Zeer verzorgd, exclusief steakrestaurant in de stijl van een Britse club. Het filiaal in Las Condes is kleuriger en vrolijker. Reken op minstens 8000 peso.
Isla Negra: Bosque Norte 0325, Las Condes, tel. 2-231 31 18, dag. geopend. Boven de scheepsvormige bar hangt een boegbeeld. Met de inrichting wil dit restaurant herinneren aan Pablo Neruda en diens huis in, en beroemde gedicht over het dorp Isla Negra. Het eten is dan ook echt Chileens, van verfijnde visgerechten tot een stevige lamsfricassee. Gerechten vanaf 8000 peso, klein menu ca. 13.000 peso.
Cavala: Av. Las Condes 9177, Las Condes, tel. 2-243 30 79, zo. gesloten. Moderne allrounder in opvallende loungestijl met een terras om buiten te eten en een waterbassin in het restaurant zelf. Er is een cocktailbar en er wordt fusionfood geserveerd. Trendy gelegenheid. U eet er vanaf 8000 peso.
El Otro Sitio: Av. Monseñor Escriva de Balaguer 6400, Las Condes, tel. 2-218 01 05, dag. geopend. De weelderige hoeveelheid planten en de rotanmeubelen creëren een zomers sfeertje. Sympathiek patiorestaurant met Peruaanse specialiteiten, *ceviche* en *chupes*, de maaltijdsoep van zeevruchten. Voor een klein menu betaalt u ongeveer US$20.
Las Lanzas: Humberto Trucco, Plaza Nuñoa, tel. 2-225 55 89, zo. gesloten. Populair, origineel restaurant voor een drankje met tapas en andere kleine hapjes. Reken voor een maaltijd ca. 5000 peso.
Madras: Manuel de Salas 162, Plaza Nuñoa, tel. 2-326 11 04, zo. gesloten. De topper in de scene van Santiago, maar het eten is dan ook eersteklas. Indiaas en fusionfood. Reken op 9000 peso.

Koffiehuizen
Au bon Pain: Verschillende filialen aan de Av. Providencia, dag. geopend. De cafés zijn eenvoudig ingericht in de trant van een ijssalon, de keuze aan gebak en versgeperste sappen is groot.
Café Caribe: Verschillende filialen in het centrum, bijvoorbeeld in de Paseo Ahumada, dag. geopend. Cafés waar u aan de bar uw koffie naar binnen kunt slaan, maar ook met bediening aan tafel door dames in de kortste minirokjes van Santiago. Een vergelijkbare keten is Café Haiti.
Café Colonia: McIver 133, tel. 2-639 81 60. In dit Keulse koffiehuis worden volumineuze créme- en vruchtentaarten en koekjes gebakken, terwijl ook de koffie met melk op zijn Duits wordt gezet. De inrichting brengt u moeiteloos naar de jaren vijftig.
Café Tales: Concha y Toro 39, tel. 2-672 99 38, www.cafetales.cl, zo.-avond gesloten. Café met koffie en alcoholische versnaperingen in een van de vele bijzonder vormgegeven huizen in de Barrio Brasil.
Café Tavelli: Av. de Fuenzalida 34, Galeria Drugstore, zo. gesloten. Geliefd koffiehuis met een heerlijk terras dat het tot literaire roem

Tip: Wijnproeven op z'n Chileens

In de omgeving van Santiago kunt u zich een dag lang of zelfs een heel weekeinde te goed doen aan wijn, of dat nu op eigen gelegenheid is of tijdens een georganiseerde excursie met een groep. In het laatste geval krijgt u er gelijk wat kennis over Chileense landgoederen bij geserveerd: u bezoekt wijngoederen, kunt een rit te paard maken, kerken en musea bezichtigen en 's middags smullen van een uitgebreide maaltijd.

Een eendaagse tocht door de **Valle de Colchagua** staat bij veel reisorganisaties op het programma, bijvoorbeeld bij Montañamartours, www.montanamarchile.com, info@montanamarchile.com. U kunt er echter ook overnachten en zich aansluiten bij een stadsbezichtiging. Wie graag het wijngoed **Santa Rita** zou willen bezoeken, kan 's middags de maaltijd gebruiken in een nationaal monument, namelijk in restaurant Doña Paula, dat bij het oude landgoed hoort. Deze excursie is te boeken bij Turis Tour, www.turistour.com (ook in het Engels). Op eigen gelegenheid: Viña Santa Rita, ca. 50 km ten zuiden van Santiago, Camino Padre Hurtado 0695, Buin, tel. 2-363 25 20, 2-362 25 94, www.santarita.cl. Tweetalige rondleiding di.–vr. 10, 11.30 en 16 uur.

Verschillende wijngoederen werken samen en bieden gemeenschappelijke bezichtigingen aan, bijvoorbeeld in de Valle de Colchagua, waarna een bezoek volgt aan het stadje **Santa Cruz** en het museum Casa Museo San José del Carmen. Informatie in Santa Cruz, Plaza de Armas 298, tel. 72-82 31 99, www.colchaguavalley.cl. Een ander interessant museum is het Museo de Colchagua Av. Errázuriz 145, tel. 72-82 10 50, do.–zo. 10–18 uur, 3000 peso), waar u koloniale meubelen, koetsen en modellen van ouderwetse auto's kunt bekijken.

Wie op eigen gelegenheid een wijntocht wil maken, kan een of meer van de volgende wijngoederen bezoeken:

Cousiño Macul: Av. Quilín 7100, Peñalolén, Santiago, tel. 2-351 41 75, www.cousinomacul.cl. Rondleidingen in het Engels ma.–vr. om 11 uur over dit wijngoed aan de rand van Santiago, dat het oudste van het land zou zijn.

Viña Undurraga: Camino a Melipilla, km 34, Talgante, tel. 2-372 29 00, www.undurraga.cl. Rondleidingen in het Engels door bodega's, park en wijngaarden, ca. 34 km ten zuidwesten van Santiago, ma.–vr. 10, 11.30, 14 en 15.30, za. 10 en 11.30 uur.

Concha y Toro: Virginia Subercaseaux 210, Pirque, tel. 476 52 69, www.conchaytoro.cl. Rondleidingen in het Engels ma.–vr. 11.30 en 15, za. 10 en 12 uur. U krijgt landgoed, wijnkelder, wijngaarden en park van het grootste wijngoed van Chili te zien, 15 km ten zuiden van Santiago.

Viña Santa Carolina: Av. Tiltil 228, Macúl, tel. 2-511 57 78, tcultura@senderosdelsur.cl, dag. 9–18 uur geopend. Bezichtiging van het hoofdgebouw en de wijnkelder.

Wijngoed Viu Manent: Valle Colchagua, tel.72-85 87 51, www.viumanent.cl. Bezichtiging, wijnproeven, eten en paardrijden. Rondleidingen di.–zo. 10.30, 12, 15 en 16.30 uur.

---

heeft gebracht. Fraai filiaal in het Teatro Municipal aan de Agustinas.

Confitería Las Torres 25: Alameda 1570, ma.–do. 10–1, vr., za. tot 3 uur, zo. gesloten, Stijlvolle café-bar in fin-de-sièclesfeer. 's Avonds vaak tango.

Starbucks Coffee: Met tien filialen vertegenwoordigd, hoofdzakelijk in de wijken Las Condes en Vitacura.

Kunstnijverheid *(artesanía):* Artesanías de Chile, Antonio Varas 475, Providencia, ma.–vr. 10–20 uur, za. alleen 's morgens. Aldea de Vitacura, Av. Vitacura 6838.

Vlooienmarkt en tweedehandswinkels

Kunstnijverheid en vlooienmarkt zondags in de Paseos Huérfanos en Estado; veel tweedehandswinkels in de Barrio Brasil.

Kunstnijverheid kopen: Overal in de stad hebben ambachtslieden hun kramen opgebouwd; het bekendst zijn de half hippie-, half kunstmarkten in de Barrio Bellavista. In deze wijk vindt u ook tal van pretentieuze winkels met sieraden van lapis lazuli en kunstnijverheid (leuk: Frenesí, Constitución 8, tel. 2-732 15 10, www.frenesi.cl). Trek voldoende tijd uit voor een kijkje in het Pueblito de los Dominicos, Av. Las Condes 12.000, een artificieel dorpje in de chique buitenwijk, waar allerlei soorten kunstnijverheid worden gemaakt en verkocht. Afgezien van de gebruikelijke, internationaal georiënteerde lapislazuliwinkeltjes vindt u er ook werkelijk originele sieraden en smeedijzeren kunstwerken. In het dorpje liggen twee restaurants met terras en een cafetaria. Er zijn ook antiek en een keur aan planten te koop.

Winkelcentra

De **winkelcentra** van Santiago worden beschouwd als de modernste van Zuid-Amerika. De terughoudend met ivoor, marmer en lichtspel ontworpen centra Alto Las Condes (Av. Kennedy 9001, dag. 10–22 uur) en Parque Arauco, (Av. Kennedy 5413, www.parauco.cl, ma.–za. 10–21, zon- en feestdagen 11–21 uur, Patio de Comidas zo.–do. 10–23, vr., za. 10–1.30 uur) zijn uithangborden van deze mode. De *galerías* bevredigen niet alleen de behoefte aan aangenaam boodschappen doen, het zijn ook ontmoetingsplaatsen met bars, cafés en restaurants en bioscopen met meerdere zalen.

Boekhandels

De Feria Chilena del Libro heeft verschillende filialen in het centrum van Santiago, waar men u goed advies kan geven. Ook de boekhandel in het gebouw van de Universidad de Chile en Librería Andrés Bello in de Calle Bandera zijn aanbevelenswaardig. Biografieën, historische, geografische en kunstboeken vindt u in de boekhandel aan de Plaza Mulato Gil de Castro. Voor Engelstalige literatuur gaat u naar **Librería Manantial**, Plaza de Armas 444, tel. 2-696 54 60, www.libreriamanatial.cl.

Café Le Fournil in het Parque Arauco, Av. Kennedy, is een combinatie van boekwinkel, café en bistro.

Café Literario La Canela: Maturana 308
Baires: Brasil 25 (twee nieuwe adressen in de Barrio Brasil).

La Batuta: Jorge Washington 52, Plaza Nuñoa, di.–za. Zeer populaire alternatieve mix van bar, club, discotheek en concertzaal. Momenteel erg in de mode.

La Habana Vieja: Tarapacá 755, tel. 2-638 52 84. 'Oud-Havanna' biedt een geslaagde combinatie van disco, podium voor livemuziek, bar en restaurant, en dat alles op z'n Cubaans! In de binnenstad.

Dos Gardenias: Antonia López de Bello 0199 en 0104 (restobar), tel. 2-474 45 34. Salsabar met livemuziek.

Tantra Lounge: Ernesto Pinto Lagarigue 154. Hier wordt gedraaid wat overal populair is: indian vibes en techno. Boven loungezalen waar u kunt chillen.

Étniko: Constitución 172, tel. 2-732 01 19. De momenteel zeer populaire technodisco en bar beschikt ook over een origineel ingericht restaurant.

Liguria: Providencia 1373, tel. 2-235 79 14. Deze klassieke bar is tot in de vroege ochtend geopend. U kunt er ook goed eten.

Een door de staat gesubsidieerd programma van toneel, concerten en opera – zoals in Nederland of België – is in Chili onbekend. Desondanks kunt u in de kosmopolitische hoofdstad een gevarieerd theateraanbod vinden. De meeste voorstellingen worden in het weekend gegeven. Daarvoor staat de gezelschappen een veelvoud aan **podia** ter beschikking, onder andere La Arena, Teatro Universidad Católica (Plaza Nuñoa), Estación Mapocho, El Conventillo, Centro Cultural Montecarmelo, Teatro San Ginés, Teatro Bellavista en La Comedia (alle in Bellavista).

Vaak is het niet nodig de desbetreffende taal te beheersen om te genieten van een toneelstuk tijdens het jaarlijkse theaterfestival in januari, zo expressief zijn de theatrale middelen van de Zuid-Amerikanen zelf en van hun internationale gasten. De Chileense groepen werken op hoog niveau en de gastgezelschappen natuurlijk ook.

Bij de 'annonces' in de kranten vindt u de aankondigingen. Theaterfestivals als 'Santiago a mil' bedienen het publiek in de vakantiemaanden januari en februari.

Centro Cultural Palacio La Moneda: Plaza de la Ciudadania 26, www.ccplm.cl. Dit is weer eens wat anders. Het moderne cultureel centrum biedt op drie ondergrondse verdiepingen plaats aan exposities en concerten. Daarnaast hebt u er de Cinemateca Nacional, een filmhuis met een museaal karakter. Voor uw lichamelijk welbevinden zorgt een dependence van Confitería Torres.

Galpón Victor Jara: Huérfanos 2146, Barrio Brasil. Een nieuwe plaats om uit te gaan, voor concerten en evenementen. Het programma vindt u in de dagbladen.

Teatro Municipal: San Antonio 149, tel. 2-463 10 00. Podium met een gevarieerd programma. Hoofdseizoen maart–december, in de vakantiemaanden minder voorstellingen.

Teatro Oriente: Av. Pedro de Valdivia tussen Providencia en Costanera, tel. 2-251 53 21. De Beethovenstichting neemt het grootste deel van het programma voor zijn rekening met veel concerten.

Goethe-instituut: Esmeralda 650, tel. 2-571 19 50, fax 2-571 19 99, www.goethe.de. Houdt zich bezig met cultuur, vooral met toneel, met goede gastvoorstellingen en samenwerkingsverbanden; verder bibliotheek en talencursussen. Sponsor van het monument Oficina Chacabuco in Noord-Chili (zie blz. 315).

Instituto Chileno-Suizo: Lastarria 39, tel. 2-638 54 14, www.chilenosuizo.cl. Cultureel instituut met een eigen klein pension; organiseert talencursussen en voorstellingen.

Estación Mapocho was vroeger een station, maar is nu een cultureel centrum

Feesten en evenementen

Openluchtboekenbeurs: Jan., Parque Forestal

Festival des Barrio Brasil: Jan., met tentoonstellingen en artistieke opvoeringen.

Festival Nacional del Folclore: Laatste week van jan.

Feria Internacional del Aire y Espacio: Mrt., om het jaar lucht- en ruimtevaartshow op het vliegveld Los Cerillos.

Fiesta de Cuasimodo: Apr., in de paasweek, processie van Huascos en Campesinos.

Beethovenconcertserie: Mei–okt., in het Teatro Oriente.

Feest voor de Virgen del Carmen: Op 16 juli in Maipú, met zang en dans.

Architectuurbiënnale: Sept., in het Estación Mapocho.

Nationale **boekenbeurs** in het Estación Mapocho en **internationale kunstnijverheidsbeurs:** Okt.

Aanbevolen reisorganisaties voor bijzondere excursies, sportieve uitstapjes en het huren van een *cabaña* in een nationaal park:

Azimut: General Salvo 159, Providencia, tel. 2-235 15 19, fax 2-235 30 85, www.azimut.cl.

Altue: Encomenderos 83 (Las Condes), tel. 2-232 11 03, fax 2-233 67 99, altue@chileoutdoors.com/vi

Museumnacht op z'n Chileens en galerienachten: Een evenement dat de laatste jaren een enorme publiekstrekker is geworden in de grote Nederlandse en Belgische steden – 's avonds een museum bezoeken – vindt ook steeds meer liefhebbers in Santiago. Het spektakel vindt altijd plaats in januari, de toegang tot alle deelnemende musea is gratis. De musea zijn tot middernacht geopend, terwijl de exposities extra aantrekkelijk zijn gemaakt met een gevarieerd programma van culturele evenementen. Een tip voor wie graag een galerie bezoekt: eenmaal in de maand kunt u van 19.30 tot 22 uur door de galeries in de Barrio Vitacura drentelen en luisteren naar speciale rondleidingen.

Viventura: Lautaro 877, Provndencia, tel. 2-223 57 15, fax 2-225 17 89, www.viventura.de. Jonge, interessante, sociaal-politiek geëngageerde, Duitstalige reisorganisatie die tijdens de rondreizen sociale projecten bezoekt en ze ondersteunt.

Vliegtuig: De **luchthaven Arturo Merino Benítez** (ca. 25 km van het centrum) met nationale en internationale terminals is in 30–45 minuten vanuit de binnenstad te bereiken, www.aeropuertosantiago.cl. De betrouwbare Tour Express (Moneda 1529, tel. 2-601 95 73) en Centropuerto (tel. 2-601 98 83) pendelen elk halfuur van 5.30 tot 22 uur voor zo'n 1500 peso tussen de luchthaven en de binnenstad. Het eindpunt is metrostation Los Héroes, waar gewone taxi's wachten om u verder te brengen. De rit duurt ca. 45 minuten. Voor een taxi van de luchthaven naar de stad betaalt u 8000–13.000 peso.

Kantoren van luchtvaartmaatschappijen in Santiago:

Aerolíneas Argentinas: Moneda 756, tel. 2-639 50 01; **Air Comet Chile:** Huérfanos 891, tel. 2-639 86 17; Roger de Flor 2915 (LasCondes), tel. 2-210 90 00. www.aerolineasdelsur.cl, callcenter 60 06 25 00 00; **Air France/KLM:** Alcántara 44 (Las Condes), tel. 2-290 93 00; **American Airlines:** Huérfanos 1199, tel. 2-679 00 00; **Iberia:** Bandera 206, tel.2-870 1070; **Lan Airlines:** Huérfanos 926 (centrum), Av. Providenica 2006 (Providencia); El Bosque Norte 0194 (Las Condes) in de de winkelcentra Parque Arauco, Apumangue, Carmencita, Mall Plaza Vespucio, Mall Arauco Maipu; centrale telefoonnummer 60 05 26 20 00; op het vliegveld: tel. 690 114 81, 690 14 80; www.lan.com; **Lufthansa:** Av. del Bosque Norte 0500, 16e verdieping (Las Condes), tel. 2-630 16 51, fax 630 16 36; **SkyAirlines:** Andrés de Fuenzalida 55, tel. 600 600 28 28, fax 2-353 31 38, www.skyline.cl; **Transportes Aéreos Robinson Crusoe:** Av. Pajaritos 3030, of. 604, Maipu (stadsdeel, met de bus vanaf de Alameda te bereiken), tel. 2-531 43 43, www.tairc.cl; **United Airlines:** Av. El Bosque Norte 0177, of.19, (Las Condes), tel. 2-337 00 0; **Varig:** Av. El Bosque Norte 0177; tel. 2-707 80 00, 2-630 16 55.

Trein

Estación Central, Av. O'Higgins 3250, tel. 2-376 84 15, www.efe.cl; moderne spoorverbinding naar Temuco in het zuiden. Treinkaartjes ook te koop in de Galería Libertador, Alameda 853 en metrolijn 1, Estación Escuela Militar, tel. 2-228 29 83.

Langeafstandsbus

Santiago beschikt over vier verschillende busstations, die elk een ander deel van het land bestrijken. Alle busstations zijn per metro bereikbaar.

Terminal San Borja: Av. O'Higgins 3250 (naast het Estación Central); verbindingen met de kustplaatsen van Midden-Chili en het noorden.

Terminal de Buses Alameda: Av. O'Higgins 3750; Gemeenschappelijk station van de twee grootste Chileense busmaatschappijen, Pullman Bus en TurBus; verbindingen met de kustplaatsen, het noorden en het zuiden tot aan Puerto Montt. Metrostation Universidad de Santiago.

Terminal de Buses Santiago Sur: Av. O'Higgins 3712; Verbindingen tot in het uiterste zuiden, helemaal tot aan Punta Arenas; ook internationale busverbindingen, bijvoorbeeld naar Mendoza in Argentinië. Metrostation Universidad de Santiago.

Terminal Los Héroes: Kruising San Martín/Av. O'Higgins; Bussen naar verschillende kleinere plaatsen in het hele land. Metrostation Los Héroes.

Santiago, metrokaart

Veerboten/schepen op de wateren van het Grote Zuiden

Patagonia Connection: Fidel Oteíza 1921, officina 100, Providencia, Santiago, tel. 2-225 64 89, fax 2-274 81 11, www.patagonia-connection. com.

Cruceros Australis: El Bosque Norte 0440, Las Condes, Santiago, tel. 2-442 31 12, fax 2-203 51 73, www.australis.com.

Cruceros Skorpios: Augusto Leguía Norte 118, Las Condes, Santiago, tel. 2-477 19 00, fax 2-232 22 69, www.skorpios.cl.

Transmarchilay: Av. Providencia 2653, local 24, tel. 2-234 14 64, fax 2-234 48 99, www. transmarchilay.cl.

Navimag: Av. El Bosque Norte 0440, Las Condes, Santiago, tel. 2-442 31 30, fax 2-203 50 25.

Catamaranes del Sur: Pedro de Valdivia 0210, Providencia, Santiago, tel. 2-231 19 02, www. catamaranesdelsur.cl. Reisprogramma in Patagonië met bezichiging van de San Rafaelgletsjer en boottocht door de fjorden vanaf Puerto Chacabuco.

C&O Tours: Fidel Oteiza 1921, officina 901, Providencia, tel. 2-372 30 30, www.co-tours. cl. Boottochten door de kanalen van Vuurland tot aan Antarctica.

Huurauto

Automóvil Club de Chile: Andrés Bello 1863 Providencia, tel.2-431 11 17 ,www.automovil club.cl. Filiaal op het vliegveld. Leden van de ANWB en Touring krijgen korting.

Avis: San Pablo 9900 (centrum), tel. 2-601 99 66; op het vliegveld, tel. 2-690 13 82; in het Sheratonhotel, Av. Santa María 1742, tel. 2-274 76 21; in het Crowne Plazahotel, Av. O'Higgins 136, tel. 2-639 22 68. Gratis telefonisch reserveren: 600-601 99 66.

Budget: Av. Francisco Bilbao, Providencia, tel. 2-362 32 00; op het vliegveld, tel. 2-601 94 21.

Dollar: Kennedy 8292, Providencia, tel. 2-202 55 10; op het vliegveld, tel. 2-601 86 56.

First: Rancagua 0514, San Ramon, tel. 2-225 63 28;

Hertz: Costanera A. Bello 1469, tel. 2-496 10 00; op het vliegveld, tel. 2-601 92 62;

Holiday Rent: Av. Suecia 734, Providencia, tel. 2-258 20 00.

Metro en stadsbus

De **metro** van Santiago is betrouwbaar, schoon, snel en goed (zie overzicht metrolijnen blz. 117). Metrokaartjes zijn te koop op de stations.

Bussen zijn verreweg de meest gebruikte vorm van transport. Het busnet bestrijkt heel Santiago, inclusief de voorsteden. Routes en busnummers staan met witte verf op de voorruit geschilderd. Buskaartjes koopt u bij de chauffeur.

Uitstapje naar de Cajón de Maipo

In Londen heeft het westen van de stad een bepaalde naam, in de hoofdstad van Chili geldt dat voor het oosten: chic, duur en in het onderhavige geval ook nog gezond. Wie het zich kan permitteren, trekt als het even kan naar het *este*, naar de koele, verfrissende bergen met hun kruidige lucht en heldere zicht, waarop in het centrum allang niet meer gerekend kan worden.

Naar die heerlijke Andes voert een geliefd dagtochtje van de hoofdstedelingen, dat gemakkelijk is op te rekken tot twee dagen, omdat er onderweg verschillende mogelijkheden om te overnachten zijn. De tocht is 180 km lang, waarvan 68 km over een goed onderhouden, maar onverharde weg voert. Wie niet zelf wil autorijden, kan ook een groepsexcursie boeken.

In het dal van de Maipo

De tocht voert langs verschillende oude dorpen het diep ingesneden dal van de Maipo in. De agrarische regio met veel kleine meren is bijzonder vruchtbaar. Groenteakkers en boomgaarden met fruit omzomen de route en onderweg kunt u zelfs kleine wijngoederen bezoeken. Langs de kant van de weg worden noten, amandelen, honing en versgebakken brood verkocht.

Tip: La Ciudad de las Escaleras

Zo'n 140 km ten zuiden van Santiago (Atlas blz. 8, F3) ligt midden tussen de bergen van de Andes het voormalige mijnbouwplaatsje **Sewell** – La Ciudad de las Escaleras –, dat door Chili is uitgeroepen tot zowel *patrimonio cultural* als *zona típica*, en nog wacht om op de Werelderfgoedlijst van Unesco te worden gezet.

Eerder dan in de beroemde Chuquicamatamijn in het Grote Noorden begon men in Sewell – dat natuurlijk geen Chileense naam is, maar een Engelse, die slaat op de eerste eigenaar van de kopermijn – met de winning van koper, namelijk al in 1905. Er werd een spoorbaan naar de Andes aangelegd en met ossen sleepte men bouwmateriaal, gereedschap, kasten, tafels, stoelen, keukengerei en levensmiddelen aan.

De bloeitijd kwam in de jaren zestig, toen Sewell enorm groeide. Het aantal inwoners nam toe tot 16.000 mensen. Er ontstond een complete infrastructuur in het schilderachtig tussen de bergen gelegen plaatsje. Van postkantoor tot aan rolschaatsbaan – aan alles was gedacht.

In 1969 begon het verval. De mijn werd gesloten en de inwoners trokken weg naar het nabijgelegen Rancagua. Tegenwoordig is Sewell nog slechts een museumdorp. Maar wel een bijzonder openluchtmuseum en de moeite waard voor iedereen die zich interesseert voor industriële cultuur.

In de volksmond heet Sewell *Ciudad de las Escaleras* (Stad van de Trappen) en deze bijnaam is volkomen terecht. De gebouwen verrijzen hoog als torens. Houten huizen in bonte kleuren liggen langs smalle trappen en stegen, want voor gewone straten is de ligging op de helling veel te steil.

Sewell wordt beheerd door de staatskopermijn Codelco, die naast de restauratie van de industriële gebouwen en de woonhuizen ook een kopermuseum, het Museo de la Gran Minería del Cobre, voor zijn rekening nam. Verschillende reisorganisaties in Santiago en Rancagua bieden dagtochten naar Sewell aan. Vergeet niet stevige wandelschoenen mee te nemen!

Boeken:

Turismo Cultural, tel. 2-335 57 39, elplomo@elplomo.com, en Turismo Verschae, tel. 2-201 09 92, rvargas@verschae.cl, verzorgen rondleidingen vanuit Santiago. Tevens informatie verkrijgbaar bij Sernatur.

Heel pittoresk is het oude dorp **San José de Maipo** met zijn oude, rietgedekte lemen huizen. Iets verder naar de Andes toe ligt **San Alfonso**, waar u een paardrijtocht kunt maken. Na ongeveer 70 km komt u bij het landelijk gelegen bekken van de warmwaterbronnen **Baños Morales**. Wie zich lekker wil ontspannen met uitzicht op de bergen, moet niet vergeten badkleding mee te nemen.

Het eindpunt van de tocht is **Lo Valdés**, een bergcentrum waar wandeltochten zijn uitgezet en u een rit op een van de paarden kunt maken, en dat de mogelijkheid tot overnachten biedt.

Andere overnachtingsmogelijkheden langs de route zijn bijvoorbeeld te vinden in La Obra, Las Vertientes en in hostería Millahue voor San Alfonso. Er zijn talloze restaurants, picknickplaatsen en kampeerterreinen te vinden, maar vooral in het weekeinde kan het hier behoorlijk vol worden.

San José de Maipo: In jan. en feb. theaterfestival; in juli patroonfeest met rodeo en paardenrennen en in sept. optocht ter viering van de onafhankelijkheid.

Hostería El Tucán: Camino El Volcán 675, tel. 2-871 10 89. 12.000 peso p.p.

Hostería San José de Las Vertientes: Los Almendros 3689, Las Vertientes, tel. 2-871 18 41.

Hostería Millahue: Camino El Volcán 27724, El Melocotón, tel. 2-861 18 56. 2 pk 25.000 peso.

Refugio Alemán: Lo Valdés, tel. 2-246 31 13.

Valparaíso en de badplaatsen

Kaart 123, 129, 130

U hoeft slechts het kustgebergte te doorkruisen, en u bent aan zee. De brede baai van Valparaíso werd al gelijk door de eerste Spaanse conquistadores tot haven bestempeld. Aan de rand van de oceaan ligt een reeks heel verschillende badplaatsen.

2 Valparaíso

Atlas: blz. 21, B2; **Kaart:** blz. 123

De naam van deze stad is verwarrend. Een stad die zo heet, roept namelijk verwachtingen op, maar wat u te zien krijgt lijkt meer op het tegendeel. Er is geen 'paradijselijk dal' te bekennen, wel een bonte verzameling huizen in alle kleuren van de regenboog, die als een lappendeken over 45 steil naar zee aflopende heuvels ligt. Valparaíso is luidruchtig, eigenzinnig en levendig – en voor wie ervan houdt, eenvoudigweg schitterend. Sinds 2003 staat de ongewone binnenstad op de Werelderfgoedlijst van Unesco. Daarmee wordt de waarde erkend van de bijzondere architectuur en de goed onderhouden kabelsporen en straatliften, die de verschillende plateaus in het licht chaotische stadsbeeld met elkaar verbinden. Volgens de commissie die de titel toe-

Kabelsporen en straatliften verbinden de vele plateaus waarop Valparaíso ligt

kende, wordt hier de globalisering van het begin van de 19e eeuw weerspiegeld, toen Valparaíso een vooraanstaande wereldhandelshaven was. Een wereldhaven straalt altijd een bijzondere sfeer uit, en dat is zeker het geval bij Valparaíso, wellicht de minst inwisselbare stad van Chili. Daarbij komt een jonge, onconventionele, grootstedelijke sfeer, die een beetje doet denken aan oude havensteden van Europa. Volgens inwoners van Valparaíso zelf is het 's nachts in verschillende delen van de stad niet ongevaarlijk, bijvoorbeeld in de Calle Ecuador en in de havenwijk.

De stad is al oud. In 1536 bestempelde Pedro de Valdivia de baai tot uitvoerhaven voor Santiago en markeerde hij deze haven met een kerk en enkele strandhutten. Na de onafhankelijkheid van 1818 kon Valparaíso zich door zijn strategische ligging als belangrijkste haven aan de Grote Oceaan ontwikkelen tot ankerplaats voor schepen die op weg waren van en naar Kaap Hoorn en de Atlantische Oceaan. Engelse, Hollandse, Franse en Duitse kooplieden vestigden er langzaamaan steeds

meer factorijen voor im- en export. Een en ander wordt beschreven in *Mijn reis naar Peru* van de jonge Flora Tristan en vormt ook de achtergrond van de roman *Fortuna's dochter* van Isabel Allende.

Zo internationaal ziet het er dan ook uit: een Duitse heuvel grenst aan een Italiaanse, een Britse aan een Joegoslavische. Alle heuvels werden begin 20e eeuw bebouwd en betrokken, van vele fraaie houten villa's voorzien en opgesierd met uitkijkplatforms en wandelpassages. Hierbij kwamen een financieel centrum annex bankwijk en een winkelwijk, waarvoor eigenlijk nauwelijks plaats is op het smalle 'Plan', een stuk land aan de haven dat voor een derde halverwege de 19e eeuw is drooggelegd.

De geschiedenis van Valparaíso is doortrokken van zeemansverhalen. Net zo zeker als de Engelse piraat Francis Drake zijn bij rooftochten buitgemaakte schatten bewaarde naast waar nu het gebouw van de grote Chileense krant *El Mercurio* aan de Calle Esmeralda zit, is het zeker dat de kleine Neptunusfontein aan de Plazuela Aníbal Pinto voor Café Riquet uit Frankrijk is aangespoeld. En de jonge waardin van restaurant La Playa houdt bij hoog en bij laag vol dat in haar etablissement twee van de zeven spiegels hingen die ooit het beroemdste bordeel van de Pacifische kust sierde, het 'Casa de los Siete Espejos' – en dit Huis met de Zeven Spiegels stond natuurlijk in Valparaíso.

Op de grond: het Plan

De rondwandeling begint bij de **haven** en de **Plaza Sotomayor** **1**. Rond het plein staan enkele representatieve huizen uit de eerste decennia van de 20e eeuw, bijvoorbeeld het tegenwoordig enigszins vervallen hotel Reina Victoria, het postkantoor met zijn imposante staatsietrap en de schuimwitte Ex Intendencia uit 1910, het voormalige bestuursgebouw en tegenwoordige hoofdkwartier van de marine. Onder aan het plein staat een klein stadsmuseum, het **Museo Insitu**, waar u het eerste havenhoofd van Valparaíso kunt zien. Het **Monumento de Los Héroes de Iquique** ertegenover gedenkt de verloren zeeslag tijdens de

Onderweg met de auteur

De *trolés* van Valparaíso

De 'elektrische', zoals de vertaling van *trole* luidt, is uitgegroeid tot kenteken van Valparaíso, en nummer 814 heeft het zelfs tot de status van *monumento nacional* gebracht. De in de jaren vijftig van de vorige eeuw geïntroduceerde trolleybussen doorkruisen nog altijd met uit diezelfde tijd stammende wagens de straten van Valparaíso, maar wel veel minder dan vroeger. Toeristen zijn dol op de ouderwetse trolleybussen. U kunt er het beste een nemen op de Avenida Argentina.

Fundación Valparaíso

Dat de stad zo populair is geworden, is waarschijnlijk mede te danken aan het werk van deze stichting. De *fundación* huist in een van de mooiste bontgekleurde houten villa's van de stad op de Cerro Bellavista, Hector Calvo Joffre 205, waar ook het fantastische restaurant met terras Gato Tuerto, een boekhandel en een kunstnijverheidswinkel zijn gevestigd, en bekommert zich om de instandhouding van de stadscultuur (zie blz. 125).

Festival de la Canción in Viña

Mocht u toevallig in de tweede helft van februari in de buurt zijn, ga dan eens luisteren bij het Festival de la Canción. Dit is de Oscaruitreiking van het Zuid-Amerikaanse levenslied, met veel drukte, sterren en sterretjes, dure kleding, diepe decolletés en allerhande roddels. Ricky Martin legde er met zijn optreden de basis voor zijn latere roem (zie blz. 127).

Salpeteroorlog. Aan de **Muelle Prat** kunt u popcorn, T-shirts en kunstnijverheid kopen en een rondvaartboot door de haven pakken. Aan de Almirante Señoret/Blanco om de hoek ligt een van de meest authentieke restaurants van de stad, **Valparaíso Eterno** [13].

De straten Errázuriz, Blanco, Cochrane en Prat omsluiten het **Plan**. Tussen de zijstraten Urriola en Concepción staat op de Prat het ene *mansión* uit de jaren dertig na het andere te pronken in glanzend gepolijst steen, marmer en brons. Die burgerlijke luister wordt voortgezet in de Calle Esmeralda en aan het Plazuela Aníbal Pinto. Daar is het einde van het winkelgebied. Van hier kunt u omhoog lopen over de Almirante Montt naar de Cerro Concepción, of met de gelijknamige *ascensor*, de eerste lift van zijn soort in de stad, vanaf de Calle Prat omhoog zoeven.

De heuvels

'Als we alle trappen van Valparaíso hebben genomen, hebben we een reis om de wereld gemaakt,' schreef Pablo Neruda. Wie daarvoor te moe of te lui is, neemt een van de kabelsporen of liften die sinds honderd jaar de heuvels op en af suizen.

De **Cerro Concepción** behoorde net als de naastgelegen Cerro Alegre al in 1900 tot de plaatsen met de mooiste uitzichtpunten en de fraaiste huizen, bijvoorbeeld aan de Paseo Gervasoni, waar u vliegensvlug bent met de lift, of aan de Paseo Atkinson, toevluchtsoord van de Britten, die tegenwoordig helaas zijn uitzicht kwijt is als gevolg van nieuwbouw. Aan de Paseo Gervasoni liggen toprestaurant **Turri** [7] en het vanwege zijn uitzicht beroemde **Casa Mirador de Lukas** **2** (nummer 448) tegenover elkaar.

De **Cerro Alegre** is van hier te voet bereikbaar door de pittoreske, kleine Pasaje Gálvez, de Calle Urriola, de Pasaje Bavestrello en ten slotte de Calle Álvaro Besa. Zo komt u uit in de **Paseo Yugoslavo** **3**, die alleen al een wandeling waard is. In het stadspaleis Baburizza van nitraatbaron Zanelli is het **Museo de Bellas Artes** **4** (tel. 32-25 23 32) ondergebracht, dat momenteel wordt gerenoveerd. In de zijstraten kunt u nog veel meer interessante woonhuizen zien. Afdalen naar het Plan kan met de Ascensor Peral, die uitkomt op de Plaza Justicia.

De Ascensor Cordillera klimt van de Calle Serrano tegen de gelijknamige heuvel op. De **Calle Serrano** heeft betere dagen gekend. In de 19e eeuw lag de straat in een wijk voor fijne lieden, wat nog is af te lezen aan enkele inmiddels behoorlijk vervallen gevels. Naast de lift gaat een smalle trap tegen de steilste hel-

Valparaíso

Bezienswaardigheden

1. Plaza Sotomayor
2. Casa Mirador de Lukas
3. Paseo Yugoslavo
4. Museo de Bellas Artes
5. Casa Lord Cochrane
6. Plaza Echaurren
7. Iglesia Matriz de Valparaíso
8. Cerro Santo Domingo
9. Museo Naval
10. Caleta Membrillo
11. Sebastiana
12. Plaza Victoria
13. Museo a Cielo Abierto
14. Fundación Valparaíso/Gato Tuerto
15. Congreso Nacional
16. Caleta Portales

Accommodatie

1. Hotel Casa Higueras
2. Hotel Robinson Crusoe
3. Hotel Brighton
4. Puerta de Alcalá
5. Casa Juan Carrasco
6. Casa Aventura

Eten en drinken

7. Restaurant Turri
8. Restaurant Caleta Membrillo
9. Café Riquet
10. J. Cruz Malbran
11. Restaurant Hamburg
12. La Playa
13. Valparaíso Eterno
14. Café Paseo
15. Cinzano

ling van de stad op. Boven op de **Cerro Cordillera** komt de trap uit op de Plaza Ramírez. Dit plein werd aangelegd op de ruïne van het Spaanse fort Castillo San José, dat daarvoor door een aardbeving was verwoest. Aan de zuidkant van het plein strekt het **Casa Lord Cochrane** 5 zich uit als een balkon langs het platform boven aan de helling (Merlet 195, Cerro Cordillera, tel. 32-93 94 85, reserveren verplicht).

Mercado del Puerto en Barrio Santo Domingo

Terug op de Calle Serrano komt u na twee blokken uit op de volkse, luidruchtige **Plaza Echaurren** 6, waar straatventers alles trachten te verkopen, van plastic haarspeldjes en ondergoed tot wegwerpscheermesjes, groente en fruit. Ook vis is overal te koop, voor zover u daarvoor niet liever naar de **Mercado del Puerto** gaat, die direct naast het plein ligt en waar u ook kunt eten. Dit plein is het Little Italy van Valparaíso.

Aan de andere kant van de Plaza Echaurren begint een van de armste, maar ook meest schilderachtige wijken van de stad, de **Barrio Santo Domingo**. De **Iglesia Matriz de Valparaíso** 7 (de Moederkerk), een langgerekt, met zinkplaten bedekt gebouw, markeert het begin van de wijk. Op deze plaats stond ooit de eerste kerk van de stad. In vroeger tijden kwam de haven tot aan het ruime, onbebouwde plein ervoor, en de vissersboten meerden praktisch onder de kerktrap aan. Binnen staat een Cristo de la Agonía uit de 17e eeuw – destijds een geliefd motief voor Christusbeelden –, gemaakt door houtbewerkers van de School van Sevilla.

Kleine trapsteegjes kronkelen tegen de **Cerro Santo Domingo** 8 op. Het centrum van deze heuvel wordt beschermd als *zona típica* en ziet er met zijn opgelapte houten huisjes en hier en daar een of andere grove spreuk op de muur, een beetje uit als wel te zien is op Europese prenten uit het begin van de 20e eeuw. U kunt weer naar beneden lopen naar de **Plaza Aduana (Wheelwright)** aan de kust, waaraan het prachtig roodgepleisterde douanegebouw prijkt. Hoewel het tolhuis al in 1854 werd neergezet, functioneert het nog steeds.

Vanhier klimt de Ascensor Artillería tegen de gelijknamige heuvel op en eindigt in de elegante Paseo 21 de Mayo. Het uitzicht op de zee en de haven is er heel bijzonder. U kunt hier het **Museo Naval** 9 bekijken. Het museum voor de mariene geschiedenis van Chili toont documenten, foto's, scheepsmodellen en oude machineonderdelen (Paseo 21 de Mayo, Cerro Artillería, tel. 32-28 18 45, di.–zo. 10–18 uur, 500 peso). De zalen zijn ingedeeld naar historische tijdperken. U kunt hiervandaan de **Caleta Membrillo** 10 zien liggen, de kleine vissershaven die door een beschilderd beeld van Petrus wordt bewaakt. De drukke handel gaat door tot de middag.

Pablo Neruda's La Sebastiana

In de heuvels in het oosten van de stad liggen nog twee belangrijke bezienswaardigheden. De eerste is eenvoudig te bereiken van het busstation met een lijnbus over de Avenida Alemania, waarbij u gelijk de eerste verdieping van Valparaíso leert kennen. Een haast ontelbaar aantal bochten voert naar **La Sebastiana** 11, het fantasierijke huis waar Pablo Neruda verbleef als hij in de stad was. Hij kocht de ruwbouw in 1961 samen met het kunstenaarspaar Marta Martner en Francisco Velasco. Dit laatst aangekochte huis van de Nobelprijswinnaar troont als een gezellig meeuwennest in drie stapeltjes op elkaar op een helling. De halfronde erkers geven het profiel iets roekeloos. Binnen kunt u de circusachtige inrichting en vooral de fantasie en verzamelwoede van de dichter bewonderen (Ferrari 692, tel. 32-225 66 06, www.fundacionneruda.org, di.–vr. 10.30–14.30, 15.30–18, za., zo. 10.30–18.50 uur, 1800 peso).

Wie een bezoek wil brengen aan het openluchtmuseum, het tweede hoogtepunt aan deze kant van de stad, moet weer van de berg afdalen. Het uitgangspunt is de **Plaza Victoria** 12. Dit plein, begrensd door de kathedraal en beschaduwd door honderd jaar oude bomen, zou vanwege zijn omgeving en dimensies als eerste in aanmerking komen voor de titel van

In hotel Brighton ontbijt u boven de daken van Valparaíso

centrale *plaza* van Valparaíso. Aan het eind van de jaren tachtig van de 19e eeuw was dit het centrum van het betere leven, met een theater en geraffineerde, representatieve herenhuizen. Die tijden zijn voorbij: elke zondag toveren vlooienmarkthandelaren de Plaza Victoria met hun interessante koopwaren om in een schouwtoneel.

Naar het openluchtmuseum Museo a Cielo Abierto

Een eerste toegang tot het openluchtmuseum **Museo a Cielo Abierto** 13 is de Calle Molina, westelijk van de Club Naval, achter de Calle Alduante. Een comfortabeler en sneller alternatief is de lift Espíritu Santu in de Calle Molina.

Boven wacht u een verrassing: de boven elkaar gelegen huizen op de hele top van de Cerro Bellavista zijn verfraaid met muurschilderingen. Daarvoor is het Instituto de Arte van de Universidad Católica de Valparaíso verantwoordelijk. Zeventien van de belangrijkste schilders van Chili leverden ontwerpen in. Rond een door Marta Martner ontworpen plein zijn bijvoorbeeld *murales* van Matilde Pérez, Eduardo Vilches en Ricardo Irarrázabal aangebracht. In het hele land is er geen vergelijkbaar artistiek experiment te vinden. Het is een ware sensatie en een uitgesproken genoegen om in dit openluchtmuseum rond te wandelen.

Op de weg erheen ligt de **Fundacíón Valparaíso** 14 in een van de mooiste, kakelbonte, houten villa's op de heuvel. Ten eerste kunt u het vintage bistro-restaurant Gato Tuerto, dat in dezelfde villa huist en sowieso een van de beste eetgelegenheden van de stad is, met een bezoek vereren en op het terras genieten van het prachtige uitzicht en een uitstekende espresso. Daarnaast kunt u het programma bekijken van de stichting die zich ten doel heeft gesteld het begrip 'Werelderfgoed van Unesco' tot leven te wekken. Daar horen tentoonstellingen, filmvoorstellingen en lezingen bij.

Een ritje met een **kabelspoor of lift** hoort bij een stadsbezichtiging, bovendien wordt die er een stuk aangenamer door. De *ascensores* op de 45 heuvels van Valparaíso (Ascensor Concepción, Ascensor Peral, Ascensor Cordillera, Ascensor Artillería enzovoorts) werken dag. 7–23.30 uur en za. tot 24 uur. Iedereen heeft zijn eigen favoriet, of het nu de kaarsrechte Cordillera- of de Perallift is, of de gezellige Artillería, die tegen de gelijknamige heuvel op tuft.

Van de Plaza Victoria leidt de Avenida Pedro Montt in oostelijke richting langs het Parque Italia en het kleine jugendstiltheatertje Velarde naar het **Congreso Nacional** **15**, waarvan de architectuur door zijn bijzondere vorm en forse afmetingen indruk op de beschouwer weet te maken. Tenslotte is dit het grootste civiele gebouw van Chili, waarin zowel Senaat als Huis van Afgevaardigden een onderkomen hebben gevonden. De chique eetzaal voor bijzondere gelegenheden kan zich meten met die van een vijfsterrenluxehotel (bezoek uitsluitend op afspraak, tel. 32-50 51 38, paspoort meenemen!).

Caleta Portales

De tweelingsteden Valparaíso en Viña del Mar liggen slechts 5 km van elkaar en worden verbonden door de kustweg Costanera. Eén bepaald punt zou u niet mogen ontgaan: **Caleta Portales** **16** halverwege. Het haventje is niet te missen, want hier regelt het enige stoplicht op de stedelijke snelweg het verkeer. Elke morgen meren de vissers van Valparaíso hier aan om hun vangst aan de man te brengen. De toonbanken in de naburige rustieke *marisquerías* puilen uit van de aangeboden verlokkingen.

Kiosk van de toeristeninformatie: Aan de Muelle Prat. Departamento de Turismo, Condell 1490, tel. 32-22 10 01.

Hotel Casa Higueras 1 **:** Higuera 133, Cero Alegre, tel. 32-249 79 00, fax 32-249 13 70, www.hotelcasahigueras.cl. Een van de eerste boetiekhotels van Chili. De vijftig opvallend grote kamers van deze gerestaureerde stadsvilla uit 1920 liggen verdeeld over vijf verdiepingen. Bescheiden elegantie en warme stilering; met een zwembad en jacuzzi op het dakterras en een wellnesscentrum. 2 pk vanaf US$185.

Hotel Robinson Crusoe 2 **:** Héctor Calvo 389, tel. 32-49 54 99, Cerro Bellavista. Dit goed ingerichte hotel troont boven de daken van Valparaíso en het Museo a Cielo Abierto. 2 pk 55.000 peso.

Hotel Brighton 3 **:** Paseo Atkinson 151, tel. 32-22 35 13, Cerro Concepción; 12 kamers. Beeldschone, heldergele villa in victoriaanse stijl met oogverblindend uitzicht; chic ingericht, goede service. U kunt er een 2 pk krijgen voor 40.000 peso.

Puerta de Alcalá 4 **:** Pirámide 524, tel. 32-22 75 78, fax 32-74 36 42. Dit hotel is precies wat u mag verwachten van een hotel voor zakelijke reizigers: nuchter, een gevel met veel glas en functioneel. 2 pk vanaf 35.000 peso.

Casa Juan Carrasco 5 **:** Abtao 668, tel. 32-21 07 37, Cerro Concepción. Twee gewone woonhuizen op de mooie Cerro Concepción vormen samen een *residencial* met zeer verschillend ingerichte kamers. De goedkoopste daarvan hebben geen badkamer en geen ramen, de duurdere wel. Inrichting als bij oma thuis. Tussen 20.000 en 30.000 peso, inclusief ontbijt.

Casa Aventura 6 **:** Pasaje Gálvez 11, tel. 32-75 59 63, www.casaventura.cl, Cerro Concepción. Pension in een traditionele hoge villa, met kamers en kleine slaapzalen, mooie ligging. De eigenaars regelen excursies, Spaanse les en geven veel informatie; een echte ontmoetingsplaats voor reizigers uit de hele wereld. 2 pk vanaf 15.000 peso.

Café-Restaurant Turri 7 **:** Templeman 147, tel. 32-25 91 98. Café-restaurant op een benijdenswaardige locatie met een dito panorama, internationale keuken, attente bediening. Gerechten ca. 7000–10.000 peso.

Gato Tuerto **14** **:** Hector Calvo Joffre 205, tel. 32-22 08 67, Cerro Bellavista. Boekhandel, galerie, café, restaurant en culturele stichting samen onder het dak van een 19e-eeuwse villa, alles heel stijlvol, ook het eten (fusionfood met veel invloeden uit Noord-Afrika) en de espresso. U hebt er een maaltijd voor 4500–9000 peso.

Restaurant Caleta Membrillo [8] : Av. Altamirano 1569, tel. 32-36 27. Aan de pier van de vissershaven, modieuze keuze aan (deels rauwe) schaal- en schelpdieren en versgevangen vis; inrichting in zeemanssfeer. Visgerechten 4500–8000 peso.

Café Riquet [9] : Plaza Aníbal Pinto 1199, tel. 32-21 70 14. Niet zomaar een naam, maar een echt koffiehuis, dat tevens kleine lunchgerechten serveert, die vooral worden verorberd door zakenlieden. Klein menu voor 6000 peso.

J. Cruz Malbran [10] : Condell 1466, tel. 32-21 12 25. Een must voor liefhebbers van originele, enigszins vervallen restaurants: spannende combinatie van een wat slonzig museum en een eenvoudig restaurant, dat weinig spectaculair creaties bereidt, maar wel grote porties serveert. Het standaardvisgerecht *congrio frito* is vanaf 5000 peso te bestellen.

Ze heten Cinzano, Valparaíso Eterno en La Playa, de **traditionele restaurants** van Valparaíso. Het meubilair ziet eruit alsof het op de vlooienmarkt bij elkaar is gezocht, de muren zijn behangen met affiches, de wanden zijn bruin van de rook en het ruikt er naar etensluchtjes. De obers zijn meestal oudere heren met hoffelijke manieren, en het eten dat zij op hun arm balanceren is zo Chileens als het maar kan zijn. In de *ensalada chilena* is niet beknibbeld op de fijngehakte chilipeper, die elders in veel restaurants als concessie aan de tere smaak van de toeristen wordt weggelaten, en men weet hier als geen ander hoe de zeepaling *congrio* met puree moet worden bereid, terwijl de gebakken steak gepaard gaat met een ware berg dunne frietjes en twee spiegeleieren. Om deze zaken in chique, moderne restobars te veranderen, zou een onherstelbare doodzonde zijn.

Hamburg [11] : Calle O' Higgins 1274, tel. 32-59 70 37. Met bierpullen volgehangen restaurant van een voormalige zeeman, met Duitse succesnummers als rolmops, casselerrib met zuurkool of rode kool; gemoedelijke sfeer. Gerechten vanaf 3500 peso.

La Playa [12] : Serrano 567, tel. 32-59 42 62. Superieure, enorme houten tapkast en meubilering die in een museum past; goedkoop en goed eten (tussen 3500 en 7000 peso) en vergelijkbare wijnen; onnavolgbare sfeer.

Valparaíso Eterno [13] : Almirante Señoret 150, tel. 32-22 83 74. De eetzaal ligt op de eerste verdieping. Dit Italiaanse restaurant in een simpele behuizing is een instituut. Pastagerechten vanaf 3500 peso.

Café Paseo [14] : Plaza Aníbal Pinto 1167, tel. 32-23 75 24. Ruim, gezellig café in internationale koffiehuisstijl, nieuw en daarom tamelijk modieus; tevens kleine gerechten vanaf 2500 peso, zoals *ensalada chilena.*

Cinzano [15] : Plaza Aníbal Pinto 1182, tel. 32-21 30 43. Traditioneel restaurant met een heel speciale sfeer en goed eten, vooral de zalm mag er zijn. Soms wordt er 's avonds op het kleine podium jazz gespeeld. Visgerechten tot 6500 peso.

Vlooienmarkt: Op de Plaza O'Higgins wordt op zaterdag, zondag en feestdagen een rommelmarkt gehouden waar antiek en curiosa worden verkocht.

Havenrondvaart: Afvaart aan de Muelle Prat; in de vakantiemaanden regelmatig vaarten, duur 1 uur, ook 's avonds.

Vliegtuig: stadskantoor Lan Airlines: Esmeralda 1044, tel. 60 05 26 20 00 (centraal telefoonnummer).

Trein: Binnen afzienbare tijd wordt een metroverbinding geopend tussen Valparaíso en Viña del Mar.

Bus: Busstation Av. Pedro Montt/Rawson; vertrek naar Santiago om de 20 min.; regelmatige verbindingen met Concepción, La Serena (verschillende keren per dag), Puerto Montt (2x per dag), Arica (dag.). De **stadsbus** naar Viña del Mar vertrekt op de Plaza Aduana.

Viña del Mar

Atlas: blz. 21, B2
De 300.000 inwoners van **Viña del Mar** leven hoofdzakelijk van het toerisme. Nadat het in 1855 was gelukt om het lastige stuk spoorweg door het kustgebergte naar Viña del Mar door te trekken, wist deze plaats vermogende hoofdstedelingen en de in nitraat of het bankwezen van Valparaíso rijk geworden buitenlanders te verleiden hier zomerhuizen te bouwen. Zo maakte de stad aan het einde van de 19e eeuw een bliksemcarrière als zomerverblijf. Viña is nog altijd heel geliefd. Beroemd is het jaarlijks in februari gehouden Zuid-Amerikaanse songfestival 'Viña del Mar'.

Wandeling door Viña

Hét stijlvoorbeeld voor alle villa's van Viña is onbetwist de **Quinta Vergara** 1. Op dit voormalige landgoed ligt een botanische tuin, die zijn gelijke in Chili niet kent. De familie Vergara, de voormalige eigenaars, liet een *palacio* neerzetten, dat een combinatie was van het Dogenpaleis in Venetië en een Moors-Andalusische fantasie. In het Palacio Vergara is nu het interessante **Museo de Bellas Artes** gehuisvest (Errázuriz 563, tel. 32-73 84 38, di.-zo. 10–14, 15–18 uur, 500 peso).

De Quinta ligt in het oudste deel van de stad, één blok ten zuiden van het station. Direct na de relatief bescheiden Plaza Sucre, die werd weggepromoveerd tot parkeerplaats, komt de **Plaza Vergara** 2, waar een reeks opgedofte koetsjes op toeristen staat te wachten. Hier klopt het hart van het oude Viña: de residentie van de familie Subercaseaux. Het werd veranderd in hotel Español Plaza en ligt naast het Teatro Municipal, terwijl aan de noordzijde het Gran Hotel O'Higgins prijkt – alle gebouwd in de jaren dertig in een statige neoclassicistische stijl.

De Plaza Sucre wordt keurig van de Plaza Vergara gescheiden door een van de hoofdassen van de stad, de Avenida Valparaíso. Naar het westen verandert de avenue in een drukke winkelstraat met een uitgesproken rijk assortiment *galerías* en fastfoodrestaurants. Een hoge rots sluit de straat bij zee af. Daarachter kronkelt de Avenida Marina om de kliffen van Viña del Mar, terwijl hoog daarboven een neogotisch houten kasteel troont, het **Castillo Wulff** 3, dat een nitraatbaron in 1906 liet bouwen. In het onlangs tot *monumento histórico nacional* uitgeroepen kasteel is plaats ingeruimd voor wisselende exposities (dag. geopend, toegang gratis).

Pal aan de smalle delta van de Río Marga-Marga, die wordt overspannen door de Puente Casino (Casinobrug), ligt het **Casino** 4 van Viña verstopt in weelderige tuinen. De Avenidas Perú en San Martin leiden naar de stranden van Viña, de **Playas Acapulco, 15 Norte** en **Los Marineros**, die samen een lengte van meer dan 5 km hebben. De **Muelle Vergara** 5 is een lust voor het oog. De houten pier zou aan de Noordzee niet misstaan.

Verschillende luisterrijke voormalige zomerhuizen zijn omgebouwd tot musea. In het in 1912 gebouwde **Palacio Carrasco** 6 aan de Avenida Libertad zijn vier zalen voor wisselende exposities en het Archivo Histórico ondergebracht, terwijl ook de toeristeninformatie hier huist (Av. Libertad s/n; ma.-vr. 9.30–13, 14–18.30, zo. 10–14 uur).

Om de hoek, aan de 4 Norte, verrast de voormalige Delanoresidentie met het buitengewoon rijk voorziene **Museo Arqueológico Fonck** 7. In de etnologische afdeling wordt een zeer omvangrijke expositie over de culturen van Paaseiland – met een *moai* in de tuin – en de Mapuches getoond (4 Norte 784, tel. 32-68 67 53, di.-za. 9.30–18, zon- en feestdagen 9.30–14 uur, 1000 peso).

Twee blokken verder (de ingang ligt aan de Calle Quillota) is het **Palacio Rioja** 8 geopend voor het publiek. Dit luxueuze bouwwerk met imposante staatsietrap en met stucwerk versierde, enorme raampartijen die door roeden in ruitjes worden verdeeld, wordt gekenmerkt door pure pronkzucht (Quillota 214, tel. 32-48 36 64, di.-zo. 10–13, 15–17 uur, 300 peso).

i **Sernatur:** Av. Valparaíso 507, oficina 305, tel. 32-268 33 55, fax 32-288 22 85, infovalparadiso@sernatur.cl. Toeristenbureau met uiterst vriendelijke, behulpzame medewerkers.

Viña del Mar

Bezienswaardigheden

1 Quinta/Palacio Vergara (Museo de Bellas Artes)
2 Plaza Vergara
3 Castillo Wulff
4 Casino
5 Muelle Vergara
6 Palacio Carrasco
7 Museo Arqueológico Fonck
8 Palacio Rioja

Accommodatie

1 Hotel O'Higgins
2 Hotel Albamar
3 Hotel Offenbacher Hof

Eten en drinken

4 Cap Durcal
5 Miramar
6 Chez Gerald
7 Cuernavaca

Conaf: Av. 3 Norte 541, tel. 32-32 02 00, fax 32-32 02 29, galvez@conaf.cl.
Oficina Central de Turismo: Av. Marina, tegenover Plaza Latorre, tel. 32-226 93 30, 800 800 830 (gratis informatienummer).
Internet: www.vinadelmar.cl.

Hotel O'Higgins 1: Plaza Vergara s/n, tel. 32-68 20 00; 265 kamers. Het ouderwetse, traditionele grand hotel van Viña uit 1935 met passend comfort, zeer stijlvol. In feb. logeren hier de lijfwachten van de songfestivaldeelnemers. 2 pk vanaf 55.000 peso.
Hotel Albamar 2: Av. San Martín 419, tel. 32-97 52 74; 35 kamers. Heel comfortabel, prima onderkomen, half strand-, half stadshotel. 2 pk tussen US$50 en 80.
Hotel Offenbacher Hof 3: Balmaceda 102, tel. 32-262 14 83, fax 32-266 24 32, www.offenbacherhof.cl; 25 kamers. Wat oudere houten villa met uiterst vriendelijk personeel. 2 pk 30.000 peso.

Centrale kust

Behalve Chileense visgerechten zijn er in Viña veel Italiaanse restaurants te vinden.

Cap Durcal [4]**:** Av. Marina 51, tel. 32-62 66 55. Gebouwd in de vorm van een schip op de toplocatie van een rotspunt boven zee. Traditionele Chileense gerechten met vis, schaal- en schelpdieren. U betaalt tussen 4500 en 12.000 peso.

Miramar [5]**:** Caleta Abarca s/n, tel. 32-62 66 77. Ambitieuze keuken in een als tuin ingericht, smaakvol halfrond restaurant, waarvan de panoramavensters uitzien op zee. Visgerechten vanaf 6000 peso.

Chez Gerald [6]**:** Av. Perú 496, tel. 32-68 92 43. Restaurant met de langste traditie van Viña, dat al in 1925 zijn deuren aan de strandboulevard opende en een bezoek zeker verdient. Prettige inrichting. Specialiteit: *machas a la parmesana* voor 5500 peso.

Cuernavaca [7]**:** Av. San Martín 501, tel. 32-73 90 83. Ter afwisseling eens een acceptabele Mexicaanse keuken met een prettige sfeer. Taco's voor 3500 peso.

Club Alcazaba: 6 Norte 338, tel. 32-268 36 33. Club met discotheek. Er wordt muziek gedraaid van de jaren zestig tot de jaren negentig.

Café Journal Pub: Agua Santa/Alvares, tel. 32-266 66 54. 's Avonds wordt er nogal eens techno gedraaid.

De favoriete winkelstraat van Viña del Mar is de Avenida Valparaíso. Mode kunt u ook krijgen op de Avenida Libertad en natuurlijk in de winkelcentra met restaurants.

Casino: Av. San Martin 199, tel. 32-50 06 00. Het in 1930 voor de chique badgasten gebouwde casino ligt midden in een tuin, die weer direct aan zee ligt. De toegang bedraagt US$6. Behalve de traditionele zalen vindt u er ook veel machines waarop u een gokje kunt wagen.

Cine Arte: In de Galería Cine Arte, Plaza Vergara 142, tel. 32-288 27 98. Filmhuis met goede programmering.

De Muelle Vergara heeft de sfeer van een badplaats met een stormachtige noot

Teatro Municipal: Plaza Sucre. In het pas gerenoveerde, neoclassicistisch-neobarokke gebouw uit 1925 treden diverse gastgezelschappen op, maar worden op zijn tijd ook concerten gegeven.
Festival de la Canción: Tweede helft feb., festival van het levenslied.

Vliegtuig: Stadskantoor van maatschappij Lan Airlines, Av. Valparaíso 276, tel. 60 05 26 20 00 (centraal telefoonnummer).
Bus: Busstation Limache 1001; voor stadsbussen uit Valparaíso en verbindingen met Santiago (elk halfuur), de badplaatsen ten noorden van Viña (Reñaca, Concón, Zapallar, Papudo; regelmatig), Concepción, Puerto Montt en La Serena (paar keer per dag).
Autoverhuur: Avis, Arlegui 201, tel. 32-255 61 00.

De Litoral Central

Reñaca

Van Viña del Mar slingert de kustweg naar het noorden langs verschillende rotspunten en de beschutte **Playa Las Salinas** naar **Reñaca** 1, dat zomers door twintigers veranderd wordt in één openluchtbar en -discotheek. De oudste zomerhuizen langs het 1,5 km lange zandstrand hebben sinds lang plaatsgemaakt voor appartementencomplexen. Buiten de vakantie maakt Reñaca helaas een treurige indruk, want de betonnen gevels behoren niet tot het fraaiste wat de kuststrook te bieden heeft.

Hotel Oceanic: Av. Borgoño 12925, tel. 32-83 00 06, fax 32-83 03 90, www.hoteloceanic.cl, 34 kamers. Ten zuiden van Reñaca aantrekkelijk boven het rotsstrand gelegen fraai hotel met het toprestaurant Rendezvous. Een ruime 2 pk hebt u vanaf US$95.

Rendezvous: Zie Hotel Oceanic. Voortreffelijke keuken met overeenkomstig hoge prijzen. Gerechten ca. 12.000–15.000 peso.
Long Beach: Ignacio Carrera Pinto 176, tel. 32-83 62 87. Favoriet restaurant van liefhebbers van vlees en grillspecialiteiten. Gerechten vanaf 4500 peso.
Los Pomairinos: Borgoño 14890, tel. 32-83 30 59. Typisch Chileense keuken met veel variaties van vis, schaal- en schelpdieren. Gerechten vanaf ca. 3500 peso.

Bars en cafés in de **Calle Central** en in de **Av. Borgoño**.

De kust in noordelijke richting

Ook bezoekers aan **Concón** 2 zien zich buiten het seizoen geconfronteerd met veel beton. De 10 km lange kuststrook tussen Reñaca en Concón zou echter niet meer afwisseling kunnen bieden: u rijdt er langs massieve rotsblokken en -punten, zoals de **Puntilla de Montemar**, waar het Instituto de Biología Marina staat, langs fluweelachtige zandstranden als de **Playa Cochoa**, langs brede, witte zandduinen, langs een uitkijkpunt waar u zeeleeuwen kunt zien, langs het wonderbaarlijke, onder natuurbescherming gestelde rotsmassief **Roca Oceánica**, langs de kleine baai **Caleta Higuerillas** 3 met zijn twee jachthaventjes en een vissershaven, en langs talrijke strandrestaurants – dat alles maakt van de rit een bijzonder uitstapje, dat zomergasten graag tegen zonsondergang ondernemen.

Strandplezier tussen Valparaíso en Viña del Mar

Het plaatsje **Horcón** 4 is te bereiken via een korte doodlopende weg die aftakt van de Costanera. Lange tijd was dit de meest oorspronkelijke vissersbaai aan de onlangs ontsloten vakantiekust. Niet vreemd, want het stadje is klein en schilderachtig. De stranden liggen ten noorden van Horcón. Nog altijd liggen de bontgekleurde vissersbootjes op de golven te deinen. Maar niet lang na de ontsluiting arriveerde de jonge, internationale schare rugzaktoeristen, die dolenthousiast raakte over de ongerepte idylle. Al snel ontdekten ook Chileense studenten het plaatsje waar het leven nog goedkoop was en je voor weinig geld kon kamperen en eten. Zo onstond er elk jaar een zomers Woodstock in het klein met talrijke feesten, dat zich vooral eind januari in een grote populariteit mocht verheugen. Ambachtslieden en kunstenaars werden aangetrokken door de bohemienachtige combinatie van onbezorgdheid, intellect en gebruik van softdrugs, die zo kenmerkend was voor de hippietijd.

Maar zo idyllisch is Horcón tegenwoordig niet meer en plotseling valt op dat de baai eigenlijk behoorlijk rotsig is. Het toerisme is ongebreideld gegroeid. De grootste aantrekkingskracht is nog altijd de kunstnijverheidsmarkt. Horcón heeft een eigen website: www.caletahorcon.cl.

El Ancla en **Reina Victoria** aan de Playa La Caleta zijn de beste visrestaurants van Horcón.

Marbella Resort en Zapallar

Het krasse tegendeel van Horcón ligt enkele kilometers verder naar het noorden: vakantiecomplex **Marbella Resort** 5 tracht u te verleiden met de gebruikelijke jetsetspeeltjes. Golfbanen – waarvan één speciaal is aangelegd voor kinderen – en tennisbanen, een eigen bad- en zweminrichting met fitnessoases en een vijfsterrenhotel.

Wie naar **Zapallar** 6 wil, moet maar zien hoe hij er een bed vindt, want het kleine oord staat op zijn exclusiviteit. Dat betekent dat wie hier geen eigen villa heeft, in de buitenwijken moet overnachten. Ook het palet van avondlijk vertier is klein voor wie niet is uitgenodigd voor een privéfeest, want het fraaie strandrestaurant César zet 's avonds om 19 uur al de stoelen op de tafels.

De zone met zomerverblijven is geschikt voor een ansichtkaart. De lucht hangt vol bloemengeuren, blaadjes van hibiscusbloemen dwarrelen over de tegelpaden en een wandeling langs de tuinen en soms gewaagde huizen culmineert in een bezoek aan het intieme, perfect sikkelvormige strand. Er zijn wandelpaden uitgezet boven de met volle kracht tegen de zwarte rotsen beukende Mar Bravo aan de Avenida Costanera en in tegengestelde richting over de Rambla.

Hotel Isla Seca: Op de weg tussen Zapallar en Papudo, tel. 32-74 12 24, fax 32-74 12 28; 39 kamers. Luxueus, comfortabel hotel aan de kust met eigen tuin. 2 pk vanaf US$80.

Isla Seca: Hotel Isla Seca, tel. 32-74 12 24. Prachtig, licht restaurant met Italiaans karakter en plavuizen op de vloer; keuken met verfijnde Chileense visgerechten, schaal- en schelpdieren. Prijzen gaan tot 12.000 peso.
César: Aan het strand van Zapallar. De exquise variant van een strandtent met zeer vriendelijke bediening. Vis, schaal- en schelpdieren vanaf 6500 peso.
Chiringuito: Aan het zuidelijke einde van het strand van Zapallar. Openluchtrestaurant naast de kleine vismarkt; rustieke inrichting, heerlijke versgevangen vis voor bescheiden prijzen; een portie *jurel* of *congrio* vanaf 4000 peso.

Van Valparaíso naar het zuiden

Aan de zuidelijke kuststrook, die via de Carretera 68 ontsloten is, liggen twee hoogtepunten: Cartagena en Isla Negra. De badplaatsen hier, zoals Algarrobo en Las Cruces, hebben niet dezelfde chique uitstraling als Viña del Mar, Zapallar en Reñaca. Het publiek bestaat voornamelijk uit gezinnen, die hun vakantie doorbrengen in verhoudingsgewijs goedkope hotels of bungalowparken.

De belangrijkste bezienswaardigheid aan dit deel van de kust heeft helemaal geen badstrand en is ondanks de naam geen eiland: **La Isla Negra** 7. Hier staat de **vakantievilla van Pablo Neruda**, die dagelijks honderden bezoekers trekt. Aan de plafonds en schoorsteenmantels zijn boegbeelden bevestigd, waaronder het beeldschone van een huilende vrouw en een van een man die zogenaamd Francis Drake voorstelt. Elk hoekje is volgepropt met gevonden voorwerpen. Vanuit het huis kunt u afdalen naar het zwarte, met rondgeslepen kiezelstenen bezaaide strand. In de geurige pijnboombossen liggen tal van fraaie vakantiehuizen verstopt (Camino Vecinal s/n, tel. 35-46 12 84, di.-za. 9-20, zo. 9.30-14 uur, 2400 peso, rondleidingen in Engels, Duits en Frans, 3000 peso). Meer informatie op www.fundacionneruda.org.

Hostería La Candela: De la Hostería 67, tel. 32-46 12 54; 12 kamers, www.candela.cl. Verzorgd, villa-achtig onderkomen in charmante ouderwetse stijl, dat daarnaast stevige Chileense kost serveert. Een 2 pk kost ca. US$60.

Café del Poeta: Museo Pablo Neruda, tel. 32-46 17 74. Hoog boven de rotsen, gelegen in het museumcomplex; bistrogerechten, goede pisco sour. Zeevruchten, zoals *camarones*, vanaf 6000 peso.

Cartagena en Las Rocas de Santo Domingo

Het interessantste dorp aan deze zomerkust is ongetwijfeld **Cartagena** 8, waar de huizen op de helling boven elkaar zijn gestapeld en dat een volkse sfeer heeft behouden. De kustweg komt eerst uit in het bovenste deel van

het dorp en daalt dan steil af naar het in tweeën gedeelde strand. Links en rechts van het kustpanorama steken soms opzienbarende houten constructies de lucht in, die door terrassen met elkaar zijn verbonden.

Langs de Playa Chica strekt zich een bonte serie strandrestaurants uit, terwijl aan de boulevard hotels staan. In Cartagena ligt het graf van de persoonlijke vijand van Pablo Neruda, de experimentele dichter Vicente Huidobro. Jaarlijks organiseert een plaatselijk organisatie een kunstfestival.

Het chiquere deel van Cartagena, ten noorden van het eigenlijke stadje, heet **San Sebastián** en kan zich beroepen op een prachtig zandstrand.

Echt voornaam gaat het er pas aan toe in **Las Rocas de Santo Domingo** 9. Dit is een zone van vakantiehuizen met een eigen vliegstrip en een gigantisch lang, recht strand.

Hotel Rocas de Santo Domingo: La Ronda 130, tel. 32-244 43 56; 20 kamers. Groot, zeer modern hotelcomplex, pal aan het strand. De kamers van US$90 zijn ruim, netjes en hebben een fraai uitzicht.

Veel leuke **strandrestaurants** aan de Playa Chica; het beste hoort bij Hotel Bahia, maar ook de Parillada Argentina, tussen San Sebastián en Cartagena, mag er zijn.

Cartagena, Capital de la Cultura: Jan., programma van een maand met concerten, filmvoorstellingen en diverse tentoonstellingen.

De gevederde klandizie hoopt op gratis boodschappen: visverkoop op het strand van Horcón

Lago Villarrica met de gelijknamige vulkaan

Het Kleine Zuiden en Isla de Chiloé

In een oogopslag: Het Kleine Zuiden en Isla de Chiloé

Land van de Mapuches, land van de Duitsers

Het gebied van het zogeheten Kleine Zuiden strekt zich ruim 600 km uit over de vruchtbaarste aarde die Chili te bieden heeft. De Andes, die Chili aan Argentinië smeedt, gaat geleidelijk over in een keten van sprookjesachtig mooie vulkanen.

Graan, vee, goed onderhouden akkers en sierlijke houten villa's in de steden Osorno, Valdivia en Puerto Varas: het Kleine Zuiden zou welhaast té lieflijk en idyllisch overkomen als er niet ook wegen waren die over lavavelden omhoogklommen en onverwacht in het niets oplosten, onder van regen druipende daken van dichte boomkruinen, naast smaragdgroene meren, aan de voet van een besneeuwde vulkaan. Fuchsia's, die in Europa in vaasjes op tafel prijken, kunnen hier metershoog uitgroeien en omzomen zo met een legioen varens en bamboestruiken woest bruisende watervallen. Bussen houden halt aan de oevers van rivieren, die vanaf daar nog slechts per boot of te paard verkend kunnen worden.

Ooit was het land onontgonnen. De imponerende, tegenwoordig door gigantische stuwdammen getemde, Río Bío Bío markeerde tot in de 19e eeuw de zuidelijke grens van de zogenaamde beschaving. Daarachter lag het territorium van de Mapuches. Het gebied bleef altijd onveilig terrein voor de Spanjaarden, maar ze wilden het per se veroveren, al weerden de Mapuches, die ook al de Inca's hadden weerstaan, zich hardnekkig.

Tot in de 19e eeuw waagden zich enkel gelukzoekers en kooplieden zich in het tussenland *frontera*, waar de grenzen al naar gelang het verloop van de strijd steeds opnieuw werden getrokken. Op 12 februari 1846 arriveerden de eerste Duitsers met officiële goedkeuring in Valdivia, nadat de Chileense regering de Mapuches in reservaten *(reducciones)* had laten opsluiten. Bernhard Philippi, de broer van de bioloog Rudolph Amandus Philippi, die een belangrijke rol in het noorden van het land had gespeeld, haalde in 1853 als kolonisatiebeambte hele gezinnen uit het Duitse Hessen naar Puerto Montt, dat destijds slechts uit een havenhoofd bestond.

Om dit cultuurlandschap zo verzorgd te houden als het er tegenwoordig uitziet, heeft buitengewoon veel moeite gekost. De eerste immigranten verdwaalden in de oerbossen en aten verdovende bessen om hun lot te verzachten. In de dichte bossen vol *mañío, lingue, pitra, ulmo, notro* en *raulí*, het beste bouwhout, branden ze vlakten plat om plaats te maken voor weiden en akkers. Ook Chiloé werd stelselmatig ontbost, eerst om brandhout te krijgen, vervolgens om dwarsliggers voor de spoorwegen te fabriceren. Later gaf het land concessies uit aan nationale en internationale bedrijven. De export van hout steunt de stabiele economie van Chili, dus wie zou daar bezwaar tegen willen aantekenen?

Het land heeft geleerd van zijn fouten: de plantages met snelgroeiende eucalyptussen en pijnbomen, die werden aangelegd om de bodemerosie tegen te gaan, behoren nu absoluut tot het verleden. Inmiddels wordt Chili herbebost met inheemse boomsoorten.

Hoogtepunten

3 **Lago Villarrica en omgeving:** De combinatie van een drukke, maar fraaie vakantieplaats met een schilderachtig meer met zwart zand aan de voet van de besneeuwde Villarricavulkaan lijkt gewoonweg niet te kloppen. Bovendien zijn er rond het Lago Villarrica vele sportieve mogelijkheden en is er van alles te doen (zie blz. 149).

4 **Isla de Chiloé:** Het groene eiland wordt wel het 'Ierland van Chili' genoemd. Glooiende heuvels, diep het land insnijdende baaien, originele stadjes en een heel eigen cultuur staan u te wachten (zie blz. 192).

Aanbevolen routes

Van Malalcahuello naar Laguna de Icalma: Van Malacahuello over de Cuesta Las Raíces langs de vulkaan Lonquimay, door de Túnel Las Raíces, via La Fusta omhoog naar de Laguna de Gualletué, waar de Bío Bío ontspringt, en daarna naar het Lago de Icalma: dwars door al het fraais dat de regio te bieden heeft in één dag (zie blz. 145).

Van Coñaripe naar het Parque Natural Huilo Huilo: Van Coñaripe langs de oever van het Lago Pellaifa rijdt u naar het Parque Natural Huilo Huilo – indrukwekkende wildernis in het verder geheel ontgonnen landschap (zie blz. 162).

Rondom het Lago Llanquihue: Rustig een rondje om het Lago Llanquihue onder aan de Osornovulkaan rijden en af en toe ergens verpozen, wat wandelen, zwemmen, watervallen bekijken en bootjevaren (zie blz. 172).

Reisplanning

Deze regio is bij uitstek geschikt voor sportieve activiteiten en het verkennen van de vele nationale parken. Wie krap in zijn tijd zit, zou een weekje moeten uittrekken en stedenbezoek moeten minimaliseren, om zoveel mogelijk tijd voor de natuur over te houden. Wie echt wil genieten, blijft hier minstens tien dagen.

Klimaat en reistijd

Als klassiek zomerverblijf is deze regio in de zomermaanden (van eind december tot half maart) het mooist, maar ook het drukst. Regenen kan het altijd wel, ook in de zomer. De temperatuur stijgt in Pucón tot 30 °C, in Puerto Montt tot 23 °C.

Tips

Landhotel San Sebastián: Mooie standplaats voor gezonde ontspanning en interessante uitstapjes in de natuur van het Parque Nacional Huerquehue (zie blz. 156).

Vis eten in Angelmó: Bij de stalletjes op de authentieke vismarkt van Puerto Montt kunt u zich vol eten aan allerlei soorten vis – iets voor liefhebbers en iedereen die dat worden wil (zie blz. 190).

De houten kerken van Chiloé: De uit houten *tejuelas* opgetrokken kerken op het eiland Chiloé zijn door Unesco uitgeroepen tot Werelderfgoed. Aan de bouw van de fraaie franciscanenkerken, die over het hele eiland zijn verspreid, kwam geen spijker te pas (zie blz. 200).

Chileens Zwitserland

Kaart 142, 145, 150

Bont Holsteiner vee graast onder met sneeuw bedekte vulkanen, braamstruiken omzomen indiaanse hoeven en in de telefoonboeken van deze regio leest u bladzijdenlang 'Schmidt', 'Bauer' en 'Müller': in het voormalige Mapucheland zijn Duitse immigranten neergestreken. Het pittoreske gebied heet in de volksmond 'Chileens Zwitserland'.

Temuco

Kaart: blz. 142, **atlas:** blz. 11, B2

Midden tussen akkers en weiden ligt de hoofdstad van de Negende Regio, die er prat op gaat de snelstgroeiende stad van het land te zijn. Dat is waar: de ene nieuwe ring huizen wordt om de andere gelegd. Het meest dynamisch zijn beslist de winkelstraten. In de winkelzone is het zelfs dringen geblazen om de straten Prat, Bulnes, Varas en Montt überhaupt te kunnen betreden. Slechts enkele verstrooide houten huizen en maar weinig stenen gebouwen in pastelkleurige art deco getuigen van vroeger tijden. Toch heeft Temuco nog altijd iets landelijks. Als verkeersknooppunt is de stad heel geschikt als uitvalsplaats voor uitstapjes naar de nationale parken.

Cerro Ñielol

U krijgt een goede indruk van de stad op de top van de 'huisberg' **Cerro Ñielol** 1. De heuvel draagt een indiaanse naam (die 'grafrijke berg' betekent) en was het toneel van een *parlamento*, een van de zogeheten 'uitspraken' tussen Mapuches en Chilenen waarbij vrede werd gesloten.

Op de rijkelijk beboste Cerro Ñielol, die onder bescherming van staatsbosbeheer Conaf staat, is plaats gemaakt voor twee culturen. Een fascinerende *nguillatán*, een gebedsveld van de Mapuche-indianen, staat vol houten menselijke silhouetten. De mannelijke figuren worden gekenmerkt door hoeden, vrouwelijke worden gesymboliseerd door borsten. Over de heuvel lopen veel wandelpaden, die naar een aantal speeltuintjes en restaurants leiden. Vanaf deze berg is een hele reeks besneeuwde vulkanen te zien. Als tinnen soldaatjes staan achtereenvolgens de vulkaan Llaima (3125 m), die het meest recent uitbrak in de winter van 2007, de Nevados de Solipulli, de Argentijnse vulkaan Lanín (3747 m) en de vulkanen Quetrupillán (2009 m) en Villarrica (2840 m) opgesteld op de in cultuur gebrachte vlakte (dag. 8–22.30 uur, 700 peso).

Museo de la Araucanía

Aan de Avenida Alemania, die vanuit het centrum naar rustige woonwijken leidt, ligt het **Museo Regional de la Araucanía** 2, gehuisvest in de elegante 19e-eeuwse villa van de Duitse immigrant Carlos Thiers. Het museum was vrijwel het eerste van het land dat zich wetenschappelijk met de cultuur en de geschiedenis van de Mapuches bezighield. De tentoongestelde objecten uit de Mapuchecultuur en van de Duitse kolonisatie vullen twee verdiepingen. In de grote tuin liggen dahliabedden en staat een oude stoomlocomotief onder de uitnodigend brede paraplukruin van een araucaria (Av. Alemania/Thiers, di.-vr. 10–17.30, za. 11–17.30, zon.- en feestdagen 11–14 uur, 500 peso).

Lavavelden op de vulkaan Llaima

Temuco

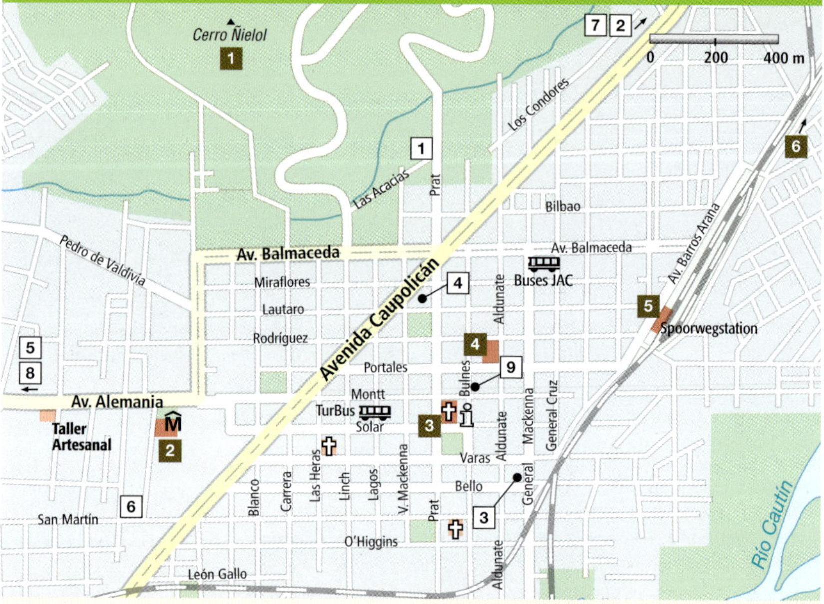

Bezienswaardigheden

1 Cerro Ñielol
2 Museo Nacional de la Araucanía
3 Plaza Aníbal Pinto
4 Mercado Municipal
5 Feria Libre Pinto
6 Parque Museo Ferroviario

Accommodatie

1 Hotel Terraverde
2 Holiday Inn Express
3 Hotel Aitué
4 Hotel Bayern
5 Hostería Austria
6 Hospedaje Thiers

Eten en drinken

7 La Estancia
8 Las Tranqueras
9 Centro Español

Plaza Aníbal Pinto

De centrale **plaza** 3 is genoemd naar de 19e-eeuwse president Aníbal Pinto. Nog meer bomen vindt u eigenlijk alleen maar op de *plaza* van Valdivia. Rond het pathetische, allegorische bronzen monument **La Araucanía** staan kleurige tulpen. De *municipalidad* (gemeente) heeft er een paviljoen voor wisselende exposities neergezet.

Mercado Municipal en Feria Libre

De **Mercado Municipal** 4, die een hele rechthoek tussen de straten Portales, Rodríguez, Bulnes en Aldunate in beslag neemt, is een must voor elke toerist. U kunt hier allerlei soorten souvenirs kopen en heerlijk eten. Het grootste gedeelte is voorbehouden aan *artesanía*, handwerk. Mapuchesieraden, manden, stoffen, houtsnijwerk en amuletten liggen hoog opgetast in de marktkramen. De meest gewilde marktrestaurants zijn van goede kwaliteit, want ze halen hun waren van dichtbij: vis, vlees, schaal- en schelpdieren, groente en fruit sturen hun verleidelijke geuren naar de tafels aan de overkant. Wie wil, kan de Chileense variant van de vertrouwde braadworst proberen: de *longaniza* is langer en scherper gekruid dan de Europese variant (dag. geopend, op zondagen slechts tot 16 uur, dan sluiten de kramen met levensmiddelen).

Vier blokken van de Mercado Municipal verandert Temuco in een landelijk oord met stille steegjes en bescheiden huisjes met kleine rozentuintjes ervoor. Vergeet niet een kijkje te nemen op de openluchtmarkt **Feria Libre Pinto** 5 tegenover het station, waar Mapuches hun landbouwproducten verkopen. Zelfgemaakte kaas, honing, wortels, graan in zakken van 50 kilo, maiskolven, knoflook, *ají* (chilipeper) en een uitgebreid assortiment vruchten liggen op houten tafels onder de blote hemel. De paard-en-wagens van de Mapuches staan te wachten in de zijstraten (Av. Balmaceda/Av. Pinto, dag. 8.30–17, in de winter tot 16 uur).

Parque Museo Ferroviario

De enige personentrein van Chili rijdt op het traject Santiago–Temuco–Puerto Montt, en dat tot voor kort met een stoomlocomotief, die het toelatingsexamen voor het spoorwegmuseum in het **Parque Museo Ferroviario** 6 met glans zou hebben doorstaan. Op het terrein van een oude machinefabriek herinneren vijftien stoomlocomotieven uit de Chileense pionierstijd eraan dat de trein het eerste transportmiddel was dat het onrustige zuiden ontsloot. De oudste locomotief dateert uit 1903 (Av. Barros Arana, tussen Bascuñán en Valparaíso, di.–zo. 9–15 uur).

Sernatur: Bulnes 586, tel. 45-21 19 69, fax 45-21 55 09, infoaraucania@sernatur.cl; veel kennis van zaken en behulpzaam.
Conaf: Av. Bilbao 931, tel. 45-29 81 14, fax 45-29 81 43, ablaméy@conaf.cl.

Onderweg met de auteur

Parque Nacional Conguillío

Met zijn afgelegen meren en lagunes, de met klokjesbloemen en lelies in allerlei tinten bespikkelde weiden en de uitgestrekte araucariabossen zal dit nationale park binnenkort wel zijn status verliezen als geheime tip voor iedereen die bijvoorbeeld de parken in het zuiden te druk vindt, zeker nu de weg erheen geasfalteerd is. In januari bloeien de mannelijke kegels van de araucaria's, in de herfstmaanden staat de nothofagussoort die hier *lenga* wordt genoemd *(Nothofagus pumilio)* in volle kleurenpracht, waarmee deze voor een Chileense *Indian summer* zorgt (zie blz. 148).

Termas Geométricas

Toegegeven, het is niet gemakkelijk er te komen, maar deze designthermen voorbij Coñaripe zijn volgens veel Chilenen de mooiste en opzienbarendste van het land (zie blz. 161).

Strandmeren onder vulkanen

De meest idyllische stranden van het Kleine Zuiden vindt u aan de vulkaanmeren. Villarrica, Caburgua, Laguna de Icalma en Laguna de Gualletué, Panguipulli, Tinquilo en de meren in het Parque Nacional Conguillío hebben daarboven nog een ander pluspunt: het water is warmer dan dat van de oceaan.

Hotel Terraverde 1: Av. Arturo Prat 0220, tel. 45-23 99 99, fax 45-23 94 55, hotpanam@ctc-mundo.net; 120 kamers. Comfortabel hotel midden in het groen aan de voet van de Cerro Ñielol. Men koestert de combinatie van zakelijke stijl en een vleugje Spaanse couleur locale. Adobe muren en plavuizen. Een aanrader. 2 pk voor US$95.
Holiday Inn Express 2: Av. Rudecindo Ortega 01800, tel. 45-22 33 00, fax 45-22 41 00, reserveren: tel. 800-366 66, www.holiday-inn.com; 80 kamers. Van buiten een bunker van gewapend beton, van binnen representatief; aangename service, kleine kamers. 2 pk vanaf US$90.

Hotel Aitué [3]: Antonio Varas 1048, tel. 45-21 19 17, fax 45-21 26 08; 35 kamers. Klein, behaaglijk opgedoft hotel met een intieme sfeer en zeer attente service. 2 pk normale prijs US$95, in het weekend afhankelijk van het seizoen goedkoper, bijvoorbeeld aanbiedingen voor US$80.

Hotel Bayern [4]: Av. Arturo Prat 146, tel. 45-27 60 00, fax 45-21 22 91, www.hotelbayern.cl, 30 kamers. Rustig hotel, ondanks de redelijk centrale ligging; de kamers zijn klein, maar zeer gezellig en het personeel is uiterst behulpzaam en prettig. Een 2 pk kost in het hoogseizoen ongeveer US$70, in het laagseizoen US$60.

Hostería Austria [5]: Hochstetter 599, tel./ fax 45-24 71 69, www.hostalaustria.cl; 7 kamers. Accommodatie in een oude houten villa in traditionele regionale stijl; kleine, gezellige kamers; uitgebreid ontbijt. Engels en Duits gesproken. 2 pk ca. US$40.

Hospedaje Thiers [6]: Thiers 659, tel. 45-21 48 72; 4 kamers. Familiepension in een woonwijk. Gasten kunnen gebruikmaken van de tuin en het terras. Verschillend ingerichte kamers met en zonder badkamer. Vriendelijke ontvangst. 7000 peso p.p.

La Estancia [7]: Entrada Norte de Temuco (Av. Ortega), tel. 45-22 02 87, dag. geopend. Gelegen aan de noordelijke toegangsweg tot de stad, vlak bij de Holiday Inn Express en het nieuwe winkelcentrum. Een door een tuin omgeven voormalige boerderij, waardoor een geslaagde combinatie van landhuis en gezelligheid is ontstaan. Het best zijn de *parilladas* (gegrild vlees). Reken op zo'n US$20.

Las Tranqueras [8]: Av. Alemania 0888, tel. 45-38 50 47, zo.-avond gesloten. Typisch Chileens grillrestaurant. Op de kaart staan geit, lam en wild zwijn, wat ongebruikelijk is. Gerechten vanaf 5000 peso.

Centro Español [9]: Bulnes 483, 1e verdieping, tel. 45-21 03 43, zo. gesloten. De sfeer is plechtig-duister, maar de Spaanse keuken en goede wijnen smaken voortreffelijk. Tussen 4500 en 8000 peso.

Mercado Municipal: De markt wordt gehouden in het blok tussen Aldunate, Portales, Rodríguez en Bulnes (verschillende ingangen). De eethuisjes zijn uitsluitend tijdens markturen geopend (zo. tot 16 uur). Aanraders zijn de *caldillos* (stoofschotels van vis en zeevruchten), *cazuelas* (stoofschotels van vlees of gevogelte) en de Chileense braadworst *longaniza*. Prijzen variëren per restaurantje. U kunt heel goedkoop, maar ook behoorlijk duur uit zijn. Een *longaniza* met aardappelpuree hebt u voor 4500 peso.

Feriarte: Ligt op de Plaza Aníbal Pinto, kunstnijverheidsmarkt in feb.

Domingos Culturales en la Teraza de Ñielol: Elke zo.-middag in de zomermaanden gevarieerd cultureel programma op de Cerro Ñielol.

Vliegtuig

Aeropuerto Manquehue: Ongeveer 6 km ten zuiden van het centrum; verschillende verbindingen per dag met Santiago met alle grote maatschappijen; verder dag. verbindingen met Concepción, Osorno, Puerto Montt en Valdivia.

Stadskantoor Lan Airlines: Bulnes 687, landelijk centraal telefoonnummer 60 05 26 20 00; Sky Airline: Bulnes 655, tel. 45-74 73 00; Air Comet Chile: Bulnes 699, tel. 45-40 50 00.

Trein

Station aan de Barros Arana/Lautaro Navarro; dag. twee treinen naar Santiago, overdag en 's nachts.

Bus

TurBus: Lagos 576, regelmatig verbindingen met Concepción, Osorno, Puerto Montt, Pucón, Santiago en Valdivia.

Buses JAC: Vicuña Mackenna 798, elk halfuur verbindingen met Villarrica en Pucón, naar Lican Ray en Valdivia.

Huurauto

Automóvil Club de Chile: San Martín 0278 en op het vliegveld, tel. 45-24 89 03;

Reserva Nacional Malalcahuello en Nationaal Park Conguillío

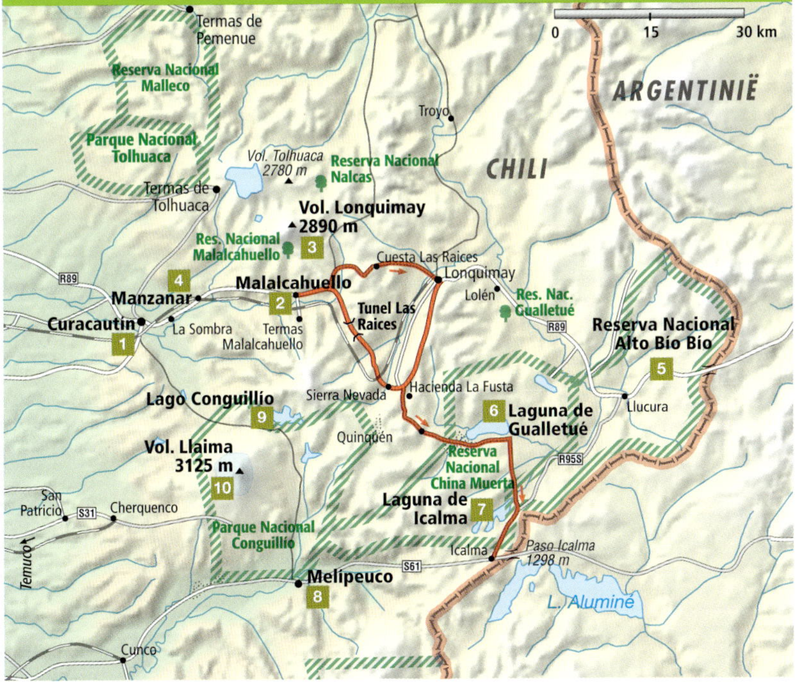

Avis: San Martín 755, tel. 45-45 62 80, en op het vliegveld;
First: Antonio Varas 1036, tel. 45-23 38 90 en op het vliegveld, tel. 45-33 57 39;
Hertz: Las Heras 999, tel. 45-31 85 85.

Reserva Nacional Malalcahuello

Vaarwel Assepoester: het onopvallende bestaan van het Reserva Nacional Malalcahuello behoort tot het verleden, sinds de verbindingsweg tussen Temuco, Curacautín en de grens van Argentinië is geasfalteerd en Las Raíces, met 4775 m de langste tunnel van Zuid-Amerika, werd gerestaureerd en verlicht.

Waar men vroeger eindeloos over onverharde wegen moest hobbelen en de in 1930 geopende **Túnel Las Raíces** met een mengeling van angst en verlangen naar avontuur inging, rijdt men nu comfortabel tussen akkers, met klavers en madeliefjes begroeide weiden en vulkanen door. Ook de toegangswegen naar het reservaat pikten hiervan een graantje mee. Op bepaalde stukken bent u nu veel sneller en comfortabeler bij uw bestemming.

De jongste uitbarsting van de vulkaan Llaima in Nationaal Park Conguillío (december 2007) en de erupties van de Lonquimay zorgen steeds opnieuw voor spanning en sensatie. Momenteel is het Parque Nacional Conguillío voor bezoekers gesloten.

Van Malalcahuello naar Laguna de Icalma

Vanuit Temuco bent u in een uur in **Curacautín** 1, een leuk stadje van 15.000 inwoners met een mooie grote *plaza*. Tijdens de rit over de nieuwe weg naar **Malalcahuello** 2 ('paardenkraal' in het Mapundugun, de taal van de Mapuches) hebt u zicht op de besneeuwde toppen van de vulkaan **Lonquimay** 3 en de **Sierra Nevada**. Zo nu en dan ziet u tussen de pieken door de Argentijnse vulkaan Lanín schitteren.

In het plaatsje Malalcahuello en langs de *carretera* vindt u verschillende aanbevelenswaardige plaatsen om te overnachten en het door Duitsers uitgebate Café Alemán Augsburg. Tevens kunt u allerlei excursies en activiteiten ondernemen: van mountainbiken en tochten te paard over verschillende routes, wandeltrektochten in het Reserva Nacional Malalcahuello (bij de Conafpost aan de ingang kunt u detailkaarten krijgen) tot een beklimming van de Lonquimay. Het bestijgen van de vulkaan is echter uitsluitend aan te bevelen voor geoefende klimmers. Hier liggen ook de zomerweiden van de Mapuches, die hun runderen hoeden op de hellingen. Wie wil bijkomen van zijn inspanningen, kan terecht in de gezellige thermen van **Manzanar** 4 of in het prachtige complex in Malalcahuello.

Vanaf het dorpje Lonquimay zijn er twee mogelijkheden om door te reizen naar Argentinië: door het **Reserva Nacional Alto Bío Bío** 5, het reservaat langs de bovenloop van de legendarische rivier, of over de steenslagweg La Fusta, die tot aan de **Laguna de Gualletué** 6 door bossen vol *lengas, coigües, ñir-*

Nationaal Park Conguillío wordt gedomineerd door de schermen van de araucaria's

res en araucaria's naar boven klimt. In de lagune ontspringt de Bío Bío. Wie aan de daar woonachtige Mapuches een kleine vergoeding betaalt, mag op het zwarte vulkaanzandstrand van de lagune zonnebaden en er zwemmen.

De weg daalt af in zuidelijke richting naar de door bergen omgeven **Laguna de Icalma** 7, waar u een camping, bungalows en een kleine supermarkt aantreft, en eventueel de gelijknamige grensovergang kunt passeren.

Thermale hotels

Termas Malalcahuello: Malalcahuello, tel. 45-197 35 50, fax 45-197 35 60, 2-415 81 09, www.malalcahuello.cl. Luxueus complex in een grote, goed onderhouden tuin. Mooi bronnenbad met watervallen, nette cabines voor verschillende toepassingen als fango (modderpakkingen), massage en watermassage. Dagverblijf US$13, massage en behandelingen ca. US$30. Elegant restaurant met panoramaramen; de kamers van het hotel zijn van dezelfde kwaliteit. 2 pk US$120.

Termas de Manzanar: Camino Internacional 18, Manzanar, tel. 45-88 12 00, www.termasdemanzanar.cl. Kleinschalig, gezellig, enigszins ouderwets thermaal hotel met openluchtbassin aan de rivier en veel behandelingen. Dertien kamers met bronwater in bad, prijzen variëren per verdieping en de inrichting, tussen 34.500 en 87.000 peso.

Andere hotels
El Coigue: *Hostal* en *cabañas*, km 81,6 Camino Internacional Curacautín (ongeveer 5 km voor Malalcahuello) tel./fax 45-88 27 05, 9-795 72 45 (mobiel), www.hostalelcoigue.cl. Mooie, grote houten huizen met terras, grote, gezellig ingerichte kamers, de *cabañas* zijn volledig ingericht. Het complex ligt in een grote tuin met een eigen bron. De eigenaars zijn zeer gastvrij en helpen u bij het uitzoeken van excursies (zoals beklimmen van de Lonquimay, mountainbiken of bezoek aan het nationale park). Geschikt voor rolstoelgebruikers. 2 pk US$50.
La Suizandina: Tel. 45-197 37 25, 9-884 95 41 (mobiel), www.suizandina.com. Zo'n 3 km voor Malalcahuello. Uitgesproken gezellig reizigerstrefpunt in handen van Thomas Buschor. Goede keuken, bij het ontbijt zelfgemaakte muesli. Veel excursies mogelijk, mountainbikes te huur. 2 pk US$50, goedkoper in een slaapzaal voor ca. US$15 p.p.
Cabañas Los Guillios: Ejército 345, tel. 412-97 40 31, 9-825 86 92 (mobiel). Bungalows voor maximaal zes personen, smaakvol ingericht met houten meubilair en een betegelde keuken. Tuin. Goede, voordelige optie. Bungalow voor US$40.

Paardrijtochten zijn te organiseren via **Loncopatagonia**. Ute Hashagen, Fundo La Puntilla, Lonquimay, tel. 45-89 19 59, 9-789 20 97 (mobiel), www.loncopatagonia.galeon.com, loncopatagonia@dataservice.cl. Dit hippisch centrum is ook behulpzaam bij de organisatie van andere uitstapjes.
Kuurbaden: Zie thermale hotels blz. 147.

Parque Nacional Conguillío

Paraguas, 'paraplu's', worden de endemische araucaria's in de volksmond genoemd, en zo luidt ook de bijnaam (Los Paraguas) van het 60.000 ha metende **Parque Nacional Conguillío**. Op het terrein staan duizenden van deze wonderlijke bomen, die er met hun breed uitwaaierende kronen daadwerkelijk uitzien als opengeklapte regenschermen. De heilige boom van de Mapuches staat onder natuurbescherming en mag niet langer worden gekapt voor commerciële doeleinden. Het duurt extreem lang voor de bomen zijn volgroeid. In dit nationale park groeien de araucariabossen tot op 2000 m hoogte.

Het park is via twee toegangswegen te bereiken. In het noorden is dat via Curacautín, dat zo'n 40 km van de ingang van het park ligt, in het zuiden via **Melipeuco** 8 (30 km van de ingang). Direct bij de ingang aan de Melipeucozijde begint bij de Conafpost een fraai educatief pad. De wandeling duurt 45 minuten en leidt langs foto's en borden met toelichting. Het pad komt ook langs een lavazuil. Deze zou de hoogste van het park zijn sinds de uitbarsting van de Llaima in 1957. Rond de **Laguna Captrén** bij de noordelijke ingang (bereikbaar via Curacautín), loopt een kort, schilderachtig voetpad. Andere paden voeren naar kleine, door gestolde lavastromen gevormde meren, die verborgen onder de bladeren van de naar honing geurende *ñirre*, de *lenga* en de olijfkleurige *coigüe* sluimeren in hun honderdjarige slaap.

In totaal heeft de Conaf zo'n veertig verschillende wandelingen in het park uitgezet, waaronder ook het **Sendero de Chile**, dat 18 km dwars door het park loopt. Het Centro de Informaciones met een museum en een bezoekerspaviljoen ligt echt idyllisch aan het **Lago Conguillío** 9, dat een exquise strand van vulkaanzand heeft. Van hieruit organiseren parkwachters en vrijwilligers dagelijks verschillende wandelingen en excursies, ook voor kinderen.

In het park is geen openbaar vervoer. Wie het wil doorkruisen, moet zijn eigen terreinwagen meenemen. Er zijn, met voortdurend de **Llaima** 10 op de achtergrond, enkele zwartgeblakerde lavavelden en -stromen te bedwingen. Staatsbosbeheer Conaf is ook verantwoordelijk voor de accommodaties, waaronder honderd verschillende kampeerplaatsen voor telkens twee tenten en diverse bungalows die her en der in het park liggen. Het is wel noodzakelijk vroeg van tevoren te reserveren, vooral in de vakantiemaanden, want ze zijn zeer geliefd. Kijk hiervoor op internet onder www.conaf.cl.

La Baita: Tel. 45-58 12 53, 9-97 33 24 41 (mobiel), www.labaitaconguillio.cl. La Baita ligt als enige particuliere onderkomen midden in het nationale park, met achter een lavaveld uitzicht op de top van de Llaima. Grote tuin met klein zwembad. De bungalows zijn van standaardkwaliteit, het restaurant is zeer fraai en gezellig. Aanbod van excursies (bijvoorbeeld canopy, kajakken en mountainbiken). *Cabaña* voor maximaal acht personen US$75. In het café-restaurant kunt u de maaltijd gebruiken.

Cabañas Adela y Helmut: Tel. 9-82 58 22 30 (mobiel), www.adelayhelmut.com. De twee eigenaars hebben op hun grond, 16 km voor Cunco bij het gehucht Faja 16.000, een pension met slaapzalen en een bungalow neergezet en bieden volledige verzorging. U kunt er mountainbikes huren en uitstapjes, wandelingen en paardrijtochten maken. Aan te bevelen uitvalspunt, ook voor Nationaal Park Conguillío. Na telefonisch reserveren worden gasten opgehaald bij Faja 16.000.

3 Lago Villarrica en omgeving

Kaart: blz. 150

Slechts 112 km van Temuco ligt aan de oever van het **Lago Villarrica** tussen de stadjes Villarrica en Pucón een van de belangrijkste vakantiegbieden van het land. Politici, televisiepersoonlijkheden en jonge internationale topsporters lopen elkaar hier voor de voeten. 's Zomers worden gigantische openluchtfeesten georganiseerd aan de oever van het meer. Dat is nog niet alles: het beeldschone meer aan de voet van de gelijknamige vulkaan vormt de toegangspoort tot een hele reeks andere, diepe, tussen lavavelden en bossen ingebedde, blinkende bergmeren, die echter niet dezelfde populariteit genieten als het meer van Villarrica.

Het Villarricameer ligt midden in de voormalige *frontera*, het grensgebied tussen gekoloniseerd gebied en Mapucheland. Het stadje, een van de vroegste nederzettingen van Gerónimo de Alderete uit 1552, leed een kwijnend bestaan als geïsoleerde en afgesneden plaats. Op 1 januari 1883 werd Villarrica weer tot leven gebracht en aan de kolonisten overgedragen, die zich als tegenprestatie verplichtten tot de ontginning van het oerwoud. De Mapuches werden weggestopt in *reducciones*.

Villarrica

Aan het stadje **Villarrica** 1, met zijn ruim 28.000 inwoners, is nog altijd zijn landelijke verleden af te zien, maar de toeristische infrastructuur is de afgelopen jaren gestadig toegenomen. De karakteristieke, pastelkleurige houten huizen, die zijn scheefgetrokken door de vele regen, worden geleidelijk aan verdrongen door nieuwe constructies. Tussen de op toeristen ingestelde stratenreeksen kunt u ze echter nog vinden, de *provisiones*: winkels-van-sinkel waar van alles te koop is, van bindtouw tot jam, van houtzaag tot leverworst. U hoeft enkel maar goed om u heen te kijken om deze winkels en hun ouderwetse charme te ontdekken.

Goed onderhouden bungalowparkjes, kleine, gezellige hotels en leuke restaurants vlijen zich rond een pittoresk, dromerig haventje en een aantrekkelijk strand. Villarrica is rustiger en minder internationaal georiënteerd dan het naburige Pucón – en veel goedkoper!

Oficina de Turismo: Pedro de Valdivia 1070, tel. 45-41 11 62.

Villarrica Park Lake Hotel: Camino a Pucón km 13, tel. 45-45 00 00, fax 45-45 02 02, www.villarricaparklakehotel.cl. Een enorm groot gebouw met delen van hout en van glas, binnen veel marmer, pal aan de oever van het meer; zwembad en spa. 2 pk voor US$150, goedkoper met een arrangement.

Hostería de la Colina: Presidente Rios 1177, tel. 45-41 15 03, www.hosteriadelacolina.com; 15 kamers. Mooi in een parkachtige tuin gelegen, gezellig en elegant ingerichte kamers

Lago Villarrica/Siete Lagos

en bungalows; organisatie van excursies, van vulkaanbeklimmen tot forelvissen. U betaalt ca. US$70.

Hotel Yachting Kiel: Gral. Koerner 153, tel./fax 45-41 16 31, reservas@yachting.cl; 17 kamers. Een echt kleinschalig hotel met een overeenkomstige sfeer. Met veel pluche ingerichte kamers; 's avonds zit men bij de open haard; het hotel verzorgt excursies en visexpedities. 2 pk vanaf US$70.

Hotel El Ciervo: Gral. Koerner 241, tel. 45-41 12 15, fax 45-41 12 16, www.hotelelciervo.cl; 11 kamers. Houten huis in alpiene stijl; zeer verzorgd met verschillend ingerichte kamers, klein zwembad; gezellige sfeer. 2 pk vanaf US$70.

Hotel Villarrica: Gral. Koerner 255, tel./fax 45-41 16 41; 8 kamers. Eenvoudig, sober hotel met aparte hoekjes. Kleine kamers, maar wel gezellig en een goed ontbijt, voor ca. 18.000 peso.

La Torre Suiza: Bilbao 969, tel./fax 45-41 12 13, www.torresuiza.com; 8 kamers. Het belangrijkste adres voor iedereen die met een rugzak (tent, fiets) onderweg is: in de tuin van dit aardige pension kunt u uw tent opzetten of er een huren; fietsers krijgen korting. Uitgebreid ontbijt, internetcafé, kleine bibliotheek en bemiddeling bij excursies. 2 pk vanaf US$25, slaapzaal ca. US$10 p.p.

Hostería Yachting Kiel: Gral. Koerner 153. Zeer verzorgd restaurant, dag. geopend. Kleine, internationaal georiënteerde kaart met gerechten vanaf 3500 peso, klein menu voor 10.000 peso. U dineert er onder het genot van een mooi uitzicht.

Mesa del Mar: Geronimo de Aldarate 835, tel. 45-42 95 25. Goed, vriendelijk ingericht visrestaurant in handen van een familie. Vooral de *congrio* is bijzonder aan te bevelen. Voor een hoofdgerecht moet u zo'n 4000–5000 peso neertellen.

Cava del Roble: Valentin Letelier 658, 2e verdieping, tel. 45-41 64 64. Hier krijgt u uitstekende vleesgerechten van de houtskoolgrill. Er hangt een gezellige sfeer en de keuze aan wijnen is groot. Hoofdgerechten verkrijgbaar vanaf 3500 peso.

Ecoturismo Fundo Dos Ríos: Parque Natural Dos Ríos, 13 km buiten Villarrica. tel. 9-419 80 64 (mobiel), www.dosrios.cl. In een particulier park aan een rivier met een educatief pad door bamboebossen en een privézandstrand. De geëngageerde eigenaars hebben een paardenstal annex manege. Daarnaast bieden ze veel mogelijkheden voor uitstapjes en organiseren ze een beklimming van de Villarrica-vulkaan. In Villarrica kunt u bij verschillende rondvaartmaatschappijen boottochten boeken, die in de stad vertrekken en over het meer en de Río Toltén naar het strand van de Fundo Dos Ríos varen. Zeer ruime, goed verzorgde *cabañas* met eigen, klein terras en mooi uitzicht. Goede keuken. 2 pk US$55, bungalows vanaf US$95.

Muestra Cultural Mapuche: Jan.-mrt. dag. 9–13 en 18–22 uur, rest van het jaar ma.-vr. 9–13 en 15–19 uur. Pedro de Valdivia/Zeghers; met kunstnijverheidsmarkt, een replica van een *ruca* (een karakteristiek Mapuchehuis) en een museum waar de cultuur en met name muziekinstrumenten van de Mapuches worden belicht.

Bus: Buses JAC, Bilbao 610; een terminal voor de verzameltaxi naar Pucón (elk halfuur), een voor bussen naar Temuco (elk uur) en Valdivia (elke 2 uur). Busstation, Pedro de Valdivia 621; bussen naar Temuco (regelmatig) en direct naar Santiago (paar keer per dag). Vanaf het vliegveld van Temuco rijden pendelbussen naar Villarrica, waarvoor u kunt reserveren via een reisbureau.

Langs de zuidoever naar Pucón

De zuidkant van het Lago Villarrica wordt ontsloten door de weg van Villarrica naar Pucón – en die wordt toeristisch goed uitgebuit. Langs de gehele schuin aflopende oever balanceren hotelletjes, *cabañas* en campings, die verscholen liggen achter met bloemen getooide oprijlanen en omlijstingen met bomen. Ook in het bos erachter liggen privéhuizen en complexen – wie hier een vakantiewoning of een huis het zijne mag noemen, behoort tot de incrowd.

In deze grote drukte pakt hotel Antumalal, tussen de bosrand en het meer, zo beschaafd uit dat het haast niet opvalt. Maar hier overnachtte ooit koningin Elizabeth II, lang voordat het Lago Villarrica een hype werd.

Pucón

Normaal gesproken wonen er in **Pucón** 2 14.000 mensen, maar in de vakantiemaanden wordt dit aantal ongeveer vertienvoudigd – in ieder geval voelt het zo, als u om 18 uur door de winkelstraten slentert, of wat later op de avond een café opzoekt voor een drankje. Pucón doet Europees aan. Zelfs de kwistig over de stad verstrooide *galerías* en de vakantieappartementen koesteren de uiterlijke mix van alpiene woning en Duits boerenhuis, die in de omgeving van Pucón ooit standaard was. Bemiddelde Chilenen spreken over zulke huizen trots van 'chalet'.

De ligging aan zowel de voet van de Villarricavulkaan als aan de oever van het meer met zijn zwarte lavazand is eenvoudigweg onverslaanbaar. Tot eind jaren tachtig lag Pucón erbij als een schone slaapster, maar daarna werden de vele sportieve mogelijkheden van deze omgeving ontdekt. Het gebied is veelzijdig en geschikt voor zowel raften, deltavliegen, trektochten te voet en te paard, als watersporten. Een van de hoogtepunten is absoluut het beklimmen van de – actieve – Volcán Villarrica, die elke morgen decoratief zijn rookwolken de lucht in blaast. Een beklimming is echter alleen geschikt voor geoefende bergwandelaars.

Behalve bij gefortuneerde Chileense en Argentijnse families is het oord ook populair bij Europese en Noord-Amerikaanse sportievelingen. 's Avonds veranderen zij de Avenida O'Hig-

Bij Pucón kunt u picknicken op een vulkaanstrand

gins in één grote wandelpromenade. Rafters wachten op de video die de touroperator bij hun vertrek heeft gemaakt, jonge Argentijnse en Canadese vrouwen gaan er winkelen. De nabijheid van zoveel natuur trekt ook milieubewuste natuurliefhebbers. Ze ontmoeten elkaar op het kleine houten terras van de Tetera of in de tuin van Hostería ¡Ecole! en discussiëren met een glas versgeperst sinaasappelsap in de hand over milieubescherming, bosbouw, wandeldoelen en politiek.

Het is haast niet te geloven dat het vrolijke Pucón is voortgekomen uit een militaire basis, die in 1883 werd aangelegd. Op de *plaza* waar tegenwoordig gezinnen op tandems voorbijkomen en al wandelend ijsjes verorberen, kletterden ooit de degens. Niet veel later belandde met de heren Hilke, Martin en Holzapfel een voorhoede van Duitse hout- en lederhandelaars in Pucón, al spoedig gevolgd door meer Duiters, die zich vestigden ten noorden van de Río Trancura. De handel in hout en veldgewassen werd afgehandeld via het haventje La Poza. In 1924 kwam daar het eerste hotel te staan, dat nog altijd niets is veranderd, het donkerbruine boerenhuis Gudenschwager.

De voormalige haven **La Poza** is nu de jachtclub. De Playa Grande biedt in de vakantiemaanden januari en februari stevige concurrentie aan het partystrand in Reñaca – op z'n minst wat het aantal en de schoonheid van de jonge gasten betreft.

Información Turística: Brasil/Caupolicán, tel. 45-44 16 71, www.pucon.cl, en *municipalidad*, O'Higgins/Palguín. Beide informatiebureaus helpen u graag verder en hebben veel foldermateriaal, ook verkrijgbaar in het Engels.
Conaf: Lincoyán 336, tel. 45-44 38 81.

Hotel Antumalal: Km 2 Pucón, tel. 45-44 10 11, fax 45-44 10 13. Het door een park omringde, traditionele hotel ligt verscholen achter in een omheind bosje aan het meer. Het werd in 1945 opgetrokken in Bauhausstijl en is compleet gerenoveerd en verbouwd. De sobere inrichting bleef daarbij gespaard. De 22 kamers, met natuursteen en hout bekleed, beschikken elk over een open haard. Er is een spa en men is behulpzaam bij het boeken van excursies. Eigen strand; yogacursussen; zeilen. 2 pk met ontbijtbuffet US$217.
Hotel Gudenschwager: Pedro de Valdivia 12, tel./fax 45-44 11 56; 20 kamers. Omvangrijk, donker houten huis in een grote tuin; zeer gezellig en goed gerenoveerd. Dit was het eerste hotel van Pucón en het teert nog altijd op die faam; de kamers zijn aangenaam ingericht maar nogal klein; voor een 2 pk betaalt u US$92. Er zijn ook goedkopere, eenvoudiger kamers voor 20.000 peso.
Gran Hotel Pucón: Clemente Holzapfel 190, tel./fax 45-91 33 00, www.granhotelpucon.cl; 145 kamers. Geslaagde combinatie van grand hotel en gezinsvakantiesfeer. Italiaans aandoende inrichting, comfortabele kamers, zwembad, mooie tuin, pal aan het strand. Ge-

Ook 's avonds zijn de Termas Los Pozones bijzonder in trek

varieerd animatieprogramma. 2 pk vanaf US$140 met halfpension. Alleen ontbijt US$110. Bij speciale aanbiedingen en verblijf van een week zijn de prijzen nog voordeliger.
Hostería La Poza: Clemente Holzapfel 11, tel. 45-44 13 20, fax 45-44 19 58; 20 kamers. Fraai vormgegeven, tuin, mooi terras, *cabañas*. De kamers zijn licht en vriendelijk, maar klein en nogal gehorig. 2 pk 35.000 peso.
Hotel Munich: Gerónimo de Aldarete 275, tel. 45-44 45 95, www.hotelmunichoyahoo.es. 25 kamers. Het stijlvol ingerichte, kleine hotel maakt een verfijnde indruk met uitgesproken vriendelijke en persoonlijke service. Organisatie van excursies en paardrijtochten. 2 pk US$55-75.
Hostal Gerónimo: Gerónimo de Alderete 665, tel./fax 45-44 37 62, www.geronimo.cl; 14 kamers. Een zeer fraai, zomers, klein hotel, dat rustig maar toch heel centraal ligt. Het interieur is voornamelijk van hout. 2 pk tussen 25.000 en 28.000 peso.
Hostería ¡Ecole!: Gral. Urrutia 592, tel. 45-44 16 75, www.ecole.cl; 14 kamers. Uiterst populair, goed en daarom vaak volgeboekt backpackershotel. De kleine tuin functioneert de hele dag als ontmoetingsplaats; bibliotheek, open sfeer, goed restaurant. Behulpzaam bij alle soorten excursies (Rodrigo, tel. 45-44 28 09). 2 pk voor US$40.
La Tetera: Urrutia 580, tel. 45-44 14 62, www.tetera.cl; 6 kamers. Goed, verzorgd en gezellig *hostal* met mooie tuin. Organiseert sportieve activiteiten en uitstapjes. 2 pk met eigen badkamer tussen 25.000 en 29.000 peso.
Hostal El Refugio: Palguín 540, tel. 45-44 15 96 14 www.hostalelrefugio.cl. In deze gezellige herberg met tuin en patio leeft u als in een

Veel **particulieren** hebben **kamers te huur** in hun eigen huis. Op die manier kunt u veel geluk hebben, maar helaas ook pech. De prijzen liggen ver onder het niveau van de officiële aanbieders, maar u krijgt niet altijd een eigen sleutel. Het is de moeite waard op zulke kamers te letten als uw reisbudget bescheiden is, want Pucón kan in het hoogseizoen tussen eind december en maart extreem duur zijn!

woongemeenschap. De kamers zijn klein, maar kraakhelder en functioneel. US$18 p.p., inclusief ontbijt.
Kila Leufu: Iets buiten Pucón, tel. 9-711 80 64 (mobiel), www.kilaleufu.cl. In 'onze kleine boerderij' in Chili kunt u leren kaasmaken. In de tuin mogen tenten worden opgezet (voor 4000 peso p.p.). Wandelingen en rijtochten met gids. 2 pk 14.000 tot 17.000 peso.

La Marmita de Péricles: Fresia 31, tel. 45-44 24 31, zo.-avond gesloten. Restaurant met Zwitserse, gezellige en ongedwongen sfeer. Gespecialiseerd in fondues, ook als nagerecht. 10.000 peso.
En Alta Mar: Urrutia 315, tel. 45-44 22 94. Met zijn zakelijke stilering een uitzondering onder de overdadig versierde restaurants van Pucón, maar het eten is zeer te prijzen. Viskaart en veel soorten wijn. Niet goedkoop; een hoofdgerecht kost vanaf 6500 peso.
Patagonia Plaza: Pedro de Valdivia 333, dag. geopend. Een van de populairste restaurants aan de hoofdstraat, met wildbraad en fondue in een gedurfd geconstrueerd houten huis. Gerechten vanaf 3500 peso.
Mamas 'n' Tapas: O'Higgins 587, dag. geopend. Ook geschikt voor 's avonds laat, want deze zaak is meer café dan restaurant. Serveert tapas en drankjes. Tapas vanaf 2500 peso.
Madre Tierra: Gral. Urrutia 199, tel. 45-44 90 99, dag. geopend. Rustieke sfeer, oorspronkelijke, Chileense keuken met regionale recepten, ook wild, waarvoor u tussen 5000 en 8000 peso betaalt.
Viva Perú: Lincoyán 372, tel. 45-44 40 25. Hier wordt de strijd uitgevochten wie de beste pisco schenkt: Chili of Peru. Gezellig, klein, licht restaurant met Peruaanse keuken, dat steeds populairder wordt. Bijvoorbeeld *ceviches* of kipstoofpot *ají de Gallina* voor 4500 peso.
Chocolates Patagonia: Fresia 223, tel. 45-44 31 65. Goed ijs, gebak en bonbons van eigen fabrikaat en voortreffelijke kwaliteit: koffiehuis annex bistro. Het zit hier altijd vol.

Er is een overweldigende hoeveelheid cafés waaruit u kunt kiezen wanneer u 's avonds uit wilt gaan, maar de populariteit wisselt voortdurend. Ga bijvoorbeeld naar **Vagabundos**, Fresia 135; of **Krater**, O'Higgins 447, met karaoke. Leuke trefpunten voor overdag zijn de tuinen van **¡Ecole!** en **La Tetera**.

Bakkerij Holzapfel, Clemente Holzapfel 524, tel. 45-44 46 01, en **Chocolates Patagonia** (zie boven) verkopen bonbons en chocolade van eigen fabrikaat. Met koffiehoek, waar u (ook een hartig) hapje kunt eten.
Kunstnijverheidsmarkt: Fresia, tussen Pedro de Valdivia en Gerónimo de Aldarete (alleen in het hoogseizoen); ook tattoos, piercings, hippiesieraden en gebatikte kleding.
Verschillende zaken aan de Fresia verkopen **sportkleding** van internationale merken (zoals Helly Hansen en Patagonia).

De vele **reisbureaus** bieden een tamelijk homogeen programma: beklimmen van de vulkanen Villarrica, Osorno en Llaima, raften op de Río Trancura in verschillende moeilijkheidsgraden, verhuur van ski's met toebehoren en fietsen, wandeltrektochten, uitstapjes naar warmwaterbaden en een breed palet aan mogelijkheden tot paardrijden.

Vliegtuig: Het vliegveld ligt 5 km buiten de stad. Directe vluchten uit Santiago alleen in het hoogseizoen.
Bus: Terminal Buses JAC, Palguín/Engler; elke halfuur verbindingen met Villarrica, regelmatig bussen naar Temuco, een paar keer per dag naar Valdivia en Santiago.
Huurauto: Hertz, Fresia 224, tel. 45-44 16 64; Rent a Car, av. Colo Colo 340, tel. 45-44 30 52.

Aanbevolen reisorganisaties: Anden Sport (met meerdaagse raftingtocht op de bekendste wildwaterrivier van Chili, de Bío Bío). Sol y Nieve. En bijzonder aan te bevelen: Politur, omdat die een hoge standaard voor veiligheid hanteert, bijvoorbeeld bij canopy. Off Limits organiseert ook cursussen vliegvissen. Hostería ¡Ecole! (zie blz. 154) geeft informatie over speciale excursies.

Tip: Landhaus San Sebastián

De sfeer die de eigenaars in hun hotel Landhaus San Sebastián weten te kweken, is perfect. De ligging tussen Pucón, 18 km verderop, en de waterval Ojos del Caburgua klopt precies, waardoor uw zinnen in het schitterende, rustige, groene complex met een kleine vijver – en binnenkort ook een bescheiden zwembad – nieuwe krachten kunnen opdoen.

Er wordt tegelijkertijd onconventioneel en traditioneel gekookt, waarbij uitsluitend gebruik wordt gemaakt van biologische producten. Elke dag staat er een nieuwe culinaire creatie op tafel. Bovendien worden bij de *once* – het nationale vieruurtje – gebak of een stevige schotel met Duitse worstsoorten gepresenteerd. Wie niet in het landhotel logeert, kan op de terugweg van een uitstapje naar het Lago Caburgua, de Ojos of Nationaal Park Huerquehue even stoppen bij Landhaus San Sebastián en een versnapering gebruiken. Het comfort en de service vindt u terug in de kwaliteit van de kamers en bungalows (12 kamers, US$81–120).

Aan wie nog meer wil zien van het gebied worden deskundig uitstapjes voorgesteld; de eigenaar is u overigens terwille bij het samenstellen van uw reis door heel Chili. Paardrijden, wandeltochten, mountainbiken, beklimming van de Villarrica – alles wordt betrouwbaar georganiseerd. Speciale aanbeveling voor een tochtje vanuit Landhotel San Sebastián: het Mapuchedorp Curarrehue met zijn cultureel centrum en restaurant (zie blz. 157) en skitochten in september.

Landhaus San Sebastián: Vanuit Nederland of België tel. 00 56-45 197 23 60, www.landhaus-chile.com.

Uitstapjes vanuit Pucón

Aan de rand van Nationaal Park Huerquehue ligt het kleine bosmeer **Caburgua** 3. Op weg ernaartoe passeert u op de 25 km lange asfaltweg eerst weilanden en akkers, dan lavavelden *(pedregales)* en ten slotte een licht bos waarin veel *mañío*, *coigüe* en decoratieve varens groeien. Het voornaamste strand, de **Playa Negra** 4, bestaat uit grof, zwart vulkaanzand. De door kaneelkleurige *arrayanes* omzoomde **Playa Blanca** aan de westzijde van het meer is daarvan juist het tegendeel. De witte, uit kristallijne gesteenten gemalen ondergrond is oorspronkelijk afkomstig van het kustgebergte. Toen de Andes duizenden jaren terug werd opgestuwd, braken er grote stukken rots van het kustgebergte af, die hier terecht zijn gekomen. Het Lago Caburgua ligt op 700 m hoogte, dat is 500 m hoger dan het nabijgelegen Lago Villarrica. Het water is dan ook behoorlijk fris.

Een mooie halte op de terugweg ligt bij de waterval **Ojos de Caburgua** midden in het bos, die bij mooi weer oplicht in alle kleuren uit een waterverfdoos. Dat bijzondere effect wordt bereikt door de ondergrond van donker gesteente. Kleine paadjes slingeren tussen met mos bedekte stenen door het ongerepte woud. Durfallen gebruiken in het water gevallen takken als springplank.

Parque Nacional Huerquehue

Nationaal Park Huerquehue 5 is niet groot maar wel buitengewoon schilderachtig, met zijn 12.500 ha, zijn paden en paadjes van verschillende lengte en moeilijkheidsgraad. De ingang van het park ligt 31 km ten noordoosten van Pucón; de weg ernaartoe is goed aangegeven.

Een snelle indruk van dit gebied krijgt u op het **Sendero Ñirrico**, dat door een dichtbegroeid bos met *ñirre* en struikgewas vol fuchsia's leidt. Iets zwaarder, maar heel erg mooi, is het **Sendero Los Lagos**, door struikgewas met *coigüe* en *mañío* en langs de waterval Nido de Aguilas. Echt pittig wordt het op het **Sendero San Sebastián**, waarvoor u over de nodige ervaring in bergbeklimmen moet beschikken. De eigenaar van Landhaus San

Sebastián raadt iedereen die de Villarricavulkaan wil beklimmen aan, eerst op dit pad te oefenen.

Er zijn twee soorten accommodatie in het park. Op een privéterrein aan het strand van het donkerblauwe kratermeer **Lago Tinquilco** kunt u kamperen, en anders kunt u overnachten in de gezellige Refugio Tinquilco. Bij de refugio ligt een heerlijk zonneterras. De keuken is goed en men schenkt er versgeperste sapjes. Informatie www.tinquilco.cl, tel. 562-777 76 73.

Thermen, thermen, thermen...

Waar vulkanen zijn, ontspringen ook warmwaterbronnen. Daarom is er in de omgeving van Pucón heel veel geneeskrachtig warm water te vinden. De weg naar het Lago Caburgua vertakt zich. Een recht stuk, de doorgangsweg Camino Internacional naar Argentinië, leidt langs diverse thermen. Deze weg staat aangegeven. Eerst komt u langs een kleine ruïne van adobe, die stamt uit de Spaanse koloniale tijd en erop wijst dat hier een *encomienda* was gelegen waar goud uit de Río Liucura werd gewonnen. Dit is de oudste Spaanse nederzetting die op Chileense bodem is blijven staan. Ongeveer 20 km voorbij Pucón is in **Cañi** 6 een particulier mijnbouwgebied weer in gebruik genomen. Een stichting beschermt de nog aanwezige bossen met *coigüe*, araucaria en de zuidelijke beuk *lenga*, en organiseert seminars over milieubescherming (inlichtingen over bezoeken en cursussen bij Hostería ¡Ecole! in Pucón).

De uitstekend aangelegde **Termas de Quimey-Co** 7 liggen een beetje van de weg af. Bij de bronnen horen een camping, een hotel en een restaurant. Tel. 45-44 19 03; dag. 9–22 uur; zwembassin, modderbaden, restaurant.

Terug op de weg naar Caburgua komt u via de gemarkeerde aftakking bij de statige, bekende **Termas de Huife** 8. Wie hier wil overnachten, neemt zijn intrek in het behoorlijk luxueuze hotel. De baden zijn aangelegd met hout uit de omringende bossen. Er liggen twee bassins van verschillende temperaturen aan de oever van de Liucura en verder talloze cabines waar u behandelingen en massages kunt krijgen, en eenpersoonsbaden staan (tel. 800-20 81 11, www.termashuife.cl).

De **Termas Los Pozones** 9, 3 km stroomopwaarts van de Termas de Huife, zijn veel eenvoudiger van opzet. Ook hier liggen de met stenen gevormde bassins aan de iets lager gelegen oever van de rivier. De baden zijn niet alleen authentiek, maar ook bijzonder geliefd, omdat men 's zomers ook 's nachts in het warme water mag plonzen: de thermen zijn geopend van 20 uur tot in de morgenstond. Een niet mis te verstane aanwijzing voor feestbeesten: het meebrengen van alcohol is niet toegestaan en seks evenmin... (toegang 3500 peso).

Nog veel meer thermale baden liggen aan de weg via Curarrehue naar de Argentijnse grens. De **Termas San Luis** 10 bestaan uit twee grote, overdekte warmwaterbassins en twee andere in de openlucht, verder zijn er bassins met onderwaterstraalmassage en moddertoepassingen (informatie, ook over weekendarrangementen of aanbiedingen in het laagseizoen op de site www.sanluis.pucon.com). Zo'n 10 km verder, midden in een groot park, liggen de representatieve **Termas Menetué** 11, waar u ook in bungalows kunt overnachten.

Verstopt in dichte bossen liggen de **Termas de Panqui** 12, die uitsluitend met vierwielaandrijving en uithoudingsvermogen zijn te bereiken. Ze liggen maar 58 km van Pucón, maar trek een hele dag uit voor een tripje en neem het complete aanbod, bijvoorbeeld massage, yoga en meditatie. De wild-romantische omgeving leent zich ervoor. Voor gasten die willen overnachten, wordt een klein complex met Noord-Amerikaanse tipi's gebouwd (tel. 45-44 20 39, 5000 peso).

Curarrehue

Het ongeveer 40 km van Pucón gelegen, 5200 inwoners tellende dorpje **Curarrehue** 13, vlak voor de Argentijnse grens, is van oorsprong een Mapuchenederzetting. Nadat de Mapuches uit het dorp waren verdreven, werd het in 1901 overgedragen aan nieuwe kolonisten. Tegenwoordig hebben Mapuches het dorp opnieuw betrokken en maken zo'n 80% van de

De koning van Patagonië

Hij heeft het ver gebracht voor een gewone sterveling, Orllie-Antoine de Tounens uit het gehucht La Chèze in de Franse Périgord. Bij zijn geboorte had niemand durven denken dat hij het ooit tot koning van Patagonië zou brengen – met een Mapuche als minister van Buitenlandse Zaken.

De zelf uitgeroepen monarch heeft zich al vanaf de allereerste minuut van zijn leven met de onbenulligheid van bureaucraten moeten behelpen. De ongebruikelijke voornaam die hij in 1826 kreeg, is niet ontsproten aan de grillige fantasie van zijn ouders, maar aan de opvallend slechte spellingsvaardigheden van de ambtenaar van de burgerlijke stand in zijn geboortedorp La Chèze. Zijn ouders hadden gedacht aan Aurélie...

Maar Orllie was slim en gewiekst. Hij studeerde rechten en bewees in een zeven jaar durende juridische strijd dat zijn familie van adellijke oorsprong was en afstamde van de Gallo-Romaanse senator en prefect Tonentius Fereolus. Vanaf dat moment noemde hij zich 'de' Tounens. Maar waarom hij uitgerekend het zo ver weg liggende Patagonië voor zijn koninklijke ambities uitzocht? Op dit punt waren bij Orllie burgerlijke en adellijke zielen in één borst verenigd. Hij had grote bewondering voor het moedige Mapuchevolk, over wie hij op school had geleerd, en de strijd voor onafhankelijkheid van Chili. Zijn liefde betekende echter niet dat hij dat volk zo vrij wilde laten als het zelf zou verkiezen. Nee, hij wilde proberen de Mapuches in te lijven bij de Franse Kroon.

In 1858 was Orllie-Antoine 32 jaar, vrijmetselaar, en ingescheept op een stoomboot van Southampton naar Zuid-Amerika. In La Serena leerde hij Spaans en verdiepte hij zich in de koperprijs, want met de handel in dit metaal moest hij in zijn levensonderhoud voorzien. Toen dat niet lukte, reisde Orllie-Antoine de Tounens in 1860 regelrecht naar het land van de Mapuches.

Dat gebied strekte zich uit ten zuiden van de Río Bío Bío. Slechts enkele blanken hadden het tot dan toe gewaagd zich te vestigen in de *frontera*, het grensgebied dat nog altijd dezelfde naam draagt. De veroveringsgezinde Inca's moesten onder Tupac Yupanqui in de 15e eeuw buigen voor de Araucaniërs, zoals zij het volk noemden, en Pedro de Valdivia vond in 1451 zijn meerdere in krijgsheer Caupolicán. Nergens anders in Latijns-Amerika wist een indiaans volk de Spaanse koloniale macht te stuiten – maar hier wel, 300 jaar lang.

Pas onder Manuel Montt (1851–1861) verdreef de Chileense regering met behulp van grof vervalste landverdragen de Mapuches van hun vruchtbare grondgebied en sloot de indianen op in speciale kampen, *reducciones* genaamd. De Mapuches lieten zich de onteigening niet welgevallen. Hun protest culmineerde in een opstand onder aanvoering van de legendarische Nicolás Tirapegui.

Op dat punt verscheen Orllie-Antoine ten tonele. De troonpretendent ontmoette Quilapán, de zoon van het beroemde opperhoofd Manil. Zijn haren groeiden tot op zijn schouders en hij was gekleed in een poncho. Zijn in de rechtszalen van Périgueux geschoolde retoriek en zijn ijzersterke wilskracht werkten overtuigend en het huzarenstukje lukte daad-

Thema

Een monument aan het Lago Panguipulli herinnert aan de Mapuches

werkelijk: de Mapuches accepteerden hem als koning. Quilapán werd minister van Oorlog en van Buitenlandse Zaken. Orllie-Antoine liet een volkslied componeren en munten slaan.

Die onruststoker in deze landstreek was de Chilenen natuurlijk een doorn in het oog. De zelfbenoemde koning van Patagonië belandde in de gevangenis. Om een conflict met Frankrijk te vermijden, besloot men de militaire politie van het onderzoek af te halen en de 'koning' geestesziek te verklaren: 'Heren, zijn plannen vormen het concept van een roman, geen delict.'

Vervolgens werd Orllie-Antoine de Tounens op 28 oktober 1862 aan boord van een Frans oorlogsschip naar huis gestuurd. Nog twee keer trachtte hij terug te keren naar zijn koninkrijk. Hij hield hof in de cafés van Parijs en omgaf zich met fantasie-adel. Hij adverteerde in tijdschriften en bood 'alle onterfden, die in hun vaderland geen kans hebben gekregen om kracht en verstand in te zetten' onderdak in zijn koninkrijk.

Een ernstige ziekte maakte een eind aan de koninklijke hoogtevlucht. De doodzieke man, terug in Frankrijk, wees een operatie van de hand. Op 17 september 1878 stierf de eerste koning van Patagonië. De kinderloze Orllie-Antoine had een vriend aangewezen als troonopvolger, maar deze heeft zich nooit voor het koninkrijk geïnteresseerd.

Wat is er heden ten dage nog te vinden van deze geschiedenis? In een hal van een bank vlak bij het regeringspaleis La Moneda in Santiago worden munten van het Koninkrijk Patagonië tentoongesteld...

bevolking uit. De indianen hebben een zeer interessant cultureel ontmoetingscentrum opgericht, het **Centro Cultural Aldea Indigena Trawupeyum**. Het centrum bestaat uit een cultureel museum, een goed gesorteerde winkel waar kunstnijverheid wordt verkocht en een restaurant waar uitsluitend Mapuchegerechten op tafel komen – een voedzame en ongebruikelijke keuken waarvan u zult opkijken (tel. 45-197 15 74).

Feria Walumg: Altijd in feb. Presentatie van Mapuchecultuur, met workshops en cultureel programma.

De regio Siete Lagos

De Zeven Meren aan de voet van de Andes vormen een geografische eenheid, maar de grens tussen Chili en Argentinië sluit een van de meren buiten: het Lago Lacar ligt op Argentijns grondgebied in de buurt van San Martín de los Andes.

De verschillen zijn frappant. De hele regio aan Chileense zijde is pioniersland, omdat hij aan de Mapuches behoort. Sinds begin jaren vijftig wordt hier massaal aan bosbouw gedaan, maar de infrastructuur is daardoor niet wezenlijk veranderd. De kapucijnenmissie in Panguipulli werd in 1903 opgericht, de spoorweg bereikte Riñihue in 1910 en in dezelfde tijd verbond een stoomboot Coñaripe met Lican Ray, dat toen nog niet veel meer dan een steiger was.

Dit is het hart van de vulkaanstreek. Het samenspel tussen dichtbegroeide bossen, fonkelende bergmeren, watervallen en vulkanen is betoverend. Veel van dit alles is slechts ontsloten door glibberige onverharde wegen en sommige stukken zijn in het geheel niet over de weg bereikbaar.

Aan de Argentijnse kant daarentegen vormt het Parque Nacional Lanín met de ge-

Het is niet vreemd dat het merengebied ook wel Chileens Zwitserland heet

lijknamige vulkaan (3747 m), de twee meren Lacar en Lolog en de toeristische plaatsen Junín de los Andes en San Martín de los Andes een geliefd vakantiegebied met veel toeristische infrastructuur. Van het centrum van Villarrica (zie blz. 149) gaat een weg naar Lican Ray aan het vulkaanmeer Calafquén.

Lican Ray

Lican Ray 14, het in 1965 uit de vruchtbare zwarte grond gestampte vakantieoord aan het meer, ademt een zeer authentieke sfeer. Geen extravagantie, geen glamour, geen sportieve hippies: Lican Ray trekt met zijn vakantiehuizen, enkele hotels, bungalowparken en restaurants langs de hoofdstraat vooral gezinnen. Op het zwarte strand zijn roeiboten te huur.

El Conquistador: Gral. Urrutia 855, tel. 45-43 13 36, fax 45-43 10 19. Door een ruime tuin met veel bomen omgeven bungalowpark; modern ingericht. Met restaurant en zwembad. 2 pk vanaf US$40.

Hotel Refugio Inaltulafquén: Cacique Punulef 510, tel./fax 45-43 11 15. Bijzonder ruim opgezet complex aan het strand, mooi restaurant voor dagtochtjes. 2 pk vanaf US$35.

Aan de hoofdstraat Gral. Urrutia liggen diverse **restaurants met terras** waar u Chileense *comida corrida* (fastfood) en broodjes kunt krijgen.

Bus: Buses JAC, aan de Gral. Urrutia/Plaza; regelmatig verbindingen met Villarrica en Coñaripe, een paar keer per dag met Panguipulli.

Coñaripe en Termas Geométricas

Bouwland, bossen en lavavelden omzomen de 20 km asfaltweg langs het meer van Lican Ray naar **Coñaripe** 15 ('Oorlogspad' in de taal van de Mapuches). U vindt er een schelpenstrand en de keurige hoofdstraat Guido Beck de Ramberga met een hotel en enkele pensionnetjes.

Echt interessant wordt de weg eigenlijk pas voorbij het stadje. Hier liggen de als speciale tip vermelde **Termas Geométricas**, die hun faam als spectaculaire symbiose van landschapsarchitectuur en natuurlijke omgeving beslist verdienen. De bekende Chileense architect Germán del Sol nestelde zijn warmwaterbaden tussen steile bergwanden en nissen, verbond ze met houten plankieren en schiep daarmee een unieke blikvanger. Er staan twintig bassins tot uw beschikking, zestien met warm en vier met koud water. De bassins zijn overdekt, de daken met gras begroeid. Neem in Coñaripe de bepaald avontuurlijke weg naar het Parque Nacional Villarrica. Na 16 km staat een bordje bij de zijweg. Kenners roemen vooral de winter in het complex, bij sneeuw en regen, want dan is het er nog mooier dan anders (informatie mobiel 9-477 17 08, of in Santiago tel. 2-214 11 47, www.termasgeometricas.cl).

Información Turística: Ligt aan de *plaza* in Coñaripe.

Hotel Termas de Coñaripe: Tel. 63-31 73 33, reserveren in Santiago tel. 2-558 97 38; circa 18 km van Coñaripe op de lastige weg (steenslag) naar Liquiñe; kuuroord met massage, sauna en warmwaterbronnen. Hotel, bungalows, restaurant; tevens organisatie van excursies. Een 2 pk kost US$80.

Bus: Regelmatig verbindingen met Lican Ray (JAC); dag. naar Villarrica en Panguipulli (Buses San Pedro).

Van Coñaripe naar het Parque Natural Huilo Huilo

Van de zuidelijke uitvalsweg uit Coñaripe gaat een steenslagweg in noordoostelijke richting naar de Volcán Quetrupillán, die in het dal van de Río Llancahue enkele campings passeert. Wie verder rijdt in zuidelijke richting, bereikt na 7 km dicht *raulí*-bos en steile berghellingen die afdalen naar het **Lago Pellaifa**. In mei en juni doorspekken bloedrode exemplaren van de nationale bloem *copihue* het ondoordringbare groen. Het kleine, donkergroene meer ligt verstopt, totdat de **Cuesta Los Añiques** 16 een spectaculair uitzicht onthult. De bochtige en moeizame weg gaat verder naar het dal van de Río Cuacu in de richting van het Lago Neltume.

De schoonheid van deze streek is niet onopgemerkt gebleven: 6 km voor het plaatsje **Neltume** is het 60.000 ha metende **Reserva Biológica Huilo Huilo** uitgeroepen; een particulier natuurpark aan de voet van de Choshuencovulkaan, waar 250 km aan wandelpaden is uitgezet. De naam van het reservaat is ontleend aan de spectaculaire waterval **Salto Huilo Huilo** 17. Bossen met *raulís* en vulkanische afzettingen hebben de Río Fuy op deze plaats in het nauw gebracht en laten hem een vrije val van 37 m in de diepte maken. In het park kunt u wandelen, kajakken, vogels observeren, paardrijden, vissen, in warmwaterbronnen baden, aan canopy doen of met de mountainbike op pad gaan. Overnachten kunt u in **hotel Montaña Mágica** (zie hierna).

Hotel Montaña Mágica: Camino Internacional Panguipulli, km 60, tel. 63-197 26 51, in Santiago: Av. Vitacura 2909, oficina 1112, tel. 2-334 45 65, www.huilohuilo.cl, magica@huilohuilo.cl. Een luxueus, tamelijk idioot bouwwerk, dat moet lijken op een vulkaan en eruitziet als het huis van de heks van Hans en Grietje. 2 pk US$100.

Hotel El Roble: Neltume, tel. 63-31 18 49; 10 kamers. Eenvoudig en enig onderkomen in Neltume, het dorp van de houtzagerijen. 2 pk 15.000 peso.

Naar Puerto Fuy

De weg naar **Puerto Fuy** 18 is niet erg druk. Enkele vrachtwagens met hout sturen onder de kathedralen van loof op de haven aan, om aan het zwarte grove strand van het Lago Pirihueico hun lading te lossen. Tijdens de rit klinkt voortdurend het gesnerp van houtzagerijen. In Puerto Fuy verdringen huizen van golfplaat en enkele houten gebouwtjes elkaar om de melancholieke baai en bieden onderdak aan ruim 300 mensen. Varkens en ganzen dwalen door de meestal natte, onverharde straten. Wie wil, kan op het strand zijn tent opzetten. Er zijn twee kleine restaurants voor vrachtwagenchauffeurs. In de haven wordt het hout naar Argentinië verscheept. De flauwe bochten van het Lago Pirihueico verdwijnen achter de afgeronde, steile toppen van de Cerros de Lipinza en Cerros Huirahueye.

Zo'n 12 km verder ligt de grenspost Paso Huahum. Vandaar loopt een met steenslag verharde weg bovenlangs het Lago Lacar door bossen vol cipressen en mirten naar San Martín de los Andes in Argentinië, dat u na 54 km bereikt. Aan deze kant een verlaten, spectaculaire bergwereld, aan de andere kant weilanden met vee en lieflijke kruiden- en bloemenvelden, waarachter de Argentijnse pampa begint – het contrast is sterk.

La Marina del Fuy: tel. 63-197 24 26, www.huilohuilo.cl; 12 kamers. Pal boven het meer gelegen, ruim bemeten chalet met veel houtsnijwerk en gote ramen. De knusse kamers zijn met hout afgewerkt. Resraurant en kleine winkel. Verhuur van kajaks. 2 pk vanaf US$60.

Hotel Baobab: Te bereiken vanuit en reserveringen in Santiago. Tel. 2-334 45 65, www.huilohuilo.cl. In de vorm van de kegel van een naaldboom gesneden, volledig houten hotel van zeven verdiepingen met 55 comfortabele kamers en een restaurant. Midden in het bos bij Puerto Fuy, erg origineel. 2 pk ca. US$75.

In de **hotel-restaurants** en in enkele kleine **strandrestaurants**.

Naar Argentinië: Wie naar Argentinië wil reizen, kan dat doen met het autoveer dat er anderhalf uur over doet naar Puerto Pirhueico. 's Zomers vaart de boot af om 8 en 15 uur. Voor een oversteek met een **huurauto** (slechts door enkele verhuurders toegestaan) moeten enige formaliteiten worden vervuld. Er gaan geen bussen naar Argentinië. Meer informatie is te vinden op www.panguipulli.cl.

Naar het Lago Panguipulli

Dat het piepkleine **Choshuenco** 19 aan de oever van de Río Llanquihue zich mag verheugen in enige populariteit als badplaats, zou je niet gelijk zeggen. Op het eerste gezicht lijkt het een eenvoudig dorp met huizen van golfplaat aan tamelijk verlaten straten met vrolijke bloementuintjes. Het mooist is het uitzicht op de besneeuwde vulkaan Choshuenco.

Dat uitzicht heeft men ook in Panguipulli. De goed aangelegde steenslagweg volgt 44 km lang de contouren van het vertakte Lago Panguipulli, dat, als zoveel meren in deze omgeving, slechts aan één kant ontsloten is, en komt dan uit in het gelijknamige stadje. Het uitzicht van het strand is eenvoudigweg schitterend – als de Choshuenco niet in wolken is gehuld.

Panguipulli 20 was aanvankelijk slechts houthaven en vrachtstation van de spoorwegen. De fraaie ligging verklaart waarom nu ook op toerisme wordt ingezet. Enkele hotels en restaurants staan klaar voor de gasten die deze slechts matig bekende, maar bijzonder fraaie regio beter willen leren kennen. Kleurige bloementuinen verlenen de onopgesmukte houten huizen een vrolijke aanblik. Het hoogtepunt op de evenementenkalender van het 16.000 zielen tellende stadje is dan ook de jaarlijks in de eerste week van februari gehouden verkiezing van Miss Rose.

Oficina de Turismo Panguipulli: O'Higgins 793, tel. 63-31 22 02, www.panguipulli.cl. Zeer vriendelijk.

Hostal España: O'Higgins 790, tel./fax 63-31 11 16; 8 kamers. Bij de inrichting van de kamers is rijkelijk met pluche gewerkt; warme sfeer, typisch Chileense keuken; de eigenaar organiseert graag uitstapjes voor u. 2 pk voor 20.000–25.000 peso.
Residencial Ruca Pangui: Ramon Freire 98, tel. 63-31 25 08, en **Tio Carlos:** Etchegaray 377, tel. 63-31 12 15. Twee eenvoudige, maar propere pensions met vriendelijke eigenaars. Per persoon betaalt u 7500 peso.
Camping: El Bosque, tel. 63-31 14 89.

La Escuela del Liceo Gastronómico: Ramón Freire 394. Leerlingen van de vakopleiding tot kok zwaaien de scepter in de keuken. Gerechten vanaf 2500 peso, klein menu 5500 peso.
Hostal España: O'Higgins 790. Kleine eetzaal met menu's waarop Chileense dagelijkse kost vanaf 5500 peso prijkt.

Uitstapjes te over in de regio Siete Lagos, die u zelf organiseert of kunt boeken via *hostal* España (zie boven). Inlichtingen zijn te krijgen bij de toeristeninformatie in Panguipulli, die zelf jaarlijks in de derde week van januari een vierdaagse tocht door het gebied organiseert.

Semana de las Rosas: Eerste week van feb., met verkiezing van Miss Rose.

Bus: Busstation Mistral/Portales; regelmatig verbindingen met Osorno, Puerto Montt, Santiago, Temuco en Valdivia; 2x per dag naar Puerto Fuy via Choshuenco en Neltume en naar San Martín de los Andes in Argentinië.

Valdivia, Osorno, Nationaal Park Puyehue

Atlas blz. 11

Twee van de belangrijkste steden in het zuiden tonen hoe verschillend de loop van de geschiedenis kan zijn. De ene verleidt u met zijn grootstedelijke flair, de andere met zijn landelijkheid. Beide steden, Valdivia en Osorno, werden gekoloniseerd door Duitse immigranten. In hun nabijheid ligt het Parque Nacional Puyehue, met groenblijvend regenwoud vol struikgewas van varens, nothofagussen en *coigüe*.

Valdivia

Atlas: blz. 11, B3
Het duurt even voor u er bent, maar dan is de verrassing ook compleet. Het 140.000 zielen tellende Valdivia is een van mooiste steden van Chili, en toont zich direct van zijn fraaiste zijde, namelijk de villawijk aan de rivier.

Pedro de Valdivia liet in 1552 precies op deze plek een nederzetting bouwen, omdat de plaats hem strategisch belangrijk leek: vlak bij de zee en daarmee verbonden door een goed bevaarbare rivier, maar desondanks veilig beschermd. Daartoe liet Valdivia een ring van vestingen aanleggen, die nu tot de belangrijkste bezienswaardigheden van de stad en zijn omgeving behoren. Veel soortgelijke forten om te bezichtigen zijn er namelijk niet bewaard gebleven in Chili.

Het huidige stadsbeeld is echter veel meer door Duitsers bepaald, zozeer dat reizigers aan het begin van de vorige eeuw verbaasd opmerkten dat alles er Duits was. Veel emigranten kregen de mogelijkheid in hun oude vak aan de slag te gaan. Het duurde niet lang of leerlooierijen, steen- en pannenfabrieken, distilleerderijen, schoen- en zeepfabrieken verrezen op de historische bodem van Valdivia, waar in de haven de oogsten uit het binnenland snel konden worden overgeslagen.

Dat gold overigens ook voor bier, een uitvinding van de uit het oosten van Duitsland afkomstige apotheker Carl Anwandter, die de drank zonder recept wist te brouwen voor zijn echtgenote. Later verwierf hij er een vermogen mee, want zijn gerstenat werd tot Panama verhandeld. Valdivia floreerde, en dat is de stad aan te zien.

Langs de rivier

De voetgangersbrug Pedro de Valdivia verbindt binnen het centrum de twee delen van Valdivia. De stad ligt aan weerszijden van de Río Valdivia, waar de rivieren Río Calle Calle en Río Cau Cau samenkomen.

Op het groene **Isla Teja** liggen de belangrijke Universidad Austral, rustige woonwijken en enkele interessante overblijfselen uit het begin van de Duitse kolonisatie.

De voornaamste aantrekkingskracht van Isla Teja is, behalve het uitnodigende park met daarin een **Jardín Botánico** van de Universidad Austral (dag. 8–20 uur), het **Museo Austral** in het voormalige huis van de familie Anwandter aan de rivier. De goed onderhouden tuin loopt tot aan het water. In de villa is van alles te zien over de Duitse kolonisatie en de bijzonder hoge levensstandaard van deze immigranten. Er zijn ook een belangrijke antropologische afdeling, die is samengesteld door de Belg Maurice van der Maele, en een voornamelijk uit portretten en andere schilderijen bestaande verzameling over de koloniale geschiedenis. **Museo Austral, Histórico y Antropológico 'Mauricio van der Maele'** (Los Laureles 47, Isla Teja, 15 dec.–15 mrt. dag. 10–

13, 14–20 uur; 15 mrt.–15 dec. di.–zo. 10–13, 14–18 uur, 1000 peso).

In de oude Anwandterbrouwerij ernaast is het **Museo de Arte Contemporáneo** ondergebracht (15 dec.–15 mrt. dag. 10–13, 14–20 uur; 15 mrt.–15. dec. di.–zo. 10–13, 14–18 uur).

Het **Museo de la Exploración R.A. Philippi** in het gerestaureerde Casa Schüler eert in zeven zalen het natuurwetenschappelijke werk van deze onderzoeker, die zich in het bijzonder verdienstelijk heeft gemaakt door het noorden van Chili in kaart te brengen. Zijn broer Bernard had een belangrijk aandeel in de ontsluiting van het zuiden voor Duitse immigranten. Duitsland heeft meegeholpen aan de bouw van het museum (Los Laureles s/n, tel. 63-29 37 23, www.fundacionraphilippi.cl, di.–za. 10–17.30 uur).

Ook het grondgebied van de gefortuneerde familie Prochelle ligt aan de rivier. Het werd destijds door de bouw van de brug in tweeën gesplitst. Ten noorden van de brug staat de villa, die eruitziet als een zomerverblijf, ten zuiden ervan ligt een klein park met coniferen. Er liggen hier nog twee parken, het Savalpark ten westen van de Jardín Botánico en het Parque Guillermo Harnecker.

De gerestaureerde woonwijk uit de jaren veertig van de 19e eeuw aan de overkant van het water staat bekend onder de naam **Conjunto Histórico**. Er staan representatieve stenen huizen, die de welstand van de Duitsers weerspiegelen. Het **Museo Cultural El Austral** aan de Calle Yungay is een prachtig gebouw uit 1870, een juweeltje van industriële architectuur, dat tegenwoordig wordt gebruikt voor tentoonstellingen en waar ook nogal wat ateliers zijn gevestigd (Gral. Lagos s/n, wisselende exposities en culturele evenementen, di.–zo. 10–13 en 16–19 uur).

De Mercado Fluvial

Een bijzondere attractie van Valdivia is de ruim opgezette, uitgebreide **Mercado Fluvial** op de kade iets ten noorden van de General Lagos en de Conjunto Histórico. Vroeger vond er een levendige ruilhandel plaats. De vissers kwamen per boot en handelden in zeevruchten en vis, de boeren in aardappelen, groente en fruit. Het palet is breder geworden, er zijn handwerk en huishoudelijke artikelen bijgekomen. Interessant voor toeristen zijn de bijzondere vruchten en vooral de gedroogde algen en schelpdieren, die als leerachtige strengen parels aan de marktkramen bengelen. Ze worden groot ingekocht om in de winter tot soep te koken (dag. 8–14.30 uur).

Aan de naburige **Muelle Schuster** deinen rondvaartboten die uitstapjes op de rivier verzorgen. De met veel bomen getooide **plaza**, drie blokken verder, ontsluit de winkelzone van Valdivia, met de levendige straten Picarte, Arauco, Pérez Rosales en Henríquez. Mooie woonwijken zijn er niet alleen op Isla Teja; aan deze kant van de rivier liggen ze ten noorden van de *plaza* tussen de Avenida Arturo Prat en de Avenida Carlos Anwandter.

i **Sernatur:** Av. Arturo Prat 555, tel. 63-23 90 60, fax 63-34 40 46, infovaldivia@sernatur.cl, ma.–do. 8.30–17.30, vr. 8.30–16.30 uur. Hulpvaardig, veel materiaal.

Onderweg met de auteur

Mercado Fluvial in Valdivia

De Riviermarkt belooft een aangename wandeling langs de oever van de rivier, waarbij u leuke kunstnijverheidssouvenirs kunt kopen en er tegelijk achter komt wat men zoal eet in het zuiden (zie blz. 165).

Veemarkt in Osorno

In het landelijke zuiden van Chili worden heel veel boerenmarkten gehouden, maar de Feria Ganadera in Osorno waar de dieren per opbod worden verkocht, is echt wat bijzonders (zie blz. 169).

Dagje Puyehue

U kunt zich een dagje laten verwennen, bijvoorbeeld na een inspannende wandeling of een sportief weekend, in de vele verschillende faciliteiten van het wellnesscentrum dat thermaal hotel Termas de Puyehue u te bieden heeft (zie blz. 171).

Valdivia – even uitrusten in het park

Conaf: Ismaél Valdés 431, tel. 63-24 52 00, fax 63-22 52 28.

Hotel Pedro de Valdivia: Carampangue 190, tel. 63-21 29 31, fax 63-20 38 88; www.hotelpedrodevaldivia.telsur.cl; 77 kamers. Klassiek hotel in de wat droge, serieuze stijl van een grand hotel; beschaduwde tuin met zwembad; uitstekende kwaliteit, twee restaurants, geschikt voor rolstoelgebruikers. 2 pk vanaf US$100.

Puertas del Sur Resort: Los Lingues 950, Isla Teja, tel. 63-22 45 00, fax 63-21 10 46, www.hotelpuertadelsur.com; 40 kamers. Pal aan de rivier gelegen, modern hotel met grote tuin, groot zwembad, tennisbaan, fietsverhuur, speeltuin; veel glas, sympathieke sfeer. 2 pk vanaf US$95.

Villa Paulina: Yerbas Buenas 389, tel. 63-21 24 45, fax 63-25 63 72; 22 kamers. Klein hotel met zeer persoonlijke noot, gezellig restaurant en salon met open haard. Op de eerste verdieping liggen aan een open omloop de Oudduits gemeubileerde kamers; zwembad in de tuin. 2 pk ca. 30.000 peso.

Hotel Palace: Chacabuco 308, tel. 63-22 33 19, 15 kamers. Ligt goed en centraal tussen *plaza* en rivier; zonnige, fraaie, ruime kamers, gratis internet en vriendelijke eigenaar. 2 pk 28.000 peso.

Hotel Jardín del Rey: Gral. Lagos 1190, tel. 63-23 36 90, fax 63-21 85 62; 19 kamers. Logeren als in een villa van de hogere burgerij; representatief huis in een kleurige bloementuin. Ruime, individueel ingerichte kamers. 2 pk vanaf 20.000 peso.

Hotel en Cabañas Casa Kolping: Gral. Lagos 1608, tel. 63-21 29 21, fax 63-22 40 83, www.hoteleskolping.net/valdivia. Fraai gelegen alternatief voor grotere hotels, gezellige kamers

met een goede prijs-kwaliteitverhouding. 2 pk ca. 15.000 peso.

Café Haussmann: O'Higgins 394. U zou haast oude dames met hoedjes verwachten in dit ouderwetse en typische koffiehuis. Tussen de middag worden ook kleine gerechten geserveerd. Klein lunchmenu ca. 6000–7000 peso.

La Cervecería Kunstmann: Camino Valdivia a Niebla, km 5, tel. 63-29 29 69. Op de weg naar Niebla wordt de Duitse brouwerskunst beoefend. Met daarbij vleesschotels en Duitse gerechten voor maximaal 5000 peso. Bierproeverij en een klein brouwerijmuseum.

La Calesa: Yungay 735, tel. 63-22 54 67, zo.-avond gesloten. Gespecialiseerd in zeevruchten op Peruaanse wijze, gepaard met fraai uitzicht op de rivier. Visstoofschotels maximaal 4000 peso.

Camino de Luna: Av. Prat ten noorden van de Puente Pedro de Valdivia, tel. 63-21 37 88, zo.-avond en ma. gesloten. Bootrestaurant met romantisch diner bij kaarslicht. Gerechten vanaf 3500 peso.

New Orleans: Esmeralda 682, dag. geopend. aangename zitplaatsen, uitgebalanceerde combinatie van vis en vlees op de kaart. De zaak ademt de sfeer van een café. Gerechten vanaf 3500 peso.

Entre Ríos: Op de Mercado Municipal, voordelig lunchrestaurant voor schaal- en schelpdieren tegenover de vismarkt. Probeer de *pastel de jaiva*, een pastei met kreeftenmousse.

Café Entrelagos: Pérez Rosales 640. Geschikt voor het hele gezin: thee- en ijssalon annex koffiehuis met bonbons en marsepein van eigen fabrikaat, maar ook geknipt voor een drankje, kleine gerechten en broodjes; stijlvol gemeubileerd. Sandwiches tot 2500 peso.

Café Fertil Provincia: San Carlos 169. Kleine, gezellige café-bar met boekhandel, waar u ook 's avonds wat kunt drinken. Cultureel programma.

De **Calle Esmeralda** is een goede tip voor onconventioneel uitgaan: in **El Legado**, Esmeralda 657, komt men samen om wat te drinken, in **Papadakis** klinkt livemuziek. In bar **Última Frontera**, Pérez Rosales 787, kunt u van een drankje genieten onder de bomen in de tuin.

Boottochten (vanaf de rivierhaven): rondvaarten van een halfuur om Isla Teja worden door verschillende maatschappijen georganiseerd, evenals halvedagtochten (lunch aan boord) naar Niebla, Corral en Isla Mancera, inclusief een bezoek aan een historisch spektakel. Ten slotte zijn er mogelijkheden voor een **boottocht naar het Santuario de la Naturaleza**.

Cervecería Kunstman: Bierdrinken en een klein museum in de brouwerij (zie boven, bij Eten en drinken).

Vliegtuig: Vliegveld Pichoy, 32 km ten noordoosten van de stad; pendeldienst van de luchtvaartmaatschappijen; 8x per dag

aangevlogen; verbindingen met Puerto Montt, Temuco en Santiago. Stadskantoor Lan Airlines: Maipú 271, tel. 60 05 26 20 00 (centraal telefoonnummer). Sky Airline: Walter Schmidt 303, tel. 63-22 62 80.
Vliegveldshuttle: Via Transfer Valdivia, tel. 63-22 55 33.
Bus: Busstation Anfión Muñoz s/n; verbindingen met Osorno, Puerto Montt (elk uur), Temuco (regelmatig), Puerto Varas en Santiago (paar keer per dag).
Veerboot: Verbindingen met Niebla, Isla Mancera en Corral; 2x per dag (omstreeks 12 uur).
Huurauto: Avis: op het vliegveld en Beaucheff 619, tel. 63-33 35 61; Budget: Pedro Aguire Cerda 1154, tel. 63-34 00 60; Hertz: Ramón Picarte 640, tel. 63-21 83 16.

Uitstapjes vanuit Valdivia

Niebla

Atlas: blz. 11, A3
Het **Castillo de la Pura y Limpia Concepción de Montfort de Lemus** in Niebla, 18 km van Valdivia, heeft een lange naam en een even lange geschiedenis. De vesting werd al in 1617 aangelegd en honderd jaar later uitgebouwd tijdens de Britse Zuidelijke IJszee-expeditie. In 1992, tijdens het jubileumjaar van 500 jaar ontdekking van Amerika, is de vesting gerestaureerd. Sindsdien beschikt ze over een klein **Museo del Sitio**, gewijd aan de koloniale geschiedenis en die van het bouwwerk (dec.–mrt. dag. 10–19 uur; apr.–nov. di.–zo. 10–17 uur, 800 peso).

Hotel El Castillo de Niebla: Antonio Ducce 750, tel. 63-28 20 61, hotelcastillo@hotmail.com; 11 kamers. Van een traditionele villa uit de 19e eeuw werd een lieflijk hotel gemaakt, met een zwembad en een prieel in de tuin. 2 pk 28.000 peso.
Cabañas Villa Santa Clara: Camino Niebla a Los Molinas, tel./fax 63-28 20 18. De kleine, leuke bungalows in de fraai aangelegde tuin zorgen voor het juiste vakantiegevoel. Het ontbijt wordt geserveerd, andere maaltijden moet u zelf verzorgen. Ca. US$15 p.p.

Zwemmen in de rivier en fiesta: In Niebla liggen de populairste en daarom het best ontsloten rivierstranden van de *valdivianos*. Goede vis en zeevruchten eten is ook hier mogelijk: Playa Los Molinos kan bogen op enkele strandrestaurants. In het hoogseizoen (jan./feb.) staat u voor de moeilijke keuze tussen uit eten in een visrestaurant, luisteren naar folkoremuziek of een avondje dansen. Vanuit Valdivia gaan er dan ook 's avonds bussen naar Niebla.

Restaurant Los Castellanos: Antonio Ducce 875, tel. 63-28 20 82. De Castilianen hebben ook paella op de kaart staan, maar verder veel Chileense gerechten. Prijzen vanaf 3500 peso.

Veerboot: Pont tussen Niebla en Corral 8–21 uur elk halfuur, in de winter tot 18.30 uur.

Corral

Atlas: blz. 11, A3
Corral, een klein dorp tegenover Niebla aan de overkant van de rivier, klimt decoratief tegen een gewelfde bergrug op. Per boot is het dorp behoorlijk snel te bereiken, over land gaat dat langzamer. De weg uit Valdivia (62 km) is alleen in het begin geasfalteerd. Het langere steenslaggedeelte loopt door regenwouden langs Isla del Rey. Het dorp is van oudsher de belangrijkste uitvoerhaven van Valdivia en werd ook door de Duitse kolonisten als zodanig gebruikt.

Een bezienswaardigheid is het **Castillo San Sebastián de la Cruz**, dat net als het fort in Niebla in 1992 werd opgepoetst. Tweemaal daags hult het zich in kruitdampen en gebulder, als een slag tussen Spanje en Chilenen wordt nagespeeld in historische kostuums (dag. 9–19 uur, gekostumeerd spektakel om 16.15 en 18.15 uur. Bezoek aan de vesting 500 peso, met show nog eens 1000 peso).

Het **Museo de Corral** is een klein historisch en regionaal museum met foto's van de aardbeving van 1960 (do.–di. 10–13 en 14–18 uur).

Veerboot: Pont tussen Niebla en Corral; 8–21 uur elk halfuur, in de winter tot 18.30 uur.

Isla de Mancera

Atlas: blz. 11, A3

Ook het riviereiland Mancera beschikt met het **Castillo de San Pedro de Alcántara** over een fort uit de 17e eeuw, dat naast muren en kerkers een prachtig uitzicht over de rivier en de zee te bieden heeft. Onder uitnodigende bomen liggen oude zomerverblijven van welvarende Valdivianen (1 dec.–15 mrt. dag. 10–14, 15–19 uur; rest van het jaar di.–zo. 10–13, 14–18 uur, 500 peso).

Santuario de la Naturaleza del Rio Cruces

Atlas: blz. 11, A3

Uit de verwoestende aard- en zeebeving die in 1960 de halve Chileense kust wegsloeg, is het **Santuario de la Naturaleza del Río Cruces** voortgekomen. Het samenspel van onderwaterflora en groenblijvende bossen is een ideale broedplaats voor allerlei inheemse vogels. Grote kolonies vogels bevolken nu dan ook het beschermde natuurgebied. Het is te bezoeken tijdens een boottocht van een halve dag. Van hieruit is de vesting **Fuerte San Luís de Alba de Cruces** van buiten te zien. Het in de 18e eeuw gebouwde fort was totaal vervallen, tot in 1967 de Universidad Austral zich over de restauratie ontfermde. In Valdivia is een meerdaagse kajaktocht naar het Fuerte te boeken, inclusief een bezoek aan het natuurreservaat (zie blz. 167).

Osorno

Atlas: blz. 11, B4

Osorno is een van de eerste steden die werden gesticht door Spaanse veroveraars, maar de 135.000 inwoners tellende stad doet toch vooral denken aan het Duitse boerenland uit de jaren zestig. Reclameborden voor landbouwwerktuigen, tractoren en bougies staan naast weilanden met koeien en bescheiden, verweerde vrijstaande boerderijen aan weerszijden van de Panamericana op weg naar Osorno. In het gras staan her en der bomen. Osorno bleef lange tijd verschoond van de consumptiedrift die andere steden in het zuiden kenmerkt. Waarschijnlijk komt dat doordat de voornaamste attractie van deze stad de veemarkt is. De zeer interessante **Feria Ganadera de Osorno** is de belangrijkste veemarkt van het hele zuiden. Elke morgen wordt op het marktterrein aan de Río Rahue een veiling gehouden. Vlakbij liggen aan de Calle Inés de Suárez niet alleen gaarkeukens, maar ook tal van slachthuizen en vleesverwerkende bedrijven. Zelfs bij de slagers in het centrum kopen de vrouwen halve varkens, die ze als ervaren boerinnen vakkundig weten te ontleden.

Ook de in een ruim pakhuis ondergebrachte **Feria Libre de Rahue** (Concepción/Chillan, ma.–za. 7–19, zo. 9–15 uur) is het opmerken waard, want hier verkopen de kleine boeren uit de streek hun oogst. De hongerige bezoeker kan terecht in kleine cafetaria's.

Calle Mackenna

Verder concentreert het rustige Osorno zich op Duits architectonisch erfgoed, dat zo fraai is dat een stratenblok aan de Calle Juan Mackenna is uitgeroepen tot *monumento nacional*. Dit blok ligt ten zuiden van de aantrekkelijke Plaza de Armas met zijn neogotische kathedraal van gewapend beton uit 1961, een jaar na de aardbeving, die gesierd wordt door een opmerkelijke, opengewerkte ovale toren. Tussen de Calle Freire en Cochrane verfraaien de sierlijke, pastelkleurige **Casas Mohr Pérez**, **Schüller**, **Surber** en **Stückrath** de Calle Juan Mackenna, allemaal met door zuilen gedragen veranda's en bijzondere gevels. Het oudst is het Casa Mohr Pérez uit 1876, het jongst een van de drie Casas Stückrath uit 1930. In het middelste Casa Stückrath wordt kunstnijverheid verkocht.

Wie een stukje verder door deze straat loopt, stuit op de hoek van Bilbao en Matta op een mooie oude stenen villa, waarin het interessante **Museo Histórico Municipal** is gevestigd. De tentoongestelde objecten in dit museum draaien om twee thema's: de cultuur

Koffie met gebak: In Osorno zijn veel aanlokkelijke koffiehuizen te vinden. Zo kunt u terecht in het populaire Bocatto op Ramírez/Matta. Andere adressen, die nagenoeg hetzelfde aanbod van gebak, ijs, broodjes en kleine gerechten hebben, zijn Café Central, O'Higgins 610, en het koffiehuis op Mackenna 1150.

van de Mapuches – en wel de stam van de Huilinches – en de kolonisatie door Duitse immigranten (Av. Matta 809, tel. 64-23 86 15, in de zomer ma.– vr. 9.30–18, za., zo. 11–19 uur; rest van het jaar ma.–vr. 9.30–17.30, za.–zo. 14.30–18 uur).

De Calle Juan Mackenna loopt in westelijke richting naar de rivier en naar het fort **Fuerte María Luisa**, waarvan nog slechts een paar muren overeind staan. Iets verder zuidelijk ligt het pittoreske voormalige station, net zo verlaten als een ongebruikt decor voor een cowboyfilm.

Sernatur: Edificio Gobernación s/n, tel./fax 64-23 75 75, infosorno@sernatur.cl. Effectief en hulpvaardig.

Conaf: Martínez de Rozas 430, tel. 64-22 13 01, fax 64-22 13 10.

Hotel García Hurtado de Mendoza: Mackenna 1040, tel. 64-23 71 11, fax 64-23 71 13, www.hotelgarciahurtado.cl; 63 kamers. Zorgvuldige kopie van de koloniale stijl; discrete, gedienstige service, rustig, fraai gelegen tegenover het Conjunto Histórico, het 'historische ensemble'. 2 pk ca. 76.000 peso.

Hotel Waeger: Cochrane 816, tel. 64-23 37 21, fax 64-23 70 80, www.hotelwaeger.cl; 70 kamers. Dit onlangs gerenoveerde hotel maakt een authentieke indruk. Gebruik van het zwembad van hotel Del Prado. Een 2 pk kost ca. 50.000 peso.

Gran Hotel Osorno: O'Higgins 615, tel. 64-23 21 71; 40 kamers. Dit hotel is interessant vanwege zijn stijlvaste jarenzestigarchitectuur; gelegen aan de *plaza*, aangename service. 2 pk tot 25.000 peso.

Hotel Pumalal: Bulnes 630, tel./fax 64-24 24 77; 21 kamers. Familiehotel. Bij de bouw is veel hout en glas toegepast; de kamers zijn ruim en leuk ingericht. Een 2 pk kost ongeveer 20.000 peso.

Residencial Riga: Amthauer 1058, tel./fax 64-29 45; 12 kamers. Diverse bungalows met elk een eigen terras in een bloementuin, waar de ietwat gehorige kamers zijn ondergebracht. De vriendelijke eigenaars serveren een riant ontbijt. 2 pk vanaf 18.000 peso.

Residencial Schulz: Freire 530, tel. 64-23 72 11, fax 64-24 64 66; 10 kamers. Het pension in het overjarige, verspringende houten huis heeft zeker antiquarische charme, maar is niet erg comfortabel. 2 pk tot 15.000 peso.

Residencial Nueva Alpina: Amador Barrientos 2283, tel. 64-23 65 42; 10 kamers. In een netjes onderhouden, wat ouder houten gebouw liggen eenvoudige kamers, die de badkamer moeten delen. De prijs is echter slechts 8000 peso p.p.

Fogón Copahue: Santiago 506, tel. 64-23 85 21. Een restaurant voor wie even geen vis wil: hier serveert men vlees, van de spies of gebraden. Gerechten vanaf 4500 peso.

Fogón Rehuenche: Concepción 258, Barrio Rahue, tel. 64-23 72 61. De geblokte tafelkleedjes zorgen voor een gezellige sfeer; een uitstekende keuze in de stad van de veemarkt om biefstuk te eten. Lekkere pisco sours. Voor een *parilla* voor twee betaalt u maximaal 10.000 peso.

Bavaria: O'Higgins 743, tel. 64-23 13 02. Een filiaal van de solide, behaaglijk ingerichte restaurantketen is ook in Osorno te vinden. Niets verrassends op de kaart: dagelijkse Chileense kost. Broodjes vanaf 2200 peso.

Pub La Pinte: Freire 677. Combinatie van café en bar.

Vliegtuig

Vliegveld Carlos Hott Siebert, 7 km ten oosten van Osorno. Stadskantoor Lan Airlines: Ramírez 802, tel. 60 05 26 20 00 (centraal telefoonnummer), Sky Airline, Galería Centro-sorno, Cochrane 651, tel. 64-23 01 86.

Busverbindingen van vliegveld Siebert naar Temuco en Santiago gaan 2x per dag.

Bus

Busstation Av. Errázuriz s/n; regelmatig verbindingen met Puerto Montt, Puerto Varas, Temuco en Valdivia; paar keer per dag met Santiago. Buses Pirihueco rijdt naar het Lago Ranco, Entre Lagos en Puyehue.

Huurauto:

Econorent, Freire 848, tel. 64-23 53 03; IB Rent a car, Armthauer 1189, tel. 24-0000.

Parque Nacional Puyehue

Atlas: blz. 11, C4

Zo'n 50 km voorbij Osorno op de internationale doorgangsweg naar Argentinië ontvouwt zich het 157 km² grote **Lago Puyehue**. De omgeving van dit meer is door Chilenen ontgonnen rond 1900, maar de oever is nauwelijks ontsloten. De gekapte vlakken liggen als brandgangen in het inheemse bos van *coigüe* en *pitra*, dat zo dicht is dat u er gerust zonder jas in de regen kunt lopen zonder nat te worden. Varens en fuchsia's groeien zo hoog als bomen. In de lucht hangt de geur van paddenstoelen.

Op weg hiernaartoe komt u bij het eerste automuseum van Chili, het **Museo Moncopulli**, waar u schoonheden als Studebakers kunt bewonderen. Daarnaast zijn er enkele afgeleide zaken te zien, zoals speelgoed en oude fotoapparatuur (dag. 10–18, 's zomers 10–20.30 uur, tel. 64-20 42 00, 1500 peso).

Een van de beste thermale hotels van Chili ligt enkele kilometers van de ingang van het park. De verschillende vleugels van de **Termas de Puyehue** liggen aantrekkelijk over een heuvel gedrapeerd. Aangezien het ruime, vriendelijk in glas en hout gebouwde badcomplex ook is geopend voor daggasten, is dit een prettige halteplaats tijdens uw tocht (spa geopend ma.–vr. 9–20 uur, bassins tot 21 uur, za., zo. 8–21 uur, 7500 peso).

Op ski's naar beneden suizen van een dode vulkaan is de specialiteit van het **Centro Turistico Deportivo Antillanca**, waar u op verschillende manieren op de lichte tot zeer zware pistes kunt komen. Het centrum, met skischool, ligt 22 km over een steenslagweg van de warmwaterbronnen midden in het nationale park en beschikt over een authentiek houten hotel.

Het Parque Nacional Puyehue wordt echter gemakkelijker ontsloten door de *camino internacional* naar Argentinië, die Osorno met de grensstreek Complejo Aduanero Cardenal Samoré verbindt. Links en rechts van de weg ligt een groenblijvend feeëriek bos, waar in de ondergroei witbloeiende *ulmo*, laurierachtige *tepa* en *mañío* staan en hogerop zuidbeuken *(lengas)* overheersen. Behangen met lianen, begroeid met bromelia's en opstekend uit een dicht struikgewas, is het Valdiviaans regenwoud een echt toverbos. Paden van verschillende lengte maken het toegankelijker. Niet ver van de Conafpost storten de watervallen **La Princesa** en **Indio** met donderend geraas omlaag.

i **Conafpost:** Vlak bij Salto La Princesa. Informatiebureau met een klein natuurmuseum, kamperen mogelijk, andere posten in de sector Aguas Calientes en in de sector Antillanca, dag. 8.30–18.30 uur.

Hotel Termas de Puyehue: Ruta 215, km 76, tel./fax 64-33 16 56, tel. in Santiago: 2-339 22 63, www.puyehue.cl. Ondanks het formaat een uitgesproken vertrouwd aandoend hotel met gezellig ingerichte kamers waarin veel warm hout is verwerkt. Het hotel is onlangs compleet gerenoveerd en verbouwd. Het grote restaurant in de stijl van een gymnastiekzaal met panoramavensters heeft een internationale keuken; het goed onderhouden kuurcentrum toont een modieus Zweeds design in de binnen- en buitenbaden; fraaie tuin en 117.000 ha park eromheen. 2 pk vanaf 50.000 peso.

Hotel Antillanca: Ruta 215, km 98, tel./fax 64-23 22 97; 41 kamers. Dit hotel heeft het aanzien van een skihut de luxe. Hout domineert in het interieur, open bovenverdieping; ook het restaurant ademt de sfeer van een skihut; bar, televisiekamer, in skigebied. 2 pk voor 35.000 peso.

Lago Llanquihue en omgeving

Kaart 177, 187

Het schitterende landschap rond het 860 km² metende Lago Llanquihue is een juweeltje voor sportievelingen: de vulkaan Osorno kan worden beklommen, maar ook met de mountainbike worden bedwongen. In de rivieren en kustfjorden zijn raften en kajakken een waar genoegen. Alle anderen kunnen terecht in typische zomerse vakantieoorden met een breed cultureel programma.

In 1842 lukte het Bernhard Philippi het Lago Llanquihue aangewezen te krijgen als vestigingsgebied voor Duitse immigranten. De Chilenen waren dit meer haast vergeten, hoewel Pedro de Valdivia het in 1552 had bereikt en García Hurtado de Mendoza in 1558.

Na deze veroveringen waagden de Spanjaarden zich niet meer in het gebied, dat zo vurig werd verdedigd door Mapuches. Na uitbarstingen van de Osorno en de Calbuco in 1735, 1780 en 1834 sloegen de indianen echter op de vlucht.

In 1850 liet Francisco Geisse een weg van Osorno naar het Lago Llanquihue banen. Het oerwoud was toentertijd zo dicht dat er haast geen doorkomen aan was. Twaaf maanden later probeerde de man die namens de Chileense regering belast was met de kolonisatie, Vicente Pérez Rosales, via deze weg de punt van het meer te bereiken. Hij deed drie volle dagen over de 53 km.

De nieuwste plaatsen die rond het meer liggen, zijn voortgekomen uit Duitse nederzettingen, soms ook uit een enkele havendam. De landbouwoogsten worden over het meer verhandeld, maar ook wel over het spoor. De plaatsen Puerto Varas en Frutillar steken met kop en schouders boven de andere uit. De eerste omdat het de favoriete bestemming van outdoorsporters is, de tweede als badplaats en culturele bestemming. Aan het eind van januari trekken de Semanales Musicales talloze bezoekers.

Route rondom het Lago Llanquihue

Puerto Octay

Bij het aanleggen van de toeristische routes lijkt het 2500 inwoners tellende dorp **Puerto Octay** 1 aan het noordwesten van het meer te zijn overgeslagen, waardoor het nog altijd wat doezelig door het leven gaat. Hier domineren de oudere, met zorg onderhouden woonhuizen, die een nostalgische aanblik opleveren. Het spoor heeft Puerto Octay nooit bereikt, reden waarom het dorp ook vroeger – aan het begin van de 20e eeuw – niet in dezelfde mate tot bloei kwam als zijn buren aan het meer. Grappig is de wervende manier waarop de naam van het dorp is ontstaan. 'Octay' is grofweg te herleiden tot 'Ochs heeft het'. De naam stamt uit de tijd dat een zekere Christian Ochs een zodanig goed gesorteerde winkel had, dat in 1859 de korte slagzin als naam voor de hele gemeente werd overgenomen.

Maak op uw gemak eens een wandeling door Puerto Octay. Huizen met een Duits koloniaal aanzien staan in de Calles Wulf, Amunátegui, Muñoz Gamero en Pedro Montt. Let vooral op Hotel Haase op Pedro Montt 344. Op de hoek van La Esperanza en Amunátegui

Boven het Lago Llanquihue verrijst de sneeuwwitte kegel van de Osorno

Lunchstop aan het meer: Zo'n 6 km van Puerto Octay in de richting van Puerto Fonck ligt aan de linkerkant van de weg de familieboerderij Fundo Los Maitenes. Cornelia Prenzlau en haar gezin presenteren in een groot, gezellig restaurant een fantasierijk en overheerlijk buffet, waarvoor u niet eens diep in de buidel hoeft te tasten. Tel. 65-33 00 49, 9-886 45 98 (mobiel), rancho@willnet.cl, ook 's avonds geopend, zo. gesloten. Buffet voor 6000–10.000 peso.

komt u de villa **Casa de la Cultura Emilio Held Winckler** tegen, waar getuigenissen uit het Duitse verleden worden bewaard, in de vorm van foto's en documenten (dec.–feb. ma.–za. 9.30–13 en 15–19, zo. 11–13 en 15–19 uur; rest van het jaar op afspraak geopend). Een vergelijkbaar **Museo del Colono** ligt enigszins boven het dorp aan de weg naar schiereiland Centinela in de Calle Independencia 591. Het museum toont een verzameling landbouwwerktuigen en is liefdevol ingericht met meubelen uit de 19e eeuw (Independencia 591, di.–zo. 9–13 en 15–18 uur).

Zo'n 5 km ten zuiden van Puerto Octay ligt het strand van het dichtbeboste **schiereiland Centinela**, waar op een kleine heuvel een soort beroemdheid ligt: hotel Centinela. In dit hotel overnachtte lang geleden de Britse prins Edward met zijn maitresse en latere vrouw Wallis Simpson. Ook moet het huis ooit gediend hebben als Chili's duurste en meest exclusieve bordeel. Het was het allereerste buitenverblijf aan het Lago Llanquihue, maar heeft inmiddels gezelschap gekregen van verschillende grote en kleine bungalowparken.

Oficina Municipal de Turismo: Esperanza/Plaza de Armas, tel. 65-39 14 91.

Hotel & Cabañas Centinela: Península de Centinela, tel./fax 65-39 13 26, www.hotelcentinela.cl; 26 kamers. Romantische, ruim opgezette houten villa met erkers en torens; in de goed onderhouden, grote tuin liggen bungalows. 2 pk ca. US$95.

Hosteria Zapato Amarillo: Tel./fax 65-39 15 75, www.zapatoamarillo.com. Ongeveer 2,5 km van Puerto Octay aan de weg naar Osorno. Ruim houten huis, keuken, internetcafé, veel excursies. Specialiteit van het huis: kaasfondue. Gasten worden desgewenst afgehaald in Puerto Octay. 2 pk 16.000 peso, slaapzaal 6000 peso p.p.

Fogón de Anita: Ligt aan het begin van het dorp, tel. 65-39 14 55. Rustiek restaurant met heerlijke *parilla* vanaf 6000 peso. Verhuurt ook kamers.

Restaurant Baviera: Germán Wulf 582, tel. 65-39 14 60. Stevige Chileense specialiteiten, braadworst en vis. Gerechten vanaf 2500 peso.

Bus: Gaat een paar keer per dag naar Frutillar, Llanquihue en Puerto Varas.

Frutillar

Frutillar 2 is in twee helften verdeeld. Het stadje begon in 1856 ter hoogte van het meer als havendam, waaromheen later cafeetjes, leerlooierijen en molens kwamen te staan. Nadat de spoorwegen het zuiden hadden ontsloten, ontstond in 1907 het hoger gelegen **Frutillar Alto** als spoorwegstation. Daar ligt nog altijd het busstation voor langeafstandsbussen. Ongeveer 4 km verder naar het oosten ontvouwt zich aan de rand van het meer een klein Disneyland op zijn Duits.

Frutillar Bajo bestaat uit drie langgerekte rijen huizen, die ingeklemd liggen tussen een bijzonder steile, begroeide helling en het meer. Het stadsdeel kan bogen op een lang strand met fijn zand en het schitterendste uitzicht op de Osornovulkaan dat u zich maar kunt voorstellen. Hier speelt het toerisme de hoofdrol, en wel toerisme op z'n Duits. De *Bierstube* serveert varkenskluif en tartaar *(pernil* en *crudo alemán)*, terwijl Vrouw Holle de bedden van haar gasten opschudt. In Frutillar Bajo staat toeristen een kunstig herschapen Zwitsers/Zuid-Duitse houten architectuur te wachten, met tuintjes vol begonia's, *Schwarzwälder Kirschtorte* en appeltaart, met hartjes bedrukte tafelkleden en in lood gevatte ronde ruitjes, en heel veel zaken waar kunstnijverheid wordt verkocht. Voor Chileense vakantiegangers is dit alles zeer exotisch, voor Europeanen een terugkeer naar de jaren vijftig in Duitsland.

Chilenen zijn zeer trots op het **Museo de la Colonización Alemana**, een decoratief openluchtmuseum met luxueuze houten gebouwen, dat zonder uitzondering welvaart, orde en netheid uitbeeldt, maar niets van doen heeft met de moeizame kolonisatiegeschiedenis. Slechts enkele tentoongestelde brieven geven iets prijs van de toenmalige levensomstandigheden (tel. 65-42 23 87, in de zomer dag. 10–20 uur; mrt.-dec. 10–14, 15–18 uur, 1800 peso).

Een rondwandeling door het stadje, waarvan het inwonertal van 10.000 in de zomermaanden uitgroeit tot een veelvoud, zou zeker ook een bezoek aan het **Reserva Forestal Edmundo Winkler** moeten behelzen. De Universidad de Chile heeft een educatief pad laten aanleggen door 33 ha vrijwel ongerept bos. Daartegenover, aan het strand, ligt de oude begraafplaats (Av. Caupolicán s/n, tel. 65-42 23 07, dag. 8–18 uur; in jan. en feb. wandelingen met gids).

Is Frutillar al gedurende de hele zomervakantie uitermate druk, eind januari is het er regelmatig overvol, als tijdens de *Semanas Musicales* orkesten en balletgezelschappen uit het hele land in tien dagen hun meest succesvolle voorstellingen ten beste geven.

Oficina de Información Turística: Av. Philippi, paviljoen aan het strand ten oosten van de *plaza*, tel. 65-42 10 80, www.frutillarchile.cl (in het Spaans). IJverig en vriendelijk

Sernatur: Av. Philippi 753, tel. 65-42 16 85.

Er is weliswaar een uitgebreid aanbod in Frutillar, maar in het hoogseizoen is vaak geen bed meer vrij.

Hotel Salzburg: Camino Playa Maqui s/n, tel. 65-42 15 89, www.salzburg.cl; 31 kamers. Midden in het bos ten noorden van Frutillar Bajo gelegen, gebouwd in de stijl van het Zwarte Woud. Recreatiemogelijkheden zijn het zwembad en paddletennis. 2 pk vanaf US$100.

Onderweg met de auteur

Zeekajakken

Kajakken op zee is vooral de moeite waard als u ook de labyrintische fjorden ten zuiden van Puerto Montt zou kunnen verkennen. Dat mag dan ook een of twee dagen duren. Natuurlijk moeten de logistiek en infrastructuur van de organisatie wel piekfijn in orde zijn. In Puerto Varas zijn daarvoor wel enkele aanbevelenswaardige adressen te vinden (zie blz. 179).

Raften

Wildwatervaren op bijvoorbeeld de woest stromende Río Petrohue onder de Osornovulkaan is een sensatie, maar de organisatie moet er goed mee bekend zijn en over degelijk materiaal beschikken (zie blz. 179).

Semanales Musicales Frutillar

Eind januari wordt het vakantieoord Frutillar tien dagen beheerst door cultuur. Nationale gezelschappen geven concerten en ook het Nationale Ballet is van de partij. Wie een kaartje wil bemachtigen, moet daar op tijd achteraan gaan (zie blz. 176).

Hotel Serenade: Pedro Aguirre Cerda 50, tel./fax 65-42 03 32. Het witte boetiekhotel maakt reclame met Franz Schubert, de zes kamers zijn schattig-zomers ingericht en erg comfortabel. 2 pk tot US$100.

Hotel Bauernhaus: Av. Philippi 663, tel. 65-42 00 03. Inrichting in Oudduitse stijl in een fraaie, zomerse houten villa met kamers van verschillende grootte. Hotel met grote tuin en een goed café met heerlijke taart. 2 pk voor US$95.

Hotel Frau Holle: A. Varas 54, tel. 65-42 13 45, frauholle@frutillarsur.cl. In een bijzonder rustige zijstraat gelegen, fraaie, degelijke, complex gebouwde houten villa met grote bloementuin; gezellig en heel vriendelijk. 2 pk voor ca. US$75 .

Hospedaje Las Dalias: Av. Philippi 1095, tel. 65-42 13 93; 12 kamers. Goed verzorgd herenhuis met dahliatuin. 2 pk vanaf US$55.

Los Maitenes: Camino Costero a Puerto Octay (2,5 km ten noorden van Frutillar Bajo), tel. 65-33 91 30, www.interpatagonia.com/losmaitenes; losmaitenes@yahoo.com. Vier bungalows en verschillende kamers, ouder landhuis op een terrein van 16 ha aan de oever van het meer, interieur met lambriseringen, privéstrand, de eigenaar organiseert vistochten en uitstapjes. 2 pk vanaf US$45.

Hospedaje Winkler: Av. Philippi 1155, tel. 65-42 13 88; 15 kamers. Een verblijf als in een eigen huis; enkele *cabañas* in de tuin; kleine, maar mooie kamers, open sfeer. 2 pk vanaf US$40.

Club Alemán: San Martín 22, tel. 65-42 12 49. Hoogwaardige, op de Duitse keuken geïnspireerde maaltijden, maar ook verse vis. Gerechten vanaf 3500 peso.

Selva Negra: A. Varas 24, tel. 65-42 16 25. Zwelgt in de ronde ruitjes en Duitse gezelligheid; u krijgt hier wildgerechten, bijvoorbeeld wild zwijn *(jabalí)* voor ca. 7000 peso.

Don Carlos: Balmaceda 40, tel. 65-42 17 09. De eigenaar is een Argentijn, vandaar dat hier de beste steaks en grillschotels op tafel komen. Reken tussen de 5000 en 8000 peso.

Club Bomberos: Av. Philippi 1065, tel. 65-42 15 88. De hele dag stampvol; goede, voordelige keuken en groot assortiment gebak. Kleine gerechten vanaf 2500 peso.

Salón de Té Trayen: Av. Philippi 963. Geliefd voor taartgelagen; zit altijd vol tijdens de thee en de *once*.

Verschillende **artesaníamarkten** aan de Av. Philippi.

Semanas Musicales de Frutillar: Tien dagen eind jan. Inlichtingen in een speciaal paviljoen: Av. Philippi 777, tel. 65-42 12 90, semfruti@telsur.cl.

Bus: Verzameltaxi's *(colectivos)* van Frutillar Bajo naar Frutillar Alto aan de Manuel Montt. Van Frutillar Alto verbindingen met Puerto Varas (elke 2 uur), met Llanquihue, Puerto Octay, Osorno en Puerto Montt (paar keer per dag).

Puerto Varas

Puerto Varas 3 is een goede uitvalsbasis voor sportieve activiteiten. Recreatieve organisaties zijn in de omgeving van deze stad ruimschoots voorhanden en ook de infrastructuur is uitgebreid: van hotels in chaletstijl met privéjacuzzi in de badkamer voor de noden van gefortuneerde Noord-Amerikaanse toeristen, tot restaurants waar uitsluitend vegetarische gerechten op tafel komen of onberispelijk fusionfood wordt klaargemaakt.

Rugzaktoeristen en jonge sportieve reizigers hebben Puerto Varas, met op de achtergrond altijd de vulkaan Osorno, in elk geval tot favoriet bestempeld. Daarop zijn de sympathieke hippiemarkten en een alternatieve kunstscene opgebloeid. Voor jonge Chilenen in deze regio is milieubewustzijn geen onbekend woord, wat de plaats bij de internationale, op natuur verzotte klantenkring bijzonder geliefd maakt. Die is namelijk meestal afkomstig uit landen waar de natuur al aanmerkelijk te lijden heeft gehad. In Puerto Varas is het nog mogelijk om, met uitzicht op de Osorno, te dromen van internationale solidariteit.

Het toerisme, dat hier zo milieuvriendelijk mogelijk wil zijn, heeft echter ook zijn keerzijde. Traditionele kleine bedrijfjes komen in het nauw, de prijzen stijgen en de ouderwetse winkels met zelfgemaakte kanten gordijntjes in de etalage moeten wijken voor supermarkten en dure sportzaken. De ontegenzeggelijk grote charme van Puerto Varas zou zo kunnen verbleken tot één gestroomlijnd geheel.

De stad werd gesticht in 1854. Er was behoefte aan een haven aan het meer en een verbinding met het handelscentrum Puerto Montt, waar de landbouwproducten van de streek over de grens zouden kunnen worden afgezet. Ook in Argentinië waren Europese immigranten druk doende hun oogsten te verkopen. De weg naar de Argentijnse havens aan de Atlantische Oceaan over de Patagonische pampa was echter erg lang. Voor Argentijnse boeren die in de buurt van de Andes woonden, lag Chili met zijn uitvoerhaven Puerto Montt veel dichterbij. De uit Duitsland

Lago Llanquihue

afkomstige Argentijn Carlos Wiederhold kwam omstreeks 1900 op het idee de keten van meren in de Andes als handelsroute te benutten. Vertrekpunt op Argentijns grondgebied was het Lago Nahuel Huapi, daarna kwamen in Chili eerst het Lago Todos los Santos en vervolgens zijn buurman Lago Llanquihue, waarna Puerto Montt zo was bereikt.

Deze handelsroute heeft vanwege zijn landschappelijk schoon een enorm toeristisch potentieel. Tegenwoordig is de gemoedelijke grensoversteek per boot een geheid succesnummer van verschillende touroperators. Puerto Varas is daarbij het eindpunt aan Chileense zijde.

De in opvallend rood en crèmewit geschilderde en 's nachts verlichte **Iglesia del Sagrado Corazón** steekt als een herkenningspunt boven de stad uit. Enkele huizen van Duitse, meestal welvarende families uit het begin van de 20e eeuw zijn te bezichtigen. Het zijn uit houten muurpannen opgetrokken villa's met grillig gevormde balkons, erkers en kunstzinnig verspringende gevels. Het **Casa Kuschel** uit 1930 aan de Calle Turismo wordt zelfs bekroond door een Beierse barokke uientoren. De vier pioniershuizen aan de uitvalsweg Nuestra Señora del Carmen zijn ongeveer twintig jaar ouder.

Het uiterlijk van Puerto Varas wordt behalve door het toerisme en de op Duitsland geïnspireerde bouwstijl in hout, bepaald door de voormalige commerciële bestemming van de stad. De stenen gevels rond de vlak bij het meer gelegen *plaza* worden gekenmerkt door grootburgerlijkheid. Daarachter zetelen net als vroeger bankvestigingen en handelsmaatschappijen.

i **Información Turística:** Aan de centrale kade. Beschikt over veel foldermateriaal en stadsplattegronden. Maakt ook reserveringen voor u en kan vervoer naar het vliegveld regelen. Zondags geopend.
Secretaria de Turismo: San Francisco 411, tel. 65-32 13 30, fax 65-23 24 37.

Hotel Colonos del Sur: Del Salvador 24, tel. 65-23 33 69, fax 65-23 20 80, reservas@colonosdelsur.cl. Buiten een alpiene stijl met veel hout, binnen geraffineerde architectuur met veel licht; ondanks het formaat intieme sfeer. Zeer fraaie kamers met comfortabele badkamers, favoriet hotel van Noord-Amerikaanse toeristen. 2 pk vanaf US$120.

Hotel Bellavista: Vicente Pérez Rosales 060, tel. 65-23 20 11, fax 65-23 20 19, www.hotelbella vista.com; 38 kamers. Het uitzicht over het meer op de Osorno is niet te kloppen. Het hotel heeft een wat nuchtere alpenstijl. 2 pk vanaf US$100.

Hotel El Greco: Mirador 134, tel. 65-23 38 80, fax 65-23 33 88, www.hotelelgreco.cl. Een schilder veranderde een Duitse houten villa van omstreeks 1900 in een gezellig *hostal*, dat met talloze schilderijen is versierd. Schilderende gasten hebben een atelier tot hun beschikking. De kamers zijn echter tamelijk klein en kosten US$70.

The Guesthouse Vicki Johnson: O'Higgins 608, tel. 65-23 15 21. Goed onderhouden, ruime oude houten villa. De individiueel vormgegeven kamers en badkamers zijn heel groot; verschillende gezellige verblijfsruimtes, waarvan een met open haard; goed ontbijtbuffet, kleine biliotheek, gratis internet. 2 pk vanaf US$65.

Hotel Outsider: San Bernardo 318, tel./fax 65-23 29 10, outsider@telsur.cl; 8 kamers. Een van de mooiste backpackershotels; klein, heel warm en uitgekiend ingericht; vriendelijke service. Internet in elke kamer. 2 pk vanaf 25.000 peso.

Hostal Opapa Juan: Arturo Prat 107, tel./ fax 65-23 22 34, www.opapajuan.cl. Logies in een nationaal monument. Dit representatieve houten huis was eigendom van een Duitse immigrant. Uitstekende prijs-kwaliteitverhouding, gezellige sfeer. 2 pk 18.000–20.000 peso.

Casa Azul: Manzanal 66, tel. 65-23 29 04, casaazul@telsur.cl; 8 kamers. Gezellig, uiterst vriendelijk adres voor rugzaktoeristen, met tuin en gebruik van keuken. Informatie over excursies en sportmogelijkheden. Vanaf 8000 peso p.p.

Hospedaje Casamargouya: Santa Rosa 318, tel. 65-51 16 48, www.margouya.com. Etagepension, kamers van verschillend formaat, met en zonder bad; gebruik van keuken, internet. Typisch backpackerspension, vriendelijk. Vanaf 7500 peso p.p.

Chamaca Inn: Del Salvador s/n, tel. 65-23 28 76. Een adres voor liefhebbers van vis. Gerechten vanaf 5500 peso.

Color Café: Av. Los Colonos 1005, tel./fax 65-23 43 11. Fantasievol en goed bereid fusionfood, waarin Japanse en Italiaanse invloeden zijn verwerkt; ongebruikelijke omgeving, galerie, biljartsalon en wijnbar. Een aanrader. Klein fijnproeversmenu 8000–10.000 peso.

Merlin: Imperial 0605, tel. 65-23 31 05. Oudere, fraaie houten villa met creatieve Duitse kok. Fantasierijke vis- en vleesgerechten, mooie bar; in het weekend is reserveren noodzakelijk. Gerechten vanaf 5500 peso.

Donde Gordito: San Bernardo 560, tel. 65-23 34 25. In de markthal, die ook 's avonds toegankelijk is; aanbevolen *curanto* en grote keuze aan verse schaal- en schelpdieren. Een restaurant voor het hele gezin. Visschotels vanaf 4500 peso.

La Olla: Vicente Pérez Rosales 1071, tel. 65-23 35 40. Gespecialiseerd in zeevruchten: zeeegels, kreeft, oesters en mosselen, die in grote porties worden opgediend in een tamelijk nuchtere omgeving. Vriendelijke sfeer en goede prijs-kwaliteitverhouding. Visgerechten vanaf 4500 peso.

Restaurant Mediterráneo: Santa Rosa 068 (Costanera), tel. 65-23 72 68. De kaart wordt gedomineerd door vis, schaal- en schelpdieren, maar er staan ook naar Chileense maatstaven opvallende salades op. Heerlijk zitten op het terras. Salade voor 4000 peso.

Sirocco: San Pedro 537, tel. 65-23 23 72. De mensen in Puerto Varas zijn dol op fusionfood, maar hier bereidt een bekende chef wild en lam volgens traditionele, beproefde recepten. Het voormalige woonhuis is gemeubileerd in etnostijl. Dagschotels vanaf 3500 peso.

Govinda: Av. Santa Rosa 218, tel. 65-23 30 80. Voortreffelijke en volwaardige vleesloze keuken, die elk vooroordeel tegen eco elegant weerspreekt: mooi, verzorgd restaurant, licht esoterische sfeer, goede wijn. Met terras en uitzicht op de Osorno. Kleine gerechten vanaf 3000 peso.

El Barrista Caffe: Walker Martiunez 211A, tel. 65-23 31 30, ma.-za. 8-22 uur. Sobere bistro met uitgebreide kaart – van zalmvariaties en salades tot taarten en Italiaanse koffie. Dagschotel 3000 peso.

Artesanías Claudio Caro: San Pedro 422. Grote keuze en goede kwaliteit maar niet goedkoop.

Artesanía Vicky Johnson, Santa Rosa 318, tel./fax 65-23 22 40. Exclusief handwerk, stola's van alpacawol, jam, ingemaakte vruchten en zelfgemaakte bonbons (specialiteit: truffels).

Hippiemarkten met kunstnijverheid op de *plaza* en voor het informatiepaviljoen.

Geld wisselen: Travelsur, San Pedro 451, Exchange, Del Salvador 257.

Urbano Restobar: San Pedro 418, tel. 65-23 30 81. Momenteel de populairste en beste combinatie van bar, pub en café. Tevens tapas en fusionfood.

Het **casino** ligt aan de Costanera tegenover hotel Colonos del Sur.

Dagtochten naar Ensenada, het Lago Todos los Santos en La Burbuja op de Osornovulkaan worden door veel touroperators aangeboden, bijvoorbeeld door **Andina del Sud:** Del Salvador 243, tel. 65-23 25 11.

Aqua Motion: San Francisco 328, tel. 65-23 47 47, fax 65-23 59 38, info@aquamotion.cl, www.aquamotion.cl. Zeer breed palet aan sportieve mogelijkheden: trektochten, fietstochten naar de Osorno, raften, paardrijden in de Andes, speciale reizen naar de Carretera Austral met Nationaal Park Los Glaciares in Argentinië; betrouwbaar, veilig en goed.

Alsur Expediciones: Del Salvador 100, tel. 65-23 23 00. Interessant aanbod van excursies; agent voor het Parque Pumalín.

Campo Aventura: San Bernardo 318, tel./fax 65-23 29 10. Zeer aanbevelenswaardige, goed geleide paardrijdtochten door de Andes of in het spoor van de jezuïeten naar het Lago Todos los Santos, ook in combinatie met kajaktochten. Werkt zonder uitzondering met aanbevolen kleine aanbieders, die zich wat kwaliteit betreft kunnen meten met heel Chili. Betrouwbaar.

Ko'KayaK: San José 320, tel. 56-9-93 10 52 72, www.kokayak.com. Organiseert raften en kanoën op de Río Petrohue en kajakken op het Lago Todos los Santos; ook meerdaagse tochten in combinatie met wandelen; kanoën op het Lago Llanquihue en in de Seno de Reloncaví; Engels en Frans gesproken.

Spa Aguanativa: Av. Los Castanos 5, in de wijk Puerto Chico, tel./fax 65-31 07 07. Op dagen met slecht weer of na uitputtende uitstapjes is dit een aantrekkelijk alternatief: wellnesscentrum in terracotta en veel glas, met kuurbaden, massage, onderwatershiatsu, aquafitness en aerobics.

Vliegtuig: Stadskantoor Lan Airlines, Av. Gramado 560, tel. 60 05 26 20 00 (centraal telefoonnummer); Sky Airline, San Bernardo 430, tel. 65-23 10 39; Air Comet Chile, Walker Martínez 227, tel. 65-23 42 44.

Bus: Verzameltaxi's naar Puerto Montt (elke 20 min.); verschillende haltes aan de hoofdstraat Del Salvador, aan de San José en de Avenida Gramado. In Puerto Montt stoppen ze ook bij het busstation.

Bus naar Llanquihue, Frutillar en Puerto Octay vanaf San José/San Bernardo (gemiddeld om de 2 uur), naar Nueva Braunau in de Avenida Gramado.

Cruz del Sur: Portales/San Pedro, paar keer per dag verbindingen via Puerto Montt naar Isla de Chiloé.

Terminal de Buses Varmontt: San Francisco s/n; verbindingen met Puerto Montt, Santiago (paar keer per dag, naar Santiago gaat ook een nachtbus).

Naar Ensenada

Ten oosten van Puerto Varas vlijt de weg zich vlak langs de oever en passeert de niet bijzonder uitnodigende stranden Niklitschek en Hermosa voordat hij **La Poza** bereikt. In het kleine, groen glinsterende meertje ligt een nog kleiner eiland, het per boot te bereiken Isla Loreley. De 5 km verder gelegen Río Pescado doet zijn naam eer aan, want pal naast de monding ligt een viskwekerij.

De aanblik van de **Molino de Agua** 4 doet denken aan een bergdal in het Duitse Zwarte Woud. Te midden van velden vol aromatische kruiden kleppert daadwerkelijk een watermolen naast een indrukwekkend houten huis met een puntdak. Heel toepasselijk heeft de Club Alemán hier een restaurant geopend waar forel, gebak en andere smakelijke hapjes worden geboden (Molina de Agua, Camino Ensenada 21, tel. 65-33 82 91, clubaleman@telsur.cl).

De volgende watermolen ligt 31 km voorbij Puerto Varas. Deze is gemaakt van het schitterende *alerce*-hout uit deze regio, dat nu niet meer te krijgen is. De molen werd in 1921 gebouwd en in 1950 tot museum verbouwd.

Ensenada 5 is net als zoveel kleine plaatsen rond het Llanquihuemeer ontstaan uit een haven. Het uitzicht op de Osorno is vanaf deze oever echt adembenemend. Precies op die plaats hebben slimme uitbaters hun grillrestaurant neergezet, om u te verleiden uw tocht te onderbreken. U kunt ook pauzeren bij het oude Ensenadahotel, dat eruitziet als een huis in een ouderwets sprookjesboek en is volgestopt met antiek.

Hotel Ensenada: 45 km van Puerto Varas gelegen aan de Ruta International 225, tel./fax 65-21 20 28, www.hotelensenada.cl. Ruime, 100 jaar oude houten villa met tuin en privéstrand aan het Lago Llanquihue. Individueel ingerichte kamers van verschillend formaat met en zonder badkamer. Enkele kamers zijn nog ingericht als in de jaren zestig. Tennisbaan, zwembad, sauna, speelplaats. Organisatie van excursies: trektochten, paardrijden, kajakken, raften, dagtocht naar Cochamó en bezoek aan Puerto Montt met zijn vissershaven Angelmó. 2 pk vanaf 25.000 peso.

Yan Kee Way Lodge: Tel. 65-21 20 30, fax 65-21 20 31, www.yankeeway.com. Acht bungalows en diverse chalets van *alerce*-hout liggen in het dichte bamboebos met een eigen strand op de oever van het meer. In het hoofdgebouw van dit exclusieve complex zijn ook hotelkamers ingericht. Er staan catamarans tot uw beschikking en u kunt raften, kajakken, mountainbiken en aan canopy doen. Speeltuintje, groot panoramarestaurant met Chileense keuken en eigen, ruim gesorteerde wijnkelder. Hoogtepunt is een puristisch vormgegeven sauna met twee hot tubs, koper en hout, met uitzicht op de Osornovulkaan. Groente en fruit uit eigen tuin, waar geen

pesticiden worden gebruikt, tevens eigen zalm- en vleesrokerij. Aanbod van excursies en wijnproeven in eigen kelder. 2 pk ca. US$100. Overvloedige wijnproeverij US$80 p.p., inclusief hapjes.

Op de Osorno

Om bij **skistation La Barbuja** op de **Osornovulkaan** 6 te komen, moet u van Ensenada naar de in nevel gehulde **Laguna Verde** rijden. Het groen van het water wordt veroorzaakt door bijzondere microbacteriën. De weg stijgt tot ongeveer 1800 m en doorkruist een uitgestrekt lavaveld, dat zijn stromen als gravures over de geërodeerde vlakte heeft verspreid. Het uitzicht is indrukwekkend.

Parque Nacional Pérez Rosales

De weg naar Nationaal Park Pérez Rosales laat het meer achter zich en loopt langs de Río Petrohue naar het oudste nationale park van

Zenuwslopend: raften op de Río Petrohue

De bankroverroute

In de zadeltassen gestolen geld en met detectivebureau Pinkerton op de hielen – door de geplunderde banken achter hen aan gestuurd –, zo stellen de meeste mensen zich het leven van de Amerikaanse bandieten Butch Cassidy en de Sundance Kid voor. Niemand denkt aan die twee als brave veeboeren in een uithoek van de wereld.

Dat is precies wat de beide mannen door het hoofd moet zijn geschoten, toen zij zich in het eerste decennium van de 20e eeuw voegden in de rij immigranten, die het zelfs aan de betrokken ambtenaren onbekende land bewerkten. Ze doken onder in een anonieme stroom Italianen, Duitsers, Portugezen, Syriërs, Spanjaarden en Kroaten die hier hun geluk kwamen beproeven.

Van Butch Cassidy en de Sundance Kid had niemand gehoord. De rovers kochten vee, bouwden een blokhut, die de tijd weerstond en er nog altijd staat, en lieten zich door hun partner Etta Place de traditionele high tea serveren. Niemand interesseerde zich erg voor de nieuwe buren. Ook niet voor hun verleden – het was op deze breedtegraad gebruikelijk dat daarover geen vragen werden gesteld. Ze waren niet de enige immigranten uit een crimineel milieu, zoals verschillende onderzoekers tegenwoordig vaststellen...

Butch Cassidy en de Sundance Kid hadden serieuze plannen met de boerderij. Ze hielden koeien voor de verkoop. Net als andere veehouders in de buurt constateerden ze dat de Chileense Pacifische havens dichterbij lagen dan de Argentijnse aan de Atlantische Oceaan. Daarom dienden zij een verzoek in een knuppeldam te mogen bouwen van hun woonplaats Cholila in Argentinië, over de Paso León in de Andes, naar Cochamó en Puerto Varas in Chili. Dat pad bestaat nog altijd en kan bereden worden.

Het was echter geen pure nostalgie die Clark Stede ertoe bracht het spoor over de knuppeldam om te zetten in een toeristisch programma. Veeleer was het zijn pioniersgevoel. Want de hele regio Cochamó, die ongeveer 2500 km² beslaat, heeft slechts 85 km aan steenslagwegen, geen meter asfalt, maar wel 600 km ruiterpaden. Bij het spannende idee over de paden van de bank- en treinrovers te galopperen, komt de opwinding dwars door wild en onherbergzaam land te rijden. Zo'n 4000 boeren vinden hun bestaan tussen het schitterende Valdiviaanse regenwoud en de graniettoppen van de Andes, langs rivieren waarvan de bekkens zijn gevuld met gladgeslepen steentjes – een oorspronkelijk landschap dat door Noord-Amerikanen wordt vergeleken met het Yoshemitepark.

Clark Stede, de grondlegger van touroperator Outsider, vertrouwde op Eulogio uit het veehoudersgehucht Cochamó toen hij met hem de omgeving te paard verkende. Acht maanden trokken de twee door dalen en bossen. Nu staat het daaruit voortgekomen toeristische project open voor iedere bezoeker. Het bureau van Outsider in Puerto Varas is inmiddels overgenomen door een ander, die het aanbod verbreedde en verbeterde. Niet alleen staan er evenwichtige ritten in verschillende moeilijkheidsgraden op het programma, maar het schilderachtige en comfortabele *Campo Aventura* dient ook als uitgangspunt voor wandeltrektochten en kajakexpedities.

Thema

Het paard is gezadeld en klaar voor een rit over de Butch Cassidy Trail

Onderweg op de *Road to Cochamó*, dat wil zeggen het eerste deel van de Butch Cassidy Trail, banen de paarden zich een weg onder olmenkruinen door, langs hazelaars, eiken en *coigües*, dwars door het regenwoud. Het pad is soms zo smal dat natte varens over uw schouder strijken en bloemen op de ruiters neerdwarrelen. Als u door het bos van *arrayanes* gaat, daalt de temperatuur ogenblikkelijk, want de gladde, witgevlekte stammen stralen koude uit. Het verstrooide zonlicht beschijnt het struikgewas, dat er daardoor uitziet als een fijnmazig groen web. Af en toe lichten door imkers geplaatste, bontgeschilderde bijenkorven op. Vuurrode fuchsia's en bloedrode *copihues* onderbreken de geschakeerde loofwand.

Zware regenbuien doorweken de aarde vaak tot wel een halve meter diep, waardoor de afgeronde palen die samen de knuppeldam vormen, gemakkelijk loslaten. De paarden moeten naar stevige grond zoeken, waarop zij houvast hebben.

De weg naar Cochamó is nog altijd in gebruik voor het transport van vee. In voorzichtige slakkengang loodsen *arrieros*, Chileense veedrijvers, hun kuddes door de schouderbrede brandgangen. Wanneer twee kuddes elkaar tegenkomen, klauteren de koeien tegen de steile, begroeide berm op, want voor twee koeien naast elkaar is geen plaats. In La Junta is de eerste mogelijkheid om te overnachten. De fraaie naam duidt op niet veel meer dan een aantrekkelijke groene kruidenweide onder de passen van de Andes en een paar verspreide hoeves. In een daarvan kunnen gasten overnachten.

Wie over de *trail* van Cochamó door de wildernis trekt, maakt een korte reis door de tijd. Het moderne leven in Puerto Varas, met supermarkten, internetcafés en vegetarische maaltijden, ligt al snel achter u. De tijd van Butch Cassidy en de Sundance Kid en alle andere eerste veehouders hier in het diepe zuiden ligt niet een eeuw terug, maar ligt onder handbereik.

Chili. Met een oppervlakte van ruim 2500 km^2 omsluit het park het schitterende vulkaanlandschap rondom de statig oprijzende Osorno. Een van de parkingangen ligt vlak bij een van de mooiste bezienswaardigheden, de watervallen in de Petrohue. Hier heeft staatsbosbeheer Conaf een parkwachterspost ingericht.

Saltos del Petrohue

Uitbarstingen van de Osorno hebben het landschap in deze streek gevormd. De Lagos Llanquihue en Todos los Santos waren oorspronkelijk met elkaar verbonden. Een lavastroom dreef een wig tussen de meren en juist dit donkere veld vormt de bizarre bedding van de Río Petrohue. Tweemaal is hier een gloeiende massa naartoe gestroomd, die stolde, afbrak en daarna door een nieuwe laag lava werd bedekt. De rivier doorsnijdt het dichte bos, vormt watervallen, de fraaie **Saltos del Petrohue**, klatert in diepgroene bassins en holt de rotsen uit. De omgeving is ontsloten door diverse paden van verschillende lengte.

Lago Todos los Santos

Als een kostbaar juweel ligt het smaragdgroene **Lago Todos los Santos** midden tussen glinsterende bossen van zomers wit bloeiende *ulmos*, *coigües* en groenblijvende *olivillos*. Daarboven glinsteren de besneeuwde kegels van de vulkanen Osorno, Puntiagudo en Tronador.

Het gehucht **Petrohue** 7 bestaat uit niet veel meer dan een strand aan het 'Allerheiligenmeer' met een zeer gezellig hotel annex bungalowpark, nog een Conafpost en een idyllische haven. U kunt er kiezen uit verschillende boottochtjes: een rondvaart van een uur, een halve dag naar Isla Margarita en een hele dag naar **Peulla** aan de overzijde.

Hier begint ook de populaire merentocht naar het Argentijnse Lago Nahuel Huapi en het eindpunt Bariloche. Deze **Cruce de Lagos** wordt door vrijwel alle touroperators in Puerto Varas aangeboden. Zo'n georganiseerde cruise is niet goedkoop. U kunt ook op eigen gelegenheid over de meren reizen en daarbij flink veel geld besparen.

Conafposten: Liggen aan de Saltos de Petrohue en in Petrohue.

Hotel Peulla: Peulla, tel./fax 65-889 10 31; 20 kamers. Comfortabel en goed voorzien hotel, kamer ca. US$100.

Hostería Petrohue: Aan het strand van het Lago Todos los Santos, tel./fax 65-21 20 25, www.petrohue.com. Houten villa in traditionele stijl. De salon met open haard geeft de indruk van een Britse club; behalve hotelkamers zijn er in de tuin ook zeer aantrekkelijk ingerichte, ruime *cabañas* met grote ramen. 2 pk vanaf US$180.

Cruise op het meer (Cruce de Lagos): Andina del Sud, Puerto Montt, Varas 437, tel. 65-25 77 57, of in Puerto Varas, Del Salvador 243, tel. 65-23 28 11, www.andinadelsud.com

Naar Cochamó

Atlas: blz. 12, F1

Op het traject van Puerto Varas naar het 95 km verder gelegen dorp Cochamó verandert het landschap drastisch. Tijdens het eerste stuk naar Ensenada passeert u een lieflijke vakantie-idylle, daarna komt u langs groene sappige weiden en nog verder gaat u door het smalle dal van de gletsjerrivier Río de los Palos, dat wordt ingesloten door steil oprijzende bergen. Even pompeus als fraai troont de vulkaan Yate (2111 m) boven de **Seno de Reloncaví**, die hier als een fjord het land indringt. Dit is het einde van de asfaltweg, daarna volgt nog een goed onderhouden steenslagweg naar Cochamó.

De Seno de Reloncaví vormt het einde van het gebied van de zalmkwekerijen, die het Grote Zuiden vanaf Puerto Montt, inclusief het eiland Chiloé, beheersen. De kweeknetten tekenen patronen op het water zoals elders akkers de grond indelen. De bevolking van Cochamó leefde vroeger van de veehouderij en slachterijen voor vee dat uit Argentinië over de Paso León naar Chili was gedreven. De rodeo in het nabijgelegen **Puelo** 8 trekt regelmatig een groot publiek met veel kennis van zaken.

Cochamó 9 zelf is de toegangspoort tot een nagenoeg ongerept landschap, dat helaas voor 10% werd gekapt en bebouwd, de **Selva Cochamó**. Weelderig Valdiviaans regenwoud, mirtenbosjes, manshoge varens, labyrinten van uitlopers van beken en rivieren en watervallen die over granietrotsen klateren omringen een eiland van 3000 jaar oude *alerces*, een inheemse cipressensoort. In dit gebied leven slechts 4000 boerenfamilies. Net als hun grootouders gebruiken ze ossenkarren voor het vervoer van hun gewassen.

Municipalidad de Cochamó: Santiago Bueras s/n, tel. 65-25 57 47. Informatie over excursies in de buurt en verkoop van landkaarten.

Campo Aventura: Valle Concha s/n, te boeken via Outsider, San Bernardo 318, Puerto Varas, tel./fax 65-23 29 10, www.campo-aventura.com; 14 kamers. Ruim opgezet, prachtig kamp in de betere pioniersstijl; goede keuken, eigen restaurant met – onder andere – vegetarische gerechten, veel excursiemogelijkheden, ook voor meerdaagse tochten, combinatie van paardrijden en kajakken mogelijk. Alleen arrangementen.

Hotel Cochamó: Catedral 19, tel. 65-21 62 12; 8 kamers. Eenvoudig klein hotel, alleen ontbijt. 7500 peso p.p.

In **Club Náutico**, Costanera, en in **Restaurante Reloncaví**, Catedral 16, kunt u genieten van zeevruchten van deze streek tegen aantrekkelijke prijzen. Visschotels voor 4000 peso.

Paardenrennen is een specialiteit van Cochamó

Motorboten voor uitstapjes op de Seno de Reloncaví zijn bij vissers te huur voor een halve dag (ca. US$40).
Paardenrennen: 's Zomers (dec.–mrt.) vrijwel elke zondag.

Bus: Verbindingen met Puerto Varas en Puerto Montt; vertrek 3x per dag.

Puerto Montt

Atlas: blz. 12, E1
Bij goed weer is het zicht op de stad eenvoudigweg schitterend: naast de indrukwekkende vulkanen Osorno en Calbuco voeren smalle straten omlaag naar een brede baai, terwijl op de achtergrond andere hoge toppen prijken. De houten huizen zijn verbleekt door weer en wind, de schuiframen klapperen en er is altijd wel ergens iets met karton en plakband opgelapt. Puerto Montt ligt net als Valparaíso in een soort amfitheater in het kustgebergte en is van oudsher een havenstad.

Aanleghaven voor cruiseschepen

De zalmkwekerij, export van schaal- en schelpdieren en houtsoorten en sinds kort passagiers van cruiseschepen hebben Puerto Montt een nieuwe impuls gegeven. Van de wiebelige steiger waarop de toenmalige verantwoordelijke voor inburgering, Vicente Pérez Rosales, in 1853 Duitse immigranten begroette, tot deze moderne, snelgroeiende stad is Puerto Montt een lange weg gegaan.

Goede visrestaurants in de voorstad Pelluco: Canta Luna, met uitzicht op zee (probeer de *sopa luna y miel* ('wittebroodswekensoep'), Los Tocones de Pelluco en Pazos, Liberio Guerrero 1, tel. 65-25 25 52. Het ziet er een beetje uit als oma's verwaarloosde woonkamer, maar de zeevruchten zijn een aanrader, vooral de *chupe de ostras* voor 8000 peso. Voorgerechten met schelpdieren voor 4000 peso. Goede wijnkaart.

Glimmende winkel-*galerías* en enkele nieuwe hotels weerspreken het stadsbeeld van kleine luiden in het westelijke deel en rond de haven. Daar zijn piepkleine nachtclubs en *lomo à lo pobre* (biefstuk met gebakken ei) te vinden tegen één, ook voor matrozen, betaalbare prijs.

De behaagzieke esthetiek van de keurige handelshuizen van rond 1900 en de bijna grootburgerlijke kruidenierswinkels zijn haast niet meer te vinden. Architectonische vernieuwingen van de laatste jaren hebben de stad niet zozeer interessanter voor toeristen, als wel aangenamer voor de bewoners gemaakt.

De haven en Angelmó

Puerto Montt met zijn 160.000 inwoners was altijd al in tweeën verdeeld. De binnenstad behelsde behalve handelsgebouwen het station, dat in 1912 werd gebouwd en ook diende voor transport over de Andes. De **haven** werd ten westen van het centrum aangelegd en omringt zich met zijn eigen microkosmos, **Angelmó** **1**. Hier liggen de kantoren van de grote rederijen, handelsmaatschappijen en het kantoor van scheepvaartlijn Skorpios, die in meerdaagse tochten langs de mooiste fjorden en gletsjers aan de Carretera Austral vaart. In kleine restaurants, die eruitzien als de eetkamer van vissersgezinnen, worden zeevruchten en verse vis opgediend.

Is deze mogelijkheid al heel bijzonder, nog authentieker kunt u eten in de *marisquerías* van de vismarkt (Mercado de Mariscos y Pescados Angelmó, grote markt met vis, schaal- en schelpdieren aan de haven, dag. 10–20 uur, zie ook blz. 190).

Tussen de naar zee ruikende kraampjes met schaal- en schelpdieren ligt hier het ene kleine eettentje na het andere. Uiterst zakelijke dames zwaaien er de scepter, terwijl ze gefrequenteerd worden door grote, hongerige gezinnen. In een gietijzeren ketel, de *olla*, suddert de *curanto*. Dit bijzondere gerecht van zeevruchten en spek wordt verreweg het meest besteld. Aan de **Caleta Angelmó**, waar u een boot naar het tegenoverliggende eiland Tenglo kunt nemen, zijn in een soort restaurantgale-

Puerto Montt

Bezienswaardigheden

1. Angelmó
2. Feria Artesanal
3. Pueblito Artesanal Melipulli
4. Museo Juan Pablo II
5. Costanera
6. Museo de Piedras Monte Verde

Accommodatie

1. Hotel Vientosur
2. Gran Hotel Don Luis
3. O'Grimm Hotel
4. Hotel Le Mirage
5. Residencial Urmeneta
6. Residencial La Nave

Eten en drinken

7. Centro Español
8. Club de Yates
9. El Cuento del Mar
10. El Piso Catalán
11. Dino's
12. La Vitriola
13. Marisquerías Angelmó
14. Café Real

rij enkele 'burgerlijke' eethuizen ingericht.

Vol verwachting rondslenteren is mogelijk bij de kiosken van de **Feria Artesanal** 2, die tegen Angelmó aan ligt en zich in oostelijke richting naar het centrum uitstrekt. De kunstnijverheidsmarkt heeft zo'n grote reputatie dat de vraag het aanbod heeft verbreed. Er worden nu ook industriële producten verkocht, maar de boventoon wordt gevoerd door veel regionaal vervaardigd handwerk van leer en hout en de beroemde gebreide truien uit Chiloé (dag. 9–19 uur).

Tegenover het busstation heeft het **Pueblito Artesanal Melipulli** 3 zijn tenten opgeslagen (dag. 9–19 uur).

Het Microcentro – het centrum

Niemand kan beweren dat de voorwerpen in het **Museo Juan Pablo II** **4** bijzonder artistiek zijn geëtaleerd. In principe heeft men hier op de bovenste verdieping van de gemeentebibliotheek gewoon alles bij elkaar gezet wat er maar te vinden was over de geschiedenis, de flora en de fauna van Puerto Montt en Chiloé – maar als alle stadsmusea is het een bezoek waard ('s zomers dag. 9–19 uur; mrt.-dec. 9–12 en 14–18 uur, 250 peso).

Groene parken flankeren de **Costanera** **5** van Puerto Montt. Op het voormalige havenhoofd kunt u in de bijtende wind een frisse neus halen. Vanaf de centrale Plaza de Armas klimt de O'Higgins tegen het kustgebergte op naar het uitzichtpunt **Mirador de la Intendencia**. Daarnaast ligt het **Museo de Piedras Monte Verde** **6**, met een expositie van indiaanse gebruiksvoorwerpen van vroeger (tel. 65-29 29 29, 1000 peso).

i **Sernatur:** Av. Décima Region 480, ed. Intendencia, 2e verdieping, tel. 65-25 96 15, fax 65-25 45 80, infoloslagos@sernatur.cl; daarnaast een informatiestalletje aan de Av. Varas, tegenover de *plaza* aan de Costanera. Permanent bemand, veel foldermateriaal, behulpzaam.

Op de markt van Puerto Montt wordt niet alleen vis verhandeld

Conaf: Ochagavía 458, tel. 65-48 61 02, fax 65-48 61 03, loslagos@conaf.cl.

Hotel Vientosur [1]: Ejercito 200, tel./fax 65-25 87 01; 20 kamers. Zeer schilderachtig boven het centrum gelegen; aantrekkelijk, groot en licht complex, attente bediening. 2 pk vanaf US$110.

Gran Hotel Don Luis [2]: hoek Urmaneta/Quillota, tel. 65-25 90 01, fax 65-25 90 05, www.hoteldonluis.cl; 60 kamers. Elegant ingericht hotel met comfortabele badkamers, centraal gelegen, veel Noord-Amerikaanse gasten. Geschikt voor rolstoelgebruikers. Ook te boeken via Best Western. 2 pk ca. US$115.

O'Grimm Hotel [3]: Gmo. Gallardo 221, tel. 65-25 28 45, fax 65-25 86 50, www.ogrimm.com. Centraal gelegen, verzorgd, comfortabel hotel met relatief kleine kamers; gezellig restaurant en goede bar. 2 pk ca. US$80.

Hotel Le Mirage [4]: Rancagua 350, tel. 65-25 51 25; 24 kamers. Nuchter, functioneel driesterrenhotel in zakelijke stijl (een televisie op de kamer is een vanzelfsprekendheid) voor een acceptabele prijs, namelijk US$54 voor een 2 pk.

Residencial Urmeneta [5]: Urmeneta 290, tel. 65-25 32 62; 10 kamers. Etagepension met aantrekkelijk ingerichte kamers en goed voorziene badkamers; enkele kamers liggen aan de hal; een aanrader. 2 pk ca. US$30.

Residencial La Nave [6]: Ancud 103, tel. 65-25 37 40. Eveneens een goede prijs-kwaliteitverhouding: voor US$20 staat een schone, aardige kamer tot uw beschikking. Restaurant in dezelfde categorie.

Kamers bij particulieren: Bij het busstation staan veel mensen kamers in hun eigen huis aan te prijzen. Geluk en pech zijn helaas niet te voorspellen.

Centro Español [7]: O'Higgins 233, tel. 65-28 28 70, ma. gesloten. Aanbevolen keuken, verzorgde aankleding, Spaanse recepten. Gerechten vanaf 4500 peso.

Club de Yates [8]: Juan Soler Manfredini 200, tel. 65-28 40 00, zo. gesloten. Dit restaurant staat op een pier in de zee; u kunt er heerlijke vis eten voor gemiddeld 7000 peso.

El Cuento del Mar [9]: Av. Angelmó 2476, tel. 65-27 15 00, dag. geopend. Chic en ruim, traditioneel visrestaurant,waar u ook wild zwijn kunt krijgen. De specialiteit van het huis is langoest, die u nog levend kunt uitzoeken in de homaria. Attente bediening. Visgerechten tot 7000 peso.

El Piso Catalán [10]: Quillota 185, zo.-avond gesloten. Voor wie even geen Chileense vis meer kan zien: Spaanse keuken, met een uitgebreide wijn- en cavakaart. Gerechten voor 6000 peso.

Dino's [11]: Pedro Montt 550, tel. 65-25 27 87, dag. geopend. De hele dag door een trefpunt; kleine gerechten, salades, koffie en broodjes vanaf 2000 peso.

La Vitriola [12]: Av. Angelmó 2450, tel. 65-28 28 41, dag. geopend. Mengelmoes van artistieke uitstraling en de sfeer van een vlooienmarkt, gespecialiseerd in vis en zeevruchten. Tevens kleine beeldengalerie. Visschotels vanaf 4500 peso.

Marisquerías [13]: Angelmó. Een kaart is er niet, maar hier serveert men de authentiekste *curanto* van heel Puerto Montt. Een maaltijd is te krijgen voor tussen de 4000 en 6000 peso. Zie tip blz. 190.

Café Real [14]: Rancagua s/n (tegenover het postkantoor). Goede cappuccino, sterke es-

Touroperators met programma's voor sportief ingestelde klanten (vulkaanbeklimming, wandeltochten enzovoort) zijn:

Travellers, Av. Angelmó 2456, tel./fax 65-25 85 55, die ook een informatieve website heeft: www.gochile.cl, gochile@entelchile.net.

Alsur, Antonio Varas 445, tel. 65-28 76 28, alsur@telsur.cl, organiseert tochten in het Parque Pumalín van Douglas Tompkins (zie blz. 216).

Lahuen-Tur, Mercado Artesanal Pueblito de Melipulli, werkt samen met de ecologisch georiënteerde *hostería* !Ecole! in Pucón.

Informatie over het door Douglas Tompkins gestichte **Parque Pumalín** (zie blz. 216) is te krijgen op Buin 356, tel. 65-25 00 79, www.parquepumalin.cl, pumalin@telsur.cl.

Tip: Vis eten in Angelmó

U moet er zich aan overgeven. De oorspronkelijkste eethuisjes, ***marisquerías*** 13, liggen midden op de vismarkt van Angelmó. Op weg erheen komt u al langs talloze restaurants waar het water u in de mond zal lopen, van uiterst keurige etablissementen met wit linnen op de tafels, tot simpele kramen met blikken bestek, maar de origineelste variant is ongetwijfeld op de markt zelf te vinden. Langs roze zeepaling, zalmkoteletjes en zachtgele octopus haasten de potentiële gasten zich naar de eettentjes, die eruitzien als doodgewone eetkamers van heel gewone mensen. Voor de smalle ingangen stijgen de geuren op van de *curanto* (zie blz. 196), die in ketels van compagnieformaat staat te pruttelen. De kokkin staat haar kookkunsten onderwijl luid aan te prijzen. Haar hulpje brengt de gasten borden en bekers en peutert opschrijfboekje, bestek en touwtjes uit een en dezelfde lade van het aanrecht.

Kijk niet vreemd op als u de wijn bij uw overheerlijke *curanto* of *congrio frito* in kopjes krijgt aangeboden. Het is hier verboden alcohol te schenken, en op deze manier kan men dat mooi omzeilen. Vis moet zwemmen tenslotte, en dat doet hij het best in Chileense witte wijn. 's Avonds zijn de visrestaurants helaas gesloten (Mercado de Mariscos y Pescados Angelmó, dag. 10–20 uur, maaltijden tussen de 4000 en 6000 peso).

Lang niet zo authentiek en veel minder bijzonder, maar ook heel aardig zijn de verschillende kleine restaurants in de *galería* van de **Mercado Pesquero**. Deze zijn 's avonds wel geopend.

Op de vismarkt kunt u niet alleen vis en zeevruchten kopen, maar ook uitstekend eten

presso en slagroomtaart in de stijl van een Weens koffiehuis.
Internetcafés: De meeste zijn te vinden in Angelmó en in de Calle Varas.

Geld wisselen: Casa de Cambios Afex, Talca 84. Exchange, Av. Diego Portales 516.

Puerto Montt is zeer geschikt als uitvalsbasis voor uitstapjes naar de **Carretera Austral** en **Isla de Chiloé**.
Bootreizen: Zie hierna onder Veerboten.

Vliegtuig
Vliegveld El Tepual wordt verschillende keren per dag aangevlogen door Lan Airlines en Sky Airlines uit zowel zuidelijke als noordelijke richting: verbindingen met Balmaceda, Punta Arenas en Santiago.
Cielo Mar Austral en **Aerotaxis del Sur** vliegen naar Chaitén, resp. naar Futaleufú en Palena aan de Carretera Austral (vluchtschema ligt niet vast).
Kantoren van de luchtvaartmaatschappijen
Lan Airlines, O'Higgins 167, local 1B, tel. 60 05 26 20 00 (centraal telefoonnummer); Sky Airline, Benavente 405, tel. 65-43 75 57; Air Comet Chile, Urmaneta 290, tel. 65-31 94 50; Cielo Mar Austral, Quillota 245, tel. 65-26 40 10, cielomaraustral@surnet.cl; Aerotaxis del Sur, Antonio Varas 70a, tel. 65-25 25 23.

Bus
Busstation: Av. Diego Portales s/n, centraal busstation, regelmatig verbindingen met Santiago (Cruz del Sur, InterSur, TurBus); 18x per dag naar Ancud en Castro/Isla de Chiloé (Cruz del Sur); 13x per dag naar Temuco, Osorno en Valdivia (TurBus); 5x per dag naar Chonchi en Quellón/Isla de Chiloé (Cruz del Sur); 2x per dag naar Chillán, Concepción en Talcahuano (InterSur); dag. naar Viña del Mar en Valparaíso (Condor Bus), naar Osorno, Panguipulli, Valdivia en Lanco (Buses Pirihueico); dag. verbindingen met de volgende plaatsen in Argentinië: Bariloche, Neúquen, Bahia Blanca, Trelew, Puerto Rawson, Buenos Aires (AndesMar); busverbindingen met Honopirén: Buses Jordan en Buses Kemal, ma.-za. 6x per dag, zo. 15, 17.30 en 18 uur.

Huurauto
Avis, Benavente 670, tel. 65-36 78 40, en op het vliegveld; Budget, Antonio Varas 162, tel. 65-28 62 77, en op het vliegveld; Herz, Antonio Varas 126, tel. 65-25 95 85; First, Urmeneta 252, tel. 65-25 20 36.

Veerboten en bootreizen
Navimag: Angelmó 2187, tel. 65-43 23 00, fax 65-27 66 11, www.navimag.com. Rondvaartboten naar Chaitén, Quellón en Puerto Chacabuco op verschillende trajecten (met de *Alejandrina*); veerverbindingen met Laguna San Rafael (met de *Evangelistas*) en Puerto Natales (met de *Magallanes*).
Transmarchilay: Angelmó 2187, tel. 65-27 00 00, fax 65-27 04 30, www.transmarchilay.cl. Veerverbindingen met Castro en Chaitén (met de *Pincoya*), de *caletas* aan de Carretera Austral, Caleta La Arena en Caleta Puelche (met de *Tehuelche*) en tussen Hornopirén en Caleta Gonzalo (alleen in jan. en feb., dag.)
Motonaves Skorpios: Angelmó 2187, tel. 65-25 29 19, www.skorpios.cl. Meerdaagse luxecruises naar Laguna San Rafael en de grootste gletsjer van Chili, de Pio XIII.
Andina del Sud: Antonio Varas 347, tel./fax 65-577 97, adspuerto.montt@andinadelsud.cl. Organiseert scheepsreizen over de keten van meren naar Argentinië.
Naviera Austral: Av. Angelmó 2187, tel. 65-27 04 00, www.navieraustral.cl. Veerboot van Puerto Montt naar Chaitén.

Zonder uitzondering zijn alle **veerverbindingen** en **boottochten** in het zomerseizoen (half dec.-eind mrt.) zeer druk bezet. Of u zich nu wilt wagen aan de zeer woelige – maar buitengewoon mooie – overtocht naar Puerto Natales in het diepe zuiden, wilt meevaren op de Cruce de Lagos naar Argentinië, of de Golfo de Ancud wilt oversteken naar Caleta Gonzalo – geruime tijd van tevoren boeken is een absolute must!

4 Isla de Chiloé

Kaart blz. 199

De veerboot tussen het Chileense vasteland en Chiloé doet er maar dertig minuten over om het ondiepe, algenrijke water over te steken, maar daartussen ligt eigenlijk een hele wereld. Chilenen houden Chiloten voor koppig en dom. Dit is de reden waarom ze een domkop vroeger niet gewoon domkop, maar *'chilote'* noemden. Chiloten koesteren liever hun eigen rijke cultuur dan zich steeds weer opnieuw te ergeren aan arrogante Chilenen.

Slechts 20 km verder, en toch heel anders: de Chilotische cultuur heeft zich onafhankelijk van de Chileense ontwikkeld. Het onderscheid zet zich zelfs voort in de keuken. Op de archipel graaft men een gat in de grond, vult dat met hete stenen, bekleedt het met bladeren van de reuzenrabarber *nalca* en legt er dan alles in wat er te vinden is op het eiland: spek, aardappelen, vlees, kip, schaal- en schelpdieren. Op het sociale Chiloé wordt deze feestelijke *curanto* (zie blz. 196) graag gemeenschappelijk klaargemaakt. Ook bij verhuizingen helpt iedereen mee. De elegante paalwoningen *(palafitos)* worden daarbij simpelweg op een houten platform geheven en door een ossenkar weggetrokken. Hoe belangrijk gemeenschappelijk verrichte arbeid op Chiloé is, wordt duidelijk uit het feit dat er zelfs een speciaal woord voor deze vorm van coöperatie bestaat: *la minga*.

Schat aan legenden

Andere culturele voortbrengselen van het eiland zijn de met kunstige muurpannen *(tejuelas)* (zie blz. 50) bedekte houten kerken van franciscanen en jezuïeten uit de 17e en 18e eeuw, die door Unesco tot Werelderfgoed zijn uitgeroepen, en de schat aan legenden.

Zo is voor de creatie van Isla de Chiloé ook niet God verantwoordelijk, maar de aardslang Tentenvilú en de waterslang Caicaivilú. Tentenvilú schiep de mensen; Caicaivilú ontvoerde ze. Tentenvilú bemerkte de roof en begon een tweestrijd, waaraan maar geen einde wilde komen. Tentenvilú liet bergen verrijzen om de mensen voor de waterslang te behoeden, Caicaivilú liet daarop de aarde verzinken en scheurde baaien in de kust om ze terug te krijgen. Door de strijd wijs geworden verenigden zij zich ten slotte. Het landschap van Chiloé weerspiegelt deze geschiedenis: het is bedekt met heuvels en de kuststroken worden gekenmerkt door baaien en landtongen. U hoeft het eigenlijk niet te vragen, maar Chili komt in dit scheppingsverhaal niet voor.

Bruggenbouw

Wat er van deze eigenzinnigheid zal overblijven als eindelijk wordt begonnen met de bouw van de sinds jaren geplande brug tussen Pargua op het vasteland en Chacao op Chiloé, is niet duidelijk. Sommigen pleiten vurig voor het miljarden kostende prestigeproject, omdat het de overtocht aanmerkelijk zal verkorten, anderen zijn bevreesd voor een uitverkoop van de Chilotische cultuur. Momenteel zijn er grote veerboten in gebruik om de overtocht zo snel en gemakkelijk mogelijk te maken.

Visser in Quellón in het zuiden van Chiloé

SN. VICEN

Onderweg met de auteur

Feria Costumbrista

In de zomermaanden wordt in nagenoeg elk gehucht een traditionele **jaarmarkt** gehouden. De exacta data kunt u te weten komen uit dagbladen en folders. Vaste onderdelen van de *ferias costumbristas* zijn de *carrera a la chilena*, Chileense paardenrennen, die vaak zonder zadel worden verreden, de *cueca* (volksdansen), het verkleden als figuren uit de rijke Chilotische sagenwereld en culinaire proeverijen. Achter de exotische namen *milkau*, *chapalele*, *chuchoca* en *pulmay* verbergen zich alledaagse aardappelgerechten, die in restaurants van de kaart zijn verdwenen (zie blz. 206).

Almacén de la Biodiversidad

Tegenover de Costanera van Castro ligt deze bijzondere winkel, die een schatkist blijkt te zijn voor **Chilotisch handwerk**, plantaardig geverfde wol en cd's, en dat tegen alleszins redelijke prijzen (zie blz. 206).

Eilandrondvaart

In Dalcahue kunt u zich inschepen voor een verkenning per boot van de vele kleine eilanden in de fjorden voor de kust van Chiloé (zie blz. 206).

Het 210 km lange en 80 km brede eiland is grotendeels onbevolkt. Een goede weg verbindt de noordelijke havenstad Ancud met de hoofdstad Castro en voert verder naar Quellón op de zuidpunt. Het westen, met veel rivieren en talloze baaien, bleef onontsloten. In het noordwesten liggen twee nationale parken.

Het op een na grootste eiland van het continent

Chiloé is na Vuurland het grootste eiland van Zuid-Amerika en is qua oppervlakte te vergelijken met het Franse eiland Corsica. Voor de strakke taille ligt een veelheid aan kleine eilanden aan de naar het vasteland toegewende kant van de Golf van Ancud. De diep het land binnendringende meren Cucao en Huillinco splijten het eiland bijna in tweeën.

Chiloé doet veel Europese toeristen aan Ierland denken: het is groen van de regen, heeft zachte glooiingen, is rijk aan fjorden en bossen en is heuvelachtig. Het kustgebergte van Chili zet zich voort in de bergmassieven Piuchué en Pirulillas, die nergens de 1000 m bereiken.

Bosbouw en visserij versus natuurbescherming

Het eiland is genadeloos leeggekapt. De Spaanse veroveraars gebruikten de inheemse *alerce* al voor de scheepsbouw. Later hadden de Chilenen hout nodig voor de bielzen van de spoorwegen die het noorden, dat rijk was aan mijnen maar arm aan bomen, moesten ontsluiten. De *arrayanes*, *canelos* en *avellanos* (hazelaars) en *ciruelillos* (pruimenboompjes) die zo goed te gebruiken waren voor meubels, huizen en gereedschap, werden massaal gekapt. Desondanks groeien er behalve de *alerce*, die op het vasteland inmiddels is beschermd, nog wel inheemse boomsoorten. In de nieuwste bosbouwprogramma's worden ze weer aangeplant.

Aardappelen, schaal- en schelpdieren zijn de belangrijkste handelsproducten van het eiland. Sinds opeenvolgende regeringen licenties verleenden aan buitenlandse vissersvloten, zijn de Chiloten in het nadeel geraakt. Het ontbeert de eilandbewoners aan een lobby om effectief tegen de aantasting van de vis- en mosselgronden te protesteren. Sinds een jaar of twintig wordt zalmkwekerij rond het eiland sterk gepropageerd. Weliswaar heeft die werkgelegenheid opgeleverd, maar de uitwerpselen van de vissen verminderen de waterkwaliteit en beschadigen weekdieren – en wel in die mate dat bepaalde soorten bijna helemaal verdwenen zijn.

Desondanks heeft het glooiende eiland een heel bijzondere bekoring voor bezoekers. Chiloé is een verplicht lesonderdeel voor jonge Chileense studenten, die er met rugzak en tent opuit trekken om de idyllische nationale parken en stadjes te leren kennen.

Het noorden

Chacao

De eerste kennismaking met Chiloé is het keurige kleine boerendorp **Chacao** 1. Het plaatsje heeft een paar gezellige restaurants met uitzicht op zee en enkele mooie huizen met Chilotische muurpannen. De licht geschilderde kerk heeft twee hemelsblauwe torenspitsen.

Caulín

Ongeveer 4 km verder naar het zuiden gaat een zijweg naar Puerto Elvira en **Caulín** 2. Behalve een zandstrand met zwarthalszwanen valt in dit dorp eigenlijk niets bijzonders te zien, maar een restaurant zette het plaatsje toch op de kaart: Las Ostras de Caulín van de energieke *señor* Ramón Molina, waar u de oesters vers uit de kweekbassins kunt uitzoeken. Af en toe haalt de eigenaar fel uit naar Japanse 'oestermoordenaars', zoals hij ze noemt, daarnaast houdt hij zich ook bezig met het koesteren van zijn geboortestreek. De opvallende houten kerken van het eiland zijn bij hem op schaal nagemaakt en te bewonderen. Bij Las Ostras de Caulín hebben zich nog enkele kleine visrestaurants gevoegd. In de Caulín Lodge kunt u overnachten in bungalows van hout en glas.

Las Ostras de Caulín: Aan het strand van Caulín, 9 km ten noorden van Chacao, tel. 9-643 70 05 (mobiel); landelijke bistrostijl met geblokte tafelkleedjes en fraai glaswerk; uitstekende oesters, champagne en wijnen – een echte aanrader. U kunt er ook overnachten. Kleinere gerechten vanaf 4000 peso.

Ancud

Het levendige **Ancud** 3 met zijn 30.000 inwoners is een expliciete getuige van de afwisselende geschiedenis van Chiloé. In de 18e en 19e eeuw ontwikkelde het zich tot een belangrijk steunpunt voor robbenjagers en walvisvaarders op weg naar de Zuidelijke IJszee. Deze lucratieve bron van inkomsten moest beschermd worden tegen zwervende piraten uit andere landen, wat tot een explosie van bouwactiviteiten aan verdedigingswerken leidde. Stad en platteland hebben daarvan het een en ander bewaard.

De pier

De vissers verzamelen zich rond de Río Pudeto, die aan het begin van het stadje zo breed als een meer is. Vanhier hobbelt de hoofdstraat Avenida Prat omhoog naar het levendige centrum. Met aan weerszijden winkels en cafés komt de de hoofdstraat uit op de *plaza*, om twee blokken verder weer af te dalen naar zee.

In de wijk rond de markt en op het **havenhoofd** hangt een bijna Midden-Amerikaanse sfeer. Tot in de middaguren is dit de plaats waar vis, schaal- en schelpdieren worden verkocht. Om kopers te overtuigen van de versheid van hun vangst bieden de vissers af en toe gratis oesters aan. Er hangt een typische zeelucht van algen en zout.

De markt

Wie deze stad wil leren kennen, zal moeten klimmen. De pas ingerichte en zeer overzichtelijke **Mercado Municipal** tussen de straten Pedro Montt en Arturo Prat heeft evenveel te bieden voor het oog als voor de maag. Achter hun kleine kramen breien vrouwen truien van dikke, waterafstotende wol. Beelden van de zandsteensoort *cancagua* stellen de belangrijkste figuren uit de Chilotische sagenwereld voor. Handig is dat wie de markt bezoekt te weten komt waaruit de Chilotische huisvrouw haar menu samenstelt. Wortelen, aardappelen, knoflook, *ají* (chilipeper), koriander, vis en snoeren gedroogde schelpdieren vermengen hun geuren tot een onmiskenbaar boeket (ma.-za. 8-20 uur). Op de eerste verdieping is restaurant El Chilotito gevestigd, dat u dan gelijk kunt proberen .

Het museum

Alle bezoekers zijn enthousiast over het **Museo Azul de las Islas de Chiloé** aan de Libertad, vanwege de natuurgetrouwe kopie

Curanto eten! Thema

Isabel Allende verplaatste de *curanto* naar het verre Polynesië – waar de bewoners van het bij Chili horende Paaseiland zoals bekend vandaan kwamen – en laat het gerecht via dit tussenstation naar Chili migreren.

Op Chiloé moet u *curanto* proeven. De enige waardige concurrenten van het eiland zijn de visserskraampjes op de markt in Angelmó aan de overkant van het water. Zij bereiden de *curanto* echter niet waar hij thuishoort, namelijk in de grond, de *ollo*, maar in een grote gietijzeren soepketel, de *olla*. *Curanto* is een typisch gemeenschapsgerecht, dat van oudsher bij bepaalde gelegenheden gezamenlijk wordt bereid en genuttigd. Het is onvoorstelbaar dat een caloriebewuste alleenstaande kok of kokkin in Santiago een andere alleenstaande zou voorstellen even snel een *curanto* klaar te maken. Daarvoor zouden ze in de tuin naast hun flat een gat moeten graven, er hete stenen in leggen, die met een laag op rabarber lijkende *nalca*-bladeren bekleden en de zo geprepareerde aardoven vullen met spek, kip, gedroogd vlees, wortelgewassen, aardappelen, gerookte worst en verse zeeoren, venusschelpen en mosselen. Daarnaast moeten er in de inbouwkeuken aardappelkaasknoedels zijn gebakken, die op de *curanto* worden gelegd voor de *nalca*-bladeren worden dichtgevouwen en er hete stenen op worden gelegd. Nu hoeft er alleen maar een halve nacht op het welslagen worden gewacht – het gerecht kan eigenlijk alleen mislukken als de ingrediënten niet goed zijn. Zo complex is een *curanto*. Met zijn lange gaartijd smaakt de eilandspecialiteit onvergelijkelijk, omdat hij bestaat uit een combinatie van rijkelijk, gewoon en ongelofelijk verfijnd – een culinair festijn dat de aarde huldigt.

De bakermat van de *curanto* is de aarde van het eiland Chiloé

van de 'Ancud', een houten schip dat deelnam aan de Chileense inname van de Straat van Magellanes in 1843. Het schip is nagemaakt en troont in een van de twee met 'mosselschelpen' overdekte patio's van het pas gerenoveerde, aantrekkelijke houten museum. Binnen staat u een omvangrijk overzicht te wachten van Chilotische volkskunst en kunt u historische en religieuze objecten bekijken ('s zomers di.-do. 10.30-19.30, za., zo. en feestdagen 10-19.30 uur; rest van het jaar di.-vr. 10-17.30, za., zo. en feestdagen 10-14 uur, 600 peso).

Costanera, vesting en strand

Een blok verder naar het westen slingert de **Costanera** langs de zee. De boulevard is met gemeentegeld opgefrist en van lampenbollen voorzien. Een wandeling over het winderige schelpenpad is een hele onderneming.

Boven de zee prijkt het **Fuerte San Antonio** in het noordwesten van Ancud. De vesting dateert uit 1770. Een ondergrondse gang leidt naar de goed bewaard gebleven kruittoren. Vanaf het uitzichtpunt **Mirador Cerro Huaihén** hebt u een schitterend uitzicht over de stad, op de grillige kustlijn en de nietige rotseilandjes Doña Sebastiana en Cochinos. Bij goed weer doet u net als iedereen en gaat u naar het **Balneario Arena Gruesa**. Het tussen de kliffen ingeklemde, goed bereikbare stadsstrand van Ancud is op zulke momenten wel vaak overvol.

i **Sernatur:** Libertad 665, tel. 65-62 28 00, fax 65-62 26 65, infochiloe@sernatur.cl. Uitgesproken vriendelijk, maar met foldermateriaal zijn ze zuinig.

Hostería Ancud: San Antonio 30, tel. 65-62 23 40, fax 65-62 23 50, resancud@panamericanahoteles.cl, resancud@entelchile.cl; 24 kamers. Ruim opgezet complex, warm interieur waarin hout overheerst; boven de stad gelegen met uitzicht op zee. 2 pk ca. 40.000 peso.

Hotel Galeón Azul: Libertad 751, tel. 65-62 25 67, fax 65-62 25 43, galeonazul@surnet.cl; 21 kamers. Heel bijzondere architectuur; de (kleine) kamers zien eruit als scheepshutten, zeer verzorgd, origineel, restaurant tamelijk gewoontjes, uitzicht op de haven. 2 pk tot US$78.

Las Golondrinas: Baquedano s/n, tel./fax 65-62 28 23. Plaats voor 40 pers., bungalows met muren van rode *tejuelas*, veel hout en glas, functioneel ingerichte *cabañas* voor 4-6 pers., tussen het centrum en het strand Arena Gruesa. Bungalows voor 4 pers. 35.000-40.000 peso.

Hostería Ahui: Av. Costanera 906, tel./fax 65-62 24 15; 19 kamers. Licht, ruim houten huis aan de Costanera; gezellig restaurant, vriendelijke eigenaars. Voor een 2 pk betaalt u 20.000-28.000 peso.

Polo Sur: Av. Salvador Allende 630, tel. 65-62 22 00; 7 kamers. Eenvoudig onderkomen in een gezellig, ruim houten huis aan zee, met restaurant. Vriendelijke eigenaar. 2 pk 15.000 peso.

Hospedaje Bellavista: Bellavista s/n, tel. 65-62 23 84; 8 kamers. Gezellige, vertrouwd aandoende omgeving; de behaaglijke kamers hebben geen eigen badkamer. 2 pk 12.000 peso.

Hostal Mundo Nuevo: Costanera 748, tel. 65-62 83 83, www.newworld.cl. Aanbevelenswaardige nieuwe optie, met lichte kamers van verschillend formaat, sommige met gemeenschappelijke badkamer, alle met uitzicht op zee. Goed restaurant en uitgebreid ontbijt. Organisatie van uitstapjes en verhuur van mountainbikes. 2 pk ca. US$26.

Hostería Ancud: San Antonio 30, tel. 65-62 23 40. Charmant restaurant met prachtig uitzicht over de baai; traditionele Chileense keuken. Visschotels tussen 5000 en 7000 peso.

Restaurant Kuranton: A. Prat 94, tel. 65-62 22 16. In dit geliefde, kleine, 'stomende' restaurant wordt naar men zegt de beste *curanto* van Ancud op tafel gezet. Voor ca. 4000 peso.

Botica del Café: Pudeto s/n. Hier kunt u echt goede koffie krijgen, met daarbij gebak en taart, ijskoffie en broodjes, alles heel smakelijk bereid. Prettige, moderne inrichting.

Café La Confitería: Rosario/Imperial. Dit gezellige café heeft de charme van een rommelmarkt en bovendien heerlijke taart.

Galería Artesanal Quepuca: Pudeto 279, tel. 65-62 90 48, www.quepuca.cl. Kunstnijverheid uit verschillende dorpen en eilanden van de archipel.

In jan. verschillende **folkloristische feesten** en een groot Chilotisch **gastronomisch festijn**.
Openluchtbioscoop in feb.

Uitstapjes naar de Playa Lechagua, Península Lacuy, Caulín, de Golf van Quetalmahue en de Playa Brava, naar het Spaanse fort Faro Corona en naar pinguïnobservatieposten op de Islotes de Puñihuil zijn mogelijk met de taxichauffeurs op de *plaza*; inlichtingen in de grotere hotels.
Turismo Ancud: Blanco Encalada 730, tel. 65-62 11 26. Dagtochten met een dagelijks wisselend programma.
Austral Adventures: www.australadventures.com, voor boottochtjes en excursies.

Bus en verzameltaxi
Busstation aan de Arturo Prat s/n. Verbindingen met Cruz del Sur elk halfuur naar Puerto Montt en Castro; met Queilén Bus 8x per dag naar Castro en Puerto Montt, ma. en vr. naar Punta Arenas; met Buses Transchiloé dagelijks naar Puerto Montt en Concepción. **Buses Cruz del Sur** en **Turibus** hebben een kantoor op Chacabuco 672. Op het eiland zelf veel verbindingen, vaak met gele **verzameltaxi's** *(colectivos)*.

Uitstapjes vanuit Ancud

Het alternatief voor het Balneario Arena Gruesa heet **Playa Lechagua** en ligt iets verder weg. Een bezoek aan dit strand laat zich goed combineren met het bekijken van de Islotes de Puñuhuil, het schiereiland Lacuy en een ander fort, het Fuerte Agüi. Langs de weg staan ruim bemeten *mansiones*, waarin al generaties lang dezelfde families wonen. De huizen zijn bekleed met leigrijze, door weer en wind gepatineerde muurpannen. De pastelkleuren waarin de houten *tejuelas* tegenwoordig worden geschilderd, duidt op extra invloeden: Chileense, Europese dan wel Noord-Amerikaanse. Laagblijvende *maqui* en braamstruiken omgeven de leemweg, terwijl bungalowparken en kampeerterreinen zich aaneenrijgen op weg naar het strand.

Fuerte Agüi

Midden tussen de groene weilanden met koeien en de droogrekken waarover van algen gemaakte agar-agar hangt, komt het **Fuerte Agüi** 4 heel vreedzaam over. Ook de op de zee gerichte rij kanonnen werkt niet erg afschrikwekkend. Het fort is niet volledig uitgegraven; grote delen van het gebouw liggen nog altijd onder de met klei bedekte aarde. Het is een gek idee dat aan de bouw van dit Spaanse fort ook Hollandse piraten hebben meegewerkt. De batterij is 360 jaar oud en van Hollandse makelij. Als uitzichtpunt is de batterij fascinerend, omdat aan de linkerhand de eilanden Cochinos en Doña Sebastiana uit de zee oprijzen en de vuurtoren La Corona zijn stralen laat schijnen, terwijl precies onder het fort Isla de los Cangrejos ligt en rechts Ancud zich uitstrekt. De vesting is gebouwd van *cancagua*, een zandsteen, terwijl mosselkalk als specie is gebruikt.

Naar de pinguïnkolonies in de Bahía Puñihuil

Een andere attractie zijn de pinguïnkolonies op de **Islotes de Puñihuil** 5. Om die te bereiken moet u achter de Playa Lechagua links aanhouden en langs de **Laguna Guchupulli** (heel geschikt om zeevogels te observeren) lopen naar de **Sector Pumillahue**, de 'Plaats van het Goud'. Tussen de zandduinen is inderdaad 'gekkengoud' gevonden, het goudkleurige maar waardeloze mineraal pyriet. Het is te zien in het museum in Chonchi. Langs weiden, akkers met aardappelen en wortelen, *ulmos*, fuchsia's en gaspeldoorn, komt u bij de **Bahía Puñihuil**, een breed strand met fijn zand. Drie gitzwarte rotseilanden liggen voor de kust, die druk worden bevolkt door pinguïns, robben en veel verschillende aalscholvers, ibissen en andere watervogels. Aan het strand zijn boten te huur voor uitstapjes. Verschillende verhuur-

Isla de Chiloé

Tip: De houten kerken van Chiloé

Geen spijker werd er gebruikt bij de bouw van deze mooie kerken, die over heel Chiloé voorkomen. Ze dateren uit de 18e en 19e eeuw. Unesco heeft de kerken uitgeroepen tot Werelderfgoed. Hun vorm is gebaseerd op een meervoudig getrapte klokkentoren, die uitrijst boven een driehoekige gevel. Het uitstekende dak wordt gedragen door sierlijk bewerkte zuilen. Hierdoor wordt een luchtige, zwevende indruk gewekt. Meer versiering is er niet, en dat is ook helemaal niet nodig.

Op het eiland waar geen metalen voorhanden waren, werden zelfs de kastelen uitsluitend uit hout opgetrokken, wat in het museum van Chonchi heel goed in beeld is gebracht. **Chonchi** is de zuidelijkste punt van een korte rondreis langs de kerken. Het in helderblauw en maisgeel geschilderde godshuis behoort tot de jongste voorbeelden van deze bouwkunst. De kerk stamt uit de 19e eeuw en staat aan het begin van de stad.

Op weg naar de eilandhoofdstad Castro komt u langs **Nercón**, dat prat gaat op een door de jaren verweerde grote kerk met een schitterend bewerkt houten beeld van de aartsengel Michaël.

Een fraai, in antraciet en wit gehuld exemplaar met een breed uitstaande gevel staat in **Dalcahue**. Deze kerk heeft negen zuilenbogen. In Dalcahue kunt u inschepen naar het eiland Quinchao, om de oudste (1740) en mooiste Chilotische kerk te bekijken, de Santa María de Loreto in **Achao**.

Helemaal in het zuiden van het pijlvormige eiland ligt het piepkleine **Quinchao** met zijn niettemin imposante kerk – dit is de grootste van heel Chiloé. Voor de boottocht moet u een halfuur uittrekken. De weg van de kade naar Quinchao is onverhard.

Vergeet als u terug bent op het hoofdeiland niet het kerkje van **Tenaún** te bezoeken. Het is weliswaar klein, maar kan bogen op drie fiere nachtblauwe torens, die opsteken uit een wit en helderblauw geschilderd gebouw.

De kerken zijn niet altijd open. Wanneer ze gesloten zijn, kunt u in het betreffende dorp navragen – gegarandeerd dat u een behulpzame gids vindt.

ders hebben zich aaneengesloten tot de organisatie Ecoturismo Puñihuil. Ze werken nauw samen met de CCC, het Centro Conservaciön Cetacea. Dit is een Chileens onderzoekscentrum voor walvisobservatie, dat ter plaatse duurzaam toerisme wil ontwikkelen. Het ronde, gezellige restaurant Bahía Puñihuil serveert *curanto* en gebakken vis.

Bahía Puñihuil: aan het strand, tel. 9-655 67 80. Geopend tot 20 uur, desgewenst ook langer.

Quemchi

Carretera 5 gaat van Ancud naar de hoofdstad en het zuiden. Een zijweg hobbelt 22 km lang langs vruchtbare kleine velden naar **Quemchi** 6. Zoals vrijwel overal in deze kleine kustplaatsen verdient de strandpromenade het eerst uw aandacht. Uiteindelijk werd het verkeer op Chiloé vroeger vooral via het water geregeld. Hier gebeurt altijd wel wat, en zelfs als er geen boot aan de kade ligt en voor afwisseling zorgt, is het zaak voor de zekerheid goed om u heen te kijken. De inwoners van Quemchi zijn trots op de vele, fantasierijk bewerkte houten huizen, die als architectonisch erfgoed van het eiland worden bewaard. De huizen lijken wel kleine schepen, met tuinen vol blauw bloeiende hortensia's en aalbessenstruiken.

De bewoners van de omliggende boerderijen – en dat zijn er niet weinig – doen hun inkopen in Quemchi. De beroepsmogelijkheden in de zalmkwekerij, die een minimumloon van omgerekend zo'n 350 dollar per maand garandeert, hebben de sociale structuur op het eiland flink veranderd. De mannen verwaarlozen het werk op het land, de varkens- en de schapenhouderij, omdat ze daarvoor geen tijd meer hebben. Desondanks is 350 dollar niet veel, want een kilo lamsvlees kost op Chiloé al gauw zo'n 4 dollar.

Ongeveer 4 km verder naar het zuiden verbindt een 600 m lange houten brug **Aucar** 7 met een klein eiland, waarop uitsluitend een begraafplaats en een kerk liggen. Slechts driemaal in het leven, zegt men hier, zou het eiland gebruikt moeten worden: bij doop, huwelijk en begrafenis.

Dalcahue

Een schilderachtige steenslagweg, die gedeeltelijk langs de kust loopt, komt 57 km voorbij Quemchi uit in **Dalcahue** 8. Dit dorp is het vertrekpunt voor boottochten naar de vele kleine eilanden en het grotere Isla Quinchao met zijn hoofdstad Achao. Dalcahue is een typisch Chilotisch stadje met straten van aangestampte aarde, die bij regen modderig worden, en een glimmende Costanera. Daar heeft de **Feria Artesanal** zijn tenten opgeslagen. De kunstnijverheidsmarkt kent een lange geschiedenis, want vroeger reisden elke donderdag en zondag de boeren en boerinnen van de voor de kust gelegen eilanden naar Dalcahue om er hun manden (zie blz. 205), houtsnijwerk en breiwaren te verkopen. Tegenwoordig richt de markt zich op toeristen, waarmee hij wel aan originaliteit heeft ingeboet.

Direct naast de markt heeft het **Museo Histórico Etnográfico** een houten paalwoning betrokken. Net als zijn tegenhanger in Ancud is dit een bekoorlijk museum met een sfeervolle presentatie van de objecten, een kleine tentoonstelling over de oorspronkelijke bevolking, interessante foto's van het dagelijks leven en een rijke verzameling over de Chilotische volkscultuur (Costanera s/n, ma.-zo. 8–18, 's zomers tot 20 uur; in de Chileense winter dag. 9–13 uur).

De houten kerk **Nuestra Señora de los Dolores** uit 1858 ligt aan de *plaza* en is een van de grootste van het eiland. Het lage, brede dak, waarvan het vooruitstekende deel balanceert op tien elegante zuilen die negen bogen van verschillend formaat vormen, mondt uit in een hoge, ranke toren. Ook het interieur is geheel van hout. Het zeer kunstig geconstrueerde en toch zo eenvoudig aandoende gebouw is prachtig om te zien.

Hotel La Isla: Mocopulli 113, tel. 65-64 12 41; 18 kamers. In een grote tuin gelegen houten villa; comfortabel ingericht. 2 pk 32.000 peso.

Residencial Playa: Manuel Rodríguez 9, tel. 65-64 13 97; 10 kamers. Aangesloten bij het gelijknamige restaurant; sober, kamers met en zonder bad. U betaalt 7000 peso p.p.

Residencial Playa: Manuel Rodríguez 9, tel. 65-64 13 97. Aanbevolen zijn de lamsbout *(asado de cordero)* en het pannetje met schaal- en schelpdieren *(paila marina)*. Gerechten vanaf 2500 peso.

Gaarkeuken naast de Feria Artesanal: Voor de ogen van de klanten wordt dagelijkse kost als empanadas, *asado de cordero* en *cazuela* bereid. Klanten zitten op houten banken te wachten op hun bestelling en drinken intussen een glas appelwijn, *chicha fuerte*.

Aitue Excursiones: O'Higgins 13, tel. 65-64 12 51. Boottochten naar de voor de kust gelegen eilanden.

Verzameltaxi's naar Castro vertrekken van Freire/O'Higgins.

Veerboten naar het eiland Quinchao ongeveer elk halfuur 7.30–22 uur.

Altue Sea Kayaking Center: Astilleros s/n, tel. 65-64 11 10. Iets buiten Dalcahue gelegen centrum, waarvoor u kunt boeken via Altue in Santiago, Encomenderos 83 (Las Condes), tel. 2-232 11 03, www.seakayakchile.com (in het Engels). Deze organisatie heeft meerdaagse tochten over de fjorden van de Andes en rondom Chiloé op het programma staan. Andere aanbiedingen zijn te krijgen op aanvraag. Een echte aanrader: de organisatoren Francisco en Yoyi zijn zeer betrokken, attent en kundig.

Isla Quinchao

Aan de kade van Dalcahue liggen boten klaar om de eilanden voor de kust te leren kennen. Het heuvelige Quinchao ligt in de vorm van een pijl vlak voor de Chilotische kust en leeft van akkerbouw en veelteelt.

Achao

De landelijke hoofdstad van Quinchao, **Achao** 9, komt voort uit een jezuïetenmissiepost uit 1743, waardoor het een van de mooiste missiekerken van Chiloé de zijne mag noemen. De evenwichtige proporties van de in 1998 totaal gerestaureerde **Iglesia Santa María**, de oudste kerk van het eiland, en zijn prachtige barokke interieur onder een nachtblauw plafond van blauw en goud, maken de kerk tot een lust voor het oog. Vanbuiten is hij sober bekleed met antracietkleurige *tejuelas*. Samen met het karakteristieke vooruitstekende dak, dat gedragen wordt door elegante zuilen, versterkt dat de indruk van het kostbare interieur als een juwelenkistje. In de kerk is een **Museo de la Evangelización** ondergebracht (dag. 10–18 uur, 500 peso).

Deze bezienswaardigheid aan de lommerrijke *plaza* past goed bij de zachte bekoring van Achao. De zandstraten worden vaak door de regen weggespoeld; in de etalages van de scheefhangende houten huizen in de hoofdstraat liggen föhns, shampoo, conservenblikjes en met fluweel overtrokken kleerhangers – de allernoodzakelijkste schatten van de bescheiden consument.

De hoofdstraat loopt langs de *plaza* en de kerk naar de kade, de kleine vissershaven en de kust, waar elke donderdag en zondag de bewoners van de nabije eilandjes Chaulinec en Quenac luidkeels in hun rol van koopman kruipen, want dan verkopen ze hier hun landbouwproducten en vis. Deze markt is wat authenticiteit betreft Dalcahue voorbijgestreefd, maar souvenirs zijn hier natuurlijk niet te koop. Een regelmatige veerdienst onderhoudt de verbinding tussen Quinchao en het hoofdeiland.

Tijdens de landbouwjaarbeurs in februari staat Achao compleet op zijn kop. Op het feestterrein worden prijzen toegekend aan het beste vee en ontstaan discussies naar aanleiding van demonstraties van de nieuwste landbouwmethoden, terwijl de appelwijn *chicha* rijkelijk vloeit. Notabelen van het eiland en Chilotische folkloristische groepen stromen toe. Elke avond wordt er feest gevierd. De met plastic tafels en stoelen uitgeruste restaurants en *residenciales* kunnen dan niet klagen over gebrek aan klandizie.

Hostería La Nave: Pablo Cárdenas Vivar, s/n, tel. 65-66 12 19. Er zijn niet veel overnachtingsmogelijkheden in het pittoreskmelancholieke Achao, maar deze is heel aangenaam. 2 pk met eigen badkamer voor 15.000 peso.

Hospedaje Sol y Lluvia: Ricardo Jara 9. Een andere optie op het eiland heeft eenvoudige, doch ruime kamers, zeer schoon en in nette staat. Men vraagt US$10 p.p.

Castro is beroemd om zijn paalwoningen

Markt wordt gehouden op do. en zo. vanaf 9.30 uur.

Landbouwjaarbeurs: Eerste week van feb.

Veerboot: Verbindingen met Dalcahue om het halfuur 7.30–22 uur.

Castro

Het water is nooit ver weg in de hoofdstad van Chiloé **Castro** 10. Ingebed tussen twee diep ingesneden fjorden lijkt de op Santiago en La Serena na oudste nederzetting van Chili (1567) op een bruggenhoofd. De ligging aan het water was van grote invloed op de wijze van bouwen. Hier staan de meeste karakteristiek Chilotische *palafitos* met hun muren en daken van over elkaar aangebrachte houten pannen *(tejuelas)*. De op platforms van dikke planken gebouwde huizen met twee verdiepingen balanceren op palen, waardoor ze bestand zijn tegen de getijden. Bij een woning hoort meestal nog een aanbouwsel voor de keuken en een washok. De verplichte boot wordt aangemeerd tussen de palen.

Bezienswaardig

Pronkstuk van de bescheiden, vriendelijke binnenstad van Castro is de uitnodigende, mooie en op elk tijdstip geliefde **plaza**. De straten San Martín en O'Higgins gonzen gewoonweg van de bedrijvigheid. Vergeleken bij de in 1906 opgerichte **Iglesia San Francisco** vallen alle andere gebouwen in het niet. In paarsblauw en fel oranje steken de twee ranke torens in de lucht. De luisterrijke, verzinkte basis van golfplaat neemt een half *cuadra* in beslag. Het interieur van warm hout (de zuilen, betimmering, vloer en zijaltaren) is vervaardigd door ambachtslieden uit het stadje zelf.

Het **Museo Regional de Castro** ligt aan San Martín, een half blok ten zuiden van de *plaza*. Het volgepakte museum toont van alles: weefgetouwen van *alerce*-hout, appelpersen, foto's van de zeebeving van 1960 die half Castro verzwolg, een met robbenhuid bedekt model van een Chonotent, modellen van Chilotische boten en werktuigen, foto's van de jammerlijke resten van het Spaanse fort Trauco en een kleine speciale expositie over het thema Hoe zag Chiloé eruit op oude landkaarten? (tel. 65-63 59 67, 's zomers ma.–za.9.30–20, zo. 10.30–13 uur; rest van het jaar ma.–za. 9.30–13, 15–18.30, zo. 10.30–13 uur).

De straten Thompson en Lillo lopen steil naar de kust omlaag. Zij sluiten de **Feria Artesanal** aan de **Costanera del Puerto** in. Kunstnijverheid uit de Andes en van Chiloé, huishoudelijke voorwerpen, houtsnijwerk, leder- en breiwaren liggen hoog uitgestald. Binnen in het ruime marktgebouw wordt een uitgebreide levensmiddelenmarkt gehouden. Aan de overkant van de straat ligt een reeks goede eetgelegenheden. Buitenlandse toeristen gaan echter meestal af op de vis in de minder ruw uitgevallen *palafito* naast de Feria Artesanal.

Información Túristica: Kiosk aan de *plaza*; vriendelijk.

Informatie op internet: www.chiloeweb.com.

Conaf: Gamboa 424, tel. 65-53 25 01, fax 65-53 25 08.

Hotel Unicornio Azul: Av. Pedro Montt 288, tel. 65-63 23 59, fax 65-63 28 08, www.hotelunicornioazul.cl. Oud, houten hotel met bijzondere vormen, dat fraai is gerestaureerd. De gezellige en verzorgde inrichting geeft een warme en vriendelijke indruk. Voor een 2 pk betaalt u US$78.

Hostería de Castro: Chacabuco 202, tel. 65-63 23 01, fax 65-63 56 88, www.hosteriacastro.cl; 29 kamers. Gezellig houten huis; comfortabel ingerichte kamers; schitterende ligging boven zee. Het voortreffelijke bijbehorende restaurant heeft grote ramen. U betaalt hier US$70 voor een 2 pk.

Hotel Casita Española: Los Carrera 308, tel./fax 65-63 51 86; 21 kamers. De sfeer hier is gemoedelijk; de kamers zijn tamelijk klein, maar verzorgd, gezellig en kraakhelder. 2 pk ca 18.000 peso.

Hostal Kolping: Chacabuco 217, tel./fax 65-63 32 73; 15 kamers. Lichte, ruim bemeten houten villa met grote kamers en badkamers; vriendelijke, gemoedelijke sfeer; een aanrader. Voor een 2 pk betaalt u ca. 16.000 peso.

Hospedaje El Mirador: Sotomayor extension Barros Arana 127, tel. 65-63 37 95, maboly@yahoo.com. Veertien prettige en schone kamers in een verzorgd hotel met uitzicht op zee, gemoedelijke sfeer. Een 2 pk kost 18.000 peso met badkamer, met gemeenschappelijk bad betaalt u 6000 peso p.p.

Sacho: Thompson 213; tel. 65-63 20 79. Over twee verdiepingen verspreid specialiteitenrestaurant met heerlijke schelpdieren, strandkrabben en oesters. Gerechten vanaf 3000 peso, vis en zeevruchten kosten ca. 6000–7000 peso.

Hostería de Castro: Chacabuco 202, tel. 65-63 23 01. Bij de bijzonder fraaie ligging komt een zakelijke inrichting. De keuken behoort tot het beste dat Castro te bieden heeft. Klein menu voor 7000 peso.

Años Luz: San Martín 309, tel. 65-53 27 00. Charmante allrounder: bohemienachtige combinatie van café, bar en restaurant met beschilderde boot als tapkast. Op de kaart is veel fraais te vinden. Tevens geschikt voor een pisco sour, een stuk taart of een glas wijn. 's Avonds livemuziek. Kleine gerechten vanaf 2200 peso, visschotels voor 5500 peso.

Palafito: Lillo 30, tel. 65-63 54 76. Paalwoning aan het water met het formaat en aanzien van een gymzaal, maar wel rustiek en prettig. Specialiteit is rauwe zee-egel *(erizo)*, maar er wordt natuurlijk ook gekookt en gegrild met producten uit de zee. Gerechten voor ca. 4000 peso.

La Brújula: O'Higgins/Los Carrera, tel. 65-63 32 29. Trefpunt voor iedereen op de *plaza*, van jongeren tot gezinnen. Videoclips, goede broodjes, ijs en vruchtensappen. Sandwiches voor 2000 peso.

Manden uit Chiloé

Thema

Een mand is een mand – zou je denken als Europeaan. Er zijn grote en kleine manden, met en zonder hengsels en patronen, winkelmandjes en manden voor de strandspullen. En dan heb je het gehad, zou je zeggen. Helemaal mis! De Chiloten hebben van het mandenvlechten een ware wetenschap gemaakt. Wie op de zondagsmarkt in Dalcahue of de markt in Achao de verkoopsters naar hun waren vraagt, zal dat bevestigd zien.

De drie zussen Remolcoy uit Puerto Ichuac, Clementina Mancilla uit Chulchuy en Gladys Aguero uit Puchilco zijn meesteressen in hun vak.

De *señoras* van de eilanden werken op bestelling en hebben minstens vier uur nodig voor een simpel patroon, terwijl ze aan een ingewikkelde mand soms wel een hele dag werken. Het gebeurt ook dat ze hun arbeid helemaal niet te koop aanbieden, want als het werk erg moeilijk was, is het onbetaalbaar geworden. Dat is hun eigenzinnige, sympathieke, volstrekt onkapitalistische logica: in zulke gevallen houden ze hun producten liever voor zichzelf.

Voor het vlechten gebruiken ze de vezels van de versgesneden rietsoorten *junquillo* en *manila*, die 's nacht buiten hebben gelegen om vocht op te nemen en elastisch te worden. Dan gaat het beginnen. Voor elke soort landarbeid is een ander model mand nodig en elk model draagt een andere naam.

De grof gevlochten *llole de papas* wordt gebruikt bij het oogsten van aardappelen, de fijnmazige, buigzame *canasta* is geknipt voor het bewaren van tarwe, de *lita* voor het schoonmaken van tarwe en in de harde, vlakke *piso* worden zeevruchten gedroogd. De *llole* is fijn en licht poreus, zodat die kan worden ingezet om zojuist geoogste mosselen en oesters in te doen.

Er zijn manden die zo dicht gevlochten zijn dat ze geen water doorlaten en er zijn er ook met vuistgrote openingen. Voor wie deze verschillen nog niet groot genoeg vindt, hebben de mandenvlechtsters van Chiloé nog een heel bijzondere wijsheid paraat. De vrouwen maken een wezenlijk onderscheid tussen mannelijke manden – deze heten *canastos* – en vrouwelijke – die uiteraard *canastas* worden genoemd.

Mannelijke manden zijn groen, wat betekent dat ze grof en ruw zijn, vrouwelijke zijn licht van kleur en delicaat gevlochten; mannelijke manden zijn bijna doorzichtig, met andere woorden 'open', vrouwelijke zijn ondoorzichtig, wat wijst op geslotenheid. Mannelijke zijn slap, nog niet droog en daardoor vervormbaar en gemakkelijk te buigen, vrouwelijke manden zijn sterk. En tot besluit: mannelijke manden zijn vluchtig en gemakkelijk te vervangen, vrouwelijke duurzaam en daarmee onvervangbaar.

U zou dus van Isla de Chiloé in ieder geval dit souvenir moeten meenemen. Want op de grote markt van Dalcahue en alle andere andere markten en marktjes van het eiland verbluffen de mandenvlechters hun klanten met hun eeuwenoude levenswijsheid: een mand is beslist niet zomaar een mand, maar niets minder dan de weerslag van een heel universum!

Feria Artesanal: Costanera. Op de kunstnijverheidsmarkt vindt u een breed aanbod van regionaal handwerk; bijzonder origineel zijn het typisch Chilotische breiwerk, zoals dikke truien; dag. geopend.
Almacén de la Biodiversidad: Blanco Encalada/Avenida Diego Portales, www.almacenbiodiversidad.cl. Mooie winkel met plantaardig geverfde wol, Chilotische muziek, breiwaren en houtsnijwerk; alles op condities van Fair Trade.
Artesanía Mitos: Blanco Encalada 78, tel. 65-63 29 61. Ongebruikelijke accessoires en kleding van wol en vilt; feeëriek en origineel.

Het hele jaar door traditionele feesten, de meeste in jan. en feb.: kunst, kunstnijverheid en gastronomie, folklore- en muziekfestivals.
Festival Costumbrista de Chiloé: Het belangrijkste feest vindt plaats in de derde week van feb. in het Parque Municipal.

Pehuén Turismo: Blanco 299, tel. 65-63 52 54, www.turismopehuen.cl. Boottochten rond het eiland en naar Nationaal Park Chiloé; paardrijden onder het motto 'het landelijke Chiloé'. Eigenaar Renato Arrancibia vindt het belangrijk dat ook de Chiloten wat aan het toerisme hebben. Zo worden tijdens zijn uitstapjes restaurants van *comunidades* aangedaan, indiaanse gemeenschappen. Momenteel is deze touroperator een grensoverschrijdende reis dwars door Patagonië aan het opzetten. Plan is in te schepen in Quellón, de Golfo de Ancud over te steken naar Chaitén, en vandaar af te zakken tot Chile Chico aan het Lago General Carrera. Bij Los Antiguos wordt de grens met Argentinië overgestoken, voor een bezoek aan Chaltén, met het Fitz Roymassief, en het stadje Calafate bij Nationaal Park Los Glaciares, waarin de befaamde Perito Morenogletsjer ligt. Daarna gaat de rondreis terug naar Chili en wordt Parque Nacional Torres del Paine aangedaan.
Expediciones Pumalín: Chacabuco 202, tel. 65-63 23 01.
Chiloé Insular: Gamboa 387, tel. 65-53 16 09.

Vliegtuig: Stadskantoor Lan Airlines, Blanco 299, tel. 60 05 26 20 00 (centraal telefoonnummer); Sky Airline, Blanco 251, tel. 65-53 46 43.
Bus en verzameltaxi: Busstation Sotomayor/San Martín; elk halfuur verbindingen met Puerto Montt en Ancud, 8x per dag met Quellón. Verzameltaxi's naar kleinere plaatsen als Chonchi, Queilén en Dalcahue vertrekken van de Calle Ramírez; lokale bussen van de Calle Aldea.

Door de archipel

Vanuit Castro kunt u een excursie per boot maken door de eilandenwereld voor de kust. Ga aan boord in Dalcahue, waarna de boot over het Canal Quincavi, een vredige passage, naar het labyrint van fjorden vaart. Waar u maar kijkt, ziet u kooien en netten voor de kweek van zalm. In het gladde water worden sappige weiden weerspiegeld. **Mechuque** 11, een door hagen van bramen ingesloten boerendorp met in de stegen door de regen kromgetrokken houten huisjes, valt op door zijn ganzen en twee kleine restaurants. Ze serveren *curanto* of winterkost van bovenstebeste kwaliteit: rookvleessoep met koriander.

Een klein deel van de tocht deint de rondvaartboot op de rollers van de Golfo Corcovado, die reeds menige passagier heeft geplaagd. U hebt er een prachtig uitzicht op de beijsde vulkanen langs de Carretera Austral aan de overkant. Ten slotte kunt u het kerkje van **Tenaún** 12 bezoeken. De nachtblauwe zinken constructie is gebouwd in 1837 en kenmerkt zich door twee gouden fonkelende sterren op de gevel. Anders dan bij de meeste andere Chilotische kerken heeft hij niet slechts een toren in het midden, maar ook twee kleinere aan de zijkant.

Het zuiden

Chonchi

De 20 km die **Chonchi** 13 van Castro scheiden zijn gemakkelijk te overbruggen met een *colectivo*. Het stadje verheft zich opvallend boven de zee met drie esplanades. Net als veel andere plaatsen op Chiloé is Chonchi gegroeid uit een jezuïtische missiepost. De bewoners bereikten in de 19e eeuw een zekere welstand door de export van hout en de veeteelt. Uit deze tijd dateert het ensemble van bijzonder opvallende, kleurige houten huizen met de bekende houten *tejuelas*, dat als *conjuncto histórico* onder monumentenzorg valt. Chonchi is een van de fraaiste plaatsen van het eiland.

Aan het begin van het dorp staat de lang onvoltooid gebleven **Iglesia de San Carlos de Chonchi**, een typisch Chilotisch pareltje met uitnodigende verhoudingen en een donkerblauw tongewelf dat overkomt als hemeldak. Waar de hoofdstraat Centenario afdaalt naar de schilderachtige kustlijn is in een van de traditionele huizen het **Museo de las Tradiciones Chonchinas** gevestigd. Het lokale museum is met zorg en liefde ingericht door de 4500 inwoners van Chonchi zelf. U ziet er onder andere voor het eiland kenmerkend gereedschap, zoals sleutels van hout en manden (zie blz. 205) (Centenario 116, ma.-za. 10-13 en 14.30-19, zo. 10-13 en 15-18 uur). Het huis was ooit eigendom van 'cipressenkoning' Ciriaco Álvarez, die beroemd werd in Caleta Tortel (zie blz. 243).

Met de rust van Chonchi is het tijdens het druk bezochte Fiesta Criolla de Chonchi in de eerste week van februari gedaan. Chiloten houden van feesten en gaan ervoor. Om de vijf minuten stuift er een propvolle *colectivo* uit Castro het feestterrein op, waar de *curanto* al sinds het ochtendgloren in de uitgegraven kuilen ligt te stoven. De kokkinnen leggen juist aardappelballetjes op de *nalca*-bladeren en u krijgt meteen een glas *chicha* in de hand gedrukt. Zonder Chilotische volksmuziek en de nationale dans *cueca* is een feest natuurlijk geen echt feest.

Oficina de Turismo: Candelaria/Centenario.

Posada Antiguo Chalet: Irrarázabal s/n, tel. 65-67 12 21; 12 kamers. Mooie ligging boven de Capitanía del Puerto; gerenoveerd, knus houten huis. Voor een 2 pk betaalt u 30.000 peso.

Bij de cueca tijdens een Feria Costumbrista gaan de beentjes van de vloer

Hospedaje Esmeralda By the Sea: Irarrázabal 8, tel. 65-67 13 28, www.esmeraldabythesea.cl; 10 kamers. U kunt kiezen tussen een gezellige 2 pk met badkamer voor 30.000 peso of een slaapzaal met gemeenschappelijk bad voor 5000 peso p.p. De eigenaars hebben een kwekerij voor zeevruchten en organiseren daarnaast excursies en vistochten. Gratis internet en verhuur van fietsen.

De **gaarkeukens** aan de Costanera zijn heel authentiek.

Fiesta Criolla de Chonchi: Eerste week feb.: folkloregroepen en typisch Chilotisch voedsel.

Verzameltaxi's *(colectivos)* naar Castro staan te wachten bij de kerk en het stadhuis.

Naar Isla Lemuy

Wie wil overvaren naar **Isla Lemuy** 14 moet in Chonchi via de Avenida O'Higgins langs de *municipalidad* de weg naar Queilén en de veerhaven **Puerto Huicha** nemen. Het heuvelige eiland Lemuy werd reeds vroeg gekolonialiseerd en kan dan ook bogen op enkele van de oudste kerken van de archipel: de *iglesia* van de oude veerhaven Ichuac, die echter op neoclassicistische wijze is verbouwd, en de *capilla* van Aldachildo, die met zijn zeven bogen een miniuitgave van de kerk in Dalcahue is. De hoofdweg van Lemuy komt na 12 km uit in Detif op de zuidpunt van dit eiland. Het interieur van het kerkje aldaar is verrassend: aan het plafond hangen votiefscheepjes.

Parque Nacional Chiloé

Het 43.000 ha metende nationale park, dat in twee stukken is verdeeld, neemt een schilderachtig bos-, duin- en lagunelandschap in bescherming. Vanaf de Carretera 5 bereikt u het park het gemakkelijkst via **Huillinco** 15. De kleine dorpsidylle aan het gelijknamige meer ligt ongeveer 20 km van het park. Let vooral goed op het door bloemen en grassen overwoekerde kerkhof, aangezien de graven exacte miniatuuruitgaven zijn van de Chilotische huizen met *tejuelas*. Desgewenst kunt u vanaf de kade de boot nemen naar Cucao. Vroeger was dit de enige manier om in Cucao te komen, nu loopt er ook een weg.

De steenslagweg klimt tegen de bosrijke **Tetas de Cucao** op. Dit Hans en Grietjebos bestaat uit *tepu*, waarvan de bladeren op laurier lijken, de mirte *arrayán* en de conifeer *mañío*. Midden in het bos heeft een nazaat van de zingende familie Von Trapp (bekend van de *Sound of Music)* comfortabele bungalows van *alerce*-hout laten bouwen. De *cabañas* worden gecomplementeerd door een groot, rond Quinchopaviljoen pal aan het meer, waar u lamsvlees *a fuego lento* en vis kunt krijgen.

Vanwege de nabijheid van het nationale park is het dorp **Cucao** 16, 20 km verder, wat uitgedijd, maar het is nog steeds heel lieflijk. Pal aan de oever van het Lago Cucao zijn diverse overnachtingsmogelijkheden, en op de weg naar het oceaanstrand en de ingang van het park zijn er nog meer te vinden. Zo kunnen ook reizigers die op comfort zijn gesteld hier gerust enkele dagen doorbrengen. De Conafpost in Nationaal Park Chiloé verschaft kaarten met routebeschrijvingen. Er zijn educatieve paden, routes voor meerdaagse trektochten en kampeerterreinen (waarvoor u in het hoogseizoen absoluut bij de Conaf moet reserveren, voor adres, zie Castro). De ingang van het park ligt in **Chaquín** 17. In het bezoekerscentrum aldaar is een klein museum ingericht, met informatie over activiteiten in het park. Hiervandaan lopen allerlei eductieve paden door het woud naar de weidse, schitterende duinen.

Bezoekerscentrum van de Conaf in Chaquín.

Cabañas Huillinco: Camino a Cucao, tel. 9-128 73 27 en 9-946 83 98 (beide mobiel), www.cab-huillinco.cl. Aantrekkelijke bungalows van *alerce*-hout met eigen haard, volledig uitgeruste keuken en terras; mooi verspreid in het bos; sauna. De huisjes kosten US$90.

El Fogón de Cucao: Vlak bij het strand, bij de ingang van het nationale park. Luxueus hou-

ten hotel met grote ramen; elke apart ingerichte kamer beschikt over terras of balkon, grote tuin. Organisatie van excursies (watersport, paardrijden) en een rond restaurant met authentiek Chileense keuken. Goede prijs-kwaliteitverhouding. 2 pk vanaf 20.000 peso. Kamperen mogelijk op aanvraag.
Parador Darwin: Bahía de Cucao, tel. 09-799 99 23 (mobiel), paradordarwin@hotmail.com. Fantastisch restaurant met werkelijk buitengewone Chilotische keuken, bijvoorbeeld salade van de alge *cachiyuyo*, kleine tuin. In aanbouw vier vrolijke kamers met gemeenschappelijk bad. Hartelijke ontvangst. 2 pk 8000– 10.000 peso.

Quellón

Quellón 18, eindpunt van de Panamericana in het zuiden van Chiloé, leefde lang van het destilleren van alcohol en de uitvoer van hout. De sporen van die tijd zijn gewist. De kleine haven dient nu voor veerdiensten naar de Carretera Austral naar Chaitén en Puerto Chacabuco. De bevolking verdient zijn brood in de visverwerking en met de schrale oogst van weekdieren. Twee kleine musea zijn gewijd aan de geschiedenis. Het **Museo Municipal** (ma.-vr. 8.30–13 en 14.30–18 uur) belicht de stadsgeschiedenis, het **Museo Inchin Cuivi Ant** de Huiliches, een Mapuchestam (alleen 's zomers, ma.-zo. 10–13 en 14–20 uur, 500 peso). U ziet er houtsnijwerk en manden van *junquillo*-vezels.

Dat is het einde van Chiloé. Zeelieden veronderstelden aan het begin van de 16e eeuw dat het eiland het einde van de zuidelijke wereld was. De veel verder zuidelijk gelegen Straat van Magellanes, die in 1520 door Magelhaen was bevaren, werd de volgende vijftig jaar niet meer teruggevonden. Men hield hem voor een droombeeld en Vuurland aan de andere kant van de zeestraat voor een door een woedende orkaan losgeslagen eiland dat over zee zwierf. Francis Drake was in 1578 pas de eerste die weer door de straat voer – in een recordtijd van zestien dagen.

Hotel Patagonia Insular: Av. Juan Ladrilleros 1737, tel. 65-68 16 10; 30 kamers. Eerste viersterrenhotel van het eiland. In rood en geel gekleurd, modern houten gebouw in de buurt van de haven. Stemmig ingericht met goed restaurant, een bar en fraaie kamers. 2 pk US$65.
Hotel Tierra del Fuego: Av. Pedro Montt 445, tel. 65-688 12 26; 14 kamers. Keurig hotel, vooral geroemd om de kwaliteit van het restaurant met *curanto* en andere regionale lekkernijen. 2 pk ca. US$35.
Hostería Quellón: Av. Pedro Montt 369, tel. 65-68 12 50, fax 65-68 13 10; 20 kamers. Houten villa aan de Costanera met vriendelijke service, gezellig ingericht. Een 2 pk kost 25.000 peso.
Hotel La Pincoya: La Paz 064, tel. 65-68 12 85; 14 kamers. Voordelig alternatief, maar niet erg comfortabel. 2 pk voor 17.700 peso.
Aan de Calle Pedro Montt verschillende goedkope *residenciales*.

Los Suizos: Ladrilleros 399, tel. 65-68 17 87. Wie iets anders wil dan vis en zeevruchten, vindt hier pasta en Zwitserse specialiteiten. Gerechten voor 4500 peso.
Hotel El Leo Chico: Pedro Montt 325, tel. 65-68 15 67. Het restaurant van dit kleine, aardige hotel serveert zeer smakelijke schotels voor alleszins redelijke prijzen. Gerechten voor 4500 peso.
Gaarkeukens: In de rustieke kraampjes aan de Costanera Pedro Montt worden 's middags heerlijke schaal- en schelpdieren bereid.

Feria Artesanal Llauquil: Gómez García; kunstnijverheidsmarkt met houtsnijwerk, breiwaren en manden.

Bus: Een paar keer per dag verbindingen met Castro en Ancud.
Veerboot: Naar Chaitén. **Rederijen:** Navimag, Pedro Montt 457, tel. 65-68 22 07, fax 65-68 26 01, www.navimag.cl; Naviera Austral, Pedro Montt 457, tel. 65-68 22 07. Deze maatschappij deelt met Navimag de veerboot *Alejandrina* en vaart daarmee twee keer per week naar Chaitén, daarnaast op za. naar Puerto Chacabuco via Puerto Cisnes. Duur van die overtocht: 19 uur.

Arriero met kudde in de buurt van het Lago General Carrera

De Carretera Austral

In een oogopslag: De Carretera Austral

Landweg voor pioniers

Een blik op de kaart onthult twee van de grootste samenhangende ijsmassa's ter wereld buiten Antarctica, met hun zachtblauw gearceerde vlakken en talloze fjorden, die als azuurblauwe pijlen door de smalle landmassa schieten die de Campos de Hielo Norte y Sur hebben opengelaten.

Deze landstreek ziet er tamelijk onherbergzaam uit, maar sinds 1983 klautert en slingert er een tot nog toe 1182 km lange weg tussen gletsjers en huizenhoge bomen door

naar het natte, koude zuiden van Chili: de Carretera Austral. Wanneer de weg van tijd tot tijd in het water verzakt, wordt de schade onmiddellijk verholpen. Bossen van vurig rode fuchsiastruiken, kreupelhout van op bamboe gelijkende *quila* en hoge, conifeerachtige *mañío* en nothofagussoorten als *ñirre*, *lenga* en *coigüe* verdringen zich langs de kant van de weg, watervallen kletteren in onontsloten binnenmeren; lagunes, waarboven duizenden libelles gonzen, liggen langs de steenslagweg en als parels aan een snoer rijgt het ene tot nog toe onbekende nationale park zich aan het andere. Boven dit alles tronen de met eeuwige sneeuw bedekte vulkanen van meer dan 3000 m hoog, die zich, als u geluk hebt, ook wel eens vertonen. Daarop mag u echter niet al te vast rekenen, want aan de Carretera Austral wordt het uitzicht helaas maar al te vaak belemmerd door wolken of mist.

Enkele gebieden dragen echter ook de onbarmhartige sporen van ontginning. De pioniers brandden bossen plat om akkers en weiden aan te leggen. Dat hier in het diepe zuiden van Zuid-Amerika dezelfde toestanden heersten als in het Wilde Westen van Noord-Amerika, kunt u ervaren in het Museo Regional in Coyhaique. Uiteraard bloeiden in deze geïsoleerde, langgerekte uithoek legenden op als orchideeën aan de kant van de weg.

De eenzame Carretera Austral is de lieveling van natuurliefhebbers. Mountainbikers worden door de steenslagweg aangezet tot topprestaties. De regio biedt echter ook duizenden mogelijkheden voor andere actievelingen: van vliegvissen tot gletsjertochten naar Argentinië, van eenvoudige boswandelingen en paardrijden tot heuse trektochten.

Villa O'Higgins markeert het huidige einde van de Carretera Austral, waarvan een verlenging tot Puerto Natales in de planning zit. Met dat laatste deel zal dan eindelijk het gebrek aan wegen in het zuiden tot het verleden behoren. De tijdrovende omweg over Argentijns grondgebied zal dan niet meer nodig zijn en de versplintering van het land, die al sinds zijn ontstaan zijn lot was, zal tot het verleden behoren.

Hoogtepunten

5 **Lago General Carrera:** Aan de oevers van het op een na grootste meer van Zuid-Amerika, tegen een sprookjesachtig gletsjerdecor, is van alles te doen – bijvoorbeeld wandelen over de Cerro Castillo – en te zien – zoals de 'marmeren kathedraal' (zie blz. 233)

6 **Caleta Tortel:** De uitgelaten, sympathieke stemming in dit dorp zou u eerder verwachten in Sicilië dan hier in het koude zuiden. Wie van isolatie houdt en tevreden is met eenvoudige accommodatie, zal zich in Caleta Tortel op zijn gemak voelen (zie blz. 242).

Reisplanning

Over de grotendeels met steenslag verharde Carretera Austral komt u maar langzaam vooruit. Wie reist per openbaar vervoer, moet zijn reis heel precies plannen en intussen toch flexibel blijven, want de bussen rijden niet elke dag, terwijl in het hoogseizoen de veerboten soms overvol zijn en u op de volgende moet wachten. Vliegvelden voor kleine toestellen zijn er in Chaitén, Coyhaique, Chile Chico, Cochrane, Caleta Tortel en Villa O'Higgins. Grotere vliegtuigen landen in Balmaceda, dat een uur rijden met de vliegveldbus van Coyhaique ligt. U kunt gemakkelijk twee weken doorbengen in dit gebied, maar een week is genoeg als u zich beperkt tot de hoogtepunten en u bijvoorbeeld richt op alleen het noordelijke, of enkel het zuidelijke deel.

Klimaat en reistijd

De reis over de Carretera Austral is het best te maken in de Chileense zomer, tussen december en maart. Deze periode is het warmst: de thermometer kan dan overdag naar de 20 °C klimmen. De nachten blijven echter altijd koud.

Tips voor automobilisten

Wie per auto reist, moet niet bezuinigen op de kwaliteit van zijn wagen, want de onverharde weg vraagt veel van uw voertuig. Het is zinnig van tevoren te informeren naar de ligging van de verschillende benzinestations en steeds een gevulde jerrycan bij u te hebben. Tankstations hebben niet altijd benzine voorradig en zijn bovendien niet altijd geopend. Benzinestations zijn te vinden in Hornopirén, Chaitén, Las Juntas, Puerto Puyuhuapi, Puerto Cisnes, Puerto Aisén en Coyhaique. Langs de zuidelijke Carretera Austral is brandstof te krijgen in Puerto Murta, Puerto Guadal en Cochrane.

Tips

Hotel Termas de Puyuhuapi: Fabelachtig mooi prijkt thermaal hotel Termas de Puyuhuapi aan de gelijknamige fjord. U kunt er alleen komen met de boot van het hotel – en het halve hotel loopt bij aankomst uit om u te verwelkomen (zie blz. 224).

Vlucht over de Andes: De Andes uit vogelperspectief – op geen andere manier kunt u de bekoring van de bergen comfortabeler ondergaan (zie blz. 235).

De Capilla de Marmól bij Puerto Tranquilo: Spiegelglad als bewerkt marmer uit Carrara – zo zien de grotten in het Lago General Carrera eruit. U bereikt de 'marmeren kathedraal' per boot, maar alleen als de golven niet te hoog zijn (zie blz. 236).

Andesherten in natuurreservaat Tamango: Tijdens een mooie wandeling een unieke, endemische hertensoort observeren – gidsen van de Conaf brengen u waar u wezen moet (zie blz. 239).

De noordelijke Carretera Austral

Kaart blz. 218

Voor sommige Chilenen eindigt Chili bij Puerto Montt. Tot aan het zuidelijkste puntje volgt echter nog bijna de helft van hun land. De weg erheen is voor velen een witte vlek op de kaart. Maar de woest-mooie Carretera Austral tussen vulkanen, gletsjers, diepe bossen en fonkelende meren ontwikkelt zich langzamerhand tot een van de belangrijkste attracties van het land, in het bijzonder voor sporters.

Parque Pumalín

De plannen van de regering om de fjorden ten zuiden van Puerto Montt tot aan Hornopirén te overbruggen en de Carretera reeds daar te laten beginnen, staan nog in de kinderschoenen. Voorlopig blijven automobilisten zoals altijd zes uur lang heen en weer sukkelen langs met bossen bedekte bergen en gletsjers tussen La Arena en Caleta Gonzalo.

Onderweg met de auteur

Raften op de Futaleufú

Veel stukken van deze rivier zijn alleen geschikt voor geoefende en ervaren rafters, maar er zijn ook kleinere, simpeler delen te vinden. Inlichtingen over alle mogelijkheden zijn te verkrijgen in het dorp Futaleufú of in Puerto Varas (zie blz. 222).

Nationaal Park in stroomversnelling

De wandeling door **Parque Nacional Queulat** duurt weliswaar maar anderhalf uur, maar voert wel door een schitterend landschap. Het pad voert tussen zuidbeuken door, langs fuchsia's en bamboes en over hangbruggen, om te eindigen bij een imposante hangende gletsjer, die helaas door de opwarming van de aarde steeds sneller wegsmelt (zie blz. 222).

Bij **Caleta Gonzalo** 1 betreedt u het gebied, dat sinds een jaar of tien de natie verdeelt: het **Parque Pumalín** 2 van de Noord-Amerikaan Douglas Tompkins (zie blz. 216). Sinds augustus 2005 heeft het ca. 750.000 ha grote particuliere park de status van een *sanctuario nacional*, met alle daaruit voortvloeiende mechanismen ter bescherming van de weinige op Chileense grond overgebleven *alerce*-bossen, die soms wel duizend jaar oud zijn. In het park zijn talloze educatieve paden aangelegd, verder enkele goed onderhouden kampeerterreinen, paden voor lange trektochten en bezoekersposten. Die laatste hebben steeds een dubbele functie: die van informatiecentrum en die van winkel, waar regionale waren worden verkocht die in het park woonachtige gezinnen hebben geproduceerd.

Ook in het knusse café-restaurant aan de diep ingesneden baai, die in de praktijk de toegangspoort tot het Parque Pumalín vormt, kunt u op bruin kringlooppapier gedrukte informatie over het parkproject krijgen. Regionale specialiteiten vullen de menukaart en in lijn met Thomkins' ideologie om kleine, regionale markten tegenover grote, geglobaliseerde te zetten, worden er kunstnijverheidsproducten van het eiland Chiloé en de Carretera geëtaleerd en verkocht.

i **Centro de Visitantes** in het café/restaurant (zie boven), www.pumalinpark.org.

...in Hornopirén:
Hotel Hornopirén: Carrera Pinto 388, tel. 65-21 72 56; 12 kamers. Uiterst eenvoudig, maar groots opgezet complex met keurige kamers en gemeenschappelijke badkamers, aanbevolen restaurant. Ca. US$10 p.p.

...in Parque Pumalín:
Cabañas Caleta Gonzalo: Tel. 65-23 23 00, tel. in Caleta Gonzalo 9-256 66 24 (mobiel), reservasalsur@surnet.cl. Zeven aantrekkelijke, ruime houten bungalows in het Pumalínproject van Douglas Tompkins, zonder keuken – eten kunt u in het gezellige, fraaie café. Gerechten vanaf 3500 peso. *Cabañas* 70.000 peso voor 4 pers.

Cabañas Río Gonzalo: Fjordo Reñihue, tel. 65-23 23 00, reservasalsur@surnet.cl. Twee zeer gezellige, kleinere eenheden met eigen keuken, mooi in het bos gelegen. 66.000 peso voor 4 pers.

Camping Río Gonzalo: Zie boven. Verhuur van kooktoestellen, verkoop van houtskool en versgeslacht lamsvlees voor op de grill, bij het informatiebureau (zie blz. 214). Er is ook een kiosk. Ca. 1800 peso p.p.

Café-restaurant: In het Parque Pumalín, zie blz. 214.

Veerboot: 46 km ten zuiden van Puerto Montt, La Arena–Caleta Puelche (duur 30 min.), jan.–feb. 8x per dag, rest van het jaar 5x per dag; de veerboot neemt ook bussen mee, die voorrang hebben boven personenauto's! Hornopirén–Caleta Gonzalo, jan.–feb. dag. 16 uur, reserveren absoluut aanbevolen. Informatie bij Transmarchilay, in Santiago: Av. Providencia 2653, local 24, tel. 2-234 14 64, fax 2-234 48 99; in Puerto Montt: Angelmó 2187, tel. 65-27 04 20, fax 65-65 04 30, www.transmarchilay.cl; Naviera Austral, www.navieraustral.cl

Bus: Caleta Gonzalo–Chaitén, 3x per week, B y V Tours, tel. 65-73 13 90. Puerto Montt–Hornopirén, jan./feb. vanaf terminal in Puerto Montt: Buses Fierro, tel. 65-25 30 22, ma.–za. 3x per dag, zo. 2x per dag, daarna per veerboot naar Caleta Gonzalo; Hornopirén–Puerto Montt, ma.–za. 3x per dag, zo. 2x per dag.

Attentie – uitbarsting van de Chaitén

Bij de uitbarsting op 2 mei 2008 van de vulkaan Chaitén, 10 km ten noordoosten van het gelijknamige, 4000 inwoners tellende dorp in het zuiden van Chili, kon niemand zich voorstellen wat het gevolg zou zijn. Na de geweldige eruptie volgde een asregen die de hele regio tot in de Argentijnse provincie Río Negro bedekte. De bevolking werd geëvacueerd, ook die van het dorp Futaleufú.

Geleidelijk keert de bevolking van **Futaleufú** terug; de toekomst van **Chaitén** is echter nog ongewis. Alle wegen en bruggen zijn kapot en de regering houdt rekening met herstelwerkzaamheden die minstens twee jaar gaan duren. Toerisme is daarom niet mogelijk. Wie toch naar het gebied wil, moet zich van tevoren goed op de hoogte stellen.

Wij hopen met de getroffenen dat Chaitén herbouwd kan worden.

Chaitén

Op weg naar Chaitén krijgt u een indruk van wat u verder naar het zuiden aan landschappelijk schoon te wachten staat. De glimmende zwarte aarde knispert onder de wielen, varens strelen de raampjes van de auto, boomkruinen vormen een tunnel en orchideeënstruiken zo groot als eengezinswoningen omzomen de weg. Deze laatste heeft hier de kwaliteit van een betere zandweg. Als de Carretera niet permanent wordt onderhouden, krijgt de oertoestand de overhand – en die is ondoordringbaar.

Niet ver voorbij Caleta Gonzalo schemert aan uw linkerhand het water van het door steile hellingen omlijste Lago Negro. Even later passeert u het Lago Blanco. De sikkelvormige **Bahía Santa Bárbara** 3 is ingesloten door een dicht bos en de heuvel Morro Vilcún. Aan de baai is een kleine camping te vinden. Dauwdruppels en schelpdieren fonkelen om het hardst op het zwarte strand. Vissers vangen hier de *robalo*, de zeebaars. Van deze baai naar Chaitén is het nog 12 km, waarbij de weg de zee volgt.

Douglas Tompkins en zijn Parque Pumalín

De man is een fenomeen: sinds een jaar of vijftien houdt hij Chili verdeeld en is hij bekender dan menig politicus. De medeoprichter van de twee kledingmerken Esprit en North Face, Douglas Tompkins (1943) uit San Francisco, is bezig de Patagonische *alerce*-bossen te redden. En dat heeft hij grondig aangepakt.

Het land dat Douglas Tompkins samen met zijn vrouw Kristine heeft aangekocht, beslaat een oppervlakte van 450.000 ha en is verdeeld over heel Patagonië. Met dezelfde precisie waarmee sinds Pinochet lappen bos ter grootte van Nederland en België samen werden prijsgegeven aan buitenlandse bedrijven om ze te kappen, koopt hij stuk voor stuk overgebleven bossen op, om ze voor de zaagmachine te behoeden. De eerste verwoestten de natuur, de laatste probeert haar te redden.

Zijn tegenstanders werpen de Californiër een keur van argumenten voor de voeten. Zo zou hij voor internationale houtconcerns werken. Of in opdracht van de Israëli's, die hem in een geheime missie land laten kopen om er een nieuwe staat Israël te stichten – het Beloofde Land aan de Carretera Austral. Ze verdenken hem ervan Chili aan Argentinië te verraden – waarom zouden zijn gebieden anders zo vlak bij de grens met de buren liggen? Met een stem tegen verdere aanleg van wegen, die dwars over zijn landerijen moeten lopen, zou hij infrastructurele projecten belemmeren, die het grotendeels onbewoonde en onherbergzame gebied toegankelijk konden maken voor economisch gewin. Wat een onzin, zeggen de mensen van het Parque Pumalín in Chaitén, die geplande wegen zouden aangelegd worden langs de rotsen en economisch nut viel er niet van te verwachten.

Er zou sprake zijn van uitverkoop van de nationale identiteit. Aan Argentijnse zijde hebben Luciano Pavarotti, Sylvester Stallone, mediagigant Ted Turner en het Italiaanse modehuis Benetton enorme stukken land aangekocht – maar daar klinkt nergens een protest, alhoewel Benetton tegen alle afspraken in beslist niet alleen Argentijnen laat werken bij het fokken van merinoschapen. Afgezien van de vele griezelverhalen die over hem de ronde doen – waarin ook nazi-onderzeeërs hun kwalijke rol spelen – is het zo dat buitenlanders het land inderdaad voor de neus van Chilenen – en Argentijnen – weg kapen, maar het neoliberale marktmechanisme staat dat nu eenmaal toe...

Douglas Tompkins is een geconcentreerde, zwijgzame cowboy met de onverstoorbare charme van een Clint Eastwood. Zeer tot ergernis van zijn politieke vijanden, die hem verwijten Chilenen uit hun boerderijen te verdrijven, is hij juist een ideaal rolmodel. Hij schept werkgelegenheid, in plaats van die te vernietigen, en richtte scholen op in de meest geïsoleerde gebieden van zijn trotse bezit – wat de overheid decennialang niet nodig vond. Bij de ingang aan de Carretera Austral, bij Caleta Gonzalo, waar reizigers wachten op veerboten met onregelmatige vaartijden, verrezen achtereenvolgens een café-bistro, een schuilhut, een camping en twee gezellige kleine bungalowparken.

Sinds augustus 2005 heeft het park de status van *santuario natural*, een titel die verleend werd door de Chileense overheid. De be-

Thema

zittingen zijn overgedragen aan de Chileense stichting Fundación Pumalín, met de opdracht een nationaal park onder particuliere leiding te ontwikkelen.

Andere initiatieven proberen zich hierbij aan te sluiten. Stichtingen krijgen staatssteun als hun projecten een zekere economische waarde hebben, bijvoorbeeld door arbeidskrachten aan structureel zwakke gebieden te binden, of toe te stemmen in een toeristische toepassing. Hier trekt het Parque Pumalín de grens. Tomkins is een *deep ecologist*. Ecotoerisme heeft wel een poot aan de grond in het park, maar alleen onder strakke leiding. Slechts een klein deel van het terrein staat voor dit doel ter beschikking. In het kantoor van het Parque Pumalín, in Puerto Montt, Puerto Varas en via internet zijn tochten te boeken. Deze zijn niet goedkoop. Desondanks is een aantrekkelijk alternatief ontstaan voor milieubewuste Europeanen en Noord-Amerikanen – en krijgt de structureel zwakke regio werkelijk nieuwe impulsen.

Zijn onvermoeibare tegenstanders, die zich zoals te verwachten valt hoofdzakelijk aan de rechterzijde van het politieke spectrum bevinden, hebben nieuwe gronden gevonden om zich ongerust over te maken. Tompkins echtgenote Kristine heeft voor de door haar gestichte natuurorganisatie Conservación Patagónica de 70.000 ha metende haciënda Chacabuco in het gelijknamige dal bij de Río Baker gekocht. Tompkins en zij werden bovendien gesignaleerd tijdens een wandeling over de Cordillera Darwin, de bergen aan het Lago Fagnano – dat zoals wellicht bekend op Vuurland ligt, en wel in even grote mate op Chileens als op Argentijns grondgebied...

Onderweg in Parque Pumalín

Carretera Austral Norte

De besneeuwde vulkaan Corcovado (2300 m) verleent het 4000 inwoners tellende stadje **Chaitén** 4 een adembenemende achtergrond. De opmars van het plaatsje naar de moderne tijd verloopt sinds enkele jaren behoorlijk snel in vergelijking tot het broze begin in 1933, toen de enige drie huizen vijf lange, eenzame jaren moesten blijven wachten op verder gezelschap. De blauwe hortensia's en de rozenstruiken in de tuinen van de huizen zuchten ook 's zomers regelmatig onder regenbuien. Men haalt zoveel licht als mogelijk is naar binnen in de door de aanhoudende vochtigheid kromgetrokken huizen van houten planken: de moderne gebouwen hebben grote glazen gevels. Chaitén is een vriendelijk, enigszins melancholiek kustplaatsje met nette, brede straten en hoge trottoirs, een brede, goed onderhouden *plaza* en een aantrekkelijke promenade langs de zee. Verkopers van handwerk hebben de kasseien van de promenade gebombardeerd tot vitrine voor hun lederwaren en hippiesieraden.

Información Turística: Aan de Costanera; veel materiaal.

Sernatur: Avenida Bernardo O'Higgins 284, Plaza de Armas, tel. 65-73 10 82, infopalena@sernatur.cl.

Conaf: Avenida Bernardo O'Higgins 242, tel. 65-73 16 61.

Brisas del Mar: Av. Corcovado 278, tel. 65-73 12 84, fax 65-73 12 66. Volledig ingerichte bungalows die geschikt zijn voor een langer verblijf. *Cabaña* 50.000 peso.

Hotel Mi Casa: Av. Norte 206, tel./fax 65-73 12 85, hmicasa@telsur.cl; 18 kamers. Aantrekkelijk boven het dorp gelegen, ruim opgezet complex; de kamers hebben vrijwel zonder uitzondering een prachtig uitzicht; goed restaurant. 2 pk US$60.

Hostería Los Coihues: P. Aguirre Cerda 398, tel. 65-73 14 61, coihues@telsur.cl. Gezellig hotel onder zeer betrokken leiding, veel uitstapjes in de omgeving; wandelingen, paardrijden. 2 pk ca. US$40.

Hostería Schilling: Av. Corcovado 246, tel. 65-73 12 95, fax 65-73 12 98; 17 kamers. Gerestaureerd houten huis aan de Costanera met een gemoedelijke sfeer, behaaglijke kamers en een restaurant met open haard. Een 2 pk kost US$40.

Hostería Sebastián: Almirante Riveros 163, tel./fax 65-73 12 25. Comfortabel houten huis met lichte, schone kamers, die wel wat gehorig zijn. De behulpzame waard organiseert desgewenst ook uitstapjes en vervoer. Met restaurant. 2 pk ca. US$25.

Brisas del Mar: Av. Corcovado 278 (zie blz. 218). Vis en zeevruchten voor 5500–9500 peso met gratis uitzicht op de Bahía de Chaitén.

Uiterst eenvoudige, leuke **visrestaurants** liggen aan de Av. Corcovado, bijvoorbeeld Cocinería Marita Estrella.

Boottochten: Van de Bahía de Chaitén kunt u een boottocht maken naar een zeeleeuwenkolonie.

Chaitur: Av. O'Higgins 67 (in het busstation), tel. 65-73 14 29, fax 65-73 12 66, nchaitur@hotmail.com. Deze reisagent helpt bij de organisatie van wandeltrektochten of paardrijtochten en uitstapjes naar Bahía Santa Bárbara en het Lago Yelcho.

Vliegtuig: Aero Taxis del Sur, Almirante Riverso 479, tel. 65-73 13 15, info@aerotaxisdelsur.cl, en Cielo Mar Austral, www.cielomaraustral.surnet.cl, tel. 65-73 13 84, fax 65-26 40 10, vliegen naar Puerto Montt.

Bus: Busstation in de Av. O'Higgins 67. Bus Ebenezer, Libertad 432, tel. 65-73 13 90, naar Futaleufú. Verbindingen met Coyhaique wo.–zo. 1x per dag, met Futaleufú ma.–za. 1x per dag, met Las Juntas, ma., wo., vr. 1x per dag, met Palena di., do. 1x per dag. Inlichtingen over busdiensten langs de Carretera Austral ook bij Transportes Daniela in Hostería Sebastián (zie hiervoor).

Veerboot: Chaitén–Hornopirén, mrt.–dec. 1x per week (wo. 8 uur) met reservering, jan.–feb. alleen veerdienst Caleta Gonzalo–Hornopirén dag., met reservering. Chaitén–Quellón, 1x per week, in de zomermaanden 3x per week; zit vaak vol, daarom is tijdig reserveren raadzaam. Informatie bij Transmarchilay: in Santiago, Av. Providenica 2653, local 24, tel. 2-234 14 64, fax 2-234 48 99, in Puerto Montt, An-

Aankomst in Chaitén: de veerboot is nog altijd de beste verbinding met Puerto Montt

gelmó 2187, tel. 65-27 04 20, fax 65-27 04 30, www.transmarchilay.cl. Navimag: Ignacio Carrera Pinto 188, tel. 65-73 15 70, fax 65-73 15 71, www.navimag.cl.

Tussen Lago Yelcho en Futaleufú

Vlak voor **Puerto Cárdenas** 5 aan het Lago Yelcho, dat kenners beschouwen als een van de mooiste meren van het zo met meren gezegende Chili, stuit u op de Silla del Diablo (*silla* betekent zetel). Dit is een indrukwekkende bergformatie, die er inderdaad uitziet als een gemakkelijke stoel, bekleed met een donzig wit kussen van sneeuw.

Hier verlaat de Carretera enige tijd het smaragdgroene, 110 km² grote Lago Yelcho. Stap na 11 km uit om de benen te strekken, want op dit punt komt de ijsblauw gestreepte gletsjer **Ventisquero Yelcho** 6 precies bij de weg uit. Een wandeling van een uur langs de bedding van de rivier leidt naar een prachtig uitzichtpunt.

In cultuur gebrachte pampa's omringen **Villa Santa Lucía** 7, dat in 1982 zijn bestaan begon als militaire uitvalsbasis. In het onopgesmukte plaatsje, 81 km van Chaitén, bloeien felgekleurde dahlia's in de tuinen. Er is benzine te krijgen en in de levensmiddelenzaak verkoopt men veevoer en linzen in 10 kg-verpakking. De enkele kleine, door de wind scheef geblazen *hospedajes* serveren een heerlijk ontbijt met zelfgebakken *pan amasado*, dikke broodjes.

In het winderige Villa Santa Lucía splitst de weg zich in tweeën. Liefhebbers van kajakken nemen de weg naar Futaleufú, waar het 'dal van de grote rivier' wacht. In de door kleine waterlopen rijkelijk geïrrigeerde bossen staan hier en daar eenzame boerderijen tussen de loofbomen. Zij benutten het busverkeer voor het transport van goederen: de bus neemt net zo goed een kist cosmetica mee als een stereotoren of een postzak – en alles komt op de juiste bestemming terecht. Niet te missen zijn de sporen van de vele bosbranden in de dalen.

Intussen klatert en bruist de Río Futaleufú zo blauw en koninklijk als lapis lazuli tussen sappige weiden door en daagt ervaren kajakkers uit. Voor deze sportieveling zijn er veel soorten campings. Excursies zijn te boeken in Santiago, maar ook in Puerto Varas (bijvoorbeeld bij Outsider en KoKayak) en in Coyhaique.

Tussen Chaitén en Coyhaique vindt u **geen enkele pinautomaat**! Wie per bus reist, in restaurants eet of boodschappen wil doen, moet voldoende Chileense pesos bij zich hebben. Arrangementen in hotels zijn meestal te betalen met euro's of dollars – maar controleer dat voor de zekerheid van tevoren!

Futaleufú

In het 1200 inwoners tellende plaatsje **Futaleufú** 8 kunt u heerlijk uitrusten en op adem komen. Het is haast niet voor te stellen dat het dorp tot 1982 uitsluitend per vliegtuig bereikbaar was. De banden met het nabije Argentinië waren toentertijd in elk geval veel nauwer. Aan de andere kant van de grens kunnen het bevallige stadje Esquel, het geliefde nationale park Los Alerces en het door immigranten uit Wales gestichte Trevelín bogen op geasfalteerde wegen en een goed ontwikkelde infrastructuur. Voor Argentijnen was een uitstapje naar Futaleufú een reis naar een exotische, indiaanse wereld.

Maar die tijd is inmiddels voorbij. Kajakkers en vissers vonden in de snelstromende rivier een nieuw, exclusief punt op de wereldkaart en de horeca is ze gevolgd. Terwijl er in het begin slechts een paar gemoedelijke, sobere *hospedajes* voor grenstoeristen waren, vinden reizigers nu logies in comfortabele *cabañas* en hotels. Ook wie zich niet op de razende rivier durft te wagen, kan gerust een paar dagen blijven. In de schilderachtige omgeving tussen Andesrivieren en bergtongen is het heerlijk wandelen.

i **Oficina de Información Turística:** O'Higgins 536, uitsluitend 's zomers geopend.

De bruisende Futaleufú is een uitdaging voor geoefende kajakvaarders

Hotel El Barranco: Bernardo O'Higgins 172, tel. 65-72 13 14; www.elbarrancochile.cl; 10 kamers, waarvan enkele geschikt voor gehandicapten. In Chileense cowboystijl gestileerd hotel. Bij de inrichting is veel hout gebruikt, waardoor een combinatie van gezellig en afstandelijk is ontstaan. Organisatie van uitstapjes. 2 pk 78.000 peso.

Hotel Río Grande: O'Higgins 397, tel.65-72 13 20; 11 kamers. Breedschalig opgezet, groot hotel met houten muurpannen; mooi ingerichte, ruime kamers en attente bediening; organisatie van excursies en tochten per kajak. 2 pk US$60.

Hostal La Confluencia: Ruta 231, bij de samenloop van Futaleufú en Espolón, tel. 65-25 00 79, reservasalsur@surnet.cl. Overnachten op een landgoed onder toeziend oog van Douglas Tompkins. 2pk US$60.

Hostería La Casa de Campo: Aan het Lago Espolón, ten zuiden van Futaleufú, tel. 65-31 46 58, www.lagoespolon.cl. Zeer propere accommodatie met gemeenschappelijke badkamers. Er zijn paarden te huur en de betrokken en attente uitbaters organiseren zowel visexpedities als wandeltrektochten. Bungalow voor 6 pers. US$90.

Hospedajes: Er zijn verschillende eenvoudige, maar aantrekkelijke *hospedajes* in het stadje, zoals Posada Anchilenfú, Rodríguez 215, tel. 65-72 13 11, of Carahue, O'Higgins 332, tel. 65-72 12 21. Beide ca. US$10 p.p.

El Encuentro: O'Higgins 653, tel. 65-72 12 47. Lamsvlees, zalm en uitstekende pisco sour. In dit gezellige restaurant lijkt het of u gewoon op bezoek bent bij een gastvrij gezin. Kleine gerechten verkrijgbaar vanaf 3000 peso.

Skorpios: Calle Mistral 255. Gemoedelijk restaurant. Op de kaart staan forel, salade, gevulde avocado, kip – en niet veel meer. Kleine gerechten vanaf 2500 peso.

Altue Travel: Santiago, Encomenderos 83, 2e verdieping, Las Condes, tel. 2-232 11 03, fax 2-2 33 67 99, altue@entelchile.net. Kajaktochten.

Raften en kajakken: Te boeken bij Aqua Motion, in Puerto Varas, tel./fax 65-23 59 38, info@aquamotion.cl, www.aquamotion.cl.

Bus: Naar Chaitén dag. behalve zo., naar Osorno en Puerto Montt via Argentinië (di., do.).

Parque Nacional Queulat en omgeving

Las Juntas

Het gebied rond het kleine, schilderachtig gelegen **Las Juntas** 9 is pas sinds de jaren vijftig bewoond, maar wordt intensief gebruikt voor de landbouw. Sinds 1992 is er hier een grensovergang met Argentinië. Inmiddels wonen er zo'n 2000 mensen. U kunt er uw reis over de Carretera Austral comfortabel onderbreken; de eigenaars van de paar hotels stellen met plezier een excursieprogramma voor u samen.

Uw verblijf wordt veraangenaamd door vliegvissen, een bezoek aan het melkgroene gletsjermeer Lago Rosselot of een boottocht naar Puerto Raúl Balmaceda, een door de gelijknamige rivier en de zee gevormd klein zandeiland met een haven, waar het geringe aantal inwoners van de visvangst en de kweek van schelpdieren leeft.

Espacio y Tiempo: Carretera Austral s/n, tel. 67-31 41 41, fax 67-31 41 42, info@espacioytiempo.cl, www.espacio-y-tiempo.cl; 11 kamers. Gezellig hotel met een breed aanbod aan uitstapjes in de omgeving, ook naar het Argentijnse Esquel. In het restaurant kunt u smullen van lokale specialiteiten met hert en zalm. 's Avonds zit iedereen samen voor de open haard. Gratis internet. U kunt hier excursies en een verblijf in de thermale baden in het zuiden boeken. 2 pk ca. US$90.

Lodge in het Parque Nacional Queulat: In de *ecolodge* Fjordo Queulat kunt u echt idyllisch, verlaten en primitief verblijven. Men stelt er ook een compleet excursieprogramma voor u samen (via Aisén Bridges Travel, Coyhaique, tel. 67-23 33 02, lbridges@ aisen.cl, www.aisen.cl).

Uitstapjes: Dagtochten naar de natuurlijke warmwaterbronnen van de Río Palena, Puerto Bonito, worden onder andere georganiseerd door Montañamar Tours, met een kantoor in Concepción, Quinel Oriente 2510, Andalue San Pedro de la Paz, tel./fax 41-297 52 37, www.montanamarchile.com.

Lago Risopatrón en Ventisquero Colgante

Het **Lago Risopatrón** ligt aan de Carretera en markeert het noordelijke deel van **Parque Nacional Queulat** 10. De 1550 km² van dit nationale park zijn voor het grootste deel onontdekt, nooit begaan en oorspronkelijk. Zelfs de beproefdste en ijverigste kolonisten zetten nooit een voet in deze dichte oerbossen. Aan de Carretera Austral staat een post van de Conaf. De parkwachters geven graag inlichtingen over de – in aantal beperkte, maar zeer gevarieerde – wandelmogelijkheden.

De hangende gletsjer **Ventisquero Colgante** 11 is dé grote attractie van het park. Wandelpaden leiden er over hangbruggen naartoe. Een door de Conaf georganiseerde boottocht door de lagune brengt u aan de voet van de gletsjer, die in twee lange, smalle watervallen uitmondt in de fjord. Vanuit zijn bedding van sneeuw en rotsen lijkt de gletsjer regelrecht in het water te kieperen. Als u over het Canal de Puyuhuapi vaart, is de gletsjer al van verre gemakkelijk te herkennen en biedt ook dan al een overweldigende aanblik. Nationaal Park Queulat is bereikbaar vanuit Puerto Puyuhuapi.

Puerto Puyuhuapi

Het dorpje **Puerto Puyuhuapi** 12 is gesticht door vier Duitsers. In 1935 reisden zij in het spoor van de eveneens Duitse geoloog Hans Steffen, die aan het einde van de 19e eeuw in opdracht van de Chileense overheid het zuiden van het land had onderzocht op mogelijkheden het te ontginnen en zich er te vestigen. Het avontuurlijke viertal bereikte het strand van de fjord per boot en stichtte er Puerto Puyuhuapi.

Gedurende een groot deel van het jaar is het land gehuld in de regen. Daarom bezon een van de vier, een textielingenieur, zich op een bron van inkomsten die niets met landbouw van doen had. Hij richtte een fabriek op voor de vervaardiging van tapijten. De oudstgediende en trouwste medewerksters zijn afkomstig van het eiland Chiloé.

Puerto Puyuhuapu komt wat melancholiek over, ondanks de uitbundig groeiende, hoge bomen, de koeien in de vaak overdadig met bloemen getooide weiden en de Scandinavisch aandoende houten gebouwen met bijna trapeziumvormige gevels.

De kleine **tapijtfabriek** wordt verwarmd door een enkele kolenkachel. Aan de prikklok hangen slechts veertien naamkaartjes. Fabriek en verkoopruimte zijn te bezichtigen. De tapijtknoopsters genieten enige faam. Hun kleden, die vervaardigd zijn met plantaardig geverfde wol, worden ook via internet verkocht. De toeristen die de fabriek bezoeken zijn meestal wildenthousiast en komen eruit met een opdrachtformulier op zak. Er zijn filialen in Santiago en in Puerto Varas (www.puyuhuapi.com, winkel geopend ma.–vr. 8.30–13, 15–19.30 uur, rondleidingen ma.–vr. 10.30–16, za., zon.- en feestdagen 11 uur, 1000 peso).

Aan de Carretera Austral hebt u regelmatig de indruk dat de reis hier tot zijn einde moet zijn gekomen. Puerto Puyuhuapi straalt precies die verloren charme uit. Toch prijkt dertig minuten varen verder naar het zuiden aan de overkant van de fjord een van de schilderachtigste luxehotels van Chili, de Termas de Puyuhuapi (zie blz. 224), dat niet bereikbaar is over land.

Gezellige accommodatie: Waar het klimaat zo af en toe bijzonder ruw kan zijn, kruipt men graag dicht bij elkaar. Enkele overnachtingsmogelijkheden in Puerto Puyuhuapi zijn uitgesproken knus en behaaglijk. Dat geldt vooral voor Casa Ludwig, hotel La Casona en *hostería* Alemana, die alle in oude, aantrekkelijke houten villa's zijn gevestigd.

Termas de Puyuhuapi: Bahía Dorita, Canal Puyuhuapi, tel. 67-32 51 03 en 67-32 51 17, www.patagonia-connection.com, te boeken via Patagonia Connection, Fidel Oteiza 1921, oficina 1006, Santiago, tel. 2-225 64 89, fax 2-274 81 11; 32 kamers. Exclusief, sympathiek badhotel met een onverslaanbare ligging (zie Tip blz. 224); thalassotherapie, massage, warmwaterbronnen, vele mogelijkheden voor uitstapjes en een heel bijzonder restaurant. 2 pk US$180 (zonder ontbijt). De meeste mensen nemen een arrangement, bijvoorbeeld drie dagen/nachten, inclusief excursie naar de Laguna San Rafael voor US$1140–1400 p.p., met volpension.

Cabañas El Pangue: Carretera Austral km 240, tel./fax 67-32 51 28, in Santiago 2-1 96 95 77, cpangue@entelchile.net; 13 kamers. Aan de noordelijke oever van het Lago Risopatrón; gezellige, zeer goed voorziene bungalows in een groen, op een tuin lijkend landschap. De hartelijke uitbaters hebben ook uitstapjes te paard of per boot op het programma staan. Daarnaast staan de gasten een clubhuis, een sauna en een verwarmd zwembad tot hun beschikking. 2 pk vanaf US$105.

Hotel La Casona: Carretera Austral s/n, tel. 67-32 51 08; 8 kamers. Behaaglijk, groot, ouderwets houten hotel met ruime, goed verzorgde kamers. Voor een 2 pk moet u rekenen op ca. US$40.

Casa Ludwig: Otto Übel 6, tel. 67-32 52 20, l.ludwig@entelchile.net. Uitsluitend geopend in de zomer, tussen nov. en mrt.; tien gezellige kamers die verschillend van formaat en verschillend ingericht zijn. De eigenaresse is een nazaat van een van de pioniers en stichters van het dorp. Uiterst prettige, open sfeer. Organisatie van uitstapjes. Een 2 pk hebt u vanaf 20.000 peso.

Hostal Alemana: Av. Otto Übel 450, tel. 65-32 51 18; 6 kamers. Midden in het dorp gelegen aantrekkelijke, geheel wit geschilderde houten villa, omringd door een prachtige tuin. Bij-

Tip: Hotel Termas de Puyuhuapi

De ligging van dit hotel is zijn grote kracht: het decor van hotel Termas de Puyuhuapi zou door een landschapsarchitect niet kunnen worden verbeterd. Hele gewelven van loofboomkruinen steken in alle mogelijke schakeringen van groen loodrecht in de lucht. Op het enige, kleine stukje strand van zwart lavazand dat de bomen hebben vrijgelaten, staat een rustiek, sierlijk chalet van hout en veel glas. Statige zwarthalszwanen glijden over het water van de baai. Verder is er niets te bekennen – geen huis, geen weg: het thermaalhotel is uitsluitend per boot bereikbaar.

Om hier te komen heeft de natuur enkele hindernissen opgeworpen. Of u reist per auto of bus onder de koepels van bladeren langs de Carretera Austral door en neemt de veerboot van het hotel in Puerto Puyuhuapi (dichtstbijgelegen vliegveld: Balmaceda), of u scheept zich in Puerto Chacabuco in en vaart tijdens de vijf uur durende boottocht langs onbewoonde en door gletsjers bekroonde rotspunten die uit zee oprijzen.

De ligging van dit hotel ver van de wereld vereist een goed afgestemd programma. In het beglaasde kuurgedeelte worden thalassotherapie en massage gegeven. De drie buitenbaden met bronwater liggen schilderachtig in de overdadige natuur. Afkoelen kunt u door in de fjord te springen. Wie hier wat langer zou willen blijven, kan uit een spectrum van korte en lange wandelmogelijkheden kiezen. Ze zijn alle even aantrekkelijk. Het Parque Nacional Queulat met de Ventisquero Colgante ligt immers vlak om de hoek. Ook hengelaars en vliegvissers kunnen hier hun hart ophalen. De nummer één van de uitstapjes is een elf uur durende reis met een catamaran naar de Laguna San Rafael en de gelijknamige gletsjer (zie blz. 230).

Praktische informatie over het hotel vindt u op blz. 223.

Ideaal samenspel van natuur en architectuur: hotel Termas de Puyuhuapi

zonder aantrekkelijk restaurant en een goede prijs-kwaliteitverhouding. Voor een 2 pk betaalt u US$55.

Café Rossbach: Tegenover de tapijtfabriek. Fraai restaurant in een imposant houten huis met die ouderwetse charme die zo typisch is voor Puyuhuapi. Kleine gerechten vanaf 2500 peso. Tevens gebak.

Thermale baden: In hotel Termas de Puyuhuapi, dagkaart ca. 10.000 peso, overtocht 3x per dag, tel. 67-32 51 03.
Uitstapje naar Laguna San Rafael: Boottocht met de Patagonia Express vanaf hotel Termas de Puyuhuapi, www.patagonia-connection.com.

Puerto Cisnes

Aan de zuidelijke rand van het Parque Nacional Queulat en gemakkelijk te bereiken via een zijweg van de Carretera Austral ligt aan het Canal de Puyuhuapi en aan de monding van de Río Cisnes het nietige **Puerto Cisnes** 13. Het dorp is weliswaar klein en ligt erg geïsoleerd, maar is goed in staat reizigers op te vangen. Een Italiaanse die van het zonnige Zuid-Europa terechtkwam in een regio die eruitziet als een ijskoud Caribisch landschap, kwam op het idee op deze plaats een internaat te vestigen met een landbouwschool en daar weeskinderen op te nemen, die daarna het gebied zouden kunnen koloniaaliseren. Later werd ze uit dankbaarheid gekozen tot burgemeester van het pittoreske plaatsje. De belangrijkste bezienswaardigheid is de mooie haven, waar iedereen zeker één keer per dag langsgaat om naar de voorbijvarende schepen te kijken.

Hostal Michay: Gabriela Mistral 112, tel. 67-34 64 62; 8 kamers. Prettig, keurig schoon pension met nette kamers. 10.000 peso p.p., inclusief ontbijt.
Residencial El Gaucho: Holmberg 140, tel. 67-34 64 48; 6 kamers. Zeer eenvoudig alternatief, kamers met gemeenschappelijk bad. 6000 peso p.p. Momenteel wordt aan het strand een groter hotel gebouwd.

El Guairao: Pardo s/n. Het beste restaurant van het dorp. Visgerechten vanaf 4500 peso.

Bus: 4x per week verbindingen met Coyhaique.

Lago Las Torres

De Río Cisnes staat in hoog aanzien bij veel Amerikaanse vliegvissers. De 'Zwanenrivier' werd vroeger veel gebruikt als oversteekplaats bij het transport van vee uit Argentinië, maar de rotsige rivierbodem deed veel dieren struikelen. Daarom bouwde men een van die wiebelige hangbruggen over het water, die overal langs de Carretera te vinden zijn. *Mañío*, *tepa* en *coigüe* hullen de hellingen van de met kantwerk, erkers en spitsen bezette Cerro Catedral in een groene deken, terwijl het **Lago Las Torres** 14 diep tussen struiken met vederachtige bamboe verzinkt. Besneeuwde bergen steken uit boven pas bewerkte akkers, die in het vruchtbare dal de aanwezigheid van schaarse kolonisten verraden. Zij wonen in houten huizen met muurpannen en ver overhangende daken ter bescherming tegen de regen, houden kippen en kalkoenen, verbouwen kersen, sla, bonen, erwten en peren en onderhouden kleine zagerijen.

Ook veetelers zijn hier neergestreken. Op dit traject kunt u geregeld *arrieros* tegenkomen, Chileense drijvers die zich met hun *pilcheros*, lastpaarden, en wellicht een geslacht lam over het zadel, een weg door de bossen banen terwijl ze van alles transporteren. Het lam is hun loon in natura voor enkele dagen werk. Om zich te beschermen tegen de stevige ondergroei in de bossen, dragen ze overbroeken van geitenvel, *pierneras*.

Mañihuales 15 is het trefpunt van de *huasos*, de Chileense tegenhanger van de Argentijnse gaucho's (veedrijvers), waar ze op zaterdag heenrijden voor de disco. Overal wapperen rode vlaggen. Die betekenen dat er pas geslacht is en er vlees wordt verkocht – zoals een witte vlag wordt gehesen als er versgebakken brood voorradig is. Maar er is ook een kleine supermarkt en – heel belangrijk! – een benzinepomp.

De zuidelijke Carretera Austral

Kaart blz. 232

Vanaf hier loopt de Carretera Austral echt door pioniersland. In de 19e en 20e eeuw zij hier en daar mensen neergestreken. Afgezien van uitgestrekte rundveeboerderijen vindt u hier ook kersenboomgaarden en akkers met groente. Het door gletsjers omsloten Lago General Carrera is een van de hoogtepunten van Chili.

Coyhaique en omgeving

De provinciehoofdstad Coyhaique is te bereiken door de **Valle Río Emperador Guillermo** ('Keizer Wilhelmdal'), dat de ontdekkingsreiziger Hans Steffen precies op de geboortedag van de Duitse keizer Wilhelm I ontdekte. Bij de treurige aanblik van dit dal zou u niet zeggen dat het ooit begroeid was met een ondoordringbaar oerwoud. Het zou een bomenkerkhof genoemd kunnen worden. De eerste kolonisten hebben het terrein in de jaren veertig compleet afgebrand, om het te veranderen in weilanden voor vee.

Coyhaique

De met biesgewassen begroeide rivieren Coyhaique en Simpson omlijsten **Coyhaique** **1**. De stad ligt verder in een breed, kleurig gestreept tafelberglandschap. Meestal blaast de wind ijzig door de brede straten, maar als de zon schijnt, kwijten de hoge, lommerrijke bomen op de zeshoekige, aantrekkelijke *plaza* zich meestal van hun taak. De stad werd in 1906 gesticht met als doel een centrum te creëren voor de weinige kolonisten en de Sociedad Industrial de Aisén, de ontginningsmaatschappij van de provincie Aisén. In 1974 snoepte Coyhaique het economisch minder belangrijke, maar oudere Puerto Aisén de rang van provinciehoofdstad af.

Enkele jaren geleden had bijna niemand kunnen denken dat de Carretera Austral ooit een toeristische attractie zou worden. Tegenwoordig beschikt echter ook Coyhaique over een goede toeristische infrastructuur, met zijn fraaie hotels, heel veel *hospedajes*, aantrekkelijke restaurants, wisselkantoren en (internet)cafés. De blokhutten in het centrum zijn opgetrokken in de stijl van de pioniers en het Wilde Westen.

Coyhaique zelf heeft niets wezenlijks aan bezienswaardigheden te bieden, behalve zijn aangename sfeer en prettige verschijning. Vliegvissers, bezoekers aan de Laguna San Rafael en wandelaars wisselen er informatie uit. U kunt in café Ricer broeden op plannen voor volgende expedities, wachten tot de Aerotaxi's weer over de Andes vliegen, wandelen naar de rots Piedra del Indio, in de zomerzon de inwoners nadoen en gaan zonnen in de ooibossen bij de rivier, of een bezoek brengen aan het **Museo Regional**. Dit museum verzamelt getuigenissen uit het begin van de kolonisatie, zoals een landkaart waarop de grens tussen Chili en Argentinië nog helemaal niet bestaat, en talrijke foto's van militaire parades – een helder teken, want in het zo dicht bij de grens gelegen Coyhaique wil men de Argentijnen maar wat graag tonen, aan wie het land nu toebehoort. De rondleidingen hier zijn goed, maar wel in het Spaans (Moraleda s/n, jan./feb. dag. 9–21 uur; mrt.–nov. ma.–vr. 8.30–13, 14.30-18.30 uur, 400 peso).

Reserva Nacional Coyhaique

U kunt een uitstapje maken naar het 25 km² grote **Reserva Nacional Coyhaique** **2** (3 km richting Puerto Aisén). Aangelegde wandelpaden leiden er naar verschillende lagunesen in het reservaat zijn picknickplaatsen, een boomkwekerij en een klein bomenmuseum.

i **Sernatur:** Bulnes 35, tel. 67-23 17 52, fax 67-23 39 49, infoaisen@sernatur.cl. Voorzien van goede folders, behulpzaam. Ook een informatiekiosk aan de *plaza*.
Conaf: Avenida Ogana 1060, tel. 67-21 21 09, fax 67-21 21 01, jburgos@conaf.cl, mnarvaez@conaf.cl.

Hostería Belisario Jara: Bilbao 662, tel./fax 67-23 41 50; 10 kamers. Fraaie, lichte kamers, uitstekend ontbijt; helaas is de bepaald fantasierijke, complexe structuur wat gehorig. 2 pk 55.000 peso.
Hotelera San Sebastián: Baquedano 496, tel. 67-23 34 27. Vriendelijke ontvangst, gezellige kamers, uitzicht op de tuin, kleine ontbijtzaal. 2 pk ca. 50.000 peso.
Hotel El Reloj: Baquedano 828, tel./fax 67-23 11 08. Rustig gelegen hotel met behaaglijke, goed ingerichte kamers en attente eigenaars; restaurant met een internationaal opgeleide kokkin, goede wijnkaart. Een aanrader! 2 pk 45.000 peso.
Hostal San Cayetano: Simpson 829, tel. 67-23 15 55. In het prijzige Coyhaique een voordelig alternatief met eenvoudige, maar schone kamers. 2 pk US$35.
Hostal Las Salamandras: Camino Teniente Vidal, 2,5 km, tel. 67-21 18 65. Acht kamers met gemeenschappelijke badkamer. Iets buiten Coyhaique, eenvoudig houten huis, maar wel met bibliotheek, internet en gebruik van keuken. U betaalt 8000 peso p.p.

Restaurant El Muelle de Bob: Ramírez 353, tel. 67-33 56 87. De 'kade van Bob' is eigendom van een Amerikaan, die met zijn Chileense kokkin een gerenommeerd restaurant heeft weten te maken. In een elegant-rustieke setting worden verfijnde visgerechten en heerlijke desserts opgediend. Elke avond geopend. Ca. 22 USD$ p.p.
Hostería de Coyhaique: Magallanes 131, tel. 67-23 11 37. Traditionele keuken met een internationaal accent, restaurant met verzorgde sfeer en goede bediening. Gerechten vanaf 6500 peso.
Café Ricer: Horn 28, tel. 67-23 33 06, fax 67-23 33 86. Origineel restaurant op de eerste verdieping met Chileense keuken; vis, schaal- en schelpdieren vanaf 5000 peso voor kleinere gerechten. Historische decoratie uit de tijd van de eerste kolonisten. Op de begane grond zijn de hele dag ijs en gebak te krijgen. Af en toe concerten. Het terras is bij goed weer de meest geliefde plek van Coyhaique. Bij dit alles horen een kleine boekhandel en een souvenirwinkel.
La Casona: Obispo Vielmo 77. Gelegen naast Hostería de la Patagonia; geliefd en gedegen, bepaald klein restaurant met een voortreffe-

Onderweg met de auteur

Cueva de las Manos

De **grot** is nog niet erg bekend, maar dat neemt wel toe. Daarmee stijgt wellicht ook het besef hoe bijzonder waardevol hij is. De tienduizenden jaren oude **handafdrukken** van Tehuelches, die als fresco's de wanden van een klein grottenstelsel bedekken, genieten geen enkele bescherming, noch tegen zonneschijn of bliksem, noch tegen kwaadwilligen. De grot is de tegenhanger van de veel bekendere Cueva de las Manos aan de Río Pinturas in de Argentijnse provincie Santa Cruz. De eigenaars van de Cabañas Shehen Aike (zie blz. 234) in Puerto Ibáñez hebben een bezoek aan de grot in hun excursieprogramma opgenomen. De weg is aangegeven vanaf Villa Cerro Castillo (*Monumento nacional Manos de Cerro Castillo*, zie blz. 234).

Paradijs voor vliegvissers

Er is waarschijnlijk geen beter terrein voor vliegvissen te vinden dan de rivieren langs de Carretera Austral, in het bijzonder de **Río Baker**, aldus de vliegvissers zelf en niet een toeristische reclamefolder. Zeer populair is bijvoorbeeld de omgeving van **Cochrane**. U hebt hier ruim voldoende keuze aan overnachtingsmogelijkheden (zie blz. 240).

lijke keuze aan vis, schaal- en schelpdieren; vriendelijke bediening. Hoofdgerechten 5500–7000 peso.
Casino de Bomberos: Gral. Parra 365. Een onverslaanbare tip voor een voordelige en smakelijke lunch. Stevige, dagelijkse kost in de sfeer van een kantine, en dat alles vanaf 4500 peso.
La Olla: Prat 176, tel. 67-23 47 00. Dit restaurant houdt zich vast aan de Spaanse keuken en is beslist goedkoop (vanaf 4000 peso).
Café Oriente: Condell 201, tel. 67-23 16 22. Een plaats die een beetje de charme van grootmoeder thuis uitstraalt. U krijgt er bijvoorbeeld ouderwets appelgebak.

Cantina El Estribu: Dussen, tegenover Café Ricer. Jongerenbar met loungestoelen en sterkedrank.

Kunstnijverheidsmarkt: Aan de *plaza* (tussen de straten Horn en Dussen). Veel handwerk (bijvoorbeeld tassen van leer of koeienhuid en houtsnijwerk) afkomstig uit de hele regio: Puerto Cisnes, Puerto Aisén, Puerto Ibáñez en Cochrane.
Librería Rincón del Poeta: Moraleda 543, tel. 67-24 18 68. Kleine, goede boekhandel met prachtige fotoboeken over dit gebied.
Geld wisselen: Casa de Cambio Emperador, Bilbao 222; uitsluitend inwisselen van dollars, geen travellercheques. Turismo Prado, 21 de Mayo 417.

Rodeo Oficial: 11/12 okt.

Catedral de Mármol: Verhuur van boten voor 6 pers. in Puerto Tranquilo, afhankelijk van het weer (zie ook blz. 237).
Visexpedities worden georganiseerd door de *lodges* in de directe omgeving.
Dagtochten in de directe omgeving: Informatie bij Sernatur (zie blz. 227).
Aeroviajes: Lillo 315, tel. 67-23 40 98.
Andes Patagónicos: Horn 48, tel. 67-21 67 11,

Het landschap bij Coyhaique is bijzonder idyllisch

Aanbevolen standplaats: Aangezien de toeristische infrastructuur van deze regio (bussen en vliegveld) zich concentreert in en om Coyhaique, is deze stad een zeer geschikt uitvalspunt voor de zuidelijke Carretera Austral.

fax 67-21 67 12, www.patagoniachile.cl/ap, www.ap.cl. Houdt kantoor naast Café Ricer en is gespecialiseerd in allerlei soorten tochten binnen Patagonië.
Expediciones Lucas Bridges: Tel. 67-23 33 02, www.aisen.cl, lbridges@aisen.cl. Veel uitstapjes, wandeltochten en vliegvisexcursies staan op het programma van de *lodge* van Expediciones Lucas Bridges in Nationaal Park Queulat (zie blz. 222; vier bungalows en een restaurant met vis en kreeft op de barbecue).

Vliegtuig

Vliegveld: Het 'echte' vliegveld van Coyhaique ligt in Balmaceda, ca. 50 km ten zuidoosten van de stad; verschillende keren per dag vluchten van alle grote maatschappijen. Travell, Condell 149, tel. 67-23 77 95, biedt op de vertrektijden afgestemde transfers naar het vliegveld van Balmaceda aan.
Air Comet Chile: Condell 89, tel. 67-21 62 22.
Don Carlos: Subte. Cruz 63, tel. 67-23 19 81, www.doncarlos.cl. Vluchten naar Chile Chico, Cochrane en Villa O'Higgins.
San Rafael: 18 de Septiembre 469, tel. 67-23 34 08, sanrafael@patagoniachile.cl. Op verzoek (charter)vluchten naar Caleta Tortel, naar de provincies Aisén en Los Lagos.
Stadskantoor Lan Airlines: Gral. Parra 402, tel. 60 05 26 20 00 (centraal telefoonnummer), in Coyhaique tel. 67-24 09 70.
Sky Airlines: Arturo Prat 203, tel. 67-24 08 26.

Bus

Buses Don Carlos: Subte. Cruz 63, tel. 67-23 19 81. Verbindingen met Cochrane (wo.), Villa O'Higgins (ma. en wo.), Caleta Tortel (wo.) en Chile Chico (ma.–za.).
Buses Ali: Simpson/Magallanes, tel. 67-25 03 46. Verbindingen met Balmaceda, Chile Chico en Puerto Ibáñez.

Buses Acuario: In het busstation. Aan de Lago General Carrera.
Buses Morales (haalt u af bij uw hotel): Tel. 67-23 23 16. Naar Las Juntas di. en za. (9 uur).
Buses Artetur: Gral. Parra 337, tel. 67-23 21 67. Naar diverse plaatsen aan de Carretera Austral.
Buses Norte Carretera Austral: Gral. Parra 337, tel. 67-23 21 67. Naar diverse plaatsen aan de Carretera Austral.
Transportes Simón: Manuel Rodríguez 305, tel. 67-41 19 00, eacuna@cdechile.cl. Naar Chile Chico.
Traeger: Baquedano 457, tel. 67-25 35 00, surnativo@hotmail.com. Tevens verhuur van auto's.
Minibus JR: Bilbao 3256, tel. 67-90 06 13 98. Naar Puerto Ibáñez.
Minibus Aeropuerto: Andrés Velásquez, tel. 67-25 04 13. Transfer van uw hotel naar het vliegveld.

Huurauto
Automundo AVR: Bilbao 510, tel. 67-23 16 21.
Automóvil Club de Chile: Simón Bolívar 194, tel. 67-23 16 49, en op het vliegveld van Balmaceda.
Ricer: Horn 28, tel. 67-23 29 20.

Uitstapje naar Laguna en Ventisquero San Rafael

Binnen afzienbare tijd zal een zijweg van de Carretera Austral de havenplaats Puerto Tranquilo verbinden met de Bahía de los Exploradores, waarmee er een weg naar de Laguna San Rafael gelegd zal zijn. Tot die tijd is het enorme, ongerepte nationale park San Rafael ten westen van het Lago General Carrera, met zijn 3000 km² grote Campo de Hielo Norte uitsluitend bereikbaar per boot – of u moet er overheen vliegen, een zeer kostbare, maar heel bijzondere onderneming. Vanuit Coyhaique zijn beide opties mogelijk, maar wel met de benodigde wachttijd. De lagune en gletsjer behoren tot de zuidelijke bijzonderheden die iedereen gezien moet hebben. De vraag naar een plaats op de boot komt daarmee overeen.

Het hart van het ijsveld wordt gevormd door de San Rafaelgletsjer, van alle gletsjers ter wereld het dichtst bij de evenaar, die in zee uitmondt. Hij is te bereiken via het Canal de los Témpanos, een smal kanaal vol ijsbergen, dat wordt omringd door een weelderige, groene vegetatie. Wetenschappers waarschuwen voor het smelten van de gletsjer en de gevolgen daarvan. Voor leken is de aanblik desondanks weergaloos. Ook nu nog is de gletsjer een majestueuze 3 km breed. De ijswand is permanent in beweging. Gemiddeld breekt er elke twintig minuten een stuk af zo hoog als een huis. Onder donderend geraas valt dat met een grote plons in de lagune, met hoge golven als gevolg. Wie met de catamaran van hotel Termas de Puyuhuapi (zie blz. 224) is gekomen, stapt over op een rubberboot om het spektakel van zo dichtbij mogelijk te aanschouwen. Gasten van de cruiser Skorpios overnachten zelfs in de lagune, maar zitten er niet zo dicht bovenop (voor inlichtingen, zie Coyhaique).

Puerto Aisén

De fraaie weg langs de Río Simpson gaat door de enige tunnel van de Carretera, de in 1985 in de rotsen uitgehakte Farellóntunnel. Het brede dal werd ontgonnen ten behoeve van de veeteelt. Door de wind kromgebogen dennen en cipressen vormen onregelmatige patronen. Aan de overkant klateren watervallen over de rotsige bergwand omlaag, eerst de Velo de la Novia, de 'Bruidssluier', daarna de getrapte Salto La Virgen, de 'Maagd', die in de strenge winters vaak bevriest. Bamboes, nothofagussen en fuchsia's staan rond weilanden met grazende koeien.

Nevelige moerassen omringen het melancholieke rivierhavenstadje **Puerto Aisén** 3. Aan de bouw van de huizen is meer Chileense traditie af te lezen dan in Coyhaique, maar de straten zijn enigszins veronachtzaamd. De havens Aguas Muertas en Los Palos, die vroeger voor kolonisten de enige verbinding vormden met de rest van Chili, zijn verzand. De rivieren zijn verstopt met sedimentgesteente, dat is losgekomen door de uitgebreide ontbos-

De Ventisquero San Rafael biedt een adembenemende aanblik

NAVIMAG

Carretera Austral Sur

singswerkzaamheden. Toch roept een kort bezoek aan het plaatsje iets op van de sfeer die er ooit moet hebben geheerst. De boeren gebruiken Aguas Muertas nog en verschepen er hun lammeren.

Een imposante hangbrug verbindt het stadje van 17.000 inwoners met het 14 km verder gelegen Puerto Chacabuco, de nieuwe zeehaven. Het populairste café van de stad heet Porvenir, 'Toekomst'. Aan de rand van de stad verrijzen *cabañas* in de chaletstijl van Coyhaique.

Oficina de Turismo: In de *municipalidad*, Esmeralda 810, tel. 67-33 25 62.
Conaf: Luis Alfredo Bustos 181, tel. 67-33 27 43, conaf.aysen@entelchile.net.

Puero Viejo Lodge: Simpson 435, tel./fax 67-33 30 63. Dit behaaglijke hotel met 6 kamers ligt aan de oever van de Río Aysén en is een waar toevluchtsoord. De kamers zijn klein, maar functioneel en warm ingericht. 2 pk 60.000 peso.
Hotel Los Caicahues: Michimalongo 660, tel./fax 67-33 56 80; 29 kamers. Verzorgd, ruim hotel, dat is ingericht met veel hout en glas. 2 pk vanaf 40.000 peso.
Residencial Roxy: Sgto. Aldea 972, tel. 67-33 27 04. Deze sobere *residencial* aan de *plaza* heeft grote, propere kamers. 6000 peso p.p., inclusief ontbijt.

Restaurant Carrera: Cochrane 465. Eenvoudige keuken met zeevruchten, gebakken doornhaai en zalm voor ongeveer 6500 peso.

Vliegtuig: Stadskantoor Lan Airlines, Sgto. Aldea 1141, tel. 60 05 26 20 00 (centraal telefoonnummer).
Bus: Regelmatig verbindingen met Coyhaique en Puerto Chacabuco.

Puerto Chacabuco

Ongeveer 16 km van Puerto Aisen ligt de grote haven van de Carretera Austral, **Puerto Chacabuco** 4. De stad ligt schitterend tussen diepgroene, ronde bergen in zee. Als puur functionele stad voor de verzorging van containerschepen van rederij Navimag en hoofdhaven van de cruisers naar de schilderachtige fjorden en kanalen, ontbeert de stad helaas elke attractie.

Hotel Loberías del Sur: M. Carrera 50, tel. in Santiago 2-3 32 01 81, in Puerto Chacabuco 67-35 11 12, fax 67-35 11 88, www.catamaranesdelsur.com; 60 kamers. Werkelijk een parel van een hotel – iets wat zeer wordt gewaardeerd door iedereen die de boottocht achter de rug heeft. Grote, sierlijke en behaaglijke kamers met comfortabele badkamers, competente service en een goed restaurant, sauna en internet. 2 pk US$150.
Hostal Moraleda: O'Higgins s/n, tel. 67-35 11 55; 10 kamers. Ligt pal aan de haven en is keurig, maar wel eenvoudig. 7000 peso p.p. Betere mogelijkheden in Puerto Aisén.

Bus: Regelmatig verbindingen met Puerto Aisén en Coyhaique.
Veerboot: In Puerto Chacabuco vertrekt een reis door de fjorden en Patagonische kanalen naar Puerto Natales. De boottocht wordt verzorgd door Navimag. Boeken bij Navimag, in Santiago: El Bosque Norte 0440, tel. 2-442 31 20, fax 2-203 50 25; in Puerto Montt: Angelmó 2187, tel. 65-43 23 00, fax 65-27 66 11; in Coyhaique: Pres. Ibáñez 347, tel. 67-23 33 06, fax 67-23 33 86, in Puerto Chacabuco: Terminal de Transbordadores, tel. 67-35 11 11, fax 67-35 11 92, www.navimag.cl.

5 Lago General Carrera

Een van de bezienswaardigheden in het zuiden is het Lago General Carrera, het op een na grootste meer van Zuid-Amerika, dat in toeristisch opzicht en volledig terecht geleidelijk ontwaakt uit zijn sluimering. De enorme wateroppervlakte van 1840 km² strekt zich glinsterend in groene en blauwe tinten aan weerszijden van de Chileens-Argentijnse grens uit; 980 km² behoort aan Chili. Vanaf Coyhaique hebt u ongeveer vier uur nodig tot aan de kleine haven Puerto Murta, het eerste plaatsje aan het meer als u de Carretera Austral naar het zuiden neemt. Bij La Bajada buigt een kortere zijweg oostwaarts af naar Puerto Ibáñez, dat u na ongeveer twee uur en 115 km over een grotendeels geasfalteerde weg bereikt. Wie liever gaat vliegen of sneller wil zijn, neemt in Coyhaique het vliegtuig naar Puerto Ibáñez, Chile Chico of Cochrane. Vliegen over en tussen met lagunes versierde Andestoppen is een werkelijk spectaculaire aangelegenheid (zie blz. 235).

Puerto (Ingeniero) Ibáñez en Cerro Castillo

Puerto (Ingeniero) Ibáñez 5 heeft de afgelopen jaren zijn strategisch belang enigszins verloren, sinds de Carretera Austral steeds verder tot het zuiden doordrong. Nieuwe dwarsverbindingen door het gevarieerde, schitterende terrein zetten het 2000 inwoners tellende plaatsje weer hoger op de toeristische kaart. Bergbeklimmen, trektochten, sportvissen, observatie van dieren en uitstapjes naar watervallen vormen het nodige potentieel.

Als standplaats voor de beklimming van de **Cerro Castillo** 6 is de stad vrijwel ideaal. Het spookslotdecor van de 2675 m hoge berg daagt steeds meer bergbeklimmers uit. Daarnaast waren de bergen al heel lang geleden bewoond, maar dat weet vrijwel niemand. Aan de voet van de berg ligt de **Cueva de los Manos**, een grot die als tweelingbroer van de veel beroemdere en veel beter gepromote, maar ook veel beter beschermde gelijknamige grot in Argentinië beschouwd kan worden. Een kort wandelpad brengt de bezoeker naar een door rotsen overschaduwde galerij. De rode handafdrukken op de wanden worden door archeologen uit het 10e millennium v.Chr. geschat. Overal ligt rood krijt. Is dat misschien het krijtje dat de Tehuelches duizenden jaren geleden hebben gebruikt?

Vanaf Puerto Ibáñez leidt een mooie route naar de grot. Op de weg naar Villa Cerro Castillo passeert u achtereenvolgens de azuurblauwe lagunes Morales, Sepúlveda en González, bij km 42 overspant een brug de behoorlijk wilde waterval van de Río Ibáñez. Even voorbij Villa Cerro Castillo neemt u de zandweg naar het hoger gelegen nationale monument. Een aangelegd educatief pad voert naar de rotsgang.

Over een andere onverharde weg langs het meer kunt u in tegenovergestelde richting van Puerto Ibáñez de grens met Argentinië bereiken. Dit is een bijzonder mooi traject, want juist op dit stuk langs het meer verandert het water regelmatig van kleur en verschiet het van donkergroen tot kristalblauw. Wie van deze plaats naar Chile Chico aan de zuidoever wil varen, kan hier inschepen.

Cabañas Shehen Aike: Av. Luis Risopatrón 55, tel./fax 67-42 32 84. Functioneel ingerichte, ruime houten bungalows (met echte keuken) voor in totaal 28 gasten, 100 m van de oever van het Lago General Carrera. Daarnaast zijn er een hoofdgebouw en een tuin. De eigenaars spannen zich in het de gasten naar de zin te maken en organiseren ook tal van interessante excursies. Geschikt voor rolstoelgebruikers. *Cabaña* voor 2 pers. ca. US$50, voor 4–6 pers. US$76–91, ontbijt US$7, diner US$16.

Andere accommodatie: Naast de drie eenvoudige, gemoedelijke *residenciales* Ibáñez, María en Vientos del Sur, is er een camping in het stadje. De *residenciales* serveren ook maaltijden voor hun pensiongasten. Ze kosten ongeveer 5000 peso p.p.

Bus: Dag. naar Coyhaique.
Veerboot: Over het Lago General Carrera naar Chile Chico, in het hoogseizoen jan./feb. 2x per dag.

Naar Puerto Tranquilo

Na Puerto Ibáñez doorsnijdt de Carretera Austral eerst weer veel weilanden en bossen. Toen de vulkaan Hudson in 1991 uitbrak, verstikte de asregen het dal van de Río Ibáñez. Bijna twintig jaar later komt het dal langzaam weer bij van die dodelijke omhelzing.

Voorbij de Laguna Cofre en de Río Cajón Cofre hebt u vanaf een *mirador* (uitzichtpunt) een weids uitzicht op de dichte bossen langs de Río Murta. Daarna toont de rit vanaf **Puerto Murta** 7 langs de zuidelijke oever van

Tip: Vlucht over de Andes

Gedachten waren in Chili niet altijd vrij, maar de lucht was er ten minste altijd zuiver. En dat werd en wordt benut. Waar wegen er niet in slagen door te dringen in onbewoonbaar aandoende gebieden tussen 6000 m hoge vulkanen en gletsjers, waarborgen grote en kleine vliegstrips de verbinding met de buitenwereld.

Opwindend zijn vluchten van Coyhaique en Punta Arenas naar Villa O'Higgins, over Kaap Hoorn of naar Puerto Williams – binnendringend in het puntige labyrint van de *cordillera*. De toestellen bieden plaats aan hoogstens tien tot twintig passagiers. Iedereen klimt zelf met gebogen hoofd de cabine in en zoekt een plaatsje op een van de smalle stoelen. De gezagvoerder bekijkt zijn klanten en knikt hen vriendelijk toe: slechts een beetje wind, niet meer dan normaal. Geen stewardessen, geen dagblad en al helemaal geen chocolaatjes. Het bromt, schudt en trilt, waarna het slingeren kan beginnen.

Het kleine toestel geeft het gevoel voor het eerst in 20 jaar weer op schaatsen te staan. Dat het machientje niet achteruit vliegt, vraagt u zich af na alle richtingswisselingen, die met de wind te maken hebben. De piloot zou intussen geen slecht figuur slaan als reisleider. Hij kent de namen van zelfs de kleinste lagunes van de Andes. Het is een schitterende ervaring om zo rond te suizen tussen de bruine en grijze granietpieken en het gevoel te hebben dat u zo in de donkerblauwe lagunes zou kunnen springen, zo dichtbij lijken ze te liggen.

Inlichtingen: Don Carlos, www.doncarlos.cl (zie blz. 239), Aerovias Dap, www.dap.cl.

Opwindend: hoog boven de Andes zweven met uitzicht op pieken en lagunes

Tip: De Capilla de Mármol bij Puerto Tranquilo

Het schitterende Lago General Carrera is niet alleen enorm uitgestrekt en uniek. Vanwege de hier levende algensoorten en de lichtinval toont het meer ook een kaleidoscoop aan kleuren, van donker dennengroen tot doorzichtig smaragd. In de kleine haven Puerto Tranquilo komen daar nog allerlei tinten wit bij. Dat gebeurt bij bezichtiging van de Capilla de Mármol, ook wel Catedral de Mármol genoemd, de 'marmeren kathedraal'. Op deze plaats heeft het meer een klein aangrenzend marmermassief geërodeerd en gepolijst. De gladgeslepen, veelvuldig opnieuw gevormde wanden spiegelen in het groen van het water, wat een waarlijk unieke aanblik oplevert. Met een open boot kunt u de grotten binnen- en rondvaren, maar alleen als de golven niet te hoog zijn. In dat geval wordt er niet uitgevaren. Het mooist is een bezoek als de zon schijnt in de zomer en dan het best 's ochtends, want dan waait het nog niet zo hard.

In Puerto Tranquilo wordt deze rondvaart door enkele touroperators aangeboden. Ze wachten op klanten aan de Bahía de Mármol. Voor gasten van de Terra Luna Lodge en de Mallín Colorado Ecolodge staat een bezoek aan de Capilla steevast op het programma (zie blz. 237). Ook in Coyhaique is dit tochtje te reserveren.

De Capilla de Mármol is door het water afgeslepen

het meer in een historische lengtedoorsnede de voortgang van de beschaving. De in de harde rotsen uitgehakte stukken weg, die voortdurend met steenslag zijn bedekt, knopen aan bij weggetjes van begin 20e eeuw, toen kolonisten poogden het dicht beboste gebied langs de Río Simpson te ontginnen. Het kilometerslange spoor van verbrande, kleurloze boomstammen getuigt ervan dat dit terrein de ontginning heeft weerstaan. De kolonisten hebben het verlaten.

Na Puerto Murta gaat u over een pas aangelegde steenslagweg omhoog naar **Puerto Sánchez** 8, een spookstadje. Deze korte klim is vooral de moeite waard vanwege het schitterende uitzicht over het Lago General Carrera en zijn omgeving.

Niet veel verder bereikt u het schilderachtige plaatsje **Puerto Tranquilo** 9 (228 km van Coyhaique). De grootste en werkelijk buitengewone bezienswaardigheid hier is de 'marmeren kathedraal', een stelsel van diep in de steile oever ingesneden grotten. De door het water geslepen marmeren wanden leveren wonderlijk oplichtende blauw-witte spiegeleffecten op. U kunt in Puerto Tranquilo een rondvaartboot nemen om de grotten te bezichtigen. De tocht duurt ongeveer een uur, maar is alleen mogelijk bij de juiste weersomstandigheden. Vooral 's middags kan het zo hard waaien dat het vanwege de hoge golven onmogelijk is de grotten binnen te varen.

Sernatur: Het dichtstbijzijnde kantoor van deze organisatie bevindt zich in Coyhaique (zie blz. 227).

Hostal Los Pinos: Dagoberto Godoy 51, tel. 67-41 15 76. Schone, gezellige kamers met verwarming in een familiepension met het karakter van een villa. Het restaurant serveert heerlijke maaltijden, zoals zalm voor 6000 peso. Bij het *hostal* hoort een winkeltje waar u proviand kunt inslaan.

Boottocht naar de Capilla de Mármol: Boeken in de Terra Luna Lodge in Puerto Guadal of de Cabañas Shehen Aike in Puerto Ibáñez.

Pudu Excursiones: Julio Garrido Bartsch, tel. 67-23 14 41. Boot naar de Capilla de Mármol, boottochten over het Lago General Carrera naar de spooksteden Puerto Sánchez en Puerto Cristal.

Naar Puerto Guadal

Rood als de Golden Gate Bridge en net zo mooi ligt een glanzende stalen brug over de samenloop van het Lago Bertrand en het Lago General Carrera. De Carretera Austral voert verder naar het zuiden, maar een tweede weg slingert langs de zuidelijke oever van het meer via Puerto Guadal naar Chile Chico en het Argentijnse land van de schapen en de estancia's. Wie in deze uithoek geluk heeft met het weer, kan de 4058 m hoge San Valentingletsjer boven het meer zien glinsteren, een voorbode van het machtige Campo de Hielo Norte.

Het 289 km van Coyhaique gelegen **Puerto Guadal** 10 heeft veel inwoners van Libanese en Turkse afkomst. De vruchtbare aarde en de rijke rivieren leveren levensmiddelen in overvloed. Ganzen waggelen over de *plaza*, paarden en koeien grazen op door regen sappige weilanden, zwanen fladderen rond plassen. Het plaatsje staat vol rozen- en rozenbottelstruiken en de vuurtoren op het kleine schiereiland ten noorden van het 500 inwoners tellende dorp laat de hele nacht zijn licht schijnen. Voordat de Carretera tot Puerto Guadal was doorgetrokken, was het meer de enige manier voor personenvervoer en handelsverkeer om er te komen.

Hacienda Tres Lagos: Carretera Austral, km 274, Cruce El Maitén, tel. 67-41 12 32, in Santiago inlichtingen en reserveren

Extra vakantie: Terra Luna Lodge en Mallín Colorado Ecolodge (zie blz. 238) zijn zeer geschikt als standplaats voor een korte extra vakantie langs de Carretera Austral. Alles wat op eigen gelegenheid met de nodige inspanning georganiseerd moet worden, is bij deze onderkomens probleemloos te boeken.

De eruptie van de Hudson heeft zijn sporen nagelaten in het dal van de Río Ibáñez

2333 41 22, www.haciendatreslagos.com. Vakantie vieren op een luxueuze haciënda met hotel in een uiterst voorkomende sfeer. Eigen spa, wandelen, paardrijden, kajakken op het Lago Negro, vissen, vliegvissen en veel excursies. Te reserveren met een arrangement. 2 pk met volpension US$280.

Mallín Colorado Ecolodge: Camino Austral Sur km 273, tel./fax in Santiago 2-274 18 07, www.mallincolorado.cl. Op de weg naar Puerto Guadal, goed verzorgde boshut met zeer comfortabele, luxueuze bungalows. Gemoedelijke sfeer, excursies, paardrijden, wandelen en vissen. Veel mooie arrangementen (3-8 dagen), maar ook per nacht te boeken. Er wordt Engels gesproken. 2 pk US$160.

Terra Luna Lodge: 1,5 km van Puerto Guadal, tel. 67-43 12 63, fax 67-43 12 64, www.terraluna.cl, boeken in Santiago bij Azimut 360, General Salvo 159, Providenica, tel. 2-235 15 19, fax 2-235 30 85, www.azimut.cl. Aantrekkelijke, zeer goed voorziene *lodge* in een grote tuin, hoofdgebouw met tweepersoonskamers van twee verdiepingen, verschillende bungalows, grillplaats, eigen strand, pal aan het Lago General Carrera tegenover de San Valentingletsjer; 24 uursservice; excursies naar wens, ongebruikelijke aanbiedingen voor trektochten, ook over het Campo de Hielo Norte en naar de Cerro San Lorenzo; vriendelijk en deskundig; reserveren noodzakelijk. Spaans, Engels en Frans gesproken. Ook de keuken en de wijnen zijn voorbeeldig. Vanaf US$50 p.p., arrangementen zijn gebruikelijk.

Chile Chico

Zo'n 112 spectaculaire kilometers langs het Lago General Carrera scheiden Puerto Guadal van Chile Chico. De weg passeert enkele kleine haventjes en leidt door oude landerijen met schapen. Voor de Paso de los Llaves moest 230 km weg uit de rotsen gehakt worden. De weg klimt naar een rotsige, barre *meseta* (hoogvlakte), waar u van heel bijzondere vergezichten kunt genieten. De na 84 km diep in de rotsen uitgesleten Garganta del Diablo, 'Duivelskloof', doet zijn naam alle eer aan: de bijna mythische spleet in de aarde zou zo de plaats kunnen zijn om een orakel als dat van Delphi te raadplegen.

Het landelijke kerkstadje **Chile Chico** 11 en zijn 4000 inwoners hebben zwaar te lijden gehad van de asregen die de Hudsonvulkaan in 1991 uitbraakte. Die uitbarsting heeft het karakter van bedrijvig handels- en landbouwcentrum echter niet kunnen veranderen. Dankzij het gunstige microklimaat is hier de uitgestrekte moestuin en boomgaard van de regio ontstaan. De overvloedige oogsten van groente en fruit werden vroeger tot aan Coyhaique gebracht, maar de verbeterde verbindingen met Midden-Chili over de weg heeft de concurrentiepositie van de plaatselijke opbrengsten verslechterd. De laatste jaren gaat de bevolking dan ook meer en meer over op het fokken van schapen. Ook de in 1995 in bedrijf genomen goudmijn Fachinal, 30 km van Chile Chico verwijderd, heeft nieuwe werkgelegenheid gecreëerd.

Oficina de Información Turística: O'Higgins 333, tel. 67-41 11 23.
Conaf: Blest Gana 121, tel. 67-41 13 25.

Residencial Don Luis: Balmaceda 175, tel. 67-41 13 84; 8 kamers. Eenvoudig, schoon pension met een vriendelijke ontvangst. 9500 peso p.p.
Hostería de la Patagonia: Camino Internacional s/n, Sector las Chacras, tel. 67-41 13 37. Even buiten de stad gelegen, rustig en gezellig, goed restaurant, de beste optie van de stad; ook excusies. 2 pk 17.000 peso.

Café-restaurant Loly y Elizabeth: Aan de *plaza*. Klein en gezellig; goedkope menu's met regionale specialiteiten, bijvoorbeeld zalm voor 6000 peso.

Vliegtuig: Don Carlos, O'Higgins 264, www.doncarlos.cl, vliegt met kleine toestellen naar Coyhaique.
Bus: 4x per week naar Puerto Guadal (reisduur: ca. 2 uur), daar aansluiting op bussen die over de Carretera Austral rijden, bijvoor-

Tip: Andesherten in natuurreservaat Tamango

De andesherten *(huemules)*, die in het dicht beboste en bergachtige zuiden van Chili en Argentinië hun natuurlijke leefomgeving hebben, worden met uitsterven bedreigd. Voordat er op ze werd gejaagd, kenden de herten slechts een natuurlijke vijand: de vos. Daarom is het maar al te begrijpelijk dat een Chileen een kreet van verrukking slaat als hij een *huemul* ziet. Aangezien het schuwe andeshert inmiddels onder natuurbescherming staat en het bestand zich heeft hersteld en iets is uitgebreid, hebt u kans dat u er een te zien krijgt. Wie van Coyhaique naar het Lago General Carrera rijdt, kan een hert uit de bossen zien komen. Echt goede kansen op het observeren van een andeshert hebt u in het Reserva Nacional Tamango, ten zuiden van het General Carrerameer. Uitgangspunt is de Conafpost in Cochrane.

Dit plaatsje ligt ten zuidoosten van het natuurreservaat. Hier hoort u of de weersgesteldheid een bezoek aan het park toelaat, want u moet met de boot over het Lago Cochrane, dat zich bij sterke wind behoorlijk kan roeren. Als het te hard waait, wordt het uitstapje afgeblazen.

Verschillende wandelpaden leiden door het dichte bos vol *coigüe* en *lenga*. De parkwachters kennen uiteraard de beste plaatsen om andesherten te observeren. In het reservaat liggen enkele kampeerplaatsen en een schuilhut – om die te kunnen gebruiken moet u zich wel bij de Conaf aanmelden.

Excursies worden georganiseerd door de Conaf in Cochrane (zie blz. 242). De Terra Luna Lodge en de Mallín Colorado Ecolodge (zie blz. 238) organiseren tochten naar Tamarango voor hun eigen gasten.

beeld naar Coyhaique en Cochrane; de bussen stoppen op verzoek ook bij het vliegveld van Balmaceda. 2x per dag verbindingen met Argentinië (via Los Antiguos naar Comodoro Rivadavia).

Veerboot: Verbindingen met Puerto Ibáñez (duur: 2,15 uur): Ferry Chelenco, Manuel Rodríguez 253, tel. 67-41 11 64; Baquedano 146, Coyhaique, tel. 67-23 34 66 op di., do. en zo.; Ferry Pilchero, Portales 99, Coyhaique, tel. 67-23 42 40, het hele jaar vertrek van Chile Chico di. 15, do. 10, vr. 17, zo. 12 uur, vertrek van Puerto Ibáñez di., wo., vr., za. 12 uur (ook voor auto's).

Langs de Río Baker

Vanaf Puerto Guadal klimt de brede Carretera Austral tegen zacht glooiende, groenbruine heuvels op en stuurt uw blik naar de samenloop van de Río Nef en de Río Baker. Terecht zijn er diverse uitkijkplatforms aangelegd: het uitzicht over de verschillend gekleurde rivieren tegen de achtergrond van de gletsjers en bergen van het Campo de Hielo Norte is wel een uitgebreide pauzestop waard.

Vissers hebben in deze omgeving een paradijs gevonden, want in het Lago Bertrand duikelen ettelijke geliefde soorten forellen rond. Het voormalige veehandelsplaatsje **Puerto Bertrand** 12 heeft zich erop ingesteld het gasten zo aangenaam mogelijk te maken en is van weeromstuit heel knus geworden. In tuinen met de nothofagussoorten *lenga*, *coigüe* en *ñirre* liggen schone en verzorgde bungalowparken, die op schoolborden hun aanbiedingen adverteren: trektochten, bootreisjes, vissen en vliegvissen.

Nog één *cañon* te gaan, en dan volgt de weg de loop van de diepgroene, over rotsen en stenen bruisende Río Baker. De snelststromende rivier van Chili is een lust voor het oog en gaat in de richting van Cochrane. Net als overal in het diepe zuiden zijn de geschiedenis en de ligging van Puerto Bertrand – als u geluk hebt, kunt u een van de hoogste bergen van Patagonië zien liggen, de Cerro San Lorenzo (3706 m) – veel spannender dan het uiterlijk ervan. Lucas Bridges, een van de zonen van de bekende anglicaanse pater Thomas Bridges, die als eerste blanke in het Argentijnse deel van Vuurland een woordenboek samenstelde van de taal van de Selk'nam-indianen, reisde in 1908 in opdracht van de Sociedad Explorada naar deze plaats om er een schapenboerderij op te zetten.

Campo Baker: tel./fax 67-41 14 47, in Coyhaique 67-23 63 73. Aantrekkelijke,

comfortabele houten bungalows met terras, balkon en eigen haard in een bos aan de rivier; excursies, paardrijden. Goed voor een langer verblijf. Speciale arrangementen of US$120–160 voor 2 pers.

Hostería Río Baker: 1 km ten zuiden van Puerto Bertrand, boeken via tel./fax 33-44 19 60; 18 kamers. Mooie, lichte bungalows in een grote tuin; excursies en visexpedities aangeboden. Uitsluitend arrangementen. 5 dagen US$1000 p.p.

Cochrane

Cochrane 13 is in 1934 voortgekomen uit een winkel-van-sinkel en een school. Het is er een beetje saai en braaf, maar het heeft alles wat de schapen-*estancieros* van de regio nodig hebben. De straten liggen kaarsrecht naast elkaar, met een *plaza* onder hoge bomen en net als elders de bank, het postkantoor, het stadhuis en de kerk eromheen. De straten zijn geasfalteerd, wat weer eens wat anders is na alle steenslagwegen.

Sterke contrasten aan de Río Baker: groenbruine heuvels en witte bergtoppen

Sernatur: Plaza de Armas, tel. 67-52 21 15, 's zomers meestal geopend ma.-za. 9-13 en 14.30-20 uur.
Conaf: Río Nef, tel. 67-52 21 64; onregelmatig geopend, maar er is een geregeld bezette Conafpost bij de ingang van Reserva Nacional Tamango (zie blz. 239) aan de kade; boottochten en wandelingen met gids, aanmelden verplicht.

Hostal Latitud 47 Sur: Lago Brown 564, tel. 67-52 22 80. Logies in huiselijke feer. Zes kleine, gezellige kamers, drie gemeenschappelijke badkamers. Het overvloedige ontbijt wordt gezamenlijk genuttigd. Bemiddeling bij excursies en paardrijden. 2 pk 25.000 peso.
Hostería Wellmann: Las Golondrinas 36, tel./fax 67-52 21 71; 12 kamers. De beste keus in Cochrane: klein, prettig, traditioneel hotel met restaurant, tevens excursies en paardrijtochten. 2 pk ca. US$35.
Residencial El Fogón: San Valentín 651, tel. 67-52 22 40. Simpel en schoon, tamelijk donkere kamers aan een gang, gemeenschappelijk bad; goed restaurant met voor deze regio karakteristieke *cazuelas* (stevige stoofpotten) op de kaart. 7500 peso p.p.

Restaurant Rogeri: Tte. Merino 502, tel. 67-52 22 64. Een alternatief voor wie niet in zijn hotel wil eten. Kleine gerechten en menu's 3000-7500 peso.

Bus: Een paar keer per week bussen naar Coyhaique met Acuario 13, Los Ñadis en Buses Don Carlos.
Huurauto: Marcial E. Moya Díaz, Dr. Steffens 147, tel. 67-52 22 76.

Aan het einde van de Carretera Austral

Puerto Yungay

Ten zuiden van Cochrane houdt de Chileense wereld bijna op. De stenige, onverharde weg slingert door donkere, dichte bossen. Er worden nog dappere pioniers gezocht die zich willen vestigen in de 135 km verder gelegen buurt rond **Puerto Yungay** 14. Naast een militaire post leven er voornamelijk geïmporteerde schapen. Daarmee wordt de traditie van bezetten en gebruiken van land voortgezet. 'Wie niet op eigen voeten naar de markt kan komen, heeft hier geen afzetmogelijkheden', werd vroeger al eens spottend gezegd over de gebruiksmogelijkheden van het land aan de Carretera Austral.

Veerboot: In Puerto Yungay zet een veerboot u over de Río Bravo, in de zomermaanden 3x per dag, rest van het jaar eerst in Cochrane informeren (overtocht ca. 1 uur). In het hoogseizoen kunt u er beter op tijd bij zijn, want het veer is snel vol en openbaar vervoer heeft voorrang.

6 Caleta Tortel

In 2003 is vanaf Puerto Yungay een zijweg naar het betoverende Caleta Tortel aangelegd, of liever, de weg is met explosieven vrijgemaakt. De smalle weg ligt hoog tegen de bergwand en is zozeer ingesloten door de bergen dat het militaire bewind pas durfde te beginnen met de bouw ervan. Voor particuliere investeerders was het project kennelijk te moeizaam en te kostbaar. Voorheen was het kleine dorpje uitsluitend bereikbaar per boot of met een vliegtuigje.

In tegenstelling tot Puerto Yungay heeft het 110 km verder gelegen Caleta Tortel wel inwoners, namelijk 400, evenals een postagentschap, een openbare telefoon, die op de kleine, zeshoekige Plaza de Armas prijkt – die hier uit een één houten paviljoen bestaat – en verder een radiotelefoon voor de gehele gemeenschap. Wordt iemand opgebeld, dan roept de dienstdoende beambte eenvoudig zijn naam uit het raam, waarop de aangesprokene zich naar het kantoortje spoedt.

De belangrijkste bron van inkomsten in Caleta Tortel was lang de kweek van cipressen. Vrijwel alle huizen zijn gebouwd van deze geurige houtsoort. Als bontbeschilderde schoenendozen liggen ze boven elkaar, verbonden door trappen, stegen en plankiers, want voor gewone straten is de berg veel te steil. Sla, komkommer, koriander, kruisbessen en tomaten gedijen in de uit plastic opgetrokken wintertuinen; vis en zeevruchten haalt men uit de Grote Oceaan, kippen scharrelen rond in de klei tussen de huizen, brood wordt zelf gebakken en al het andere komt over land of over zee: shampoo, radio's, cadeaupapier, aanstekers, erwten, rijst, vlees, pasta en olie. Voor het transport zorgt de dienst voor geïsoleerde gebieden EMAZA.

Sinds enige tijd is een wettelijk einde gemaakt aan de gigantische ontbossing. Nu zet men in Caleta Tortel in op de nieuwsgierigheid van toeristen, die wel eens willen zien hoe het leven eraan toegaat in een dorp aan het eind van de weg. Een nog bescheiden infrastructuur van pensions en kleine restaurants staat de reiziger ter beschikking. De burgemeester helpt stevig mee de reis naar Caleta Tortel te propageren. Zo kunt u vanhieruit het een en ander ondernemen. Per boot, uiteraard, bijvoorbeeld via de Jardín de los Témpanos, de 'IJsbergentuin', naar de Pedro Monttgletsjer.

Ook voor een wat griezeliger attractie hebt u een boot nodig. Het **Isla de los Muertos** is de begraafplaats van Caleta Tortel. Over het eiland gaat het gerucht dat de met de kweek van cipressen rijk geworden 'cipressenkoning' Ciriaco Álvarez (zijn huis is te bezichtigen in Chonchi op Chiloé, zie blz. 207) hier zijn houthakkers liet vermoorden zodat hij geen loon hoefde uit te betalen. Anderen menen dat de arbeiders bij een epidemie zijn omgekomen.

Residencial Costanera: Sector Base. Met ontbijt, maar wel wat wankel en scheef gebouwd, kleine kamers, gemeenschappelijk bad. 7500 peso p.p.

El Mirador: Sector Base. Gezellig, gemoedelijk restaurant met uitzicht op zee. U kunt alleen eten nadat u hebt besteld, u moet dus even van tevoren langsgaan. Menu 6500-8000 peso.

El Rey del Ciprés: Sector Base. U zit hier als in een huiskamer, met uitzicht op de fjord. De keuken is goed, maar u moet wel van tevoren bestellen. Visgerechten voor 6000 peso.

Uitstapjes: In de haven kunt u informeren naar excursies naar de Ventisqueros Montt en Steffens. Boottochten naar het Isla de los Muertos.

Vliegtuig: Op wo. naar Coyhaique met Don Carlos, www.doncarlos.cl.

Villa O'Higgins

Het 2000 inwoners tellende plaatsje **Villa O'Higgins** 15 is tot nu toe het eindpunt van de Carretera Austral. Het stadje ligt vlak en rustig onder aan de Moscogletsjer. In het bos liggen fraaie wandelpaden. De nabijgelegen meren maken inmiddels furore bij vissers, want er zijn hier voortreffelijke regenboogforellen te vangen, bijvoorbeeld uit het Lago Cisnes. Die populariteit heeft Villa O'Higgins een kleine, functionele toeristische infrastructuur met aardige pensions opgeleverd. De bevolking zet zich er met al zijn bescheiden middelen voor in dat het gasten hier aan niets ontbreekt. Toeristen moeten het zo mooi en comfortabel mogelijk hebben Men is bezig een Sendero de Chile uit te zetten. Via plankiers en uitzichtplatforms in het Parque Cerro Santiago komt u op het Sendero Río Mosco, dat 10 km lang over afwisselend terrein tot aan de tong van de Moscogletsjer opklimt. Meer informatie over dit gebied kunt u vinden op de uitgebreide, Spaanstalige website www.villaohiggins.com.

Cabañas San Gabriel: Camino Austral Sur 1,5 km, tel. 67-23 48 13. De bungalows liggen op een stuk land aan de Río Mosco, hebben een volledig uitgeruste keuken, goed gemeubileerde kamers, een haard en, voor wie daar behoefte aan heeft, een televisie. Ongeveer 25.000 peso p.p.

Hostal Runin: Pasaje Vialidad, hotalrunin@yahoo.es. Ruime, prettig ingerichte kamers, grote ontspanningsruimte, grillplaats. Het eten, bereid door de moeder van de eigenaar, is heel goed. De waard richt zich op het toerisme. 2 pk 20.000 peso, inclusief ontbijt.

Eenvoudige residenciales: Apocalipsis en The End of the Road; in deze gelegenheden kunt u ook maaltijden krijgen.

Lupineweide in nationaal park Torres del Paine

Magallanes en Vuurland

In een oogopslag: Magallanes en Vuurland

Het mooie, woeste zuiden

Magallanes en Vuurland kunnen bogen op een buitengewoon landschap en een boeiende geschiedenis. De granieten kathedralen van de **Torres del Paine** op hun bedding van blauwe lagunes en jadegroene meren, de kuddes volstrekt niet schuwe guanaco's op Vuurland, de vergletsjerde **Cordillera Darwin** en de pracht en praal van Punta Arenas aan de zuidrand van de wereld – deze beelden bezitten een zeggingskracht die elders nauwelijks te vinden is.

Wanneer u op de kaart kijkt, ziet het zuidelijkste deel van Chili eruit als de versplinterde staart van een komeet. Elk rotsblokje en elk schiereiland heeft een naam – een erfenis van zeevaarders die op de stormachtige zee behoefte hadden aan oriëntatie.

Een van de beroemdste zeevaarders uit de geschiedenis schonk zijn naam aan deze regio: Fernando de Magallanes, een Portugees in dienst van Spanje. Toen hij eindelijk in 1520 de Estrecho de Magallanes, de **Straat van Magallanes**, de in handelspolitiek opzicht zo belangrijke passage tussen de Atlantische en de Grote Oceaan, had gevonden, zag hij doorsneden kusten in het noorden en een door damp versluierd gebied, de *Tierra del Humo*, het 'Land van de Damp', dat keizer Karel V later herdoopte tot *Tierra del Fuego*, **Vuurland**. Wat Magallanes had gezien, waren de vuren die de nomadische Yaghans nooit lieten uitgaan in hun kano's. Hij heeft nimmer voet gezet op Vuurland.

In de ijskoude Zuidelijke IJszee was het hierna een drukke bedoening. Wie de zeestraat tussen de twee oceanen beheerste, bereidde namelijk de weg voor het ontstaan van nieuwe koloniën. Vanaf de 18e eeuw dienden de fjorden en eilandjes als steunpunt voor robben- en walvisjagers. *Alacalufes*, de 'mensen met messen van schelpen', leefden in hun tenten van robbenhuid op wijdverspreide eilanden.

De Britten gebruikten de uitgestrekte steppen van Magallanes en Vuurland voor de schapenfokkerij. Daar kwamen Kroaten, Spanjaarden en Portugezen bij. Toen werd, in 1860, goud gevonden op Vuurland – en hele horden gelukszoekers woelden het ijzeroxide bevattende zwarte zand van de rivieren en de kusten om.

De Vuurlandindianen Tehuelches, Selk'nams en Yamana's overleefden de conflicten met de Europese goudzoekers en schapenfokkers niet. Mensenjagers verkochten hun hoofden aan Britse archeologen en musea. Alleen de missieposten van de salesianen boden een toevluchtsoord, zoals op aangrijpende wijze wordt gedocumenteerd in hun museum in **Punta Arenas**.

De schapenteelt is nog steeds een belangrijke bron van inkomsten. In economisch opzicht gaat het ook de andere delen van de regio niet slecht: aardolie op Vuurland, de omvangrijke vrijhandelszone in Punta Arenas en de visverwerkende industrie zorgen voor welvaart.

Dat dit zo afwisselende land met zijn gletsjers, gespleten kusten en dierenparadijzen van een opzienbarende schoonheid is, bleef echter lange tijd onopgemerkt. Toen de Duitse pionier Hermann Eberhardt in 1896 in de buurt van **Puerto Natales** een grot van de reuzenluiaard Mylodon betrad, meenden velen dat dit allang uitgestorven oerdier hier nog zou kunnen leven – de omgeving zag er tenslotte prehistorisch genoeg uit.

Hoogtepunten

7 **Punta Arenas:** Zo diep in het zuiden is zo'n aangenaam oord eigenlijk heel onverwacht: Punta Arenas – (bijna) de zuidelijkste stad ter wereld (zie blz. 248).

8 **Parque Nacional Torres del Paine:** Het glaciale nationale park is een van de hoogtepunten van een reis door Chili (zie blz. 264).

Aanbevolen routes

Van Puerto Natales naar de Cueva del Milodón: Een tocht in het voetspoor van de eerste Europese bezoekers. Net als zij kunt u de grot van de Mylodon ontdekken (zie blz. 263).

Van Porvenir naar het Lago Fagnano: Door de winderige koudewoestijnen in het noorden naar de bergweiden aan de voet van de Cordillera Darwin (zie blz. 272).

Reisplanning

De afstanden zijn groot en de wegen zijn vooral met grind verhard en af en toe zelfs dat niet. Punta Arenas is een bezoek van een dag waard, het beroemde nationale park Torres del Paine minstens twee dagen. Inclusief heen- en terugreis en andere uitstapjes van Puerto Natales zijn er minstens vijf dagen mee gemoeid. Voor Vuurland moet u nog vier à vijf dagen uittrekken.

Klimaat en reistijd

In het diepe zuiden moet u eigenlijk altijd rekenen op lage temperaturen. Dankzij een bijzonder microklimaat heersen in het Parque Nacional Torres del Paine in de zomermaanden doorgaans temperaturen van 20 °C, met een stralende zon. Stel u in op hevige schommelingen van het weer. Tussen Punta Arenas en Puerto Natales en ook in het noorden van Vuurland liggen de Patagonische koudewoestijnen, waar het plotseling krachtig kan waaien of sneeuwen. Het zuiden van Vuurland is vochtig. U kunt hier het beste in de zomermaanden tot aan half maart verblijven. Door de nabijheid van de zuidpool brandt de zon fel.

Tips

Vakantie op een estancia: Ook in Chileens Patagonië en op Vuurland kunt u genieten van wat in Argentinië inmiddels heel gewoon is (zie blz. 252).

Boottochten in Magallanes: Er zijn verschillende middelen om dit stuk zee te verkennen. Een bezoek aan Isla de Magdalena is zeer de moeite waard (zie blz. 259).

Gletsjertocht in het nationale park Torres del Paine: Bij zonnig en rustig weer is dit een mooie tocht, omdat u altijd zicht hebt op de gletsjers (zie blz. 262).

Magallanes

Kaart
blz. 256

Deze ooit zo afgelegen regio kan bogen op een geweldige toeristische carrière: van standplaats voor robbenslachters en strafgevangenenkamp voor zware misdadigers heeft het zich ontwikkeld tot een van de populairste gebieden in het land. De grootste troeven zijn de mooie hoofdstad en het nationale park Torres del Paine, dat praktisch elke Chilifolder siert.

7 Punta Arenas

Atlas: blz. 19, B 1; **Kaart:** blz. 250

Voor wie in de zomer vanuit Santiago in Punta Arenas aankomt, is het koude weer het opvallendst; voor hen die echter van de zuidelijke Carretera Austral of van Isla de Chiloé komen, zijn het de huizen. Deze zijn van steen en nogal omvangrijk – geen fragiele houten bouwsels die zich staande proberen te houden in de regen.

Punta Arenas tooit zichzelf en zijn 118.000 inwoners met het etiket 'zuidelijkste stad ter wereld', hoewel eenieder die de kaart ter hand neemt, meteen moet erkennen dat dat onhoudbaar is: het Argentijnse Ushuaia en het Chileense Puerto Williams liggen beduidend zuidelijker. Punta Arenas is echter een echte

Punta Arenas, bijna de zuidelijkste stad ter wereld, en zeker een bezoek waard

stad, al was hij in het begin – twee stadspaleizen aan een met sneeuw bedekte *plaza* – wel bijzonder klein uitgevallen. De Chilenen beschouwen de voormalige strafkolonie Ushuaia ondanks de huidige toeristische opbloei niet als een echte stad, en ook de verzameling huisjes met golfplaatdaken van Puerto Williams vinden ze toch eerder een nederzetting, hoewel de plaats 2700 koudebestendige inwoners telt.

Punta Arenas is een mooie stad, zonder enige twijfel. Het is zelfs nog mooier geworden sinds de centrale Plaza Muñoz Gamero is vergroot. Eerbiedwaardige handelskantoren met glimmende gouden deurkrukken, fraaie woonwijken, die zich in het rechthoekige stratenplan uitstrekken tot aan het water en de heuvels van het kustgebergte, dit alles straalt een onberispelijke, grootburgerlijke pracht uit. Toch komt Punta Arenas niet steriel over: op de pleinen en de groenstroken ontmoeten de jongeren elkaar 's zomers en vormen een spontane disco.

De stad beschikt inmiddels over twee havens, omdat sinds enige tijd de cruiseschepen na of voor hun expeditie naar het zuidpoolgebied hier voor anker gaan. Eén haven bleek daarvoor niet meer genoeg te zijn. Punta Arenas is namelijk tevens een belangrijke handelshaven voor de vrachtschepen die door de Straat van Magallanes gaan, marinebasis voor operaties in de Antarctische zone en natuurlijk het traditionele handels- en voorzieningencentrum voor de omliggende industriële nederzettingen.

Onderweg met de auteur

In het voetspoor van de pioniers

In de musea in **Punta Arenas** (zie blz. 251) en **Puerto Natales** (zie blz. 258; en ook in Porvenir op Vuurland, zie blz. 270) kunt u ervaren hoe het geweest moet zijn om pionier in een eenzame omgeving te zijn.

Weinig inspanning, mooi doel

Voor alle bezoekers aan het **Parque Nacional Torres del Paine** die maar weinig tijd hebben (of geen kamer meer hebben kunnen krijgen) is deze korte, maar toch zeer lonende wandeling aan te raden. Met minimale inzet bereikt u de belangrijkste bezienswaardigheid: al na 20 minuten wandelen door een dun bos ziet u het **gletsjermeer Grey** met al zijn ijsbergen. De reusachtige **Glaciar Grey** is duidelijk zichtbaar op de achtergrond. De wandeling duurt ongeveer een halfuur langer wanneer u langs de oever naar het uitkijkpunt loopt (zie blz. 267).

Plaza Muñoz Gamero en omgeving

De meeste bezienswaardigheden concentreren zich in een paar straten rond de **Plaza Muñoz Gamero** **1**. Dit is een prachtig plein met cipressen en kleurrijke bloemperken, een mooi houten muziekpaviljoen en een centraal allegorisch bronzen beeld dat een van de schapenfokkers en rijkste mannen van de *Cono Sur*, José Menéndez, in 1920 ter gelegenheid van de 400e verjaardag van de ontdekkingsreis van Magallanes liet neerzetten. De zeevaarder neemt een heroïsche pose aan, met twee Selk'namindianen die neerhurken bij zijn laarzen. U moet, zegt men, over de tenen van de laarzen strijken wanneer u wilt terugkeren naar Punta Arenas. En die zijn dan ook helemaal blankgeboend. Ambachtslieden stellen hier hun waren uit en zorgen voor leven onder het gebladerte.

Het geheel van plein en omliggende huizen is in 1991 uitgeroepen tot *Zona típica*. Naar welke kant u ook kijkt, overal ziet u architectonische pracht en praal. Het **Palacio Sara Braun** **2** presenteert zijn wintertuin aan de zijde van de *plaza*. In de tuin staat het mooiste restaurant van Punta Arena, in het paleis zelf is hotel José Nogueira ondergebracht. De hele tsaristische pracht en praal van 1895 is met respect gerestaureerd, zelfs de cognackleurige dubbele deuren met hun zijden kwasten zijn zo behandeld als men anders alleen met een Rembrandt doet (Plaza Muñoz Gamero 716, tel. 61-24 14 89, ma.–vr. 10.30–13, 17–20.30, za. 10.30–13, 20–22 uur, 1000 peso).

Punta Arenas

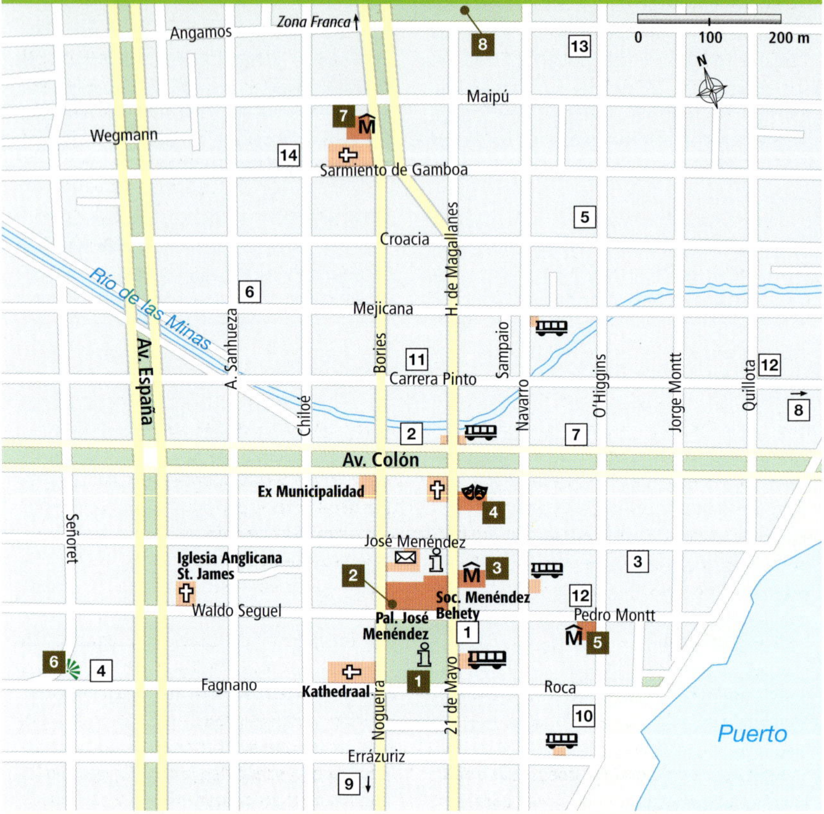

Bezienswaardigheden

1 Plaza Muñoz Gamero
2 Palacio Sara Braun (Hotel José Nogueira)
3 Palacio Braun Menéndez
4 Teatro Municipal
5 Museo Naval y Marítimo
6 Mirador Cerro La Cruz
7 Museo Salesiano Maggiorino Borgatello
8 Begraafplaats

Accommodatie

1 Hotel Cabo de Hornos
2 Hotel Tierra del Fuego
3 Hotel Savoy
4 Hostal Oro Fuegino
5 Hostería de la Patagonia
6 Hostal del Centro
7 Residencial La Estancia
8 Dinka's House

Eten en drinken

9 La Pergola
10 Sotito's Bar
11 El Estribo
12 El Mesón del Calvo
13 La Luna
14 Restaurant-Casino
Sociedad de Empleados

Uit Montevideo zijn de bakstenen afkomstig voor de bouw van het belendende **Palacio José Menéndez**. Nu is de *Club Militar* er ingetrokken, dus het paleis is niet te bezichtigen. De **Sociedad Menéndez Behety**, die dit stratenblok afsluit naar de Calle Hernando de Magallanes, wordt gekenmerkt door een stenen voorgevel uit het eind van de 19e eeuw.

Palacio Braun Menéndez en Teatro Municipal

Het **Palacio Braun Menéndez** 3, eveneens een schitterende mix van glas en steen, werd in 1905 ontworpen door de architect Antonio Beaulier. Hij was ook verantwoordelijk voor andere gebouwen, wat het begin-20e-eeuwse karakter van de buurt verklaart, die zo één geheel vormt. Het paleis dient tegenwoordig als **Museo Regional de Magallanes** en biedt een spannend overzicht van de geschiedenis van de stad en omgeving. Als bewijs van de moeizaam verworven beschaving dienen de tentoongestelde telefoons, operakaartjes en baljurken. In een zijvleugel zijn enkele gerestaureerde pronkvertrekken vol Europese meubels en tapijten te bezichtigen (Magallanes 949, Tel. 61-24 42 16, Fax 61-22 13 87, museoregional1001@chilnet.cl, nov.-apr. ma.-za. 10.30-17, zo. 10.30-14, mei-okt. dag. 10.30-14 uur, 1000 peso, zo. toegang gratis).

Even verderop konden vroeger de operakaartjes getoond en de baljurken gedragen worden: het **Teatro Municipal** 4 uit 1899 toont de glinsterende luxe van het eind van de 19e eeuw.

Museo Naval y Marítimo

In het **Museo Naval y Marítimo** 5 is een bijzonder interessante tentoonstelling te zien met modelschepen, voorwerpen die de geschiedenis van de Yaghans documenteren, en uitgebreide informatie over de ontdekking van het zuidpoolgebied (Pedro Montt 981, di.-za. 9.30-12.30, 15-18 uur, 500 peso).

Keer terug naar de *plaza*. De architect Beaulier heeft ook aan de tegenoverliggende zijde gewerkt. Hij ontwierp er de stadsvilla's van Alejandro Menéndez Behety en José Montes, en het verenigingsgebouw van de *Sociedad Braun y Blanchard*.

Mirador Cerro La Cruz

Twee *cuadras* ten oosten van de *plaza* begint al het havengebied aan de Magallanesstraat, dat ook heel mooi vanuit de **Mirador Cerro La Cruz** 6 te zien is, die in het westen van het centrum ligt. Nadat u een paar trappen hebt beklommen, kijkt u al uit over het goed geordende geheel van bontgeverfde daken, door hagen omgeven rozentuinen en daarachter de glinsterende zee, die vroeger het einde van de wereld markeerde.

Museo Salesiano Maggiorino Borgatello

Het boeiendste museum van het zuiden is een missiemuseum. Dat is niet verwonderlijk voor wie de geschiedenis van Magallanes kent. De salesianer missiepost van Punta Arenas fungeerde als een warm en gastvrij toevluchtsoord voor iedereen die aan de poorten stond, vooral voor de Selk'nams en de Tehuelches. De laatste jaren gaan er echter steeds luidere stemmen op van mensen die de missionarissen verwijten dat ze de indianenstammen aan hun rigide heropvoedingsprocessen hebben onderworpen en daarom medeverantwoordelijk zijn voor hun uitsterven. Desondanks zijn de etnologische en historische collecties in het **Museo Salesiano Maggiorino Borgatello** 7 – met daaronder ook gruwelijke foto's van de verdrijving van de indianen – op de eerste verdieping zeer ontroerend.

Zeelieden namen van hun ontdekkingsreizen opvallende rotsblokken en wonderlijke, onbekende dieren mee, die ze achterlieten om te worden geprepareerd. In het museum overheerst een geur van mottenpoeder, en er is dan ook veel wat door mottenballen moet worden beschermd. Bijvoorbeeld een stuk huid van het dier dat de Britse schrijver Bruce Chatwin volgens zijn reisverslag *In Patagonië* ertoe had gebracht om naar de zuidpunt van Zuid-Amerika te trekken. Het stuk huid was afkomstig van de reuzenluiaard Mylodon, die ca. 300 km ten noordoosten van Punta Arenas was gevonden (Av. Bulnes 336,

Tip: Vakantie op een estancia

Ook in Chili kunt u genieten van een uit Argentinië bekende vorm van vakantie vieren: verblijven op een estancia. Dat varieert van – natuurlijk vrijwillig – meewerken bij het schapenscheren tot aan alleen maar genieten van een Zuid-Chileense *parillada*, een stevige grillschotel. Laten we beginnen met de eenvoudigste versie: de representatieve **Estancia Río de los Ciervos** ligt 5 km voor de poorten van **Punta Arenas.** In de voormalige *pulpería*, het winkeltje voor de werkers op de estancia, kunt u souvenirs en fotoboeken kopen en naar een video kijken. In de grote eetzaal wordt dan een echte *parillada* op tafel gezet, wat betekent dat u minstens voor één dag genoeg gegeten hebt, want er zit rundvlees, kip, lam, worsten, aardappels, paprika's en ingewanden in (tel. 61-24 33 54, www.soloexpediciones.net). Wanneer de gastheer in de stemming raakt, danst hij ook een *cueca* met zijn echtgenote. De **Estancia Rosario** op het **schiereiland Antonio Varas** tegenover **Puerto Natales** aan de Seno Última Esperanza biedt eten, wandelingen en paardrijtochten. De gasten worden afgehaald (tel. 61-41 12 73, mobiel 9-622 79 14, estancia_rosario@hotmail.com). Rosemary en Juan Robertson bezitten twee estancia's op **Vuurland;** de ene, **Los Copihues**, 50 km van Porvenir, is de toeristische, een bijzonder gezellige en gastvrije herberg. Op verzoek bakt men rabarbertaart en de zelfgemaakte ham als voorafje in de kamer met open haard is gegarandeerd. Tot de aangeboden uitstapjes behoren een dagje vliegvissen en paardrijden. Flink aanpakken kunt u op de andere, de **Estancia Los Hermanos,** aan de Río Marazzi, waar merinosschapen worden gefokt. Op dit moment beschikt de farm over 20.000 dieren (Roca 998, Oficina 402, Punta Arenas, 61-22 38 36, klos copighues@gmail.com).

Volledige informatie is te verkrijgen op het kantoor van Sernatur in Punta Arenas (voor gegevens, zie hieronder.).

tel. 61-22 10 01, musborga@net.cl, di.–zo. 10–18 uur, 2000 peso).

De begraafplaats

De luisterrijke tegenhanger van de paleizen aan de *plaza* ligt verscholen achter hoge cipressen aan de Avenida Manuel Bulnes: de **begraafplaats** 8. Het stenen en marmeren resultaat van een soort wedstrijd in grafarchitectuur verheerlijkt de rijkdom van de schapenbaronnen. In een verloren hoek staat het kleine, gestileerde bronzen beeld van een indiaan – een opvallende, cynisch aandoende huldiging van juist diegenen wier verdrijving en dood hun rijkdom überhaupt mogelijk had gemaakt ('s zomers dag. 7.30–20, 's winters dag. 8–18 uur).

Sernatur: Magallanes 960, tel. 61-24 13 30, infomagallanes@sernatur.cl. Veel folders, uitgesproken vriendelijk, ook zo. 's ochtends geopend. Informatiekiosk aan de *plaza*, tel. 61-20 06 10.

CONAF: Av. Bulnes 0309 Piso 4, tel. 61-23 85 54, fax 61-23 85 70, magallan@conaf.cl.

Hotel Cabo de Hornos 1**:** Plaza Muñoz Gomero 1025, tel. 61-71 50 01, www.hotelesaustralis.com; 90 kamers. Vanbuiten neoclassicistisch, vanbinnen individueel vormgegeven, met steen en marmer in vele schakeringen, geborsteld staal, een waterval in de lobby en spaarzaam gebruikte licht- en kleureffecten. De mooie, rustige kamers zijn groot, stijlvol, comfortabel met dito badkamers, toegang tot het internet op elke kamer, voortreffelijk maar duur restaurant. 2 pk vanaf US$156.

Hotel José Nogueira 2**:** Bories 959, tel. 61-24 88 40, Fax 61-24 88 32, www.hotelnogueira.com; 25 kamers. Absoluut de bijzonderste accommodatie van de stad: in het gerestaureerde stadspaleis van Sara Braun uit het begin van de 20e eeuw, dat zo mooi is dat er ook rondleidingen worden georganiseerd. De kamers zijn evenwel niet erg groot. 2 pk US$130.

Hotel Tierra del Fuego [2]: Av. Colón 716, tel. 61-22 62 00, fax 61-22 62 00; 46 kamers. Een klein, mooi, met stijlmeubels ingericht hotel – wat men tegenwoordig een boetiekhotel noemt. 2 pk US$118.

Hotel Savoy [3]: José Menéndez 1073, tel./fax 61-24 79 79; 42 kamers. Een sympathiek, klein, gerenoveerd en chic hotel in de binnenstad, zeer geliefd bij Chileense gasten. 2 pk 44.000 peso.

Hostal Oro Fuegino [6]: Fagnano 356, tel. 61-24 94 01, fax 61-24 66 77, www.orofue guino.cl. Dit stijlvolle hostal richt zich zowel op gewone reizigers als op rugzaktoeristen. 2 pk 44.000 peso.

Hostería de la Patagonia [5]: O'Higgins 730, tel. 61-24 99 70, fax 61-22 36 70, www.eco tourpatagonia.com; 6 kamers. Gezellig hotel, met allerlei hoekjes. Vriendelijke sfeer, kleine bibliotheek, tips voor excursies. Voor de luxere rugzakreizigers. 2 pk 35 000 peso.

Hostal Del Centro [6]: Armando Sanhueza 555, tel. 61-22 10 09, www.hostaldelcentro.cl, 4 kamers. Zeer gezellig, veel pluche, wat goed past in deze koude streek. Verzorgd, schoon pension met bijzonder vriendelijke en behulpzame eigenaars. Er zijn twee kamers met een eigen bad. 2 pk 30.000 peso.

Residencial La Estancia [7]: O'Higgins 765, tel. 61-24 91 30, 8 kamers. Onlangs gerenoveerd gebouw uit 1920 met eenvoudige, maar schone en aangename kamers, gemeenschappelijke badkamers, gebruik van keuken, internetruimte. Per persoon 7500–16.000 peso afhankelijk van het seizoen.

Dinka's House [8]: Caupolicán 169, tel. 61-24 42 92, www.dinkaspatagonia.com; 7 kamers. Al jaren een succesnummer bij rugzakreizigers, schoon en sober, goede prijs-kwaliteitverhouding. 2 pk 15.000 peso.

La Pergola [9]: in Hotel José Nogueira, Bories 959, tel. 61-24 43 74, www.htlno gueira.com. Voor een aperitief plukt u druiven uit de wijnranken van de pergola; stijlvoller valt er in Punta Arenas niet te dineren. Gerechten vanaf 8000 peso.

Sotito's Bar [10]: O'Higgins 1138, tel. 61-24 35 65. Gemoedelijk en stijlvol restaurant met de beste *centollas* en *ostiones* – naar men zegt; de kenners bestellen ze naturel en betalen afhankelijk van het gewicht en de grootte. Maar er zijn natuurlijk ook voordeliger visgerechten vanaf ongeveer 10.000 peso.

El Estribo [11]: Carrera Pinto 762, tel. 61-24 47 14, www.chileaustral.com/elestribo. De menukaart van dit originele restaurant is niets voor vegetariërs: struisvogelbiefstuk, lamsgebraad, konijn uit de oven en guanacovlees. Hoofdgerechten vanaf 9000 peso.

El Mesón del Calvo [12]: Jorge Montt 687, tel. 61-22 50 15. Dit restaurant staat bekend om zijn lam aan het spit. Prijzen als bij Estribo.

La Luna [12]: O Higgins 974, tel. 61-22 85 55, lalunachile@mail15.com. U zit aangenaam in dit mooi ingerichte, populaire restaurant met een aanbevolen en niet te dure keuken. Er worden ook kleine gerechten geserveerd. Een must: *chupe de mariscos* – een stoofschotel van zeevruchten.

Restaurant Casino Sociedad de Empleados [15]: Chiloé 944, tel. 61-22 01 53. Een aanbevolen restaurant voor de grote trek, met de normale Chinese stevige kost. Menu vanaf 9000 peso.

Centolla eten: De koningskrab of – minder charmant – spinkrab is een van de delicatessen van Magallanes en Vuurland. Ze worden in fuiken gevangen, die u opgestapeld op de stranden kunt zien liggen. Verser is hij nergens anders te krijgen, dus de krab moet hier gegeten worden, want anders is het roze vlees, eerlijk gezegd, een beetje vezelig en waterig, en het verliest aan smaak. Hier volgen twee adressen voor *centolla* van de hoogste kwaliteit: in de stijlvolle Sotito's Bar in Punta Arenas (zie hierboven) zijn ze prijzig, maar met ca. US$10 zijn ze onbeschaamd voordelig in de Pica de Pechuga in de Bahía Chilota van Porvenir (zie blz. 271).

Erwten voor Puerto Edén

Wat voor de een geweldig is, is voor de ander nauwelijks uit te houden eenzaamheid: er zijn veel regio's in Chili nauwelijks bevolkt en die worden bewoond door mensen met pioniersgeest of door groepen indianen. De staat voorziet ze van het allernoodzakelijkste.

Door het kantoor van Germán Muñoz in de Calle Mejicana in Punta Arenas waait ook in de Chileense zomer een bijtende Magallaneswind. In de hoek laat een kachel zich horen. Het bureau ziet eruit als een omgeploegde akker, maar erop troont de modernste technologie. Op de houten planken liggen grote stapels papieren en opbergmappen en Muñoz zelf hangt een beetje uitgeput in zijn leren directeursstoel.

Hij is net teruggekeerd uit Puerto Williams, hij was in Caleta Tortel en Puerto Edén, waar nog twaalf Alacalufes wonen in de pure, groene eenzaamheid, en heeft daar stroomkabels, gedroogde erwten, elektrische generatoren en diepvrieskippen afgeleverd. Señor Muñoz is districtsleider van de EMAZA (Empresa de Abastecimiento de Zonas Aisladas), de staatsonderneming voor de verzorging van afgelegen regio's. Hoe ver afgelegen dat is, daar is nauwelijks een voorstelling van te maken. Niet alleen de fysieke afstand is van belang, maar ook de bereikbaarheid – en die is in sommige gevallen allerbelabberdst. Onverharde zandpaden verbinden de kleinste gehuchten van misschien zo'n twintig huizen. Soms is nog maar één daarvan bewoond, een paar mensen wonen wijdverspreid in de omgeving. Alle plaatsen waaraan de EMAZA haar diensten aanbiedt, liggen echter te midden van een adembenemende natuur.

Germán Muñoz is verliefd geworden op deze gebieden en toont foto's. Caleta Tortel ziet er daarop uit als een verleidelijke Hof van Eden, een volmaakte halvemaanvormige baai met kakelbonte houten huisjes als boven elkaar gestapelde schoenendozen, met daarachter een hoog, overwoekerd gebergte. En Puerto Williams heeft de besneeuwde Cordillera Darwin als betoverend landschap te bieden. Daar is het nog kouder dan in Punta Arenas, daar zijn walvissen te zien en kromgegroeide bomen, die zich ter bescherming tegen de heftige wind vastklampen aan de aarde, en verder bijzonder weinig.

De in 1989 gestichte EMAZA brengt haar goederen met schepen en voertuigen van de marine en de landmacht naar de piepkleine eilanden en de diep ingesneden baaien van het zuiden. De meeste mensen leven daar van de verkoop van gerookte schelpdieren en van krabben, de Alacalufes fabriceren piepkleine bootjes van zeehondenvel voor de toeristen. EMAZA neemt ze mee. Onlangs zijn er 350 schapen getransporteerd naar Puerto Yungay, die een degelijke basis om te kunnen leven moeten verschaffen. Er wordt nog gezocht naar mensen met een energieke pioniersgeest. Er wordt gerekend op kandidaten uit Puerto Montt en Isla de Chiloé. Tot nu toe is er in Puerto Yungay niet veel meer dan een militaire basis met één gevangene en het plan om een haven op te bouwen.

In Caleta Tortel helpt iedereen die goed ter been is om EMAZA-kisten met verse perziken en consumptie-ijs over de steile paden en trappen te sjouwen die het dorp toegankelijk maken, want voor echte wegen hebben de bergen geen plaats overgelaten. De kleine processie lijkt op een feestelijke plechtigheid: con-

Thema

Het verzorgingsnetwerk van de EMAZA reikt tot in talrijke afgelegen en praktisch onbewoonde gebieden van het land

sumptie-ijs en verse perziken, dat heb je hier niet elke dag.

De EMAZA ziet haar werk als sociale dienstverlening en als stimulering om de afgelegen regio's bevolkt te krijgen. Bovendien worden nederzettingen bezocht die zich door de klimaatsomstandigheden niet het hele jaar door zelf kunnen verzorgen en waarvan de landbouwproducten in de winkels van de EMAZA worden verkocht, zoals aardappels van de Juan Fernándezeilanden. De onderneming beschouwt zich ook als helper van etnische minderheden die wijdverspreid op de Altiplano in het uiterste noorden van het land wonen. Zij – officieel precies 8413 – worden voorzien van rijdende winkels. Bankzaken en post kunnen eveneens via de EMAZA worden afgewikkeld. De organisatie onderhoudt in totaal in Chili een netwerk van 58 levensmiddelendepots. Bovendien doen de rijdende winkels 108 nederzettingen aan. Zoals echter met zoveel initiatieven druppelt het geld van het verantwoordelijke ministerie voor Economie en Financiën maar spaarzaam binnen. Niet zozeer de beschikbaarstelling van goederen en werktuigen veroorzaakt kopzorgen, maar het vervoer, zegt Muñoz. Binnenkort mogen de legervoertuigen niet meer worden gebruikt, waardoor alles langer gaat duren.

Desondanks laat hij zich niet gek maken door het gezwoeg, de lastige verkeerssituatie en het ontbreken van een vrij weekend en overurenbetaling. Voor Germán Muñoz is zijn werk een kwestie van solidariteit. En soms benijdt hij de eenzame kolonisten om hun leven, waarin ze hun eigen baas zijn en volledige zelfbeschikking en autonomie bezitten.

Magallanes

La Taberna: In de Club de la Unión van hotel José Nogueira (zie blz. 252), ingang aan de Plaza Muñoz Gomero, tel. 61-24 13 17. Mooie, authentieke bar in de doolhofachtige kelder. Gezellig, lekkere drankjes en Spaanse *tablas*.

Olijoe: Errázuriz 970, tel. 61-22 37 28. Een van de populairste uitgaansgelegenheden.

Zona Franca (vrijhandelszone): Av. Bulnes, bij de universiteit (in het noorden van de stad); ma.-za. 10–12.30, 15–20.30 uur. Voor elektrische apparaten, alcoholische drank en parfum. **Geld wisselen:** Sur Cambios, Lautarro Navarro 1001. Bus Sur, Colón/Magallanes. De banken hebben geldautomaten.

Excursies naar de eilanden, kanalen, de Glaciar Agostini en de Glaciar Marinelli: Barcaza Melinka, via Turismo Comapa (grootste reisbureau van de stad), Magallanes 990, tel. 61-20 02 00. Verder zijn er nog tal van andere touraanbieders, bijvoorbeeld Coiron, Waldo Seguel 532, tel. 61-22 18 21; Polos Sur, Chiloé 873, tel. 61-24 31 73. Turismo Pehoe, José Menéndez 918, tel. 61-24 45 06, fax 61-24 80 52, regelt excursies met de *Catamarán Campo de Hielo Sur* en andere uitstapjes per boot. De grootste attracties zijn vier- tot zevendaagse reizen naar het zuidpoolgebied, naar de pinguïnkolonies op Isla de Magdalena en naar de fjorden op Vuurland.

Vliegtuig: De luchthaven Carlos Ibáñez del Campo is de springplank naar Tierra del Fuego (Vuurland) en het zuidpoolgebied.
Verbindingen: DAP vliegt 3 x per week (ma., wo., vr. 9.15 uur) naar Río Grande en Ushuaia in Argentinië, 6 x per week naar Puerto Williams, 15 x per week naar Porvenir. Verschillende verbindingen per dag met Lan Airlines naar Santiago via Puerto Montt, 1 x per week naar Concepción.
Air Comet Chile: Roca 809, Ed. El Libertador, tel. 61-22 71 02; **DAP:** O'Higgins 891, tel 61-22 33 40, www.aeroviasdap.cl. Naar Tierra del Fuego (Vuurland), Puerto Natales (in het hoogseizoen) en Argentinië. **Lan Airlines:** Lautaro Navarro 999, tel. 60 05 26 20 00 (centraal nummer); **Sky Airline:** Roca 935, tel. 61-71 06 45.

Bus: Er is geen centraal busstation in Punta Arenas. De volgende busmaatschappijen bieden verbindingen aan:
Buses Austral: Pedro Montt 966, tel. 61-24 44 75, 2 x per dag naar Puerto Natales. **Buses Fernández en Buses El Pingüino:** Sanhueza 745, tel. 61-24 16 84, 7 x per dag naar Puerto Natales. **Buses Pacheco:** Colón 900, tel. 61-24 21 74, 3 x per week (ma., wo., vr. 7.15 uur) naar Río Grande/Argentinië. **Bus Sur:** José Menéndez 565, tel. 61-22 71 45, 5 x per dag naar Puerto Natales, dag naar Osorno, Puerto Montt, ma. naar Coyhaique, Puerto Aisén. **Buses Turibus:** Armando Sanhueza, tel. 61-22 79 70, 3 x per week (ma., do., za. 9.30 uur) naar Osorno, Puerto Montt, Ancud, Castro, Chonchi, Quellón, Concepción, Santiago. **TecniAustral:** Lautaro Navarro 975, tel. 61-22 20 78, rijdt naar Argentinië (Río Grande, Ushuaia). **Queilen Bus:** Lautaro Navarro 975, tel. 61-22 27 14, Verbindingen met Chiloé.

Huurauto: Er is een grote keuze aan aanbieders van huurauto's, onder andere **Alamo Rent a Car**, Av. Bulnes/José González, tel. 61-61 70 28; **Avis**, op luchthaven Carlos Ibáñez en Roca 1044, tel. 61-61 43 79; **Budget Rent a Car**, O'Higgins 964, tel. 61-24 16 46; **Hertz**, O'Higgins 987, tel. 61-24 87 42.

Veerboot
Transbordadora Austral Broom: Av. Bulnes 05075, tel. 61-21 81 00, www.tabsa.cl. Wo. verbinding met Puerto Williams. De Cruz Australis doet er 36 uur over en keert steeds za. terug uit Puerto Williams.

Uitstapjes vanuit Punta Arenas

Reserva Nacional Magallanes

Nergens anders op de wereld kunt u skiën met uitzicht op de Straat van Magallanes – dat zou genoeg reden moeten zijn om de Cerro Mirador te beklimmen, met de kabelbaan of te voet. Ook 's zomers is het uitzicht natuurlijk fantastisch. Bij helder weer reikt het zicht tot aan Vuurland. In het zomerseizoen moet u zich bij café-restaurant Cerro Mirador aanmelden voor de kabelbaan, pas dan wordt hij in beweging gezet. Daar kunt u ook een paard of een mountainbike huren. Het skistation **Centro de Esquí Cerro Mirador** ligt midden in het **Reserva Nacional Magallanes** 1 op 600 m hoogte. Verscheidene paden van verschillende lengte, waaronder zeer steile, maken het natuurreservaat toegankelijk, waarin hoofdzakelijk *lenga*-bomen worden beschermd, maar ook de *coigue*-bossen zijn zeer imposant. Het Reserva ligt ongeveer 9 km van Punta Arenas.

Cruceros Australis biedt een aantrekkelijke, luxueuze en goede excursie aan door de Straat van Magallanes en het Canal Beagle. U gaat van Punta Arenas via Isla Magdalena, de Günther-Plüschowgletsjer en de Aguilagletsjer (beide met wandeling) naar de Piagletsjer (rubberboten) en Kaap Hoorn naar Ushaia en vice versa. Dit programma kan worden uitgebreid met Puerto Natales, Torres del Paine, El Calafate en de Perito-Morenogletsjer in Argentinië. Nieuw is een boottocht van Puerto Natales naar nationaal park Bernardo O'Higgins (El Bosque Norte 0440, 11. Stock, tel. 2-422 31 10, Santiago, www.australis.com).

Puerto Hambre en Fuerte Bulnes

De zuidelijkste weg op het Chileense vasteland voert van Punta Arenas naar het 60 km verder gelegen Fuerte Bulnes. Er is niets meer over van **Puerto Hambre** 2 (ook **Port Famine** of **Ciudad del Rey Felipe**), dat op de heenweg te bezoeken is. Deze legendarische locatie van een ongelukkige Spaanse kolonie bereikt u na 53 km (aangegeven met borden). In de verwarde tijd van ontdekkingen, veroveringen, zeeroverij en overvallen moesten 103 hulpeloze Spanjaarden in 1580 de aanspraak van de koning op dit omstreden gebied waarmaken. De natuur van deze streek had echter niets gemeen met die in Spanje en de op zichzelf aangewezen kolonisten beschikten over werktuigen noch ondersteuning om het land te bewerken. Ze verhongerden. Toen de Britse zeerover Thomas Cavendish zeven jaar later door de Straat van Magallanes voer, redde hij de enige overlevende en hij doopte de trotse 'Stad van koning Filips' om tot 'Hongerhaven'. Een plaquette gedenkt deze treurige geschiedenis.

Het **Fuerte Bulnes** 3 werd in 1843 opgericht met als doel de Chileense aanspraken op het diepe zuiden duidelijk te maken. Het fort is in 2002 volledig gerestaureerd en verhaalt nu van zijn eenzame geschiedenis in een nieuwe luister.

Parque Nacional Pali Aike

Bijna op de grens met Argentinië ligt het **Parque Nacional Pali Aike** 4, een steppeachtig vulkaanlandschap, waar vroeger de indianen van de Tehuelchestam leefden. U komt er na twee uur rijden vanuit Punta Arenas. Daarna kunt u gaan wandelen. De lavavelden, de spiegelgladde, zouthoudende Laguna Santa Ana en de bizarre vulkaankegel zijn van een grote schoonheid en worden bevolkt door nandoes, guanaco's, flamingo's en vossen, die u hier goed kunt observeren.

Puerto Natales

Zo'n 254 km aan eindeloze steppen met schapen is de afstand tussen Punta Arenas en de bijzonder aantrekkelijke 'toeristenbijenkorf' **Puerto Natales** 5. Het vroeger onooglijke Puerto Natales heeft zich van een nijver, maar saai stadje vol slachthuizen, waar niets bijzonders gebeurde, ontwikkeld tot een goed toegerust uitgangspunt voor het verkennen van het Parque Nacional Torres del Paine. Om te voorkomen dat de mensen alleen daarom hier komen, zijn ook andere landschappelijk fraaie locaties in de omgeving voorzien van een toeristische infrastructuur. De ligging aan de **Seno Última Esperanza** met de glinsterende **Cordillera Riesco** en de gletsjers van het Campo de Hielo Sur is eenvoudigweg schitterend, maar lange tijd deed dat er niets toe voor mensen die de regio onderzochten op vestigingsmogelijkheden of op de aanwezigheid van resten van dinosauriërs, zoals in de jaren rond het begin van de 20e eeuw gebeurde.

De kustweg **Costanera** langs de oever van het meer van de 'Laatste Hoop' (dat betekent Última Esperanza) met zicht op de getande, scherpe ijsvelden is radicaal veranderd in een flaneerboulevard. In het stadje kunt u aangenaam, duur en ontspannen dineren. Het scala aan wisselend geprijsde overnachtingsmogelijkheden variëert van chic ingerichte vijfsterrenhotels tot eenvoudige, kraakheldere pensions.

Bezienswaardigheden

Architectonische hoogstandjes als in Punta Arenas zijn niet te verwachten van een stad met 19.000 inwoners, die jarenlang leefden van het slachten en villen van schapen en het invriezen van in stukken gesneden vlees. Met de robuuste **Frigorífico Bories** is echter wel een stukje industriële architectuur bewaard gebleven. De van 1913 daterende koelhuizen, ongeveer 4 km buiten de stad, zijn voor een deel te bezichtigen. Enkele sectoren, zoals de wolwasafdeling, de looierijen en de vetverwerkingsafdelingen, zijn gesloten voor het publiek.

Een bezoek zeker waard zijn het **Museo Municipal** (gemeentemuseum) met een tentoonstelling over de nederzettingsgeschiedenis en archeologie van de omgeving (Bulnes 285,

Tip: Boottochten in Magallanes

Met zijn ligging aan de Straat van Magallanes beschikt Punta Arenas over veel interessante mogelijkheden om een uitstapje over het water te maken. Een tour van een halve dag voert naar **Isla Magdalena** en het **Monumento Natural Los Pingüinos**, een van de mooiste nestplaatsen van de Magelhaenpinguïns, die hier leven in een kolonie van zo'n 62.000 paren. Door de nestplaats slingeren wandelpaden, die u niet mag verlaten, want in de ondiepe holen links en rechts van de weg wordt gebroed. Er leven ook aalscholvers en vele andere watervogels op het eiland. Alleen de weg erheen is al boeiend: het schip kruist de sterk gelede zee-engte Segunda Angostura en glijdt langs de olieplatforms, die midden in de *estrecho* drijven.

Ook 65 km ten noordwesten van Punta Arenas, aan de **Seno Otway**. ligt een pinguïnkolonie. Er loopt een wandelpad ongeveer 2 km langs de kust; op dat pad kunt u de dieren observeren.

Een excursie naar de gletsjers **Glaciar Marinelli** en **Glaciar Perry** onder aan de Cordillera Darwin is prijziger. De boottocht erheen duurt ongeveer elf uur. Rubberboten zetten de deelnemers af om een kleine wandeling door het toendralandschap te maken.

Een veeleisende, opwindende, zevendaagse excursie voert door de **Estrecho de Magallanes** naar Puerto Williams, langs het **Canal de los Glaciares** en dan naar **Kaap Hoorn**. Tot slot bezoekt men Isla Magdalena. Deze zeer populaire tour wordt vanwege de weersomstandigheden alleen van oktober tot april aangeboden.

Het **Parque Marino Francisco Coloane**, dat om Isla Carlos III in de Estrecho de Magallanes heen ligt, is nieuw ingericht. Het is overigens het eerste nationale zeepark van het land. Hier leven bultruggen. Gespecialiseerde reisbureaus bieden rubberbootexcursies vanaf het Isla Riesgo aan.
Informatie en adressen zie blz. 256.

Wachters aan de Straat van Magallanes: de pinguïns op het Isla Magdalena

Het onaanzienlijke Puerto Natales heeft zich ontwikkeld tot een bekoorlijk stadje

's zomers ma.-zo. 9-12.45, 15-20, 's winters ma.-vr. 8.30-12.30, 14.30-18, za., zo. 15-18 uur) en de **Costanera** met zijn kleine haven en een ver in het water uitstekende rij houten palen, die vroeger deel waren van een pier. De pier werd ooit verwoest doordat een kotter ertegenaan voer, wat het veerbootverkeer een tijd lang stillegde. Iedereen die wel eens de stormachtige overtocht van Puerto Montt naar Puerto Natales heeft meegemaakt, zal er versteld van staan dat er vroeger alleen een kotter werd ingezet op dit traject.

i **Sernatur:** Pedro Montt 19, tel./fax 61-41 21 25, infonatales@sernatur.cl.
CONAF: O'Higgins 584, tel. 61-43 11 38. Voor informatie over nationaal park Torres del Paine.

Hotel Indigo Patagonia: Ladrilleros 105, tel. 61-41 36 09. Het voormalige hostal is geheel gerenoveerd. Voor de buiten- en binnenkant zijn hout, glas en andere natuurlijke materialen gebruikt. Luxe en comfortabel ingerichte kamers. Met eigen spa op het dak en een goed restaurant. 2 pk 105.000 peso
Costaustralis: Pedro Montt 262, tel. 61-41 20 00, www.hotelesaustralis.com; 74 kamers. Een van de mooiste en grootste hotels van het zuiden: een schitterend glazen gebouw aan de Costanera; comfortabele kamers, een design in zomerse tinten en een uiterst vriendelijke bediening. Met een bar en een café in de lobby. 2 pk US$200.
Hotel Martin Gusinde: Bories 278, tel./fax 61-41 27 70, hotel@martingusinde.cl; 20 kamers. Klein maar fijn en met een echte hotelsfeer.

De kamers in dit hotel met al zijn hoekjes en gangen zijn zeer gezellig en stijlvol. Relatief grote badkamers en een goede service. 2 pk ca. US$140

Hotel Los Glaciares: Eberhard 104, tel./fax 61-41 14 52, glaciares@entelchile.net. Glas, hout en een aangename meubilering met prettig zittende stoelen en banken zijn de kenmerken van dit vriendelijke hotel. 2 pk US$95.

Hostal Lady Florence Dixie: Bulnes 659, tel. 61-41 11 58, florence@chilepatagonia.com. Een charmant, klein hotel met vriendelijke, hulpvaardige bediening. Goede prijs-kwaliteitverhouding. 2 pk US$66.

Hostería Sir Francis Drake: Philippi 383, tel./fax 61-41 15 53, francisdrake@chileaustral.com; 8 kamers. De gastvrije en behulpzame eigenaren behandelen u als goede vrienden in hun verzorgde, mooie hotel. 2 pk ca. US$60.

Residencial Oasis: Señoret 332, tel 61-41 16 75, resoasis@hotmail.com; 19 kamers. De hoogste *residencial*-kwaliteit met een vriendelijke bediening, bijzonder aangenaam ingerichte en afzonderlijk vormgegeven kamers. De gastheer en gastvrouw helpen u bij het regelen van een excursie. 2 pk 27.000 peso.

Casa Cecilia: Tomás Rogers 54, tel. 61-41 35 60, redcecilia@entelchile.net; 16 kamers. Een van de populairste *residenciales*; goed toegeruste kamers, de mogelijkheid om de keuken te gebruiken, zeer vriendelijke eigenaars, gezellige sfeer en u krijgt veel tips over het nationale park en andere doelen voor een uitstapje. 2 pk 23.000 peso.

Residencial Bernadita: O'Higgins 765, tel./fax 61-41 11 62. Keurig pension met kleine, comfortabele kamers. De gasten hebben de mogelijkheid om de keuken te gebruiken. Per persoon 15.000 peso.

Última Esperanza: Eberhard 354, tel. 61-41 36 26. U zit aangenaam in dit degelijke restaurant met een uitstekende en uitgebreide kaart met vis en zeevruchten. Gerechten vanaf 4500 peso.

Cormoran de las Rocas: Miguel Zanchez 72, tel. 61-61 51 31. Verzorgde ambiance in een gebouw van hout en steen. Door de grote ramen hebt u een panoramisch zicht op de cordillera en de zee. Regionale specialiteiten als vis, lamsvlees en *parillas*. Hoofdgerechten vanaf 4000 peso, de ongewone nagerechten kosten ca. 1500 peso.

La Tranquera: Bulnes 579, tel. 61-41 10 39. Gezellig restaurant met een aan te bevelen keuken. Vriendelijke bediening, u raakt gemakkelijk in gesprek. Vis 5000–7000 peso

El Nuevo Marítimo: Pedro Montt 214, tel. 61-41 49 94. Aan de Costanera. De inrichting is eenvoudig, maar het eten zeer aan te bevelen. Klassieke Chileense visrecepten voor 6000–9000 peso. Ook geschikt voor reisgezelschappen.

Cristal: Bulnes 439, tel. 61-41 18 50. Een van de oudste traditionele restaurants, met een open

Tip: Gletsjertocht in het nationale park Torres del Paine

Het weer moet wel meewerken, anders wordt het een schommelende onderneming: de boottocht van de kotter 21 de Mayo van Puerto Natales via de Seno Última Esperanza naar de gletsjers Balmaceda en Serrano. Ook bij regen is dit een interessante tocht, alleen half zo mooi. De reis voert naar een labyrint van water en ijs en gaat langs steeds van kleur wisselende bergruggen. Al vanaf de Costanera in Puerto Natales ziet u de gletsjers Balmaceda en Serrano veelbelovend in de verte glinsteren. Ze liggen ongeveer 60 km ten noordwesten van de plaats en zijn de uitlopers van het Campo de Hielo Sur.

Het uitzicht is bijna onophoudelijk betoverend, omdat u afstuurt op de gletsjercoulissen. Zwarthalszwanen en tal van andere zeevogels begeleiden u op de reis. De aanlegplaats Puerto Toro markeert het zuidelijkste punt van het nog vrijwel niet onderzochte Parque Nacional O'Higgins. Het 35.000 km² grote park strekt zich uit over talloze onbewoonde eilanden langs de Carretera Austral, een toevluchtsoord van het andeshert (zie blz. 239).

Neem vanaf de aanlegplaats van de boot aan het eind van de zeestraat het pad naar het meer van de Serranogletsjer en u ziet met een beetje geluk de majestueuze Cuernos del Paine glinsteren in de verte. Ga vanhier terug naar Puerto Natales. Sommige reisbureaus bieden ook de mogelijkheid om over te stappen op een draagvleugelboot en over de Río Serrano naar nationaal park Torres del Paine te varen; u overnacht daarbij in de Hostería Río Serrano. U kunt dan meteen het nationale park bezoeken – een mooi alternatief voor de weg over land.

Organisatie: 21 de Mayo, Eberhard 560, tel./fax 61-41 19 78, www.turismo21demayo.cl. Zie voor overige aanbieders van een dergelijke excursie blz. 263.

Een boottocht naar de gletsjerwereld van Magallanes is altijd een avontuur

haard, heel gezellig, grote porties, lage prijzen (6000–8000 peso), soms livemuziek, echt iets voor de rugzakreiziger.
El Rincón de Tata: Prat 236, tel. 61-41 38 95. Populair trefpunt, pizza's en kleine gerechten, goed salades. Vriendelijk restaurant, ook om 's avonds een biertje of een glas wijn te drinken.

Salsoteca Eclipse, Ramírez 390 en **Diskothek Mylodon**, Blanco Encalada. **Casino** op Bories 314.

Geld wisselen: Cambios Mili, Blanco Encalada 266, Latino América, Blanco Encalada 189.

Boottochten: Naar de Glaciar Balmaceda en door de fjorden van Magallanes, bijvoorbeeld met lberto d'Agostini en de kotter 21 de Mayo (zie hieronder). Naar Puerto Bories, Puerto Consuelo, Fjordo Eberhardt, Estancia Margot, Colonia de Cormoranes, Estancia Perales, Colonia de Lobo Marinos, Glaciar y Monte Balmaceda, Paso de los Toros–Río Serrano en vandaar verder met de draagvleugelboot naar het Parque Nacional Torres del Paine (afhankelijk van het weer). Aanbieders:
Cacotour Turismo Aventura: Eberhard 554, tel. 61-41 09 79.
Ferry Evangelistas: Comapa, en Cruceros Australis, Eberhard 555, tel. 61-41 43 00.
21 de Mayo: zie blz. 262. Verscheidene boottochten over het kanaal vanuit Puerto Natales.
Navimag: Eberhard 555, tel. 61-41 13 00, fax 61-41 43 61, www.navimag.cl.

Vliegtuig: De luchthaven Teniente Julio Gallardo ligt 8 km buiten Puerto Natales. Sky Airlines vliegt di., do. en za. en verbindt de stad met Santiago, Punta Arenas en Puerto Montt. Air Cornet Chile vliegt za. en zo.
Stadskantoor Lan Airlines: Tomás Rogers 78, tel. 60 05 26 20 00 (centraal nummer); **Sky Airlines:** Manuel Bulnes 692, tel. 61-41 06 46, 07-649 34 24.

Bus
Naar het **Parque Nacional Torres del Paine:** Buses Sur, Baquedano 668, tel. 61-41 18 59; Buses JB, Prat 258, tel. 61-41 28 24; Buses Gómez, Prat 234, tel. 61-41 17 00; Buses María José, Bulnes 386, tel. 61-41 43 21; vertrek steeds omstreeks 7.30 uur, terugreis uit het park tegen 15 uur. Naar **Punta Arenas** (regelmatig): Buses Fernández, Eberhard 555; Buses Turis Sur, Philippi/Valdivia. Naar **El Calafate/Argentinië** (dag.): Zaahi, Arturo Prat, tel./fax 61-41 22 60, en Buses Cootra, Baquedano 244, tel. 61-41 27 85; ook reizen van één dag naar de Perito-Morenogletsjer in Argentinië; Cootra verbindt Puerto Natales ook met **Río Turbio** (Argentinië).

Van Puerto Natales naar de Cueva del Milodón

Het 20 km van Puerto Natales gelegen **Puerto Prat** 6 werd door de Duitser Hermann Eberhard in 1897 aangelegd als eerste haven van de regio. Eberhard had als opdracht de hele streek te onderzoeken op mogelijkheden tot commercialisering en bereikbaarheid. Dit is de enige echte toegangspoort naar het gebied van de schapenfokkerij tussen de Argentijnse grens en Punta Arenas. Enkele boerenwoningen en vissershutten zijn hier te midden van zompige weilanden bewaard gebleven.

Een ander wapenfeit van Hermann Eberhard zorgde voor heel wat meer opschudding. In een goed toegankelijke en niet bijzonder diepe grot een paar kilometer verderop stuitte hij op dierlijke uitwerpselen en de resten van een wezen uit de oertijd. Het betrof hier de overblijfselen van een Mylodon, een ongeveer 12.000 jaar oude reuzenluiaard. Een reconstructie van zijn vondst staat opgesteld bij de ingang van de **Cueva del Milodón** 7. De *milodón* inspireerde aan het begin van de 20e eeuw talloze onderzoekers tot de vermakelijkste theorieën – onder andere dat zulke dieren in zo'n prehistorische omgeving nog wel moesten bestaan. Zowel Argentijnse als Chileense musea stellen stukken van de huid van de Mylodon tentoon (zie blz. 251).

8 Parque Nacional Torres del Paine

Verkenningsmogelijkheden

Het nationale park Torres del Paine kunt u bezoeken door een twaalf uur durende georganiseerde excursie vanuit Puerto Natales te volgen waarbij alle hoogtepunten van het ruim 1800 km² grote biosfeerreservaat zijn inbegrepen. Dit kan een pleister op de wond zijn voor allen die in het hoogseizoen, van december tot en met maart, in een van de chronisch volgeboekte *hosterías* in het nationale park hadden willen overnachten. Wandelaars en reizigers met een tent kunnen terecht op kampeerterreinen en in *refugios*.

In het park liggen enkele goed toegeruste vestigingen van de CONAF. De aangeboden wandeltochten zijn afwisselend en gevarieerd. U hebt de keus uit allerlei mogelijkheden van natuurleerpad tot aan het al wandelend verkennen van het basisstation van de Torres del Paine, van twee uur durende wandelingen tot aan begeleide tochten van acht dagen over een wegennet van in totaal 250 km. Iedereen kan aan de hand hiervan zijn eigen programma op maat maken en dit eventueel op het laatste moment aanpassen aan de eigen conditie of aan buitengewone weersomstandigheden. De grote toeloop van waaghalzen die de graniettoppen van de Torres del Paine willen beklimmen, geeft het parkbestuur echter veel kopzorgen. Deze klimtochten behoren namelijk tot de moeilijkste ter wereld. De beklimming is daarom inmiddels aan strenge regels onderworpen.

Landschap, flora en fauna

Het hele uiterlijk van het park is van glaciale oorsprong. De expressieve schoonheid van de *cuernos* en de *torres*, de 'hoorns' en de 'torens', van het uit vulkanen, graniet en kalk bestaande gebergte geven dat op dramatische wijze weer. Onophoudelijk werkende massa's ijs, waarachter een deel van het Painemassief schuilging, hebben zich uitgegraven in het steen, het gesteente geslepen en het opengespleten. Het gebied rond de toppen is niet door het ijs aangetast en daardoor donkerder van kleur dan de rest van het massief. De woeste pieken van de *cuernos* zijn door gletsjers afgeslepen. Het is goed te zien dat de Glaciar Francés is ingebed tussen de plooien van de oostelijke helling van de **Paine Grande** (3248 m). Het labyrint van hellingen is doorspekt met sneeuwvelden.

Ook de dalen zijn schitterend. Alle rivieren en meren danken hun oorsprong aan het smelten van de gletsjers. De belangrijkste rivier van het park, de **Río Paine**, ontspringt op de Dicksongletsjer en toont de ene schoon-

'Hoorns' van vulkaangesteente, graniet en kalk: Cuernos del Paine

heid na de andere. Watervallen onderbreken een merenplateau met een kleurenspectrum waarop een kunstschilder trots zou zijn. De **Greygletsjer** glijdt van het Campo de Hielo Sur het park in. Het meer met zijn blauw glinsterende ijsbergen is een prachtig doel voor een wandelingetje.

Aangezien de Pacifische winden hier ongehinderd tegen de Andes beuken, regent het vaak en de winden bereiken snelheden van 120 km/u. De weerschommelingen zijn groot; in één dag kunt u alle vier de jaargetijden meemaken. Dichte wolkenmassa's vertroebelen dagenlang het zicht. Ook in de zomer hagelt het hier, maar er heeft zich een microklimaat ontwikkeld dat hogere temperaturen oplevert dan in vergelijkbare gebieden op de rest van het vasteland.

Verbaasde parkwandelaars struikelen overal over hele horden guanaco's, en ook de nandoes en de *bandurrias* met hun merkwaardig gebogen snavel zijn hun schuwheid helemaal kwijtgeraakt – in tegenstelling tot vele andere vogelsoorten, waarvan er 115 in het park zouden leven. Alleen de watervogels kunt u gemakkelijk observeren.

Parque Nacional Torres del Paine

Elk hoogteniveau tussen 20 en 3050 m kent zijn eigen bijzondere flora. Het Magallaanse bos is samengesteld uit verscheidene soorten zuidbeuken, de karakteristieke struikgewassen van de Andes, zoals de *calafate* en de naar honing geurende *ñirre,* de uit diverse mossoorten bestaande en met bloesem gedecoreerde *tundra Magallánica* en op grotere hoogten insulaire struikvegetatie.

De beste standplaatsen

Wie niet met zijn eigen auto komt, kan profiteren van de wandelmogelijkheden in de omgeving van de uitgekozen accommodatie. Het complex rond de *hostería, refugio* en camping **Las Torres**, in de buurt van de Guardería Laguna Amarga, is geschikt als standplaats voor alle Torresbeklimmers, want vandaar is het maar vijf tot zes (inspannende) uren gaans naar de beide basiskampen.

De dieper in het park gelegen Hostería Pehoe nodigt uit tot het maken van korte wandelingen naar twee watervallen en naar het uitkijkpunt Pehoe, en ook tot het maken van een boottocht over het groen glanzende **Lago Pehoe**, wat bij onrustig weer overigens niet mogelijk is.

Op de tegenoverliggende oever van het meer, aan de voet van de Cuernos del Paine, ligt de goed toegeruste *refugio* en camping Pehoe. Daarvandaan hebt u ongeveer tweeëneenhalf uur nodig om langs het Lago Skottsberg, met een grandioos zicht op de Paine Grande, de top van de Glaciar Francés te bereiken. De **Valle del Francés**, een karakteristiek gletsjerdal tussen de Paine Grande en de Cuernos del Paine met felgroene, dichte bossen, is te bereiken na een ongeveer acht uur durende wandeling (heen en terug naar het Campamento Británico). Sterke winden en het overwinnen van enkele steile hellingen maken dit tot een moeilijke en inspannende tocht.

Een andere mogelijkheid wordt geboden door het **Lago Grey**. Van de Hostería Lago Grey buigen twee wandelroutes af. Een populaire minitour voert langs het ijsveld van de gelijknamige gletsjer en de meeroever. Paarden zijn te huur in Hostería Grey, Hostería Río Serrano, Hostería Lazo en Hostería Las Torres. Hotel Explora aan het Lago Pehoe biedt een omvangrijk excursieprogramma met eigen bussen.

De CONAF-vestigingen aan de Laguna Amarga, de Posada Río Serrano en de Laguna Azul registreren de parkbezoekers; wie een meerdaagse wandeling wil maken, moet zich eerst hier melden. Het **Circuito Torres del Paine** bijvoorbeeld voert binnen zeven dagen rond het gehele Painemassief. Het uitgangspunt is de Guardería Laguna Amarga bij de ingang van het park, dan volgt de route stroomopwaarts langs de Río Paine naar het Lago Paine en het Lago Dickson, die dan de Paso John Gardner op klimt en eindigt bij de Glaciar Grey. Deze inspannende wandeling voert over deels zwaar terrein en vereist een goede conditie en expertise.

i Vestigingen van het staatsbosbeheer **CONAF** liggen gemakkelijk te bereiken aan de Laguna Amarga en de Laguna Azul. De Sede Administrativa (tel. 61-69 19 31) met een klein natuurhistorisch museum en een reliëf van de Torres del Paine bevindt zich tegenover de Posada Río Serrano bij het eindpunt van de bus van Puerto Natales. Er zijn nog zes andere vestigingen in het park.

Explora Hotel Salto Chico: Sector Salto Chico, tel. in Santiago: 2-206 60 60, reservaexplora@exsplora.com; 31 kamers. Chic hotel met grote kamers en veel comfort, maar niet erg fraai van buiten gezien; eigen excursieprogramma en afhaalservice vanaf het vliegveld in Punta Arenas. Alleen te boeken met een groepsreis. Onder andere te boeken via www.emotion.nl, www.talismanreizen.nl en www.vakantieaanbiedingen.com/hotels.

Hostería Lago Grey: Lago Grey, tel./fax 61-41 01 72, www. turismolagogrey.com; 30 kamers. De enige accommodatie aan het Lago Grey, schitterend gelegen. U kijkt uit op de Greygletsjer en de rivier vol ijsbergen. Nette, verzorgde kamers; eigen excursieprogramma. 2 pk US$250

Hostería Pehoe: km 387 Ruta 9 Norte, tel. 61-24 45 06, pehoeuno@ctcinternet.cl; 32 kamers. Fantastisch gelegen onder de Cuernos del Paine op een eiland in het Lago Pehoe, maar de kamers stellen teleur en het terrein ook een beetje. Eigen excursieprogramma. 2 pk US$175.

Hostería Las Torres: Ten westen van de Laguna Amarga, Sector Almirante Nieto, in Punta Arenas tel./fax 61-36 36 36, www.lastorres.com; 29 kamers. Gelegen onder de Torres del Paine in een 5900 ha groot park; rustiek-stijlvolle algemene ruimten, sommige kamers in het oude estanciagebouw; opzienbarend goede keuken, voorkomend personeel, eigen excursieprogramma. Ook dagtochtjes naar schaapherders, waarbij u meewerkt in de stal en 's avonds lamsvlees van de grill eet. 2 pk US$149.

Hostería Mirador del Payne: Tel. 61-22 87 12 u. 61-22 69 30, Calle Fagnano 585, in Punta Arenas, hosteria@miradordelpayne.com; 20 kamers. Herberg van de runder-

Boeken van accommodatie: Het Parque Nacional Torres del Paine is ook zeer mooi in de Chileense winter, maar u moet dan wel weten welke accommodatie het hele jaar door geopend is. Wanneer u hier in het hoogseizoen naartoe wilt, moet u absoluut op tijd reserveren!

estancia Lazo, originele en praktisch ingerichte kamers. Wie daar zin in heeft, kan op de boerderij meehelpen. Eigen excursieprogramma, trekking, paardrijden, sportvissen. 2 pk US$160.

Hostería Lago Tyndall: Sector Río Serrano, tel. 61-22 13 03, arka@chilesat.net; 24 kamers en vijf bungalows, huiselijk ingericht, maar de kamers zijn klein. Ruim aanbod aan excursies, eigen *refugio*. 2 pk US$160.

Hostería Lago del Toro: tel. 61-22 51 67, www.lagodeltoro.com, 10 kamers. Hout en glas overheersen hier, gezellige kamers, restaurant in Spaanse *tasca*-stijl. Gelegen buiten het park aan de Río Serrano, eigen excursieprogramma. 2 pk US$135.

Posada Río Serrano: km 339, Ruta 9, Norte, tel. 61-41 29 11; 6 kamers. Afgezien van de *refugios* (zie hieronder) is dit de voordeligste overnachtingsmogelijkheid in het nationale park; eenvoudige kamers met vier bedden, gemeenschappelijke douches, alles bijzonder netjes. 2 pk 74.000 peso.

Lodge Cerro Guido: 40 km ten noorden van de ingang Laguna Amarga, tel. in Santiago 2-196 48 07. Een estancia die vol in bedrijf is, met eigen excursieprogramma. Paardrijden, kajakken en natuurlijk worden er verschillende tochten naar het nationaal park Torres del Paine aangeboden. Alleen te boeken in packages van US$160/€104.

Refugios en campings

Het park telt twaalf toeristenhutten *(refugios)* en evenveel kampeerterreinen, soms schitterend gelegen. Ze zijn zeer verschillend toegerust. De *refugios* en kampeerterreinen bij Hostería Las Torres en Posada Río Serrano be-

Het nationale park kan ook te paard worden verkend

schikken over een minimarkt en zijn daarom duurder. Twee andere lodges met kampeerterreinen liggen 3 respectievelijk 5 km van Hostería las Torres. **Chilean Camp Lodge** (36 kamers) en **Los Cuernos Lodge** (28 kamers), beide in landhuisstijl met veel hout en glas (8000–11.000 peso/persoon, volpension 21.000 peso extra; camping 2000–3000 peso/persoon, verhuur van tent en slaapzak). Informatie bij Fantástico Sur, Magallanes 960, 2e verdieping, Punta Arenas, tel. 61-22 60 54, fax 61-22 26 41, albergue@lastorres.com.

De **Refugio Grey** en de **Refugio Dickson** zijn te boeken via Andescape in Puerto Natales, www.andescapetour.com, tel 61-41 25 92. **Vértice Patagonia** regelt de overnachtingen in de **Lodge de Montaña Paine Grande** voor US$70 volpension, US$35 alleen voor de overnachting, www.verticepatagonia.cl.

Toprestaurants zijn te vinden in Hostería Las Torres en in Hotel Explora (zie blz. 267), in de andere accommodaties kunt u goed eten. Het restaurant in de Posada Río Serrano is heel eenvoudig.

Kunstnijverheidswinkels bij de Sede Administrativa CONAF, tegenover de Posada Río Serrano.

De medewerkers van de CONAF geven u inlichtingen over **wandel- en trektochten**. De uitgebreidste informatie krijgt u bij de Sede Administrativa, tel. 61-69 19 31. Wie wil klimmen, heeft een vergunning nodig van de Dirección de Fronteras y Límites del Ministro de Relaciones Exteriores Difrol, Bandera 52, Santiago, tel. 2-671 41 10, www.difrol.cl.

Veel reisbureaus hebben Torres del Paine op hun programma staan; aanbevolen worden:

Azimut 360: Gral. Salvo 159, Providencia, Santiago, tel. 2-236 38 80, in Puerto Natales: Ovejero 770, tel. 61-41 04 08, www.azimut360.com.

Protours: Walker Martínez 430, Puerto Varas, tel. 65-23 49 10, www.protours.cl. Betrokken en competente organisator van excursies naar de natuur.

Paardrijden: Paarden kunt u huren bij Hostería Las Torres (kleine ritten en ritten van een halve dag) en de Estancia Lazo/Mirador del Payne (trekking met paarden, excursies van een hele dag).

Alle hotels bieden uitstapjes van een hele dag aan met een **terreinwagen**.

Bus: Begin- resp. eindpunt van de verbindingen met Puerto Natales is het CONAF-kantoor bij de Posada Río Serrano; vertrek van Puerto Natales dag tegen 7.30 uur, aankomst tegen ongeveer 11 uur bij de *guardería* aan de Laguna Amarga; halteplaatsen bij alle *hosterías* (behalve Estancia Lazo/Mirador del Payne en Hostería Lago Grey) en anders ook gewoon langs de route; terugreis vanaf het CONAF-kantoor tegen 14.30 uur, maar informeer eerst, want de tijden kunnen variëren!

Vuurland

Kaart blz. 273

Dit eiland in het uiterste zuiden van Zuid-Amerika bracht door zijn ijzeroxidehoudende zand de kompassen van de eerste zeevaarders in de war. Zij raakten verdwaald tussen steile kusten, schiereilanden, groene baaien en ellipsvormige, uit de zee oprijzende bergklippen. Het is er fantastisch, want ook nu nog belooft Vuurland avontuur en wildernis.

Charles Darwin heeft in zijn *Reis om de wereld* van 1829 zijn indrukken over Vuurland op niet mis te verstane wijze vastgelegd: de indiaanse bevolking vond hij tweederangs. Zijn vernietigende oordeel over hun 'graad van beschaving' paste heel goed bij de mensenverachtende ideologieën van de koopkrachtige latere heersers over het land, die het met schapenfarms overstelpten. Tot in 1879 de Chileense luitenant-ter-zee Ramón Serrano Montaner Vuurland onderzocht op zijn bruikbaarheid, was het niet aangetast door de koloniseringsprojecten van de Europeanen.

Het landschap van Vuurland wordt gekenmerkt door sterke tegenstellingen. In het zuiden tronen gletsjerspitsen uit boven dichtbeboste dalen, in het noorden dijt de horizon zich eindeloos uit in de verte. Precies zo zag het eruit in het zuiden van Magallanes: zeer geschikt voor veefokkers. Verschillende maatschappijen onder leiding van de reeds bekende families Menéndez, Nogueira en Braun, die daar een goudmijntje hadden, vestigden op Vuurland hun estancia's en *fundos*. De gevolgen waren gruwelijk: deze maatschappijen lieten de indiaanse oorspronkelijke bevolking afslachten, omdat die in de weg stond. De officiële motivering luidde dat de niet aan particuliere eigendommen gewende nomaden zich door de omheiningen heen hadden geslagen en schapen hadden gestolen. Toen de dominee en antropoloog Martin Gusinde uit Breslau (nu Wroclaw) in 1920 Vuurland bereikte, trof hij er nog 276 overlevende Selk'nams aan, alle anderen waren in een tijdsbestek van slechts 30 jaar gedood of overleden door meegebrachte ziekten.

Het is beslist niet overdreven om te zeggen dat het de verdienste van Martin Gusinde was dat er überhaupt kennis over de levenswijze van de Ona's en de Yaghans bestaat. Met zijn etnologische onderzoekingen won hij het vertrouwen van deze stammen, die zelfs hun ceremoniën door hem lieten fotograferen en hem persoonlijk inwijdden in hun riten. Deze foto's vormen een niet genoeg te waarderen schat, want nu zijn er geen overlevenden meer.

Pas vanaf het midden van de jaren zestig onteigende de Chileense regering de wolbaronnen en verdeelde ze het land onder kleine fokkers, die zich organiseerden in coöperaties. Grootgrondbezit is er nog steeds, al is het op een andere manier. Wanneer u nu een *estanciero* ontmoet, treft u niet een man in een chic pak, maar iemand die ook de handen uit de mouwen steekt. In 1955 werd er aardgas gevonden en de staat vergemakkelijkte met belastingvoordelen de vestiging van bedrijven. Zo lokt de arbeidsmarkt de Chilenen naar het diepe zuiden.

Porvenir

Vanuit Punta Arenas bereikt u de 5000 inwoners tellende districtshoofdstad **Porvenir** **1** met de veerboot of een klein vliegtuig. Het mooiste van het stadje is de ligging aan een licht gebogen baai met een lange pier – vooral bijzonder mooi in het glanzende licht van de zon. Sierlijke zwarthalszwanen en flamingo's bevolken de kuststreek.

In de plaats, die te midden van winderige steppen ligt, heerst een sterke wil om schoonheid aan te brengen. Aan de Costanera zijn hele eilanden van weerbestendige struiken geplant, en om de Plaza de Armas staan bomen die in de vorm van een helm of ellips zijn bijgeknipt. De straten van Porvenir zijn brandschoon, de huizen zijn goed onderhouden en geschilderd in pasteltinten. De van zink en hout gebouwde kerk doet denken aan de gebouwen rond het Lago Llanquihue: ook dit is een echte immigrantenkerk.

Museo Provincial Tierra del Fuego

Het interessante en liefdevol ingerichte **Museo Provincial Tierra del Fuego** documenteert de geschiedenis van de provincie. Bijzonder interessante onderwerpen zijn de geschiedenis van de Selk'nams en Yamana's, de goudzoekers en de goudvondsten, en de schapenboerderijen. Een reeks familieportretten van hoofdzakelijk Joegoslavische immigranten bedekt de muren. Van iedere emigrant is een levensverhaal opgetekend. Er is zelfs een kruidenierswinkeltje nagebouwd. Een van de nieuwste aanwinsten is een compleet walvisskelet. Het bungelt op de tweede verdieping en is niet over het hoofd te zien (Padre Mario Zavattaro 402, tel. 61-581 18 00, www.museoporvenir.cl, ma.-do. 9-17, vr. 9-16, za./zo. 10.30-13.30, 15-17 uur).

Información Turística: Mario Zavattaro 402, tel. 61-58 00 94. Vriendelijk personeel, enkele folders.

Hotel Rosas: Philippi 269, tel. 61-58 00 88; 6 kamers. Schoon en verzorgd hotel. De kamers zijn wel een beetje somber. 2 pk 21.000 peso.

Hostería Yendegaia: Croacia 702, tel. 61-58 16 65; 8 kamers. Alles is hier in het geel – van de voorgevel tot aan de muren. Eenvoudige, lichte en heel aardig ingerichte kamers. 2 pk 20.000 peso.

Hotel Central: Philippi/Croacia, tel. 61-58 00 77; 6 kamers. Goede prijs-kwaliteitverhouding; heel gezellige, enigszins ouderwets ingerichte kamers, wat goed past in deze ruige omgeving met haar gure weer. Voortreffelijk ontbijt. 2 pk 16.500 peso.

Hospedaje Shinka: Santos Marones 333, tel. 61-58 04 91; 7 kamers. Vriendelijke accommodatie voor de smalle beurs. De kamers (met en zonder bad) zijn in zachte tinten gehouden. 7000 peso per persoon.

Club Social Croata: Señoret 542, tel. 61-58 00 53. Heel gedegen ambiance. De specialiteiten zijn vis en zeebanket. Kleine gerechten vanaf 3000 peso.

Restaurant El Chispa: Señoret 202, tel. 61-58 00 54. Eenvoudig restaurant met open haard. Degelijke kost, bijvoorbeeld lamsstoofschotel voor 4500 peso.

La Pica del Pechuga: Bahía Chilota, tel. 61-58 01 67. Het duikerpak van de eigenaar en voor-

Onderweg met de auteur

Vissen met Juan Bahamonde

Juan Bahamonde kent Tierra del Fuego als zijn broekzak, en als hartstochtelijk visser en duiker kent hij de beste visstekken. U kunt zich met gerust hart aan hem en zijn rondleidingen toevertrouwen, bijvoorbeeld langs het idyllisch gelegen Lago Blanco (zie blz. 273).

Met de boot rond Kaap Hoorn

Wat vroeger een gruwelijke verschrikking was voor alle zeelieden van de wereld, is nu gewoon te doen voor toeristen – maar nog steeds een heel avontuur. Verschillende bureaus bieden een expeditie per boot aan, de luxevariant is die van Cruceros Australis, maar u kunt de reis ook beginnen in Puerto Williams. Afhankelijk van de weersomstandigheden kan er ook rondgewandeld worden in nationaal park Kaap Hoorn. Neem wel weer- en windbestendige kleding mee (zie blz. 275).

malige visser Pechuga alias Juan Bahamonde staat tentoongesteld bij de toog, die uit een vissersboot bestaat. Dit past goed bij de voortreffelijke vis- en zeevruchtengerechten die hier worden bereid. Grote porties voor betaalbare prijzen. 5000–7000 peso.

Cordillera Darwin: Rondreizen, dolfijnen observeren, paardrijden, estanciabezoek, gletsjertochten, vliegvissen en andere excursies naar het onbekende Vuurland worden aangeboden door Juan Bahamonde en zijn compagnon, een zeebioloog (Bahia Chilota, s/n, tel. 61-58 01 67, 9-888 63 80 (mobiel), www.cordilleradarwin.com).

Vliegtuig: Aerovías Dap, Señoret s/n (Costanera), tel. 61-58 00 89, www.aeroviasdap.cl; vliegt ma.–za. naar Punta Arenas. **Bus:** Naar Camerón, di. en vr., informatie in Camerón in de Municipalidad, tel. 61-21 63 49. Bussen naar Cerro Sombrero, 3 x per week. **Veerboot:** Barcaza Melinka, Señoret s/n (Costanera), tel. 61-58 00 89; dag. veerverbinding met Punta Arenas. Ferry Bahía Azul–Punta Delgada, tussen 8.30 en 21.30 uur.

Van Porvenir naar het Lago Fagnano

Over een enigszins moeilijk te bereiden steenslagweg komt u van Porvenir bij de **Río de Oro**, de 'Goudrivier', waar nog steeds goudwassers leven en werken. Enkele verspreid in het uitgestrekte, licht golvende gebied gelegen *dragas* (goudwasinstallaties) zijn gerestaureerd en documenteren een zeer ruige episode in de geschiedenis van het eiland. Nog maar weinig goudzoekers volgen deze roeping – want een roeping moet het wel zijn, wil men in deze door ijzige winden en regenbuien beheerste verlatenheid op zoek gaan naar het weinige goud dat er nog over is.

De route gaat voor een deel langs de **Bahía Inútil**, waar vroeger uitgestrekte schapenfarms lagen. De 'Nutteloze Baai' dankt zijn naam aan de moeizame zoektocht van Fernando Magallanes om een oost-westpassage tussen de Atlantische en de Grote Oceaan te vinden – deze grote, ellipsvormige, vlakke baai leidde mensen op weg naar de Grote Oceaan absoluut op een dwaalspoor en was dus zonder nut.

Wie eenmaal de Bahía Inútil, met op de achtergrond de Sierra Carmen Sylva, heeft gerond – die door de beroemdste en meest gewetenloze aller goudzoekers, Julius Popper, zo werd gedoopt als eerbetoon aan zijn Roemeense koningin – heeft de voormalige bezittingen van de Sociedad Explotadora de Tierra del Fuego van José Nogueira gezien. Ze zijn ronduit reusachtig! Na 103 km bereikt u de sector **Onaisín** 2, die is ontstaan uit de in 1893 gestichte estancia Caleta Josefina. Het monotone steppelandschap wordt onderbroken door enorme steenformaties, die de gletsjers die vroeger tot aan de zee reikten, hier hebben achtergelaten.

Een afrastering in deze eenzaamheid geeft aan waar het **Cementerio de los Ingleses** is, met stenen platen en stèles ter nagedachtenis van aan het eind van de 19e eeuw gestorven Engelsen, pioniers op het gebied van de schapenfokkerij. Een van de begravenen is een vrouw. De kleine, door gras en klaver overwoekerde begraafplaats is nu een *Monumento Nacional*. De veehouderij heerste vroeger in dit gebied. Er was geen school, geen kerk, geen dorp, geen winkel en geen kroeg. Het gemeenschapsleven vond op de boerderijen zelf plaats. **Camerón** 3 laat dit duidelijk zien. Het dorpje met zijn kleurrijk beschilderde, eenvoudige houten huizen bestaat eigenlijk uit het voormalige bestuurscentrum van een schapenfarm – met winkel, school en kerk.

In de **Supermercado Patyta** in Camerón kookt señora Ruth voortreffelijke maaltijden, en u kunt er ook overnachten.

Lago Blanco en Lago Fagnano

Daarna bereikt u de **Cordón de los Guanacos** 4. Hele kuddes van deze sierlijke dieren rennen onophoudelijk langs de wegen en ver-

Vuurland

spreiden zich op de zomerweiden van de schapen. Deze nuttige dieren worden in de winter naar beneden, naar de oever van het meer gedreven, want dan sneeuwt het op Vuurland en is het moeilijker om voedsel te vinden.

Het landschap verandert, beukenbossen en *calafate*-struiken staan langs de weg, de parasietplant *barba de viejo* hangt aan de takken. Rondom het donkerblauwe **Lago Blanco** 5 beginnen ook de verende turfmoerassen, waarin de verschillende vegetatielagen zich hebben volgezogen met water en waarop je als op kussens loopt. In de zomer bloeien allerlei Magallaanse fuchsia's, en ook margrieten en klaver op de weiden. Het door bergen omringde, idyllische Lago Blanco met het **Isla Victoria** in het midden zit vol vis en wanneer er genoeg plaats is, kunt u in de club van de sportvissers aan de zuidkant van het meer overnachten (tel. 61-24 11 97).

Wanneer u omlaag rijdt naar het **Lago Fagnano** 6, komt u door estanciaterritorium. Langs de weg staan *esquiladoras*, de hallen van de schaapscheerders, en zagerijen. Dit stuk weg is nog in aanbouw, maar tegen het *Bicentenario* (het feest ter ere van 200 jaar onafhankelijkheid in het jaar 2010) moet de complete Carretera Austral het zuiden van Chili helemaal tot aan Puerto Williams hebben ontsloten. Momenteel is het nog een lastige rit om daarheen te gaan, maar wel – bij goed weer – een bijzonder mooie. De vergletsjerde Cordillera Darwin torent op de achtergrond imponerend uit boven het groene, lieflijke merenlandschap.

De grens met Argentinië loopt dwars door het Canal Beagle

Puerto Williams

Aan de oever van het **Canal Beagle** ligt de hoofdstad en het bestuurlijk centrum van het Chileense deel van het zuidpoolgebied, het door dichtbeboste bergen omgeven **Puerto Williams** 7. De zekerheid dat u nu echt op het zuidelijkste punt van de bewoonde wereld bent aangekomen, maakt een bezoek aan de stad interessant. Aan de andere kant van het kanaal ligt het Argentijnse Ushuaia. De weg ernaartoe is echter veel aantrekkelijker dan het doel zelf, vooral wanneer u bij mooi weer met het vliegtuig over de Cordillera Darwin of met de boot over het Canal Beagle aankomt.

De bewoners van de plaats voorzien net als hun buren aan de Argentijnse kant in hun onderhoud met de vangst van de *centolla,* de dure koningskrab of spinkrab.

Interessant is het **Museo Martín Gusinde**, waarin het werk van de antropoloog en missionaris (zie blz. 270) bij de Selk'nams wordt gedocumenteerd en een natuurhistorische expositie is ingericht (apr.–sept. di.–vr. 10–13, 15–18, za./zo. 15–18, okt.–mrt. ma.–do. 9–13, 15–18, za./zo. 15–18 uur).

U kunt Puerto Williams ook goed gebruiken als uitvalsbasis voor spannende excursies, zoals een vlucht of een boottocht naar Kaap Hoorn, een trekkingtour op het Isla Navarino of visexcursies en paardijtochten .

i **Oficina de Turismo Municipal:** Av. Pres. Ibáñez s/n, tel. 61-61 10 13.

Hotel Lakutaia: Teniente Muñoz 118, tel. 61-62 10 92; 24 kamers. Vanbuiten stralend geel geverfd, vanbinnen behaaglijk ingerichte en gezellige algemene ruimten, een bibliotheek en een restaurant. Goede prijs-kwaliteitsverhouding, 2 pk US$60.
Hostería Camblor: Teniente Capdeville 42, tel./fax 61-62 10 33; 8 kamers. Nette kamers, vriendelijke service. 2 pk ca. US$20.
Hostal Refugio Coiron: Maragano 168, tel. 61-62 12 27; 8 kamers. Gezellige hostal, gemeenschappelijke baden, gebruik van keuken en zeer vriendelijke service. Aanbevolen. Ongeveer US-S15 per persoon.

Parque Etnobiológico Omora: Park met natuurleerpaden.

Turismo Navarino: In het Centro Comercial, tel. 61-62 10 50. Excursies; boeken van vluchten, bijvoorbeeld naar Kaap Hoorn (Cabo de Hornos).
SIM Adventures: Tel. 61-62 11 50, fax 61-62 12 27, www.simltd.com. Dagtochten, trekking, vervoer, opzienbarende tochten als cruises naar Kaap Hoorn, trekking over de Cordillera Darwin en boottochten over het Canal Beagle en naar het zuidpoolgebied. Engels- en Duitstalig.

Vliegtuig: DAP vliegt dag. behalve zo. naar Punta Arenas; in het hoogseizoen is het raadzaam om te reserveren.
Veerboot: Fuegino, wekelijkse verbinding met Punta Arenas (duur: ca. 36 uur), Reserveren noodzakelijk.

Zonsondergang aan de Grote Oceaan:
geërodeerde rotskust bij Chañaral

Het Kleine Noorden

In een oogopslag: Het Kleine Noorden

Land van zesduizenders

Zo'n 70% van alle Chileense bergen van meer dan 6000 m hoogte ligt in het Kleine Noorden, tussen La Serena en Chañaral – een opmerkelijk en niet erg bekend gegeven uit het toeristische profiel van Chili. En het zijn niet de minste zesduizenders! Een ervan is de Ojos del Salado (6893 m), de hoogste top van Chili, en die wordt gevolgd door een hele reeks kolossale bergen aan de grens met Argentinië. De ene ligt nog fantastischer dan de andere en de woestijnachtige omgeving is fascinerend. Wie zich aangesproken voelt door dit soort landschappen kan zijn hart hier ophalen.

De tegenpool is te vinden aan de kust, waar stranden met fijn zand zich over vele kilometers uitstrekken. Ze worden vooral bezocht door naar rust zoekende Chilenen en zijn nog niet erg bekend bij buitenlandse toeristen.

Het Kleine Noorden bestaat bovendien uit de vruchtbare oasegebieden langs de rivieren Elqui, Huasco en Copiapó. Ook dit landschap is heel aantrekkelijk: als groene banden doorsnijden de stroomgebieden de zand-, goud- en antracietkleurige arceringen in het vaak kale, zanderige berg- en heuvellandschap. De fruitbomen van het land bloeien in de dalen van de Huasco en de Elqui.

De Valle del Elqui geldt bovendien als een zeer bijzondere bezienswaardigheid, omdat er, volgens een hardnekkig verhaal, een bijzonder aardmagnetisch veld werkzaam is en er ufo's zijn waargenomen – of de bezoeker daar nu in gelooft of niet, in elk geval is er een goede, zij het nogal alternatieve toeristische infrastructuur ontstaan, die een bezoek aan het woestijndal tot een genoegen maakt.

Het is in deze regio ook prachtig na de regens van de winter, mits er voldoende neerslag is gevallen. Dan verandert de anders zo onvruchtbare halfwoestijn in een dik, geurig kruidentapijt. In oktober, na de winterregens, bloeien de *maqui*-struiken tot Chañaral in tal van kleuren: rood van de *garra de león* (*Leontochir ovallei*), geel van de *terciopelo* (*Argylia radiata*) en de *añañuca* (een sierlijke

amaryllissoort) en violet van de *huile* (boksdoorn) en de *pata de guanaco (Cistanthe grandiflora)*. Maar het gebeurt niet vaak dat er voldoende regen valt, de bezoeker moet dus geluk hebben.

In het Kleine Noorden begint de klassieke mijnbouwregio van Chili. De eerste wegen in dit gebied werden niet aangelegd om het land te ontsluiten, maar om het te kunnen exploiteren. Als er niets te halen viel, werd er ook niets gebouwd. Op welke plaats in de koloniale tijd nederzettingen ontstonden, was eigenlijk afhankelijk van toeval: als er een mijnbouwgebied of vruchtbare grond was ontdekt, bloeiden er stadjes op en kwamen er een haven, een bestuur, een kerk. Was er niets meer te halen, dan raakten de nederzettingen in verval. Ze lagen als eilandjes op de in de zon blakerende hoogvlakte, waren genesteld in de plooien van uitgedoofde vulkanen of klampten zich vast aan de klippen langs de kust.

Reeds de Diaguita's, Chango's en Inca's kenden de vruchtbaarheid van de grond en benutten die. Copiapó is bijvoorbeeld ontstaan uit een Diaguitanederzetting. Het zou echter tot de komst van de Spanjaarden duren voordat de rijkdom aan bodemschatten – koper, zilver, goud – werd benut. Tegenwoordig zijn de mijncomplexen tussen de zoutvlakten en bontgestreepte vulkanen in de Andes echter grotendeels verlaten; de enige levenstekenen lijken van flamingokolonies te komen.

Hoogtepunt

9 **Parque Nacional Tres Cruces:** Dit sprookjesachtige, uiterst eenzame nationale park ligt rond de Ojos del Salado, de hoogste berg van Chili (zie blz. 298).

Aanbevolen routes

Door de Valle del Elqui: Een standaarduitstapje vanuit La Serena – maar met reden, want het contrast tussen het groene rivierdal en de ernaast oprijzende semiaride bergen is eenvoudigweg grandioos (zie blz. 287).

Naar de Ojos del Salado en de kust: Eerst een vriendelijk, afwisselend landschap en dan plotseling een natuur als uit een surrealistische droom, met bontgestreepte bergen en donkerblauwe lagunes. Aan het eind: Parque Nacional Pan de Azúcar (zie blz. 297).

Reisplanning

La Serena en de Valle del Elqui verdienen een bezoek van een paar dagen; met een uitstapje in het veehouderijgebied in de halfwoestijn komt u al snel op een week. Wie hoog de Andes in wil, moet rekenen op een acclimatiseringsperiode van een paar dagen.

Voor een tocht omhoog naar het Parque Nacional Tres Cruces en dan weer omlaag naar Chañaral moet u minimaal twee dagen de tijd nemen, met overnachtingen in berghutten van de Conaf.

Klimaat en reistijd

De regio is het hele jaar door, behalve in de wintermaanden van juni tot en met augustus, goed te bereizen. Wie in de Andes wil rijden, moet zich in elk seizoen op de hoogte stellen van de weersomstandigheden. De bergen zijn vooral moeilijk toegankelijk in de Europese zomermaanden, vanwege de plotseling opkomende *vientos blancos*, de gevreesde sneeuwstormen.

Tips

Naar het Reserva Nacional Pingüino de Humboldt: Er zijn in de wereld maar weinig permanente dolfijnenkolonies – hier is er een, omringd door rotsige eilandjes vol zeevogels en zeeleeuwen (zie blz. 285).

Hacienda Los Andes: Een haciënda voor iedereen die zich graag eens laat verwennen en bovendien op zoek is naar sportieve avonturen (zie blz. 292).

La Serena en omgeving

Kaart 281, 286

Het fraaie stadje La Serena heeft toeristen op compacte schaal veel te bieden. Met zijn centrum in historiserende stijl en uitgestrekte stranden is het een prettige plaats om tot rust te komen, en tegelijk vormt het een goed uitgangspunt voor uitstapjes naar de fascinerende rivierdalen in de halfwoestijn, met hun indiaanse verleden.

La Serena

Kaart: blz. 281; **Routekaart:** blz. 286

1 Een neokoloniaal poppenhuis in het centrum en uitgestrekte stranden die kunnen wedijveren met die van de verder zuidelijk gelegen badplaatsen – dat zijn de hoogtepunten van het 12.000 inwoners tellende stadje La Serena, de op een na oudste Spaanse nederzetting op Chileense bodem. De stichting leidde tot verbitterde indiaanse aanvallen, die in 1544 uitliepen op de verwoesting van het plaatsje, maar de Spanjaarden wilden dit strategische punt niet zomaar opgeven en lieten de nederzetting vijf jaar later opnieuw opbouwen door Francisco de Aguirre. Het Spaanse handelsverkeer tussen Peru en het gebied in het zuiden van Chili had immers een veilig steunpunt nodig. Ook de katholieke orden hadden belang bij een steunpunt, want hier brachten ze missionarissen onder die later verder zouden reizen naar het zuiden. Aan deze achtergrond heeft de van groen voorziene *avenida* naar de zee de naam Francisco de Aguirre te danken, en de stad zijn 29 kerken.

Dankzij de mijnbouw in de eerste decennia van de 19e eeuw, die de regio rijk maakte, verkreeg La Serena een voor het land ongewone architectonische elegantie. Later bedeelde president Gabriel González Videla (1946–1952) zijn geboortestad genereus met overheidsfondsen voor renovaties. Het *Plan Serena* behelsde de restauratie van enkele openbare gebouwen in Spaans-koloniale stijl.

Plaza de Armas

De resultaten van het *Plan Serena* zijn te bewonderen rond de zonovergoten, met veel zorg beplante **Plaza de Armas**. Een voorbeeld is de **Municipalidad** 1, met zijn wit geverfde muren, zware, versierde balkons in rood natuursteen en imposante roodstenen zuilen die de ingang flankeren. Ook het **Casa González Videla** 2 aan de westkant van de *plaza* is in deze stijl gebouwd. Het twee verdiepingen hoge, voormalige woonhuis van Videla is opgetrokken in hout en adobe. Er is tegenwoordig een museum in ondergebracht met memorabilia uit Videla's leven, foto's, krantenknipsels en enkele originele meubels. Bovendien wordt er een overzicht getoond van de regionale geschiedenis (Matta 495, di.–vr. 10–18, za., zon- en feestdagen 10–13 uur, toegang gratis).

Het huis verrijst tussen twee fraaie kleine pleinen. Op het noordelijke slaat soms een kunstnijverheidsmarkt zijn kraampjes op, het zuidelijke komt uit op de **Iglesia Padres Carmelitas** 3, een massief, nogal gesloten overkomend bouwwerk uit 1755, met een scheve houten klokkentoren uit 1912.

Iglesia de San Francisco

De oudste en belangrijkste kerk van de stad ligt twee blokken van de Plaza de Armas in de buurt van de kruising Balmaceda/Eduardo de la Barra. Zoals de Iglesia Padres Carmelitas vroeger een dominicaner kerk was, zo was de **Iglesia de San Francisco** 4 van de francisca-

La Serena

Bezienswaardigheden

1 Municipalidad
2 Casa González Videla
3 Iglesia Padres Carmelitas
4 Iglesia de San Francisco
5 Museo Arqueológico
6 Mercado La Recova
7 Museo Ignacio Domeyko
8 Faro Monumental (Vuurtoren)

Accommodatie

1 Hotel Campanario del Mar
2 Hotel Los Balcones de Aragon
3 Hotel Mediterráneo
4 Hotel Francisco de Aguirre
5 Hostal El Punto
6 Hostal Casa María

Eten en drinken

7 Donde El Guatón
8 El Granero
9 La Mía Pizza
10 Café del Patio
11 Donde Elbita

Onderweg met de auteur

Pisco proeven in Pisco Elqui

Nomen est omen: een plaats met zo'n naam moet wel verband hebben met de typisch Zuid-Amerikaanse druivenbrandewijn pisco, die niet alleen in Chili, maar ook in Peru wordt geproduceerd. Juist daarom kreeg **Pisco Elqui** zijn naam: om de Chileense aanspraken te bekrachtigen. Omdat de Valle del Elqui voor driekwart vol staat met spalieren voor wijnstokken en u onderweg naar het plaatsje dus eigenlijk langs de grondstof komt, is het een goed idee om ook eens een piscodestilleerderij te bezoeken (zie blz. 291).

Uitstapjes voor sterrenkijkers

Door de schone lucht van de woestijnachtige uitlopers van de Andes geldt dit gebied onder astronomen als een van de beste ter wereld voor het observeren van sterren en andere hemellichamen. Op de bergtoppen zijn verscheidene observatoria met enorme telescopen gebouwd. Ze zijn echter meestal alleen toegankelijk voor wetenschappers. De **sterrenwacht Tololo** (zie blz. 287) kan bezocht worden, maar alleen als u zich zeker twee maanden van tevoren hebt aangemeld, en uitsluitend op za. om 9 en 13 uur. **La Silla** wordt gerund door de ESA, de Europese Ruimtevaartorganisatie (rondleidingen za. 13.30 uur; u moet zich vooraf aanmelden bij het ESA-kantoor in Santiago: tel. 2-463 31 00). Een troost voor niet-wetenschappers is vlak bij Vicuña te vinden: de **sterrenwacht Mamalluca** biedt een kennismaking met de astronomie en is ook 's nachts geopend (zie blz. 288).

ner orde. Hij werd tussen 1585 en 1627 in renaissancestijl gebouwd en heeft een barok versierde witte, natuurstenen gevel. De in *mudéjar*-stijl ingerichte kerk biedt onderdak aan het momenteel gesloten **Museo de Arte Religioso**, dat kostbare stukken uit de indertijd toonaangevende scholen van Cuzco en Quito bijeenbrengt. In deze twee Spaans-koloniale kunstscholen in het (tegenwoordig) Ecuadoraanse Quito en Peruaanse Cuzco kregen bijzonder begaafde *indígenas* onderricht in de schilder- en houtsnijkunst, zonder daarvoor betaald te worden, natuurlijk. Veel van de kunstwerken zijn niet gesigneerd en dus anoniem.

Museo Arqueológico

Het veelgeroemde **Museo Arqueológico** **5** besteedt uitvoerig aandacht aan de Diaguitacultuur. Deze akkerbouwers, die rond het jaar 1000 uit Argentinië naar de vruchtbare dalen van het Kleine Noorden migreerden, betoonden zich ware kunstenaars met leem en hebben harmonisch geproportioneerd, fraai beschilderd aardewerk nagelaten. Bovendien worden vondsten uit de El Mollecultuur (1e–7e eeuw) in de Valle del Elqui getoond. Deze cultuur kende de veeteelt en koperbewerking. Een aparte afdeling is gewijd aan de geschiedenis van La Serena (Cienfuegos/Córdovez, di.–za. 9–13, 16–19, zo. 10–13 uur, 600 peso).

Mercado La Recova

Een blok verder naar het noorden neemt het door arcaden omgeven patiogebouw van de **Mercado La Recova** **6** een halve straat in beslag. Het is net of de bezoeker hier een kleurrijke snoepwinkel binnengaat, want de belangrijkste waar die hier te koop wordt aangeboden is papaya in alle mogelijke varianten – van vers en lichtgeel tot jam, ingemaakt, kleurig verpakt als gelei, snoepgoed, kauwgom en siroop. Hier – en ook in de galeries op de bovenverdieping – wordt kunstnijverheid verkocht en wie trek heeft, wordt in de marktrestaurants uitstekend verzorgd.

Museo Ignacio Domeyko

De andere kant op ligt het **Museo Ignacio Domeyko** **7**, aan de Calle Benavente, dat een mineralogische verzameling huisvest. Het toont duizenden objecten afkomstig uit de omgeving van La Serena (Benavente 980, niet geopend gedurende de zomermaanden, de rest van het jaar ma.–vr. 9.30–12.30 uur, 500 peso).

In koloniale stijl: Municipalidad en kathedraal in La Serena

Blikvanger op het strand van La Serena: de Faro Monumental

Naar de Faro Monumental

La Serena kenmerkt zich door zijn gemoedelijkheid. De centraal gelegen straten Prat, Los Carrera, Balmaceda, Matta en Córdovez nodigen uit om er op uw gemak te gaan winkelen. Ook de kunstnijverheidsmarkt op de *plaza* en rond de Santo Domingokerk is een bezoek waard. Elke zomer worden hier ambachtelijk vervaardigde parelkettingen, kunstige indiaanse oorringen, zelfgemaakte jam en kunstnijverheid te koop aangeboden. En dan zijn er ook nog de vele kerken, die her en der verspreid in de stad staan.

Het strand is te bereiken over de Avenida Francisco de Aguirre, die op kosten van de stad voorzien is van geboomte afgewisseld met allegorische beelden en fonteinen. Het eindpunt van de wandeling is de **Faro Monumental** 8. Dit bouwwerk is in de jaren vijftig neergezet en heeft een hoogte van 28 m. Het witte zandstrand van La Serena wordt inmiddels over een lengte van enige kilometers geflankeerd door hotels, vakantiebungalows, tankstations, restaurants en speeltuinen. En de nieuwbouw staat niet stil!

i **Sernatur:** Kruising Prat/Matta (bij de *plaza*), tel. 51-22 51 38, fax 51-21 39 56, infocoquimbo@sernatur.cl. Het bureau heeft niet heel veel informatie in huis. Inlichtingenkiosk op de Plazuela de los Artesanos, Mercado La Recova.

Conaf: Córdovez 281, tel. 51-22 43 06, fax 51-21 50 73, coquimbo@conaf.cl, en Colo Colo 1090, tel. 51-21 35 65, fax 51-21 36 09, rsegovia@conaf.cl.

Tip: Reserva Nacional Pingüino de Humboldt

Er bestaan in de hele wereld maar drie permanente dolfijnenkolonies: een in Australië, een in Californië en een bij het Isla Damas in het Reserva Nacional Pingüino de Humboldt (atlas blz. 7, A 1), de bestemming van een lang uitstapje.

Vanaf La Serena is het 116 km naar de haven van Punta Choros. De Panamericana volgt aanvankelijk de kustlijn. Vroeger leefden hier de Chango's van het verzamelen van schelpdieren en de visvangst, waarvoor ze boten gebruikten die uit met lucht gevulde zeehondenvellen bestonden; tegenwoordig is het stadje **Los Hornos** vooral bekend als haven voor de tongvisserij.

Punta Choros is een vriendelijk vissersplaatsje met een extravagante, blauw-wit gestreepte kerk. De zee is hier rijk aan heek, zaagvis en zeepaling; gevangen zee-egels, mosselen, kreeften en *picorocos* gaan direct naar de markt van Santiago. Punta Choros is ook populair bij duikers.

Bij de haven vindt u een natuurhistorisch museum, dat wordt gerund door de Conaf. Bezoekers aan het Reserva Nacional Pingüino de Humboldt krijgen hier een korte inleiding te horen. Wie wil kamperen moet zich hier melden.

Tussen de drie voor de kust liggende eilandjes La Gaviota, Choros en Damas ligt het **Reserva Nacional Pingüino de Humboldt**, een gebied waar zo'n tachtig dolfijnen leven, die sierlijk krijgertje spelen met de excursieboten. Het water is hier niet bepaald rustig en wie na 12 uur 's middags afvaart, moet zeebenen hebben en rekening houden met een stormachtige overtocht.

Op het **Isla Choros**, met zijn vele door wind en golven gevormde spleten in de rotsen, leven pinguïns, zeehonden, zeeleeuwen, roodsnavelige *pilpilenes* (een soort scholeksters) en aalscholvers. Het **Isla Damas** heeft zachtere vormen en is het enige deel van het reservaat dat betreden mag worden. Twee kleine stranden met hagelwit zand en een schilderachtig pad over het met spleten en scheuren bezaaide eiland zorgen voor een interessante onderbreking van de tocht.

Excursies naar het reservaat worden onder meer aangeboden door Ingservtur, Matta 611, tel. 51-22 01 67, en Talinay Adventure Expeditions, Prat 470, tel. 51-21 86 58, beide in La Serena. In Punta Choros vindt u het Centro Turístico Memo Ruz. Hier kunt u bungalows aan het strand huren. Inlichtingen: www.buceopuntachoros.cl, tel. 09-534 36 44 (mobiel).

Hotel Campanario del Mar [1]: Av. del Mar 4600, tel. 51-24 55 16, fax 51-24 55 25; 21 kamers. Door zijn koloniale stijlcitaten onderscheidt Hotel Campanario del Mar zich van de gebruikelijke dunwandige strandhotels. Grote, klassiek ingerichte kamers, goede service. 2 pk 53.000 peso.

Hotel Los Balcones de Aragon [2]: Cienfuegos 289, tel. 51-221 24 19; 25 kamers. Een passende optie in deze in koloniale stijl verbouwde stad: een mooi, goed onderhouden hotel in het centrum, met een persoonlijke signatuur. 2 pk 45.000 peso.

Hotel Mediterráneo [3]: Cienfuegos 509, tel. 51-22 58 37; 23 kamers. In het centrum gelegen. Een keurig middenklassenhotel zonder poespas; veel glas. 2 pk 25.000 peso.

Hotel Francisco de Aguirre [4]: Córdovez 210, tel./fax 51-22 29 91; 85 kamers. Hét klassieke hotel in La Serena. Een ruim pand, qua bouwstijl het midden houdend tussen een klein grand hotel en een landhuis. Gedegen en goed onderhouden. 2 pk US$83.

Hostal El Punto [5]: Andrés Bello 979, tel./fax 51-22 84 74, www.hostalelpunto.cl. Villa Kakelbont met tuin, gerund door een Duits echtpaar. Mooi, klein *hostal* met twee patio's, waar ontbijt, gebak en lichte gerechten worden geserveerd. Vakkundig georganiseerde uitstapjes en excursies. 2 pk 18.000 peso.

Visrestaurants: Op de eerste verdieping van de Mercado La Recova liggen eenvoudige, goede visrestaurants. De ingrediënten zijn vers en de prijzen laag: *paila marina* vanaf 3500 peso.

Hostal Casa María [6]**:** Las Rojas 18, tel. 51-22 92 82; 8 kamers. Eenvoudig, schoon, vrolijk beschilderd pension bij het busstation. Goede optie voor reizigers zonder dikke portemonnee. Gemeenschappelijke badkamers, keukengebruik, bemiddeling bij excursies en cursussen (Engels). Per persoon vanaf 8000 peso.

Donde El Guatón [7]**:** Brasil 750. Regionale keuken; populair om de enorme schotels gegrild vlees voor 4000–8000 peso.
El Granero [8]**:** Colón 360, tel. 51-22 42 69. Hier wordt hoofdzakelijk vlees geserveerd (5000–8000 peso), in een lichte, rustieke en zeer decoratieve ambiance.

La Mía Pizza [9]**:** Av. del Mar. Met een filiaal in het centrum. Het restaurant aan de zeeboulevard is een aangenaam strandetablissement, rondom van glas voorzien. Het biedt een enorme keus aan pizza's, maar origineler en zeer smakelijk zijn de zeevruchten en de vis, voor 4500–7500 peso.
El Faro [8]**:** De vuurtoren biedt tegenwoordig onderdak aan een restaurant dat gespecialiseerd is in Chileens zeebanket (4500–7000 peso); er is ook een bar.
Café del Patio [10]**:** Prat 470. Terras, ontmoetingspunt, bar, restaurant, livemuziek: hier kunt u op elk tijdstip van de dag terecht. De bediening laat echter wel eens te wensen over. Sandwiches vanaf 1900 peso.
Donde Elbita [11]**:** Av. Costanera 7. In Penuelas, tussen La Serena en Coquimbo, pal aan zee. Men serveert hier goede vis tegen zeer acceptabele prijzen, bijvoorbeeld *congrio frito* (gefrituurde zeepaling) voor 3800 peso. Volkse, ongedwongen sfeer.

La Serena, Valle del Elqui en Valle del Río Hurtado

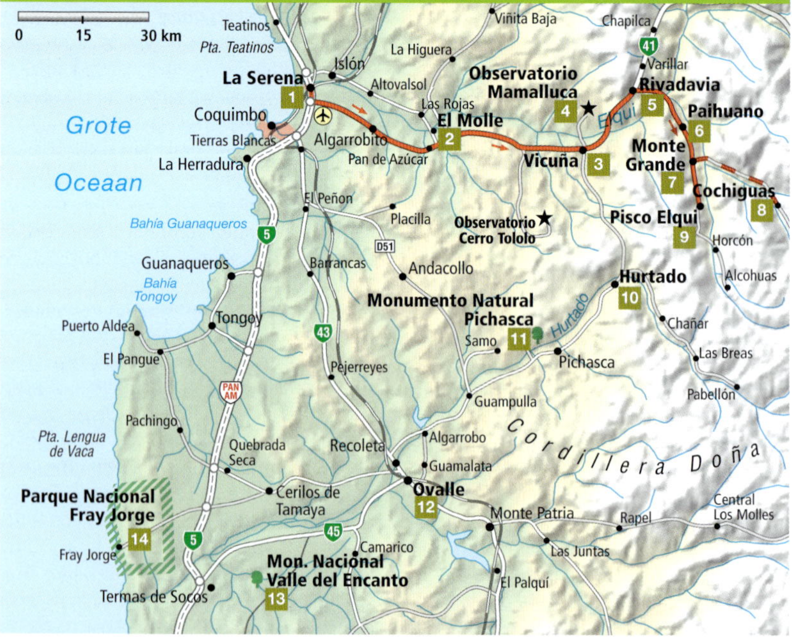

Mercado La Recova: Deze nogal toeristische markt is een waar paradijs voor papayafans; ook is er een grote keus aan indiaanse kunstnijverheid.

El Mall Plaza La Serena: Av. Alberto Solari 1400. *Shopping mall* met restaurants en bioscopen.

Geld wisselen: Er zijn zes verschillende banken in de stad en zeven *casas de cambio*, bijvoorbeeld Intercam, Eduardo de la Barra 435, en in El Mall La Plaza Serena.

Afro Son, Balmaceda 824; bar met livemuziek.

Aan de Avenida del Mar, Tololo Beach, **La Quinta Ola** (nr. 4444) en **Pub Cabo Frío** (nr. 900).

Excursies naar de Valle del Elqui worden aangeboden door veel reisbureaus.

ChileSafari Expeditions: Matta 367, tel. 51-55 04 34, www.chilesafari.com. Safari's, surftrips, trektochten, fietsen.

Vliegtuig: Luchthaven La Florida, ca. 7 km naar het zuidoosten; regelmatig vluchten door de belangrijkste Chileense maatschappijen (Lan Airlines, Sky Airline) naar Antofagasta, Arica, Copiapó, El Salvador, Iquique (2–3x per dag) en Santiago (vaak). Shuttlebus naar de luchthaven. Stadskantoor Lan Airlines: Balmaceda 406, tel. 60 05 26 20 00 (centraal telefoonnummer), en in El Mall Plaza La Serena, Alberto Solari 1400.

Bus: Het busstation ligt ten zuiden van de stad, Amunátegui 107, tel. 51-22 45 73. Verbindingen met Copiapó, Vallenar (elk uur), Antofagasta (9x per dag), Santiago (8x per dag, waaronder een 's nachts), El Salvador (5x per dag), Calama (3x per dag, waaronder een 's nachts), Arica, Iquique (2x per dag), Punta Choros, om 10 uur. Busmaatschappij Fenix, Av. El Santo, s/n, tel. 51-22 52 40, rijdt naar de Valle del Elqui (elk uur), de bus van 9.30 en 16.15 uur rijdt door naar Alcohuás.

Huurauto: Avis, Av. Francisco de Aguirre 63 en op de luchthaven, tel. 51-54 53 01.

Budget, Balmaceda 3850, tel. 51-29 79 16.

Hertz, Av. Francisco de Aguirre 225, tel. 51-22 61 71.

Door de Valle del Elqui

Het klassieke daguitstapje vanuit La Serena voert naar de Valle del Elqui. Het hele traject beslaat 262 km over grotendeels geasfalteerde wegen. Volgens sommigen bezit het dal van de Elqui bijzondere vibraties, want het zou, naar wordt gezegd, op een van de wereldmeridianen (chakra's) liggen en kosmische straling aantrekken. Gemakkelijker voor te stellen is dat de heldere, niet door nevels of stof vertroebelde hemel zich gemiddeld 330 nachten per jaar uitstekend leent voor het observeren van sterren. De **sterrenwacht Tololo** is gevestigd op een van de 3000 m hoge bergen die langs het dal van de Elqui naar de hemel oprijzen.

In het regenarme, semiaride Kleine Noorden speelt de Valle del Elqui een belangrijke rol. Dit gebied voorziet heel Chili van landbouwproducten. Het gaat vooral om papaya's, maar het dal levert ook chirimoya's (custardappels), tomaten, vijgen, knoflook, het als diervoer gebruikte alfalfa en de piscodruif, die vooral als basis wordt gebruikt voor de druivenbrandewijn pisco. De grote internationale vraag naar pisco heeft het oorspronkelijke doel van de landbouw in het dal – groenten en fruit leveren – naar de achtergrond gedrongen. Onderweg door het dal kunnen piscodestilleerderijen bezocht worden.

De Río Elqui is niet erg waterrijk, want de helft van het water wordt onttrokken ten behoeve van de havenstad Coquimbo, maar de hierdoor ontstane noodzaak te experimenteren heeft in de woestijngrond tot opmerkelijke resultaten geleid. Omdat de regio grote delen van Noord-Chili van verse groenten en fruit voorziet, is aan wetenschappers gevraagd om onderzoek te doen naar onder meer betere irrigatiemethoden en geschikte plantensoorten. Inmiddels wordt een derde van de vroeger kale, geelbruine berghellingen geïrrigeerd, resulterend in donkergroene vlekken op de bergen. Hoe smaller het dal, hoe ongewoner de aanblik van dit fenomeen.

Onderweg uitgestrekte plantages passerend komt u na 44 km bij het kleine vakantieoord

El Molle 2, een bekend centrum van precolumbiaanse cultuur. Een eindje verderop onderbreekt een stuwmeer de idylle. In plaats van het vroegere romantische tracé langs de rivier is er nu een asfaltlint boven langs het dal aangelegd.

Vicuña

De volgende halteplaats is het wat alternatief aandoende, fraaie stadje **Vicuña** 3, de geboorteplaats van Gabriela Mistral, die in 1945 de Nobelprijs voor literatuur ontving. Ze wordt hier tweemaal geëerd: de sokkel van de fontein op de centrale *plaza* is gesierd met een reliëf van het gezicht van de dichteres, en het elegante **Museo Gabriela Mistral** toont portretten, boeken, prijzen en persoonlijke bezittingen. Naast de ingang staat een replica van haar geboortehuis (Gabriela Mistral s/n, jan.–feb. ma.–za. 10–19, zo. 10–18, mrt.–aug. di.–vr. 10–13, 14–18, za. 10–13, 15–18, zo. 10–13, sept.–dec. di.–vr. 10–13, 15–19, za 10–13, 15–18, zo 10–13 uur, 600 peso).

Even verderop staat het **Casa Solar de las Madariaga**, waar te zien is hoe een bourgeoisgezin rond 1870 in Vicuña woonde. De villa is een particulier museum (Gabriela Mistral 683, jan.–feb. dag. 10–19, mrt.–dec. 11–13, 14.30–17.30 uur).

De school waar Gabriela Mistral ooit leerlinge was, huisvest tegenwoordig het **Museo Entomológico y de Historia Natural**. Een klein natuurhistorisch museum, waarin collecties slakken en insecten worden tentoongesteld, en verder een verzameling fossielen uit heel Zuid-Amerika (Plaza de Armas, jan.–mrt. dag. 10.30–21.30, mrt.–dec. 10–18 uur, 450 peso).

Een gedurfde mengelmoes van stijlen is te bewonderen aan de Plaza de Armas. De **Iglesia Immaculada Concepción** ziet er eeuwenoud uit, maar is het niet: hij werd met zijn archaïsch aandoende adobemuren pas in 1909 opgetrokken. De **Torre Bauer** naast de kerk, ziet er daarentegen uit alsof hij nog maar kort geleden uit een speelgoedridderburcht is ontvreemd, want de in 1906 in Ulm vervaardigde en naar Chili overgebrachte toren is duidelijk een imitatie van een Duits voorbeeld uit de middeleeuwen.

De sterrenwacht Mamalluca

Amateurastronomen zullen zich ongetwijfeld interesseren voor de speciaal voor bezoekers ingerichte sterrenwacht **Observatorio Comunal Cerro Mamalluca** 4, 6 km ten noordoosten van Vicuña (te bereiken via de Calle San Isidro). De telescoop is geschonken door de sterrenwacht Tololo. Er worden video's vertoond en het is mogelijk om 's nachts de sterren te observeren (Av. Gabriela Mistral 260, van tevoren aanmelden, tel. 51-41 13 52, fax 51-41 12 55, www.mamalluca.org, jan.–feb. 9–22, rest van het jaar 9–20 uur, nachtelijke rondleiding 8x tussen 20.30 en 3 uur 's ochtends).

i **Información Turística:** Ligt aan de Plaza de Armas, tel. 51-20 91 25.

Hostería Vicuña: Sargento Aldea 101, tel. 51-41 13 01, fax 51-41 11 44, www.hosteriavicuna.cl; 25 kamers. Ligt midden in het plaatsje, maar straalt desondanks een privésfeer uit. De bungalows staan wijdverspreid in de tuin; met een zwembad. Zeer ontspannend. 2 pk ca. US$60.

Hotel Halley: Gabriela Mistral 542, tel. 51-41 20 70; 12 kamers. Het zwembad gaat goed samen met de gerenoveerde gebouwen in koloniale stijl met patio's; de kamers zijn op vergelijkbare wijze ingericht. 2 pk ca. 29.000 peso.

Hostal Donde Rita: Condell 443; 4 kamers. Gezellig, goed onderhouden pension, door Duitsers gedreven. Met internettoegang en keukengebruik. Bovendien worden er excursies georganiseerd. 2 pk 18.000 peso.

Hostal Valle Hermoso: Gabriela Mistral 706, tel. 51-41 12 06; 8 kamers. De bouwstijl is Spaans-koloniaal. Eenvoudige, nette, grote kamers voor 16.000 peso.

Het beste eet u in de **Hostería Vicuña** (zie links), voor bescheiden prijzen, bijvoorbeeld een visgerecht voor 3500 peso.

Restaurant Halley: Gabriela Mistral 404. Niet over het hoofd te zien restaurant, pal aan de Plaza de Armas, met een gezellige, volkse sfeer. De prijzen van de hoofdgerechten liggen tussen 4500 en 7000 peso.

De **bussen** van busmaatschappij Fenix stoppen op de hoek O'Higgins/Prat; meermalen per dag verbindingen met Pisco

De schone lucht in de Valle del Elqui is ideaal om de hemel te observeren

Vruchtbaar dal en kale, droge bergen: de Valle del Elqui

Elqui en La Serena. **Verzameltaxi's** naar La Serena en de Valle de Elqui staan tegenover de bushalte op de Calle Arturo Prat.

Naar Cochiguas

Bij **Rivadavia** 5 maken rivier en weg een scherpe bocht. Daarna wordt de route nog schilderachtiger, want het dal wordt smaller en de weg is hier en daar zo hoog aangelegd dat de met piscodruiven begroeide grond onder u te zien is alsof u van een balkon omlaagkijkt. De bergtoppen verrijzen achter elkaar tot in de oneindigheid.

Het groeiende toerisme heeft ook het dorpje **Paihuano** 6 in zijn greep gekregen. In het kleine, door steil oprijzende bergflanken omsloten plaatsje **Monte Grande** 7 is er dan na 102 km weer iets te zien van Nobelprijswinnares Gabriela Mistral: haar altijd met bloemen versierde grafmonument en de vroegere school waar ze ooit lesgaf. Zelfs het armoedige meubilair en de landkaarten uit die tijd zijn bewaard gebleven. (di.–zo. 10–13, 15–18 uur, 500 peso)

Aan de overkant van het dal hebben bergbeklimmers ter gelegenheid van de 100e geboortedag van Gabriela Mistral een gedenkteken op de steile helling aangebracht, dat de schrijfster voorstelt als onderwijzeres met aan beide handen een kind.

Vlak na Monte Grande takt in oostelijke richting een steenslagweg af, die omhoogklimt naar **Cochiguas** 8. Over dit stadje doen in La Serena allerlei verhalen de ronde. Feit is dat er al een paar decennia lang enkele hippiecommunes gevestigd zijn waar alternatieve psychotherapieën worden toegepast. In het plaatsje zouden heel bijzondere aardmagnetische energieën worden uitgestraald, helemaal tot aan de antipoden in de Himalaya – en deze fantasie lijkt in het woeste, maar hier en daar ook vredige grandioze berglandschap niet eens zo vergezocht.

Pisco Elqui

In **Pisco Elqui** 9 eindigt de asfaltweg. Van de speciale aardmagnetische energie die in de regio uitgestraald zou worden, profiteren in Pisco Elqui vooral diegenen die zich graag beklagen over 'ongewassen hippies' in de smalle, stoffige straatjes. Zij kwamen op het idee – en beschikten over het benodigde kapitaal – om de fraaie cafés, restaurants en kleine, schilderachtig tegen de helling gelegen hotels te bouwen. Overal is de geur van brandende wierookstokjes te ruiken. Op de trottoirs worden voor exorbitante sommen slechte etherische oliën verkocht. Een amateurschilder, die zijn goeroe Bhagwan in olieverf en potlood te koop aanbiedt, legt de tarot en verkoopt voor veel te veel geld kaarsen en diskettes met zelfbedachte huis-, tuin- en keukenwijsheden. De kleurige huisjes, die zo typerend zijn voor het minuscule Pisco Elqui, en de verbazingwekkende **Capilla Nuestra Señora del Rosario** met zijn op speelkaarten lijkende vensters aan een bekoorlijke, groene *plaza* gaan helaas enigszins verloren te midden van het zweverige newagegedoe. Maar ondanks de soms nogal dwaze bijverschijnselen vormt de Valle del Elqui nog altijd een zeer lonend en schilderachtig reisdoel, waar u ook heel goed kunt wandelen of paardrijden.

De destilleerderij **Elqui Tres Erres** aan de overkant is de oudste van het dal. Er worden rondleidingen gehouden (jan.–feb. ma./zo. 10–19, mrt.–dec. 10.30–12.30, 14.15–18.30 uur).

Refugio Misterios de Elqui: Prat s/n, tel./fax 51-45 11 26; 16 kamers. Fraai gelegen bungalowcomplex, opgetrokken in hout, hier en daar gesierd met kunstnijverheid. Tuin met zwembad. 2 pk 45.000 peso.
Hostería Los Dátiles: Prat s/n, tel. 51-45 12 66; 12 bungalows. Rustiek vormgegeven *hostería*, gelegen op de helling van de Valle del Elqui. *Cabaña* voor 4 personen 60.000 peso.
El Tesoro de Elqui: Prat s/n, tel./fax 51-45 10 69, www.tesoro-elqui.cl; 12 kamers. Mooie, goed onderhouden *cabañas* in een tuin met zwembad; Duitse leiding, voortreffelijke keuken. Ook worden er culturele manifestaties georganiseerd. 2 pk 28.000 peso.
Hostería Don Juan: Prat s/n, tel./fax 51-45 10 87; 5 kamers. Grappige meubels, alsof ze van de vlooienmarkt komen; onconventioneel. Mooie tuin. De 2 pk kost 15.000 peso.

Goed eten wordt geserveerd in **Hostería Los Dátiles** en **El Tesoro del Elqui**. **El Ranchito de Don René**, naast de kerk, biedt typische streekgerechten.
Hacienda Miraflores: Even buiten de stad, aan de weg naar Horcón, tel. 51-28 59 01. Karakteristieke, gedegen uitspanning met een fraai uitzicht op het dal, smakelijke vlees- en grillgerechten en een goede keus aan wijnen. Het restaurant is ook 's middags geopend; u kunt doorlopend bestellen. Voor hoofdgerechten betaalt u 3500 peso.

In alle grotere *hosterías* worden **ritten te paard** en andere **uitstapjes** georganiseerd.

Tip: Hacienda Los Andes

De reis erheen is nogal lang, maar eenmaal aangekomen wilt u er niet meer weg. Een vroegere fruithaciënda aan de Río Hurtado, midden in het mijngebied, is verbouwd tot een stijlvol, enigszins Italiaans aandoend complex, met een jacuzzi onder een lichtkoepel en een palmentuin. Clark Stede en Manuela Paradeiser, die ook al met veel succes het Campo Aventura bij Cochamó hebben opgezet, hadden zin om zich aan een nieuw project te wijden, ditmaal bestemd voor paardenliefhebbers. Het resultaat is een klein toeristisch totaalkunstwerk.

Het terrein van de haciënda loopt enigszins hellend af naar de rivier. Er is op verschillende niveaus een tuin aangelegd, die doorkruist wordt door schelpenpaden en voorzien is van knusse plekjes. Wie niet wil verblijven in de ruime, in koloniale stijl ingerichte kamers, kan er ook kamperen.

Er worden allerlei activiteiten aangeboden. Clark Stede en Manuela Paradeiser hebben in een beschermd natuurgebied van 500 ha zo'n 7 km aan natuurleerpaden aangelegd. Ook andere wandelingen zijn aangegeven, bijvoorbeeld naar een oude goudmijn. In de rivier kan gezwommen worden. Manuela fokt paarden. Wie hier wil paardrijden, kan dus rekenen op vakkundige begeleiding. Excursies en meerdaagse paardrijtochten staan centraal in het activiteitenaanbod. Ook zijn er tips te krijgen voor tochten rond Puerto Varas en op het Isla de Chiloé, beide in de buurt van het Campo Aventura, hun eerdere onderneming. Het is niet speciaal nodig om met eigen vervoer te komen, gasten kunnen worden afgehaald in Vicuña en zelfs La Serena (Hacienda Los Andes, Hurtado, tel. 53-69 18 22, info@haciendalosandes.com, www.haciendalosandes.com).

Oase van rust met een groot aanbod aan activiteiten: Hacienda Los Andes

Door de Valle del Río Hurtado

Een variant van de route door de Valle del Elqui voert van de hellingen van de Andes dwars door veehouderijgebied naar een nevelwoud aan de kust, het noordelijkste van Chili: het Parque Nacional Fray Jorge. Onderweg komt u in aanraking met de archeologie van de regio en kunt u wandelingen maken. Neem ten zuiden van Vicuña een avontuurlijke steenslagweg, die na 43 km en prachtige vergezichten uitkomt op de ongerepte **Valle del Río Hurtado**. Anders dan in de Valle del Elqui, waarvan de bekoring meteen duidelijk is, kunt u hier genieten van een onaangetaste, oorspronkelijke, ruige schoonheid.

Hurtado en omgeving

Hurtado 10 is met zijn 500 inwoners een fraai boerendorp, typerend voor de Andes, met huizen opgetrokken in traditionele adobebaksteen. Langs de weg worden lokaal verbouwde producten verkocht. Wie dit ongerepte gebied wil verkennen en er een tijdje wil blijven, neemt hier de weg naar de Hacienda Los Andes (zie blz. 292), om daar te wandelen, paard te rijden en een van de karakteristieke rodeo's te bezoeken. De deelnemers aan de paardenraces overnachten vaak op de haciënda.

Ook de zonnige Valle Hurtado wordt agrarisch benut. Weidegronden voor het vee strekken zich uit tussen de rivier en de bergen, die hier merendeels alleen met struiken bedekt zijn. Populieren in het dal wijzen op ver uiteen liggende haciënda's. In de kleine dorpjes Seron, Fundina en Pichasca staan mooie, beschilderde kerkjes van adobe.

Monumento Natural Pichasca

Ongeveer 7 km na Pichasca komt u via een zijweg bij het **Monumento Natural Pichasca** 11, waar de oudste sporen van indiaanse aanwezigheid in Chili aan het licht zijn gekomen. Een pad voert eerst omhoog naar een versteend woud, waarna u uitkomt bij het **Casa de Piedra**, met vondsten uit het 8e millennium v.Chr. (jan.–feb. 9–18, rest van het jaar 9–17 uur, 1600 peso; de Conaf in La Serena kan informatie verstrekken, zie blz. 284).

Ovalle

Na Samo Alto is de weg geasfalteerd. Hiervandaan is het nog 41 km naar **Ovalle** 12, een aardig, maar onopvallend landbouwstadje. Interessant is echter het **Museo del Limari**, met een omvangrijke collectie Diaguitakeramiek (in het vroegere spoorwegstation op de hoek Calle Socos/Antofagasta, nov.–mrt. di.–vr. 9–13, 15–19, za., zon- en feestdagen 10–13, rest van het jaar di.–vr. 9–18, za., zon- en feestdagen 10–13 uur, 600 peso).

Monumento Nacional Valle del Encanto

Even voorbij Ovalle splitst de weg zich. Om de **Valle del Encanto** 13 te kunnen bezoeken neemt u hier Ruta 45. Het **Monumento Nacional** is te vinden aan een zijweg. Het is 5 km naar de ingang, waar u informatie kunt krijgen; ook gidsen bieden er hun diensten aan. Op een rotsachtig terrein van ongeveer 2 km lengte loopt u langs de belangrijkste petrogliefen van Noord-Chili. Ze stammen uit de El Mollecultuur (1e–7e eeuw) en zijn het duidelijkst te onderscheiden als de middagzon ze harde contouren geeft (dag. 9–16.30 uur, 300 peso).

Parque Nacional Fray Jorge

Als u weer op de Panamericana bent, rijdt u ongeveer 20 km in noordelijke richting verder. Na alle schittering van de halfwoestijn kunnen de ogen tot rust komen in het **Parque Nacional Fray Jorge** 14, want het is hier zo groen als in Zuid-Chili. Als gevolg van bijzondere klimatologische omstandigheden en de sterke mistvorming aan de kust is hier, midden in de halfwoestijn, aan de rand van de zee een stukje Valdiviaans nevelwoud ontstaan, dat ontsloten wordt door wandelpaden. De reis erheen is echter niet eenvoudig, en het is ook nog eens een kilometer lopen naar de parkingang. De fraaie route omlaag is echter een goede reden om toch te gaan. Wie langer wil blijven, moet proviand meenemen, want in het park is niets te krijgen.

Van Copiapó naar Chañaral

Kaart blz. 296

Deze tocht voert door een gebied dat de bezoeker in vervoering zal brengen. Onder de ongastvrije bergketens rustte ooit de rijkdom van het land: goud, zilver, koper. Net Zwitserse gatenkaas, meende Darwin, waarmee hij de mijnschachten in de bergen bedoelde. Van de kleurige zesduizenders met hun glasheldere, eenzame bergmeren gaat een vreemdsoortige bekoring uit.

Copiapó

De nabijheid tot de zilvermijn Chañarcillo heeft **Copiapó** 1 tot bloei laten komen. 'Vóór de opening van de mijn', zo schrijft Darwin, verkeerde het stadje in een erbarmelijke toestand, want 'het lag door een aardbeving helemaal in puin'.

De 130.000 inwoners tellende stad ligt slordig langs de groene rivier en wordt nauw omsloten door bruinrode en antracietkleurige bergen. Copiapó, het vroegere Conpayapu, het 'Groene Dal' van de Diaguita's, lag al lang voordat Pedro de Valdivia de stad in 1540 bezette in een intensief benut en druk bevolkt landbouwgebied.

In 1832 ontdekte de boer Juan Godoy de zilvermijn Chañarcillo, waarin de toentertijd op twee na grootste zilvervoorraad ter wereld werd aangetroffen. Dit leidde tot de opkomst van een machtige verwerkingsindustrie, waarbij – naar men zegt – geen enkele buitenlander betrokken was. De rijk geworden Chileense families vestigden zich in het 73 km verderop gelegen Copiapó.

De mijn was echter snel uitgeput. Copiapó veranderde van een mijn- in een fruitteeltstad. Het hele dal is bedekt met *parranales*, spalieren voor de druiventeelt, en u vindt er watermeloen- en perzikplantages. In de buurt van de Grote Oceaan worden olijven verbouwd. De kopermijn Candelaria houdt de mijnbouwtraditie in stand.

Copiapó is een aangename, zonnige stad met parken en plantsoenen, en de vroegere grandeur is nog gemakkelijk af te lezen aan enkele imposante gebouwencomplexen uit de tijd van de eerste opbloei. De stad vormt een fraaie, rustige uitvalsbasis voor inspannende excursies naar de Andes en is ook geschikt om even op adem te komen voor de verdere reis.

Rond de Plaza Prat

Het is niet verrassend dat Copiapó als mijnstad een welvoorzien **Museo Mineralógico** bezit, met een uitgebreide presentatie van ertsen, stenen en mineralen (niet alleen uit Chili), en met bovendien een meteoriet in de tuin. De collectie wordt beheerd door de Universidad de Atacama (hoek Rodríguez/Colipí, ma.–vr. 10–13, 15.30–19, za. 10–13 uur, 500 peso).

Het museum ligt een blok verwijderd van de zonnige **Plaza Prat**, waar door peperbomen beschaduwde allegorische beelden uit de tijd van de eerste opbloei te zien zijn. Tegelijk classicistisch en weelderig: dat was de stijl die de Chileense upper class in 1850 als zeer Frans en chic beschouwde.

Uit dezelfde tijd stamt de **kathedraal**. De neoclassicistische gevel en zuilen met daarboven oprijzend een houten klokkentoren van drie geledingen vormen een verbluffende compositie, 'een caprice, zoals alleen een Engelsman kan ontwerpen en uitvoeren', aldus de Duitse schilder Otto Grashof in 1854. Een blok ten zuiden van de *plaza* voert de Calle

Atacama naar de korte, groene Avenida Matta, waar nog meer sculpturen uit de tijd van de opbloei te bewonderen zijn. Hier staat ook een fraai, gerestaureerd neoclassicistisch gebouw, waarin de Servicio Nacional de Geología y Minería (de Nationale Mijnbouwdienst) is ondergebracht.

Andere bezienswaardigheden

Even imponerend neoclassicistisch is de residentie van de familie Matta op de hoek Rancagua/Atacama, één blok van de *avenida* die naar de Matta's is genoemd. Tegenwoordig is er het **Museo Regional de Atacama** gevestigd, met precolumbiaanse voorwerpen, informatie over de mijnbouw, een bibliotheek, een salon uit de 19e eeuw en regionale schilderkunst (Atacama/Rancagua, ma. 14.30–19, di.–vr. 9–19, za. 10–12.45, 15–18.15, zo. 10–12.45 uur, 600 peso).

Het onderhoudende **Museo Estación de Ferrocarril** toont foto's, bielzen en werktuigen uit de pionierstijd van de spoorwegen. Het is ondergebracht in het vroegere station, een houten gebouw uit 1854. Dat is iets om even bij stil te staan: 15 jaar na de eerste treinrit in Nederland, van Amsterdam naar Haarlem, reed hetzelfde sissende wonder van de techniek ook al tussen Copiapó en Caldera. Het museum is onregelmatig geopend (Atacama s/n).

Sernatur: Los Carrera 691, tel. 52-21 28 38, fax 52-21 72 48, infoatacama@sernatur.cl; zeer behulpzaam.
Conaf: Martínez 55, tel. 52-23 70 42, fax 52-23 70 42, atacama@conaf.cl.

Hotel Chagall: O'Higgins 760, tel. 52-21 37 75, fax 52-21 15 27; 34 kamers. In optimistische kleuren geschilderd, modern hotel, waarvan de muren getooid zijn met vrolijke Chagallreproducties; kleine, elegante kamers. 2 pk ca. US$80.
La Casona: O'Higgins 150, tel./fax 52-21 72 77; 10 kamers. Fraai gebouw in koloniale stijl met zorgvuldig gekozen woonaccessoires; gezellige, niet heel grote kamers. Zeer vriendelijk en behulpzaam personeel. Restaurant met goede burgermanskost. 2 pk ca. US$60.

Onderweg met de auteur

Door de boetelingensneeuw

Als haaientanden rijzen ze op naar de hemel, de sneeuwformaties bij de **Laguna Verde**, aan de voet van de Ojos del Salado, waar u als in een doolhof tussendoor loopt. De sterke zonnestraling op een hoogte van 4500 m vervormt de sneeuw tot deze figuren, die *penitentes*, 'boetelingen', worden genoemd, omdat ze iets weg hebben van gestalten gehuld in pij en puntkap. Aansluitend kunt zich opwarmen in een wel heel rustiek warmwaterbassin (zie blz. 299).

Picknick aan de Playa Blanca

Het zand kon niet poederiger zijn en de baai niet volmaakter gewelfd: de Playa Blanca in het Parque Nacional Pan de Azúcar is werkelijk een streling voor het oog. Het is geen wonder dat hier enkele eenvoudige, kleine paviljoens zijn neergezet waar bezoekers kunnen picknicken, compleet met barbecue en zitbanken. Uw mondvoorraad koopt u op de interessante vismarkt in Chañaral – dat is al een genoegen op zich. Er staan echter ook enkele eethuisjes aan het strand (zie blz. 301).

Hotel Montecatini: Infante 766, tel. 52-21 13 63; 12 kamers. Keurig complex met een patio en een klein zwembad. 2 pk US$50.
Residencial Nuevo Chañarcillo: Rodríguez 540, tel. 52-21 23 68; 7 kamers. De meeste eenvoudige onderkomens in de stad hebben weinig kwaliteit. Dit hotel is simpel, maar schoon; het heeft gemeenschappelijke badkamers. 2 pk 12.000 peso (met badkamer 15.000 peso).

Hostería Las Pircas: Av. Copayapu 95, tel 52-21 32 20. Aangenaam, bij de *hostería* horend restaurant, een eindje buiten het centrum van Copiapó. Met een internationale keuken, maar er worden ook streekgerechten geserveerd. Kleine gerechten vanaf 2500 peso, vis vanaf 5800 peso.
Bavaria: Chacabuco 487, tel. 52-21 34 22. Cafetaria en restaurant, in een nette, eenvoudig gehouden stijl. Goede, degelijke kwaliteit.

Van Copiapó naar Chañaral

Sandwiches tot 1800 peso. Ook geschikt om te ontbijten.

El Corsario: Atacama 245, tel. 52-21 53 74. Voedzame gerechten, bereid volgens Chileense recepten en geserveerd in een gebouw met een patio. De prijzen zijn laag, vanaf 3500 peso.

Zeer geschikte uitvalsbasis voor **excursies naar de Altiplano** en de **Ojos del Salado**, bijvoorbeeld te boeken bij: Azimut 360, General Salvo, Providencia, Santiago, tel. 2-235 15 19, fax 2-235 30 84, www.azimut.cl.

Vliegtuig: Luchthaven Chamonate, 15 km ten westen van Copiapó, shuttlebus van Lan Airlines; meermalen per dag vluchten naar Antofagasta en Santiago, op werkdagen ook naar El Salvador. **Stadskantoor Lan Airlines**, Colipí 484, tel. 60 05 26 20 00 (centraal telefoonnummer); **Sky Airline**, Colipí 526, tel. 52-21 46 40.

Bus: Busstation aan de Av. Ramón Freire, met twee afdelingen (langeafstandsbussen op de hoek met Colipí, streekbussen op de hoek met Chacabuco); Copiapó ligt aan de centrale noord-zuidas, zodat er zeer regelmatig verbindingen zijn met alle grotere steden.

Huurauto: Avis, bij de luchthaven en op Romulo Pena 102, tel. 52-52 45 91.

Caldera en omgeving

Een gehucht aan de kust met 50 inwoners groeide na 1849 uit tot de stad **Caldera** 2, de uitvoerhaven van het zilver uit Chañarcillo. 21 jaar later had Caldera in omvang al bijna de haven van Valparaíso ingehaald, de enige die in die periode nog groter en belangrijker was. De groei van Caldera hield gelijke tred met die van Copiapó.

Treinen rijden er al lang niet meer – er liggen alleen nog rails. Het vroegere station is recentelijk aan de vergetelheid ontrukt en gerestaureerd, evenals enkele andere gebouwen uit de 19e-eeuwse bloeitijd, die het fraaie stadje hier en daar als relicten uit het verleden sieren. De in neogotische stijl opgetrokken **Iglesia San Vicente** aan de *plaza* is door Britse bouwlieden opgetrokken. Een blok verderop, aan de Calle Carvallo, staat het **Casa Mackenzie** uit dezelfde periode. Aan de Paseo Wheelwright, die langs het strand loopt, liggen het spoorwegstation en het voormalige douanegebouw, dat verbouwd is tot *Centro Cultural*, met wisselende tentoonstellingen. Als de naam Wheelwright al ongewoon is, dan is Siggelkow dat helemaal. Dat was de naam van een Duitse consul die 60 jaar lang in Caldera in een huis aan de strandpromenade resideerde. Ook dit gebouw, dat voorzien is van een veranda met zuiltjes, is tegenwoordig een bezienswaardigheid.

Bahía Inglesa

Sinds enige tijd probeert men energiek om Caldera een nieuwe bestemming te geven. Dat is eigenlijk geen probleem, want de stad ligt aan een schilderachtige baai met uitgestrekte zandstranden, en 6 km verder naar het zuiden ligt **Bahía Inglesa** 3, dat een rustig, goed onderhouden badplaatsje is, hoewel het vol staat met appartementencomplexen, vakantieresorts en particuliere woningen. Het strand is er heel mooi.

Hotel Puerta del Sol: Wheelwright 750, tel. 52-31 52 05, fax 52-31 55 07; 6 kamers. Aan het eind van de Costanera, met een terras en een zwembad. De kamers zijn licht en aangenaam. 2 pk 30.000 peso.
Hotel Costanera: Wheelwright 543, tel. 52-31 60 07; 11 kamers. Schilderachtig houten gebouw; nogal eenvoudig, maar de kamers zijn groot. 2 pk 20.000 peso.
Residencial Palermo: Cifuentes 150, tel. 52-31 58 47; 10 kamers. Eenvoudig, schoon hotel in het centrum. 2 pk ca. 10.000 peso.

Nuevo Miramar: In een paviljoen aan het eind van de visserspier, tel. 52-31 53 81. Hier worden de beste *congrio* en *corvina* geserveerd. U eet er elegant bij het schijnsel van kaarsen. Salades vanaf 2500 peso, hoofdgerechten vanaf 5000–6000 peso.
El Macho: Aan de Costanera. Eenvoudig, populair etablissement. Op de kaart staan zeevruchten, kleine tapas en verse vis. Visgerechten voor 4500–7000 peso.

Bussen vertrekken van het kantoor van de bijbehorende maatschappij: de langeafstandbussen van Pullman en Tramarca op de hoek Cerda/Edwards, en naar Copiapó op de Calle Gana. Vaak bussen naar Copiapó. Meermalen per dag via Copiapó naar het noorden, richting Chañaral en Antofagasta, en naar het zuiden, richting Vallenar en La Serena.

Naar de Ojos del Salado en de kust

Het uiterst fascinerende landschap rond de hoogste berg van Chili en hoogste vulkaan ter wereld, de Ojos del Salado (6893 m), is niet een van de bekendste reisbestemmingen van het land. Op veel momenten onderweg heeft de bezoeker de indruk een pionier te zijn in een onaangetast, volstrekt verlaten, geluidloos landschap van bergtoppen – wat overigens niet het geval is, want in de mijnen Marte en Pepita de Oro wordt op 5000 m hoogte goud gewonnen. De modernste technologieën worden ingezet in de ijle lucht.

Omdat de route van Copiapó via het Complejo Fronterizo San Francisco verder voert naar Argentinië, gaat de tocht eerst over een *camino internacional*. Benzine is te krijgen in Copiapó en Potrerillos. De weg is goed, omdat de mijnmaatschappij voor het onderhoud ervan zorgt. De maatschappij fabriceert het wegdek uit de grondstoffen leem, zout en aarde, die in grote hoeveelheden aanwezig zijn, en meldt vlak na Copiapó op een verkeersbord: *Refugio en 225 km*, 'Berghut na 225 km'.

Naar Puquios

Al snel begint de heerschappij van de bontgestreepte, aanvankelijk nog vrij lage bergen. De **Quebrada de Paipote** doorsnijdt dit massief. Na 60 km wijzen leemkleurige ruïnes op een verlaten plaatsje: **Puquios** 4. Het werd in de 19e eeuw gesticht vanwege de grote kopervoorraden in de omgeving en was op dat moment de meest vooruitgeschoven post van Chili in de woestijn. De spoorlijn kon niet verder dan tot Puquios worden aangelegd en om het materiaal verder te vervoeren moesten koetsen en karren worden gebruikt.

Prijsgegeven boerderijen zijn een veelvoorkomend gezicht in de door onderaardse waterlopen doorsneden *quebrada*. De koper- en leemkleuren zijn doorspekt met groene velden, en op die sappige weidegronden grazen paarden, muildieren, geiten en schapen. Maar de kwaliteit van de grond is niet goed en niet geschikt voor de landbouw, omdat het water te veel arseen bevat. De op bamboe lijkende *cola de zorro (Cortaderia atacamensis)* wordt door geiten gegeten. De enige andere boomsoorten hier zijn *algarrobo*, *chañar (Geoffroea decorticans)* en *pimiento (Schinus molle)*.

Al meer dan 20 jaar woont Mario Diáz Ordenes, alias El Sherpa, in **Valle Chico**, in een scheefgezakte hut bedekt met golfplaat. Hij heeft 40 jaar bij de mijnmaatschappij Andescopper gewerkt en biedt nu zijn kennis van de omgeving aan. Hij kent alle meren en vulkanen en weet wanneer de gevreesde *viento blanco* dreigt, de 'witte wind' vol sneeuwkristallen, die de wandelaar alle richtinggevoel doet verliezen. Bovendien verkoopt hij zelfgemaakte geitenkaas, brood en salie.

9 Parque Nacional Tres Cruces

Na 149 km opent het landschap zich en gaat over in een weids Altiplanobekken, dat het begin markeert van het 600 km² grote **Parque Nacional Tres Cruces**. Bij de uiterste zuidpunt van de witglanzende, 83 km² grote Salar de Maricunga ligt de inktblauwe **Laguna Santa Rosa** 5, omlijst door besneeuwde vijfduizenders, zoals het woeste, gekartelde bergmassief Tres Cruces, dat in een wirwar van spleten talrijke meren verbergt. Langs de oever van het meer foerageren flamingo's. Het is er sprookjesachtig mooi en bitterkoud, want het meer ligt op een hoogte van 3700 m. U kunt hier overnachten in een kleine berghut van de Conaf, die echter wel enige wind doorlaat.

Als u verder rijdt naar de Laguna del Negro Francisco, in het zuidelijkste deel van het nationale park, passeert u het massief Tres Cruces en komt u op het terrein van de **goudmijn Marte** 6. Wie hierboven, op 5000 m hoogte, acht dagen heeft gewerkt, heeft daarna recht op acht vrije dagen. Reizigers worden hier door mijnpersoneel geregistreerd, wat in deze stille verlatenheid een soort troost schenkt. Bij de zwavelhoudende, ijskoude waterlopen grazen vicuña's en lama's. De kale vulkaan Copiapó (6052 m) beheerst met zijn aubergine- en abrikooskleuren het gehele landschap.

Laguna del Negro Francisco

Het is dan nog 85 km rijden naar de olijfgroene **Laguna del Negro Francisco** 7. Hier voelt de reiziger zich geen pionier meer, want bij het meer zijn echte pioniers aan het werk. De *laguna* met zijn sneeuwwitte zoutranden en donkerrood glinsterende wateroppervlak is het onderwerp van verschillende geologische onderzoeken. De wetenschappers boren

De weg naar de Ojos del Salado voert langs eenzame sneeuwvelden

naar onderaardse waterlopen en hebben fossielen en dinosaurusbotten gevonden. Ook hebben ze vastgesteld dat er onder de stralen van de onverbiddelijke Altiplanozon per seconde ongeveer 1500–2000 liter meerwater verdampt. In het meer is zowel zout water als zoet water te vinden. Dit laatste wordt bezocht door flamingo's.

Laguna Verde

Om de Laguna Verde en het basisstation voor de beklimming van de Ojos del Salado te bereiken, moet u over dezelfde weg terugrijden tot u weer op de *camino internacional* bent, en dan uw weg vervolgen in de richting van Argentinië. De bergketens maken daar plaats voor een open hoogvlakte, de **Planicie Piedra Pómez**, waaruit geïsoleerd liggende vulkaantoppen omhoogrijzen.

De **Laguna Verde** 8 ligt als een schroeiplek in het indrukwekkende landschap, waar elke berg meer dan 6000 m hoog is. Tot in de jaren zestig werden Argentijnse runderen over de Andespassen gedreven. Op de hellingen liggen her en der bleke botten. Enkele warmwaterbronnen van 34 °C in eenvoudige stenen bassins vormen een populaire – en ook de enige – mogelijkheid om een beetje warmte te vinden. Het kost echter wel enige zelfoverwinning om in de ijzige koude uw badkleding aan te gaan trekken.

Ojos del Salado

Wie de **Ojos del Salado** 9 wil beklimmen moet gunstig weer afwachten en rekening houden met een acclimatiseringsperiode van ongeveer tien dagen op 4600 m hoogte, met inbegrip van enkele lichte trektochten. Dan volgt een eerste etappe op 5200 m, dezelfde dag gevolgd door terugkeer naar het kamp. Wie deze vuurproef niet goed doorstaat, moet zich niet aan de beklimming wagen.

In de richting van de Ojos del Salado ligt op een glooiende helling hoog oprijzende boetelingensneeuw, *nieve de penitentes*. De zon en harde wind hebben het sneeuw- en ijsdek op de hoogvlakte in brokken uiteen doen vallen en daaruit, afhankelijk van de intensiteit en de invalshoek van de bestraling, tot 20 m hoge formaties gevormd, die uit de verte op kolossale ijskegels lijken en ook wel iets weg hebben van boetelingen uit paasprocessies, met pijen en puntkappen.

De **Conaf** onderhoudt hier een berghut met een paar kleine kamers, slaapzalen en een ruime gemeenschappelijke keuken. Sommigen kamperen in de ijzige wind.

Van de Salar de Pedernales naar de kust

Na ruim 100 eenzame kilometers ten noorden van het Complejo Fronterizo San Francisco bereikt u de 300 km² grote **Salar de Pedernales** 10. Hier wordt borax gewonnen en in de lagunes vinden flamingo's voedsel. De weg verlaat nu het gebied van de bergketen die Chili scheidt van Argentinië, voert met een brede bocht naar het westen en doorkruist slingerend de bruine, ongerepte, wondermooie **Cordillera de Domeyko**. Waar de weg toelaat te stoppen om van het uitzicht te genieten, moet u dat zeker doen.

Bij de afslag naar de mijnstad **Potrerillos** 11 begint de asfaltering weer. Het plaatsje is een sprookjesachtig overblijfsel uit vervlogen tijden. Vanaf 1922 werd hier koper- en gouderts verwerkt, maar de daarvoor gebruikte chemicaliën hebben de grond en lucht zo sterk verontreinigd dat de bewoners naar elders overgebracht zijn. Desondanks is een wandeling door Potrerillos aan te raden: de oude gebouwen, de winkels, de kerk en het politiebureau vormen bij elkaar een fascinerend openluchtmuseum. Wie het plaatsje wil bezoeken moet van tevoren een vergunning aanvragen bij Codelco in El Salvador (zie hierna, Dirección de Comunicaciones, Division Salvador) en zich laten begeleiden door een gids; anders mag het terrein niet worden betreden. De ertsverwerkingsinstallaties zijn namelijk in 2006 gemoderniseerd en inmiddels weer in bedrijf genomen.

Ongeveer 32 km verderop ligt de kopermijn **El Salvador** 12 met de bijbehorende gelijknamige slaapstad (10.000 inwoners), op 2300 m hoogte. De stad is in twee delen verdeeld – rijk (El Salvador) en arm (Portal del Inca) – en opgezet in de vorm van een amfitheater, met brede *avenidas* en een centraal plein; er is echter maar weinig leven.

Daarna verlaat de route de wereld van bergketens, hoogvlakten, vulkanen, mijnen en lagunes en daalt adembenemend snel af langs de **Cuesta El Jardín**. Bij het armoedige mijnarbeidersdorpje **Diego de Almagro** 13 is de bodem van een rivierdal bereikt, waarna het nog 68 km is naar de zee.

Chañaral

Het sympathieke, 12.000 inwoners tellende stadje **Chañaral** 14 presenteert zich al lang met veel energie als, niet altijd even mooie, uitvoerhaven. Aanvankelijk was hier alleen een kleine baai waar handelsschepen aanlegden om de landbouwproducten in te laden die afkomstig waren van de oase Finca de Chañaral. Toen Diego de Almeyda in 1824 de mijn Las Ánimas in gebruik nam, werd er een haven aangelegd aan de baai, in 1833 gevolgd door een kleine nederzetting. De rijke mijnen van de Altiplano deden de haven in de loop van de 19e eeuw groeien. De havencomplexen beheersen dan ook het silhouet van de tegen een heuvel gebouwde stad. Vanaf elk punt zijn ze goed zichtbaar.

In de **municipalidad:** Costanera/Los Baños; vriendelijk en behulpzaam.

Apart Hotel Portal Atacama: Merino Jarpa 1420, tel. 52-48 97 99. Het modernste en comfortabelste hotel van de stad. 2 pk 24.000 peso.

Hostería Chañaral: Miller 268, tel. 52-48 00 50, fax 52-48 05 54; 22 kamers. Fraai boven het

plaatsje gelegen. Lichte kamers, een tikkeltje gehorig. 2 pk 20.000 peso.
Hotel Nuria: Av. Costanera 300, tel. 52-48 09 03; 9 kamers. Klein, gastvrij motel; de eenvoudige kamers liggen rond een binnenplaats. 2 pk met badkamer 12.000 peso.

Hostería Chañaral: Miller 268. Regionale keuken zonder poespas, voordelig geprijsd. Gerechten vanaf 3800 peso.
Alicanto: Panamericana Sur 49, Caleta de Pescadores. Restaurant met panoramisch uitzicht, boven de vissershaven. Op de menukaart staat veel vis. 4000–5000 peso.
Bovendien liggen er aan de Calle Merino Jarpa enkele eenvoudige restaurants.

Bus: Het station van Pullman Bus ligt aan de Costanera naast de *municipalidad*; bijna alle bussen in noordelijke en zuidelijke richting houden hier halt. Bussen naar het Parque Nacional Pan de Azúcar: Turismo Chango, Jarpa/Los Baños, 2x per dag.

Parque Nacional Pan de Azúcar

Een fraaie bestemming voor een uitstapje vanuit Chañaral is het 31 km verderop gelegen **Parque Nacional Pan de Azúcar** 15, dat bescherming biedt aan zeeleeuwen en aan de zeldzame, met uitsterven bedreigde Humboldtpinguïn. In de idyllische baai van de Playa Blanca kunt u eten in vissershutjes, een boottocht maken naar de pinguïns (aan land gaan is verboden) of picknicken. De zachte zandheuvels zijn bedekt met twintig alleen hier voorkomende cactussoorten.

Conaf: Aan de Caleta de Pan de Azúcar; ernaast liggen enkele *cabañas*. Inlichtingen via de Conaf in Copiapó, Juan Martínez 55, tel. 52-21 34 04; ook zijn er mogelijkheden om te kamperen.

In het Parque Nacional Pan de Azúcar kunt u picknicken

De Valle de la Luna
is extra bijzonder bij zonsondergang

Het Grote Noorden

In een oogopslag: Het Grote Noorden

Woestijn en vulkanen

Wie vanaf het zuiden komt, kan haast niet bevatten dat in een enkel land zo veel verschillende landschapsvormen kunnen thuishoren. Een blinkend lichte steenwoestijn, een hoogvlakte en kleurige vulkanen met archaïsch aandoende indiaanse dorpjes concurreren hier met het donkergroen van het zuidelijke regenwoud.

Een smalle, versplinterde kustlijn ligt als een zoom aan de voet van het kustgebergte, dat hier snel tot hoogten van maximaal 1000 m oprijst, zoals bij Iquique, om al spoedig daarna in een karig begroeide hoogvlakte over te gaan, die in het oosten oplost in de 4000 m hoge Altiplano. Als snippertjes confetti liggen piepkleine oases in diepe dalen. Een reeks *salares* (zoutmeren) flankeert de grenzen met Argentinië en Bolivia. Aan de voet van 6000 m hoog oprijzende vulkanen lij-

ken de wit uitgeslagen zoutmeren op in de aarde gebrande lagunes.

Deze regio was vroeger nauwelijks bewoond. Alleen aan de kust lagen nietige vissersdorpen, terwijl de indiaanse bevolking zich al duizenden jaren hoog in de Andes teruggetrokken had. Oude indiaanse handelspaden vormen een netwerk langs de smeltwaterrivieren die van de bergen stromen. Zo konden gehuchten als de huidige toeristische trekker San Pedro de Atacama opbloeien. Ondanks het barre klimaat heeft een infrastructuur de onherbergzaamheid weten te overwinnen – op puur economische gronden.

Onder de onwerkelijk aandoende oppervlakte rusten aanzienlijke rijkdommen, die halverwege de 19e eeuw het hele land in een speeltafel voor speculanten en avonturiers, maar ook voor heel gewone beleggers zouden veranderen. Achtereenvolgens werden koper, goud, zilver en later het 'witte goud', salpeter (nitraat), afgegraven. Aan de kust ontstonden uit het niets handelssteden en bestuurlijke centra. Enkele daarvan verdwenen even snel als ze waren opgekomen. De haven Cobija, in de 18e eeuw nog op kopergravures geportretteerd als een behoorlijk levendige stad, verviel al snel. Tegenwoordig bestaat hij helemaal niet meer.

Tot het laatste decennium van de 19e eeuw behoorde dit gebied niet aan Chili toe, maar aan Bolivia en Peru. De Chileense overwinning in de Salpeteroorlog van 1879 tot 1883 verlegde de grenzen en lijfde dit enorme stuk gloeiendheet land bij Chili in.

De Panamericana loopt dwars door de woestijn, links en rechts geflankeerd door kleine steenhopen, restanten van de nitraatmijnen die als een net over het zonovergoten gebied waren gespannen. Op de graven van de bijbehorende begraafplaatsen staan witgeverfde houten latten.

Dit verleden houdt de mensen bezig. Er is geen museum in de regio dat niet uitgebreid op het thema ingaat. De twee gerestaureerde salpeter-*oficinas* Humberstone en Laura zijn inmiddels nationaal cultureel erfgoed en trekken veel toeristen aan.

Na eeuwenlang onderdrukken en wegstoppen brengen ook de Aymara's tegenwoordig nadrukkelijk hun tradities terug onder de aandacht in het complexe erfgoed van de Chileense cultuur. Hun grote politieke symbool is Evo Morales – de president van Bolivia is immers een Aymara.

Hoogtepunten

10 **Valle de la Luna:** Het 'Maandal' behoort tot de grootse schoonheden van de woestijn, vooral als u het bij zonsondergang en de opkomst van de sterren kunt zien (zie blz. 322).

11 **Géiseres del Tatio:** Wie slechts de tijd heeft voor een enkel uitstapje vanuit San Pedro de Atacama, mag zich het ochtendlijke natuurschouwspel van de hoogstgelegen geisers van de wereld niet laten ontglippen (zie blz. 326).

12 **Gigante de Atacama:** De indrukwekkendste geoglief van Chili toont een god of koning en is met zijn 96 m de grootste menselijke afbeelding die ooit gevonden is (zie blz. 342).

13 **Parque Nacional Lauca:** Een aan de wereld ontrukt vulkaan- en lagunelandschap met goede wandelmogelijkheden – maar alleen voor wie geen last van hoogteziekte krijgt (zie blz. 355).

Aanbevolen routes

Van de Géiseres del Tatio naar Calama: Deze route leidt door een gebied met oude indiaanse bewoning en is gezegend met tal van landschappelijke hoogtepunten en verrassingen (zie blz. 326).

Van Arica naar Parque Nacional Lauca: Van zeeniveau omhoog naar 4750 m. Deze route brengt kleine landschappelijke, culturele en historische bezienswaardigheden samen (zie blz. 350).

Reisplanning

Wie aan de standaarduitstapjes vanuit San Pedro wil deelnemen (de Valle de la Luna, de Tatiogeisers en het Reserva Nacional Los Flamencos) en bovendien de Aldea de Tudor en de Pucará de Quitor wil bekijken, moet vier dagen uittrekken. Voor andere tochten, bijvoorbeeld naar de oase Socaire en de vulkanen Miñiques en Miscanti of naar de Laguna Verde in Bolivia, moet u uiteraard meer tijd uittrekken. Een week is dan zeker niet te weinig. De tocht van Arica via Nationaal Park Lauca, Isluga en Surire naar de grens met Bolivia duurt zeker vier dagen. De aansluitende bezichtiging van Iquique verdient ook een dag.

Klimaat en reistijd

Tijdens de Chileense zomermaanden januari en februari heerst op de Altiplano in het noorden van Bolivia de winter. In deze tijd van het jaar kan het stormen en hevig regenen, waardoor excursies naar Isluga en Surire wel eens verhinderd kunnen worden. De kust is het hele jaar gezegend met voorjaarsachtige temperaturen.

Tips

Observatorio Paranal: Twee weekenden per maand is het mogelijk de sterrenhemel te bestuderen door de 'Very Large Telescope' (zie blz. 307).

Bezoek aan de salpetersteden: Een blik in het verleden van de nitraatmijnen is mogelijk in een van de gerestaureerde *oficinas* in de buurt van Iquique (zie blz. 343).

De vismarkt van Arica: Een openluchtmarkt met robben en pelikanen is niet overal te vinden, daarnaast is er hier natuurlijk ook een markthal (zie blz. 349).

Van Taltal naar Antofagasta

Kaart 309, 311

Betreed de wereld van salpeter en de afwisselende loop van de geschiedenis in het Grote Noorden. Rond Taltal en Antofagasta is nog te merken hoe de regio werd bevolkt en bewerkt. Antofagasta is heel geschikt als basis voor uitstapjes. Ten noorden en zuiden van de stad kunt u bijkomen op lange zandstranden.

Taltal

Begin uw reis waar Chili vroeger eindigde: **Taltal** 1. De stad aan de grillige oceaankust beleefde zijn grote groei zo'n achttien jaar na de stichting door José Antonio Moreno, toen in het *cantón* Taltal 25 *oficinas* de productie van salpeter, of nitraat, op zich namen. De grondstof werd getransporteerd naar Loren, tot in 1889 een Londens bedrijf The Taltal Railway ging exploiteren. Zo'n 150 km rails verbonden de verschillende *oficinas* met de Muelle Salitrero in Taltal.

Wat is er over van de schoonheid van de stad? De Avenida Francisco Bilbao leidt tussen van ijzer glimmende porfierrotsen kaarsrecht de 11.000 inwoners tellende stad binnen, om te eindigen bij de **Cerro La Virgen**. Boven op deze heuvel staat een *mirador*. In het oosten van de stad ligt het industriegebied, in het westen ligt de volle pracht van zo'n vijf straten in de lengte en negen in de breedte langs het brede oceaanstrand. Kinderen maken plezier op de korte zandstranden. In de straten heerst rust, de hitte zindert boven het asfalt. Zelfs in de enige twee hotels van de stad hangt een lome sfeer.

Taltal kan in elk geval bogen op enkele van die speelse houten huizen met op zuilen rustende veranda's uit het salpetertijdperk – melancholieke sporen van het verleden tussen de vrolijk bont geschilderde muren van de nieuwere gebouwen. U vindt ze op de kruising van Merced en Prat en in de straten Ramírez en Martínez.

Wie op zoek is naar klassieke bezienswaardigheden, komt in Taltal bedrogen uit. Aan de Avenida Prat geeft het **Museo de la Municipalidad** informatie over archeologische opgravingen en vondsten, over sieraden en keramiek van de Atacameñocultuur en de jacht en vismethoden van de indiaanse Chango's, maar de collectie is niet echt sensationeel te noemen (ma.–vr. 9.30–13, 16–19 uur; toegang gratis).

Aan de uit 1921 daterende **Plaza de Armas** van representatieve afmetingen staan de stadsschouwburg en de kerk.

Er zijn plannen om dit Doornroosje wakker te kussen. Zo moet de kustweg naar Antofagasta, tot nu toe een steenslagweg, geasfalteerd worden. Bovendien vermoedt een Canadees mijnbouwbedrijf dat er goud in de grond zit in de buurt van Taltal. Dat zou het stadje een nieuwe impuls kunnen geven.

Hostería Taltal: Esmeralda 671, tel. 55-61 11 73, fax 55-61 16 25; 16 kamers. Fraai aan zee gelegen bungalowpark in een tuin vol kaasjeskruid, verzorgde kamers, zomerse sfeer, aanbevolen restaurant. 2 pk 20.000 peso.

Hostal del Mar: Carrera 250, tel. 55-61 16 12; 12 kamers. Hotel van standaardkwaliteit maar met vriendelijke eigenaar. 2 pk 15.000 peso.

Las Brisas: Esmeralda s/n. U hebt hier een mooi panoramisch zicht op zee, waaruit ook de ingrediënten voor de gerechten komen: vis, schaal- en schelpdieren vanaf

4000 peso domineren de kaart van dit eenvoudige restaurant.

Bus: Een paar keer per dag bussen naar Antofagasta.

Antofagasta

Kaart: blz. 309; **Atlas:** blz. 3, B2

Antofagasta 2, de belangrijkste havenstad van Noord-Chili met 310.000 inwoners, groeit weer. Mijnen worden heropend, waardoor nieuwe arbeidsplaatsen ontstaan. Tussen de stinkende kippenfokkerijen verrijzen nieuwe, glanzende kooptempels, waar ook overdag cascades van kunstlicht over de roltrappen en de interieurs klateren. Alles lijkt hier kakelbont door elkaar gehusseld te zijn: geschiedenis en het moderne jachtige leven, 19e-eeuwse statigheid en rustieke vissershavencharme. Dat is de manier waarop de hoofdstad van de Tweede Regio zich presenteert.

Antofagasta strekt zich uit op een circa 20 km lange kuststrook aan de voet van het snel stijgende, goudbruine kustgebergte. De betere wijken liggen in het zuiden. In het noorden lag vanouds de buurt van de armoedige vissershutten. In overeenstemming met de ontwikkeling tot groeistad schuiven daar tegenwoordig echter steeds meer gewone woningen tussen.

De haven wordt voornamelijk gebruikt voor de belangen van de mijnen Chuquicamata, Santa Elena, Pedro de Valdivia en El Abra – wat de betekenis als vissershaven naar de achtergrond drukt. Antofagasta is ook de grootste in- en uitvoerhaven van Bolivia. In de grond van de zaak is de stad ook precies zo begonnen.

Ontwikkeling van de stad

De in de Boliviaanse havenstad Cobija verblijvende Chileense mijnondernemer José Santos Ossa ontdekte in de pampa bij Antofagasta salpeter (nitraat). Tegelijkertijd maakte hij kennis met de enige bewoner van het gebied, een zekere Juan Lopéz, die zich in leven hield met het verzamelen van guano. Tenminste, zo gaan de verhalen. Santos Ossa kocht van de Boliviaanse overheid 300.000 m² land. Hij verscheepte de salpeter aan de baai in de Grote

Tip: Observatorio Paranal

Wie geïnteresseerd is in een van de modernste en met de nieuwste en beste hightech ingerichte observatoria ter wereld, moet voor een kijkje vanaf Taltal de steenslagweg CH1 langs de kust in noordelijke richting nemen. De Panamericana (CH5) naar Antofagasta loopt door het binnenland en komt er niet.

Bij het Reserva Nacional Paposo gaat een zijweg naar de Cerro Paranal. Op een hoogte van 2644 m heeft de ESO (European South Observatory) een pracht van een sterrenwacht gebouwd. Door de 'Very Large Telescope' met vier spiegels van elk 8,2 m doorsnee en de andere, kleinere telescopen is baanbrekend ruimteonderzoek naar verre sterrenstelsels te verrichten.

Zeven jaar is er door de ESO gezocht naar een geschikte plaats voor de sterrenwacht. De Cerro Paranal in de woestijn van Noord-Chili versloeg alle andere mogelijkheden die ter discussie stonden met gemak, want gemiddeld 350 nachten per jaar is het zicht hier in de ware betekenis van het woord glashelder. Voor het bedrijven van astronomie zijn dat perfecte omstandigheden.

De vier voornaamste telescopen dragen namen uit de taal van de Mapuches: 'Antu' (zon), 'Kuyen' (maan), 'Melipal' (Zuiderkruis) en 'Yepun' (morgenster).

Bezoekers zijn welkom op de laatste twee weekenden van de maand, maar er wordt maar een beperkt aantal kijkers toegelaten. Geïnteresseerden kunnen zich het best zo vroeg mogelijk aanmelden via tel. 55-43 50 00. Meer informatie is te vinden op internet: www.eso.org.

Onderweg met de auteur

Antofagasta: Barrio Histórico

Het is heerlijk ronddwalen tussen en langs de fraai gerestaureerde gebouwen en huizen die gedurende de salpetertijd zijn verrezen (zie blz. 309).

La Portada

De 'poort' van vulkanisch gesteente in de Grote Oceaan is hét kenmerk van Antofagasta, maar wordt helaas door erosie bedreigd. Neem de perfecte rotsboog daarom snel in ogenschouw (zie blz. 311).

Oficina Chacabuco

De gesloten salpeter-*oficina* is een voorbeeld van een stad die uitsluitend uit economische motieven is aangelegd op de onwerkelijke hoogvlakte. Onder Allende werd hij uitgeroepen tot nationaal monument, onder Pinochet veranderd in een martelkamp. Een rondleiding belicht deze wisselende geschiedenis (zie blz. 315).

Oceaan, waar een reusachtig, op de rotsen geschilderd anker de schepen de weg wees. Antofagasta bestond toen nog niet, maar wel de mogelijkheid hier enorm rijk te worden. Dat bracht ook Engelse maatschappijen, die al in Peru op zoek waren naar salpeter, in hoge staat van opwinding.

Ook de zilvermijnen bij Caracoles in de buurt van Calama hadden een exporthaven nodig, en zo groeide en bloeide het Boliviaanse Antofagasta, dat in die tijd nog Peñablanca heette. In 1870 telde de plaats 300 inwoners, acht jaar later waren dat er al 8500, van wie 6500 Chilenen. Kennelijk hebben de Bolivianen de economische banden tussen Chili en Europa, en vooral met Engeland, onderschat en hechtten ze bovendien niet al te veel waarde aan hun eigen salpeterrijke pampa's. In de ver weg gelegen hoofdstad La Paz ontkende men lange tijd de 'chilenisering' van de landstreek. Met de bezetting van Antofagasta op 14 februari 1879 begon Chili de Salpeteroorlog (zie blz. 32).

Na de oorlog nam de industrialisering van de zone een hoge vlucht, toen er een spoorweg van Antofagasta naar Bolivia werd aangelegd. Zilver uit de Boliviaanse mijnen werd nu naar de voormalig Boliviaanse, maar inmiddels Chileense zilversmeltoven Huanchaca ten zuiden van Antofagasta gebracht en daar gesmolten.

Daarna ging het razendsnel. Een tweede spoorlijn, ditmaal naar de salpetermijnen, ontnam Iquique zijn belang als uitvoerhaven. In 1911 werd de kopermijn Chuquicamata (zie blz. 330) in bedrijf genomen en in 1922 de spoorlijn tussen de Argentijnse provinciehoofdstad Salta en Antofagasta. Deze moest alle mijnen van de rijke Altiplano een soepeler afzetmarkt garanderen. De bouwplannen bleken de moeilijkste spoorbaan van de wereld te betreffen. Alleen al voor het gedeelte tussen Salta en de grenspost Socompa had men 23 jaar nodig. Een koortsachtige goudgraverssfeer bezielde de omgeving. Iets daarvan is ook vandaag nog te bespeuren in de woestijnstad.

Antofagasta vandaag

Antofagasta is een jachtige stad. Oude gebouwen worden niet snel gerestaureerd. Wie hier veel geld verdient, maakt geen goede sier met de houten en stenen juweeltjes van rond 1900. Hier bloeit, net als in heel Chili, de commercie. In de oudere, vaak van fantasierijke gevels voorziene gebouwen aan de straten Prat, Matta, Condell en Sucre zitten vandaag de dag winkels. De tegenstelling tussen overgeschilderde 19e-eeuwse neobarok, zuivere art deco en reclameborden voor sportkleding en drogisterijen bepaalt het gezicht van de hete, luidruchtige binnenstad. Uitlaatgassen leggen grauw stof in de erkers en tussen de balkonversieringen. Een ding is zeker: Antofagasta vibreert.

Plaza Colón

Wie niet zou weten dat Antofagasta multiculturele wortels heeft, komt daar snel genoeg achter op de centrale **Plaza Colón** **1**. Het representatieve plein wordt opgeluisterd door een uitnodigend, wit muziekpaviljoen van de

Antofagasta

Bezienswaardigheden

1. Plaza Colón
2. Kathedraal
3. Museo Regional de Antofagasta
4. Muelle Salitrero
5. Ferrocarril de Antofagasta a Bolivia
6. Feria y Terminal Pesquero
7. Mercado Central

Accommodatie

1. Hotel Antofagasta
2. Hotel Radisson
3. Holiday Inn Express
4. Apart Hotel Diego de Almagro
5. Ancla Inn
6. Hotel San Marcos
7. Casa El Mosaico
8. Hostal del Norte

Eten en drinken

9. Club de Yates
10. Caliche
11. El Arriero
12. Wally's Pub
13. D'Alfredo

Slavische gemeenschap en een met gekleurde dakpannen beklede klokkentoren, die nog door de Engelsen is gebouwd – het geluid van de klokken moet dat van de Big Ben imiteren. De mooiste huizen in zogenaamde suikerbakkersstijl herbergen het **postkantoor** en de **Banco Sudamericano**. De neogotische **kathedraal** 2 kan die niet overtreffen.

Barrio Histórico

Een sepiakleurig bord kondigt het begin aan van de **Barrio Histórico**, drie blokken van de *plaza* aan de Avenida Balmaceda. De stad heeft het een en ander geïnvesteerd, maar een opgepoetst openluchtmuseum moet u niet verwachten. Desondanks – of misschien juist daardoor – is alles zeker het aanzien waard.

Modern, jachtig en consumptiegericht: Antofagasta bij avondlicht

Enkele aantrekkelijke gebouwen uit het begin van de 20e eeuw, met de voor die tijd kenmerkende stijl met uitnodigende veranda's, zijn omgezet in musea. Dat geldt bijvoorbeeld voor het oude douanegebouw, waarin nu het regionale museum van Antofagasta huist. De sfeer van de 19e eeuw komt echter niet alleen daar naar voren, maar in het gehele ensemble tussen de Avenidas Balmaceda en Pinto en de straten Washington en Bolívar vlak bij de oude haven. Toch dragen niet alle gebouwen daar het stempel van officiële bezienswaardigheid. Ook een verbleekte karakteristieke trek, een verlaten spoorwegtracé of een huis met de snit van een handelsfactorij prikkelen al snel de fantasie.

Museo Regional de Antofagasta

Het over twee verdiepingen verspreide, van grenen opgetrokken **Museo Regional de Antofagasta** 3 is een lust voor het oog. Het wijdt zich vol overgave aan een gunstige voorstelling van de salpetermijnbouw. In zalen die zijn behangen met het grove linnen van zakken *caliche* (chilisalpeter), wordt elke beroepstak van de salpeterindustrie belicht, een maquette van Oficina Chacuabuco getoond en de luxe van de salpeterbaronnen uitgemeten. Over de arbeidsomstandigheden in de fabrieken krijgt u echter niets te horen (Bolívar 188, di.–vr. 10–18, za., zon.- en feestdagen 11–14 uur, 600 peso, vr. 21 uur *cinemuseo*, met historische documentaires).

Aan de haven

Op de Avenida Balmaceda raast het verkeer ongeïnteresseerd langs de overige historische gebouwen en terreinen. Dit gebied was eigendom van José Santos Ossa (zie blz. 307). Zo ook de **Muelle Salitrero** **4** uit 1872, gebouwd door de Melbourne Clark Company. Dit was de kade waaraan de salpetervrachtschepen lagen afgemeerd. In twee historische panden vlakbij resideerde destijds de havenmeester. De gebouwen van de **Ferrocarril de Antofagasta a Bolivia** **5** zijn alleen van buiten te bekijken. Het station is een typisch voorbeeld van 19e-eeuwse industriële architectuur. De wagons worden nog altijd gebruikt voor het transport van koperplaten.

Tegenover de enigszins verwaarloosde **Feria y Terminal Pesquero** **6** (vismarkt) liggen de eind-19e-eeuwse panden van de salpetermaatschappij Soquimich (Sociedad Química y Minera de Chile). De overdadige, interessante vismarkt is de afgelopen jaren aanzienlijk kleiner geworden en samengebracht met een luidruchtige **Mercado Persa**, een soort bazaar voor goedkope producten. Hij heeft daardoor wel aan aantrekkelijkheid ingeboet.

Mercado Central

In vergelijking daarmee is de bleekroze **Mercado Central** **7** representatiever en bijna luxueus te noemen. Als een gastvrij herenhuis op een kleine verhoging naar de straat gericht, waar in palmbladvormige nissen talloze kunstnijverheidskramen staan, doet de markt menigeen versteld staan met zijn brede aanbod aan exotische vruchten. De marktrestaurants zijn hier niet echt goedkoop, maar horen tot de betere adressen van de stad.

Bezienswaardigheden in de omgeving

Een bekend uitstapje, kenmerk van Antofagasta en uitgeroepen tot *monumento natural*, is **La Portada**, een eenzame rotsboog in zee, die uit lagen versteende schelpen en vulkanisch gesteente bestaat. Bovenop hebt u een prachtig uitzicht. Bij een restaurant met glas rondom kunt u vis krijgen en op het zandstrand kunt u zonnebaden.

Taltal en Antofagasta

Andere goede **stranden** liggen in het zuiden van de stad, bij moderne woonwijken en de universiteit. Nog verder naar het zuiden liggen de ruïnes van de **zilversmeltoven Huanchaca**, met ooit meer dan 1000 arbeiders in dienst. Na negentien jaar in bedrijf te zijn geweest met een maandelijkse productie van 20 ton van het beste zilver, werd de smelterij gesloten en gedemonteerd. Hij staat nu als een reusachtige steenklomp op het strand – een grandioos, mysterieus decor van muren, trappen, plateaus en kanalen.

Sernatur: Prat 384, edificio Intendencia, tel. 55-45 18 18, fax 55-45 18 20, infoantofagasta@sernatur.cl.
Conaf: Av. Argentina 2510, tel. 55-38 33 32, fax 55-38 33 34, antofa@conaf.cl.

Hotel Antofagasta 1 **:** Balmaceda 2575, tel./fax 55-22 88 11, www.hotelantofagasta.cl. Het grand hotel van de stad aan het door kliffen begrensde strand: representatief, klassiek gebouw met veel gemakken, zeer nette, elegant gemeubileerde kamers van verschillende snit. 2 pk 70.000 peso.
Hotel Radisson 2 **:** Av. Ejército 01151, tel. 55-35 04 00, www.radisson.com/antofagastacl; 140 kamers. Dit hotel is geschikt voor rolstoelgebruikers; van buiten gestreept en strak, binnen comfortabele, tijdloze, elegant ingerichte kamers; zwembad, eigen strand, gratis internet. 2 pk US$76–85.
Holiday Inn Express 3 **:** Av. Grecia 1490, tel. 55-22 88 88, www.hiexpress.com. Fantasierijk beschilderde kamertoren aan de kust (alleen kiezelstrand) met de voor Holiday Inn gebruikelijke faciliteiten: fitnessruimte, zwembad, internet. 2 pk 50.000 peso.
Apart Hotel Diego de Almagro 4 **:** Condell 2624, tel. 55-26 83 31. In Spaans-koloniale stijl ingericht appartementenhotel met veel donker hout; de comfortabele kamers zijn niet groot, maar wel voorzien van eigen keuken en een kleine woonkamer. Uitstekende prijs-kwaliteitverhouding; centraal gelegen. 2 pk ca. 30.000 peso.

De kust bij Antofagasta met de rotsboog La Portada

Ancla Inn 5 **:** Baquedano 516, tel. 55-22 48 14; 67 kamers. Een typische gelegenheid voor zakenreizigers van nette kwaliteit; zwembad en restaurant. 2 pk ca. 25.000 peso.
Hotel San Marcos 6 **:** Latorre 2946, tel. 55-25 17 63, fax 55-22 14 92. In de buurt van het busstation gelegen; zeer eenvoudig, net onderkomen met schone kamers en een klein restaurant. 2 pk 18.000 peso.
Casa El Mosaico 7 **:** Elias Aranguiz s/n, tel. 09-99 38 07 43. In de nieuwe uitgaanswijk El Huascar (in het zuiden van de stad). Eenvoudig, prettig *hostal*. Tamelijk schaars gemeubileerde kamers met gedeelde badkamer. Bemiddeling bij excursies, duikcursussen, strandzeilen en fietsen, cursus mozaïek maken. 2 pk 16.000 peso, slaapzaal 7000 peso.

Hostal del Norte 8 **:** Latorre 3162, tel. 55-25 12 65. Eenvoudig, schoon, wat gehorig, maar van aanvaardbare kwaliteit. 8000 peso p.p.

Club de Yates 9 **:** Aan de oude haven, naast hotel Antofagasta, ingang vanaf de Avenida Balmaceda. Prachtige ligging aan zee, panoramisch front van glas. In een chique omgeving worden vis, schaal- en schelpdieren vanaf 6500 peso geserveerd. 's Avonds ook shows.
Caliche 10 **:** Latorre/Baquedano. Klein, elegant restaurant met attente bediening, gespecialiseerd in visgerechten, die u vanaf 5500 peso kunt krijgen.
El Arriero 11 **:** Condell 2644, tel. 55-26 43 71. Naast Aparthotel Diego de Almagro gelegen en in dezelfde verzorgde Spaanse *tasca*-stijl gehouden restaurant met aanbevolen *parillas*, zeevruchten (goede sint-jakobsschelpen) en wijnen. Ongeveer 6500–9000 peso.
Wally's Pub 12 **:** Antonino Toro 982, tel. 55-22 36 97. Men probeert het een en ander met fusionfood, maar er worden ook Chileense gerechten bereid. 's Avond is er vaak livemuziek. Vanaf 4000 peso.
D'Alfredo 13 **:** Latorre, tussen Prat en Baquedano. Pizza, salade en pasta in moderne designomgeving; geliefd bij jongeren en voor een zakenlunch. Gerechten vanaf ca. 3500 peso.

Mercado Central: Met kunstnijverheidsmarkt.
Geld wisselen: Bij Telebanco en de Banco Sudamericano, in de Calle Prat.

Uitstapje naar La Portada: Minibusjes wachten voor Latorre 2727 op klanten.

Vliegtuig: Vliegveld Cerro Moreno, in het noorden van de stad, wordt door alle maatschappijen aangevlogen; regelmatig verbindingen met Arica, Calama, Copiapó, Iquique en Santiago. Lan Airlines organiseert vliegveldshuttles. Aerobus, Baquedano, tel. 55-26 28 64, heeft een afhaalservice.
Stadskantoor Lan Airlines: Prat 445, tel. 60 05 26 20 00 (centraal telefoonnummer).

Sky Airlines: Gral. Velásquez 890, tel. 55-45 90 90, 60 06 00 28 28 (centraal telefoonnummer), fax 55-45 90 91, www.skyairline.cl.
Bus: Het busstation ligt aan Latorre/Bolívar; regelmatig verbindingen met Arica, Calama en Iquique; paar keer per dag verbindingen met Santiago (de bussen stoppen ook in Caldera, Copiapó, La Serena en Vallenar); regelmatig verbindingen met Caldera, Copiapó, Vallenar en La Serena; paar keer per dag verbindingen met San Pedro de Atacama (met TurBus, overstappen in Calama en verder met Buses Frontera, zie blz. 333).
Huurauto: Avis, op het vliegveld en Baquedano 364, tel. 55-56 31 40; Bulnes Rent A Car, Quito 132, tel. 55-26 18 80; First Rent A Car, Bolívar 623, tel. 55-22 57 77.

Rond Antofagasta

Mejillones

Op het stuk van Antofagasta naar Mejillones waant u zich moeiteloos in een western. De wind blaast miezerige struikjes, die uit de vlakke zandbodem zijn losgescheurd, tegen de banden van de auto's en voort over de gloeiende wegen.

Mejillones 3 ligt in het noorden van een brede landtong in een perfect geronde baai. De 7800 inwoners leven in eenvoudige vissershuizen aan de brede straten. Het slaperige, zonovergoten stadje is na een korte bloei weer ten prooi gevallen aan de vergetelheid, het zand en de golven van de Grote Oceaan. De geplande aanleg van een superhaven moet een volgende opleving brengen. De via de Argentijns-Chileense passen Jamo en Sico getransporteerde handelswaren zullen hier geladen moeten worden. Ook Argentijns aardgas uit Salta stroomt dan in de voor anker liggende schepen.

In een oud houten huis is het **Museo de Mejillones** ondergebracht. Het toont enkele vondsten uit de tijd van de eerste indiaanse bewoners, foto's van de verloren voorspoed en resten van een Spaans galjoen dat ooit in de buurt is gestrand (di.–zo. 10.30–14 en 17–21 uur, 250 peso).

Het van hoekjes en erkers voorziene houten gebouw van de *municipalidad* is gerestaureerd en kan worden bezichtigd. Ook de Capitanía del Puerto is opgeknapt. Deze bouwwerken behoren tot een ensemble van rond 1906, toen de Ferrocarril de Antofagasta a Bolivia (FCAB) Mejillones aanwees als een van zijn uitvoerhavens en er fabrieken, haven- en bestuurlijke gebouwen verrezen.

Hotel Mejillones: Manuel Montt 86, tel. 55-62 15 90, fax 55-62 16 46. Nieuw, net en proper hotel; in architectonisch opzicht leunt het gebouw aan tegen de Mexiaanse *pueblo*-stijl. Aanbevolen restuarant. 2 pk ca. 35.000 peso.
Hotel Capitanía: Av. San Martín 410, tel./fax 55-62 15 42; 17 kamers. Een vriendelijk hotel met mooi uitzicht op de kust; aangename, kleine kamers met grote ramen, rustig. 2 pk 20.000 peso.
Hostería Miramar: Av. San Martín 650, tel. 55-62 16 38. Een prettig, net en schoon hotel. Voor een 2 pk betaalt u ca. 20.000 peso.

Costa del Sol: Manuel Montt 086. Dit hotel-restaurant serveert de beste visgerechten. Vanaf ongeveer 4500 peso.

Bus: Een paar keer per dag verbindingen met Antofagasta.

Baquedano

Halverwege de weg naar **Baquedano** 4 passeert de Panamericana de Steenbokskeerkring. Na 69 bepaald eentonige kilometers tussen woestijnzand en in de verte schemerende bergruggen trekt een bont beschilderd geheel van hutjes met een post van de verkeerspolitie de aandacht: Baquedano. Voor liefhebbers van oude treinen is dit een interessante plaats, want u kunt er bejaarde en uit de mode geraakte wagons op verroeste rails bekijken.

Het **Museo Ferroviario** toont oude Amerikaanse en Duitse treinstellen. De grote trots is een stoomlocomotief die het nog altijd doet. De verklaring voor deze schat ligt in het verleden: het 500 inwoners tellende dorp lag op

Genoeg bouwstoffen voorhanden: zandsculptuur langs de Panamericana

het kruispunt van de lijnen Iquique-Argentinië en Chuquicamata-Potrerillos, die tegelijkertijd functioneerden als handelsweg en voor het transport van delfstoffen ('s zomers dag. 8-12.30, 14-19 uur; 's winters dag. 9-12.30, 14-18 uur, toegang gratis).

Oficina Chacabuco

Ongeveer op de plek waar de Panamericana zich opsplitst in de noordelijke weg naar Iquique en de zijweg naar San Pedro de Atacama, ligt **Oficina Chacabuco** 5. Deze als langste in bedrijf gebleven salpeterfabriek is gerestaureerd met financiële steun van het Goethe Institut Internaciones in Santiago. In zijn bloeitijd aan het begin van de jaren dertig werkten er 1700 Chilenen in het gevaarte, dat 'Shanks' werd genoemd. Zo'n 6000 mensen woonden in de bijbehorende, uit de grond gestampte stad. Per maand leverde de fabriek 15.000 ton salpeter. President Allende van de Unidad Popular liet Oficina Chacabuco in 1971 uitroepen tot nationaal cultureel erfgoed. Na zijn staatsgreep gebruikte Pinochet Chacabuco als gevangenis en martelkamp. Zo'n 3000 mensen hebben in de oude salpeterfabriek opgesloten gezeten. Het noorden was altijd een rood bolwerk geweest, vandaar dat hij een voorbeeld wilde stellen.

Zowel de fabriek als het monument voor de gevangenis zijn nu in Chacabuco te bekijken. Voormalige gevangenen leiden u rond door het complex en laten u foto's uit die tijd zien. Daarnaast kunt u het fraaie jugendstilinterieur van het **Teatro Filarmónica** met zijn wandschilderingen bewonderen en de woninkjes van de fabrieksarbeiders bekijken (dag. 9-18 uur, 1000 peso).

San Pedro de Atacama en omgeving

Kaart blz. 319

Iedereen wil naar San Pedro de Atacama: hippies, liefhebbers van woestijnen of extreme sporten, archeologen – en de rest. De kleine oase aan de voet van een schitterend vulkaanlandschap aan de rand van de droogste woestijn ter wereld groeide uit tot grootste publiekstrekker van het land. De goed functionerende infrastructuur maakt niet alleen uitstapjes mogelijk, maar ook vulkaanbeklimmen en flamingokijken.

San Pedro de Atacama

1 Vlooien en bedwantsen bestaan hier niet, stelde de zoöloog en botanicus Rudolf Anmandus Philippi vast toen hij in 1853 het gehucht San Pedro de Atacama bezocht. Hij moest in opdracht van de Chileense overheid uitzoeken hoe het er nu werkelijk uitzag in het gebied dat men simpelweg *desierto* of *despoblado de Atacama* noemde, 'woestijn' of 'ontvolkte Atacama'. Wat zal de uit Duitsland afkomstige bioloog, die na de mislukte revolutie van 1848 aldaar samen met zijn broer als politiek vluchteling in Chili terecht was gekomen, gedacht hebben toen hij dit landschap vol surrealistische krachten in ogenschouw nam? Hij mat en beschreef verschijnselen als pasgevallen sneeuw, samengebakken bodemkorsten, dorre aarde, zeldzame torens van zand en zout, maar ook grazige weiden en een keten van met ijs bekroonde, door aanwezige ertsen kleurig gestreepte vulkanen, en dat alles volkomen geïsoleerd op een hoogte van 2500 m.

San Pedro ligt aan de rand van de droogste woestijn van de wereld, aan de voet van de vulkaan Licancabur (5916 m) en wordt verder begrensd door een zoutkorstgebergte. De landschappelijke schoonheden zijn zo buitengewoon dat de plaats pijlsnel is gestegen op de ranglijst van Chileense reisbestemmingen. Het is er onderhand zo vol en rommelig, dat u misschien het liefst gelijk weer zou doorreizen, omdat u eigenlijk op zoek was naar de verlatenheid van een oase in de woestijn. Dat is de Januskop van toeristische ontwikkeling: iedereen wil naar de plaatsen waar het mooi is – en San Pedro en zijn omgeving zijn nu eenmaal betoverend mooi.

Onderweg met de auteur

Folkoristisch museum

Het is verbazingwekkind wat het kleine, geïsoleerd gelegen **Caspana** midden in de Andes voor elkaar heeft weten te krijgen. In het folkoristische museum worden indiaanse tradities aanschouwelijk gemaakt (zie blz. 326).

De kopermijn Chuquicamata

Hier verdient de staat zijn geld: de grootste open kopermijn ter wereld wordt beschouwd als de bank voor 's lands economie, vooral sinds in 2004 de koperprijzen weer stijgen. De bezichting is helaas slechts kort, maar zelfs een vluchtige blik op de mijn alleen is al spectaculair (zie blz. 330).

Oude nederzetting en handelsknoopunt

Dankzij zijn ligging aan het gelijknamige riviertje, omgeven door een vrijwel vegetatieloos landschap waar uitsluitend schimmels, korstmossen, cactussen en grassen met bij-

Een godshuis in een oase: Iglesia de San Pedro

zonder harde vezels gedijen, ontwikkelde San Pedro zich al vroeg tot nederzetting en handelsknooppunt. Men neemt aan dat er vroeger veel meer water was. De Cunza's, een Atacameñovolk, leefde in vijftien kleine gemeenschappen *(ayllos)* langs de loop van de rivier. Ter verdediging hadden ze de vesting van Quitor uit de 12e eeuw, hoog boven een gemakkelijk te controleren zijdal. Vanaf 1470 waren de Cunza's onderworpen aan de Inca's. De Incaheerschappij wordt door historische bronnen tolerant genoemd: de Atacameño's mochten hun eigen goden vereren en waren enkel tot tribuutbetalingen verplicht. Ze mochten hun riten aan de voet van hun heilige bergen Licancabur, Juriques, Sairécabur en Volcán Colorado voltrekken – ze smeekten er om water en ondersteunden hun gebeden met goudoffers, zoals uit recente opgravingen blijkt. Heel anders was het geval toen in 1540 Francisco de Aguirre de Atacameño's belegerde in de *pucará* van Quitor. Atacama La Grande, zoals de nieuwe naam luidde, kreeg al snel een katholieke kerk. Toen stokte de geschiedenis.

In deze tijd moet het stadsbeeld van San Pedro de Atacama zijn vastgelegd. De huizen van gedroogde leemstenen werden voorzien van daken, torens en raamkozijnen van cactushout, de dakbalken werden met riemen van lamaleer aan elkaar geknoopt. De eenvoudige, efficiënte bouwwijze in deze vrijwel neerslagloze omgeving kende geen grote ramen en deuren; het was zaak de middaghitte buiten en de koelte van de nacht vast te houden. Tot op vandaag is dit uitgangspunt het meest geschikt voor dit gebied gebleken. Daarom zien nieuwe huizen in het bijna 5000 inwoners tellende dorp er nauwelijks anders uit dan huizen uit de 17e eeuw.

Bezienswaardigheden

De 'officiële' bezienswaardigheden van het dorp zijn op de vingers van één hand te tellen. Bij de landelijke, aantrekkelijke **Iglesia de San Pedro**, met zijn fraaie plafond van cactushout uit 1774, een archaïsch aandoende lemen klokkentoren uit 1964 en een interieur als een klein podium waarop kleurige heiligenbeelden staan, voegt zich het internationaal geprezen **Museo Arqueológico Padre Le Paige**. Zo'n 380.000 voorwerpen zijn hier gecatalogiseerd en wetenschappelijk toegankelijk gemaakt, recent ook goud en gebruiksvoorwerpen uit een indiaanse begraafplaats van de Tiwanakucultuur. Voor leken is de onberispelijke, didactische presentatie van de 11.000 jaar oude geschiedenis van de Atacameño's interessanter. De naam van het museum is een eerbetoon aan de nestor van de Noord-Chileense archeologie, de Belgische priester Gustave Le Paige, die in 1955 in San Pedro arriveerde en tijdens zijn lange wandelingen voorwerpen uit het indaanse verleden vond, die zijn nieuwsgierigheid opwekten. Zo gaan tenminste de verhalen (Calle Padre Le Paige s/n, tel. 55-85 10 02, ma.-vr. 9-12, 14-18, za./zo. 10-12, 14-18 uur; jan./feb. dag. 10-13, 15-19 uur, 2000 peso).

Ook interessant is een wandeling door de straatjes van San Pedro. Neem een kijkje in het **Casa Incaica** aan de *plaza*, dat uit de 16e eeuw zou dateren, maar wel als twee druppels water op zijn buren lijkt. Struin eens over de kunstnijverheidsmarkt *(artesanía)* in de voetgangerspassage naast de *municipalidad* of wandel naar een *ayllo* (zie blz. 317).

Información Turística: Toconao/Padre Le Paige, aan de *plaza*; inlichtingen ook verkrijgbaar in de *municipalidad* aan de *plaza*, bijvoorbeeld over de staat van de wegen.

De **prijzen** in San Pedro liggen over het algemeen hoog.

Hotel Awasi: Tocopilla 4, tel. 55-851 32 19; 8 bungalows. De luxeversie van de plaatselijke architectuur van steen, adobe en hout, met spaarzame kleuraccenten en chique details. De safaristijl heeft een prijskaartje: bungalow voor 2 pers. US$1000, inclusief programma, volpension en transfers.

Hotel Kimal: Domingo Atienza s/n, tel./fax 55-85 10 30; 14 kamers. De sobere stijl hoort bij dit landschap: rode wanden van leem, vloer met lemen plavuizen, schaars gedistribueerd handwerk; koel en bescheiden. 2 pk ca. 75.000 peso.

Hotel Terrantai: Tocopilla 19, tel. 55-85 10 45, fax 55-85 10 37, www.terrantai.com; 14 kamers. Purisme op Atacameñowijze: glas, steen, platen en hout vormen een archaïsch aandoend bolwerk van architectonische ascese die rust uitstraalt. Vriendelijk hotel met goede service; organisatie van excursies. US$150 p.p., inclusief volpension en uitstapjes.

Hotel Casa de Don Tomás: Tocopilla s/n, tel. 55-85 10 55; 25 kamers. Dit ook bij groepsreizen geliefde hotel biedt comfort en een aangename sfeer, grote, keurige kamers en een zwembad. 2 pk US$130.

Terrokotta Inn: Tocopilla 517, tel. 55-85 16 12; 8 kamers. Proper, licht en goed onderhouden.

Omgeving van San Pedro de Atacama

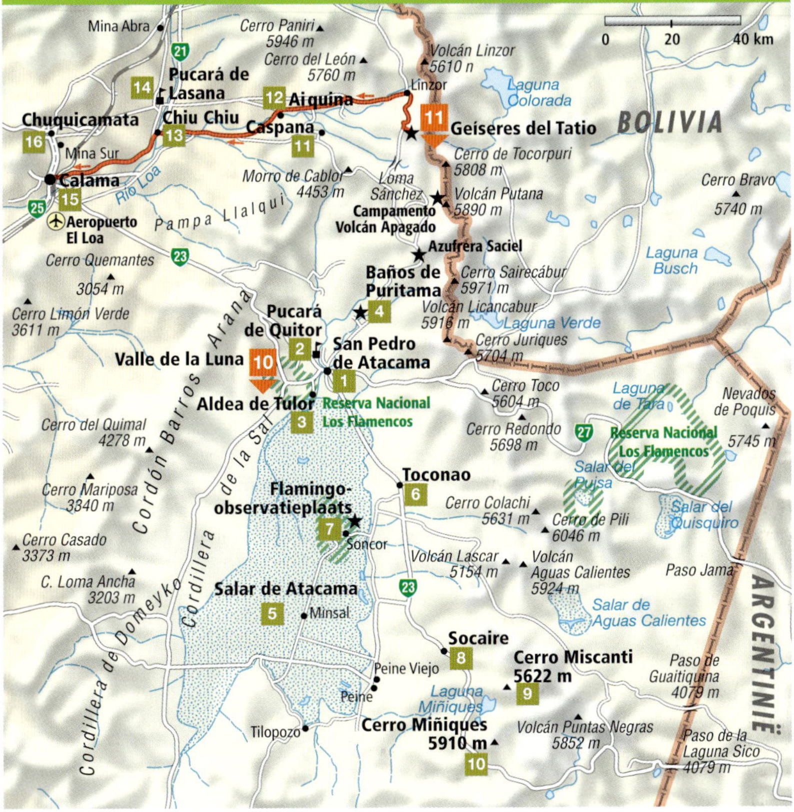

Elke kamer heeft zijn eigen kleine terras op de tuin. Goede prijs-kwaliteitverhouding. 2 pk US$42.

Residencial en Camping Takha Takha: Caracoles 101, tel. 55-85 10 38. Een van de eerste *residenciales* van San Pedro met 8 propere, maar zeer eenvoudige kamers in een mooie, grote tuin waarin kaasjeskruid groeit en waar u lekker kunt zitten. Bij de accommodatie hoort ook een kleine camping. Voor een 2 pk betaalt u US$40.

Hostal Puritama: Caracoles 113, tel. 55-85 15 40. Dit hotel is geheel opgetrokken uit adobe en heeft eenvoudig ingerichte kamers met of zonder bad. 8000 peso p.p.

Casa Adobe: Domingo Atienza 582, tel. 55-85 12 49; 14 kamers. Van adobe gebouwd, aantrekkelijk *hostal* met tuin en klein terras, nuchtere kamers, gemeenschappelijke badkamers, gebruik van keuken, fatsoenlijke prijs-kwaliteitsverhouding voor lowbudgetreizigers. US$10 p.p.

Hostal Marmatierra: Pachamama 615, tel. 55-85 14 18. Gezellige accommodatie met twaalf verzorgde kamers, gebruik van keuken en hangmatten voor de siësta op de patio. US$19 p.p. met eigen badkamer, US$9 zonder bad.

La Casona: Caracoles 195, tel. 55-85 10 04. In de kenmerkende adobestijl van

Van stille oase tot toeristische trekpleister

Thema

Wie naar San Pedro de Atacama reist, kan zich nauwelijks voorstellen dat deze plaats nog niet zo lang geleden bijna geen belangstelling trok. Alleen op de Tatiogeisers kwamen enkele reizigers af, en die moesten maar zien hoe ze daar op eigen gelegenheid kwamen. Tegenwoordig is San Pedro in vrijwel elk reisprograma opgenomen.

San Pedro de Atacama sliep tot een jaar of twintig geleden de eeuwenlange slaap van Doornroosje. De middaghitte zinderde boven de met peperbomen begroeide *plaza*, en de Atacameño's zochten schaduw en rust in hun witgekalkte blokkenhuizen van cactushout en adobe. Pompoenen, chilipepers, aardappelen, wortelen, sla en uien gedijden in het natte grasland aan de rivier, de *chañar*-boom gaf stevigheid, er was rundvlees te krijgen en in het enige winkeltje op het plein waren af en toe koekjes te koop. Als een boodschapper uit een verre, drukke en lawaaierige wereld deed tweemaal per week een bus uit het 90 km verderop gelegen Calama het gehucht San Pedro de Atacama aan. *Pozo Tres*, een klein zwembad, waarvoor vaak niet genoeg water was, vormde de enige mogelijkheid van vertier. De weg naar de Géiseres del Tatio boven in de bergen was niet gemarkeerd – maar daar wilde toch niemand uit San Pedro naartoe. Het menu in het enige restaurant van het dorp bestond uit bliksoep en gebakken aardappelen. Wie niet tevreden was met het aanbod in de kleine kruidenierswinkels, deed zijn boodschappen bij de *supermercado* van de *hostería*. Die verkocht ook benzine.

Plotseling ontdekte een internationale schare rugzaktoeristen, die door Bolivia en Peru trokken, San Pedro de Atacama op hun landkaart. Niet veel later hielden ook Chileense toeristen halt in het dorp. De geringe beddencapaciteit was spoedig uitgeput, hetzelfde gold voor de watervoorraden. Tegenwoordig is San Pedro de Atacama zo geliefd dat men zich afvraagt wanneer er een vliegveld zal worden aangelegd.

Intussen rollen de bussen af en aan – en ze zitten allemaal vol. Aan de rand van het dorp zijn nieuwe hotels gebouwd, smaakvol aangepast aan het landschap – tot met het Explora, waarvan de eigenaars een oude indiaanse begraafplaats opkochten om op dit terrein een hotel neer te zetten. Een omheining beschermt het tegen nieuwsgierige blikken. In de vierkante huisjes van cactushout en adobe in het dorp is een onuitputtelijke hoeveelheid reisbureautjes getrokken, die allemaal dezelfde excursies op het programma hebben staan. De Atacameño's zelf zijn allang niet meer betrokken bij de zakelijke ontwikkelingen. Bij alle overdaad heeft zich een heel speciale, verwerpelijke toeristische variant ontwikkeld: het plunderen van indiaanse graven.

Niettemin blijft de indruk overeind in een verstild tijdperk terechtgekomen te zijn. De beelden lijken te komen uit een vastgelopen film terwijl de tijd wel door is gegaan. San Pedro heeft zijn schijn van verzonkenheid weten te bewaren, wat bijdraagt aan de heel speciale bevalligheid van het dorp. Wie door de witte straatjes slentert, zal roodbestofte schoenen krijgen en weinig of geen schaduw vinden. De enigszins hippieachtige, onconventionele sfeer in San Pedro de Atacama oefent samen met het ouderwetse dorpsbeeld en de indiaanse toonzetting op veel bezoekers een onweerstaanbare aantrekkingskracht uit.

San Pedro ingericht, rustiek en verzorgd, stookplaats in het midden; Chileense keuken, ook drankjes. Gerechten vanaf 4500 peso.

Restaurante Ckunna: Tocopilla 359, tel. 55-85 19 99. Patiorestaurant met een vriendelijke uitstraling. Ook eens indiaanse gerechten, namelijk met *quínoa*. Gerechten voor 4000 peso.

La Estaka: Caracoles s/n, tel. 55-85 12 01. De vele imitaties van La Estaka kunnen het origineel niet overtreffen; in de donkere lemen zaal zit iedereen aan lange tafels bij het licht van kaarsen te eten; ook vegetarische menu's; de sfeer is ietwat excentriek, maar als café en trefpunt in elk geval ieder moment van de dag geschikt. Maaltijden vanaf 2800 peso voor een bord soep.

Restaurant Juanita: Aan de *plaza*, tel. 55-85 10 39. De klassieker van San Pedro uit de tijd dat er nog geen excursies naar de Tatiogeisers waren, maar slechts een vage routebeschrijving voor nieuwsgierige avonturiers. Goede menu's voor kleine prijsjes, mooie tuin. Rond de lunch altijd vol. Pasta ca. 4000 peso.

Café Export: Caracoles/Toconao, tel. 55-85 15 47. Kleine, schemerige koffiebar voor ontbijt en lichte gerechten.

Tierra: Caracoles 271, tel. 55-85 15 85. Een typisch café voor rugzaktoeristen, met muesli en verse sapjes. De hele dag door lichte gerechten. Prettige sfeer.

Feria Artesanal: In een passage naast de *municipalidad*. Breiwaren, poncho's, hoeden, geborduurde vesten en tassen, rugzakken, sieraden en beeldjes.

Kunstnijverheidswinkels: Galería La Mono Arte, Caracoles 101; Mallku, Caracoles 190.

Geld wisselen: Casa de Cambio, Toconao s/n, en Vulcano, Caracoles 259.

Uitstapjes: Talrijke georganiseerde excursies in de nabije en verre omgeving.

Indiaanse vrouw in een dorpje bij San Pedro de Atacama

Gebruikelijk bij een eerste bezoek zijn de Géisers del Tatio (Tatiogeisers), de Valle de la Luna en de Salar de Atacama met zijn flamingokolonie. Andere mogelijkheden zijn de Pucará de Quitor, de opgravingen bij Tulor, schitterende tochten over de Altiplano naar hooggelegen lagunes; ook in combinatie met meerdaagse excursies naar de Salar de Uyuni in Bolivia. U kunt **wandeltochten** maken en **paardrijden**. Azimut bijvoorbeeld, Caracoles 195, tel. 55-85 12 80, www.azimut360.com, heeft naast de standaardmogelijkheden een twaalfdaagse tocht op het programma staan, waarvan u ook gedeelten kunt afleggen.
Reisorganisaties: De vele agentschappen bieden elkaar stevige concurrentie. Desert Adventure, Caracoles/Tocopilla, tel. 55-85 10 67, www.desertadventure.cl, is een van de oudste op dit gebied. De excursies die hotel Terrantai organiseert staan in hoog aanzien. Turismo Colque is de enige die de dagtocht naar de Laguna Verde in Bolivia aanbiedt (Caracoles s/n, tel. 55-85 11 11). Voor trektochten en het beklimmen van de vulkanen Lascar en Licancabur is Azimut 360 (zie hiervoor) aan te bevelen, omdat die over een voortreffelijke logistiek en al even goede begeleiders beschikt (die Engels en Frans spreken). Ook Cosmo Andino, Tocopilla/Caracoles, tel. 55-85 10 69, heeft een goede naam.
Fietsverhuur: In verschillende kleine reisbureaus zijn fietsen te huur.

Bus: Tur Bus, Buses Geminis, Licancabur s/n, verbindingen met Calama (5x per dag), minibusjes naar Toconao.
Wie over de Pasos Sico of Jama naar Argentinië wil reizen, kan het best inlichtingen inwinnen in Calama (zie blz. 333).

De omgeving van San Pedro de Atacama

10 Valle de la Luna

Wie vanuit Calama is gekomen heeft hem al gezien: de imposante Cordillera de la Sal. Het 'Zoutgebergte' torent aan weerszijden van de weg in duizenden indrukwekkende formaties. Zo'n 27 km voorbij San Pedro verbreedt de weg zich tot de Valle de Luna. Er ligt ook een directe, met steenslag verharde weg, die uitkomt in de Calle Caracoles in San Pedro. Maar lopen of fietsen is zeer zwaar, vooral in de hitte van de woestijn.

Het 'Maandal' is het mooist als u het bij zonsondergang vanaf de hoge zandduinen bekijkt, als het zwakker wordende licht de woestijngrond in de mooiste tinten kleurt – van goud via purper tot okergeel. Het licht speelt dan met de duizenden korsten, onregelmatigheden, nissen, spitsen, toppen en bekkens waaruit de Valle de la Luna bestaat. De vroegere meerbodem dankt zijn bijzondere uiterlijk aan tectonische bewegingen en erosie. Felle winden, extreme zonneschijn en krachtige temperatuurwisselingen groeven, zaagden, schaafden en kneedden dit kleinood in de juiste vormen. De grond draagt een op bloemen gelijkend sieraad van zoutkorsten en is bedekt met zoutkristallen, waarvan de zacht oplichtende transparantie doet denken aan kwarts.

Pucará de Quitor

De **Pucará de Quitor** 2 ligt 3 km van San Pedro de Atacama. De oude vesting is het best te bezoeken tijdens een ochtendlijk uitstapje, omdat de weg erheen door de gelijknamige *ayllo* en zijn irrigatiewerken dan in de schaduw ligt. De gerestaureerde vesting troont in licht en pracht boven de *barranca* (het ravijn) (toegang 1000 peso).

Aldea de Tulor

Moeizamer ontsloten is de **Aldea de Tulor** 3 in het zuiden van San Pedro. De oudste nederzetting uit deze omgeving dateert van de 8e eeuw v.Chr. Een maquette aan het begin van de rondgang verheldert de bouwwijze van het Atacameñovolk dat er woonde. Het gehucht *(aldea)* bestond uit ronde huizen zonder ramen en met kleine, diepe deuropeningen, waartussen vrijwel geen straten lagen. Langs enkele van de weinige uitgegraven muurfragmenten zijn plankiers aangelegd. Van boven gezien lijkt het geheel op een labyrint van cirkels. Woestijnzand en droogte hebben de mu-

Synchroon op zoek naar voedsel: flamingo's bij water in de Atacamawoestijn

ren voor de tand des tijds behoed, maar de blootgelegde delen staan nu bloot aan de harde wind, en daarmee aan erosie. Het geheel wordt beheerd door de Conaf (toegang 2000 peso).

Baños de Puritama

Te midden van al die woestijntinten zorgen de **Baños de Puritama** 4 voor een verrassende afwisseling. Er zijn twee manieren om de op 3200 m hoogte gelegen thermale baden te bezoeken. De ene is in combinatie met een (georganiseerde) excursie naar de Géiseres del Tatio. Wie de baden echter onafhankelijk van de geisers wil aandoen, rijdt over een goed aangelegde, onverharde weg in noordoostelijke richting langs de begraafplaats en later langs de zwavelmijn Azufera Polán. Na 28 km is er links een zijweg de Quebrada Río Grande in. De baden liggen in een smalle, zachtrode kloof en worden omlijst door een sappig groene vegetatie.

De natuurlijke gevormde warmwaterbaden (van ongeveer 37 °C) en de miniatuurwaterval is door de familie Ibáñez del Campo van een indiaanse gemeenschap gekocht. Zij beheren ook de Explorahotels. De familie heeft hier een thermaal complex met kleedcabines en plankiers laten bouwen. De toegangsprijs van 6000 peso (ongeveer US$10) is echter zo hoog dat de vroegere bewoners van deze streek zich een warm bronnenbad niet kunnen permitteren.

Salar de Atacama en Reserva Nacional Los Flamencos

Dat de Atacawoestijn de 'droogste woestijn ter wereld' wordt genoemd zal menigeen verbazen, want is een woestijn niet altijd droog? Metereologen rekenen echter ook haast niet voor te stellen neerslag uit condensatie en het vochtige dons op stenen tot meetbare grootheden. Maar zelfs deze minieme sporen van vochtigheid zijn in de Atacamawoestijn niet te vinden, omdat het bekken door de steil oplopende wand van het kustgebergte wordt afgeschermd van nevelvorming uit zee.

De **Salar de Atacama** 5, een reusachtig, onder lagen vulkanisch materiaal begraven ondergronds zoutmeer, ligt op 2300 m hoogte en heeft een omvang van 300 km². Zijn rijkdommen zijn van verschillende aard. Onge-

veer 40% van alle lithiumreserves van de wereld zou hier zijn opgeslagen. Daarnaast liggen er grote voorraden kaliumcarbonaat en borax onder het spiegelgladde, glinsterende oppervlak. Het zoutmeer speelt echter ook een belangrijke rol als toevluchtsoord voor dieren, en dat laat zich slecht met de economische belangen verenigen. Daarom vallen delen van de *salar* nu onder natuurbescherming. Ze maken onderdeel uit van het Reserva Nacional Los Flamencos, dat ook hoger op de Altiplano bij de grens met Argentinië ligt.

U komt er via **Toconao** 6. Deze precolumbiaanse oase ligt 38 km verder. Het glinstert van krijtwit lipariet (ook wel rhyoliet genoemd), het vulkanische gesteente waarmee de huizen en de oude **Iglesia San Lucas** zijn gebouwd. Bij de kerk hoort een drievoudig getrapte klokkentoren uit 1750. Het lipariet ligt opgeslagen in de glooiende heuvels voor het 600 inwoners tellende dorp. Elke familie heeft zijn eigen kleine steengroeve, waaruit naar behoefte materiaal wordt gehaald.

Toconao ligt tussen allerlei vruchtbare akkers, maar het mooist is een bezoek aan de **Quebrada de Jere** (1500 peso). Midden in de woestijn klatert een riviertje in de schaduw van hoge bomen. Onder het dichte bladerdak liggen moestuinen en boomgaarden. Er groeien abrikozen en kersen, pompoenen en andere vruchten. De inwoners gaan ook graag zwemmen in de rivier.

De **flamingo-observatieplaats** 7 bij Soncor, 67 km voorbij San Pedro de Atacama, ligt niet ver van Toconao. Conafmedewerkers manen u zich zo voorzichtig en rustig mogelijk te bewegen, zodat de andesflamingo, Chileense flamingo en Jamesflamingo zich laten bekijken. Wie tegen de schemering komt, krijgt er het schitteren en fonkelen van de zoutkorsten gratis bij.

Het *reserva nacional* beoogt de flamingokolonie te behoeden, maar kan dat helaas niet garanderen. Dat ligt ook aan de toeristische commercialisering. De Salar de Atacama zorgt met zijn voorraden krill en micro-organismen in de lagunes voor het overleven van talloze Altiplanovogels. Die vluchten naar Chili voor het invallen van de Boliviaanse winter (die samenvalt met de Chileense zomer in januari en februari) en zijn heftige donderbuien. Op Chileens grondgebied hebben ze slechts in afgezwakte vorm van de stormen te lijden. De afgelopen jaren vinden de dieren echter steeds minder rust en steeds minder plaats in hun erfgebied aan het Atacamazoutmeer (toegang bij de Conafpost, 3000 peso).

Uitgekristalliseerd zout langs de oever van het Laguna Miscanti

Naar de vulkanen Miscanti en Miñiques

Tussen de zijweg naar de Salar de Atacama en **Socaire** 8 ligt ongeveer 16 km. Het oasedorp was net als San Pedro al in de precolumbiaanse geschiedenis van belang. Uit die oude nederzetting op 3218 m hoogte heeft zich een 285 inwoners tellend dorp met een heel bijzondere bouwwijze ontwikkeld. Voor de bouw van de huizen benut men niet de gebruikelijke materialen van de Altiplano, adobe en cactushout, maar grijze, grof gehouwen stenen. Op elkaar gestapeld en met wiggen aan aan elkaar vastgezet, vormen ze muren zonder voegen. Nieuwere huizen zijn beter geconstrueerd, maar ook monotoner. Overal in het dorp ziet u vrijstaande ovens, waarin brood of empanada's worden gebakken.

Tegen de achtergrond van Socaire prijken imposante bergen. Het dorp zelf ligt in een breed, komvormig dal waarboven terrassen voor de teelt van gewassen zijn aangelegd. Men verbouwt er mais, tarwe, bonen, chilipeper *(ají)*, knoflook en – bijzonder sierlijk – zonnebloemen. De vele opgegeven terrassen tonen hoe zwaar het bewerken van het land is, want ze zijn met bezaaid met rotsblokken.

Een rotsige, lastige weg klimt naar het gebied van de vulkanen **Miscanti** 9 (5622 m) en **Miñiques** 10 (5910 m) en hun gelijknamige lagunes. Vanuit de hoogte lijkt de Salar de Atacama een glinsterende luchtspiegeling. Het grijs, oker en rood van de gestreepte berghellingen wordt doorbroken door *algarrobo*, *chañar*, peperboom, *paja brava* en cactussen.

Diepblauw of donkergroen en met een witte rand schemeren de meren op de hoogvlakte, die door flamingo's en punatalingen als toevluchtsoord zijn uitgekozen. Van Socaire naar deze ruige, zeldzame en schitterende Altiplano is het zo'n 31 km.

11 De Géiseres del Tatio

Wie de beroemde Tatiogeisers wil zien op het moment dat ze het hoogst opspuiten, moet vroeg opstaan. Excursies uit San Pedro vertrekken al om 4 uur. Een alternatief zou zijn de reis van San Pedro in de middag te maken en bij de hoogstgelegen geisers ter wereld te overnachten, wat u enigszins uit de toeristische drukte zou houden. Reken voor de 95 km over de Altiplano naar de hoogte van ongeveer 4300 m zo'n drieënhalf uur. De onverharde weg is goed aangelegd, maar heeft hier en daar veel bochten en is af en toe heel moeizaam begaanbaar.

Aanvankelijk stijgt de aangegeven weg licht. Na 28 km komt u bij de afslag naar de Baños de Puritama (zie blz. 323). Bij de Cuesta del Diablo ('Duivelskloof') moet u een veld van lava en vulkanisch gesteente oversteken. Na 73 km biedt het hoogste punt van de route, de Loma Sánchez (4500 m), het beste uitzicht over het hele gebied. Op de met *paja brava*-gras begroeide hellingen leven vicuña's en kleine, vliegensvlugge viscacha's, knaagdiertjes die verwant zijn aan de chinchilla. Als u goed kijkt kunt u ook het saliegroene korstmos *llareta* op de bruine stenen onderscheiden. Niet ver hiervandaan staat de vulkaan Putana zachtjes te roken.

Het uitgestrekte, toendrakleurige veld van de Géiseres del Tatio biedt de mooiste aanblik bij dageraad. De ondergrondse warme bronnen bevriezen gedurende de nacht en trekken zich terug in zwavelkleurige poeltjes, die door de kou bedekt worden met een dun laagje ijs. Wanneer dat smelt door de zon (die op deze hoogte heel fel is), explodeert het onder druk staande warme water en spuit het zijn stoom tot 20 m omhoog. Vochtige dampen hangen in de lucht. Het hele bekken fluit, dreunt, sist en knettert, terwijl de dunne laagjes ijs op de leemgrond breken. Wie over het terrein wandelt, moet goed kijken waar hij loopt. U trapt zo op een korst die onder uw voetstap smelt en bezwijkt, waarna er een geiser kan opspuiten.

Van de Géiseres del Tatio naar Calama

Over een afstand van ongeveer 120 km ontsluit een grotendeels adembenemende, maar niet erg comfortabele onverharde weg de Altiplano tot aan het lager gelegen Calama. Informatie over de staat van deze weg is te krijgen bij de *municipalidad* van San Pedro de Atacama. Tijdens de stormachtige Boliviaanse winter is de route niet aan te bevelen. Gezien vanaf de geisers rondt de weg eerst links de Cerro Cablor en komt dan uit in de Cuesta Chita. Na 41 km gaat er rechts een vrijwel verborgen zijweg naar Caspana.

Caspana

Het op 3300 m hoogte gelegen **Caspana** 11 is een 800 jaar oud dorp dat niet minder invloed van de Spanjaarden zou kunnen vertonen. Het kleine, wonderbaarlijke gehucht ziet eruit alsof de huizen willekeurig in de rotsspleet zijn gestrooid. De landbouw speelt hier een hoofdrol. De rijen huizen staan op heuvels aan weerszijden van het diepe dal om geen snippertje van de vruchtbare aarde langs de rivier aan woningen te verspillen. Op de steile terrassen gedijen peren, appels, sla, cactusvruchten, uien, abrikozen, groente en bloemen, maar niet alleen voor eigen gebruik. Hoewel Caspana bijzonder geïsoleerd ligt en moeizaam te bereiken is, voorzien de 400 inwoners de Ferio Modelo in Calama van groente. Vroeger verdienden ze nog wat bij met het verzamelen van *llareta* voor de ovens van de Chuquicamatakopermijn.

In het dal dal staan de vermiljoenrode **Iglesia de San Lucas** uit 1611 en het interessante **folkoristisch en historisch museum**, waarop de gemeente met recht trots kan zijn. Behalve foto's van archeologische opgravingen, pijlpun-

Borrelend water en gloeiendhete stoom op zo'n 4300 m hoogte: de Tatiogeisers

ten, stenen gereedschap, keramiek en een verwijzing naar het enige Inca-altaar *(ushnu)* van heel Chili, dat werd ontdekt bij de Cerro Verde, weet de effectief gepresenteerde, onderhoudende expositie over het dagelijks leven te boeien. Bij rituelen en feesten lijkt de scheiding tussen katholieke en indiaanse elementen opgeheven te zijn. Caspana had weinig contact met de Spaanse conquistadores, zodat enkele boeiende indiaanse gebruiken bewaard zijn gebleven (aan de *plaza*, di.-zo. 10-13 en 15-17.30 uur, 500 peso).

Aiquina

Vlak voor Aiquina wordt de Altiplano doorsneden door een diep, woest dal, waarvan de naam Cuesta del Diablo ('Duivelskloof') bepaald geen verkeerde associaties oproept. Vroeger werden de mensen hier in een kleine gondel over de diepte getrokken.

Het door verschillende 5000 m hoge vulkanen omringde **Aiquina** 12 is een waar spookdorp. De hobbelige weg komt uit op een plateau met drie met papieren bloemen versierde kruisen, waarna hij afbuigt naar een perfect aangelegd terrassendorp. Het niet te missen hart van het dorp wordt gevormd door de grote, met een golfplaatdak afgedekte, witgekalkte **Iglesia Nuestra Señora de Guadalupe**. De twee voorhoven voor de kerk zijn door muren omgeven, de baksteenrode klokkentoren is vijfvoudig getrapt. De eenvoudige huisjes staan er als loges in een theater omheen. Hun daken zijn bedekt met van *paja brava* gemaakt stro. De grootste tijd van het jaar staan ze echter leeg. Slechts weinigen wonen permanent in Aiquina – men houdt het op vijftig inwoners. In het zuiden eindigt het licht aflopende plateau bij een schilderachtige afgrond. Daar zorgt een boog voor een waarlijk

Caspana is een geïsoleerd dorp met een 800 jaar lang verleden

dramatisch effect, want wie erdoorheen kijkt, ziet een heerlijk groen, vruchtbaar, door rotsen afgebakend dal, dat zich uitstrekt tot aan de horizon.

Aan de rust komt een einde als op 7 en 8 september de bedevaart naar de Maagd van Guadalupe wordt gehouden (zie ook blz. 40). Tienduizenden pelgrims, van wie velen te voet of op hun knieën naar Aiquina zijn gekomen, zoeken dan onderdak in de bescheiden stenen huisjes. Die dagen bruisen de straten van de processies, feestelijkheden en traditionele dansen.

Ongeveer 39 km voorbij Aiquina verlaat de weg de hoogvlakte om af te dalen naar Chiu Chiu.

Chiu Chiu

De weg tussen Calama en Chiu Chiu is geasfalteerd, omdat de nabijgelegen mijn El Abra goede transportmogelijkheden behoeft. Aan de geïsoleerde positie van Chiu Chiu, een dorp met 300 inwoners, kwam daarmee een eind. Het oude dorpje aan de samenloop van de Río Loa en de Río Salado kreeg een nieuwe impuls en is weer vol leven.

Chiu Chiu 13 was een van de eerste Spaanse nederzetingen in Chili. De gunstige ligging als oase aan de rivier trok Atacameño's aan, die later hun *pucará* bouwden in de smalle Lasanakloof, aan de uitgang waarvan Chiu Chiu ligt. Over de destijds zeer drukke *Camino del Inca* (zie blz. 351) werden veel handelsgoederen getransporteerd. Archeologische opgravingen brachten exotische voorwerpen als schelpen en veren van Braziliaanse herkomst aan het licht.

De vruchtbare riviergrond rond Chiu Chiu werd vroeger beplant met rode biet, mais, snijbiet, aardappelen en wortelen, maar de jongeren verlieten het dorp toen een deel van de Río Loa werd afgebogen en het water schaarser werd. De Loa was nodig voor het wassen van koper in de Chuquicamatamijn. De irrigatiewerken raakten in verval.

Tegenwoordig mag Chiu Chiu zich dankzij zijn ligging en sfeer tot een bedaardere concurrent van het woelige San Pedro de Atacama rekenen. Verschillende bezienswaardigheden op de Altiplano zijn van hieruit goed bereikbaar, terwijl ook het dorp zelf heel fraai is. Als er een typische Altiplanokerk voor een ansichtkaart nodig is, wordt heel vaak de rijkelijk met witkalk bestreken Iglesia San Francisco van Chiu Chiu gefotografeerd. Naast de kerk is een rustiek houten uitkijkplatform neergezet, om bezoekers uitzicht op de omgeving te bieden. Op de plaatselijke *feria* kunnen boeren uit de regio hun landbouwproducten verkopen. Met slechts één hotel met kamers in alle prijsklassen, twee restaurants en één café hebben bezoekers echter niet al te veel keus.

De **Iglesia San Francisco** is rond 1675 gebouwd en voorzien van twee torentjes met klokken en een compact schip met dikke muren van adobe. Voor het interieur gebruikte men *chañar*- en cactushout, in plaats van plafondbalken dienden snoeren van leer. Aan de hele constructie kwam geen spijker te pas. Het poreuze, met natuurlijke gaatjespatronen versierde cactushout laat het zonlicht zacht gefilterd als fijn bewerkte kant op de vloer van rode, gladgeslepen lemen plavuizen vallen. Samen met de witgekalkte muren en de prachtige papieren bloemen geeft dat een feestelijk effect.

De kerk mag twee schatten de zijne noemen. De *Cristo de la Pasión* is echt iets bijzonders. Dit in de kunstgeschiedenis gangbare motief wordt hier op heel aparte wijze voorgesteld. De beeltenis bestaat namelijk uit tweezijdig beschilderd leer, ontworpen als de keerzijden van een medaille met een voor- en achteraanzicht. Het dateert uit de 17e eeuw en is van anonieme makelij. Het Christusbeeld heeft beweegbare armen, waarmee het aan het Kruis gehangen kan worden, maar ook in de glazen doodskist past, die tijdens de paasprocessie door het dorp wordt gedragen (di.-zo. 9-14 en 16-19 uur).

Hotel Tujina: Esmeralda s/n, tel. 55-32 63 59; 10 kamers. Licht, rond een patio gebouwd hotel. Keurige kamers in verschillende prijsklassen met of zonder eigen badkamer; tevens appartementen; vriendelijke eigenaars. 8000-10.000 peso p.p.

Hotel Tujina: Zie hiervoor. Smakelijke regionale keuken met salades, groente en vlees. Gerechten 2500-7000 peso.

El Tambo: Granaderos s/n. Simpele gerechten uit de Andes. Eenpansgerechten, stoofschotels, *guisos*, gerechten met *quínoa* en *cazuelas*. 2500-6000 peso.

Kunstnijverheidswinkel aan de hoofdstraat Granaderos, goed gesorteerd.

Pucará de Lasana

Van Chiu Chiu gaat een weg het smalle dal van de Río Loa in, met zijn dicht beplante groentevelden en boomgaarden. De meeste akkerbouwers wonen in vrijstaande boerderijen in het dal. Na 12 km duikt aan uw linkerhand een van de bestbewaarde precolumbiaanse vestingen van Chili op, de **Pucará de Lasana** 14. Hoog boven het dal uitrijzend, gemaakt van de zandkleurige stenen uit dit gebied, bestaat de vesting uit 110 boven elkaar gelegen kamers en opslagplaatsen, die door trappen en gangen met elkaar zijn verbonden. Alleen de daken zijn vervallen. U hebt daarom

Chuquicamata – De 'openlucht'

De trots van het land ligt zo'n 3000 m hoog. De grootste open kopermijn van de wereld, Chuquicamata, ligt zo dicht bij het firmament dat de Chilenen hem *cielo abierto* ('openlucht') noemen. De mijn rookt en rommelt op de verlaten Altiplano en ziet er, met de zonlicht weerkaatsende metalen torens, uit alsof hij van een andere wereld komt.

Niemand kon bij de inbedrijfname in november 1811 weten hoe belangrijk Chuqui, zoals de Chilenen hem liefkozend noemen, zou blijken te zijn voor het landschap en de gehele Chileense maatschappij. Hier beheerst namelijk de overtreffende trap het vocabulaire. Het gesteente dat in terrassen met een omvang van in totaal 4,7 bij 3 km groot en 750 m diep wordt gedolven, bevat een vorstelijk percentage kopererts, waardoor Chuquicamata jaarlijks 600.000 ton koper produceert. Het is de enige mijn van het land die is ontsnapt aan de privatiseringsdrift van Pinochet. Voor Chilenen blijft Chuquicamata iets wat ze zelf hebben gemaakt, iets fantastisch, waarop het buitenland jaloers is, hoewel er met de export van koper, sinds de val van de prijzen voor grondstoffen op de internationale markt, niet meer zoveel dollars valt te verdienen.

Toch verdienen de mijnwerkers een goed inkomen – het salaris ligt op het drie- of viervoudige van het gemiddelde loon. De ingenieurs hebben een veelzijdige topopleiding achter de rug, die hen goede kansen biedt op de internationale arbeidsmarkt. Recreatie voor het gehele gezin is perfect georganiseerd en er zijn voortreffelijk gezondheidsvoorzieningen.

Dan begint het beeld scheurtjes te vertonen. Want Chuquicamata pleegt een extreme aanslag op de gezondheid. Natuurlijk is een verblijf in het ziekenhuis dan gratis. Als vuistregel geldt dat men niet langer dan zeven jaar in Chuquicamata moet blijven. Het door de mijnbouw vrijgekomen fijnstof veroorzaakt astma en stoflongen en is verantwoordelijk voor verschillende vormen van kanker. Vanwege de hoge gezondheidsrisico's is de slaapstad naast de mijn ontruimd – de bevolking leeft nu in Calama.

De 400 arbeiders van de Noord-Amerikaanse Andescopper Company waren niet de eersten die begonnen met de koperbouw. De vindplaats was al lang voor de Inca's bekend. In 1882 werd de eerste mijn opgericht in het na de Salpeteroorlog zojuist Chileens geworden land. In 1911 kochten de gebroeders Guggenheim zich in Chuquicamata in. Vier jaar later goten en walsten ze de eerste koperstaven en -platen. Al spoedig bleken de dimensies waarin koper hier voorradig was – de bron is ondanks intensieve delving nog altijd niet opgedroogd. Bovendien recyclet men tegenwoordig de sintels, waarvan het kopergehalte nog altijd ruim 50% bedraagt. In de buurt liggen ook twee nieuwere mijnen, El Abra en Radomiro Tomic.

De productiecijfers stegen destijds koortsachtig en net zo koortsachtig wordt de Altiplano afgezocht naar elementen om die veelvraat van een mijn in bedrijf te houden. Het geringste beetje water wordt naar Chuquicamata geleid en zelfs een minieme hoeveelheid vegetatie wordt gebruikt als brandstof. Zuilcactussen, het traditionele bouwmateriaal van de regio, en *llareta*, een korstmos dat er

Thema

De Chuquicamatamijn produceert jaarlijks zo'n 600.000 ton koper

decennia over doet om een enkele steen te bedekken, vielen al ten prooi aan Chuquicamata. Arbeiders persten zich in kleine zoutkoepels om het mineraal te delven. De hele omgeving is ten zeerste vergiftigd met arsenicum.

Dergelijke problemen worden bij de openbare bezichtiging wel aangestipt, maar men gaat er niet al te diep op in. De rondleiding over het werkterrein legt de nadruk op de twee uitzichtpunten waar u een overdonderend zicht op de mijn hebt. Als er geen stofwolken van veelvuldig voorkomende explosies het zicht belemmeren, kunt u de 50 m hoge schepradgraafmachines zien, die behoedzaam en schijnbaar geluidloos over de terrassen naar beneden glijden. Vrachtwagens snorren als speelgoedtreintjes in slalom om de plaatsen waar gedolven wordt en om het wasbekken. Als er geen stinkende, zwavelgele, asfaltkleurige, gifgroene en toxisch blauwe bezinksels lagen, zou men *el cielo abierto* kunnen houden voor een indiaans terrassenlandschap van buitenaardse schoonheid te midden van fonkelende, ronde slakkenbergen van grafiet.

maar weinig voorstellingsvermogen nodig om het gehele complex op uw netvlies te reconstrueren. Met de komst van de Spanjaarden werd de *pucará* opgegeven. Van zijn ligging hoog boven de Río Loa kijkt u uit op de bergen en vulkanen van Bolivia.

Ook langs de onverharde weg erheen treft u nog niet nader gedocumenteerde getuigen uit een grijs verleden aan. In totaal 76 tot nu toe uitgegraven petrogliefen, die uit de 4e eeuw zouden stammen, bedekken lichte stukken rots van vulkanisch lipariet. De rotstekeningen liggen onbeschermd langs de kant van de weg.

Langs de degelijke weg van Chiu Chiu naar Calama ligt de **Laguna Inca Coya**. Dit meer schijnt verbazingwekkend diep te zijn. Zelfs de duikers van Jacques Cousteau, vertelt men hier vol trots, hebben de bodem niet weten te bereiken.

Calama

Slechts 30 km van Chiu Chiu ligt **Calama** 15. De stad is in prehistorische tijden in letterlijke zin links blijven liggen en heeft dan ook niets gemeen met Altiplanoromantiek en verzonken terrassenbouw. Dit punt op de landkaart lag niet op de Incawegen tussen Potosí en Cobija, iets waaraan Chiu Chiu zijn bevoorrechte positie als handelscentrum te danken had.

Zijn beslissende impuls tot groei kreeg Calama van de Chuquicamatamijn, die in 1911 met 400 arbeiders en ingenieurs in bedrijf werd genomen. Daar het werk, hier het vertier. In Chuquicamata bouwde men keurige woonwijken, legde speelplaatsen aan, een voetbalveld, en voorzag in sport en ontspanning voor het hele gezin. In Calama – dat tegenwoordig 127.000 inwoners telt – bekommerde men zich meer om het heil van de alleenstaande man. De *casas alegres* legden een kordon om het stadje.

Het is er winderig, stoffig en overdag heet; in de door eenvoudige huizen geflankeerde straten is weinig schaduw. Luisterrijk en representatief is de **Plaza 23 de Marzo** aangekleed met hoge bomen en smeedijzeren bankjes. Het openen van nieuwe mijnen doet de welvaart van de bevolking in deze regio toenemen, waardoor er meer elegante gebouwen worden neergezet en de prijzen de hoogte in schieten.

De goed ontwikkelde infrastructuur en het veelzijdige aanbod aan dienstverlening maken van het pittige, luidruchtige en ietwat proletarische Calama een uitstekende uitvalsbasis voor een verkenning van de Altiplano en het Grote Noorden, hoewel navraag bij de reisbureaus naar wat voor excursies ze bieden leert dat die zich niet kunnen meten met hun concurrenten in San Pedro.

Chuquicamata

De twee uur durende excursie naar de kopermijn **Chuquicamata** 16 (zie ook blz. 330) behoort tot de verplichte nummers van iedere bezoeker aan Calama. Gele verzameltaxi's rijden op en neer door de hoofdstraten langs de *plaza* en leggen het traject in twintig minuten af. U kunt Chuquicamata bezoeken onder leiding van een gids, van maandag tot en met vrijdag 's morgens en aan het begin van de middag. U krijgt daarbij een video te zien over de werking van de mijn en het leven in Chuquicamata en wordt daarna kort rondgeleid over het terrein. Uit veiligheidsoverwegingen mogen de plaatsen waar echt gewerkt wordt, niet worden betreden.

Oficina Municipal de Información Turística: Latorre 1689, tel. 55-34 53 45.
Conaf: Av. Granaderos s/n, tel. 55-36 42 48, ncortes@conaf.cl

De **prijzen** voor accommodatie in Calama liggen over het algemeen hoog.
Park Hotel de Calama: Camino al Aeropuerto 1392, tel. 55-31 99 00, fax 55-31 99 01; 60 kamers. Elegant hotel iets buiten de stad; zeer comfortabel; zwembad, helaas zonder schaduw, tennisbaan. 2 pk US$140.
Hotel Lican Antai: Ramírez 1937, tel. 55-34 16 21, fax 55-34 29 70; 50 kamers. Dit hotel moet het hebben van de sfeer; de service is prima en het hotel ruim, stijlvol en pas gerenoveerd, maar de kamers zijn erg klein. 2 pk US$140.
Hostería Calama: Latorre 1521, tel. 55-34 15 11; 68 kamers. Een elegant en comfortabel, koel

stadshotel met helaas niet erg grote kamers; verzorgde tuin. 2 pk vanaf 42.000 peso.
Hotel El Mirador: Sotomayor 2064, tel./fax 55-34 03 29 en 55-31 02 94; 25 kamers. Rond twee gepleisterde patio's genestelde, comfortabele kamers met grote badkamer, prettig sfeer. De ontbijtzaal lijkt uit grootmoeders tijd te stammen. 2 pk 40.000 peso.
Hotel Quitor: Ramírez 2116, tel./fax 55-34 17 16; 41 kamers. Enigszins ouderwets comfort. Gezellige kamers voor 32.000 peso.
Residencial John Kenny: Ecuador 1991, tel. 55-34 14 30. Een van de beste van de talrijke goedkopere mogelijkheden. Propere, ruime kamers, zelfs een eigen parkeerplaats. 2 pk ca. US$40.
Hotel Loa: Abaroa 1617, tel. 55-34 19 63. Klein, prettig hotel voor rugzaktoeristen met gemeenschappelijke badkamer. US$15 p.p.

Aanbevolen zijn de restaurants van hotel **Lican Antai** en het **Park Hotel** (beide van goede kwaliteit).
Alfredo's: Aan de *plaza*. Twee verdiepingen tellende, degelijke vertegenwoordiger van deze keten. Pizza, pasta en broodjes (vanaf 2000 peso).
Bavaria: Sotomayor 2093. Ketenrestaurant van gebruikelijke solide kwaliteit tegen beschaafde prijzen, ook populaire cafetaria, broodjes, gebak, ontbijtkaart. Sandwiches vanaf 2000 peso.
Club Croata: Aan de *plaza*. Enigszins in verval geraakte burgerlijke chic. Daar staan grote porties tegenover en menu's tegen bepaald lage prijzen (rond 6500–8000 peso). Verwacht geen verfijnde keuken.

Bezichtiging van de **kopermijn Chuquicamata** is gemakkelijk op eigen gelegenheid te organiseren. Neem een van de gele verzameltaxi's *(colectivos)*, die u tot voor het informatiepunt brengen. Rondleiding dag. om 8.30 en 14 uur. Neem uw paspoort mee. Aangezien het aantal bezoekers beperkt is, moet u zich van tevoren aanmelden via tel. 55-32 21 22, visitas@codelco.cl.
Uitstapjes: Naar Chiu Chiu, naar de Pucará de Lasana en naar Caspana en Aiquina.

Vliegtuig
Vliegveld El Loa: Ca. 8 km ten zuidoosten van de stad; Calama ligt op de route Iquique–Antofagasta–Santiago.
Stadskantoor Lan Airlines: Latorre 1726, tel. 60 05 26 20 00 (centraal telefoonnummer).
Sky Airlines: Latorre 1497, tel. 55-31 01 90 (centraal telefoonnummer), www.skyairline.cl.

Bus en trein
Atacama 2000: Abaroa/Antofagasta; dag. naar San Pedro de Atacama, paar keer per week naar Socaire en Peine.
Buses Frontera del Norte: Antofagasta 2041; verbindingen 5x per dag naar San Pedro de Atacama, om 11 en 18 uur naar Toconao.
Buses Géminis: Antofagasta 2239; dag. verbindingen met het noorden, 3x per week naar Salta in Argentinië.
Buses Tramarca: Sotomayor 1961; paar keer per dag verbindingen met Antofagasta.
Tur-Bus: Ramírez 1802; verbindingen met allerlei plaatsen aan de Panamericana en met San Pedro de Atacama.
Ook **Flota Barrios**, Ramírez 2298, en **Pullman Bus**, Sotomayor 1808; bedienen de Panamericana.
Ferrocarriles Antofagasta–Bolivia FCAB: Balmaceda 1777, tel. 55-34 89 00. Kaartjes voor de trein naar La Paz. Wees er vroeg bij, want de plaatsen zijn felbegeerd!

Huurauto
Avis: Op vliegveld El Loa en Parque Industrial Apiac, tel. 55-56 31 52.
Hertz: Granaderos 1416, tel. 55-34 13 80.

Met de trein naar Bolivia: Van het Estación de Ferrocarril (Balmaceda 1777, tel. 55-34 89 00) rijden treinen via Ollagüe naar de Salar de Uyuni (vertrek wo. 23 uur). Om een kaartje te bemachtigen, moet u op tijd op het station zijn. Deze reismogelijkheid is goedkoper dan alle andere. De reis duurt lang en 's nachts wordt het behoorlijk koud op de Altiplano. Neem daarom genoeg warme kleren en een slaapzak mee.

Iquique en omgeving

Kaart 337, 342

De mooiste – en mooist gelegen – stad van het Grote Noorden is nauw verbonden met de economische gevolgen van de salpeterhandel. Zonder de opbrengsten van de winning van het witte goud zou de stad helemaal niet zijn ontstaan. Musea en gerestaureerde salpeter-*oficinas* herinneren aan dat feit. De kilometerslange zandstranden hebben zich opgewerkt tot internationaal surfparadijs.

Iquique

Kaart: blz. 337; **Atlas:** blz. 1, A4

Iquique **1** is een jonge oude stad met grote toeristische potentie. Sierlijke juweeltjes van villa's uit de bloeitijd van de salpeterindustrie staan bij elkaar in de pas gerestaureerde *barrio histórico*, terwijl het Península Cavancha als strandzone met casino en kinderspeelplaatsen en als bestemming voor surfers furore maakt. De ligging van het levendige, bloeiende Iquique aan de voet van het kustgebergte en de Cerro Dragón, een groot, licht zandduin van ruim 800 m hoog, dat ongelofelijk lang is uitgestrekt, is eenvoudigweg schitterend.

De tegenwoordig tot zo'n 165.000 inwoners uitgegroeide hoofdstad van de Eerste Regio is ontstaan in de 19e eeuw als Peruaanse salpeterhaven. In 1855 telde Iquique 2500 inwoners, in 1878 al 10.000. Tegenover de flinterdunne laag van buitenlandse salpetermagnaten en spoorwegeigenaars, die nagenoeg alle macht in handen hadden, stonden vrijwel rechtenloze haven- en industriearbeiders. Er was geen grondwater in de buurt, en terwijl de salpeterbaronnen zich amuseerden in balzalen en aan de frisse Grote Oceaan, zwoegden hun arbeiders twaalf uur per dag op de gloeiende, mensvijandige hoogvlakte, waarop zich tot voor kort geen mens had durven te vestigen.

In wat voor mate de veelvuldig uit Europa afkomstige arbeiders werden uitgebuit, wordt duidelijk uit het bloedbad in de Santa Maríaschool in december 1907. Minstens 2000 stakers werden door het leger doodgeschoten (zie blz. 32). Alejandro Jorodowsky heeft dit feit literair vereeuwigd in zijn roman *Donde mejor canta un pájaro*.

Met het einde van het salpetertijdperk in 1920 doofde ook het licht voor de bourgeoisie in Iquique. De stad had vervolgens decennialang de veel minder luisterrijke naam de grootste vismeelfabriek van het land te herbergen. Toen Iquique in 1975 de status van vrijhandelszone kreeg, werden handel en export sterk gestimuleerd. Plotseling waren daar ook de financiële middelen om de architectonische schoonheden uit de Chileense belle époque te restaureren.

Onderweg met de auteur

Surfen aan de kust van Iquique

Tegen tien uur 's morgens wandelen ook de meest uitgeslapen surfers met hun plank onder de arm naar het strand, tegen half elf is de eerst club van liefhebbers gevormd, en dan wordt er de hele dag gesurfd over de golven die de Grote Oceaan laat aanrollen. Die zijn niet te onderschatten, regelmatig wappert de rode vlag. De stranden **Cavancha**, **Brava** en **Hantajaya** zijn goed bereikbaar per bus (zie blz. 336).

Nog altijd getuigen de gebouwen aan de Plaza Prat in Iquique van de bloeitijd van de salpeterindustrie

Plaza Arturo Prat en Avenida Baquedano

De zilte lucht van de nabijgelegen zee hangt fris boven het in de bloeitijd van de salpeterwinning ontworpen centrum rond de ruim opgezette **Plaza Arturo Prat** 1. Het plein is niet vernoemd naar een zegevierende, maar naar een dappere oorlogsheld, die in de Zeeslag bij Iquique tijdens de Salpeteroorlog jammerlijk met zijn schip ten onder ging tegen de Peruaanse *Huáscar*. Bomen, smeedijzeren banken en een roomwitte klokkentoren uit 1877 luisteren het plein op.

Een relict uit de glorieuze salpetertijd is het **Teatro Municipal** 2. Dit valt architectonisch op door zijn voorplein en representatieve staatsietrap. Er worden wel voorstellingen gegeven, maar het theater heeft geen huisgezelschap (ma.-za. 9-21 uur, 500 peso).

Daarnaast staat de **Sociedad Protectora de Empleados de Tarapacá** 3, het tussen 1911 en 1913 neergezette, niet minder representatieve gebouw van de eerste vakbond van Chili, waarin tegenwoordig een uitstekend restaurant is gevestigd. De westkant van de *plaza* wordt in beslag genomen door de façade van **Hotel Arturo Prat** 3 (zie blz. 338). Op de noordoosthoek ligt het opvallende, Moors-Andalusische **Centro Español** 11 (zie blz. 338 en 339). Wie een rondje om het plein loopt, komt ook uit bij de houten villa van de **Banco Central Santiago**. Ook in de parallelstraat Uribe komt u oudere huizen van houtwormbestendig *Oregon pine* tegen.

Ten zuiden van de *plaza* staat in de Avenida Baquedano het ene fraaie houten huis naast het andere. De pastelkleurige villa's hebben hoge, in kleinere ruitjes verdeelde ramen en worden omringd door veranda's en galerijen met houtsnijwerk. Zonder uitzondering dateren ze van tussen 1880 en 1920. Vrijwel alle huizen zijn goed gerestaureerd.

In het **Museo Regional** 4 vindt u op twee verdiepingen voorwerpen met betrekking tot de geschiedenis van de stad en de salpeterwinning, waaronder een maquette van een *oficina* (Baquedano 951, ma.-vr. 8.30-13, 15-19, za., zo. 10.30-13 uur, 600 peso).

De façade van het **Palacio Astoreca** 5 (Baquedano/O'Higgins) uit 1904 is heel opvallend. De donkerbruine kleur vormt een scherp contrast met alle paaseikleuren in de buurt. De meubels in de 27 kamers werden door de salpeterbaronnen aangekocht voor representatieve doeleinden (di.-vr. 10-13, 16-20, za. 10.30-13.30, zo. 11-14 uur, 500 peso).

De hele *avenida* is voetgangersgebied. Overal liggen houten plankieren, wat het flaneren gemakkelijker maakt. Daarmee is hij met zijn bistorestaurants, verschillende kunstnijverheidswinkels, kleine beelden en een oude salpeterlocomotief zowel voor kinderen als voor toeristen - ook 's avonds - een geliefde bestemming.

Aan de haven

Ten noorden van de Plaza Prat is de zeelucht van de haven al te ruiken. De overdekte **Muelle de Pasajeros** is momenteel niet te bezichtigen, omdat hij eerst gerestaureerd moet worden. In de kleine vissershaven, de **Caleta Pesquera** 6, spartelen robben tussen donkere kliffen. Ze strijden met de meeuwen om de vis die is overgebleven van de verkoop die ochtend. De **Club de Yates** 12 aan de zuidzijde van de kleine baai, waarbij ook een restaurant met een authentieke havensfeer behoort (zie blz. 339), bemiddelt in boottochten. Zo kunt u zich naar de plaats laten brengen waar de *Esmeralda* van admiraal Arturo Prat is gezonken, of gewoon bij zonsondergang een stuk de zee op varen.

Over de Avenida Centenario rijdt veel verkeer. Hier ligt het voormalige douanegebouw, geheel in witte koloniale stijl. Het **Museo Naval** 7 hier houdt de herinnering aan admiraal Arturo Prat levend. Stukken van zijn boot *Esmeralda*, foto's, schoolrapporten, briefwisselingen en meubels uit die tijd vullen een langgerekte zaal (Aníbal Pinto s/n; di.-za.. 10-13, 15-18, zo. 10-13 uur).

Andere bezienswaardigheden in het noorden van de stad

Heel fraai is de door hortensia's omringde **kathedraal** 8 met een als sterrenhemel beschilderd middenschip. Ook het **Estación Central** 9 mag er zijn. Het station van hout en staal met neoclassicistische stucelementen is in 1883 gebouwd ten tijde van de grootste salpeterbaron, Thomas North (Sotomayor s/n; ma.-vr. 8-13 en 15-19 uur).

De vrijhandelszone **Zofri** 10 is met 240 ha de grootste van zijn soort in heel Zuid-Amerika. In 400 zaken kunt u terecht voor elektronica, huishoudelijke apparaten en cosmetica (zie ook blz. 339, ma.-do. 11-21, vr./za. 11-22 uur).

De stranden

In het zuiden ontmoeten surfers elkaar op de **Playa Brava** of de wat gemakkelijkere **Playa Cavancha**, die door het schiereiland Cavancha wordt beschermd tegen al te harde oceaanwinden. De afgelopen jaren is men bezig geweest het hele schiereiland tot vakantieoord om te bouwen, zodat het nu bestaat uit hotels, een casino, bouwplaatsen, speeltuinen, een kleine dierentuin en een aquarium, verschillende restaurantzones voor elke smaak en woonblokken voor vakantieappartementen. De omgeving mag dan geen lange historie hebben, het strandleven is daarentegen typisch Latijns-Amerikaans: sportief, jong, luidruchtig, druk en vrolijk.

i **Sernatur:** Serrano 145, 3e verd., tel. 57-42 76 86, fax 57-41 15 23, infoiquique@sernatur.cl; meer informatie vindt u op www.vivaiquique.cl, www.iquique.cl.

Holiday Inn Express 1**:** Av. 11 de Septiembre 1690, tel./fax 57-43 33 00; 82 kamers, aan de Playa Brava. Qua stijl kopieert dit de geometrische, indiaanse architectuur; comfortabel en koel. 2 pk vanaf US$90.

Hotel Cavancha 2**:** Los Rieles 250, tel. 57-43 48 00; 70 kamers. Groot, heel modern en een beetje anoniem, kamers met balkon; tennisbanen. Eveneens op het schiereiland Cavancha gelegen. 2 pk vanaf 40.000 peso.

Iquique

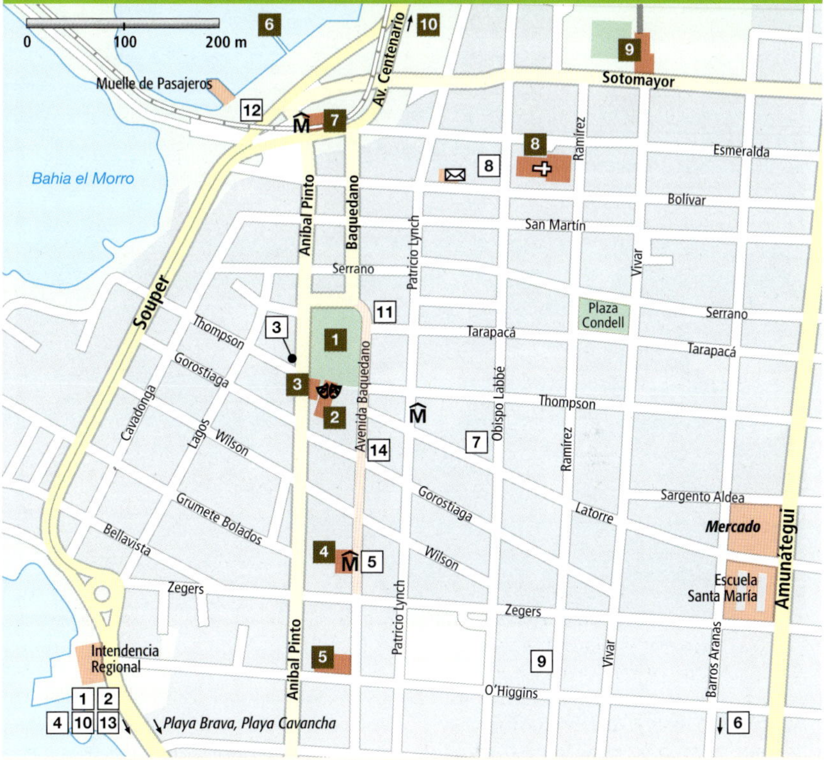

Bezienswaardigheden

1. Plaza Arturo Prat
2. Teatro Municipal
3. Sociedad Protectora de Empleados de Tarapacá
4. Museo Regional
5. Palacio Astoreca
6. Caleta Pesquera
7. Museo Naval
8. Kathedraal
9. Estación Central
10. Zofri

Accommodatie

1. Holiday Inn Express
2. Hotel Cavancha
3. Hotel Arturo Prat
4. Hotel Atenas
5. Hotel Carlos Condell
6. Hotel Barros Arana
7. Hotel Doña Geñoveva
8. Hostal Catedral
9. Hotel Tikoo

Eten en drinken

10. Costa Brava
11. Centro Español
12. Club de Yates
13. El Sombrero
14. Café Boulevard

Moors-Andalusische sfeer en uitstekende pisco sour in het Centro Español

Hotel Arturo Prat 3 **:** Aníbal Pinto 695, tel. 57-41 10 67, fax 57-42 70 00; 94 kamers. Levendig hotel met gerenoveerde kamers en ruime badkamers, klein zwembad op het dak, internet; goed ontbijtbuffet. Bijbehorend, fraai restaurant en bar in de stijl van een Britse club. 2 pk vanaf 36.000 peso.

Hotel Atenas 4 **:** Los Rieles 738, tel. 57-43 10 75, fax 57-43 11 00; 38 kamers. In de buurt van Península Cavancha; bourgeoisvilla met dito ingerichte kamers, klein zwembad, restaurant met terras voor hotelgasten; moderne, nuchtere vleugel in het achterdeel; vriendelijke service. 2 pk 30.000 peso.

Hotel Carlos Condell 5 **:** Baquedano 964, tel. 57-42 44 67, fax 57-42 29 20; 12 kamers. Het enige hotel in een stijlecht gerenoveerd patiohuis uit de bloeitijd van de salpeterwinning. 2 pk 22.000–25.000 peso.

Hotel Barros Arana 6 **:** Barros Arana 1302, tel. 55-41 28 40; 20 kamers. Niet helemaal in het centrum gelegen, maar goed, modern en zeker niet luidruchtig; beleefde service, zwembad. Goede prijs-kwaliteitverhouding. Reken op US$50.

Hotel Doña Geñoveva 7 **:** Latorre 458, tel. 57-41 15 78, fax 57-41 40 58; 15 kamers. Grote, lichte kamers, netjes en verzorgd, goede prijs-kwaliteitverhouding. 2 pk 16.000 peso.

Pisco Sour in het Centro Español 11 **:** De pompeuze vertaling van het idee het restaurant een Moors-Andalusische uitstraling te geven mag sommige bezoekers niet overtuigen, maar de pisco sour die hier wordt geserveerd, wordt beschouwd als een van de beste van het land. De limoenen voor het nationale drankje komen uit de woestijnstad Pica (zie ook blz. 339).

Hostal Catedral 8 **:** Obispo Labbé 253, tel. 57-42 63 72. De klassieker onder de *hostales* en echt leuk. De grote, een beetje ouderwets ingerichte kamers (met en zonder bad) liggen allemaal rond een centrale patio; vriendelijke ontvangst. 2 pk US$23.
Hotel Tikoo 9 **:** Ramírez 1051, tel. 57-47 50 31; 12 eenvoudig kamers. Weelderig ingericht klein hotel. 10.000 peso p.p.

Costa Brava 10 **:** Av. Arturo Prat 3002, tel. 57-32 82 52. Hier worden specialiteiten uit de Peruaanse keuken, maar ook schaal- en schelpdieren op tafel gezet. Gerechten 4500–8000 peso.
Centro Español 11 **:** Plaza Arturo Prat 58, tel. 57-42 32 84; zie blz. 338. Andalusisch aandoende club-bar, met waanzinnige zeevruchten, zoals *chupe de jaiva* (eenpansgerecht met kreeft) voor 5500 peso.
Club de Yates 12 **:** Recinto Portuario, tel. 57-41 33 85. Tegenover de oude Muelle de Pasajeros. Heel rustiek, havensfeer; specialiteit ook hier *pastel de jaivas*, een ovenschotel met kreeft, iets goedkoper.
El Sombrero 13 **:** Los Rieles 704 (Península Cavancha), tel. 57-41 13 11. Wat chiquer strandrestaurant; verfrissend terras. Vis en zeevruchten vanaf 4500 peso.
Café Boulevard 14 **:** Baquedano 790. Café met terras op de wandelpromenade in het centrum, klein restaurant met Europese keuken, pizza voor 4000 peso. 's Avonds geschikt voor een glas wijn.

Het meeste vertier aan de Paseo Baquedano (rustig), op het Península Cavancha met casino en bars en in Bajo Molle, met disco's en kroegen.
Taberna Barracuda: Gorostiaga 601, tel. 57-42 79 69. Ingericht als het kantoor van een salpeter-*oficina*, goed voor drankjes en tapas.
Café Santa Fe: Mall Las Américas, Av. Los Héroes 2555; Texmex met in het weekend livemuziek.

Zofri: Zie blz. 336. Grootste vrijhandelszone van Zuid-Amerika, voornamelijk elektronische apparatuur.; ma.–vr. 11–21, za. 11–22 uur; bussen naar de Zofri vertrekken van Amunátegui.
Geld wisselen: Afex, Patricio Lynch 467, tel. 57-41 43 24, Cambios, Patricio Lynch 548, tel. 57-41 10 57. Ook in de Zofri.

Avitour, Baquedano 997, tel. 57-47 37 75, voor rondleidingen, stadsrondritten en excursies naar een *oficina*, de oase Pica en de rotstekeningen.
Aan de kust kunt u **vliegeren**.
Paragliding: Escuela de Parapente Manutara, 18 de Septiembre 1512, tel./fax 57-41 82 80, manutarachile@hotmail.com.

Vliegtuig: Het vliegveld ligt 41 km ten zuiden van Iquique; paar keer per dag vluchten naar Arica, Antofagasta, Calama en Santiago. Betrouwbare verzameltaxi's voor de transfer tussen hotel en vliegveld: Aerotransfer, tel. 57-43 19 42, Tarapacá 57-41 90 04, Plaza Prat 57-41 33 68, Transfer 57-40 70 60. Stadskantoor Lan Airlines: Tarapacá 465, tel. 60 05 26 20 00 (centraal telefoonnummer), Sky Airline, Tarapacá 530, tel. 57-45 10 13.
Bus: Turbus, Esmeralda/Ramírez, opereert op de langere stukken naar Arica, Calama, Antofagasta en Santiago (regelmatig verbindingen). San Andrés, Sgto. Aldea/B. Arana, biedt verbindingen met Mamiña en Pica. Flota Barrios: Sgto. Aldea 987, verbindingen met Antofagasta, Calama, Santiago en Tocopilla.
Huurauto: Avis, op het vliegveld, en Manuel Rodríguez 734, tel. 57-47 23 92; Budget, O'Higgins 1361, tel. 57-42 25 27; First, Oscar Bonilla 1161, tel. 57-42 52 44; Hertz, Crl. Souper 650, tel. 57-42 63 16.

Expositie over de cultuur van de Aymara's: Tijdens de zomermaanden, van half januari tot half februari, krijgt het stadion tegenover het Península Cavancha, aan de overkant van de hoofdverkeerscorridor, een andere functie. Het terrein wordt ter beschikking gesteld aan de expositie **Nuestras Raíces**, waarbij Aymara's de gelegenheid krijgen hun cultuur te presenteren (informatie bij Sernatur, zie blz. 336).

De vloek van het witte goud

Langs de Panamericana in het Grote Noorden liggen hier en daar een halve muur en wat verlaten begraafplaatsen. Het is onvoorstelbaar dat dit de laatste overblijfselen zijn van een ooit zo bloeiende industrie, die het hele land vanaf eind 19e eeuw zo'n vijftig jaar welstand en aanzien heeft gegeven: de winning van salpeter, of nitraat.

De ook op hedendaagse landkaarten nog vermelde sapeter-*oficinas* waren puinberg en woonplaats ineen. Ze heten Buena Esperanza en Rica Aventura, 'goede hoop' en 'rijk avontuur', wat iets zegt over de winsten die er te behalen waren, en ze liggen in de Pampa del Indio Muerto, de 'pampa van de dode indiaan', wat iets zegt over de omstandigheden waaronder de mijnarbeiders moesten leven.

Het 'witte goud', dat al sinds 1528 bekend was als grondstof voor buskruit, lag in dikke plakken op de stenen van de Altiplano en hoefde enkel afgekrabd te worden. De uit Bohemen afkomstige natuuronderzoeker Thaddäus Haenke, die door Zuid-Amerika reisde, was het opgevallen dat er vrijwel geen plaats was 'waar muildieren en paarden niet een aanzienlijke hoeveelheid salpeter bij elkaar konden schrapen voor het maken van kruit'.

Haenke was de eerste die er in 1809 in slaagde van natriumnitraat (chilisalpeter) kaliumnitraat te maken, door het met de as van cactussen en zeewier te logen. Een jaar later ontstonden in Peru de eerste salpeter-*oficinas*. Het mag duidelijk zijn dat dit grote betekenis had voor de koloniale systemen die juist toen in hun voegen begonnen te kraken. Het Spaanse koningshuis bestelde bij Haenke salpeter met tonnen tegelijk.

Toen niet veel later bleek dat salpeter ook kon worden gebruikt als meststof, viel de Altiplanolanden Peru, Bolivia en Chili een kassucces voor uitvoer naar het geïndustrialiseerde Europa in de schoot. Daar was de bodem uitgeput en bleef de bevolking groeien. In 1840 werd er 73.000 ton besteld, in 1874 al 500.000 ton.

Chilenen hadden daarin het grootste aandeel, niet alleen op Peruaanse, maar ook op Boliviaanse bodem. De drie landen hadden afspraken gemaakt voor de ontginning van het gebied tussen de 23e en de 25e breedtegraad, een regio die destijds aan Bolivia en Peru behoorde en ten noorden van Taltal begint. Bolivia zegde het verdrag op toen duidelijk werd hoeveel salpeter er wel te vinden was. Chili trok zich terug tot de 24e breedtegraad, maar eiste als tegenprestatie dat de daar aanwezige Chileense maatschappijen geen belasting hoefden te betalen. Maar daar hield Bolivia zich niet aan.

Toen daarop Peru de nationalisatie van het Peruaanse salpeter verordende, zocht Chili de confrontatie. Het verklaarde de oorlog om de belangen veilig te stellen van de Chilenen, die al sinds 1872 de meerderheid hadden in de gemeenteraad van het Boliviaanse Antofagasta, en ondernemers als José Santos Ossa, die samen met Britse maatschappijen spoorwegen voor het transport van grondstoffen dwars over de Altiplano had gelegd. In de Salpeteroorlog (1879-1883), die nog altijd wordt gevierd als nationale heldendaad, verkreeg Chili alle gebieden die rijk waren aan salpeter. Voor Bolivia eindigde de oorlog in een tragedie: het land verloor zijn enige corridor naar zee.

Thema

In de verschillende *oficinas* zwoegden intussen zo'n 3000 arbeiders onder vroegkapitalistische omstandigheden. Het loon bestond uit nepgeld, *fichas*, waarvan verbreiding en gebruik pas in 1924 door de staat werden verboden. Voor deze schijfjes van metaal of eboniet kon men tegen veel te hoge prijzen inkopen doen in de kruidenierswinkels van de *oficinas*. Water kostte er meer dan alcohol.

Arbeidstijden, hygiënische onderkomens en medische zorg voor de arbeiders – die blootgesteld waren aan extreem schadelijke dampen – waren er niet. Als de salpeterbaronnen zich een enkele keer in de *oficinas* vertoonden, gingen ze naar de schouwburg, de balzaal of het casino, die voor het hogere personeel waren neergezet. Uiteraard hadden de arbeiders hier geen toegang.

De extreme uitbuiting werd door de arbeiders beantwoord met de eerste staking in de geschiedenis van Chili. In december 1907 verzamelden zich zo'n 40.000 mensen in Iquique, om hogere lonen en betere arbeidsomstandigheden te eisen. Veel opstandelingen werden bijeengedreven in de Santa Maríaschool, waar ze werden neergeschoten – inclusief vrouwen en kinderen. Dit bloedbad was een sein en leidde tot de oprichting van de eerste arbeiderspartijen.

In 1918, tegen het eind van de Eerste Wereldoorlog, waarbij 3 miljoen ton salpeter aan Europa was geleverd, ontdekte de chemicus Fritz Haber een methode om op kunstmatige wijze nitraat te fabriceren. Met de uitvinding van kunstmest kwam een einde aan de gigantische salpeterwinsten.

Begraven in de eenzaamheid: begraafplaats langs de Panamericana nabij Iquique

Omgeving van Iquique

De omgeving van Iquique

12 Gigante de Atacama

Een van de bijzonderste geogliefen van Chili en bovendien een van de belangrijkste overblijfselen van de precolumbiaanse cultuur ligt slechts enkele kilometers van Iquique. De **Gigante de Atacama** is met 86 m de grootste tekening in de aarde ter wereld. Hij stelt een koning of god voor, die een verenkroon draagt – sommige historici zien daarin de stralen van de zon. Links en rechts van het geometrische figuur uit de 9e eeuw prijken een op een scepter gelijkende staf en een reptiel. Het is absoluut een indrukwekkend gezicht. In Iquique worden tochten naar de **Cerro Unita** aangeboden, de heuvel waarop de Gigant van Atacana ligt. U komt er via de A55, de internationale weg over Colchane naar Bolivia. Bij Huara wijst een bord naar de met steenslag verharde zijweg.

La Tirana

Op de Altiplano liggen dorpen die van groot religieus belang zijn. Zo ook **La Tirana** 2, 19 km ten zuidoosten van Pozo Almonte aan een door *tamarugos* (een boom die slechts hier voorkomt) beschaduwde weg. De Iglesia de la Virgen del Carmen wordt op feestdagen ter ere van Maria (12–18 juli) bezocht door zo'n 80.000 pelgrims. Het normaal gesproken 600 zielen tellende, stoffig-hete dorpje barst dan uit zijn voegen. Net als in Aiquina volgen de *Cofradías de Bailes Religiosos* vastgestelde rituelen en handelingen. In het Museo de la Virgen de La Tirana (op afspraak, informatie: Almacén Progreso aan de *plaza*) kunt u bekijken wat voor maskers en gewaden daarbij worden gedragen en wat voor geschenken de gelovigen meebrengen. Voorwerpen uit de salpetertijd zijn verzameld in het kleine, particuliere Museo de La Tirana tegenover de kerk (op afspraak, informatie: zie boven).

Fiesta de la Virgen del Carmen: 12–18 juli. Diensten, processies, rituele dansen. Ook festiviteiten tijdens de paasweek en op 5/6 jan. ter ere van *Pascua de los Negros*.

Pica

In het Centro Español in Iquique serveert men de pisco sour met limoensap uit de oase **Pica** 3, 66 km van Pozo Almonte en 111 km van Iquique verwijderd. Aangezien deze pisco sour wordt geroemd als een van de beste van Chili en de grondstof pisco slechts heel geringe kwaliteitsverschillen kent, moet de oorzaak wel gezocht worden in de kwaliteit van de limoenen uit Pica. De 2600 inwoners van Pica leven ervan. Limoenen, grapefruits, sinaasappels, mango's en guaves worden op vruchtbare, geïrrigeerde grond verbouwd en vers verkocht of verwerkt tot jam, gelei en compote. Pica is een typische, zeer warme oase aan de voet van de bergen. Het heeft bezoekers nog meer te bieden, namelijk een bad in de alom geprezen warmwaterbronnen. Speciaal voor dat doel zijn ten noorden van het centrum twee complexen ingericht.

Motel El Resbaladero: Gral. Ibáñez 57, tel. 57-74 13 16; 12 kamers. Ruim, luchtig motel met lichte kamers in het hoogste deel van het stadje bij de thermale baden. 2 pk vanaf 18.000 peso.

Cabañas El Mirador de Pica: Camino Concava, tel. 57-74 10 61. Rustig gelegen, simpele bungalows. 20.000 peso voor 4 pers.
Er zijn ook eenvoudige **residenciales** en **campings**.

Los Naranjos: Barbosa 200, tel. 57-74 13 18. Zomers, zeer populair restaurant met voordelige, goede keuken; lunchmenu's. Grote keuze aan verse vruchtensappen van fruit uit Pica. Gerechten vanaf 2500 peso.
El Edén: Riquelme 12. Regionale specialiteiten uit de indiaanse keuken, bijvoorbeeld crêpes van *quínoa*-meel. Gerechten 3000–7000 peso.

Badinrichting Cocha Resbaladero, baden in thermale bronnen, dag. geopend.

Bus: 4x per dag naar Iquique; haltes aan het begin van het dorp en in de Barrio Resbaladero bij Motel El Tambo.

Tip: Bezoek aan de salpetersteden

Het eerste dat u van ze ziet, zijn de begraafplaatsen. Arealen met pastelkleurige, houten stellages, met papieren of plastic bloemenkransen versierd, omranden de Panamericana in het Grote Noorden – en stellen u voor een raadsel. Waar zijn de steden waar deze begraafplaatsen bijhoren? Slechts enkele stenen doolhoven in het zand verraden die steden. De nederzettingen waar eind 19e en begin 20e eeuw de rijkdom van het land werd verdiend, liggen grotendeels in puin. Alleen Oficina María Elena tussen Antofagasta en Iquique is nog in bedrijf.

Het Grote Noorden is in deze omgeving bijzonder onaards. De onbarmhartige zon maakt van de regio een van de droogste gebieden ter wereld. Toen het niet meer de moeite waard was salpeter te winnen, werden de nederzettingen abrupt door de fabrieken verlaten.

Drie *salitreras* zijn intussen gerestaureerd en nodigen bezoekers uit zich een beeld te vormen van de toestand in de dagen van de salpeterwinning. De Oficinas Humberstone en Santa Laura liggen vrijwel tegenover elkaar en zijn gemakkelijk te bereiken in een halfuur rijden van Iquique. De derde, Oficina Chacabuco, ligt tussen Antofagasta en Calama (zie blz. 315).

Oficina Humberstone werd in 1862 in bedrijf genomen en is in 1930 helemaal omgebouwd. Het hele luisterrijke areaal is bewaard gebleven: het theater, de kruidenierswinkel, het zwembad, de kerk en het hoofdkantoor. Van de woninkjes van de arbeiders is vrijwel niets over.

Oficina Laura ertegenover, die in bedrijf was van 1872 tor 1960, toont vooral de machtige industriële productieplaatsen: de fabriek en een verbrandingsoven. In het *Casa de la Administración* kunt u enkele voorwerpen uit die tijd zien.

Verschillende reisorganisaties (zie blz. 339) bieden excursies naar de *salitreras* aan, maar u kunt ze ook op eigen gelegenheid bezichtigen.

Arica en de Altiplano

Kaart 346, 353

In het indiaanse noorden is te merken dat u vlak bij Peru en Bolivia bent. Ruim 6000 m hoge vulkanen staan rond schilderachtige hoogvlakten, verlaten lagunes en archaïsche Aymaradorpen. Kilometerslange witte zandstranden liggen langs de kust tot aan Peru. Arica kan bogen op een uitstekende infrastructuur.

Arica

Kaart: blz. 346; **Atlas:** blz. 1, A2

1 De noordelijkste stad van Chili heeft zwaar te lijden gehad van veronachtzaming door de centrale regering. In 1975 moest Arica zijn status als vrijhandelszone afstaan aan Iquique. Daarmee had de stad het verlies van een toeristische attractie te betreuren. In tegenstelling tot Iquique en Antofagasta kent Arica echter een lange geschiedenis, omdat hier water is – en dat is altijd van vitaal belang geweest.

Toen de zilvermijnen van de Cerro Rico in het Boliviaanse Potosí in 1545 door de Spaanse veroveraars in beslag en in gebruik werden genomen, ontstond in het 850 km verder gelegen Arica de eerste uitvoerhaven voor het edelmetaal. Er werd op zo grote schaal zilver gewonnen dat er een brug naar Spanje mee geplaveid had kunnen worden, zo wil het verhaal. De directe omgeving van Arica tot boven op de Altiplano was al duizenden jaren een intensief gebruikte handelsroute. De hedendaagse, interessante mogelijkheden voor uitstapjes in het spoor van het indiaanse verleden zijn daarmee in oveeenstemming.

Inmiddels is Arica opgewaardeerd tot standplaats voor de vloot van diepzeevissers, wat weer nieuwe industrieën heeft aangetrokken. Dat gaf de impuls voor het motto 'stad van de eeuwige lente'. Alhoewel een West-Europeaan bij de aanblik van het gortdroge, in het zonlicht zinderende Arica dat misschien niet zou denken, is één ding zeker: de temperatuur is het hele jaar bijzonder aangenaam. De Humboldtstroom koelt de stad tot een gematigde 20–25 °C af.

Om bij de gastvrije slagzin niet alleen woorden, maar ook daden te voegen, is de laatste jaren veel geïnvesteerd in toeristische infrastructuur. Daarvoor was niet veel fantasie nodig, omdat er haast nergens méér fijn zand te vinden is. De reeks *playas* gaat eindeloos en kaarsrecht door tot aan de grens met Peru. De watertemperatuur is met 22 °C het hele jaar aangenaam. Het resultaat is dat langs de kust een promenade is ontstaan met strandhotels en enkele appartementencomplexen. In het zuiden liggen kleinere, door kliffen omsloten stranden, die niet allemaal geschikt zijn om te zwemmen.

Plaza Colón

Zonbeschenen en met een fris, zilt windje: Arica is wellicht geen schoonheid, maar wel heel aangenaam. Het voor een stad van 90.000 inwoners tamelijk kleine centrum concentreert zich rond de **Plaza Colón** **1** en de vanillegeel geverfde, ijzeren **Iglesia San Marcos** **2**, die op een kleine verhoging aan de oostzijde van de *plaza* troont. Heraldische en bloemmotieven versieren de eenvoudige kathedraal. Binnen is een Christusbeeld uit de 17e eeuw te zien, van een anonieme maker.

Aan de westkant gaat de *plaza* met de **Plaza Vicuña Mackenna** en **Plaza del Trabajador** over in twee kleine, lommerrijke parken. Daar zijn ook de enige bewaard gebleven oudere gebouwen te zien. Het voormalige **douanege-**

bouw **3**, een representatief bouwwerk van crèmekleurig en bruinrood steen met een imposante gevel en een artistieke smeedijzeren markies boven de ingang, biedt tegenwoordig onderdak aan het **Casa de la Cultura**. Ook het met geraniums versierde voormalige station, het **Estación Ferrocaril** **4**, direct ernaast, is gehuld in de heerlijke charme van de 19e eeuw. Tot verdriet van hooglandromantici rijdt het boemeltreintje naar het Boliviaanse La Paz niet meer. Wel is hier – als kleine troost – een aan te bevelen restaurant ingetrokken. Onder de parasols op de perrons of binnen in de restauratie kunt u genieten van uitstekend fusionfood. Buiten op het stationsplein wacht u de oude stoomlocomotief uit 1924, die jarenlang de trein heeft voortgetrokken.

Vissershaven

Pal tegenover het oude station ligt de **vissershaven** **5** van Arica (zie ook blz. 349), net zo min opgeruimd als elders ter wereld, maar des te plezieriger. Tussen kleurig geverfde boten wachten pelikanen en robben op een lekker maaltje. De huisvrouwen van Arica kopen in de betegelde vismarkt *cholgas* (kamschelpen), *corvina* (zeebaars), *reinetas* (schelpdieren) en de knaloranje zeevrucht *piure*. Een lunchrestaurant serveert smakelijke vissoep.

Het voetgangersgebied

In het **voetgangersgebied** in de straten 21 de Mayo en Thompson regeert het gebruikelijke stadsbeeld van banken, winkels en cafés met terras. De Calle Bolognesi barst van de barretjes, kunstnijverheidskiosken en kantoren van reisbureaus.

Vanwege het verkeer is flaneren op de Avenida Máximo Lira langs de gelijknamige **Feria** geen onverdeeld genoegen. Daarmee verliezen helaas ook de kramen van de Boliviaanse en Peruaanse marktvrouwen iets van hun charme.

Morro de Arica

Alleen wie genoeg geduld heeft, beklimt zelf de hoogste attractie van Arica. Gemakkelijker is het de Morro per koets te bedwingen. Het kenmerk van Arica biedt een werkelijk indrukwekkend panorama. In het westen steekt het schiereiland Alacrán in zee uit. Aan zijn bestaan als eiland kwam in 1967 een einde, toen men het 460 m voor de kust gelegen eiland met het vasteland verbond. De Aymara's begroeven hier hun doden en nog altijd kunt u er veel mummies en rituele voorwerpen vinden. Naast Alacrán kunt u de uitgestrekte havens zien liggen. Een blik in de richting van het kustgebergte onthult de sensationele Valle de Lluta, het dal dat als een groene tong tussen de zandduinen van de woestijn door aan Arica likt.

Het **Museo Histórico y de Armas** **6** op de Morro herbergt voorwerpen die een rol speel-

Onderweg met de auteur

Aymaracarnaval

Het beroemde carnaval in de Boliviaanse mijnstad Oruro stond model voor het zeer interessante carnaval van de Aymara's in **Arica** (zie blz. 344) en **San Miguel de Azapa** (zie blz. 350). Het feest begint een week vroeger dan op de christelijke kalender met repetities en opvoeringen. De optochten en thema's zijn al eeuwen geleden vastgelegd, bijvoorbeeld de *morenada* (dans van de zwarte slaven) of de bekende *caporales*. De choreografie en de muziek worden echter elk jaar opnieuw bedacht en gecomponeerd. Net als in het carnaval in Oruro of Río de Janeiro geldt: de kostuums worden speciaal voor dit evenement genaaid en kosten veel geld.

Allerzielen zoals in Mexico

Eén bepaald feest doet aan Mexico denken. Op de begraafplaats van **San Miguel de Azapa** (zie blz. 350) in de woestijn viert men de nacht van de doden, van 1 op 2 november, op dezelfde manier als in Midden-Amerika. Hele gezinnen komen aanzetten met eten en drinken, nemen de lievelingsmuziek van de overledenen mee en zetten bloemen op de graven. Bezoekers zijn welkom, mits zij zich respectvol gedragen. Bij de ingang van de begraafplaats staat overigens ook een café: La Pica del Muertito, de 'kroeg van de kleine dode'.

Arica

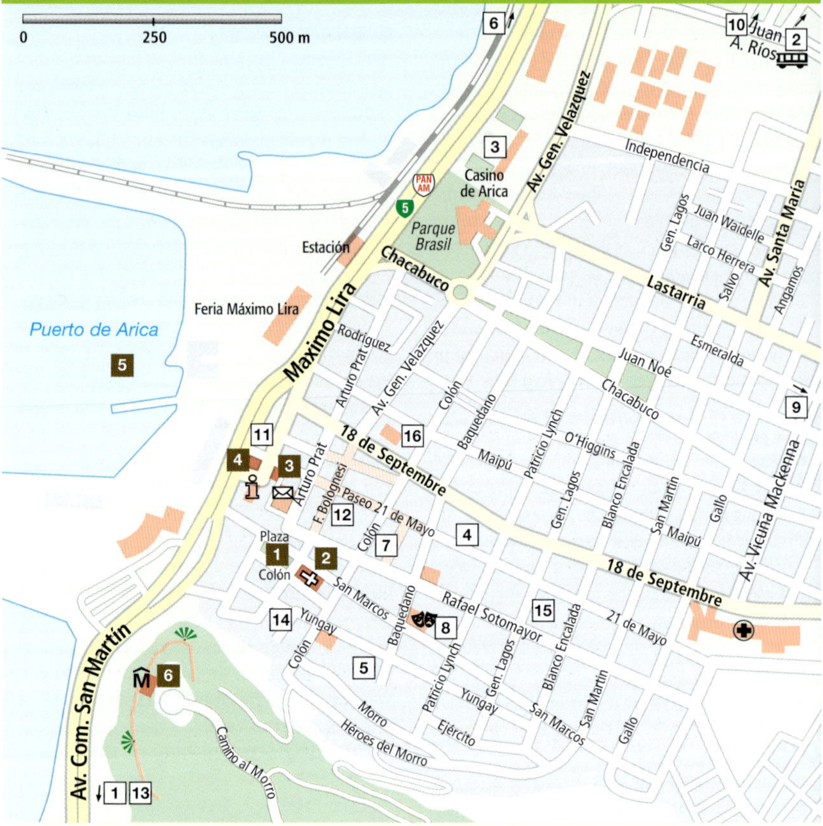

Bezienswaardigheden

1 Plaza Colón
2 Kathedraal San Marcos
3 Douanegebouw (Casa de la Cultura)
4 Estación Ferrocaril
5 Vissershaven
6 Museo Histórico y de Armas

Accommodatie

1 Hotel Arica
2 Hotel Azapa Inn
3 Hotel El Paso
4 Best Western Volapuk
5 Hotel Savona
6 Hotel Bahía Chinchorro
7 Hotel King
8 Hotel Solar de Almagro
9 Hotel Casa Kolping
10 Sunny Days

Eten en drinken

11 El Andén
12 El Arriero
13 Maracuya
14 Terra Amata
15 Los Aleros de 21
16 El Rey del Marisco

den in, of afkomstig zijn uit de tijd van de Salpeteroorlog (zie blz. 32) en documenteert de beslissende slagen, waarvan er een vlak voor Arica plaatsvond (dec.–feb. 8–22 uur; mrt.–nov. 8–20.30 uur, 500 peso).

De omgeving van Arica

Wie geen tijd heeft om de vruchtbare dalen van de Río Azapa en Río Lluta te bezoeken, maar toch wil weten wat daar wordt verbouwd, kan een kijkje nemen in de **Terminal Agropecuario**. Hier treft u de boeren uit de dalen en het kustgebergte, die er hun waren verkopen. De enorme terminal is overdekt. Iedereen rijdt met zijn winkelwagentje tussen de groene kramen door als in een supermarkt. De ingemaakte olijven, kruiden, mango's, papaja's, passievruchten, geneeskrachtige planten en vele soorten aardappelen en groenten geven u niet bepaald het gevoel dat u zich aan de rand van de woestijn bevindt. Tevens vindt u hier snackbars, genezers, kappers en een arts (Panamericana Sur, op de weg naar de Valle de Azapa).

Stranden zijn er in het noorden en het zuiden. De toeristisch ontsloten stranden (Playa Chinchorro) liggen in het noorden, de door rotsen ingesloten stranden in het zuiden (Playas Laucho en Lisera). In verband met de sterke branding en stroming kunt u op de Playa Corazones niet te water gaan. De stranden zijn gemakkelijk bereikbaar met het openbaar vervoer.

Sernatur: San Marcos 101, 58-25 20 54, fax 58-25 45 06, infoarica@sernatur.cl. Zeer vriendelijk en behulpzaam en veel materiaal.
Informatie op internet: www.arica.cl, www.infoarica.cl.
Conaf: Av. Vicuña Mackenna 820, tel. 58-25 07 50, gcistern@conaf.cl, dag. 8–18.30 uur. Informatie over Parque Nacional Lauca, mogelijkheden tot kamperen en andere accommodatie, folders over de dierenwereld.

Hotel Arica [1]: Av. Cdte. San Martín 599, tel./fax 58-25 45 40; 114 kamers. Ligt buiten het centrum aan het strand. Luxehotel met een zeer vriendelijke uitstraling; elegante, gezellige, grote kamers en badkamers; zwembad, restaurant, buitenbar, alles lekker rustig, een echte aanrader. 2 pk vanaf 65.000 peso.
Hotel Azapa Inn [2]: Guillermo Sánchez 660, Valle de Azapa, iets buiten Azapa, tel. 58-22 51 91, www.azapainn.cl. Het mooist is de met bloemen getooide tuin met pauwen en een groot zwembad. Zeer aangenaam restaurant in de openlucht, ruime kamers, alle met balkon en uitzicht op de tuin – een kleine oase. 2 pk 45.000 peso.
Hotel El Paso [3]: Gral. Velázquez 1109, tel./fax 58-23 19 65; 65 kamers. In een grote, beschaduwde tuin gelegen, fraai vormgegeven hotel; kamers met terras, joggingpaden, tennisbanen, goede prijs-kwaliteitverhouding. 2 pk 39.000 peso.
Best Western Volapuk [4]: 21 de Mayo 425, tel. 58-25 25 75, fax 58-25 11 68; 33 kamers. Zwembad, sauna, sportzaal, modern praktisch stadshotel zonder poespas, maar ook zonder persoonlijke noot. 2 pk 31.000 peso.
Hotel Savona [5]: Yungay 380, tel. 58-23 10 00, fax 58-23 16 06; 32 kamers. Klein en lekker compact, midden in het centrum gelegen hotel; zeer vriendelijke service. De 2 pk van 26.000 peso is aanbevolen, maar de 1 pk is vaak rumoerig.
Hotel Bahía Chinchorro [6]: Av. Luis Beretta Porcel 2031, tel. 58-24 10 68, fax 58-24 52 17; 70 kamers. Aan het begin van het Chinchorrostrand gelegen, kamers met balkon; tevens bungalows, kleine tuin, restaurant, nuchtere sfeer maar prima prijs-kwaliteitverhouding. 2 pk 25.000 peso.
Hotel King [7]: Colón 376, tel. 58-23 20 94, fax 58-25 11 24; 22 kamers. Logies als in een groot woonhuis, vriendelijke sfeer. 2 pk 23.000 peso.
Hotel Solar de Almagro [8]: Sotomayor 490, tel./fax 58-22 44 44; 17 kamers. Dit hotel ziet eruit als een Spaans *castillo*. Het ligt aan een drukke straat en is daarom niet erg rustig. De kamers in de achtervleugel zijn niet zo goed. 2 pk 20.000 peso.
Hotel Casa Kolping [9]: Andres Béllo 1387, tel. 58-23 21 73; 12 kamers. In een typische vijftigerjarenstijl gemeubileerd, goed onderhou-

Haven en Costanera van Arica, de noordelijkste stad van Chili

den en proper, rustig gelegen hotel, op korte afstand van de Morro. 2 pk 20.000 peso.

Sunny Days 10 **:** Tomás Aravena 161, Población Chinchorro, tel. 58-24 10 38; 8 kamers. Een Nieuw-Zeelander en een Chileense leiden samen dit gezellige, gastvrije hotel. Sobere, functionele kamers, gebruik van keuken, slaapzaal *(dormitorio)*. 6000–8000 peso p.p.

El Andén 11 **:** 21 de Mayo 93, tel. 9-929 19 15 (mobiel). In het voormalige station wordt goed en fantasierijk gekookt. Het menu kent voor elke gang drie opties. De bediening is voorkomend en de prijs-kwaliteitverhouding is, met een menu voor 8000 peso, goed te noemen. Een aanrader.

El Arriero 12 **:** 21 de Mayo 385, tel. 58-23 26 36. Als een haciënda uitziende zaak waar stevige, Chileense dagelijkse kost en veel gegrild vlees op tafel komen. Gerechten vanaf 4000 peso.

Maracuya 13 **:** Av. Cdte. San Martín 321, tel. 58-22 76 00. Smaakvol ingericht restaurant met terras, dat boven zee lijkt te zweven; vindingrijke kaart met vis en zeevruchten. Gerechten 5000–10.000 peso.

Terra Amata 14 **:** Yungay 201, tel. 58-25 90 57, dag. 12–16 en 20.30–3 uur, in het weekend livemuziek. Fraai gelegen aan de voet van de Morro achter het park, gebruikt recepten met regionale Peruaanse accenten, bijvoorbeeld empanada van *quínoa*-meel; mooi opgemaakt, goed adres maar niet goedkoop: ca. 4000–5000 peso.

Los Aleros de 21 15 **:** 21 de Mayo 736, tel. 58-25 28 99. In deze zaak dineert u als in een adellijk landhuis; Chileense specialiteiten vanaf 5500 peso.

El Rey del Marisco 16 **:** Colón/Maipu. Het zakelijk-neutrale restaurant met terras op de eerste verdieping is niet bepaald het nieuwste snufje, maar serveert een heerlijke *congrio* voor 5000 peso.

Café Barrabas: 18 de Septiembre 520. Een multitalent: bar, café, discotheek en restaurant tegelijk.

Café del Mar: 21 de Mayo. Ook om buiten te zitten. Op de kaart staan broodjes en salades. Binnen staan leestafels met kranten en tijdschriften. Met een internetcafé en een reisbureau erbij. Aangename sfeer.

Casino de Arica: Parque Brasil. Omringd door een tuin, verzorgd. Casino en bar geopend tot 4 uur 's nachts.

Disco Pub Kamikaze: Av. Comandante San Martín/Costanera Sur.

Karaoke Scala: 21 de Mayo/Bolognesi.

Café Sófocles: 18 de Septiembre/Lynch.

Aymaracarnaval: Zie blz. 345.

Kunstnijverheidsmarkten in de Pasaje Bolognesi. Daar ligt ook de winkel Sabores de Arica, waar u olijfolie, maracujalikeur, gedroogde vruchten en nog veel meer kunt kopen (tel. 58-25 91 01, www.saboresdearica.cl).

Feria Sangra: Elke zo. kunstnijverheidsmarkt aan de Costanera.

Geld wisselen: Redbanc in de banken aan de 21 de Mayo; Casa de Cambio bij Turismo Sol y Mar, Colón 610.

Vicuña Tours: Germán Riesco 1364, tel./fax 58-22 89 16, victours@terra.cl. Uitstapjes naar de Altiplano, bezoek aan het Lago Chungará en de plaatsen Putre, Parinacota, Belén en Socoroma; buitengewoon interessant opgezette tochten naar de wereld van de Aymara's (de eigenaar is zelf een Aymara).

Clinamen: Sotomayor 361, tel. 58-23 22 81, www.clinamen.cl. Excursies naar Aymaradorpen op de Altiplano. Betrokken leiding, Duits gesproken.

Vliegtuig

Aeropuerto Chacalluta ligt ca. 18 km ten noorden van de stad; regelmatig verbindingen met Santiago, met tussenstops in Iquique en Antofagasta.

Trein

Naar Peru: Station aan de Máximo Lira naast de Feria, tel. 58-23 11 15.

Tip: De vismarkt van Arica

De vismarkten in het noorden hebben een levendige, zeer authentieke uitstraling. Misschien ligt dat aan het feit dat de vangst hier ter plekke wordt verkocht, soms direct uit de kleurige boten van de vissers, en pal onder de waakzame ogen van het kleurig beschilderde beeld van Petrus, patroon van alle zeevarenden.

De hoofdrolspelers van Arica wachten op hun deinende boten, bekijken het hele gedoe, rollen hun spullen op en poetsen hun handgereedschap. Pelikanen klampen zich vast aan de rand van de boten, altijd bereid om een vergeten visje op te ruimen. Hongerige robben waggelen heen en weer over de rotsige op de stranden. Wie de *marineros* 100 peso geeft, mag de beesten de vissen voeren die zijn overgebleven van de verkoop. Huisvrouwen bieden zelf ingemaakte schelpdieren in glazen potjes aan.

Natuurlijk is er ook een keurige, gekoelde, betegelde markthal, waar u langs de kramen kunt wandelen om uw keus te bepalen. *Corvina* (zeebaars), *reinetas*, *congrio* (zeepaling) en de knaloranje zeevrucht *piure* domineren meestal het aanbod. Verkopers prijzen versheid en kwaliteit van hun waren aan. Een bezoek aan de markt is een leuk uitstapje naar het dagelijks leven in Chili. Wie 's morgens vroeg komt, krijgt de beste waren, maar wie slechts de sfeer wil proeven kan dat ook op een later tijdstip doen (tot het middaguur). Bezienswaardig zijn ook de markten van Antofagasta, Iquique en Chañaral.

Bus

Busstation: In der Av. Diego Portales; regelmatig verbindingen met alle delen van het land, de grote steden en Peru.

Verbindingen: naar **Bolivia**, La Paz, met Chile Bus, Géminis (beide in de terminal), Litoral (Chacabuco 454), Autobuses Martínez (Pedro Montt 620), Trans Salvador (Av. Santa María 2010); naar de **Valle de Azapa** vanaf Calle Chacabuco (tussen Baquedano en Lynch); naar **Socoroma**, **Belén**, **Putre** en **Valle de Codpa** vanaf Calle Germán Riesco 2071; naar het **Lago Chungará** en **Parinacota** met Autobuses La Paloma, Germán Riesco 2071, tel. 58-22 27 10; naar **Peru** met Buces, Tas Choapa en Taxis Colectivos, Diego Portales 1002.

Huurauto: Avis, op het vliegveld en Chacabuco 314, tel. 58-58 48 20; Hertz, Baquedano 999, tel. 58-25 70 58; American Rent A Car, Gral. Lagos 559, tel. 58-25 22 34.

Valle de Azapa

De vroegste bewoners van deze regio vestigden zich in de vruchtbare dalen van de Lluta en de San José, waar nu San Miguel de Azapa de belangrijkste plaats is. De Tiwanakucultuur, die zich rond het Titicacameer concentreerde, bereikte ook deze dalen. Later volgden de Inca's. Al sinds de oertijd is er akkerbouw en veeteelt in deze gortdroge omgeving mogelijk. Het zoetwater van de met riet omzoomde Río San José in de Valle de Azapa maakt ook tegenwoordig de verbouw van vele soorten groenten en fruit mogelijk. Bananen, olijven, mango's, maracuja's en dadelpalmen nemen het leeuwendeel van de huidige teelt voor hun rekening.

Geoglifos de Azapa

2 Een trip door de Valle de Azapa neemt u mee naar het indiaanse verleden. Ooit gebruikten de mensen de gladde bergwanden rond het dal als bovenmaats schilderslinnen om er geogliefen van indrukwekkende formaten op aan te brengen, die vermoedelijk zeshonderd tot duizend jaar oud zijn. De **Cerro Sombrero**, **Cerro Sagrado** en **Alto Ramírez** zijn bedekt met pastorale taferelen. Kameelachtigen, op naturalistische wijze van opzij gezien, lijken handelskaravanen te vormen. Daarnaast zijn er ook sjamanen- en sterrenmotieven te onderscheiden. Wetenschappers zijn het nog niet eens over de exacte datering. Wel kan een onderscheid gemaakt worden tussen reliëfachtige geogliefen op de grond en petrogliefen, tekeningen in de rotsen. Helaas is het terrein in particuliere handen en staat het vol groente- en fruitplantages. U kunt daardoor niet dicht bij de geogliefen komen en ze alleen uit de verte bekijken. Dat lijkt vreemd, gezien het feit dat de Cerro Sombrero voor de Aymara's een heilige berg is. Zij mogen er echter onbelemmerd hun ceremonies uitvoeren.

Niettemin maakt hun formaat het mogelijk de tekeningen, als de zon goed staat, al van verre te onderscheiden. De kunstenaars baseerden zich op tekenpatronen, die zij op schaal op de rotswanden projecteerden.

San Miguel de Azapa

Na 10 km bereikt u via een kleine zijweg de **Pucará de San Lorenzo**, een verdedigingswerk van voor de Incatijd, uit de 12e eeuw. Helaas is de vesting niet goed gerestaureerd.

In het zonnige, bijna 1000 inwoners tellende **San Miguel de Azapa** 3 heeft de Universidad de Tarapacá uit Arica het **Museo Arqueológico San Miguel de Azapa** ingericht. Dit is een van de meest geslaagde voorbeelden van de presentatie van indiaanse culturen. Pronkstukken zijn de ruim 7000 jaar oude mummies uit de Chinchorrocultuur. De vitrines verduidelijken de levenswijze van de hoog ontwikkelde indiaanse stammen (jan./feb. dag. 9–20 uur; rest van het jaar 10–18 uur, 1000 peso).

Aymaracarnaval: zie blz. 345; **Allerzielen:** zie blz. 345.

Van Arica naar Parque Nacional Lauca

Medici zullen deze excursie niet bepaald aanraden, maar het is een van de mooiste tochten die u in het hele land kunt maken: van Arica op zeeniveau in één dag op en neer naar

Camino del Inca

Thema

Kaarsrecht doorsnijdt een door stenen geflankeerde weg de Atacama-hoogvlakte. Hij vormt een deel van de Camino del Inca, het legendarische Incapad, door Incaleider Tupac Yupanqui eind 15e eeuw aangelegd om zijn Rijk van de Zon naar het zuiden uit te breiden.

De Camino del Inca verbond de navel van Tupac Yupanquis imperium, Cuzco, met sporen die al eerder door inheemse stammen in het onherbergzame gebied in het noorden van het huidige Chili waren aangelegd. De Incaheerser liet het pad verharden en voorzien van pleisterplaatsen voor zijn expedities. Zijn leger was tot de tanden bewapend en steeds op zoek naar goud- en edelstenen en territoria die het zou kunnen inlijven bij het grote rijk. De soldaten kwamen tot aan de rivieren Mapocho en Maule, om daar te stranden op de felle weerstand van de Mapuches.

Enkele pleisterplaatsen *(tambos)* bij Arica in het hoge noorden zijn bewaard gebleven en weer opgebouwd. De eigenlijke Camino del Inca zelf is verwaarloosd. De laatste jaren financieren musea en bedrijven echter de *Corporación Tierras Desconocidas*, die zich inspant voor een herwaardering van het Incapad. Tot nu toe heeft de corporatie drie stukken weg gerestaureerd, die te herkennen zijn aan een Incakruis *(chacana)*. Deze liggen bij de mijn Bella Esther nabij Copiapó, in een zijdal van de Río de la Sal tussen El Salvador en Potrerillos en bij San Pedro de Atacama op de weg naar de Paso Laguna Sico op de grens met Argentinië. Met zijn simpele afgrenzing van steenhoopjes lijkt de weg heel nietig, maar in het onbarmhartige klimaat van de Altiplano was kennis van waar de weg lag van levensbelang.

De legendarische Camino del Inca loopt ook dwars door Nationaal Park Lauca

4750 m hoogte. Onderweg passeert u reeds tal van bijzonderheden: de Valle de Lluta, kandelaarcactussen, *tambos* uit de Incatijd en in rotsspleten van het voorgebergte verzonken Aymaradorpen. Het Lago Chungará en het ceremoniële dorp Parinacota op de hoogvlakte zijn daarna – letterlijk – de hoogtepunten.

Voor mensen met hart- en vaatziekten of een hoge bloeddruk vormt dit uitstapje een risico. De hoogteziekte *soroche* kunt u tegengaan door te kauwen op cocablaadjes, of door per 1000 m stijging een aspirientje te slikken. Reisorganisaties nemen meestal zuurstofapparatuur mee.

Door de Valle de Lluta

De asfaltweg CH11 van Arica naar Putre door de groene **Valle de Lluta** loopt naast de spoorbaan van de trein die de geduldige reiziger vroeger in 36 uur naar La Paz bracht. Langs het zwavelhoudende water in het Llutadal gedijen voornamelijk alfalfa (gebruikt als veevoer), mais, ui, rode biet en knoflook. Verder staan er in de nauwe vallei veel kippenboerderijen. Tussen hekken worden bont vee en lama's gehouden.

Poconchile 4 is na 35 km de eerste halte op de weg door de vallei. Het flinke formaat van de begraafplaats lijkt nauwelijks te passen bij het kleine dorp, waarvan de huizen voornamelijk van spaanplaat zijn gemaakt. De verklaring is echter simpel: tijdens de aanleg van de spoorlijn naar Bolivia stierven veel spoorwegarbeiders aan malaria. De doden vonden hier hun laatste rustplaats.

Na 40 km maakt de weg een enorme, scherpe bocht omhoog en laat de op 700 m hoogte gelegen Valle de Lluta als groene gordel achter zich.

Pucará de Copaquilla en Tambo de Zapahuira

Op 2500 m hoogte begint de zone van de kandelaarcactussen, de enige waarneembare tekenen van groei op de met rotsen bezaaide bergflanken. De cactussen hebben een stekelige sokkel, waarin zij vocht uit de lucht opslaan, en een vlezige, soms zonverbrande, breed vertakte kroon.

Het meest verbazingwekkend aan de **Pucará de Copaquilla** 5 uit de 12e eeuw is zijn ligging: de vesting balanceert op een hoge rots

De enige grotere plaats aan de internationale weg naar Bolivia is Putre

Omgeving van Arica

naast diepe afgronden. In de ravijnen lagen destijds de akkers van de bewoners. In 1979 is de vesting met mate gerestaureerd door de Universidad de Tarapacá. Delen van ronde muren met stenen vloeren breiden zich uit over de gewelfde bodem. De steile rotswanden van de tegenoverliggende bergen reflecteren het zonlicht in alle denkbare aardetinten. De dalbodem wordt nog altijd gebruikt voor akkerbouw.

Ook de **Tambo de Zapahuira** 6 stamt uit het pre-incatijdperk. Men gaat ervanuit dat de pleisterplaats omstreeks het jaar 1000 is gebouwd. Hier bewaarde men levensmiddelen en werden zout en aardappelen uitgeruild. Reizigers hebben langs de kant van de weg kleine stenen piramides *(apachetas)* opgericht ter ere van de Aymaragodin van de aarde, Pachamama, en haar bemoeienissen. In de koloniale tijd diende de weg voor het transport van zilver, dat op lama's werd vervoerd.

Omweg naar Belén

Bij km 111 en de kruising **Cruce de Zapahuira** is de Panamericana al geklommen naar 3000 m. Als de weersomstandigheden het toelaten, kunt u de lastige, maar mooie omweg naar **Belén** 7 (77 km) maken. U neemt daarvoor bij de kruising de afslag naar rechts. Op deze oude weg van Arica naar Potosí passeert u enkele Altiplanokerken. Het dorpje ligt op 3200 m hoogte als een meteorietinslag tussen kale rotswanden, eucalyptusbosjes, oreganovelden en weilanden. De 150 inwoners kunnen elke zondag kiezen tussen twee bezienswaardige kerken. De Iglesia de Belén is de kleinste en oudste Altiplanokerk en dateert uit het begin van de 17e eeuw. De barokke Iglesia de Nuestra Señora del Carmen uit de 18e eeuw is van steen. Binnenin zijn 22 heiligenbeelden verzameld. Talrijke *pucarás* in de directe nabijheid van Belén getuigen van de actieve, precolumbiaanse kolonisatiedrift in deze regio.

Socoroma

Terug op de doorgaande weg naar Nationaal Park Lauca gaat na 9 km een andere, steile en bochtige zijweg, ditmaal linksaf, naar de nederzetting **Socoroma** 8. De weg komt uit in de middeleeuwen. Het dorp in het diepe ravijn kenmerkt zich door akkers op zeer stijl gelegen terrassen. Boven de stenen randen verrijzen opuntia's. De velden worden afwisselend met mais en met aardappelen bebouwd. Verder groeien er bloemen en oregano. Het gebruik van dit kruid is in Chili niet wijdverbreid, daarom wordt het naar Spanje en Italië geëxporteerd. Achter het armzalige dorp – de huizen hebben ter bescherming tegen winterse regenbuien daken van golfplaat – klimmen de 3 tot 4 m brede terrassen verder de kloof in.

De *papa colorada* van Socoroma heeft een goede naam. Hoewel hij twee keer zo duur is als andere aardappelen zijn er steeds meer liefhebbers voor. Er wordt een typisch Andesmaaltje mee bereid: aardappelen uit Socoroma gecombineerd met olijven uit de Valle de Azapa.

Putre

Net als de precolumbiaanse oase Socoroma dankt ook **Putre** 9 zijn bestaan aan het gegeven dat het een belangrijk knooppunt op de vele handelswegen tussen de Altiplano en het kustgebergte was. Het op 3500 m gelegen dorp telt 1200 inwoners. Zo midden tussen de oreganovelden en uitgestrekte grasgronden voor lama's en hun wollige familieleden de alpaca's, komt Putre over alsof een rivier het van de hellingen heeft gespoeld. Het is de enige grotere plaats langs de internationale, inmiddels geheel geasfalteerde weg naar Bolivia. Het dorp heeft een eigen radiostation en er is een militair kamp ingericht. Enkele van de kleine huizen vertonen nog sporen uit de 17e eeuw, maar de meeste dateren uit de 19e eeuw. In *Supermercado Marina* gaan druiven, knoflook, ijs, soepbenen en oliefilters over de houten toonbank. De **Iglesia de Putre** aan de centrale *plaza* is gerestaureerd in 1871. Voor de kerk staat een typische, van vroeger stammende, getrapte Altiplanoklokkentoren van wit gekalkt adobe met stro. Overnachten kan bijvoorbeeld in hotel Las Vicuñas en in de parador van Putre.

Información Turística: In de kiosk aan de *plaza*, helaas onregelmatige openingstijden.

Conaf: Kantoor tegenover het regimentsterrein, dag. 8–18.30 uur. Inlichtingen over het Parque Nacional Lauca. Hier moet u ook uw overnachtingen in de nationale parken Lauca, Surire en Isluga melden en kunt u informeren of er plaats in de schuilhutten beschikbaar is.

Difrol (Dirección de Fronteras y Límites): Carrera 350 (in het gebouw van de Gobernación Provincial). Voor excursies en bergbeklimmen in de provincie Parinacota moet zich hier melden.

Q'atati: Calle Hijuela 208, tel. 58-22 89 16, reserveren via Vicuña Tours in Arica (zie blz. 349). De mooiste en comfortabelste overnachtingsmogelijkheid in Putre. 2 pk ca. US$80.

Hotel Kukuli: Baquedano 240, tel. 09-91 61 47 09. Nieuw en brandschoon, ruime kamers, vriendelijke service. 2 pk met of zonder eigen badkamer, US$30–40.

La Chakana: Marcapampa s/n, tel. 9-97 45 95 19. *Mountainlodge* iets onder Putre. Drie gemoedelijk ingerichte bungalows en een gemeenschappelijke bungalow voor acht pers. De eigenaars spannen zich met behulp van projecten en een nog in te richten museum in om de cultuur van de Aymara's te bevorderen. Organisatie van excursies. 2 pk US$32 p.p., in de gemeenschappelijke *cabaña* 8000 peso.

Hostería Las Vicuñas: Baquedano s/n. Regionale keuken vanaf 3500 peso.

Kukul Makara: Baquedano 351. Nieuw en gezellig ingericht; geliefd vanwege de goede keuken.

Birding Alto Andino: Baquedano 229, 9-282 61 95 (mobiel), www.birdingaltoandino.com. Goed georganiseerde, geëngageerde, biologische en etnologische excursies naar de wereld van de Andes, inclusief vogelskijken. Deelnemers kunnen voor ongeveer US$30 overnachten in Casa Barbarita. Reserveren is absoluut noodzakelijk.

Bus: Buses La Paloma, Buses Cooper Putre en Taxi Colectivo Jurasi rijden naar Arica; Buses Humire rijden naar Visviri en Bolivia.

13 Parque Nacional Lauca

Het oude Putre is het formele uitgangspunt voor verkenning van Nationaal Park Lauca. Een rondrit van ongeveer 112 km over doorgaans geasfalteerde wegen komt langs het hoogste vulkaanmeer ter wereld, het Lago Chungará op de grens met Bolivia, dat binnen de grenzen van het park ligt. Maar ook wie langer wil blijven en de tocht zou willen voortzetten naar de Salar de Surire, kan in Putre goed en comfortabel verblijven.

Ongeveer 14 km na Putre komt de Panamericana bij de ingang van het **Parque Nacional Lauca** (4400 m). Het park is in 1970

Moerassen van de Laguna Cotacotani in het Parque Nacional Lauca

ingesteld ter bescherming van de vogels. De krap 1400 km² omsluiten een uniek vulkanisch Altiplanolandschap. Op de spiegelgladde hoogvlakte rijgen tussen glinsterende rivieren de fonkelende lagunes zich aaneen. Het hoge zoutgehalte zorgt voor de witte randen. Olijfkleurige natte graslanden *(bofedales)* stellen de voedselvoorziening voor de dieren zeker en worden ook als weidegrond voor lama's en alpaca's gebruikt. Een niet-alledaagse gelegenheid om te baden op 4200 m krijgt u 22 km verder bij de **Termas de las Cuevas**. De warmwaterbronnen staan onder beheer van de Conaf. De weg klimt over tongen gestolde lava naar een uitzichtpunt boven de **Lagunas de Cotacotani**.

Het kalme, groene **Lago Chungará** 10 op 4750 m hoogte en de ruim 6000 m hoge, besneeuwde vulkanen eromheen, de Parinacota, Sajama, Quisiquisini, Guallatiri en Quimsachatas, vormen samen een van de mooiste en indrukwekkendste aanblikken van Chili. Golven antraciet, okergeel en siennarood hullen de bergen boven hun zoom van hoogveen in fascinerende kleuren, terwijl het landschap zich eindeloos lijkt uit te strekken. Als er geen verkeer over de weg zou razen, zou u denken dat u droomde. Conafmedewerkers verschaffen informatie over de dierenwereld. In het Chungarámeer zwemmen eenden en zoeken flamingo's naar voedsel. Wie geluk heeft, krijgt punatalingen, nandoes, andesganzen en viscacha's in het vizier.

De terugweg voert over **Parinacota** 11, een oude handelsplaats op de weg van Arica naar Potosí. De kralen waarin vroeger lastvee werd gehouden zijn behouden gebleven. Dromerig liggen de koele stenen huisjes in een zee van *bofedales*. Net als Aiquina (zie blz. 327) en La Tirana (zie blz. 342) lijkt Parinacota een spookdorp. Net als de twee andere komt het dorp alleen ten tijde van religieuze feesten tot leven. De Virgen de la Natividad wordt op 8 september vereerd. Op 4450 m hoogte is hier een archaïsch relict in een van alles verlaten rust bewaard gebleven. Het maakt het vrijwel onmogelijk naar zoiets profaans te vragen als waar de 150 inwoners van rondkomen.

De kerk uit 1789 is de trots van het dorp. Een witgekalkte muur met drie afgeronde poorten omsluit dit typische Altiplanojuweeltje. De etages van de getrapte, separate klokkentoren zijn geaccentueerd met randen van *paja brava*. Op de muren en de toren prijken sierelementen van roze vulkanisch gesteente. De mooie fresco's binnen doen de wenkbrauwen fronsen, omdat ze op typisch 18e-eeuwse, drastische wijze de verschrikkingen van het vagevuur verbeelden.

Vanuit Parinacota kunt u weer over de internationale weg CH11 naar Putre en Arica terugkeren.

i **Conaf:** Las Cuevas, Parque Nacional Lauca, dag. 8–18.30 uur. Uitgerust met informatiemateriaal. Bovendien krijgt u hier inlichtingen over de staat van de wegen. Andere posten in Parinacota en Chungará; daar kunt u op aanvraag ook overnachten.

Parque Nacional Volcán Isluga

Een zeer interessante, maar eenzame en niet gemakkelijke weg leidt verder door het vulkaanlandschap naar Guallatiri, het *monumento natural* Salar de Surire en van daar naar het dorp Colchane, dat de grens met Bolivia bijna kan aanraken. Daar kunt u overnachten in eenvoudige *hospedajes* en de volgende dag doorrijden naar Iquique aan de kust. Ook stops onderweg zijn mogelijk, want de Conaf onderhoudt er diverse schuilhutten. De reis is dus gemakkelijk te verlengen, maar dan moet u wel van tevoren in Arica (zie blz. 347) informeren of de hutten vrij zijn. Slaapzakken, dekens, eten en drinken moet u zelf meenemen. Om veiligheidsredenen moeten reizigers hun gegevens doorgeven aan de Guardería Las Cuevas. In de Boliviaanse winter (jan./feb.) is deze tocht vanwege zware neerslag vaak niet mogelijk.

Reserva Nacional Las Vicuñas

Zo'n 2 km voorbij de Guardería buigt de weg rechtsaf naar Guallatiri. De indrukwekkende, ruim 6000 m hoge Volcán Guallatiri torent boven de Altiplano uit als een eenzame koning.

Na 51 km steenslagweg komt u bij het **Reserva Nacional Las Vicuñas** 12, een karakteristiek, uitgestrekt landschap van mosgroene *bofedales*, met het korstmos *llareta* bedekte stenen, laag struikgewas en het cultuurgewas *quínoa*.

Het verlaten, welhaast betoverde **Guallatiri** heeft precolumbiaanse wortels, maar kan tegelijkertijd bogen op een zeer fraaie, typische Altiplanokerk van steen en leem, die bekendstaat om het feest van San Juan. Dat is echter ook een indiaanse datum: 24 juni valt samen met het zomerzonnewendefeest van de Aymara's. Zo blijkt maar weer dat het katholieke en het indiaanse geloof met elkaar zijn verweven. Daarom wekt het ook geen verbazing dat het witte kerkportaal precies naar de Guallatirivulkaan is gericht. Vulkanen zijn in het geloof van de Aymara's namelijk *tatas* of *señores*, de heren van de wereld.

De Conaf (dag. 8.30-13 en 14-17.30 uur) onderhoudt in Guallatiri een **hut voor zeven personen**. Wie er wil overnachten, moet zich van tevoren aanmelden bij de Conaf in Arica.

Salar de Surire

Na nog 55 km moet u stoppen bij de *carabinieros* bij de Retén de Chilcaya, om uw reis te melden en navraag te doen naar de staat van de wegen richting **Salar de Surire** 13. Als de onverharde weg begaanbaar is, komt u na 137 km bij de Guardería Surire van de Conaf. Ook hier moet u zich melden. Als u zich van tevoren hebt aangemeld, kunt u er ook overnachten (dag. 8.30-13 en 14-17 uur).

De Salar wordt omgeven door de met sneeuw bekroonde bergen Lliscaya, Arintica en Chiguana. De zoutvlakte strekt zich uit op een hoogte van 4240 m. Onder het glinsterende oppervlak schuilen borax en lithium, maar ook voedsel voor vele vogels, nandoes en vooral voor flamingo's. Zelfs voor wie gepokt en gemazeld is in de Andes is deze aanblik iets heel bijzonders. Velen vinden de Salar de Surire het mooiste van de hele hoogvlakte. Ongetwijfeld zijn de vogels het best te observeren bij zonsop- en -ondergang, maar omdat er op dit moment zo weinig overnachtingsmogelijkheden zijn, is dat niet zo gemakkelijk te realiseren.

Parque Nacional Isluga

De rest van de weg is in slechte staat, maar komt wel langs enkele hoogtepunten van de *precordillera* en de Altiplano. Het **Parque Nacional Isluga** 14 (zie ook Atlas blz. 1, B/C 2/3) lijkt niet minder verlaten dan de hele weg, maar toch treft u hier gek genoeg op vele plaatsen in cultuur gebracht land aan, waar *quínoa* en aardappelen worden verbouwd. In piepkleine *comunidades* wonen hier al eeuwen Aymara's onder de vulkanen. Zij volgen hun eigen regels van gemeenschappelijk bezit en gezamenlijke arbeid. Het enige plaatsje, **Enquelga**, op 3800 m hoogte, bestaat uit exact negentig huizen van steen en een kerk. Er wonen Aymara's.

Slechts 10 km en honderd hoogtemeters scheiden u van **Isluga**. Het weer moet meewerken, want dit schitterend gelegen ceremoniële Aymaradorp is een van de indrukwekkendste van het Grote Noorden. Naast de bloesemwit gekalkte kerk staat een met witte duiven versierde klokkentoren. Rond het hele ceremoniële centrum van kerk en *plaza* staat een muur waar bovenop halfronde bogen zijn aangebracht. De indiaanse gemeenschappen verzamelen zich er om carnaval en het feest van de heilige Thomas te vieren en begrafenissen te houden.

Na enkele kilometers komt de steenslagweg tot een eind, want daar hebt u de grens met Bolivia bereikt. Het winderige **Colchane** biedt een beetje infrastructuur om de reis te onderbreken voor u naar Iquique (zie blz. 334) doorrijdt.

Het kantoor van de Conaf in **Equelga** (8.30-13 en 14-17.30 uur) beheert een *cabaña*, waarvoor u al in Arica moet hebben gereserveerd. In **Colchane** kunt u overnachten in drie eenvoudige *residenciales* waar u ook de maaltijd kunt gebruiken. Ze liggen alledrie aan de hoofdstraat. U kunt het best al voor aanvang van uw trip in Arica bij Sernatur informeren of ze plaats hebben.

Moai bij Ahu Nau Nau

Paaseiland en de Juan-Fernández-eilanden

In een oogopslag: Paaseiland en de Juan-Fernándezeilanden

Isla de Pascua – Paaseiland

Paaseiland ligt op vijf uur vliegen van Santiago, precies 109° 26' ten westen van Greenwich en 27° 9' 30'' ten zuiden van de evenaar, net onder de Steenbokskeerkring. Het vasteland ligt hier 3765 km vandaan, Tahiti op een afstand van 4239 km. Het eerstvolgende bewoonde eiland, Pitcairn – met maar veertig inwoners – ligt 1820 km verder naar het westen. Paaseiland is gevormd door de drie hoofdvulkanen Poike, Rano Kau en Maunga Terevaka. Het geldt als het verst van de overige bewoonde wereld verwijderde stukje land op aarde.

Het 163,6 km² grote driehoekige eiland in de zuidelijke Grote Oceaan was oorspronkelijk bedekt met een weelderige vegetatie. Tegenwoordig echter is het een voornamelijk met gras bedekt heuvellandschap. Begin 20e eeuw is er weer bos aangeplant, met name eucalyptus. De hoogste verhevenheid, de berg Maunga Terevaka, steekt 501 m omhoog uit zee, maar veruit het grootste deel – 3000 m – bevindt zich onder water.

De naam Paaseiland is afkomstig van de Zeeuwse ontdekkingsreiziger Jacob Roggeveen, die op eerste paasdag 1722 als eerste Europeaan het destijds uitsluitend door Polynesiërs bewoonde eiland ontdekte. Sinds 1888 maakt het lieflijk aandoende Paaseiland deel uit van het Chileense grondgebied en heet het officieel Isla de Pascua. De plaatselijke bevolking noemt het echter Rapa Nui (groot, ver oord) of *Te Pito o te Henua* (navel van de wereld)`. Het eiland is beroemd vanwege zijn

reusachtige stenen beelden *(moai)* en het volgens velen geheimzinnige, magische verleden dat daarachter steekt. Paaseiland is het kleurrijke, exotische gezicht van Chili, een geheel aparte en eigenzinnige wereld.

Juan-Fernándezeilanden

Evenals Paaseiland zijn de Juan Fernándezeilanden ontstaan uit vulkanische uitbarstingen die ongeveer 5 miljoen jaar geleden de Nazcaplaat perforeerden. Eerst waren ze geheel kaal, maar de lava hoopte zich almaar verder op tot ze in de regenwolken van de Grote Oceaan reikten. Hierop erodeerde de lava door de regen en werd plantengroei mogelijk. Het eerst kwamen de varens, de oudste planten ter wereld. De uit de oceaanbodem opgespoten eilanden zijn niet alleen,

Paaseiland: Bahía de Anakena

zoals Paaseiland, voortdurend in beweging – ze zakken ook weer terug in zee. Ooit staken ze 3000 m in de hoogte; tegenwoordig meet de hoogste berg, op Isla Alejandro Selkirk, nog slechts 1650 m. Het grootste deel van het land is weer onder de zeespiegel verdwenen. De Juan-Fernándezeilanden hebben wellicht niet zo'n magisch verleden als Paaseiland, maar ze hebben wel een beroemd spoor nagelaten in de wereldliteratuur. Ze inspireerden Daniel Defoe samen met de legendarische geschiedenis van de overboord gezette matroos Alexander (Selcraig) Selkirk tot zijn beroemde roman *Robinson Crusoë*. De schitterende vegetatie, in deze samenstelling uniek in de wereld, de ongewone combinatie van ruwe en lieflijke landschappen, de rijkdom aan vogelsoorten, de wateren vol langoesten en de afgelegen ligging maken de Juan-Fernándezeilanden tot een zeer bijzondere reisbestemming.

Hoogtepunten

14 **Paaseiland:** Dit volkomen unieke eiland is rijk aan geheimzinnige mythen en raadselachtige stenen beelden (zie blz. 362).

15 **Robinson Crusoë-eiland:** Op dit eiland zou de beroemdste schipbreukeling ter wereld zijn aangespoeld. Kristalheldere wateren omgeven het dichtbegroeide eiland (zie blz. 379).

Aanbevolen route

Van Vinapu naar Anakena: De 60 km lange Paaseilandrondweg leidt langs de belangrijkste heilige plaatsen en de locatie waar de eerste kolonisten aan land kwamen (zie blz. 370).

Reisplanning

De absoluut minimale verblijfsduur op beide eilanden is drie dagen, met voor de heen- en de terugreis telkens een dag. U kunt dus het beste minstens vijf dagen uittrekken.

Klimaat en reistijd

Paaseiland is het hele jaar door geschikt voor een bezoek. Van november tot maart is het warm en droog, van april tot oktober is het koeler en regent het soms. De Juan-Fernándezeilanden kunt u uitsluitend bezoeken tijdens de zomer van november tot maart.

Tip

Tapati Rapa Nui: Al maanden van tevoren bereiden de bewoners van Paaseiland zich op dit feest voor. Bezoekers kunnen op de voet de wedstrijden volgen die uitmonden in de benoeming van de Koningin van Paaseiland (zie blz. 374).

14 Paaseiland

door Josef W. Schmid

Kaart blz. 368

De lokale bevolking heeft het over *Rapa Nui* (groot, ver oord), over *Te Pito o te Henua* (navel van de wereld) of over *Mata ki te Rangi* (ogen die naar de hemel kijken). Paaseiland is sinds 1995 Werelderfgoed, en heeft de fantasie van menig schrijver en reiziger geprikkeld. De uitgedoofde vulkanen en de ongeveer duizend gigantische beelden inspireren zowel geschiedenis- als natuurliefhebbers.

Ontstaan

Paaseiland ontstond ongeveer 3 miljoen jaar geleden, toen 500 km ten oosten van de Oost-Pacifische Rug het magma een uitweg vond door de 3000 m diep liggende Nazcaplaat. De geweldige massa's lava verhieven zich tot 370 m boven de waterspiegel en vormden een 12 km² groot eiland. 25 km ten zuidwesten van de oude vulkaan kwam 1 miljoen jaar later een nieuwe tot stand, die na zijn uitbarsting een 450 m diepe krater achterliet die zich vulde met regenwater. Ten noorden kwamen nog meer vulkanen omhoog. De lava vloeide naar het zuiden en oosten en voegde zich zodoende bij de reeds bestaande eilanden. Zo ontstond Paaseiland.

Op de gestolde lava, rijk aan mineralen, gedijde een tropische plantenwereld met onder andere palmen – maar de laatste ijstijd maakte aan deze groene weelde een einde. Varens en grassoorten overwoekerden het eiland, dat uitsluitend werd bewoond door zeevogels. Kort voor het einde van die periode doofden de vulkanen. Sindsdien drijft het stukje land langzaam maar zeker (2–15 cm per jaar) op het Zuid-Amerikaanse subcontinent af.

Bewoning

De ijstijd was 17.000 jaar geleden op zijn hoogtepunt. Ten gevolge van de daarna stijgende temperaturen smolt het ijs, waardoor grote delen van het Zuidoost-Aziatische subcontinent werden overspoeld. Om deze zondvloed te ontvluchten weken veel Austronesiërs uit naar de Malediven en Madagaskar. De bewoners van Taiwan trokken naar de in de Grote Oceaan gelegen archipels Fiji, Tonga en Samoa. Andere groepen zeilden met catamarans de Grote Oceaan op. Deze mensen noemden zich Maohi. Hun verkenningsdrift dreef ze naar de afgelegen Marquesaseilanden. Ter ere van hun voorouders bouwden ze geweldige cultusplaatsen met megalieten – metershoge stenen beelden van het keiharde basalt.

Vervolgens dwongen, kort voor onze jaartelling, overbevolking en hongersnood de talrijke stammen ertoe andere bewoonbare eilanden te zoeken. Volgens de legende zou *ariki* (stamoudste) Hotu Matua hebben gedroomd van een ver eiland achter de horizon. Zeven verkenners werden eropuit gestuurd. Na verscheidene weken zoeken in de richting die de stamleider had aangewezen, ontdekten ze inderdaad een onbewoond eiland. Met de hele stam van enkele honderden leden week Hotu Matua uit naar het meest geïsoleerde en eenzaamste plekje van Oceanië en gaf het na de geslaagde overtocht de naam *Te Pito o te Henua* (navel van de wereld).

Beken of rivieren waren er niet op Paaseiland. In de drie grootste vulkaankraters zijn meren ontstaan van regenwater. In de talrijke baaien rondom de eilanden sijpelde grondwater in zee. Vandaar dat de bewoners hun nederzettingen langs de kust vestigden. De grotten in de lavakloven dienden als onderkomens. De door hen meegebrachte planten gedijden goed op de vruchtbare vulkaanbodem: zoete aardappelen, taro, suikerriet en bananen. De kleine noten van de inheemse palm vervingen de gewone kokosnoot. Kippen en ratten waren een bron van vlees, en zeewaardige roeiboten maakten het vangen van grote roofvissen mogelijk.

Onderweg met de auteur

Archeologische site Tahai

Tahai is de informatiefste archeologische site op het eiland. De drie *ahu*-platforms met hun 2500 ton steen zijn in 1967/68 hersteld onder leiding van de Amerikaanse archeoloog William Thomas Mulloy. Het beeld met de koraalogen alhier meet 4,75 m en 20 t. Tahai is vanaf het dorpscentrum in een kwartier lopen te bereiken (zie blz. 368).

Folkloregroep Karikari

De dansvoorstellingen van de folkloregroep Karikari zijn de moeite waard. Ze zijn te zien op dinsdag, donderdag en zaterdag, bijvoorbeeld in Hotel Hanga Roa (zie blz. 375).

Samenleving en cultuur van de vroege bewoners

Hotu Matua verdeelde het land onder zijn zonen, waardoor er verschillende stammen ontstonden met aan het hoofd een gekozen aristocratische familie. De klasse der *hanau eepe* onderscheidde zich door zijn zwaarlijvigheid van de slanke *hanau momoko*. Volgens een oeroude traditie hadden de leden van de hogere klasse gaatjes in hun oorlellen waar ze suikerrietbladeren in staken, die ter gelegenheid van feesten werden vervangen door houten sieraden. Huidskleur was een indicatie van status: de werkende klasse had een donkere, door de zon getaande huid – de blanke huid van de elite was het kenmerk van adel. Jonge meisjes werden maandenlang opgesloten in 'maagdengrotten' *(ana o keke)* opdat ze blank werden.

Iedere familie richtte voor haar overledenen bij de rotskust een *ahu* (zie blz. 366) op, een rechthoekig, naar zee toe oplopend stenen platform. De eerste standbeelden, de legendarische *moai*, werden gemaakt van brokken gestolde lava. De overledenen werden achter de *ahu* verbrand in het eigen crematorium.

Voor de *ahu* werden uitgestrekte, deels geplaveide pleinen aangelegd. Daar vlakbij bouwde men *hare paenga*, bootvormige gemeenschapshuizen die een sokkel bevatten van gehouwen steen. Het dak werd gevormd door een waterdicht vlechtwerk van bladeren en gras. Dit bood de mensen onderdak tijdens de tijdrovende religieuze ceremonies.

De verfijning van de cultuur ging gepaard met een steeds omvangrijkere bouwstijl. De bouw van de *moai* (zie blz. 366) domineerde het gehele leven op het eiland. Bij Ranu Raraku werd gelijktijdig aan enkele honderden steenreuzen gewerkt of ze werden klaargemaakt voor transport. Grote delen van het bosrijke eiland werden gerooid om voedzame gewassen te kunnen verbouwen voor de talrijke arbeiders. Toen het eiland Kuwae in de westelijke Grote Oceaan in 1450 explodeerde en een ruim 10 km grote krater in de zeebodem sloeg, had dat op Rapa Nui een lange, ingrijpende klimaatverandering tot gevolg met jarenlang rampzalige misoogsten. De onophoudelijke regen spoelde de vruchtbare humuslaag in zee.

De machtige *arikis*, die verondersteld werden te regeren met bovennatuurlijke krachten *(mana)*, werden verantwoordelijk gehouden voor dit onheil. In de *moai*-werkplaatsen bij de Rano Raraku was het ineens beklemmend stil. Bij Puna Pau wachtten meer dan 40 *pukao* op transport, maar de vele dorpsgemeenschappen hadden wel iets anders aan hun hoofd: hun vruchtbare kuststroken beschermen. De traditionele stammengebieden verdwenen en er bleven twee rivaliserende groepen over: een in het oosten en een in het westen van het eiland. De priesters en sjama-

Rotstekeningen bij de steile kust van Orongo. De rotsen hebben Makemake- en Vogelmanmotieven

nen, invloedrijker dan ooit, probeerden met offers de god Makemake gunstig te stemmen – zelfs kinderen werden geofferd aan de vruchtbaarheidsgod. Omstreeks het midden van de 15e eeuw nam de cultus rond de Vogelman een hoge vlucht. Deze bracht een jaarlijks – rond de broedtijd van de bonte stern – terugkerende wedstrijd met zich mee op de rotspunten Motu Nui, Motu Iti en Motu Kaokao. De arena voor deze ceremonie werd gevormd door Orongo, een meer dan 300 m diep in zee aflopende kraterrand van de vulkaan Rano Kau. Bepaalde families vaardigden getrainde jongens af, de *hopu manu*, om deel te nemen aan de levensgevaarlijke wedstrijd om het eerste ei te pakken van de zeevogels die op de eilandjes broedden. De deelnemers moesten van de steile klif afklauteren, door het ziedende water naar het eiland zwemmen, een ei vinden en het ongeschonden afleveren bij hun coach, de priester die te midden van zijn gevolg op de rand van de krater de strijd gadesloeg. Deze werd hierop de nieuwe *Tangata manu* (Vogelman), die met zijn stam een jaar lang de lakens op het eiland uitdeelde.

Europeanen ontdekken Rapa Nui

Eerste paasdag 1722 verschenen er schepen voor Rapa Nui. De vreemdelingen, blanke Europeanen, werden verwelkomd als goden. Ze hadden allerlei onbekende spullen bij zich:

bijlen, spijkers, scherpe messen, rijkelijk versierde uniformen en natuurlijk geweren. Nauwelijks hadden ze voet aan wal gezet of de vermeende goden schoten enkele eilandbewoners neer.

Een halve eeuw later, in 1770, ondernam een Spaanse expeditie onder bevel van commandant Felipe González een hernieuwde kolonisatie van Paaseiland. Er werden kanonskogels afgevuurd op de rots Parehe op het schiereiland Poike. Meegereisde priesters staken houten kruisen in het zand. De stamhoofden signeerden met tekeningetjes stukjes papier waarop ze het gezag van de Spaanse kroon erkenden. Paaseiland heette vanaf dat moment Isla Carlos, naar de Spaanse koning.

In 1774 kwam een door kapitein James Cook geleide expeditie aan op het eiland. Tot het gezelschap behoorden twee Duitse natuuronderzoekers, Reinhold en Georg Forster. Zij verkenden het inmiddels boomloze eiland uitgebreid. Het land en de bevolking maakten op hen een verwaarloosde indruk. De toegang tot de talrijke holen en grotten werd hun ten strengste ontzegd. Veel beelden lagen omver en gebroken op de *ahu*-platforms. De zogenaamde stamleiders genoten maar weinig respect. Alle gemeenschapshuizen waren verlaten.

In 1782 verschenen twee schepen onder bevel van de Franse kapitein La Pérouse voor de kust van Paaseiland. Ditmaal kwamen onbekende zaden en schapen mee aan land.

Het volgende contact met de blanken was een stuk minder vriendelijk: Amerikaanse walvisjagers die met grof geweld eilandbewoners ontvoerden voor de slavenhandel – de achterblijvers wisten het vege lijf te redden door de grotten in te vluchten. Tot 1862 werden meer dan 2000 *Rapa Nui* verkocht op Peruaanse slavenmarkten. Na internationale protesten kon een kleine groep via Tahiti terugkeren met de Franse missionaris Eugène Eyraud. Een andere Fransman, heel wat brutaler, kroonde zich in 1868 tot koning van het eiland. 470 eilandbewoners verlieten daarop met de missionarissen hun geplaagde thuis.

Twintig jaar later kocht de Chileense commandant Policarpo Toro het eiland van de missionarissen in Tahiti, maar Chili toonde nauwelijks enige belangstelling voor zijn nieuwe bezit. Isla de Pascua werd verpacht aan een Ierse maatschappij die het hele eiland veranderde in één grote schapenboerderij. De eilandbewoners werden in het latere dorpreservaat Hanga Roa geconcentreerd.

Etnologen op Paaseiland

In 1914 voerde de Engelse Katherine Routledge een uitgebreid etnologisch en archeologisch onderzoek uit. In 1937, kort nadat het eiland tot nationaal park was verklaard, kwam de Duitse kapucijn Sebastian Englert aan land om er een missieschool op te richten. Hij verdiepte zich in de geschiedenis van de eilandbewoners. Maar toen het bestuur in 1953 werd overgenomen door de Chileense marine braken wederom slechte tijden aan. Met een avondklok werd de eilandbewoners 'manieren' bijgebracht. Sommigen inheemsen probeerden hun getto-achtige leefomstandigheden te ontvluchten. Pas in 1966 werd in de Chileense grondwet vastgelegd dat de Paaseilanders gelijke rechten hebben als de Chilenen op het vasteland.

Elf jaar eerder was Thor Heyerdahl met zijn Kon-Tiki-expeditie aangekomen in de baai van Anakena en had de eerste *moai* weer overeind gezet. Zijn boek *Aku Aku* maakte Paaseiland op slag wereldberoemd. Midden jaren zestig werd de eerste eilandbewoner tot burgemeester benoemd. Amerikanen maakten van het vliegveld een verharde landingsbaan, er kwamen stromend water, elektricitieit, een ziekenhuis, nieuwe scholen en de eerste toeristische voorzieningen.

De opnames voor Kevin Costners film *Rapa Nui* zorgde in 1993 voor ingrijpende veranderingen in het dagelijks leven van de inheemsen. Velen van hen – volgens de statistieken 3900 – namen als figurant deel aan de gigantische Hollywoodproductie en beeldden hun traditionele rituelen uit. In 1995 werd Nationaal Park Rapa Nui door Unesco tot Werelderfgoed verklaard.

Raadsels van steen en hout: moai, ahu en rongo rongo

Verspreid over heel Paaseiland staan geheimzinnige stenen beeldhouwwerken – die in Tongariki, Anakena en op de *moai*-werkplaatsen bij de vulkaan Rano Raraku zijn het spectaculairst. Ze getuigen van een verdwenen en nooit helemaal ontraadselde cultuur. Samen met de houten schrijftabletten bewaren ze de tradities van de *Rapa Nui*, de oorspronkelijke bewoners van Paaseiland.

Toen leden van de Paaseilandexpeditie van James Cook in 1774 de eilandbewoners naar de betekenis van de gebroken steenkolossen vroegen, kregen ze als antwoord dat het ging om *ariki*, opperhoofden of koningen.

Alle Paaseilandbeelden hadden oorspronkelijk een eigen naam, waarvan er door de tijden heen maar weinig zijn overgeleverd: onder hen Ko te Riku, Paro, Piro Piro en Hiave. Ze vormen de rustplaatsen van overleden stamleiders en worden door velen 'levend gezicht' genoemd. Uit de beelden zou *mana* stromen, een bovennatuurlijke kracht.

Op het kleine eiland staan wel duizend beelden van verschillende formaten en vormen. De echte kolossen wekken veel ontzag. De grootste is maar liefst 20,65 m hoog en zijn gewicht wordt geschat op 250 ton. Hij staat, nog altijd verbonden met de rots waaruit hij is gehouwen, op de buitenste kraterwand van de Rano Raraku. Deze *moai*-werkplaats lag ooit bezaaid met vuistbijlen van basalt, en er stonden 397 steenkolossen in allerlei stadia van voltooiing tegen de berghelling.

De beeldhouwers creëerden uit het vrij zachte tufsteen bustevormige figuren. Schetsmatige oorknoppen in de oorlellen en de overdreven lange vingers, die op de buik onder de navel rusten, verlenen de *moai* een onmiskenbaar aristocratische uitstraling. Om de tot wel 150 ton zware kolossen op hun plaats te krijgen, liet men ze eerst op hun rug de berghelling afglijden. Beneden werden ze stevig in een diepe kuil gelegd om later in een met hun breedte overeenkomende greppel rechtop te worden gezet.

Aan de voet van de Rano Raraku staan ongeveer zeventig beelden, kijkend in de richting van waar ze werden aangevoerd, tot de borst ingegraven. Beeld nummer 15, dat volgens de overlevering de krijgsheer Hiave voorstelt, is 12,40 m hoog, maar slechts de helft steekt boven de grond uit. Waarom de Rapa Nui almaar grotere beelden maakten, is niet bekend. Intussen zijn veel *moai* weer op hun oorspronkelijke locatie teruggekeerd.

De *ahu*-platformen dienden als standplaats van de *moai*. Het zijn enorme, perronachtige opstapelingen van stenen langs de kust, die van de branding worden gescheiden door metershoge steunmuren. Dit alles maakt deel uit van een gigantisch cultuscomplex dat was gewijd aan voorouder- en dodenverering. Tot de monumenten die werden gebouwd tussen de 5e en de 18e eeuw behoren ook crematoria. De laatste *ahu* stammen nog uit het eind van de 19e eeuw.

Archeologen onderscheiden vijf typen: de platform-*ahu*, de imago-*ahu*, de halfpiramide-*ahu*, de kano-*ahu* en de wig-*ahu*. De eerste *ahu* werden al gebouwd kort na aankomst van de eerste mensen in de 5e eeuw. Rond het jaar 1000 werden de eerste kolossen opgericht, wat leidde tot het ontstaan van de

Thema

zogenaamde imago-*ahu*. Met de voortschrijdende bouwtechnieken en verbeterde methoden van steenbewerking veranderde ook de bouwkunst. De vroege *ahu* stonden op hoge, grof bewerkte steunmuren; later stapelde men op de zichtbare zijden fijn gepolijste en deels afgeronde stenen platen op elkaar.

Met het uiteenvallen van de tot dan toe homogene eilandgemeenschap in de 17e en 18e eeuw veranderde ook de bouwkunst ingrijpend. Over bestaande gebouwen werden onbewerkte lavablokken gestapeld tot halve piramides; er werden geen beelden meer opgericht. Toen de Europeanen Paaseiland betraden, was dat ten tijde van een geheel nieuwe architectonische fase: de monumenten van de dodencultus kregen de vorm van schepen. Over deze laatste *ahu*-vorm, het smalle, wigvormige, naar zee gerichte plateau, is weinig bekend. Volgens de Zwitserse schrijver Erich von Däniken moeten het lanceerplatforms van buitenaardse astronauten zijn geweest...

Op de immense platform-*ahu* stonden de grootste *moai*. Tijdens periodieke verbouwingswerkzaamheden werden ze omgehaald en het materiaal dat afbrak, werd verwerkt in nieuwe, nog grotere constructies. De koppen en andere lichaamsdelen werden geïntegreerd in nieuwe steunmuren. Onder de laatste omgegooide *moai*, die tegenwoordig voor de *ahu* met hun gezicht plat op de grond liggen, werden grafkamers gebouwd.

Veel van de oudere eilandbewoners herinneren zich nog de mensen die er werden begraven en respecteren de cultusplaatsen. Zo wordt er regelmatig een mis gehouden tijdens archeologische opgravingen en restauraties. Tegenwoordig zijn er twaalf gerestaureerde *ahu* te bewonderen. De eerste nederzettingen lagen waarschijnlijk bij het Anakenastrand aan de noordelijke kust, en bij de cultusplaats Tahai aan de westkust.

In 1846 werden, door de op Rapa Nui werkzame missionaris Eugène Eyraud, voor het eerst de rechthoekige houten tabletten beschreven die zich in bijna elk inheems huis bevonden en streng werden bewaakt. In 1868 kwam een met gevlochten vrouwenhaar omwikkelde *kohau rongo rongo* (houten plankje met schrifttekens) op Tahiti terecht. De plaatselijke bisschop Jaussen ontdekte onder de 16 m lange haardos reeksen ingekerfde tekens: symbolen van vissen, palmen, schildpadden, mensen en fallussen. Menig onderzoeker brak zich hierover het hoofd – ze leken elke poging tot ontcijfering te trotseren.

Rongo rongo is nog steeds een mysterie. De geleerde Thomas Bartel kon na uitgebreide onderzoekingen vaststellen dat het inkerven van reeksen symbolen ook voorkwam op andere Polynesische eilanden.

Volgens de overlevering kwamen samen met de eerste bewoners en hun aanvoerder Hotu Matua ook 67 schrijftabletten op Rapa Nui aan. Tijdens de jaarlijkse ceremonies op het Anakenastrand zouden verhalenvertellers, zogenaamde *tangata rongo rongo*, de ingekerfde teksten hebben geciteerd. In 1882 verklaarden de eilandbewoners aan de zeevaarder Geisseler dat historische aantekeningen waren. Een tatoeage die getrouwde mannen onder hun navel hadden, kwam ook op een van de twee schrijftabletten voor die op het eiland waren achtergebleven. Niemand op Rapa Nui kon echter het teken interpreteren.

Tegenwoordig bestaan er nog 21 *kohau rongo rongo*, verspreid over verschillende musea over de hele wereld. Geen enkel origineel bevindt zich nog op Paaseiland. De grootste, de zogeheten *Tahua*, telt 1825 symbolen en meet 91 x 11,5 x 16 cm.

Paaseiland

Hanga Roa

Het alledaagse leven in **Hanga Roa** 1, de rond 5000 inwoners grote hoofdplaats van Paaseiland, verloopt in een kalm tempo. Het dorp heeft veel groen en is gelegen te midden van een aantrekkelijk, tropisch parklandschap vol geurende bloemen. In het dorpscentrum staat een **markthal** waar groente, fruit en vis worden verhandeld. Al 's morgens vroeg liggen vleesspiesen op zelfgemaakte grills te sudderen, en bij een koffiebar kunt u met vis gevulde deegenvelopjes en *sopaipillas* krijgen, een soort gefrituurde flensjes met guavejam. Honderden kleine souvenir-*moai*, zonder uitzondering handgemaakt, staan geduldig op kopers te wachten.

Hun gigantische voorbeelden staan slechts op een steenworp afstand in de richting van de zee. Meer naar het binnenland kunt u in gedachten verzonken het voetbalveld en het kleine dienstencentrum overzien met zijn gouverneursgebouwen, de bank, de rechtbank, het toeristenbureau Sernatur en het door de EU opgerichte cultuurcentrum. Bij de toegang tot de vissershaven heeft de Fransman Gilles met eigen handen zijn restaurant gebouwd: de Taverne du Pêcheur geldt als het beste restaurant van het eiland. In het dorp zelf is de **kerk** met zijn expressieve, door de eilandbewoners zelf gesneden houten beelden zonder twijfel een bezoek waard, evenals de nieuwe **markt** van **steenhouwers en houtsnijders**.

Ten noorden van Hanga Roa

Tahai

De kustweg volgend komt u eerst langs een bescheiden begraafplaats, die met Allerheiligen verandert in een zee van lichtjes en witte lelies. 700 m verder staat een reeks *moai* die boven zee uitsteken. **Tahai** 2 is de informatiefste archeologische vindplaats op Rapa Nui. De drie *ahu*-platforms werden in 1967 onder leiding van de Amerikaanse archeoloog William

Mulloy hersteld. Al van ver lichten de uit wit koraal gesneden ogen van het beeld **Ko te Riku** op. Het is het enige beeld met ogen. Ko te Riku is 4,75 m groot, weegt 20 ton en staat op een 20 x 4 m grote *ahu*. Op het hoofd van het beeld rust een enkele tonnen zware, roodglanzende *pukao*. Het 'plein' is deels geplaveid met gepolijste lavastenen. De *moai* op het middelste plateau, de **Ahu Tahai**, vertonen sterke sporen van erosie, zodat de details van het gezicht en de handen vrijwel niet meer zijn te onderscheiden. Een met platte stenen gemaakte scheepshelling loopt lichtjes af naar zee. Voor de afsluitende muur stroomt bij eb grondwater uit de bodem.

Op het derde plateau, de **Ahu Vai Uri**, staat een grote groep beelden uit verscheidene perioden. Op een verhoging, 50 m landinwaarts, staan lage muurtjes van gehouwen basaltblokken in de voor een gemeenschapshuis *(hare paenga)* typische elliptische vorm. De betekenis van de in het centrum van het geheel staande 'vesting' is nog altijd niet opgehelderd.

Museo Antropológico Padre Sebastián Englert

Vanaf Ahu Vai Uri is het **Museo Antropológico Padre Sebastián Englert** 3 niet ver. Er zijn nog maar weinig originele artefacten over op Rapa Nui zelf. Niettemin is de tentoonstelling erg informatief als het gaat om de geschiedenis van het eiland. Het pronkstuk is het in 1978 uitgegraven, bijna volledig intacte koraaloog van een beeld. Deze verzameling van de nijvere missionaris Sebastian Englert wordt door velen beschouwd als destijds het signaal voor een hernieuwde belangstelling voor de cultuurschatten van het eiland. De expositie zit didactisch goed in elkaar (di.–za. 9–17.30, zo 9–12 uur, 1000 peso).

Ahu Hanga Kioe en Ahu Te Peu

Sommige *moai* staan nog altijd bloot aan erosie, maar niet die op de **Ahu Hanga Kioe** 4. Het 4,90 m hoge beeld werd ooit geheel met watten en plastic ingepakt en daarna geïmpregneerd met 370 kg chemische steenversteviger.

Verder naar het noorden komt de kustweg langs een aantal grotten en buigt vervolgens landinwaarts bij de **Ahu Te Peu** 5 af naar de reusachtige lavagrot Ana Te Pahu en naar de Ahu Akivi, waar zeven *moai* staan. U kunt een uitstapje hiernaartoe als dagtocht te voet ondernemen of met de auto; in het laatste geval is het aanbevelswaardig ook een bezoek te brengen aan **Puna Pau** 6 en de *pukao*-steengroeve (zie blz. 363).

Ahu Akivi

De zeven even grote, erg op elkaar lijkende *moai* van de **Ahu Akivi** 7 staan als enige richting de zee – althans op het eerste gezicht. De overlevering vertelt van zeven verkenners, die *ariki* Hotu Matua de zee op stuurde om op zoek te gaan naar Rapa Nui. Ahu Akivi is dus ontstaan als herdenkingsmonument voor de zeven dappere zeevaarders. Maar waarom staan ze zo ver van de kust naar zee te kijken? De verklaring is eenvoudig: zoals bij alle cultusplaatsen op Paaseiland kijken de beelden in de richting van een nederzetting dichtbij. Een kilometerslang labyrint van lavagrotten onder de grond bevat drinkwaterreservoirs. Archeologische opgravingen hebben vastgesteld dat de vestiging en bouw van de *ahu* plaatsgevonden moeten hebben omstreeks 1460. Rond die tijd was de hele kuststrook bewoond.

De Ahu Akivi werd gerestaureerd in 1960. Tijdens opgravingen kwam een enorme monoliet tevoorschijn uit de opvulling van de *ahu*,

Te Ara o Rapa Nui – Rondwandeling in twee etappes: De start is bij het Museo Antropólogico Padre Sebastián Englert. De 4,4 km lange route leidt langs de westkust tot de Ana Kai Tangatagrot ten zuiden van het dorp Hanga Roa (duur ca. 2,5 uur). Vandaar gaat het 3,6 km omhoog in de schaduw van een geurend eucalyptusbos tot Orongo aan de kraterrand van de vulkaan Rano Kau. Nog in 1876 werd door middel van de gevaarlijke wedstrijd naar de vogelrots beslist over de heerschappij over heel Rapa Nui.

die suggereert dat er contacten met Centraal-Polynesië zijn geweest. Er werden ook tientallen kleinere stenen beeldjes gevonden. Ronde schijven van obsidiaan en tufsteen werden in 1978 aangemerkt als de pupillen van *moai*-ogen.

Ten zuiden van Hanga Roa

Rano Kau

De 324 m hoge vulkaan **Rano Kau** 8 vormde ooit de arena voor de jaarlijks terugkerende wedstrijd *Tangata manu* om het eerste ei van de bonte stern (zie blz. 364). Tot 1876 waren missionarissen getuige van deze vruchtbaarheidsrite ter ere van de scheppende god Makemake. Het ritueel kreeg grote bekendheid door de film *Rapa Nui* van Kevin Costner.

De landweg rond het westelijke einde van de landingsbaan leidt door eucalyptusbossen en guavevelden naar de vulkaan. Vanaf de top kunt u het hele eiland overzien. Een *mirador* biedt uitzicht op het 170 m diep liggende kratermeer. Dit heeft een diameter van 800 m en is voor het grootste deel overgroeid met drijvende *totorabies*. Op de steile kraterwanden groeien avocado's, mango's, koffie, wijnranken en andere nieuw geïmporteerde gewassen. De oorspronkelijke vegetatie is nagenoeg verdwenen. Pogingen de inheemse boom *toromiro* weer aan te planten zijn tot op heden zonder succes gebleven. Slechts weinige exemplaren van de *mahute*-struik, waarvan de schors ooit het materiaal leverde voor de ceremoniële gewaden, hebben overleefd.

Orongo

Op het zuidelijkste punt van Rapa Nui heeft de Conaf een informatiecentrum ingericht waar folders te krijgen zijn over de flora en fauna en over de geschiedenis van het Vogelmanritueel (zie blz. 364). Tevens kunt u hier een toegangskaartje kopen voor het hele nationale park (US$10).

Het dorp op het cultusterrein **Orongo** 9 bestaat uit 53 kleine, ovale stenen huizen met een lage ingang, die tijdens het *Tangata-manu*-ritueel dienden als onderdak voor de deelnemers. Aan het oostelijke einde van de huizenrij zijn Vogelmanmotieven te zien; het maskerachtige gezicht van de god Makemake en het vruchtbaarheidssymbool *komari* zijn goed zichtbaar op een natuurlijke rotsformatie. U wordt sterk afgeraden om het boven de afgrond zwevende stuk rots te betreden. Overigens staat het hele complex onder streng toezicht van monumentenzorg; het is voldoende om het te naderen. Het uitzicht vanaf de smalle rand tussen de vulkaankrater en het ziedende water is gewoonweg adembenemend.

Op de terugweg naar Hanga Roa komt u langs de grot **Ana Kai Tangata** 10. Deze lavagrot zit verscholen in een kleine baai en is bereikbaar vanaf de weg via een stenen trap. Op het 'plafond' zijn nog enige overblijfselen van rituele schilderingen te ontwaren: vogelmotieven in wit en oker.

Van Vinapu naar Anakena

Ahu Tahiri

Het ideale vertrekpunt voor deze ongeveer 60 km lange rondrit is het oostelijk van de landingsbaan gelegen **Vinapu** 11. De hobbelige veldweg komt direct uit voor **Ahu Tahiri,** waar zes beelden op hun gezicht liggen. Op deze locatie voerde de Kon-Tiki-expeditie van 1955/1956 onder leiding van Thor Heyerdahl omvangrijke opgravingen uit, die ertoe leidden dat ze later speculeerden over de mogelijke afkomst van de bewoners van Rapa Nui uit het Incagebied. Het idee was vooral gebaseerd op een steunmuur met zeer precies samengevoegde, glad gepolijste basaltblokken: deze leken – op het eerste oog – op de beroemdste bouwwerken van de Inca's. De serieuze archeologie heeft echter tot op heden geen enkel bewijs gevonden voor immigratie van Zuid-Amerikaanse stammen. De grootste steen in de 2,80 m hoge muur weegt ca. 7 ton. Het bouwjaar werd vastgesteld op 1228. Onder de drie beelden in het zuidelijke deel van het cultusplateau werd in de 19e eeuw door de eilandbewoners nog een grafkamer gebouwd.

Ongeveer 100 m zuidelijker ligt de **Ahu Vinapu**, een uit circa 860 stammend bouwwerk uit de vroegste fase van de platformarchitectuur. De muurblokken zijn slechts grof bewerkt en eenvoudigweg opgestapeld. Meer landinwaarts verheft zich voor de *ahu* een stèle van okerkleurig tufsteen. Volgens een schets uit 1886 had hij oorspronkelijk twee koppen. Omdat er nog in de 19e eeuw rituelen bij werden uitgevoerd wordt hij gerekend tot de latere beeldhouwwerken.

Naar de Ahu Akahanga

Om de zuidkust met zijn vele voormalige rituele centra te volgen moet u het korte stuk naar het einde van de landingsbaan terugrijden. Met korte tussenpozen komt u voorbij aan enkele kleine *ahu*-ruïnes met voorover gekantelde beelden. Bij **Vaihu** komt de weg samen met de kusthoofdweg. Ooit lagen in deze baai grote ceremonieplateaus. De **Ahu Hanga Te'e** 12 is beter bewaard gebleven, maar een hele serie *moai* is hier omvergegooid. Bij het water staat een grote *pukao* met goed zichtbare beitelsporen.

De **Ahu Akahanga** 13 verdient een uitgebreide bezichtiging. Meteen al voor de parkeerplaats liggen de stenen fundamenten van diverse botenhuizen. De *ahu* zelf bestaat uit zes bovenop elkaar gebouwde constructies. Hier stonden minstens 22 *moai*, maar deze zijn ofwel omgehaald of als bouwmateriaal verwerkt in de muren. Mogelijk stonden er eens zeventien beelden op een rij. Een band rode vulkaanslakken geeft de bovenste laag stenen platen aan van het hellende, uit twee lagen bestaande platform. Onder de *pukaos* zijn grafkamers gebouwd. Enkele meters verder westelijk staat een eenzame *moai* terzijde van het platform, zonder de typische ooguitsparingen – men gaat ervanuit dat hij bij het oprichten is weggegleden en op deze plek is blijven liggen; een onherstelbaar bedrijfsongeval...

Ahu Tetenga

In een vlakke laagte, enkele kilometers verder, ligt de **Ahu Tetenga** 14, een afgeplatte steenhoop met enkele gebroken beelden. Het bouwwerk werd nooit voltooid, ook al stond hier een van de grootste kolossen buiten de *moai*-werkplaats. Vanaf de Ahu Tetenga leidt de weg omhoog en biedt gaandeweg een steeds vrijer uitzicht op de rotsen van de Rano Raraku. Direct naast de weg ligt op zijn buik een kolos nog steeds op verder vervoer te wachten.

Ranu Raraku

De *moai*-werkplaats bij de vulkaan **Rano Raraku** 15 is misschien wel de spectaculairste steengroeve ter wereld. Om die te bekijken moet u minstens twee uur uittrekken. Al uit de verte zijn gemakkelijk zeventig *moai*-koppen aan de voet van de berg te ontwaren. De steile hellingen van de Rano Raraku zijn bezaaid met 400 tot wel 250 ton zware en meer dan 20 m hoge beelden. In de hoger gelegen, rotsachtige gedeelten liggen de *moai* die nog werden bewerkt, aan de voet van de berg staan de voltooide kolossen in diepe greppels gereed voor transport. Enkele exemplaren zijn op hun rug naar beneden gegleden. Andere liggen voorover op het vlakke terrein.

Er zijn diverse verkenningspaden over de helling uitgestippeld. Veiligheidshalve is het aangeraden om u niet buiten het verharde pad te begeven. Voorbij het beeld Piro Piro leidt een smaller pad naar een in de rots uitgehouwen trap die naar de kraterrand voert. Deze korte beklimming is beslist de moeite waard – het uitzicht over het ronde kratermeer en de overige 117 beelden is uniek. Via een doorgang bij de westelijke afwatering van het meer kunt u aan de buitenkant van de krater komen.

Ahu Tongariki

Een ander onbetwistbaar hoogtepunt tijdens de rondrit over het eiland vormt de pas in de jaren 1990 gerenoveerde **Ahu Tongariki** 16 in de Hotu-Itibaai, wellicht het meest indrukwekkende bouwwerk van heel Polynesië. Hier is 23.000 m^3 lavagesteente opgestapeld tot een wigvormig platform met daarop vijftien kolossale en ongetwijfeld loodzware beelden van tufsteen. Een adembenemend schouwspel. Achter de stenen reuzen glinstert het diepblauwe water van de Grote Oceaan, en als

De Ahu Tongariki: in 1960 door een tsunami verwoest, in 1993–1995 gerenoveerd

u in de richting van het eiland kijkt ziet u de steile wanden van de Rano Raraku.

De gecompliceerde renovatiewerkzaamheden begonnen in 1993. Op 21 mei 1960 werd Paaseiland getroffen door een geweldige vloedgolf, die was veroorzaakt door de tot op heden grootste aardbeving bij de ruim 4000 km verderop gelegen kust van Chili. Deze raasde met een snelheid van 650 km/h over de hele Grote Oceaan. Tongariki werd in een mum van tijd weggespoeld. De 180 m lange *ahu* en de rij voorover gevallen beelden – de zwaarste *moai* weegt altijd nog 88 ton – vlogen bijna letterlijk door de lucht. De resten kwamen vervolgens verspreid over een oppervlakte van 100.000 m² terecht. Met behulp van een Japanse bouwkraan werd de puinhoop opgeruimd door 90 eilandbewoners onder leiding van de Chileense archeoloog Claudio Cristino. Ieder blok gehouwen steen werd zorgvuldig opgemeten en gecategoriseerd. In musea en privéverzamelingen zochten de archeologen naar documenten en foto's die stamden uit de tijd van voor de tsunami. Uit die gegevens kon ten slotte het monument worden gereconstueerd.

De maandenlange opgravings- en restauratiewerkzaamheden hebben geleid tot een ingrijpende demystificatie van de tot dan toe raadselachtige geschiedenis van Rapa Nui, omdat nu de continue ontwikkeling van de bouwkunst kon worden blootgelegd. Bij de *ahu* gaat het uitsluitend om een dodencultusplaats van een enkele – de Polynesische – cultuur. De bouwgeschiedenis strekt zich uit over een periode van 1000 jaar. Het begon kleinschalig en eindigde op gigantische schaal. Tientallen beelden werden in de loop der tijd op gezette tijden omgehaald en gebruikt als vulmateriaal voor nieuwe, nog grotere bouwwerken. Tegenwoordig liggen er veel afgebroken stukken van *moai* als stille getuigen naast de Ahu Tongariki. Zowel de afmetingen als de vorm onderscheiden zich in

sterke mate van andere *ahu*. De grootste *moai* is 8,90 m groot en weegt 88 ton – alleen al de kop is 26 ton. Het beeld met de *pukao* aan de westkant van het platform weegt 60 ton en is nagenoeg nog geheel intact. De fijn gebeeldhouwde, ieder 2 m² grote handen, de versierselen aan de meterslange oren en hun evenwichtige verhoudingen maken dit tot het volmaaktste beeld van het hele eiland. Het beste moment om Tongariki te bezoeken is bij zonsopkomst of in de late namiddag.

Schiereiland Poike

Via het **schiereiland Poike** gaat u langs de indrukwekkende zuidkust naar de noordkust. Op een verhevenheid in het landschap staat een klein houten gebouwtje. Hier woont de opzichter van een runderboerderij die 's middags als gids werkt en met wie u het schiereiland kunt bezichtigen. Te bezoeken zijn hier onder meer de maagdengrot **Ana o keke** 17 en de maagdenbron **Vai a heva** 18. Neem een pakje sigaretten voor hem mee – daarmee doet u hem een groot plezier.

Naar de Ahu Heki'i

Langs de noordelijke kuststrook rijgen de *ahu* zich in verscheidene reeksen aaneen. De streek moet, toen de Spanjaarden er in 1770 voet aan wal zetten, dichtbevolkt zijn geweest. De bouwwerken die hier staan zijn voornamelijk van latere datum – het zijn zogenaamde half-piramide-*ahu*. Er staan geen grote *moai*. De eerste *ahu* die u vanaf de weg tegenkomt, heeft de omtrekken van een schip. Binnen in de ongeveer 80 m lange en 2 m hoge *ahu* zijn grafkamers gebouwd. Vlak voor de La Pérousebaai staat aan uw linkerhand een hek om een lavabedding heen. Op het oppervlak zijn tientallen figuren gegraveerd die haaien, schildpadden, vishaken en catamarans voorstellen. In deze baai kwam in 1786 de Franse kapitein La Pérouse aan land. De reusachtige ruïne van de **Ahu Heki'i** 19 is nog maar weinig

Tip: Tapati Rapa Nui

Tapati Rapa Nui is het belangrijkste feest op Paaseiland, waarbij de nieuwe *Reina Rapa Nui* (Paaseilandkoningin) wordt gekozen. Al vroeg in het jaar worden de kandidaten door de belangrijkste familieclans voorgedragen. De *Reina Rapa Nui* is niet gewoonweg de knapste eilandbewoonster, maar de winnares van een wedstrijd met allerlei verschillende onderdelen, zoals dansen, zingen, paardrijden, vissen, duiken, een soort triatlon à la Rapa Nui, het houwen van *moai*-beelden, koken, *kaikai*, een soort touwtjesspel, lichaamsbeschilderen en *haka pei*, een afdalingswedstrijd op sledes van bananenboomhout. De kandidate wordt gesecondeerd door een zorgvuldig samengesteld team. Wie de meeste punten heeft verzameld wordt de nieuwe koningin.

Maanden van te voren beginnen de voorbereidingen van het feest. Eind januari is het dan zover – *Tapati Rapa Nui* begint met feest en een eerste presentatie van de kandidaten. Het evenement duurt tot diep in de nacht. Vervolgens wordt verder gefeest in de provisorische *hare maúku*, de feesttent. Het Anakenastrand dient als decor voor de verbeelding van de aankomst van Hotu Matua en de eerste kolonisten. In de *moai*-werkplaats, in de krater van de Rano Raraku, vindt de triatlon plaats. De atleten lopen met trossen bananen op hun schouders rond de krater, doorkruisen deze zwemmend en roeien ten slotte met een zelfgemaakt biezen vlot terug. Van de berg Maunga Pui roetsjen naakte, met aardkleuren beschilderde jongens op bananenboomstammen over de helling naar beneden.

Het hoogtepunt van de twee weken durende festiviteiten wordt gevormd door een optocht met praalwagens. Tijdens de laatste feestnacht worden de puntenresultaten bekendgemaakt en krijgt de nieuw gekozen *Reina Rapa Nui* een uit hout gesneden kroon op het hoofd gezet.

Tapati Rapa Nui is inmiddels een van dé attracties van het eiland en de enige mogelijkheid de traditionele cultuur van de *Rapa Nui* mee te beleven. Wie beslist hierbij aanwezig wil zijn dient op tijd een hotel en een vlucht te boeken.

Bij Tapati Rapa Nui is inzet van het hele lichaam vereist

onderzocht. Diverse *moai* liggen onder een laag stenen op het *ahu*-platform. Eronder zijn grafkamers gebouwd.

Te Pito

Aanmerkelijk interessanter is de volgende baai, Hanga o Honu, waar een reusachtige kei staat. Rond de ovale, glad gepolijste steen kuieren vaak toeristen of ze zitten er te mediteren – **Te Pito** zou magische krachten uitstralen. De donkergrijze basaltkegel heeft de reputatie de 'navel van de wereld' te zijn. De pelgrims hechten veel waarde aan zijn exacte ligging op 27° 5' 7,2" zuiderbreedte en 109° 18' 6,9" westerlengte. Volgens sommige eilandbewoners is hij lang geleden verplaatst van Ahu a Kapu aan de westkust naar **Ahu Te Pito Kura** 20 aan de noordkust. Direct ernaast stond tot 1838 de grootste *moai* die ooit werd opgericht. Volgens de overlevering kwam deze buitenproportionele kei samen met de eerste eilandkoning Hotu Matua naar Rapa Nui, maar volgens geologen is het een product van vulkanische activiteit. Hij weegt bijna 1 ton en heeft een diameter van 80–100 cm.

In 1993 ontdekten archeologen bij opgravingen bij de Ahu Tongariki nog een kei. Deze was kleiner dan Te Pito, maar net zo glad gepolijst en versierd met een ingegraveerde fregatvogel. Omdat hij te midden van de rijen stenen van het gerestaureerde monument staat, trekt hij niet dezelfde aandacht als Te Pito.

Anakenabaai

Als u verder naar het westen rijdt, komt u langs het kleine zandstrand Ohave, dat uitgestrekt onder de roodachtige rotswand van de Maunga Puha ligt. Bij het vlakke, met zeer licht zand bestrooide **Playa Anakena** 21 kwamen 1500 jaar geleden de eerste pioniers aan land onder aanvoering van hun leider Hotu Matua. De koninklijke familie vestigde hier haar residentie en ontzegde de andere eilandbewoners voortaan de toegang. Alleen tijdens bijzondere feesten en ceremonies mochten de gewone mensen op Anakena bijeenkomen. In 1960 werden hier kokospalmen aangeplant, wat de baai tot een ideale ambiance maakt voor een dagje strand.

De indrukwekkende **Ahu Nau Nau** 22 werd gerestaureerd in 1978. De achterkant van de *moai* heeft nog de originele inscripties. In die steunmuur werd een *moai*-kop verwerkt. Diverse stenen platen zijn voorzien van goed geconserveerde schilderingen. De afgezonderd staande *moai* op de **Ahu Ature Huki** 23 aan de voet van een kleine verhoging werd als eerste beeld in 1956 samen met de eilandbewoners door de Kon-Tiki-expeditie weer rechtop gezet.

i **Sernatur:** Tu'u Maheke, tel./fax 32-210 02 55, sernatur_rapanui@etnelchile.net. Hotel- en restaurantlijsten, stads- en eilandplattegronden. Er is ook een Sernaturloket op het vliegveld, ma.–vr. 8–13, 14–19 uur.
Cámara de Turismo Isla de Pascua: Tu'u Maheke, gelegen naast Sernatur, tel. 32-255 00 55, camararapanui@entelchile.net, ma.–vr. 9–13, 15–18.30 uur.
Conaf: Is gevestigd bij het cultuscentrum Orongo, dag. 9–18 uur. Hier kunt u folders en ander informatiemateriaal krijgen.
Internet: www.museorapanui.cl, www.rapanuiturismo.cl, www.visitrapanui.cl
Internetcafés: Aan de hoofdstraat van Hanga Roa, geopend 9–21 uur.

De **prijzen** liggen over het algemeen nogal hoog.
Explora Hotel Posada de Mike Rapu: Sector Te Miro Oone, 8 km van Hanga Roa. Tel. 32-255 11 75, www.explora.com, 30 kamers en suites. Minimalistisch en smaakvol in Orongostijl vormgegeven hotel, natuurlijke materialen als hout en bamboe. Jacuzzi en spa. Ruime kamers. 3-daags totaalpakket 2 pk US$1800. Volpension, café en dagelijks excursies.
Hotel Hanga Roa: Av. Pont s/n, tel. 32-210 02 99, fax 32-210 06 95, www.hotelhangaroa.cl. Zakelijk bungalowcomplex buiten Hanga Roa; Comfortabel, maar het onderhoud is enigszins achterstallig. Panoramisch uitzicht over zee, café-restaurant, zwembad, internet, folkloristische voorstellingen. Vanaf 2009 zal het uitgebreid worden met een nieuw resortcomplex. 2 pk US$210.
Hotel Taha Tai: Av. Policarpo Toro, tel. 32-255 11 92, fax 32-255 11 93, www.hoteltahatai.cl,

Eilandexcursies: Het is raadzaam minstens een excursie van een dag te doen onder leiding van een plaatselijke gids. Wie op eigen houtje wil rondkijken kan een auto huren. Een 4x4 kost maximaal US$120 per dag, benzine is goedkoop. Een touroperator is bijvoorbeeld Rapanui Travel Ltda. tel. 32-210 05 48, mtravel@entelchile.net, www.rapanuitravel.com

aan de rand van het dorp, airco, sommige kamers met uitzicht op zee, zwembad. 2 pk US$165.

Hotel Iorana: Ana Magaro s/n, tel. 32-210 06 08, fax 32-210 03 12, www. ioranahotel.cl; 50 kamers. Op enige afstand van Hanga Roa. Verzorgd, rustig, groot hotel met tuin, zwembad en een uniek uitzicht op de oceaan. Tevens café, restaurant en souvenirwinkel. 2 pk US$134–200.

Hotel Manavai: Av. Te Pito o te Henua 1945, tel. 32-210 06 70, fax 32-210 06 58, www.hotelma navai.cl. Rustiek hotel met tuin en zwembad midden in het dorp. 2 pk US$130–160 (afhankelijk van het seizoen).

Hotel O'Tai: Av. Te Pito o te Henua s/n, tel. 32-210 02 50, fax 32-210 05 60; 24 kamers. Midden in het dorp; prettige sfeer, nette kamers, prachtige tuin, zwembad. 2 pk US$115–145 (afhankelijk van het seizoen).

Hotel Gomero: Av. Tu'u Koihu, tel. 32-210 03 13, fax 32-255 16 62, www.hotelgomero.com. Centrale, rustige ligging, informele sfeer, verzorgde tuin met zwembad. 2 pk US$105.

Hotel Vai Moana: Av. Policarpo Toro, tel./fax 32-10 06 26, www.vai-moana.cl. Het eerste en enige hotel in Oceanië en Amerika dat het ITR-milieukeurmerk 'Biosphere Hotel' mag voeren. Bungalowcomplex met tuin, uitzicht op zee, restaurant, excursies en internet. Rustige ligging aan de rand van het dorp nabij het cultuscomplex Tahai. 2 pk US$70.

Casa Napohe: Ara Roa Rakei, tel. 32-255 11 69, fax 32-210 01 53. Twee vakantiewoningen, schoon en gezellig, op tien minuten van Hanga Roa. US$30 per persoon.

Chez Cecilia Residencial: Av. Atamu Tekena s/n, tel. 32-210 04 99, www.rapanuichezcecilia.com. Groot en fraai complex met kleine, eenvoudige kamers, populair bij rugzaktoeristen. 2 pk US$70.

Konatau jeugdherbergen: Av. Avareipua, tel./fax 32-210 03 21. Ideaal voor rugzakkers met een kleine beurs. Eenvoudige kamers, maar met kookgelegenheid. US$25 per persoon.

Mihinoa Camping: Av. Pont, tel. 32-255 15 93, http://mihinoa.com. Wild kamperen is op Paaseiland verboden – 40% van het eiland staat onder bescherming van (natuur)monumentenzorg. Deze camping aan de kust heeft ook kamers met kookgelegenheid en biedt een prachtig uitzicht op zee.

Er zijn verder nog vele smaakvolle en comfortabele **residenciales** zoals **Inaki Uhi**, www.inakiuhi.cl. Hun vertegenwoordigers bieden zich aan in de aankomsthal van het vliegveld.

Prijzen: Voorgerechten 3000–5000 peso, hoofdgerechten 8000–10.000 peso.

La Taverne du Pêcheur: Caleta de Pescadores. Dit etablissement gaat door voor het beste restaurant in Hanga Roa; de waard is de populaire Fransman Gilles Pesquet. Hij serveert onder meer heerlijke *paella*, sashimi, biefstuk en langoesten. Tevens zeer goede wijnkelder.

Te Ra'ai: Tel. 32-255 14 60. www.raairapanui.cl. Typische Paaseilandkeuken. Pièce de résistance is *umu*, een Polynesisch ovengerecht dat onder de naam *curanto* ook in Puerto Montt en op Chiloé zeer geliefd is.

Aloha: Av. Atamu Tekena. Populair restaurant met café en livemuziek. Toppers zijn Papa Aloha en de tropische cocktails.

Te Moana: Av. Atamu Tekena. Hip restaurant met voornamelijk lokale clientèle. Goede Polynesische schotels en exotische drankjes. De specialiteiten zijn *tabla de pescado* (voorgerecht met vis) en *ceviche* van tonijn. Livemuziek.

Aringa Ora: Av. Atamu Tekena. Tel. 32-210 01 88. Openluchtrestaurant met typisch Chileense keuken. Sandwiches, vis en langoesten.

Café Raa: Av. Atamu Tekena. Echte espresso, cappuccino en gewone koffie. Lichte gerechten, taart en verse vruchtensappen. Goed trefpunt; internet en boekenruil.

Mikafe: Caleta de Pescadores. Prima ontmoetingsplek, ook voor goede koffie en een ijsje.

Akahonu: Naast het cultureel centrum. Een 'surfers place'. Kleine tent met vrij uitzicht op de bedwingers der golven *(hakanini)*.

Houtsnijwerk van de karakteristieke *moai kavakava* uit mirtehout is verkrijgbaar in kunstnijverheidgaleries in het centrum; **mosselkettingen** en **lapislazulikunst** zijn te koop op een kleine markt aan de hoofdstraat Av. Atamu Tekena.

Café Raa en **Aloha**, beide Av. Atamu Tekena s/n; leuke cafés en trefpunten, soms met livemuziek van lokale bands.
Discotheken: Toroco en Biditi zijn open van middernacht tot het ochtendkrieken.

Er zijn enkele zaken waar **fietsen** en **motoren** en andere waar **paarden** worden verhuurd. Makemake, Av. Atamu Tekena s/n, tel. 32-210 05 60, verhuurt ook mountainbikes.

Duiken kan zich in een toenemende belangstelling verheugen. In de vissershaven Caleta Hanga Roa Otai is Diving Center Orca gevestigd, Caleta de Hanga Roa, tel. 32-255 03 75, fax 32-255 04 48, www.seemorca.cl.

Tapati Rapa Nui: Laatste week van januari en de eerste van februari (zie blz. 374).

Vliegtuig: Lan Airlines vliegt vier keer per week vanaf Santiago op Mataveri en twee keer per week vanaf Papeete/Tahiti.
Stadskantoor Lan Airlines: Av. Atamu Tekena s/n, binnen Chili tel. 32-10 02 79, vanuit het buitenland tel. 00 56-322-10 02 79.
Taxi: Op de taxi's in Hanga Roa na is er geen openbaar vervoer op Paaseiland. Een rit in de omgeving van het dorp kost 1000 peso, ca. US$2. Naar het Anakenastrand kost ca. US$15. Spreek de tijd dat u wilt worden opgehaald af met de chauffeur.

De ongeveer 20 ton wegende Ko te Riku, de enige *moai* met ogen

Juan-Fernándezeilanden

Atlas blz. 9 A–C 1

Deze archipel in de Grote Oceaan kan niet alleen bogen op een rol in een van de beroemdste boeken ter wereld, maar ook op een wonderschone inheemse flora, een legendarische vogelrijkdom, een kreeftenparadijs in kristalhelder water en een hartverwarmende gastvrijheid. De 600 inwoners maken het de bezoeker zoveel mogelijk naar de zin.

Ontdekking

De gekloofde bergtoppen van de Juan-Fernándezeilanden, die 360 mijl uit de Chileense kust bij San Antonio in de vaak zeer onstuimige Grote Oceaan liggen, werden voor het eerst waargenomen op 22 november 1574 door de Portugese zeevaarder in Spaanse dienst Juan Fernández. Hij moest al zijn maritieme stuurmanskunst aanwenden om deze afgelegen plaats te vinden. Terug in zijn Peruaanse uitvalsbasis Callao kreeg hij van de inquisitie het verwijt met hulp van de duivel te hebben genavigeerd. Later heeft hij zijn navigatiekunsten neergelegd in zijn *Tratado de navegação de Chili contra o sul* en zodoende aangetoond dat hij alleen met de hulp Gods zo ver kon komen.

Bij het verzinnen van namen voor de drie onbewoonde eilanden speelde fantasie blijkbaar geen rol: ze werden Más a Tierra, Más Fuera en Santa Clara gedoopt – 'dicht bij de kust', 'verder van de kust' en Santa Clara. De twee eerste zijn tegenwoordig vernoemd naar hun beroemdste bewoners: Robinson Crusoë en Alejandro Selkirk – alleen Santa Clara behield zijn naam. Op dit slechts 2 km² grote rotsachtige eiland lieten de bewoners de door Juan Fernández ingevoerde geiten hun gang gaan, die het volkomen kaal vraten.

Het 44 km² grote Isla Alejandro Selkirk bleef voor het grootste deel ongerept – overigens ook door Alexander Selkirk zelf, die op Robinson Crusoë-eiland woonde (zie blz. 380). Slechts tijdens het kreeftenseizoen vestigen zich hier vissers. De Chileense regering kwam in 1909 door het verhaal van Selkirk op een idee en maakte van het eiland een strafkolonie, die echter weer snel werd opgeheven.

Landschap, flora en fauna

Alleen het 47 km² grote Robinson Crusoë-eiland is bewoond. In de pas sinds 1877 continu bewoonde hoofdplaats San Juan Bautista heerst geen drukke bedoening, ook al wonen hier alle 600 inwoners bij elkaar. Wie naar de Juan-Fernándezeilanden komt, moet niet uit zijn op stedelijke verstrooiing, maar de geïsoleerde ligging en de weelderige, prachtige natuur op waarde weten te schatten.

De Juan-Fernándezeilanden zijn wel vergeleken met een botanisch laboratorium – volkomen afgesneden van het Zuid-Amerikaanse vasteland heeft zich hier een unieke vegetatie ontwikkeld. Uitheemse zaadjes werden door het drukke zeevogelverkeer naar de archipel overgebracht en ontwikkelden zich daar op eigen wijze verder. Plantkundigen kunnen op Robinson Crusoë hun geluk vaak niet op (zie ook blz. 383).

Geologisch zijn de eilanden ook tamelijk bijzonder. Uit de kleine, sterk geplooide eilanden steken hoge toppen omhoog als versteende uitbarstingen. Op Isla Alejandro Selkirk ligt de Cerro de Los Inocentes, met 1650 m de hoogste verhevenheid van het eilandenrijk. øp Robinson Crusoë-eiland reikt El Yunque nog altijd tot 915 m. Rotsen met door erosie gearceerde, als huismuren zo steile wanden, benemen de blik op het binnenland. De pieken van de bergkam doen denken aan de rug van een draak. In het late namiddaglicht is het spel van hun schaduwen op de malse groene weiden in het binnenland werkelijk schitterend.

Bij de scherp uitgesneden toppen van de sterk geplooide bergrug in het noordoosten van het eiland condenseren de oceaanwolken tot zware neerslag, die neerkomt op het reusachtige, ondoordringbare varenbos en oerwoud. Het westen ziet er 's zomers vaak uit zoals het terrein rond San Pedro de Atacama: hier werd de slechts 800 m lange landingsbaan met springstof uit de rots geblazen. Als er erg veel wind staat, durft geen piloot hier de landingsmanoeuvre aan. De weg naar San Juan Bautista behelst ofwel een moeizame klimpartij van vijf uur over het eiland, ofwel een vaartocht van anderhalf uur langs de kust, waarbij het zeer onstuimig toe kan gaan. Het kristalheldere water is voor duikers erg aantrekkelijk, en in het collectieve bewustzijn van de Chilenen heeft het idee postgevat dat de beste kreeften van hun Robinson Crusoë-eilandje afkomstig zijn – wat overigens tot een dramatische decimering van de populatie heeft geleid.

Toerisme

Het valt niet mee om de Juan-Fernándezeilanden te bereiken – des te beter wellicht, want de gehele archipel, met uitzondering van de stad en de luchthaven, is één groot beschermd natuurgebied. Sinds 1977 is het een door Unesco aangewezen biosfeerreservaat. De meeste bezoekers blijven niet langer dan drie dagen. Vanwege de beperkte capaciteit van de kleine vliegtuigjes is ruim van tevoren boeken noodzakelijk, vooral voor het hoogseizoen in de zomermaanden. Reisbureaus verklaren overigens eensgezind dat het enige waarover de bezoekers van het eiland klagen hun te korte verblijfsduur is – niet de nog bescheiden toeristische of medische voorzieningen.

Onderweg met de auteur

Naar de Mirador de Selkirk

Het staat nagenoeg vast dat Robinson Crusoë dit pad opklauterde om de oceaan af te speuren – in ieder geval zou het heel goed kunnen. Na de enigszins inspannende wandeling wacht u een zeer weids uitzicht. Onwillekeurig gaat men ook zelf de horizon afzoeken naar schepen (zie blz. 381).

Met langoestenvissers mee

De langoestenvisserij is een van de belangrijkste bronnen van inkomsten voor de eilandbewoners. Met een beetje geluk vindt u een visser met wie u mee het water op mag (zie blz. 383).

De laatste jaren is het eiland een favoriete reisbestemming geworden voor mensen die van trektochten houden, die de buitengewone wandelpaden door de volstrekte eenzaamheid weten de waarderen, daarbij hun eigen levensbenodigdheden meebrengen en slapen in tentjes. Ook duiken is een populaire sport aan het worden. De Refuguio Náutico en de vliegmaatschappij Aeromet hebben hiervoor geschikte programma's.

De mythevorming gaat nog altijd verder. Op de eilanden zouden zich goud en andere natuurlijke schatten bevinden, en ook de kennelijk nog altijd onontdekte piratenschat heeft heel wat schatzoekers aangelokt. De eerste in deze categorie was de Amerikaan Bernard Keiser, die aan de hand van oude zeekaarten aan het graven sloeg. Het recentste gerucht van een gevonden schat dat in de media circuleerde dateert van eind 2005.

15 Isla Robinson Crusoe

Kaart: blz. 382

San Juan Bautista

De bij de Bahía Cumberland gelegen hoofdplaats **San Juan Bautista** 1 is niet meer dan

Robinson Crusoë – mythe en werkelijkheid

Thema

'Het moet op 30 september zijn geweest dat ik voet aan land zette op dit verschrikkelijke eiland, dus omstreeks het moment dat het thuis herfst wordt en dag en nacht precies even lang zijn. Maar hier stond hij loodrecht boven mijn hoofd te branden; volgens mijn berekening bevond ik mij 9° 22' ten zuiden van de evenaar.'

Aldus noteert de beroemdste schipbreukeling aller tijden, Robinson Crusoë, op 30 september 1659 in zijn 'dagboek'. Wie nog nooit van Robinson Crusoë heeft gehoord – en dit geldt niet alleen voor kinderen maar ook voor volwassenen – heeft beslist iets fundamenteels gemist. Hij of zij heeft nooit gelezen over de angstaanjagende, dodelijke golven die de ongelukkige naar het eiland joegen, noch over zijn wanhoop toen hij erachter kwam dat hij was aangespoeld op een volkomen geïsoleerd eiland midden in de oceaan, noch over hoe hij de plek koos waar hij zijn kamp zou opslaan: 'een vlakte die aan een kant door een geweldige rots werd begrensd, steil en recht als de muur van een huis.'

Er zullen niet veel mensen zijn die weten dat er een echte Robinson Crusoë heeft bestaan, wiens verhaal Daniel Defoe tot zijn roman heeft geïnspireerd: de Schotse driftkop Alexander Selcraig – of Selkirk, zoals hij zich later noemde. Deze scheepte zich op 7 februari 1704 in Londen als matroos in op de koopvaarder *Cinque Ports*. Maar midden op de oceaan kreeg hij zo'n ruzie met kapitein Thomas Stradling over de toestand van het schip en de ontoereikende rantsoenen van de matrozen, dat hij zelf verzocht van boord te worden gezet met niets anders dan een bijl, een Bijbel, een beetje tabak, een geweer, een paar nautische boeken en een pond kruit. Vier lange jaren heeft zijn zelfgekozen ballingschap geduurd – en nagenoeg vanaf het moment dat hij aan land strompelde heeft hij die vervloekt.

De leefomstandigheden waren hard, maar hij wist zich te handhaven. Als dagboek gebruikte hij boomstammen, waarin hij zijn notities kerfde. Hij las in de Bijbel en maakte een kalender om zijn gevoel voor tijd niet te verliezen. Van zeehondenpelzen maakte hij kleren en bladeren dienden als materiaal voor een dak boven zijn hoofd tegen de regen. Hij fokte geiten en raakte zozeer gewend aan het blootsvoets lopen dat hij nog jaren na zijn terugkeer in februari 1709 naar de beschaafde wereld geen schoenen kon verdragen. Ook het spreken had hij verleerd.

Volgens sommige tijdgenoten was hij na zijn robinsonade vervreemd van elke vorm van beschaving, maar volgens anderen was hij dat daarvoor ook al. De lust tot avontuur in hem was daarna echter nog niet gedoofd. Aan de kust bij zijn Schotse woonplaats Largo bouwde hij de grot na waar hij woonde tijdens zijn verblijf op de Juan-Fernándezeilanden, maar later vertrok hij naar Londen om te trouwen. Ook het zeemansbloed bleef stromen: hij stierf in 1723 op 47-jarige leeftijd aan boord van een koopvaardijschip voor de kust van Afrika. In 1719 verscheen *The life and strange adventures of Robinson Crusoe, of York, mariner* van Daniel Defoe – dat wordt beschouwd als de eerste Engelstalige roman. Het boek bracht zowel Selkirk als de schrijver onsterfelijke roem.

een verzameling vissershutten en huisjes aan onverharde straatjes. Het ligt niet ver van de plaats aan de noordkust waar Alexander Selkirk ooit zijn hol in de rots uitbikte – zowel destijds als tegenwoordig blijkbaar de beste plaats om te wonen. De enige stadsplanologische bijzonderheid in dit tien straatjes grote dorp is het feit dat de begraafplaats, het voetbalveld en de vuurtoren onmiddellijke buren zijn.

In de **Casa de Cultura Alfredo de Rodt,** waar ook de Biblioteca Daniel Defoe is gevestigd, worden exposities gehouden. Een van de kamers is gewijd aan de geschiedenis van het Duitse oorlogsschip *Dresden*, die in februari 1915 in de Bahía Cumberland, ten tijde van de Eerste Wereldoorlog, tijdens een zeeslag met twee vijandelijke schepen van de Britse marine werd geraakt. Vervolgens werd het oorlogsschip door de eigen bemanning naar de kelder gejaagd, waarna de mannen naar de kust zijn gepagaaid; een van de betrokkenen zou Wilhelm Canaris zijn geweest, de latere admiraal onder Hitler (ma.-vr. 10–12, 16–20 uur).

Vesting Santa Bárbara

Vlak bij San Juan Bautista staat de in 1974 gerestaureerde vesting **Fuerte Santa Bárbara** 2, die de Spanjaarden in 1749 hebben gebouwd om zich te verdedigen tegen piraten. Ernaast liggen de uit zeven grotten bestaande **Cuevas de los Patriotas**. Daarheen werden in 1815 de Spaanse soldaten verbannen die zich tijdens de Chileense Onafhankelijkheidsoorlog niet wilden overgeven aan de nationalisten.

Mirador de Selkirk

U kunt een fraaie wandeling van vier uur maken naar de **Mirador de Selkirk** 3, die direct achter de vesting Santa Bárbara uitkomt in een weelderig varenoerwoud, de favoriete habitat van de inheemse kolibrie, *Picaflor rojo*. De Conaf heeft een natuurleerpad uitgestippeld door het bos. Naar de op 565 m hoogte gelegen *mirador* op de Cerro Portezuelo vereist enig klauteren, maar u wordt boven beloond met het uitzicht over het gehele eiland – een beetje woestijn en veel mooi oerwoud – de oceaan, en de twee andere eilandjes. Het is van een eindeloze schoonheid.

Cueva de Robinson Crusoe: heeft de beroemde schipbreukeling hier gewoond?

Cueva de Robinson Crusoe

De **Cueva de Robinson Crusoe** 4 (Robinson Crusoëgrot), ten westen van San Juan Bautista, is zowel te voet als met een korte boottocht te bereiken. Hij wordt nauw omsloten door steil oprijzende bergwanden en vlakbij ligt een zwart kiezelstrand waar het wemelt van de krabben. Een snelstromende beek mondt hier uit in zee – voor Robinson was deze van levensbelang. Op een heuvel staan nog de resten van een Spaans fort.

Overige uitstapjes

Ook gemakkelijk bereikbaar vanuit San Juan Bautista is de 3 km verderop gelegen, schilderachtige **Plazoleta El Yunque** 5, een kleine open plaats aan de voet van de gelijknamige berg, die wordt omzoomd door schitterend regenwoud.

U kunt nog meer fraaie boottochten ondernemen met lokale vissers, zoals naar het zijdezachte strand van **Playa Arenal** 6 of naar **Puerto Francés** 7.

Het **Conafbureau** van het Parque Nacional Archipiélago Juan Fernández heeft twee informatieloketten: Alcalde Larraín s/n, en Vicente González s/n, tel. 32-75 10 04, ma.-vr. 8-18 uur.

Crusoe Island Resort: Tel. 32-275 04 97, in Santiago: San Sebastián 2839, kamer 411, Las Condes, tel. 2-334 82 25, minimaal verblijf drie dagen. Het resort ligt oostelijk van Juan Bautista tussen de rotsen boven zee. Chique safari-inrichting met veel hout, glas en artisanale details. Eigen spa en reisbureau, ook voor vluchten. Per persoon in 2 pk met volpension US$1050 voor drie dagen.
Hostería El Pangal: Sector El Pangal, Bahía Cumberland, boeken in Santiago via 2-273 14 58; 30 kamers. Omgeven door tuinen en terrassen, mooi uitzicht, zwembad; goed restaurant. 2 pk 58.000 peso.
Hostería El Mirador de Selkirk: Carrera Pinto s/n, tel. 32-275 10 28. Fraai houten gebouw in een rustige omgeving. 2 pk 40.000 peso.
Hostería Aldea Daniel Defoe: Daniel Defoe 449, tel./fax 32-275 12 33; 19 kamers. Buiten de Bahía Cumberland; comfortabele, aardige houten *cabañas*. 36.000 peso per persoon.
Hostal Charpentier: Ignacio Carrera Pino 256, tel. 32-75 10 20; gelegen te midden van groen, vlak bij het strand; veel glas en hout. Behalve

Isla Robinson Crusoe

Ark van Noach voor gestrande planten

Thema

Een weelderige, vochtig glanzende en kleurrijke plantenwereld bedekt grote delen van de Juan-Fernándezarchipel en brengt wetenschappers altijd weer in verrukking. De grote rijkdom aan zeldzame planten is wel vergeleken met die van de Galápagoseilanden voor de kust van Ecuador; een ark van Noach voor zeldzame planten.

Deze vegetatieve caleidoscoop is ook zeer waardevol, omdat sommige soorten niet inheems zijn, maar vanaf andere breedtegraden afkomstig, zoals bijvoorbeeld de sandelboom uit Azië en Polynesië, de uit Nieuw-Zeeland stammende *olivillo (Coprosma triflora)* en varensoorten als *Dicksonis bertorama* uit Fiji.

Goudenregen gedijt hier ook, en in de vochtige aarde zijn fossiele pollen gevonden van 80 miljoen jaar oud, afkomstig uit het zuidwesten van Afrika. Hoe komen die hier in vredesnaam, op een eiland dat pas 5 miljoen jaar geleden uit zee oprees? Ook de herkomst van de struik *Lactoris fernandisiana* blijft in raadselen gehuld, evenals de verklaring voor de aanwezigheid van de kleine sinaasappelboom *Zanthoxylum mayu* en de kleine *peralillo*, die gewoonlijk niet zo diep zuidelijk op het Zuid-Amerikaanse subcontinent gedijen. Behalve de vijftig verschillende varensoorten die hier tot in de hemel groeien, komen er ook diverse soorten palmen voor, mirte en de kaneelboom. Er is geen ander eiland met een dergelijke hoge concentratie inheemse planten als Robinson Crusoë-eiland. Een vrolijke bemiddelaar tussen al die plantensoorten is de felrood gekleurde Juan-Fernándezkolibrie, die zich voedt met de nectar van de *sófora*.

Maar dit paradijs, dat in 1977 door Unesco tot biosfeerreservaat is uitgeroepen, wordt bedreigd. De door kolonisten geïmporteerde en vervolgens ingeburgerde braamstruik overwoekert de inheemse flora en beconcurreert die als het gaat om voedingsstoffen. Ook de konijnenpopulatie, ooit ingevoerd voor het vlees, is uitgegroeid tot een ware plaag die niet meer onder controle is te krijgen. En dan is er nog de overbevissing van de omringende wateren, vanwege hun visrijkdom een belangrijk middel van bestaan voor de eilandbewoners en een eldorado voor duikers. Dit kan alleen worden bestreden met vangstquota. Langoesten bijvoorbeeld zijn pas na acht jaar volwassen, kleinere exemplaren zouden dus eigenlijk moeten worden teruggezet. Er is wel enig succes te melden bij de pelsrobben, die tegen het einde van de 19e eeuw nagenoeg waren uitgeroeid omdat ze zonder enige consideratie massaal werden afgeslacht.

De Juan-Fernándezeilanden zijn van zichzelf een natuurhistorisch museum, dat paradoxalerwijze nu zelf een museum nodig heeft: de zeldzame plantensoorten, de unieke variëteiten, de vreemdsoortige pollen worden tegenwoordig bewaard in broeikassen, zodat ze niet langer te lijden zullen hebben van de 'beschaving'. De eilandbewoners hopen daarom dat er alleen bezoekers zullen komen met respect voor de natuur. U kunt bij het informatiecentrum van de Conaf in het Parque Nacional Archipiélago Juan Fernández informatie krijgen die u inleidt in de geheimen van deze unieke natuur. De natuurbeschermingsautoriteiten hebben wegen en paden aangelegd.

het hostal is er ook een bungalow voor meer personen met complete keuken. 20.000 peso per persoon.

Refugio Náutico: Av. El Palillo s/n, tel. 32-75 10 77, www.islarobinsoncrusoe.cl. Als de boeg van een schip lijkt dit fantasievolle houten gebouw in de baai te liggen. Erg mooie kamers met eigen wasgelegenheid, een goed restaurant en een uitgebreid aanbod aan excursies. 2 pk US$50.

Hostería Martinez-Green: Larrain Alcalde 246, tel. 32-275 10 39; 16 kamers. Eenvoudig maar gezellig hotel; zeer gastvrije leiding. 2 pk US$35.

Er zijn twintig **tourguides** in San Juan Bautista gevestigd. Inlichtingen bij de Municipalidad, Larain Alcalde 320, tel. 32-75 10 46.

Wandelen op Robinson Crusoë-eiland wordt steeds populairder. De bijzondere vegetatie en het lichtspel van de zon op de groene berghellingen zijn erg aantrekkelijk. De Conaf adviseert over rondwandelingen en levert eventueel *guides*.

De Sindicato de Pescadores organiseert **vaarexcursies**; Endémica Expeditions, tel. 32-275 10 03 en Marenostrum Expediciones, tel. 32-275 10 80, Robinson Crusoë s/n, **paardrijtochten**, **duiken** en **wandelen**.

Vliegtuig: Er zijn twee maatschappijen die vliegen vanaf Los Cerrillos in Santiago (capaciteit 5–10 passagiers, bagage maximaal 10 kg); er wordt regelmatig gevlogen tussen oktober en april, anders uitsluitend op aanvraag.

LASSA: Av. Larrain 7941, in Aerodrom Tobalaba, tel./fax 2-273 52 09, lassa@terra.cl, vliegt vanaf sept. naar behoefte en in jan./feb. dag.

Veerboten: Armada de Chile, Primera Zona Naval, Comando de Transportes Navales, Prat 620, Valparaíso, tel. 32-52 63 54. De vaak zeer onstuimige overtocht duurt twee dagen. Vooraf aanmelden is verplicht; eilandbewoners hebben altijd voorrang. De verbinding is

Robinson Crusoë-eiland, een toevluchtsoord voor zeldzame planten en dieren

Register

Register

Register

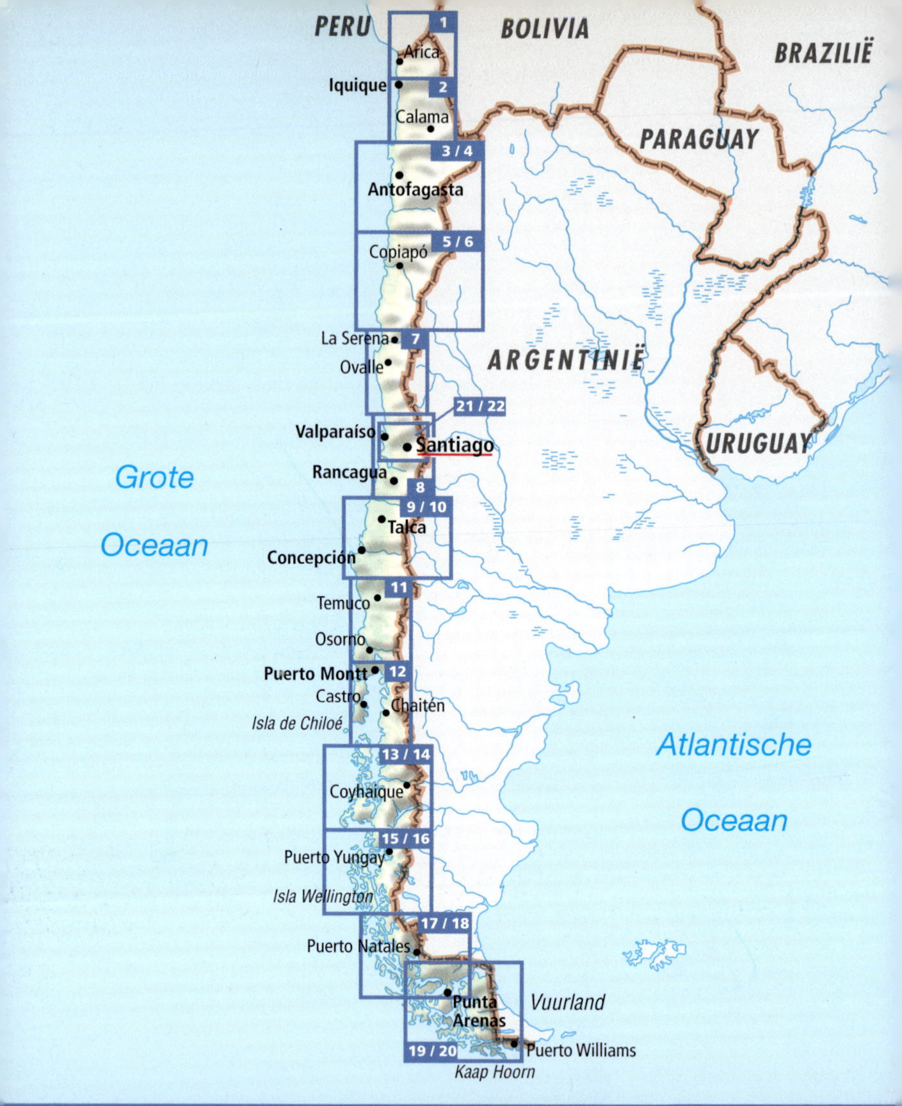
PERU
BOLIVIA
BRAZILIË
PARAGUAY
ARGENTINIË
URUGUAY
Grote
Oceaan
Atlantische
Oceaan
1
Arica
Iquique
2
Calama
3 / 4
Antofagasta
5 / 6
Copiapó
La Serena
7
Ovalle
21 / 22
Valparaíso
Santiago
Rancagua
8
9 / 10
Talca
Concepción
11
Temuco
Osorno
Puerto Montt
12
Castro
Chaitén
Isla de Chiloé
13 / 14
Coyhaique
15 / 16
Puerto Yungay
Isla Wellington
17 / 18
Puerto Natales
Punta
Arenas
Vuurland
Puerto Williams
19 / 20
Kaap Hoorn

Legenda

- Snelweg met wegnummer
- Autoweg met wegnummer
- Nationale weg met nummer; onverhard
- Hoofdweg; onverhard
- Secundaire weg
- Secundaire weg, onverhard
- Zandweg
- Weg in aanleg; geplande weg
- Verboden voor gemotoriseerd verkeer
- Tunnel
- Spoorweg
- Veer, bootverbinding
- Landsgrens
- Grens Nationaal Park; natuurpark
- Verboden terrein
- Haven
- Internationale luchthaven
- Regionale luchthaven; vliegveld
- Accommodatie
- Veerboot
- Grensovergang
- Bezienswaardigheid
- Nationaal Park; natuurpark
- Vuurtoren
- Strand
- Grot
- Bergtop
- Bergpas
- Skigebied
- Uitzichtpunt
- Gletsjer

Atlas Chili

A
B
C
1
2
3
4
PERU
BOLIVIA
CHILI
Quilla
Palca
Pachía
TACNA
Pampa de la Yarada
La Yarada
Concordia
Aeropuerto Int'l. Chacalluta
Villa Frontera
Arica
Estación Central
Molinos
Poconchile
San Miguel de Azapa
Sobraya
Pta. Blanca
Caleta Vitor
Cabo Condell
Parcelas de Chaca
Pta. Argolla
Co. Punta Madrid 1188 m
Pta. Madrid
Cuya
Caleta Camarones
Caleta Camarones
Co. Atajaña 1575 m
Pta. Gorda
Saya
Caleta Pisagua Viejo
Pisagua
Zapiga
Pta. Piojo
Caleta Mejillones del Norte
Pta. Peninsula
Co. Mejillanes 1690 m
Pta. Ballena
Pta. Colorada
Monumento al Marinero Desconocido
IQUIQUE
Bahia Chiquetana
Alto Hospicio
Playa Blanca
Aeropuerto Int'l. Diego Aracena
Caleta Chucumata
Oficina Gloria
Yapes
Puerto Patillos
Mina
Visviri
Paso Visviri
General Lagos
Villa Industrial
Ancolacani
Nasahuento
Colpitas
Coronel Alcerreca
Co. Larancagua 5439 m
Parque Nacional Lauca
Termas de Las Cuevas
Estación Puquios
Putre
Chucuyo
Parinacota
Lago Chungará
Río Lluta
Pampa Colorada
Sora
Zapahuira
Chapiquiña
Belén
Pucará de Copaquilla
Pucará de Belén
Livilcar
Lupica
Ausipar
Tignamar
Timalchaca
Pampa Oxaya
Timar
Itisa
Codpa
Chitita
Esquiña
Ulapata
Hacienda Camarones
Caritaya
Mulluri
Miñita
Miñimiñi
Alpajares
Nama
Pampa de Chaca
Pampa de Camarones
Pampa de Suca
Suca
Vilavila
Altuza
Camiña
Pampa de Tana
Corsa
Calatambo
Alto Retamilla
Aroma
Geoglifos de Tiliviche
Ariquilda
Reserva Nacional Pampa del Tamarugal
Curaña
Mocha
Negreiros
Pachica
El Gigante de Atacama
Tarapacá
Oficina Primitiva
Oficina Valparaíso
Huara
Oficina Constancia
Oficina Mapocho
Pampa Perdiz
Fuerte Baquedano
Dupliza
Pozo Almonte
Tambillo
R.N.
La Tirana
La Huaica
Pampa del Tamarugal
Pica
Matilla
R.N. Pampa del Tamarugal
Salar de Pintados
Colonia Pintados
Puquio Núñez
Oficina Victoria
Estación Cerro Gordo
Chinocave
Río Blanco
R. Achuta
Caquena
Co. Larancagua
Vol. Parinacota 6330 m
Parque Nacional Sajama
Tambo Quemado
Vol. Guallatiri 6063 m
Ancuta
Guallatiri
Reserva Nacional Las Vicuñas
Portezuelo de Japu 4402 m
Japu
Puquisa
Salar de Surire
Chuyuncallani
Surire
Chilcaya
Virgen del Carmen
Palca
Latarana
Parque Nacional Volcán Isluga
Puchuldiza
Geiseres de Puchuldiza
Chiapa
Chusmisa
Sibaya
Noasa
Parca
Mamiña
Macaya
Co. Chilinchilin 4506 m
La Cascada
Cana Cruz
Caracolla
Carahuara de Carangaz
Okoruro
Jalsuri
Ojsani
Tomarapi
Challahuiri
Sacabaya
Kotasi
Bella Vista
Caracallo
Negrillos
Tunu
Todos Santos
La Rivera
Vol. Isluga 5530 m
Enquelga
Isluga
Pisiga Bolívar
Colchane
Panavinto
Quebe
Cariquima
Umiña
Guaitani
Ancuaque
Chucuguano
Chacome
Chaviri
Lirima
Cancosa
Co. Paza 5122 m
Collacagua
Salar de Huasco
Salar de Empexa
Pampa Alona
Pircas de Copos
Chacarillas
Pampa Caya
Cahuisa
Co. Quitalo 4555 m
17
36
108
15A
22
11
A27
5
A31
A35
A41
A55
16
A75
1
PAN AM
2

1 cm = 20 km
1 : 2.000.000
0
25 km
50 km
D
E
F
1
2
3
4
CHILI
Pampa del Tamarugal
La Huaica
Pica
Cruz
Pampa Alona
San Pablo de Napa
Sinalaco
Empexa
Aeropuerto Int'l. Diego Aracena
R.N. Pampa del Tamarugal
Matilla
A75
Puquio Núñez
Salar de Pintados
Oficina Gloria
Colonia Pintados
Chacarillas
Pampa Caya
Pircas de Coposa
Salar de La Laguna
Salar de La Laguani
Oficina Victoria
Puerto Patillos
Estación Cerro Gordo
Cahuisa
Co. Quitalo
4555 m
Mina Punta de Lobos
Temantica
Guatacondo
Collaguasi
Ujina
Puqios
Estación Lagunas
Salar Sur Viejo
A85
Co. Amaculla
4380 m
Salar Grande
Seco
Estación Ramaditas
Aucanquilcha
Amincha
Salina Playa Blanca
Quehuita
Ollagüe
Polán
Salar de Carcote
San Marcos
Salar de Llamara
Co. Yocus
4537 m
Pampa Soledad
R. N. Alto Loa
Guanillos
Chipana
Co. Desamparado
1232 m
Hillarios
Carcote
Co. Paloana
6023 m
Salar de Ascotán
Co. Araral
5680 m
Cebollar
R. Loa
Caleta Loa
Co. Sajasa
4334 m
Lequena
Co. Polapi
5949 m
Ascotán
Mina Fakir
Co. de la Mico
1821 m
Quillagua
Calachuz
Polapi
Co. del Inca
5624 m
Pta. Arenas
Caleta Punta Arenas
Geoglifos
Co. Negro
3331 m
Vol. San Pedro
6145 m
Vol. San Pablo
6092 m
Caleta Urco
Sierra los Colorados
Tranque Sloman
Sierra Moreno
Mina El Abra
Rio San Pedro
San Pedro
Conchi
Puntilla
Toco
Mamilla
Tocopilla
Ojeda
Co. Aralar
3695 m
Pucará de Lasana
Linzor
Lasana
Aiquina
Cupo
Tocone
Barriles
Caleta Boy
La Mina de Cobre
Chiu Chiu
Caspana
Geíseres del Tatio
Chuquicamata
Mina Sur
Mina Radomiro
Morro de Cablor
4453 m
María Elena
Oficina Coya
Rio San Salvador
Quetara
Calama
Campan
Volcán
Chacance
La Dupont
Tuina
Escalera
R. Loa
Caleta Buena
Cerritos
Santa Rosa
Oficina Pedro de Valdivia
Estación Miraje
Cerritos Bayos
Cobija
Pampa del Indio Muerto
San Bartolo
Lynch
Co. Limón Verde
3611 m
Quitor
Pucará de Quitor
Reserva Nacional Los Flamencos
Co de Vireira
2093 m
Sierra Gorda
Valle de la Luna
Aldea de Tulor
Los Dones
Planta Aconcagua
Leonor
Mellizos
Co. Cascado
3373 m
Algorta
Caracoles
Cordillera de la Costa
Rencoret
San Juan
Cordón Barros Arana
Cordillera de la Sal
Elenita
Centinela
Soncor
Reveca
Oficina Chacabuco
Carmen Alto
Sierra de San Christobal
Flor del Desierto
Naguayán
Porvenir
Estación Cuevitas
Baquedano
Lomas Bajas
Salar de Atacama
Pampa
Minsal
Mantos Blancos
Latorre
La Fortuna
Cerro Moreno
Prat
Sociedad Chilena El Litio
Peine
Reserva Nacional La Chimba
Uribe
San Cristóbal
ANTOFAGASTA
Estación O'Higgins
Tilop

Antofagasta, Atacamawoestijn, Paaseiland

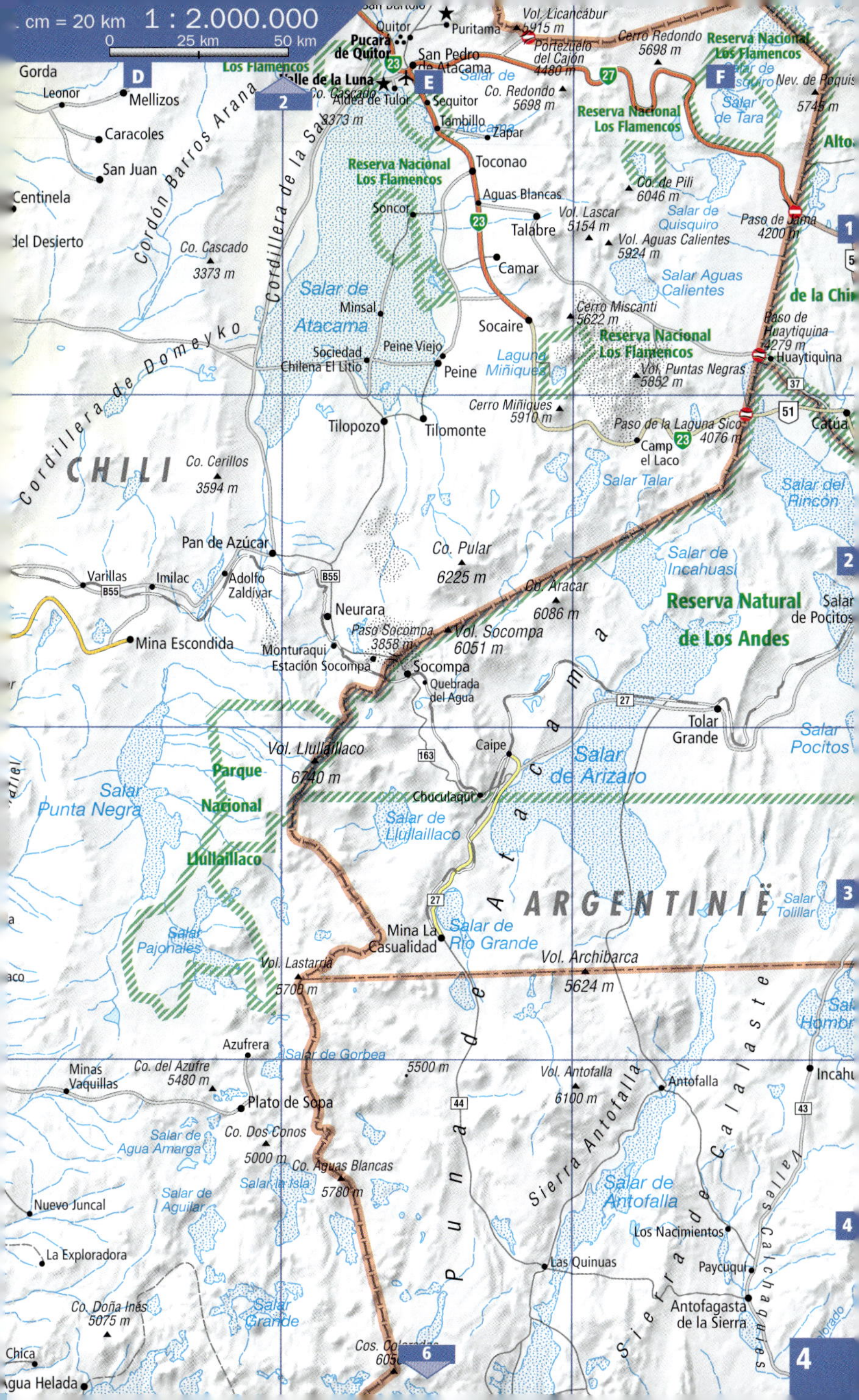
cm = 20 km
1 : 2.000.000
0
25 km
50 km
D
E
F
2
Gorda
Leonor
Mellizos
Caracoles
San Juan
Centinela
del Desierto
Cordón Barros Arana
Cordillera de la Sal
Co. Cascado
3373 m
Quitor
Pucara de Quitor
San Pedro de Atacama
Puritama
Valle de la Luna
Co. Cascado
Aldea de Tulor
Sequitor
Tambillo
Zapar
Salar de Atacama
Vol. Licancábur
5915 m
Portezuelo del Cajón
4480 m
Cerro Redondo
5698 m
Co. Redondo
5698 m
Reserva Nacional Los Flamencos
Salar de Quisquiro
Salar de Tara
Nev. de Poquis
5745 m
Alto
Toconao
Aguas Blancas
Talabre
Soncor
Camar
Co. de Pili
6046 m
Vol. Lascar
5154 m
Vol. Aguas Calientes
5924 m
Salar Aguas Calientes
Paso de Jama
4200 m
Salar de Atacama
Minsal
Socaire
Cerro Miscanti
5622 m
de la Chi
Paso de Huaytiquina
4279 m
Huaytiquina
Sociedad Chilena El Litio
Peine Viejo
Peine
Laguna Miñiques
Vol. Puntas Negras
5852 m
Cordillera de Domeyko
Tilopozo
Tilomonte
Cerro Miñiques
5910 m
Paso de la Laguna Sico
4076 m
Camp el Laco
Catúa
CHILI
Co. Cerillos
3594 m
Salar Talar
Salar del Rincón
Pan de Azúcar
Co. Pular
6225 m
Salar de Incahuasi
Varillas
Imilac
Adolfo Zaldívar
B55
Co. Aracar
6086 m
Reserva Natural de Los Andes
Salar de Pocitos
Neurara
Paso Socompa
3858 m
Vol. Socompa
6051 m
Mina Escondida
Monturaqui
Estación Socompa
Socompa
Quebrada del Agua
27
Tolar Grande
Salar Pocitos
Vol. Llullaillaco
6740 m
Parque Nacional Llullaillaco
163
Caipe
Salar de Arizaro
Salar Punta Negra
Chuculaqui
Salar de Llullaillaco
Puna de Atacama
ARGENTINIË
Salar Tolillar
Salar Pajonales
Mina La Casualidad
Salar de Río Grande
Vol. Lastarria
5700 m
Vol. Archibarca
5624 m
Salar Hombre
Azufrera
Salar de Gorbea
5500 m
Minas Vaquillas
Co. del Azufre
5480 m
Plato de Sopa
Vol. Antofalla
6100 m
Antofalla
Incahu
44
43
Salar de Agua Amarga
Co. Dos Conos
5000 m
Co. Aguas Blancas
5780 m
Salar la Isla
Sierra Antofalla
Sierra de Calalaste
Valles Calchaquíes
Salar de Aguilar
Salar de Antofalla
Nuevo Juncal
Los Nacimientos
La Exploradora
Las Quinuas
Paycuqui
Co. Doña Inés
5075 m
Salar Grande
Antofagasta de la Sierra
Sierra de
Chica
Agua Helada
6
1
2
3
4
4
23
27
37
51

A
B
C
1
2
3
4
3
7
Grote Oceaan
Parque Nacional Pan de Azúcar
Las Bombas
Caleta Pan de Azúcar
Playa Refugio
Caleta Chañaral de las Animas
Chañaral
Puerto de Barquito
El Salado
Co. Tronador 632 m
Cordillera Claudio Gay
Pta. Flamenco
Balneario Portofino
Balneario Flamenco
Balneario Obispito
Peña Blanca
Mina Bo
Varil
Sar
Pta. Totoralillo
Co. del Algarrobo 1299 m
Balneario Ramada
Caldera
Pta. Morro
Bahía Inglesa
Margarita
Caserón
Copiapó
Bahía Copiopó
Puerto Viejo
Travesia
Barranquilla
Barros Luco
Bahía Salado
Pta. Cachos
Playa del Medio
Caleta Pajonal
Chañarcill
Caleta Matamoros
Castilla
Totoral
Punta del Díaz
837 m
Mina Hierro
Boquerón Chañar
Carrizal Bajo
Algarrobal
Pta. Los Pozos
Canto del Agua
Miraflores
El Donkey
Parque Nacional Llanos de Challe
Pta. Lobos
Astillas
Los Toyos
Huasco
R. Huasco
Maitencillo
Vallenar
Freirina
C46
Pta. Alcalde
Chañar Blanco
Caleta Tontado
Alto del Carmen
La Fragüita
Caleta Peña Blanca
Mina Algarrobo
Caleta Sarco
Labrar
Punta del Viento
Vista Alegre
San Félix
Higuerita
Domeyko
Minas Los Cristales
Observatorio La Campanas
I. Chañaral
Caleta Chañaral
Carrizarillo
Bahía Carrizal
Incahuasi
Observatorio La Silla
Punta Choros
I. Damas
I. Choros
Los Morr
PAN AM
5

D
E
F
4
7
1
2
3
4
Agua Helada
Salar de Pedernales
Bocamina
El Salvador
Portal del Inca
C13
Estacion Enconcohe
Llanta
Montandón
Pedernales
Diego de Almagro
Potrerillos
La Ola
Mina La Guanaca
Juncalito
Sierra Laguna Blanca
Cumbre del Laudo 6400 m
Salar de la Mina
Co. El Cóndor 6300 m
C17
Finca de Chañaral
CHILI
Laguna Wheelwright
Co. Ermitaño 6187 m
Cordille
Serrano
Vegas de Chañaral Alto
Azufrera Codocedo
Complejo Fronterizo San Francisco
Paso de San Francisco 4748 m
Inca del Oro
Portezuelo Piedra Pomez 4552 m
Laguna Verde
60
Las Grutas
Mina la Coipa
31
Salar de Maricunga
Salar de San Francisco
Chimbero
Cordillera de Domeyko
Mina Ella Ester
Cerro Tres Cruces 6356 m
Ojos del Salado 6893 m
Co. Incahuasi 6020 m
Las Peladas
Carrera Pinto
Mina Marte
Punta de
Mina La Baritina
La Puerta
Las Lozas
C17
Puquois
La Cebolla
El Volcán
Parque Nacional Tres Cruces
Llampos
Co. Copiapó 6052 m
Tamberia
Los Azules
Laguna del Negro Francisco
Cortaderas
Chulo
Salina de la Laguna Verde
Co. Palca 5262 m
Paipote
Sierra de Gato Cordón Varillar
Los Marayes
Tierra Amarilla
Angostura
Pastos Largos
Punta del Cobre
Nantoco
R. Chaschu
Rumi
La Guardia
Totoralillo
Pabellón
Mte. Pissis 6882 m
Chaschuil
Cerro Seco
Elisa de Borda
Los Loros
San Antonio
Co. Veladero 6159 m
Ciénaga Grande
Te
Valle Hermoso
Centro Metalúrgico Incaico
Cuevitas
Co. Bonete 5943 m
San Miguel
Las Juntas
Pastos Largos
Amolanas
Iglesia Colorada
Paso de Pircas Negras 4166 m
Ref. Barrancas Blancas
Ref. Mulas Muerta
76
Río Potro
R. Saldo
Laguna Brava
R. Bonete
Sierra del Toro Negro
El Carrizo
Co. Fandango 5581 m
Co. Azúl 5070 m
R. Grande de Valle Hermoso
El Du
La Hayada
R. Mantas
Reserva Biológica Laguna Brava
Reserva Provincial San Guillermo
Alto Jagüé
R. Jagüé
Las Marteros
Co. Los Mogotes 5380 m
Co. Tronquitos 5740 m
76
El Horno
San José de Vinchina
Paso del Inca
Sierra de la Brea
Cord. de Sta. Rosa
ARGENTINIË
Laguna Grande
Sierra de la Punilla
Sierra de Umango
Rivadavia
El Tránsito
Reserva
R. Vinchina
Villa Castelli
R. Conay
Conay
Cordillera de
Parque Nacional San Guillermo
R. Blanco
R. la Troya
Chollay
76
Co. del Toro 6380 m
Cord. de Santa Rosa
La Arena
Villa Unión
Las Juntas
Los Palacina
El Nevado
Cerro El Cepo 4270 m
Biosfera
Estancia Santa Elena
Cordil

A
B
C
5
6
8
1
2
3
4
Labrar
Vista Alegre
Punta del Viento
Domeyko
Higuerita
Minas Los Cristales
Observatorio La Campanas
La Higuera
La Arena
Chollay
Co. del Toro 6380 m
I. Chañaral
Caleta Chañaral
Carrizarillo
Bahía Carrizal
Incahuasi
Observatorio La Silla
El Nevado
Punta Choros
I. Damas
I. Choros
I. Gaviota
Reserva Nacional Pingüino de Humboldt
Choros Bajos
Trapiche
Tres Cruces
Los Morros
Las Breas
Junta de Chingoles
Cordillera de la Punilla
Reserva Provincial San Guillermo
Sancarrón
Chungungo
El Tofo
La Higuera
Piratas
Co. Tilgo 1122 m
La Laja
Mina El Indio
Islotes Pájaros
Los Hornos
El Chacay
Almirante Latorre
Caserones
El Romeral
Condoriaco
Llanos de Guanta
Baños del Toro
Guanta
Lambert
Teatinos
Pta. Teatinos
Viñita Baja
Chapilca
Balala
Co. Las Tórtolas 6382 m
Islón
La Higuera
Varillar
La Serena
Altovalsol
Observatorio Mamalluca
Rivadavia
Juntas del Toro
Coquimbo
Las Rojas
Paihuano
Nueva Elqui
Tierras Blancas
Algarrobito
Gualliga
Marquesa
Elqui
La Herradura
Vicuña
Monte Grande
Pan de Azúcar
Cochiguas
El Piden
Paso del Agua Negra 4765 m
El Peñón
Pisco Elqui
El Colorado
Bahía Guanaqueros
Observatorio Co. Tololo
Placilla
Horcón
Sol Naciente
Guanaqueros
Barrancas
Hacienda Los Andes
Hurtado
Alcohuas
Bahía Tongoy
Andacollo
Monumento Natural Pichasca
Tongoy
Co. Los Olivares 6250 m
Puerto Aldea
Chañar
El Pangue
Samo
Las Breas
Pichasca
Pejerreyes
Pabellón
Guampulla
Pachingo
Co. del Volcán 3510 m
Algarrobo
Pta. Lengua de Vaca
Quebrada Seca
Recoleta
Cordillera Doña
Paso del Portillo
R. Castaño
Parque Nacional Fray Jorge
Cerilos de Tamaya
Guamalata
Central Los Molles
Ovalle
Monte Patria
Bocatoma
Rapel
Fray Jorge
Camarico
Las Juntas
CHILI
Co. de los Patos 4855 m
Termas de Socos
Mon. Nacional Valle del Encanto
El Palquí
Guatulame
Punitaqui
Chañaral Alto
Las Varillas
Co. Acerillo 3770 m
Peña Blanca
Pta. Talca
La Placilla
San Marcos
Tulahuén
R. Atuña
San Pedro de Quiles
La Ligua Bajo
Maitencillo
Cogotí
Litipampa
Hilaricos
Mantos de Hornillos
Combarbalá
Cta. Morritos
Espíritu Santu
Pama
Caleta Derrumbe
Pirca Las Juntas
Los Pozos
Cord. de la Totora
Alcaparrosa
Co. Fredes 3803 m
5983 m
Puerto Oscuro
El Bosque
Matancilla
Canela Baja
Reserva Nacional Las Chinchillas
Placilla
Matancilla
Carén
Los Erizos
Huentelauquén
Mincha
Cuz Cuz
Illapel
Las Pircas
Zappalar
Caleta Huentelauquén
Choapa
Salamanca
R. Blanco
Valle
Chigualoco
Llimpo
Choapa
Pta. Loberia
Cavilolén
Limáhuida
Chellepin
Paso de las Ojotas
Santuario de la Naturaleza Laguna Conchalí
Cuncumén
Co. Mercedario 6769 m
Conchalí
Pupio
Palquial
Tranquilla
Los Vilos
Caimanes
Mauro
Los Pedalores
Ensenada Totoralillo
Totoralillo
Pedernal
Guangualí
Pichidangui
Palquico
Co. Jorquera
PAN AM
D51
D71
D81
D85
41
43
45
5

1 cm = 20 km 1 : 2.000.000
0 25 km 50 km

A
B
C
8
1
2
3
4
11
Grote Oceaan
I. Alejandro Selkirk
1648 m
Archipiélago Juan Fernández
I. Robinson Crusoe
914 m
Grote Oceaan
La Trinchera
Putú
Talpen
Junquillar
Constitución
Quivolgo
Pantanillos
Las Cañas
M50
Empedrado
Reloca
Reserva Nacional Federico Albert
B. de Chanco
Chanco
Arenal
Reserva Nacional y Natural Los Ruiles
Pelluhue
Curanipe
Cauquenes
Tregualemu
Buchupureo
Cancha Alegre
N76M
Cobquecura
El Parrón
N50
Taicú
Quirihue
Colmuyao
Co. Co
907 m
N580
Torrecill
Mela
Treguaco
Conai
Portezuelo
Dichato
Coelemu
Ñipas
Tomé
Rafael
Quinchamali
152
154
TALCAHUANO
Penco
Roa
148
Quillón
Huachipato
Florida
Llucura
San Pedro
CONCEPCIÓN
060
050
Palco Chico
Chiguayante
Hualqui
Tomeco
160
Monte Aguila
Coronel
Yumbel
I. Santa María
Lota
Talcamávida
Golfo del Arauco
Pta. Lavapié
Santa Juana
182
Llico
Arauco
Carampangue
Coposo
La Laja
Raqui
Ramadillas
San José
Quidico
Quiapo
Diuquín
Santa F
Pta. Carneros
Villa Alegre
Cordellera de Nahuelbuta
66
Curanilahue
Nacimiento
Rihue
Ranquil
Renaico
Los Alamos
Tres Pinos
Lebú
Tijeral
Angol
Curaco
Pehuén
Antiguala
San Alfonso
Huequén
Sara de Lebú
P46
Parque Nacional Nahuelbuta
182
Pta. Morguilla
Lolen
Cañete
Rinconada
Trinte
Peleco
P70
Los Sauces
L. Lanalhue
Purén
Contulmo
Guadaba
Monumento Natural Contulmo
P66
R42
Lumaco
R86
L. Lleulle
Huillinco
Paillaco
Relún
Capitán Pastene
Quidico

1 cm = 20 km 1 : 2.000.000
0 25 km 50 km

A
B
C
9
10
12
1
2
3
4
Morguilla
Cañete
Peleco
Rinconada
Parque Nacional Nahuelbuta
Los Sauces
Lolenco
Collipulli
Nanco
Curaco
Canada
Raíco
Termas del Avellano
Nitrito
Termas de Pemenue
Reserva Nacional Malleco
Ercilla
Troyo
L. Lanalhue
Contulmo
Purén
Guadaba
Monumento Natural Contulmo
L. Lleulle
Lumaco
Parque Nacional Tolhuaca
Vol. Tolhuaca 2780 m
Reserva Nacional Nalcas
Termas de Tolhuaca
Vol. Lonquimay 2890 m
Huillinco
Paillaco
Relun
Capitán Pastene
Victoria
Res. Nacional Malalcahuello
Malalcahuello
Quidico
Traiguen
Tricauco
Selva Oscura
Lonquimay
Pichipellahuén
Galvarino
Púa
La Sombra
Lolén
Tirúa
Curacautín
Termas Malalcahuello
I. Mocha
Nielol
Perquenco
Sierra Nevada
Reserva Nacional Isla Mocha
Vilía Araucaria
Lautaro
Quinquén
Colonia Lautaro
Vol. Laima 3125 m
Reserva Nacional China Muerta
Trovolhue
San Patricio
Cherquenco
Tranapuente
Carahue
Cholchol
General López
Vilcún
Parque Nacional Conguillío
Icalma
Paso Icalma 1298
Nehuentue
Nueva Imperial
Cajón
Curaco
Monumento Natural Cerro Nielol
Melipeuco
Puerto Saavedra
R. Imperial
Almagro
TEMUCO
Las Hortensias
L. Budi
Quepe
Cunco
Reserva Nacional Villarrica
Playa Negra
Puerto Domínguez
Barros Arana
Freire
Radal
Los Laureles
Puerto Puma
L. Colico
Reserva Nacional Villarrica
Parque Nacional Huerquehue
Reigolil
Teodoro Schmidt
R. Toltén
Los Galpones
Pitrufquén
Catricó
L. Huilipilún
L. Caburgua
Comuy
Gorbea
Caburgua
Termas de Huife
Hualpin
Quitratué
Pedregoso
Quelhue
Landhaus
San Sebastián
San Pedro
Nueva Toltén
L. Villarrica
Cañi
Toltén
Lastarria
Villarrica
Pucón
Curarrehue
Huiscapi
CHILI
Vol. Villarrica 2840 m
Vol. Quetrupillán 2009 m
Queule
Loncoche
Lican Ray
Parque Nacional Villarrica
Puesco
Mehuín
Lanco
Salto del Agua
L. Calafquén
Coñaripe
Malalhue
L. Pellaifa
Termas de Coñaripe
Volcán Lanín
San José de la Mariquina
Panguipulli
Pullinque
Mariquina
Los Tallos
L. Panguipulli
Liquiñe
Paso Carirriñe 1176 m
Máfil
Runca
Pucono
Nancul
L. Neltume
Neltume
Santuario de la Naturaleza del Río Cruces
Curiñanco
Riñihue
Choshuenco
Baños de Epulafquén
Hueyelhue
Puerto Fuy
VALDIVIA
Niebla
L. Riñihue
Folilco
Enco
L. Pirihueico
Puerto Pirihueico
Isla de Mancera
Los Lagos
Las Juntas
Vol. Choshuenco 2415 m
Corral
Reserva Nacional Mocho-Choshuenco
Paso de Hua Hum 659 m
Reumen
El Mundial
Res. Nac. Huilo Huilo
Pta. Galera
Los Ulmos
Futrono
Baños de Chihuío
Reserva Nacional Valdivia
Paillaco
Dollinco
Itropulli
Llifén
Puerto Llifén
Las Ventanas
Puerto Nuevo
L. Ranco
Playa Maqueo
Hueicoilla
El Mirador
L. Maihue
Repaco
Traiguén
Ilihue
Riñinahué
Mashue
Ignao
Parque Nacional Alerce Costero
R. Bueno
La Unión
Río Bueno
Lago Ranco
L. Huishue
Ensenada Dehui
Vol. Carrán
Trumao
Crucero
Cordón del Caulle
Quilacahuín
Vol. Puyehue 2240 m
Bellavista
Filuco
Lago Espejo
Rada Manzano
Aleucopi
San Pablo
Chirre
Parque Nacional Puyehue
El Hoble
Las Vertientes
Mantilhue
Pucatrihue
OSORNO
Las Lumas
Entre Lagos
L. Puyehue
Anticura
Bahía Mansa
Maicolpué
Puaucho
Termas de Puyehue
Paso Gardenal Antonio Samoré 1308 m
Caleta Maicolpué
Contaco
Pichil
Nilque
Huilma
Cancura
El Encanto
Antillanca
Caleta Hueyelhue
L. Rupanco
Bosque de Olivillo Costero
Río Negro
Central Rupanco
Pellinada
Puerto Rico
Pta. Cóndor
Riachuelo
Piedras Negras
El Islote
Purranque
Carril
Playa Maitén
Parque Nacional Vicente Pérez Rosales
Bosque Mahui Dantu
Crucero
Puerto Octay
Puerto Fonck
Puerto Klocker
Vol. Osorno 2652 m
L. Todos Los Santos
Peulla
Mte. Tronador 3554 m
Hueyusca
Colegual
Corte Alto
Las Cascadas
Bahía San Pedro
C. Quedal
Tegualda
Frutillar
L. Llanquihue
Petrohué
Termas de
P70
P66
R42
R86
R50
R88
R89
R90P
P70
S16
S10
S11R
S20
S31
S61
S46
S60
S90
S91
T20
T85
U40
U51
U52
U91
U99V
U90
5
PAN AM
119
201
203
205
207
215

1 cm = 20 km 1 : 2.000.000
0 25 km 50 km

A
B
C
1
2
3
4
12
15
I. Guafo
Golfo Corcovado
Melinka
Is. Guaitecas
I. Leucayec
Grote
Oceaan
I. Concoto
I. Chaffers
I. García
I. Valverde
I. Forsyth
I. Garrao
I. Rojas
I. Level
I. Tahuenahuec
I. Izazo
I. Cuptana
I. Ipun
I. Stokes
I. Benjamín
Archipiélago de los Chonos
I. Jorge
I. Rowlett
I. Guamblin
I. Teresa
I. James
Parque Nacional Isla Guamblin
I. Paz
I. Melchor
I. Kent
I. Lemu
I. Dring
I. Victoria
Islas Vallenar
I. Isquiliac
Bahía Darwin
Canal Darwin
I. Luz
I. Garrido
I. Rivero
I. Humos
I. Tenquehuén
I. Clemente
I. Salas
I. Fitz Roy
Bahía Anna Pink
Reserva Nacional
Las Guaitecas
Pta. Gallegos
Península Skyring
Fiordo Burns
Península Duende
Co. Fonck
967 m
Seno Cornish
Seno Alejandro
Co. Oscuro
645 m
Península
Pta. Rescue
de Taitao
Laguna Presidente Ríos
Bahía Stewart
Pta. Pringle
Bahía San Andrés
Laguna Elena
Co. Elena
744 m
I. Hereford
Pta. Diego
I. Crosslet
Península Tres Montes
Golfo San Esteban
I. Javier
Cabo Tres Montes

1 cm = 20 km 1 : 2.000.000

0 25 km 50 km

A
B
C
13
1
2
3
4
17
San Esteban
Cabo Tres Montes
I. Javier
Pta. Anita
Pta. Delirio
Golfo de Penas
Pta. Pocha
Pta. Cuchillo
Puerto Montt - Puerto Natales
Bahía de Canales
Pta. Saliente
Península Larenas
I. Wager
I. Byron
I. Stuven
Grote Oceaan
Pt. Dora
Cabo Dyer
Reserva Nacional Katalalixar
Pt. Roth
I. Prat
Peninsula Negra
I. Campana
Canal Fallos
Pt. Roquerio
Pta. Baja
I. Little Wellington
I. Patricio Lynch
I. Aldea
Bahía Dingley
I. Esmeralda
I. Angamos
Cabo Covadonga
I. Strosch
Canal Ladrillero
Golfo Ladrillero
Península Wharton
Canal Miramar
I. Mornington
Cabo Primero
Golfo Trinidad
Estrecho Barros Luco

D
E
F
14
17
1
2
3
4
Cochrane
Reserva Nacional
Lago Cochrane
Paso
Rodolfo Roballos
Estancia
El Ghio
41
Lago
Pueyrredón
L. Salitroso
o Sucio
39
Lago Posadas
Hipólito Yrigoyen
(Lago Posadas)
Río Blanco
Campo de Hielo
Norte
Co. Truneo
2164 m
Baker
Mte. San Lorenzo
3706 m
Glaciar Steffens
Río Olnie
Estancia
La Oriental
Pampa del Asad
L. Belgrano
Parque Nacional
Perito Moreno
Caleta Tortel
Puerto Yungay
37
R. Belgrano
I. Alberto
Vargas
Península
Vigeau
Canal Baker
Fiordo
Calén
Campamento
Las Horquetas
35
Estancia Los Faldeos
L. Strobel
R. Pascua
L. Quiroga
Glaciar J. Montt
Co. Esperanza
1320 m
Villa
O'Higgins
Tucu Tucu
L. Quiroga
Chico
Bahía
Bahamóndez
Co. Hatcher
1895 m
Meseta
de la Muerte
Cerro Mesa
1150 m
I. Ofhidro
Co. Mellizo Sur
3050 m
Co. Peine
2390 m
Estancia Las Tu
CHILI
ARGENTINIË
L. O'Higgins
Co. Alesna
2480 m
Candelario
Mancilla
Estancia
Hevia
Lago Cardiel
Parque Nacional
Campo de
Hielo Sur
Lago
San
Martín
Estancia La Federica
31
Co. Lautaro
(Pyrámide)
3380 m
L.
Chico
L. del
Desierto
Estancia
Maipú
Brazo
Chacabuco
Lago Tar
Lago Tar
Angostura
Inglesa
Estancia El Castillo
33
Estancia
Santa Angenta
Bernardo
Meseta
del Viento
23
31
Puerto
Edén
Mte. Fitz Roy
3405 m
Co. Cangrejo
2028 m
Estancia
La Vega
El Chaltén
Co. Perito Moreno
3393 m
Cerro Torre
3110 m
Estancia
San José
Estancia
Santa Margarita
Estancia
Punta del Lago
Tres
Península
Exmouth
O'Higgins
Parque
F. Eyre
Glaciar Viedma
23
Lago Viedma
Co. Campana
2570 m
Gran Campo
Nacional
21
Punta del Lago
Estancia
Helsingfors
Lago Viedma
(La Leona)
Co. Norte
2730 m
Co. Murallón
2931 m
de Hielo
Estancia La Herradura
Co. Colorado
1235 m
La Leona
Patagónico
Los Glaciares
69
Paso Biggieri o
Leona Chica
Glaciar
Upsala
Estancia
Cristina
Co. Pintado
2347 m
Estancia
La Leona
Estrecho Ancho
Co. Bolados
2800 m
19
Estancia
La Argentina
40
Charles Fuhr
Estancia
La Unión
Lago Argentino
L. Onelli
11
Estancia
M. Elisa
Río Bote
Glaciar
Spegazzini
Punta
Bandera
El Calafate
Co. La Criolla
1074 m
11
15
Estancia Anita

A
B
C
16
15
1
2
3
4
I. Madre de Dios
I. Figueroa
I. Robert
I. Inocentes
I. Chatham
Peninsula Wilcock
Co. Darwin 2956 m
Glaciar Perito Moreno
Estancia Nibepo Aike
Estancia Las Cumbres
Est. de Concepción
a Guarello
Oeste
I. Doña
I. Farrel
Bahía Salvación
I. Hanover
CHILI
Co. del Paine Grande 3248 m
Nordenskjöld
L. Grey
Pehoe
Parque Nacional Torres del Paine
L. del Toro
Cerro Guid
I. Solar
I. Esperanza
Sección Lazo Balseo
I. Velenzuela
I. Evans
Co. Balmaceda 2035 m
Puerto Toro
Tres Pasos
Pt. Huemul
I. Montt
I. Vancouver
Monumento Nacional Cueva del Milodón
Canal Smyth
I. Diego de Almagro
Ensenada San Blas
I. Virtudes
Pen. Staines
Puerto Bories
Península Antonio Varas
Estrecho Nelson
I. Plazzi
Península Roca
Islas Rennell
Seno Unión
I. Ramírez
I. Vidal Gormaz
I. Contreras
Reserva Nacional Alacalufes
Archipiélago Reina Adelaida
I. Pedro Montt
Mte. Burney 1750 m
Península Múñoz Gamero
I. Pacheco
Puerto Arturo
Mte. Muelo 1189 m
Puerto Cascada
I. Rodriguez
1585 m
Estrecho de Magallanes
Cabo Deseado
Puerto Misericordia
I. Tamar
I. Figueroa
Punta Félix
I. Providencia
Puerto Churruca
I. Desolación
Grote Oceaan
I. Jaques
I. Sara
I. Recalada
Bahía Otway
I. Rice Trevor
I. Núñez

D
E
F
16
19
20
1
2
3
4
ARGENTINIË
CHILI
Meseta
las Vizcachas
Meseta Vizcachas
R. Pelque
El Cerrito
Estancia Lago del Oro
Estancia El Tero
Estancia La Verdadera Argentina
Sierra Contreras
Río Coig Coyle
Fuentes del Coyle
Estancia Tapi Aike
Esperanza
Estancia Camusú Aike
Estancia La Fé
Ea. Ototel Aike
Hotel Le Marchand
Cerro Añapi 399 m
Punta Norte
Puerto Coig
Punta Monte
Estancia La Cort
Estancia Coy Aike
Cabo Buen
Estancia La Obligado
Gobernador Mayer
Estancia Las Vegas
R. Coig
Coyle
Estancia Guakenken Aike
Estancia Cabo Buen Tiempo
Cancha Carrera
Brazo Sur del Río Coig
Estancia Chank Aike
Co. Pta. Gruesa 1064 m
Güer Aike
Río Gallegos
J. Dufour
Río Turbio
28 de Noviembre
Mte. Phillipi 385 m
Las Buitreras
Palermo Aike
Rospentek Aike
El Turbio
Estancia Sofía
R. Gallegos
Puerto Natales
Estancia Tranquilo
Puente Blanco
Bella Vista
Laguna Potrok Aike
Río Chico
Chorillo de los Frailes
Monte Aymond
Pali-Aike
Laguna Azul
Solar
L. Balmaceda
Estancia Morro Chico
El Zurdo
Gallego Chico
Ea. Brazo N.
Cueva Fell
Parque Nacional Pali-Aike
Cueva Pali Aike
Monte Aymond
La Junta
L. Aníbal Pinto
Río Rubens
Kerber
Santa Teresita
Morro Chico
Estancia Claike
Puerto Munición
Punta Delgada
María Sofía
Kimiri Aike
Pta. Delgada
Río Blanco
Cordillera Chilena
Villa Tehuelches
Laguna Blanca
Dinamarqueros
Estancia San Gregorio
Bahía Santiago
Puerto Espora
Bahía
Hewitt
Puerto Altamirano
Estancia María
Terminal San Gregorio
Estrecho
Estancia Springhill
Cerro Sombrero
Seno Skyring
Río Verde
Cabeza del Mar
Bahía Felipe
Estancia Rocallosa
Estancia Ponsonby
Gobernador Philippi
Puerto Zenteno
Terminal Pt. Percy
Terminal Clarencia
Punta Curtze
Entre Vientos
Estancia Otway
I. Isabel
Monumento Natural Los Pingüinos
Cabo Negro
Bahía Gente Grande
Vaquería
I. Riesco
Estancia Invierno
Seno Otway
Estancia Río Grande
Reserva Nacional Laguna de los Cisnes
Ladrillero
665 m
Río Canelos
Punta Arenas
L. Cisnes
Puerto Nuevo
Reserva Forestal Isla Riesco
Reserva Forestal Magallanes
Estancia Río de los Ciervos
Porvenir
Armonía
Guairabo
Concordia
Caleta Rosario
Reserva Forestal Laguna Parrillar
Cabo Boquerón
Bahía Inútil
Península
Río Amarillo
Cta. Carrera
Pt. Camerón
Península Córdova
Fuerte Bulnes
Timaukel
Punta San Juan
Co. Graves 462 m
Cabo Nariz
Brunswick
Mte. Nose 822 m
I. Carlos III
Cabo San Isidro
Puerto Yartou
Puerto Almeida
Estrecho de Magallanes
Puerto San Antonio
Puerto Condor
Puerto Arturo
I. Santa Inés
18

A
B
C
1
2
3
4
18
17
Estancia San Gregorio
Bahía Santiago
Puerto Altamirano
Estancia María
Río Verde
Terminal San Gregorio
Estrecho
Seno Skyring
Cabeza del Mar
Gobernador Philippi
Bahía Felipe
Estancia Rocallosa
Estancia Ponsonby
Puerto Zenteno
Terminal Pt. Percy
Terminal Clarencia
Mte. Muelo
1189 m
Punta Curtze
Entre Vientos
Estancia Otway
I. Isabel
Monumento Natural Los Pingüinos
Vaquería
Cabo Negro
Bahía Gente Grande
1585 m
I. Riesco
Estancia Invierno
Seno Otway
Estancia Río Grande
Reserva Nacional Laguna de los Cisnes
Mte. Ladrillero
1665 m
Río Canelos
Punta Arenas
L. Cisnes
CHILI
Reserva Forestal Magallanes
Porvenir
Reserva Forestal Isla Riesco
Estancia Río de los Ciervos
Guairabo
Caleta Rosario
Reserva Forestal Laguna Parrillar
Mte. Wyndham
1220 m
Cabo Boquerón
Península
Río Amarillo
Cta. Carrera
Pt. Camerón
Co. Moraine
1327 m
Península Córdova
Fuerte Bulnes
Punta San Juan
Co. Graves
462 m
Cabo Nariz
Brunswick
I. Carlos III
Cabo San Isidro
Puerto Almeida
Puerto Yartou
Parque
Cabo Froward
Puerto San Antonio
Puerto Condor
I. Santa Inés
Estrecho de Magallanes
Puerto Arturo
I. Dawson
Nacional
I. Clarence
Puerto Hope
Islas Wickham
Fernando de
I. Capitán Aracena
I. Carlos
Magallanes
I. Guardián Brito
Mte. Sarmiento
2235 m
Canal Cockburn
Bahía Stokes
Península Brecknock
I. Magill
Co. Pirámide
830 m
Parque Nacional
I. Noir
Alberto de Agostini
I. London
I. O'Brien
I. Stewart
I. Londres
I. Gilbert
I. Londonderry
Grote
Oceaan

1 cm = 20 km
1 : 2.000.000
0
25 km
50 km
D
E
F
1
2
3
4
Atlantische
Oceaan
Isla Grande
de Tierra del Fuego
TIERRA DEL FUEGO ARGENTINIË
CHILI
Bahía Lomas
Punta Catalina
Catalina
Cabo Espíritu Santo
Puerto Beta
Cerro
Primavera
Batería Lynch
Cullén
Yacimiento
Chillán
Estancia
Cullen
Puerto Páramo Chico
Puerto
Boñas
Península El Páramo
Punta de Arenas
Bahía San Sebastián
Estancia
China Creek
Estancia
San Sebastián
Cabo San Sebastián
Cruz del Sur
Puerto Nuevo
San Sebastián
San
Sebastián
Estancia Sara
Onaisin
Estancia
Las Largas
Estancia
San Julio
Estancia Violeta
Camerón
Estancia
Las Flores
Estancia
El Salvador
Misión
Salesiana
Río Grande
Estancia
María Behety
Cabo Peñas
Sección Russfín
Estancia
José Menéndez
Río Grande
R. Grande
L. Lynch
Pampa Guanaco
Estancia
Radman
Estancia
Herminita
Estancia
Viamonte
Estancia Inés
Cabo Santa Inés
L. Blanco
Estancia Vicana
Estancia
Marina
Puerto
Río Alpen
Estancia
La Criolla
Estancia
Río Ewan
Estancia
El Rolito
Estancia Santa Ana
Estancia
San Pabl
R. Fuego
R. Claro
Estancia
Carmen
Lago
Yehuin
L.
Chepelmut
Estancia
María Cristina
R. San Pablo
Estancia
Almirantazgo
Tolhuin
Estancia La Porfiada
Parque
Nacional
Tierra
del Fuego
L. Fagnano
Lago
Escondido
L. Escondido
Sierra Alvear
Co. Cornú
1490 m
Termas
Río Valdez
Sierra Lucio López
Río Irigoy
Mte. Darwin
2488 m
Cordillera Darwin
Glaciar Martial
Monte Olivia
Ushuaia
R. Lasifashaj
Estancia
Harberton
Estancia
Moat
Lapataia
El Remolino
Puerto
Almanza
Ea. Puerto
Rancho
Yendegala
Puerto
Navarino
Puerto
Williams
Puerto
Eugenia
Canal Beagle
Canal de Beagle
Cabo San Pío
I. Gordon
I. Navarino
L. Navarino
I. Picton
Península Dumas
Puerto
Toro
I. Hoste
L. Windhond
Canal Murray
Kemoa
I. Nueva
Península
Cloue
Cerro Aguja
1204 m
Po. Goree
Po. Richmond
I. Lennox
Península Pasteur
I. Berrand
Reserva Forestal
Holanda
Bahía Nassau
Península Rous
Straat
Drake
Islas Wollaston
Península Hardy
I. Tomas
I. Carolina
I. Grévy
I. Wollaston
I. Morton
I. Henderson
I. Jauréguiberry
Falso Cabo
de Hornos
Parque Nacional
Cabo de Hornos
I. Barnevelt
I. Ildefonso
I. l'Hermite
I. Deceit
Cabo de Hornos
(Kaap Hoorn)

A
B
C
7
1
2
3
4
8
Longotoma
Cabildo
El Quem
La Ligua
Quinquimo
Río La Ligua
Playa Chica
Papudo
Quebradilla
El Cuadro
Co. Ceniza
776 m
Zapallar
Catapilco
Mina la Patagua
Co. Chache
2338 m
Cachagua
Isla Cachagua
Monumento Natural Isla Cachagua
E. Catapilco
E46
Duendes
Cuesta El Melon
El Cer
La Laguna
Andacollo
Maitencillo
Estación Palos Quemados
PAN AM
El Cobre
El Rungue
La Quebrada
Co. Caqui
2192 m
El Melón
Horcón
Chocota
Puchuncaví
Canela Alta
Nogales
Las Vaca
Las Ventanas
Pucalán
La Peña
El Cob
Cueva del Pirata
Playa El Papagallo
Los Maitenes
La Calera
Cater
Quintero
Hijuelas
Chac
Grote
Oceaan
Ritoque
Valle Alegre
La Cruz
Llai
Playa Ritoque
El Ají
60
Río Aconcagua
Túnel La Chalaver
Co. Mauco
728 m
El Boco
Los Maitenes
Playa Negra
Quillota
Palmar de Ocoa
Playa Amarilla
San Isidro
Vichicu
Playa Cocón
Concón
Colmo
Manzanar
Parque N La Campa
Playa Los Lilenes
60
San Pedro
Playa Cochoa
Co. La Campana
1910 m
Zeeleeuwenrots
Reñaca
El Maqui
San Francisco de Limache
Co. del R
2222 m
Playa Las Salinas
Queronque
El Granizo
Viña del Mar
Olmué
VALPARAÍSO
62
Quilpué
Santuario
Villa Alemana
Peñablanca
Punta Curaumilla
Lliu Lliu
Quebrada Alvarado
Cuesta la Dormi
El Rincón
Embalse Lliu-Lliu
Laguna Verde
Placilla
Los Molles
La Fragua
La Retuca
Co. El Quillay
1033 m
Co. La Chapa
1744 m
Peñuelas
Lago Peñuelas
Los Arrayan
Santa Augusta
Las Tablas
Reserva Nacional Lago Peñuelas
Alto del Totoral
Colliguay
Playa Quintay
San Juan
Quintay
Las Taguas
Llampaiquillo
El Batro
El Carpintero
CHILI
Co. Rob
2185
O. Florin
Lo Orozco
Las Mercedes
San José
Las Dichas
Tapihue
Tunquén
El Pangue
Playas El Yeco, El Cura, La Punta
68
Carén
El Yeco
Manzano
Casablanca
Mirasol
Lepe
Algarrobo
Túnel Zapata
El Toro
Emb. La Vinilla
Orrego Arriba
Las Achiras
Curacaví
Loma Verde
El Quisco
El Totoral
Los Maitenes
Lolen
Isla Negra
Lagunillas
Los Panguiles
El Tabo
El Membrillo
El Bosque
Las Cruces
Rosario Arriba
Santa Inés
Santuario de la Naturaleza Laguna del Peral
Lo Abarca
Chorombo
La Patagui
San Sebastián
Co. Guanacos
851 m
E. de Puangue
María Pinto
Cartagena
Lo Zárate
Bollenar
Pahuilmo
E. de la Viña
Santa Teresa
San Antonio
78
E. de la Higuera
Llolleo
Malvilla
Las Palmas
La Cumbrera
Co. La Puntilla
1273 m
Leyda
Santa Ana
Rocas de Santo Domingo
Lo Gallardo
Pomaire
78
El Monte
Puangue
Melipilla
El Paico
Río Maipo
66
Río Maipo
Reserva Nacional El Yali
Cuncumén
Chocalán
San Vicen de Natalg
Retén Atalaya
Cuncumén Bajo
El Asilo
Codigua
Carmen Alto
El Molino
Cholqui
Laguna Matanza
El Dibujo
Pallocabe
Bucalemu
Mandinga
Laguna del Rey
E. Yali
Quimcanque
Las Mariposas
Cruce Las Arañas
San Enrique
San Pedro
Los Guindos

1 cm = 9 km 1 : 900.000
0 15 km 30 km

Hulp gevraagd!
De informatie in deze reisgids is aan verandering onderhevig. Het kan dus wel eens gebeuren dat u ter plaatse een andere situatie aantreft dan de auteur. Is de tekst niet meer helemaal correct, laat ons dat dan even weten: anwbmedia@anwb.nl of ANWB Media, Postbus 93200, 2509 BA Den Haag

Omslagfoto's: Voorzijde omslag: Lago Chungará met op de achtergrond de vulkaan Parinacota; achterflap: *moai* op de Ranu Raraku op Paaseiland
Fotoverantwoording: Bildagentur Huber, Garmisch-Partenkirchen: 3 b., 3 m., 60/61, 88/89, 154, 161 (Saffo); 90, 109 (Damm); Bilderberg, Hamburg: 10/11, 323 (Ginter); 331 (Drexel); picture alliance/dpa, Frankfurt: voorzijde omslag (OKAPIA), 235 (Jürgen Darmstädter); Getty Images, München: 1 r., 372/373 (Kevin Schäfer); 5 b., 83, 262 (Martin Harvey); 5 m., 255, 259 (Andrea Pistolesi); 9 (Peter Ginter); 97 (Jaime Villaseca); 221 (Karl Weatherly); 260/261 (Richard l'Anson); 288/289 (Mark Chivers); 317 (Thomas Schmitt); HB-Verlag/Miquel Gonzalez, Ostfildern: achterzijde omslag (2), 1 l., 1 m., 4 b., 6 b., 50, 100, 107, 115, 132, 152, 181, 183, 193, 203, 284, 324, 327, 348, 358/359, 361, 364; Stadler, Hubert (Fürstenfeldbruck): 2 b., 3 o., 8 b., 13, 17, 18, 20/21, 26, 31, 39, 41, 53, 54/55, 71, 73, 104, 125, 131, 136, 141, 146/147, 159, 167, 173, 185, 190, 210/ 211, 228, 236, 238, 240/241, 264/265, 274/275, 276/277, 283, 290, 292, 298/299, 301, 302/303, 312/313, 315, 335, 338, 341, 351, 352; Siemund, Katja, Isla de Chiloé: 207; laif, Köln: achterflap, 7 b., 34, 328, 377; 135 (Back); 6 o., 120, 196, 217 (Gebhard); 244/245 (Harscher); 4 o., 7 o., 57, 224, 231, 268/269 (Heuer); 219 (Piepenburg); 5 o., 248, 321 (RAPHO); Look, München: 188 (Fleisher); Mauritius Images, Mittenwald: 7 m., 8 o., 310, 354/355, 374, 384/385; 2 o., 42/43, 63 (Michael Obert); 81 (Russell Kord); VERSION, Köln: 381 (Görgen)

Productie: ANWB Media
Uitgever: Janneke Verdonk
Coördinatie: Els van Kampen
Boekverzorging: *de Redactie*, Amsterdam
Vertaling: Dominique van der Lingen, Johan de Bakker, Jaap Deinema en Rigobert Schaap
Bewerking: Gerard M.L. Harmans
Grafisch concept: Groschwitz, Hamburg
Nederlandse bewerking grafisch concept en omslag: Studio Jan Brand, Amsterdam
Cartografie © DuMont Reisekartografie, Puchheim; © MAIRDUMONT, Ostfildern

ISBN: 9789018027995

www.anwb.nl